보이는 중국사 상

Visible History of China

보이는 중국사 (상)

초판 인쇄 2019년 6월 10일
초판 발행 2019년 6월 20일

편저자 통차오(童超)
옮긴이 이재연
펴낸이 이재연

펴낸곳 다른생각
주소 서울 마포구 독막로 7길 60 (4층)
전화 010-3693-0979
팩스 031) 938-0979
이메일 darunbooks@naver.com
등록 제300-2002-252호(2002. 11. 1)

ISBN 978-89-92486-28-6 03910
값 25,000원

*잘못된 책은 구입한 서점이나 출판사에서 바꿔 드립니다.

이 도서의 국립중앙도서관 출판예정도서목록(CIP)은 서지정보유통지원시스템 홈페이지(http://seoji.nl.go.kr)와 국가자료종합목록 구축시스템(http://kolis-net.nl.go.kr)에서 이용하실 수 있습니다. (CIP제어번호 : CIP2019022132)

보이는 Visible History of China
중국사

새로운 형식의 역사학

상

통차오(童超) 편저 | 이재연 옮김

다른생각

| 일러두기 |

1. 지명의 번역 표기는 두 가지 방식을 혼용하였다. 우선 지명은 한자의 한글 독음으로 표기하는 것을 원칙으로 했으나, 단 "지금의"라는 접두어가 붙은 경우와 그림을 설명하는 캡션에만 중국어 병음 발음으로 표기했다[예: 사천성 팽주(彭州: 지금의 쓰촨성 펑저우) 등]. 그 경우에도 행정구역 단위의 명칭, 예컨대 省, 市, 縣, 鄕, 鎭 등은 역시 한글 독음으로 표기했다. 예를 들면, '湖北省'은 '후베이성'으로, '西安市'는 '시안시'로, '法門鎭'은 '파먼진'으로 표기했다. 또 같은 지명일지라도, 본문에서 역사적 사실을 서술할 때는 한자의 한글 독음으로 표기했고, 오늘날의 사실을 서술할 때는 중국어 병음 발음에 따라 표기하여, 두 가지 표기를 혼용하였다. 그리고 이민족 지역이나 해외 지명을 원어 발음으로 번역 표기한 경우에도 가능하면 ( ) 속에 한자 표기를 병기했다[예: 바그다드(巴格達)]. 그리고 지명 이외의 사찰명, 궁궐명, 기물명 등은 대부분 한자의 한글 독음으로 표기했다.
2. 인명의 번역 표기도 두 가지 방식을 혼용했다. 대부분의 인명은 한자의 한글 독음으로 표기했으나, 유명한 소수민족 인물이나 외국인, 그리고 주요 황실 인명은 원어 발음으로 표기하고, 처음 나오는 경우 ( ) 속에 한자를 병기했다.[예: 누르하치(努爾哈赤), 홍타이지(皇太極)] 그리고 청나라 황실의 경우, 성조(聖祖) 강희제(康熙帝) 아이신기오로 히오완예이(愛新覺羅 玄燁) 대에 이르러 자식의 이름을 지을 때 한족(漢族) 방식에 따라 돌림자를 사용했다. 따라서 이후부터는 이 책의 기본 번역 표기 방침에 따라, 그리고 가독성을 높이기 위해, 청나라 황족의 이름을 한자의 한글 독음으로 표기했다.[예: 윤진(愛新覺羅 胤禛)]
3. ( ) 속의 콜론(:) 표시 뒤에 부가한 내용은 옮긴이가 독자들의 이해를 돕기 위해 추가한 것이다[예: 생사(生祠: 살아 있는 사람을 위해 지은 사당)].
4. 겹따옴표(" ")를 붙인 문장이나 절, 혹은 홑따옴표(' ')를 붙인 용어나 어구는 대부분 중국의 고전이나 고대 역사서들에서 직접 인용된 부분이다.

서문 역사는 볼 수 있다

1842년 8월 29일, 남경(南京)의 강 위에 이는 물결은 변함없이 지난날의 잔잔한 물결 그대로였지만, 전에 없었던 씁쓸함이 공기 중에 배회하고 있었으며, 또한 청나라 관원인 기영(耆英)과 이리포(伊里布)의 마음속에도 감돌고 있었다. 영국 해군 '웰즐리(Wellesley)'급 전함인 '콘월리스(Cornwallis)' 호의 선실 내에서는 막 한 편의 성대한 의식이 진행되었는데, 관심의 초점이 되는 기영과 이리포는 〈남경 조약〉이라는 이름의 문건 위에 서명했다. 원래 이 역사적 순간은 후에 사람들이 단지 주관적인 글과 비범한 상상력에만 의지하여 복원했지만, 존 플랫(John Platt)이라는 영국인은 그림으로 이 순간을 기록했다. 그의 〈'남경 조약' 체결 의식〉이라는 이름의 이 작품은 중국, 더 나아가 세계 역사상 하나의 중요한 사건을 영구적으로 기록하였다.

어느 정도는, 지금 영국 브라운대학(Brown University) 도서관에 소장되어 있는 이 유화 작품이 진귀한 문물이라고 생각되는데, 이 책 속에 있는 비슷하거나 혹은 더욱 진귀한 문물들은 어느 것이든 모두 다 그렇다. 중국 국가역사박물관이 소장하고 있는 사양방준(四羊方尊)은 우리들에게 은(殷)나라 귀족들의 사치스럽고 온화한 생활을 보여준다. 타이베이의 고궁박물원(故宮博物院)에 소장되어 있는 진귀한 유물인 송(宋)나라 여요(汝窯)의 연화온완(蓮花溫碗)은 우리에게 가장 뛰어난 한 시대의 도자기 제조 기술과 송대의 상업이 전에 없는 번영했음을 보여준다. 미국의 보스턴예술박물관이 소장하고 있는 〈역대제왕도(歷代帝王圖)〉는 우리에게 30명의 중국 제왕들의 기개 있는 풍채를 보여줌과 아울러 중국 고대 인물화가 실제 인물과 매우 닮았음을 보여주고 있는 것 등등이다. 이 책은, 서양인들이 주로 기술적인 태도와 수단으로 역사를 회상하는 데 익숙하여, 근원을 찾아 연구하고 대비하는 방법으로 사회 발전 과정 속의 모든 미세한 단편들을 복원해 내는 것과는 다르게, 또 중국 전통의 역사 서적들이 윤리 도덕의 전제하에 제왕과 패주(霸主)·충신과 의인·효자와 열녀에 대해 이성적이고 주관적으로 평가하는 것과도 다르게 서술했다. 우리는 '본다'는 점에 입각하여, 주관적 평가를 최대한 줄였고, 수백 가지 진귀한 유물들을 통해, 그 배후에 관련된 농업·과학·수공업·문화·조세 제도·법률 제도·관료체제 등 다양한 방면의 중대한 역사적 사건들을 책 속에 담아내어, 중국 전통의 역사 고사를 역사 백과전서적인 성격으로 변화시켰다.

비록 우리는 최선을 다해 스케치하듯이 개략적인 방식으로 중국 역사의 진실을 전개했지만, 아무도 한 권의 역사서가 중국 역사에서 있었던 흥망성쇠와 인문(人文) 풍류와 전장(典章) 제도를 모두 언급할 수 있다고 지나친 욕심을 부릴 수는 없다. 필경 빛나는 중국의 5천 년에 걸친 역사의 축적은 서적이 그 무게를 감당할 수는 없다. 우리는 단지 이 책이 여러분들에게 북조(北朝) 시대 석굴의 예술적 운치, 남조(南朝) 시대 무사(舞榭: 춤을 추고 노래하기 위한 용도로 지은 건물)의 풍류, 성당(盛唐: 한시의 문학적 풍격에 따라 당대를 네 시기로 구분했을 때, 전성기였던 두 번째 시기) 시기 국력의 강성함, 양송(兩宋: 북송과 남송) 시대 경제의 번영을 '보여줄' 수 있기를 바랄 뿐이다. 여러분들이 글과 그림들 사이에서 이전 왕조들로 돌아가 꿈을 꿀 수 있도록 하는 것 외에, 우리는 또한 풍성한 역사적 사실들을 간명하게 바꾸어, 여러분들이 오늘을 살아 가면서 역사 속의 지혜로부터 도움을 받을 수 있기를 바란다. 바로 영국인이 『자치통감(資治通鑑)』의 책명을 "행정에 도움이 되는 완전한 거울"(실제 영문 표기는 '*Comprehensive Mirror to Aid in Government*'인데, 이를 직역하면 '통치에 도움이 되는 포괄적인 거울' 정도가 적절하다–옮긴이)"이라고 번역한 것처럼, 역사는 원래 선현들이 떨어뜨려 놓은 열쇠로서, 우리가 현실의 곤란한 문을 하나하나 열도록 안내해 줄 수 있다.

보이는 중국사 상 차례

◈ **옥인**(玉人) | 신석기 시대

고대 중국이 신석기 시대에서 청동기 시대로 이행하는 과정에서, 옥기(玉器)는 매우 중요한 작용을 했다. 이는 세계 문명사에서 거의 보기 드문 일이다. 이 옥인은 전신입상(全身立像)으로, 환조(丸彫) 기법으로 만들었으며, 외형이 수수하고 고풍스럽다. 인물의 형상은, 곧게 서 있고, 네모난 얼굴에, 코가 약간 볼록 튀어나왔고, 양쪽 귀는 길고 크며, 귓불에는 구멍이 뚫려 있고, 머리 위에는 체크무늬 관을 썼다. 또 양쪽 팔은 굽혀서 가슴 앞에 붙이고 있으며, 허리에는 띠를 묶은 문양을 새겼고, 두 다리는 곧게 세우고 있으며, 맨발이다. 이 옥인은 안후이성 한산(含山) 링자탄(凌家灘)에서 출토되었고, 현재 베이징 고궁박물원(故宮博物院)에 소장되어 있다.

◈ **서주(西周)의 청동기들**

서주의 청동기는 수량과 품종이 모두 청동 문화로 유명했던 상(商)나라를 크게 뛰어넘는다. 예를 들면, 서주는 주기(酒器)의 제작이 감소하고, 취음기구(炊飮器具: 밥을 짓거나 음식을 만드는 용도의 기물)가 증가했다. 또 새로운 품종도 출현했는데, 예를 들면 식기(食器)·수기(水器)·악기(樂器)·병기(兵器) 등이다. 이 밖에, 서주 청동기의 예기(禮器: 제사에 사용하는 기물)에 새긴 명문(銘文)은 나날이 증대되었는데, 어떤 것은 수백 자에 달하는 것도 있다. 또 그 내용도 대단히 풍부해졌다. 예를 들면 조상의 제사, 정벌, 공적의 기록, 책명(冊命: 관직에 책봉하는 임명장)과 상을 받은 내용 등 사회생활의 다양한 방면들을 포함하고 있다.

◈ **칠목개두**(漆木蓋豆) | 전국(戰國)

칠기(漆器)는 기물의 본체 표면에 생칠(生漆: 옻나무에서 채취한 진액)을 칠하여 보호막으로 삼아 만든 공예품 혹은 생활용품이다. 두(豆)는 식기일 뿐 아니라, 제사를 지낼 때는 예기(禮器)로 충당할 수도 있었다. 또 마른 음식, 예컨대 삶은 육류(肉類)를 담아 놓는 데 사용할 수도 있었고, 고깃국물을 담아 놓을 수도 있었다. 제사를 지낼 때, 두(豆)는 신령(神靈)에게 희생(犧牲: 제물로 바치는 가축) 음식을 바치는 마지막 그릇이다. 이 칠목개두는 후베이성 쑤이저우(隨州)의 증후을묘(曾侯乙墓)에서 출토되었으며, 현재 후베이성박물관에 소장되어 있다.

◈ **사우기사저패기**(四牛騎士貯貝器) | 진(秦)·한(漢)

저패기(貯貝器)는 고대에 유통화폐로서의 조개껍질을 저장하기 위해 설계한 기물로, 진·한 시기에 운남(雲南)의 전족(滇族) 지역에서 유행했다. 이 사우기사저패기의 뚜껑 위쪽 가운데에는 기둥이 하나 세워져 있고, 그 기둥 위에는 한 사람이 말에 타고 있으며, 그 주위에는 네 마리의 소가 있는데, 소의 동태는 각기 다르다. 하지만 머리는 모두 똑같은 방향을 향하고서, 중심의 기둥을 둘러싼 채 시계바늘 방향으로 빙빙 돌고 있으며, 질서정연하다. 기사는 말을 세우고 먼 곳을 바라보고 있는데, 앉은 자세가 단정하고 장중하며, 허리에는 긴 검(劍)을 차고 있는 것이, 호화롭고 부귀하며 위풍당당해 보인다.

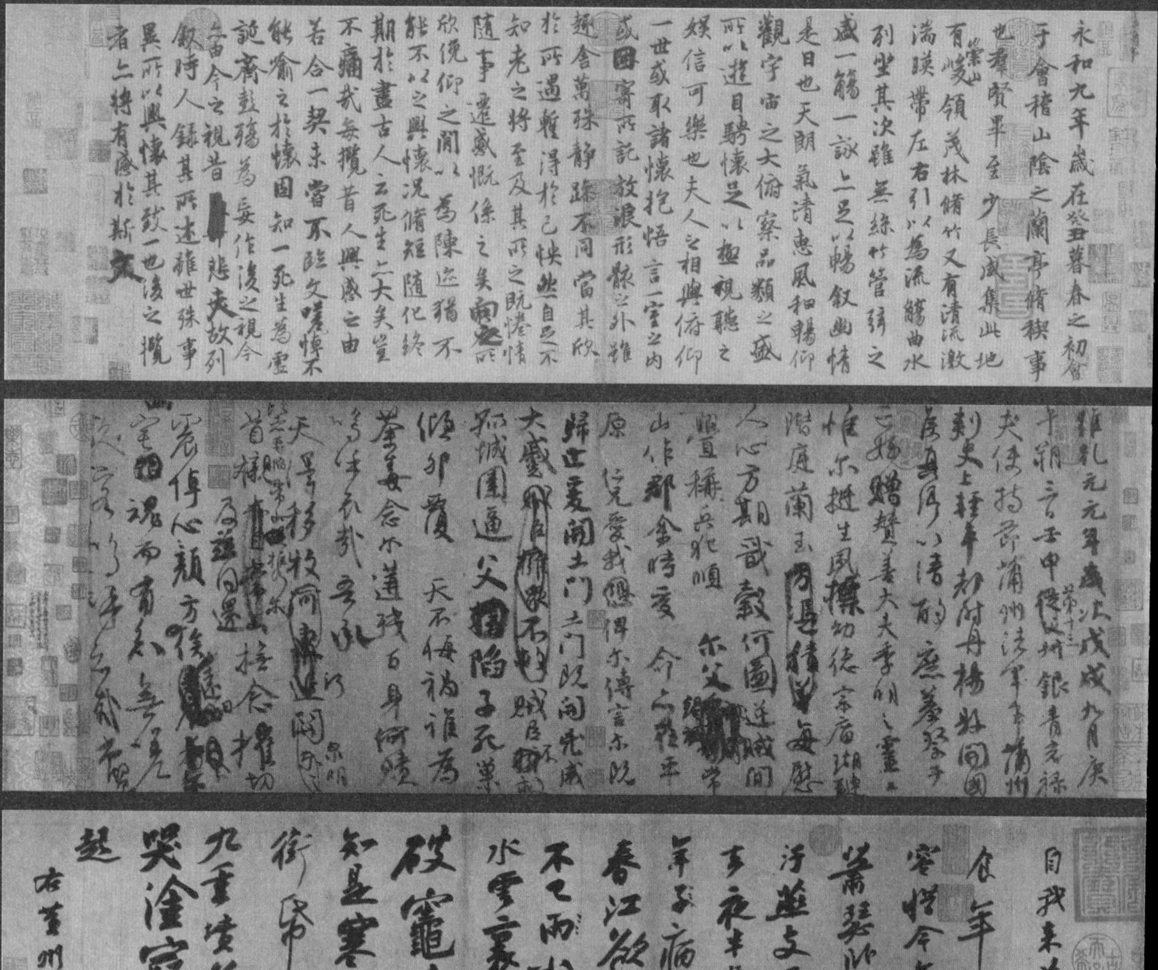

◈ 천하의 3대 행서(行書)

행서는 양한(兩漢) 시대에 탄생하여, 위(魏)·진(晉) 시대에 발전하고, 당(唐)·송(宋) 시대에 번성한 서체다. 그 서체는 해서(楷書)와 초서(草書)의 중간에 위치하여, 초서처럼 난잡하지 않고, 해서처럼 단정하지도 않으며, 해서가 초서화한 것, 혹은 초서가 해서화한 것이다. 수많은 서법 작품들 가운데, 동진(東晉)의 서법가인 왕희지(王羲之)가 창작한 「난정서(蘭亭序)」(위)는 "천하의 행서 중 첫째"로 받들어지고 있으며, 당대(唐代)의 서법가인 안진경(顔眞卿)이 창작한 「제질문고(祭侄文稿)」(가운데)는 "천하의 행서 중 둘째"로 받들어지고 있고, 북송(北宋)의 소식(蘇軾)이 창작한 「한식첩(寒食帖)」(아래)은 "천하의 행서 중 셋째"로 받들어지고 있다. 이 세 폭의 서법 작품들은 수없이 많은 서법 예술의 보고(寶庫) 중에서도 자손 대대로 전할 만한 진귀한 작품으로 받들어지고 있다.

◈ **은곽(銀槨)** | 당(唐)

이 은곽은 산시성(陝西省) 시안(西安) 린퉁(臨潼)의 경산사(慶山寺) 지궁(地宮: 제왕의 관곽이나 고승의 사리 등을 모셔 두는 지하궁전)에서 출토되었는데, 은곽의 안에는 금관(金棺)이 놓여 있었으며, 금관 안에는 두 개의 유리병이 놓여 있었고, 유리병 안에는 사리가 들어 있었다. 은곽의 뚜껑 위에는 도금하여 보석들로 장식한 연꽃이 박혀 있는데, 꽃술은 마노(瑪瑙)로 만든 구슬을 받치고 있으며, 그 위에는 은사(銀絲)로 감아서 탑 모양으로 만들어 놓아, 불꽃을 상징하고 있다. 관곽(棺槨)의 하부는 도금한 수미좌(須彌座: 불상이나 보살상을 모셔 두는 단으로, 불교 우주관에서 세계의 중심이라고 여기는 수미산을 상징함)이며, 사방에 진주(珍珠)를 박아 놓았다. 은곽은 정교하고 아름답게 만들어져, 성당(盛唐) 시기 금·은 공예의 시대적 풍모를 보여준다.

◈ **영청유백의관음상**(影青釉白衣觀音像) | 남송(南宋)

관음의 얼굴 모습은 자애로워 보이고, 머리에는 보관(寶冠)을 쓰고 있으며, 옷을 걸치고 단정하게 앉아 있다. 두 손은 소매 안에서 맞잡고 있고, 유색(釉色)은 밝고 깨끗하며, 조상(彫像)은 단정하고 장중하여, 남송 자기의 정품(精品)이라고 할 만하다. 현재 중국 수도박물관(首都博物館)에 소장되어 있다.

(*영청유影青釉: 중국 전통의 도자 공예 중 진품으로, 송대에 경덕진景德鎭에서 제작한 독특한 풍격의 자기 명칭이다. 그 유색은 청색과 백색의 중간으로, 청색 가운데 백색이 있고, 백색 가운데 푸른색이 감돈다. 뿐만 아니라 도자기의 두께가 매우 얇아, 새긴 문양에 빛을 비추면 안팎에서 모두 비쳐 보이기 때문에 '영청유'라고 불린다.)

◈ **용봉형(龍鳳形) 옥패(玉佩)** | 요(遼)

이 옥패는 요(遼)나라 태후 소연연(蕭燕燕)의 손녀인 진국공주(陳國公主)의 묘에서 출토되었다. 새하얀 색의 옥에 투각(透刻)한 옥패는 다섯 개의 가는 금(金) 사슬을 이용하여 연결한 옥패들을 결합해 놓았는데, 각각 어룡(魚龍)·쌍어(雙魚)·쌍봉(雙鳳)·쌍룡(雙龍)과 물고기 모양을 조각해 놓아, 요대의 옥기가 당대의 영향을 받았음을 보여준다. 조형은 하나의 격식에 구애되지 않고, 사실성을 강조한 특징을 지니고 있다. 현재 내몽골자치구 문물고고연구소(文物考古研究所)에 소장되어 있다.

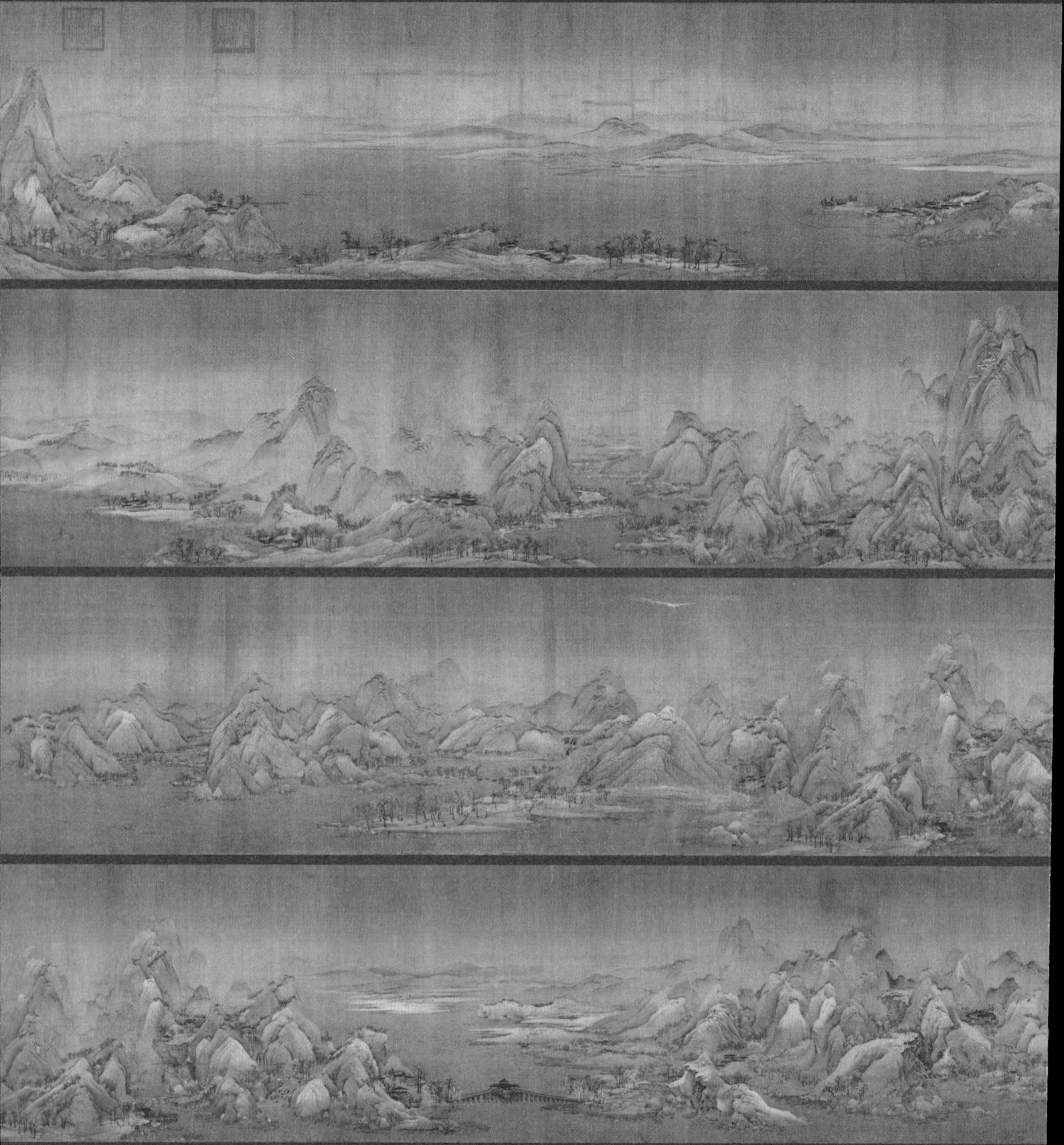

◆ 〈천리강산도(千里江山圖)〉 | 북송, 왕희맹(王希孟)

중국 고대의 10대 진귀한 명화(名畵)들 중, 〈천리강산도〉의 지명도는 상대적으로 뒤쳐진다. 〈낙신부도(洛神賦圖)〉·〈보련도(步輦圖)〉·〈한희재야연도(韓熙載夜宴圖)〉·〈청명상하도(清明上河圖)〉·〈부춘산거도(富春山居圖)〉를 막론하고 모두가 이것보다 사람들의 귀에 익어 더 잘 알려져 있다. 그렇지만 북송 산수화의 대표작으로서, 〈천리강산도〉는 거의 12미

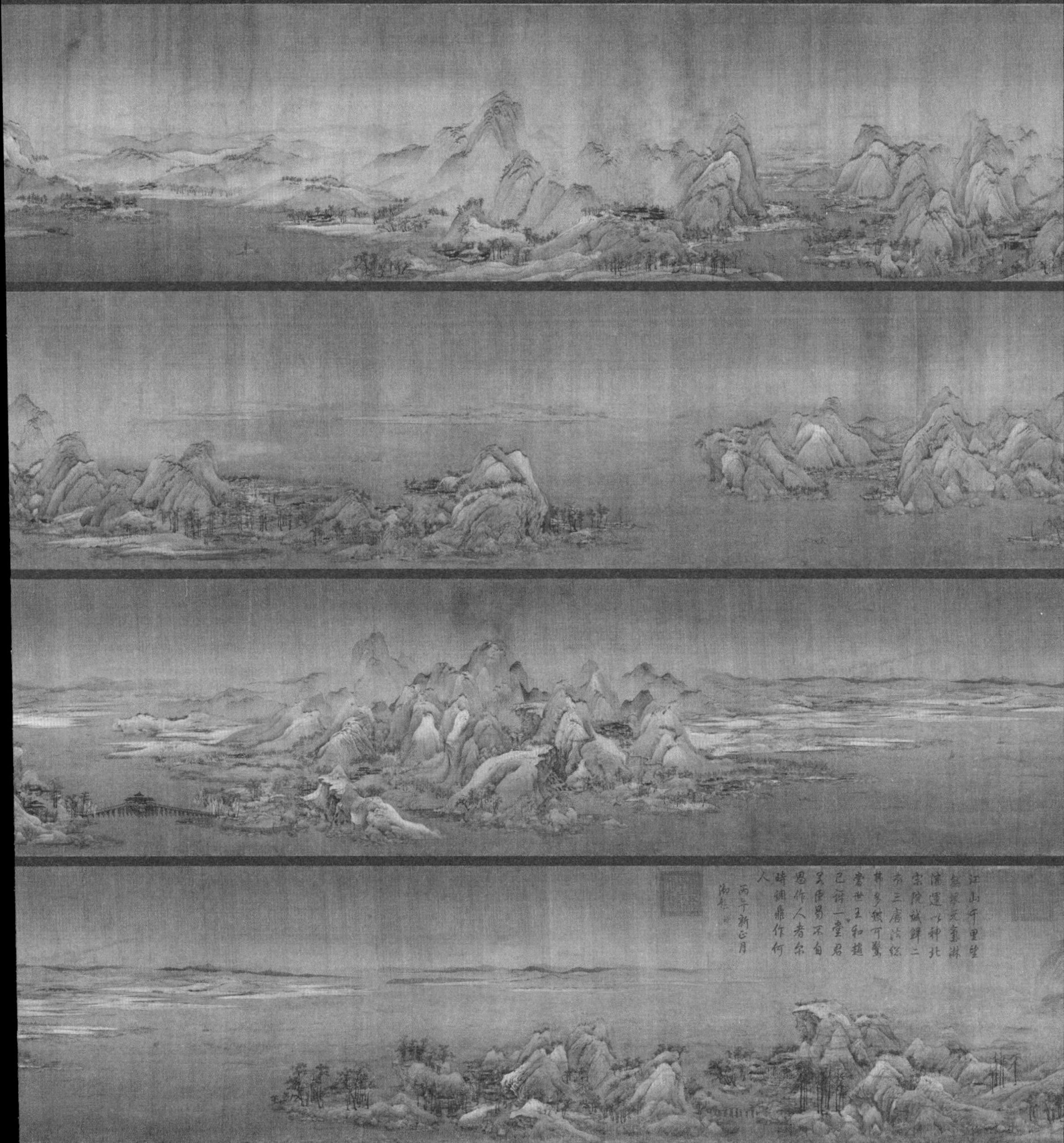
江山千里望
無垠元氣淋
漓運以神北
宋院誠鮮二
本三唐法總
繼其人可驚
當世王和趙
已得一堂君
與臣易不自
思作人者爾
時鋪鼎作何
人
丙午新正月
御題

◈ **청화용문상이병**(青花龍紋象耳瓶) | 원(元)

이 원대 청화병(青花瓶)의 목 부위 초엽문(蕉葉紋) 사이에는 다음과 같이 연대(年代)를 기록한 명문(銘文)이 있다. "信州路玉山縣順城鄉德教里荊塘社奉聖弟子張文進喜捨香爐花瓶一副祈保合家淸吉子女平安. 至正十一年四月良辰謹記. 星源祖殿胡淨一元帥打供.(신주로 옥산현 순성향 덕교리 형당사의 성인을 받드는 제자인 장문진이 기쁜 마음으로 향로화병 한 쌍을 바쳐, 온 가족이 맑고 길하며, 자녀들이 평안하기를 기원합니다. 지정 11년 4월의 좋은 날에 삼가 씁니다. 성원조전의 호정일 원수가 바칩니다.)" 이는 이 병이 원래 절에 공양한 그릇이었다는 것을 증명해 준다. 이 병은 함께 한 쌍을 이루고 있으며, 문양 장식 및 명문이 둘 다 똑같고, 현존하는 가장 중요한 것이자, 확실한 연대를 기록하고 있는 전형적인 원대(元代)의 청화자기(青花瓷器)다. 현재 영국의 데이비드 중국 예술 재단(Percival David Foundation of Chinese Art)에 소장되어 있다.

◈ **상아 조각 보살상** | 청(淸)

중국의 상아 조각은 매우 유구한 역사를 지니고 있다. 역대 봉건 왕조는 모두 상아를 황실의 진상품으로 삼았으며, 명·청 시기에는 더구나 광주(廣州)·소주(蘇州)·북경(北京)을 대표로 하는 상아 조각 생산지를 형성했다. 이 상아 조각 보살상은 코가 곧고 입이 작으며, 두 눈은 아래를 바라보고 있고, 자태가 차분하며, 머리 위에는 높이 솟은 보관(寶冠)을 썼다. 문양이 복잡다단한 관의 장식과 조각 기법은 간결한 얼굴 모습과 선명한 대비를 이루고 있다. 현재 광저우시박물관(廣州市博物館)에 소장되어 있다.

◈ **〈백준도(百駿圖)〉** | 청, 낭세녕(郎世寧)

〈백준도〉는 청대의 궁정화가인 낭세녕(본명은 카스틸리오네Castilgione)의 작품으로, 이는 중국 고대의 10대 명화들 중 유일한 외국 화가의 작품이다. 낭세녕(1688~1766년)은 강희(康熙) 54년(1715년)에 중국에 와서 선교했는데, 후에 궁정에 들어가 복무하다가 궁정화가가 되었다. 그는 인물 초상·견마(犬馬)·화조(花鳥) 및 산수화를 그리는 데 매우 뛰어났으며, 화법은 중국과 서양의 기교를 겸비했고, 조형이 정확하며, 필법이 정교하다. 〈백준도〉는 낭세녕의 가장 유명한 작품 중 하나다. 이 그림은 자태가 각기 다른 준마 100필이 초원에서 방목되고 있는 장면을 그린 것이다. 말들은 누워 있거나 서 있고, 장난을 치거나 먹이를 찾고 있어, 자유스럽고 여유롭고 한가하며, 모여 있거나 흩어져 있는 모습이 다양하다. 작품 전체의 색채는 짙고 아름다우며, 구도가 복잡하고, 형상이 매우 핍진하다. 현재 타이페이 고궁박물원에 소장되어 있다.

제1장

전설 시대, 하(夏), 상(商), 서주(西周)

역사가 미개에서 문명으로 나아가다

중국 상고사에서, 전설 시대와 하·상·서주는 각각 두 개의 서로 다른 역사 시기이다.

전설 시대 혹은 선사 시대는 그 사회 형태가 원시 사회로, 원시군(原始群: 씨족 사회 이전의 인간 집단)과 모계 씨족 공동체와 부계 씨족 공동체라는 세 발전 단계를 거쳤다. 고고학 문화는 그와 서로 대응하여 구석기 시대와 신석기 시대로 구분한다. 중국 대륙은 인류의 발상지 중 하나로서, 지금으로부터 800만 년 전의 라마피테쿠스 루펜겐시스(*Ramapithecus lufengensis*)[1] 화석이 발견되었을 뿐 아니라, 지금으로부터 200만 년 전의 무산인(巫山人)부터 1만 8천 년 전의 산정동인(山頂洞人) 등에 이르기까지 일련의 고인류(古人類)가 왕성하게 번식했다. 역사학자들은 고대 문헌에 기록되어 있는 신화 전설과 고고학적 발견에 근거하여, 여와씨(女媧氏)·복희씨(伏羲氏)·수인씨(燧人氏)·신농씨(神農氏)부터 염제(炎帝)·황제(黃帝)·요(堯)·순(舜)·우(禹) 시기까지의 상고 사회의 실제 장면을 복원하여, 중국의 국가와 문명의 기원 및 형성을 탐색하려고 노력하고 있다. 여러 학문 분야들이 연합하여 연구한 학술 성과에 따르면, 일찍이 지금으로부터 5천 년 전부터 4천 년 전까지 존재했던 용산(龍山) 시대에, 고대 중국은 이미 방국(邦國: 중국 고대 최초의 국가 형태로, 방국–왕국–제국의 순으로 발전했다)의 도읍(都邑) 문명으로 상징되는 초기 문명을 형성했다고 한다.

원시 사회에서 계급 사회로의 이행은, 인류 역사에서 거대한 진보였다. 하(夏) 왕조(대략 기원전 2070~기원전 1600년)는 중국 역사상 최초의 세습적 '천하공주(天下共主: 인류 문명의 초기 단계나 국가가 형성되는 과정에서, 혹은 국가가 탄생한 이후에, 각 부락이나 공동체가 공통적으로 승인하거나 추앙한 맹주를 일컫는 말이다)'를 최고 통치자로 하는 노예제 왕국이었다. 상(商) 왕조(대략 기원전 1600~기원전 1046년)는 찬란하고 눈부신 청동 문명과 갑골문(甲骨文)이라는 성숙한 문자 체계를 창조했다. 서주(西周, 대략 기원전 1046~기원전 771년)는 토지를 나누어 주어 방국을 건립했으며[封邦建國][2], 가정과 국가는 구조적으로 동일했고, 공명정대한 덕을 실천하고 형벌을 신중히 하여 억울한 형벌이 없도록 했으며, 예법을 제정하고 음악을 만들어, 중국 문명의 독특한 특색이 더욱 선명해졌다. 하·상·서주 삼대(三代)는 대략 1,300년을 거쳐 오면서, 중국의 노예제 사회가 형성되고 발전함과 아울러, 바야흐로 왕성한 역사 시대로 나아갔다.

1 라마피테쿠스 루펜겐시스(*Ramapithecus lufengensis*): 라마피테쿠스(인도의 산스크리트어 서사시인 「라마야나 Ramayana」 속에 등장하는 제신祭神의 우두머리이자, 아요디야Ayodhya의 친왕親王)는 지금으로부터 대략 1,400만 년 전부터 800만 년 전 사이에 살았던 인종이다. 라마피테쿠스 화석은 그 형태에 차이가 있고 시기적으로 선후가 있기 때문에, 종종 연구자들은 서로 다른 종으로 분류하기도 한다. 예를 들면, 라마피테쿠스 위케리(*wickeri*)·라마피테쿠스 펀자비쿠스(*Ramapithecus punjabicus*)·라마피테쿠스 루펜겐시스 등이다.

2 봉방건국(封邦建國): '봉토건국(封土建國)'과 같은 말로, 줄여서 '봉건(封建)'이라 한다.

전설 시대

인물: 반고(盤古), 여와(女媧) 지역: 중국 키워드: 개천벽지(開天闢地), 조인(造人)

개천벽지(開天闢地)와 여와조인(女媧造人)

비록 이전에 많은 학자들이 중국의 신화 전설에 포함된 상고 사회의 역사적 모습을 복원하려고 시도했지만, 그들은 대부분 문헌과 일부 상(商) 왕조 시대의 청동기에 새겨진 명문으로부터 이미 상실된 연대를 추단하는 데 국한되었으므로, 신화 전설과 고대사의 경계 구분을 상당히 모호하고 혼란스럽게 만들었다. 근대에 와서, 고고학자들은 안양(安陽) 은허(殷墟)의 발굴에서 비로소 상 왕조의 존재를 사실로 확정했다. 그리고 그 후 '하(夏)·상(商)·주(周)의 시대 구분 작업'은 다시 많은 과학들이 합작을 통해 하·상·주 시대 구분의 연구에 몰두하여, 비교적 확실한 증거가 있는 역사 연대를 확정했다. 그러나 하 왕조 이전의 역사는 고고학적 발견이 보여주는 상고 사회의 장면들을 제외하고는, 기본적으로 여전히 신화 전설의 범주로 이를 귀결시킬 뿐이다. 그 중 사람들이 가장 많이 들어서 잘 알고 있는 것은 바로 개천벽지와 여와조인 전설이다.

개천벽지(開天闢地)

"반고(盤古)가 하늘과 땅을 연 이래, 삼황오제부터 지금까지[自從盤古開天地, 三皇五帝到而今]"라는 이 문구는, 중국

◈ **수형(獸形) 옥패(玉佩)**

이것은 랴오닝성 젠핑(建平) 뉴허량(牛河梁)에서 출토된 옥패로, 신석기 시대 훙산(紅山) 문화의 특색을 선명하게 띠고 있다. 옥패의 길이는 14센티미터이고, 청록색 옥으로 만들었으며, 조형은 웅크리고 있는 짐승 모양[獸形]이다. 가운데에는 동그란 구멍을 뚫어 놓았으며, 등에는 동그랗게 구멍을 뚫어 놓아, 꿰어서 걸 수 있게 하였다.

사람이라면 모두 귀에 익어 잘 아는 구절이다. 그렇다면 "반고가 하늘과 땅을 연 것"은 도대체 몇 년 전의 일일까? 옛날 사람들은 일찍이 다음과 같은 기록을 남겨 놓았다. "277만 8,480년 전에, 천지는 아직 온통 혼돈스럽고, 우주는 마치 대단히 큰 알처럼 생겼으며, 아무것도 없는 허공 속에 떠 있었다. 그 알 속에서 점차 반고라는 거인이 잉태되어 태어났다. 반고는 한 자루의 도끼를 이용하여 끊임없이 팠는데, 1만 8천 년에 걸친 노력 끝에, 마침내 혼돈한 우주의 가운데를 쪼개자, 맑은 것은 상승하여 하늘이 되고, 탁한 것은 가라앉아 땅이 되었다."

반고는 천지를 열었지만, 하늘과 땅이 다시 만나 이전처럼 둘이 합쳐져 하나로 될 것을 매우 두려워하여, 두 손으로는 하늘을 떠받치고, 두 다리로는 땅을 지탱하였다. 반고는 매일 1장(丈: 대략 3.33미터)씩 자랐고, 하늘도 그에 따라 1장씩 높아졌으며, 땅도 매일 1장씩 두꺼워졌다. 이렇게 다시 1만 8천 년이 지나자, 하늘은 매우 높아졌고, 땅도 매우 두꺼워졌다…….

천지가 안정된 후에, 반고는 마침내 그의 사명을 완수하고, 쓰러져 죽었다. 하지만 그의 죽음은 결코 끝이 아니어서, 비록 천지를 구분하기는 했지만, 이때의 세계는 여전히 온통 칠흑처럼 어두웠다. 반고의 죽음은 이러한 상황을 바꾸어 놓았으니, 그의 오른쪽 눈은 해가 되고, 그의 왼쪽 눈은 달이 되었으며, 그의 머리카락은 나무와 화초가 되었고, 근육과 뼈는 높은 산이 되었고, 피는 강과 호수와 바다가 되었으며, 호흡은 바람이 되었고, 소리는 곧 천둥이 되었다……. 반고는 자신의 신체로 천지의 만물을 만들었다.

『산해경(山海經)』에 기록되어 있는 또 한 편의 신화 전설인 「과보축일(夸父逐日: '과보가 해를 쫓다'라는 뜻)」에도 유사하게 묘사되어 있다. 즉 머나먼 북쪽에 '성도재천(成都載天)'이라는 큰 산이 있는데, 산 위에는 과보(夸父)라는 한 거인이 살고 있었다. 그의 모습은 기괴하여, 귀에는 두 마리의 누런 뱀을 걸고 있고, 손에도 두 마리의 누런 뱀을 쥐고 있으며, 매우 용맹하여 두려운 것이 없었다. 어느 날 과보는 문득, 매일 이렇게 해가 떴다가 지니 낮 시간이 너무 짧으므로, 만약 태양을 붙잡아 두면, 이처럼 춥고 깜깜한 밤이 다시는 오지 않을 거라는 생각이 들었다. 그리하여 그는 성큼성큼 걸어서 서쪽으로 기울어가는 태양을 쫓아갔다.

과보는 태양과 점점 가까워졌을 때, 햇볕을 쬐여 매우 갈증을 느꼈으므로 황하(黃河)와 위하(渭河) 가에 가서 물을 마셨다. 과보는 두 강의 물을 모두 마셔 말려 버렸는데도 여전히 목이 말라 참을 수 없었다. 그리하여 다시 북쪽으로 가서 큰 호수인 '한해(瀚海)'의 물을 다 마시려고 했지만, 목적지에 도달하지 못하고 중도에 목이 말라 죽었는데, 손에 쥐고 있던 지팡이는 땅에 떨어져 복숭아나무 숲이 되었고, 그의 몸뚱이는 큰 산으로 변했다.

반고와 과보의 고사는 비록 비교적 뒤늦게 가공되어 지금의 형태를 갖추긴 했지만, 그것들이

◈ 〈반고도(盤古圖)〉 | 남송

남송의 〈반고도〉(작자 미상)는 하늘과 땅을 연 중국의 시조인 반고의 형상을 그린 것이다. 그 구상의 기이함, 화풍의 고풍스럽고 소박함, 기세의 웅장함은 중국의 수많은 인물화들 중에서도 매우 보기 드문 것이다.

묘사하고 있는 것은 사실은 매우 오래된 신화다. 재미있는 것은, 유럽 및 유프라테스 강과 티그리스 강 유역, 그리고 인도의 고대 신화 속에도 이와 유사한 고사가 있다는 점이다. 즉 북유럽의 신화는 일찍이 언급하기를, 텅 빈 우주 속에 바닥이 없는 하나의 거대한 동굴이 있고, 그 동굴 속에서는 끊임없이 차가운 바람을 뿜어 내며, 그 바람 속에서 하나의 거대한 얼음 거인이 자라났는데, 이름이 이미르(Ymir)다. 신과 거인이 격전을 벌여, 거인이 전사하자, 신은 곧 그 거인의 시체를 끝없이 깊은 동굴에 가두어 놓았다. 그러자 그 거인의 근육은 대지가 되고, 피와 땀은 바다가 되고, 뼈는 산이 되고, 치아는 바위가 되고, 머리카락은 식물이 되었다. 바빌론의 신화에서는 말하기를, 천신(天神)인 마르둑(Marduk)이 사자 몸에 용 머리를 가진 여괴(女怪)를 죽여, 그의 시체로 대지를 만들었다고 한다. 그리고 인도 신화에서도 여러 신들이 푸르샤(Purusa)의 신체로 세계를 만들었다고 묘사하고 있다.

거인의 신체가 만물이 되었다는 것은, 거의 전 세계적으로 통용되었던, 옛날 사람들이 세계의 형성에 대해 가졌던 생각이다. 반고 전설은 동한 시대에야 처음으로 형성되었다. 그 근원을 따져 보면, 아마도 서남쪽 소수민족 지역의 '반호(盤瓠)' 고사에서 탄생한 것 같다. 전설에 따르면, 옛날에 어떤 국왕(후세에 억지로 '고신씨高辛氏'라고 갖다 붙였다)이 한 마리의 애견을 키웠는데, 이름이 '반호'였다고 한다. 한번은 나라가 적군 혹은 반란군의 공격을 받아 매우 위태로워지자, 국왕은 마침내 수많은 상금과 자신의 공주를 상으로 내걸고, 적군 우두머리를 살해할 용사를 모집했다. 그 결과 공을 세운 것은 뜻밖에도 반호였다. 그 개는 밤에 적진에 들어가 적장을 물어 죽이고는, 목을 베어 물고 돌아와 상을 받았다. 국왕은 약속대로 공주를 시집보냈고, 반호는 곧 공주와 결혼하여 세 명의 아들과 세 명의 딸을 낳았으며, 이들이 어떤 민족의 선조가 되었다고 한다.

여와조인(女媧造人)

반고가 하늘과 땅을 연 다음, 가장 유명한 신화는 '여와가 사람을 만든 것[女媧造人]'이다. 전설에 따르면, 여와라는 대신(大神)이 있었는데, 머리는 사람이고 몸은 뱀이었다. 그는 광활한 대지의 곳곳을 돌며 한가롭게 노닐다가, 매우 쓸쓸하다고 느꼈다. 하루는 여와가 황하 강변에 왔다가, 강물에 비친 자신의 모습을 보고는 문득 한 가지 방법을 생각해 냈다. 여와는 오색토(五色土)를 구해다가, 황하의 물을 섞어 진흙을 만든 다음, 자신의 모습을 모방하여 어린아이 모양의 토우(土偶)를 빚었다. 여와가 그 토우에 숨을 불어넣자, 토우가 살아났다. 여와는 진흙으로 수많은 토우를 빚고, 그 토우들의 이름을 '사람[人]'이라고 불렀다.

여와는 멈추지 않고 계속해서 빚다가 매우 지루하다고 느끼자, 약간의 풀을 구해 와서 한 가닥 한 가닥 밧줄을 만들더니, 오색토의 진흙물 속에 넣었다가, 밧줄을 사방으로 휘두른 다음, 다시 그 흩뿌려진 진흙 덩어리들에 숨을 불어넣자, 이 진흙 덩어리들은 더욱 많은 사람이 되었다. 이 원료가 오색토였기 때문에, 사람의 몸도 원래대로 다음과 같이 다섯 가지 색깔을 띠었다. 즉 노란 것은 피부, 빨간 것은 피, 자주색은 근육, 검은 것은 눈동자, 흰 것은 치아가 되었다. 이렇게 한 다음, 여와는 또한 결혼이라는 방법을 생각해 내어, 인류가 스스로 후대를 번성시켜 나갈 수 있도록 했다. 이와 비슷한 신화들이 세계의 곳곳에서 전해지고 있다. 예를 들면, 그리스 신화 중에는 대신인 프로메테우스(Prometheus)가 진흙으로 사람을 만들고, 여신인 아테나(Athena)가 사람 형상의 콧구멍 속에 숨을 불어넣고, 영혼을 주었다는 내용이 있다. 기독교의 『성경』에서, 하나님도 진흙을 이용하여 사람을 만들고, 그들에게 생명을 주었다는 내용이 있다.

여와가 사람을 만든 신화의 기원도 상당히 늦은데, 고대에 서남쪽 지역에서 전해지던 것은 복희(伏羲)와 여와 남매가 결합된 전설이다. 전설에 따르면, 하늘이 폭우를 내려 홍수가 범람하자,

한 걸음 더

무산인(巫山人) 유적

1985년 10월 13일 오후 1시, 중국의 유명한 고인류학자인 황완보(黃萬波)가 충칭시(重京市)의 우산현(巫山縣) 룽구포(龍骨坡)에서, 지금으로부터 200만 년 전의 '무산인' 화석을 발견했다. 고고학자는 한 개의 인류 앞니와 한 개의 인류 아래턱뼈를 발굴했는데, 턱뼈에는 두 개의 치아가 붙어 있었다. 1997년, 고고학자의 2차 발굴을 통해, 지금으로부터 200만 년 전의 "뚜렷이 인공으로 두드린 흔적이 있는" 한 무더기의 석기들을 발견했다. 저명한 고인류학자인 자란포(賈蘭坡) 등 권위 있는 학자들의 감정을 거쳐, 이 석기들은 모두 인위적으로 두드린 흔적을 지니고 있으며, 고인류가 사용했던 공구라는 사실을 밝혀 냈다. 그 결과, 지금으로부터 200만 년 전에 '무산인'이 존재했다는 사실이 다시 한 번 강력하게 실증되었다. 무산인 유적은 현재 중국 내에 있는 최초의 고인류 유적으로, 그것의 발견은, 중국에서 최초의 인류 활동이 지금으로부터 200만 년 전에 이미 시작되었다는 것을 선고한 것이고, 더욱 중요한 것은 중국의 인류는 자기의 산골짜기에서 나왔으며, 중국은 세계 인류의 발상지 중 하나라는 사실을 증명했다는 점이다.

◈ 〈복희 · 여와도(伏羲·女媧圖)〉

복희와 여와는 중국 신화 속에서 인류의 시조다. 그림 속의 복희와 여와는 각각 남녀 형상의 측면 모습이며, 서로 마주보고 있다. 복희는 구(矩: 곱자)를 들고 있고, 여와는 규(規: 그림쇠)를 들고서, 다른 한 손으로는 각자 상대방의 허리를 껴안고 있으며, 하반신은 뱀 모양으로 교차하여 감고 있다. 주위에 해·달·별을 배치하여 복희와 여와가 인류의 시조라는 숭고한 의미를 나타내 주고 있다.

모든 인류가 성난 파도에 휩쓸려 갔고, 단지 복희와 여와 남매만이 뇌신(雷神)을 구해 주었으므로, 한 개의 거대한 조롱박 속으로 피하도록 지시를 받아, 다행히 재난을 면했다. 홍수가 물러간 다음, 여와는 한 그루의 커다란 나무를 돌면서 복희를 쫓고 쫓기다가, 남매는 결국 결혼을 하여 둥근 살덩어리를 하나 낳았다. 여와는 이 둥근 살덩어리를 잘게 썰어, 받쳐들고 하늘에 올라가 천신에게 바치려고 생각했다. 절반 쯤 올라가다가 살덩어리를 놓쳐 떨어뜨리는 바람에, 땅에 가득 뿌려졌다. 이것이 바람을 맞으며 자라서 수많은 작은 사람으로 변했으니, 이들이 바로 복희와 여와 남매의 아이들이며, 인류의 조상이라는 것이다.

이 신화 전설은 모계 씨족사회에서 나왔음이 매우 뚜렷이 드러나 있어, 여자가 주도적 지위를 차지하고 있다. 때문에 남매가 결혼하는 과정에서도 여와가 주도권을 쥐고 있어, 남자는 달아나고 여자는 쫓고 있다. 이 밖에 옛날 사람들은 근친간의 결혼이 후대에 나쁜 영향을 미친다는 사실을 결코 알지 못하여, 매우 오랜 기간 동안 남매, 심지어는 모자와 부녀가 교잡하기도 했으며, 이렇게 오래된 습속도 신화 속에 구현될 수 있었다.

어떤 전설을 막론하고, 모두 후세 사람들로 하여금 여와를 인류의 조상이자 혼인의 신으로 존경하게 하였다.

전설 시대

인물: 복희(伏羲), 신농(神農) 지역: 중국 키워드: 삼황오제(三皇五帝)

삼황(三皇)의 전설

하늘과 땅이 열리고 여와가 사람을 만든 이후의 신화 전설은, 근원이 더욱 복잡하여, 이설(異說)들이 분분하게 등장했다. 후세에 보편적으로 받아들여지는 것은 '삼황오제(三皇五帝)'설, 즉 소수의 위대한 천신(天神) 혹은 인류의 우두머리들이 옛 사람들을 이끌고 기나 긴 야만의 시대를 보냈다는 주장이다. '삼황'의 가장 보편적인 견해는, 천황(天皇)·지황(地皇) 및 태황(太皇)을 가리킨다는 것이다.

삼황은 누구인가

천황은 12개의 머리가 달린 대신(大神)인데, 후세 사람들은 천황씨의 형제가 12명이며, 풍속을 교화했고, 각자 1만 8천 년씩 통치했다고 잘못 이해했다. 지황은 머리가 11개 달린 대신인데, 후세 사람들은 지황씨의 형제는 11명 혹은 9명이며, 생김새가 마치 여자 같고, 뱀의 몸통에 짐승의 다리를 가졌으며, 역시 각각 1만 8천 년씩 통치했다고 잘못 이해했다. 태황은 후세 사람들이 우러러 받드는 천제(天帝)로, 천신들 중 가장 존귀한 한 명이다.

천황과 지황과 태황은 고서들 속에 있는 수많은 삼황의 이름들 가운데 가장 보편적인 견해다. 이 밖에 『세본(世本)』, 공안국(孔安國)의 『상서서(尙書序)』, 황보밀(皇甫謐)의 『제왕세기(帝王世紀)』는 복희(伏羲)·신농(神

◈ 북경인(北京人)의 두개골

이 두개골은 감정을 거쳐 구석기 시대 초기(지금으로부터 약 71만 년 전~23만 년 전)의 것으로 판명되었으며, 베이징시 팡산구(房山區) 저우커우뎬(周口店) 지역에서 출토되었다.

◈ **〈복희상(伏羲像)〉** | 청, 요문한(姚文澣)

이 〈복희상〉은 청대의 궁정화가인 요문한이 그린 역대 제왕상(帝王像)들 가운데 첫 번째 그림으로, 현재 미국 뉴욕 메트로폴리탄박물관에 소장되어 있다.

農)·황제(黃帝)를 삼황이라 하고, 『백호통의(白虎通義)』「호(號)」는 복희·신농·축융(祝融)을 삼황이라 하면서, 동시에 또한 복희·신농·수인(燧人)을 삼황으로 기록하고 있기도 하다. 『풍속통의(風俗通義)』「황패(皇霸)」, 사마정(司馬貞)의 『보사기(補史記)』「삼황기(三皇紀)」는 복희·여와·신농을 삼황이라 한다. 『예문유취(藝文類聚)』「십일(十一)·춘추위(春秋緯)」는 천황·지황·인황(人皇)을 삼황이라 하고, 『통감외기(通鑑外紀)』는 복희·신농·공공(共工)을 삼황이라 한다.

나중에 등장한 천황·지황·태황이라는 견해는, 거의 모두가 순수한 신령(神靈)으로, 사람과 신이 뒤섞여 있는 고대인들의 신화 구조 방법에서 뚜렷이 벗어나 있으며, 동시에 또한 그로부터 진실한 상고 시대의 역사를 표현해 내기도 매우 어렵다. 여타 몇 가지의 삼황에 대한 견해들은 수인씨 등 여러 사람들과 관련이 있으며, 그들의 전설은 이와는 달라, 깊이 파고 들어가면 중국 고대인들의 생활과 분투하며 살아온 과정을 살펴볼 수 있다.

'수(燧)'란, 불씨를 얻는 기구를 가리킨다. 전설에 따르면, 서쪽의 아득히 먼 곳에 한 그루의 신수(神樹)가 자라고 있었는데, 그 이름이 신목(神木)이었다. 신목의 재질은 매우 건조하여, 너무 쉽게 불이 붙어 타 버렸다. 어떤 성인(聖人)이 부엉이와 비슷하게 생긴 새가 부리로 이 수목을 쪼아대자 불똥이 튀기는 것을 보고, 여기에서 힌트를 얻어, 나무를 문질러 불을 얻는 방법을 발명했다. 이후 사람들은 나무를 문질러 얻은 불을 이용하여 고기와 물고기나 조개를 구워 먹고, 더 이상 날 음식과 찬 음식을 먹지 않게 되었으므로, 병에 걸릴 가능성이 낮아졌다. 그리하여 사람들은 이 성인을 추대하여 우두머리로 삼았으며, '수인씨(燧人氏)'라고 불렀다고 한다.

복희씨(伏羲氏)는 수인씨와 같은 종족이었다고 전해진다. 사람들은 또한 그를 복희(宓犧)·복희(宓羲)·포희(庖犧)·복희(伏戲)·포희(包犧)·포희(包羲)·복희(伏犧)·포희(炮犧) 등이라고도 부르는데, 모두가 고대의 동음이자(同音異字)들이다. 앞 장에서 언급했던 복희와 여와 남매가 결혼했다는 신화 외에도, 다른 재미있는 고사가 또 있다. 전설에 따르면, 복희의 어머니는 화서씨(華胥氏)의 딸로, '뇌택(雷澤)'이라는 지방을 산책하다가, 땅 위에 무척 커다란 발자국이 나 있는 것을 발견했다. 그는 매우 호기심을 느껴, 발로 이 발자국을 밟으며 앞으로 나갔는데, 뜻밖에도 집에 돌아온 후에 임신을 하게 되었고, 이렇게 되어 낳은 아이가 바로 복희라고 한다. 뇌신(雷神)의 지시를 받고 조롱박 속에 들어가 피신한 것과, '뇌택'에서 거인의 발자국을 밟고 나아간 것은 모두 천둥[雷]과 관계가 있으니, 어쩌면 이 두 가지 신화가 같은 근원을 갖는다는 것을 증명하는지도 모른다.

각자 장기를 가지고 있었다

전설 속의 복희는 공적이 매우 많다. 우리 모두가 알고 있는 팔괘(八卦)를 만들었다는 것 말고도, 그는 거미가 줄을 치는 데에서 힌트를 얻어 그물과 짐승 잡는 함정을 발명한 뒤, 고대인들이 어업과 수렵에 종사하도록 가르치기도 했다. 또 결혼 제도를 창립하여, 족내혼(族內婚: 같은 부족 내에서 배우자를 선택하는 결혼)을 족외혼(族外婚)으로 바꿈으로써, 결혼의 의식을 확립했다. 그리고 그는 악기인 '슬(瑟: 거문고와 비슷한 현악기)'을 발명했고, 요리 기술을 연구함과 동시에, 관리를 두어 국가를 다스린 것 등이다. 전설 속의 복희와 여와 남매는 모두 사람 머리에 뱀 몸통을 하고 있기 때

◈ **관어석부문채도항**(鸛魚石斧紋彩陶缸) | 신석기 시대

문에, 후세 사람들은 그가 가장 먼저 많은 동물들의 특징을 모두 뱀의 몸에 그러모아, 신화 속 동물인 '용(龍)'을 창조하여, 부족의 토템으로 삼았을 거라고 추측하고 있다.

복희의 누이 혹은 아내인 여와도 삼황에 포함된 적이 있는데, 사람을 창조한 업적 외에도, 그는 하늘을 기워서 꿰맨[補天] 큰 공로를 세우기도 했다. 그 내용은 이러하다. 즉 전설 속의 수신(水神)인 공공(共工)과 화신(火神)인 축융(祝融)이 불주산(不周山)에서 천제(天帝)가 되려고 한바탕 싸움을 벌였는데, 전쟁이 매우 치열했다. 결국 공공이 패배하자, 화가 나서 머리를 불주산에 부딪혀 산을 두 동강내 버렸다. 이는 큰일이 아닐 수 없었다. 불주산은 하늘과 땅 사이의 기둥이었으니, 불주산이 두 동강나자, 갑자기 하늘이 동남쪽으로 무너져 내려 불비[火雨]가 이글거렸고, 땅은 서북쪽으로 꺼져 홍수가 하늘을 덮을 듯했다. 사람들이 뛰어다니며 소리치자, 놀란 들짐승과 날짐승들이 또한 곳곳에서 사람들을 해쳤다. 여와는 이 광경을 보자 매우 초조하여, 오색 돌멩이들을 구해다가 불에 녹인 다음 하늘 위의 찢어진 곳을 꿰매 기웠다. 이 밖에도 그녀는 또한 한 마리의 거대한 신구(神龜: 신령한 거북)를 죽인 다음, 신구의 네 발을 이용하여 불주산 대신 하늘을 떠받치도록 괴었다. 그리고 다시 기주(冀州)에서 소동을 일으킨 흑룡을 제거하여, 홍수의 근원을 차단했다. 그런 다음 마지막으로 갈대를 태워 만든 재를 이용하여 땅 위에 고여 있는 홍수를 모두 빨아들였다. 전설에 따르면, 지금 넓디넓은 하북(華北) 평원은 바로 이 갈대 재가 쌓여서 이루어진 것이라고 한다.

대홍수는 비록 여와의 노력으로 물러갔지만, 대지 위의 짐승과 과실들은 이로 인해 모두 크게 감소했다. 죽고 다친 정도가 막심했기 때문에, 대규모 질병이 유행하기 시작하여, 사람들의 생활이 매우 어려웠다. 이때 신농이 출현했다. 그는 쟁기와 보습 등의 농기구들을 발명하여, 사람들에게 땅을 갈고 곡물을 파종하도록 가르쳤고, 중국의 고대인들은 이때부터 유렵(遊獵: 떠돌아다니며 사냥하는 것) 사회에서 농경 사회로 바뀌었다. 전설에서 신농의 머리 위에는 한 쌍의 소뿔이 나 있는데, 이는 어쩌면 우경(牛耕)도 이미 보편적으로 출현했음을 말해 주는지도 모른다.

사람들의 질병을 치료하기 위해 신농은 곳곳을 다니며 약초를 찾았고, 심지어 "온갖 풀을 맛보는 것[嘗百草]"을 마다하지 않으면서, 자신의 몸을 이용하여 시험하기까지 했다. 전설에서 신농의 몸은 보통 사람과는 다르다. 그의 배는 투명했기 때문에, 먹은 약초가 독약인지 아닌지 볼 수 있었으며, 또한 이 약초가 뱃속에서 어떤 작용을 하는지도 볼 수 있었다. 그가 이렇게 시험을 하여, 하루에도 70여 번이나 중독되었다고 전해진다.

어떤 전설에서는, 신농이 또한 찻잎이 해열과 해독의 효과가 있다는 것을 발견하여, 몸에 해로운 약초를 먹으면, 그는 곧 찻잎을 먹고 해결했다고 한다. 그러나 결국 그는 '단장초(斷腸草)'라는 독약을 먹었기 때문에, 창자가 마디마디 끊어져, 식용 찻잎을 써 보지도 못하고 세상을 떠났다고 한다.

수인·복희·신농 등과 함께 일컬어지는 이름으로는 또한 유소씨(有巢氏)도 있다. 유소씨의 출현은, 당연히 앞에서 언급한 여러 신들이나 인류 우두머리들의 출현에 비해 약간 이르기 마련이다. 『한비자(韓非子)』「오두(五蠹)」에서는 다음과 같이 말하고 있다. 즉 상고 시대에는 야외의 날짐승과 들짐승들이 사람들보다 많아서, 사람들은 늘 짐승들의 침입으로 매우 고통을 받았다. 이때 한 성인이 출현하여, 사람들에게 나무 위에 집을 지어 짐승들의 침해를 피하도록 가르쳐 주자, 모두가 크게 기뻐하며, 그를 추대하여 우두머리로 삼고, 천하를 관장했으니, 그를 일컬어 '유소씨'라 한다.

유소→수인→복희→여와→신농, 자세히 생각해 보면, 바로 이러한 순서가 인류의 진화와 상고 사회의 발전 법칙에 잘 부합한다. 먼저 인간은 산에 의지하여 살거나 동굴을 거처로 삼던 상태에서, 스스로 바람을 막고 비를 피할 거처를 지을 수 있는 상태로 발전한 다음, 불을 이용했다. 그 다음으로 도구를 사용(복희가 그물과 짐승 잡는 함정을 발명했다)했으며, 마지막으로 수렵·채집으로부터 농업 생산으로 변화했다. 여와가 하늘을 꿰매 기운 신화는, 어떤 전문가의 고증에 의하면, 이때 확실히 매우 중대한 자연 재해가 한 차례 발생했을 것이라고 하며, 심지어는 이 자연 재해는 신석기 시대 말기에 하북(河北)의 백양정(白洋淀) 지역에서 발생했을 것이라고 고증했다.

'씨(氏)'는 곧 씨족이나 부락인데, 이상의 몇 가지 전설들 속에서 언급하고 있는 삼황은, 왕왕 그 뒤에 '씨'자를 붙이기도 한다. 어쩌면 이는 그들이 단독의 개인이 아니라, 어떤 고대 씨족 전체를 가리키는 칭호였다는 것을 말해 주는지도 모른다. 즉 이 씨족이 가장 먼저 불을 사용하는 법을 배워서 알았고, 가장 먼저 농경이나 약초의 채집 등을 배워 알았기 때문에, 당시 모두에게 일치되게 추앙을 받게 되자, 그 씨족의 명칭은 결국 신격화되었고, 상고 사회에서 일종의 문화 부호(符號)가 되었으며, 오늘날까지 전해지고 있는지도 모른다.

전설 시대

인물: 염제(炎帝), 황제(黃帝) 지역: 황하 유역 키워드: 탁록대전(涿鹿大戰)

염제(炎帝)와 황제(黃帝)

중국의 고대 전적들 가운데, 이른바 '오제(五帝)'에 대한 견해는 매우 많은 판본들이 있다. 『세본(世本)』, 『대대례(大戴禮)』, 『사기(史記)』 「오제본기(五帝本紀)」는 황제(黃帝)·전욱(顓頊)·제곡(帝嚳)·제요(帝堯)·제순(帝舜)을 오제라 하고, 『역(易)』 「계사하(繫辭下)」는 복희(태호太昊)·신농(염제)·황제·제요·제순을 오제라 하는 등등, 옛날의 신화는 후세의 가공을 거쳐 점차 완전히 상반된 두 방향으로 변화했다. 한 방향은 철저히 신격화하여, 원래 반인반신(半人半神)이던 영웅적 인물을 전지전능한 천신(天神)으로 그려 냈다. 다른 한 방향은 최대한 스스로 사실이라고 생각하는 역사를 향해 다가가면서, 야만 시대의 영웅들을 인덕(仁德)을 겸비한 모범적인 군주로 변모시켰다. 그러나 어떤 판본이 진실한 역사에 가까운가에 관계없이, 염제와 황제는 모두 중국인들이 우러러 받드는 조상이다.

신화와 사실(史實)

염제는 남방의 천제일 뿐만 아니라, 동시에 태양신이기도 하며, 화신(火神) 축융(祝融)과 수신(水神) 공공(共工)이 모두 그의 자손들이다. 이 밖에, 그는 또한 몇 명의 딸도 낳았는데, 그 중 막내의 이름이 여와(女娃)다. 여와가 언젠가 한번 동해에 놀러갔다가, 불행히도 풍랑에 휩쓸리는 바람에 시신은 바다 밑에 가라앉고, 영혼은 작은 새가 되었으니, 그 이름이 정위(精衛)다. 원수를 갚기 위해 정위는 힘

◈ **저문도발(猪紋陶鉢) | 신석기 시대**

이 도발은 1979년에 저장성 위야오(余姚) 허무두(河姆渡)에서 출토되었으며, 외벽에는 돼지 형상의 무늬 장식이 있는데, 돼지의 몸은 둥근 고리나 나뭇잎 등의 도안으로 채워 넣었다. 이는 현재 발견된 최초의 돼지 형상의 무늬 장식이 있는 도기다.

든 것을 마다하지 않고 서산의 돌멩이와 나뭇가지들을 물어다가 동해를 평평하게 메우려고 생각했다. 이것이 바로 '정위전해(精衛塡海: 정위가 바다를 메우다)'라는 고사다. 대시인인 도연명(陶淵明)은 일찍이 이렇게 찬탄했다. "정위는 작은 나뭇가지들을 물어다가, 이것으로 넓은 바다를 메우고, 형천은 방패와 도끼를 들고 춤을 추니, 굳센 의지는 변함 없이 살아 있구나[精衛銜微木, 將以塡滄海, 刑天舞干戚, 猛志固常在]!" 이 시에서 정위와 함께 언급하고 있는 형천(刑天)은 용감한 전사였는데, 천제의 통치에 반항했기 때문에 머리가 잘렸다고 한다. 그러나 그는 조금도 물러서지 않고, 머리는 없지만, 두 젖꼭지를 눈으로 삼고, 배꼽을 입으로 삼아, 여전히 손에 방패[干]와 도끼[戚]를 들고서 크게 소리치며 치열하게 싸웠다고 한다.

다시 남쪽을 통치한 천제인 염제 이야기로 돌아가서, 염제가 한번은 나쁜 신인 치우(蚩尤)의 공격을 받았는데, 연달아 패배하자, 어쩔 수 없이 중앙의 천제인 황제(黃帝)에게 도움을 구한 적이 있었다. 황제는 황제(皇帝)라고도 표기하며, 이는 바로 황천(皇天: 하늘)의 상제라는 의미로, 가장 존귀한 천신을 가리킨다. 전해지기로는, 그는 네 개의 얼굴이 있어, 동시에 사방 만 리 밖을 볼 수 있다고 한다. 그는 곤륜산(昆侖山) 위의 화려한 궁전에서 살며, 모습이 기괴한 각종 신령이나 신수(神獸)들이 그를 호위하고 있다고 한다. 염제가 구원을 요청한다는 소식을 들은 후에, 황제는 곧 휘하에 있는 각 방향의 신령들을 소집하여 치우를 토벌하러 갔고, 쌍방은 탁록(涿鹿)에서 큰 전투를 벌였다.

『태평어람(太平御覽)』에서 말하기를, 치우는 형제가 81명인데, 전부 짐승의 몸을 하고서 사람의 말을 하며, 머리는 동(銅)으로 되어 있고, 이마는 철(鐵)로 되어 있으며, 진흙과 모래를 먹고, 병기(兵器)를 잘 만든다고 한다. 『술이기(述異記)』에서 말하기를, 치우는 사람 몸에 소 발굽을 하고 있으며, 눈이 네 개에 손이 여섯 개라고 한다. 그러나 그는 별로 두려운 편이 아니었고, 무서운 것은 그가 수많은 맹수와 이매망량(魑魅魍魎: 산속이나 물속에 사는 온갖 도깨비들) 등 사람 마음을 잘 현혹시키는 온갖 요괴와 악마를 통솔하고 있다는 것이었다. 지위가 남방의 천제인 염제는 바로 그런 요괴와 악마들 앞에서 패배하여 도망쳤고, 중앙의 천제인 황제도 처음부터 적을 가볍게 보았기 때문에, 한 번 큰 패배를 당했다.

치우가 커다란 안개를 일으켜 황제의 군대를 전부 뒤덮자, 3일 낮과 3일 밤 동안 모두가 길을 찾지 못했다. 다행히 황제에게는 풍후(風后)라는 신하가 있었는데, 지혜가 뛰어나고 계략이 풍부했다. 그가 급하게 지남거(指南車) 한 대를 만들자, 어느 방향으로 가더라도 수레 위에 있는 작은 목인(木人)의 손은 항상 남쪽을 가리켰으므로, 그것이 비로소 대군을 짙은 안개 속에서 구해 냈다. 이 전설 속의 지남거는, 후세에 많은 학자들이 복제하거나 새롭게 창조해 냈는데, 그것은 오

◈ 〈헌원문도도(軒轅問道圖)〉 | 명, 석예(石銳)

석예는 자(字)가 이명(以明)으로, 명나라 선덕(宣德) 연간의 궁정화가였다. 이 그림은 황제 헌원씨(軒轅氏)가 공동산(崆峒山)에 가서 광성자(廣成子)에게 도를 물은 고사를 그린 것이다. 오래된 소나무와 늙은 나무가 서로 어우러져 돋보이는 풍경 아래, 헌원씨와 광성자가 마주보고 앉아 도에 대해 논하고 있다. 두 사람 뒤에는 시자(侍者)가 18명 있는데, 어떤 사람은 지팡이를 들고 서 있고, 어떤 사람은 차를 받쳐 들고서 시중들고 있으며, 어떤 사람은 간단한 음식을 만드느라 바쁘다. 화면에 긴장감이 크게 감돌고, 분위기가 엄숙하고 경건하며, 구도가 산뜻하고 경쾌하다.

늘날의 지남침과는 달리 자력(磁力)을 이용하지 않고, 단지 톱니바퀴의 움직임에만 의지한 것으로, 고대인들의 위대한 지혜를 충분히 구현하였다.

황제는 병사들을 이끌고 짙은 안개를 빠져나온 다음, 곧 신수(神獸)인 응룡(應龍: 날개가 달린 신령한 용)을 불러 큰 비바람을 불러일으켜서, 이매망량들을 몰아내 버렸다. 그러나 치우가 즉시 바람과 비를 주관하는 대신(大神)인 풍백(風伯)과 우사(雨師)를 불러오자, 응룡은 그의 상대가 되지 못하여, 황제는 또 다시 패배를 맛보았다. 황제는 방책이 없자, 어쩔 수 없이 그의 딸인 '발(魃)'에게 도움을 요청했다. 발은 가뭄의 신으로, 그녀가 지나간 곳은 구름이 걷히고 비가 그치면서, 땅이 메말라 갈라졌으므로, 풍백과 우사는 대적하지 못하고 패배했다.

황제는 병사들의 사기를 고무시키기 위해, 다리가 하나 달린 괴수인 '기(夔)'의 가죽을 벗기고, 또한 뇌택(雷澤) 속에 숨어 있던 뇌신(雷神: 천둥신)의 뼈를 발라내어, 거대한 전고(戰鼓: 전쟁할 때 치

는 북)와 북채를 만들었다. 북소리가 우렁차게 울리면서 사기가 충천하여, 황제의 대군이 산과 들을 휩쓸면서 공격을 하자, 치우는 결국 패배했다. 어쩔 수 없이 치우는 거인인 과보(夸父) 종족에게 가서 도움을 요청했다. 이렇게 위급할 때, 하늘에서 갑자기 '현녀(玄女)'라는 천신이 내려오더니, 황제에게 병법(兵法)을 전해 주면서, 그를 도와 마침내 치우를 물리쳤다. 전쟁이 끝난 다음, 일설에 의하면 황제가 즉각 치우의 머리를 베어, 핏자국이 남아 있는 족쇄와 수갑을 들판에 버렸는데, 이것이 변하여 단풍나무 숲이 되었다고 한다. 다른 일설에 의하면, 치우는 패배하여 기주(冀州)로 도망쳤고, 다시 황제와 한 차례 전쟁을 벌였다가 마침내 사로잡혔는데, 황제는 그를 두 토막을 내버렸기 때문에, 그 지역이 '해(解)'(오늘날의 산시성 지에저우解州 부근)라고 불렸다고 한다. '解'자는 곧 '분해하다'는 의미이다.

그러나 황제와 치우의 전쟁은, 후세 사람들이 성왕화(聖王化)한 신화 체계에 따라 기술한 이후에는 또 다른 면모를 나타낸다. 그 신화에서 황제는 유웅씨(有熊氏) 혹은 헌원씨(軒轅氏: '軒轅'은 '수레의 끌채'라는 뜻인데, 전설에서 그가 수레를 발명했기 때문에 붙여진 이름이다)라고 불리며, 황하 유역 서부를 통치한 성왕이다. 염제는 신농씨의 후예로, 열산씨(烈山氏: 아마도 그는 화전을 하는 씨족이었음을 말해 주는 것 같다)라고 불렸으며, 황하 중류를 통치한 성왕이다. 치우는 염제의 남쪽에 있던 씨족 수령으로, 일찍이 한동안 염제에게 신하로서 복종했지만(다른 일설에 의하면 그는 본래 염제의 조카라고 한다), 후에 다시 남쪽에 있던 구려(九黎) 씨족과 연락하여, 늙어서 체력이 쇠진한 염제를 향해 맹렬한 공격을 개시했다.

이른바 "짐승의 몸을 하고 있으면서 사람의 말을 한다[獸身人語]"는 것은, 아마도 치우의 병사들이 모두 몸에 가죽으로 만든 갑옷을 입었다는 것을 말해 주는 것 같다. 그리고 "머리는 구리로 되어 있고, 이마는 철로 되어 있다[銅頭鐵額]"는 것은, 아마도 그들이 머리에 금속으로 만든 투구를 썼다는 것을 말해 주는 것 같다. 이른바 "모래를 먹는다[食沙]"는 것은, 아마도 농업이 비교적 발달하여, 모두가 옥수수를 먹은 것을 가리키는 것 같다. 이처럼 뛰어난 장비와 후방 보급을 보유한 치우의 부족에 대해, 아직 옥병(玉兵) 시대('옥병'이 가리키는 것은 옥으로 만든 공구인데, 어떤 학자는 중국에서 석기 시대와 동기 시대 사이에 옥병 시대가 있었다고 여긴다)에 있던 염제의 씨족은 당연히 적수가 되지 못했다.

『일주서(逸周書)』「상맥편(嘗麥篇)」에서는, "치우가 이리하여 황제를 몰아내고, 탁록의 언덕에서 싸웠다[蚩尤乃逐帝, 爭於涿鹿之阿]"고 기록되어 있다. 이것은 첫 번째 탁록 전투로, 그 결과 염제는 대패하여, 구주(九州)를 모두 잃어, 한 치의 땅도 없게 되

◈ **인면문채도분**(人面紋彩陶盆) | **신석기 시대**

이 채도분은 산시성 시안(西安)의 반포(半坡) 유적에서 출토되었다. 등적색의 안쪽 바닥에 새까만 도안을 돋보이게 그려 놓아, 색깔의 대비가 선명하다. 도분의 안쪽 벽에는 두 개의 인면 문양과 두 마리의 헤엄치는 물고기를 그려 놓았다. 전체 그림이 원시 시대에 풍년과 번성을 기원하는 장면과 관련이 있는, 매우 뛰어난 원시 예술품이다.

자, 어쩔 수 없이 서쪽으로 도망친 뒤, 황제의 씨족에게 도움을 요청했다고 한다.

황제의 씨족과 염제의 씨족이 연합하여, 매우 큰 힘을 들인 끝에, 마침내 탁록에서 치우를 물리쳤다. 옛날 역사의 기록에 따르면, 이 전투가 매우 참혹하여, "피가 흘러 방패가 떠다녔다"고 한다. 치우의 최후에 관해, 이 신화 체계에도 매우 많은 견해들이 있다. 가장 흔히 보이는 견해는, 치우가 죽임을 당하자, 구려 씨족의 잔여 세력이 남쪽의 깊은 산속으로 도망쳤다가, 점차 오늘날의 서남 지역 소수민족으로 번성했다는 것이다. 이 밖에도 어떤 견해에 따르면, 치우는 결코 죽임을 당한 게 아니라, 황제에게 항복한 뒤, 황제 밑에서 군대를 관장하는 중신이 되었다고 주장한다. 그런데 치우의 무력과 명망을 가장 잘 나타내 주는 견해는 다음과 같다. 즉 치우가 전쟁에서 패하여 죽임을 당한 뒤, 원래 그를 따르던 작은 부족이 떨쳐 일어나 반란을 일으켰다. 그러자 황제는 곧 명령을 내려 치우의 초상을 그리도록 한 다음, 그 그림을 가지고 천하를 순회하면서, 그 부족 사람들에게 치우는 죽지 않았다고 알리도록 했다는 것이다. 그 결과 반란을 일으킨 부족들은 곧 순순히 항복했으며, 다시는 감히 반란을 일으키지 못했다고 한다.

황제가 치우를 물리치고 중원을 차지한 다음, 거기에 머물면서 떠나지 않자, 마침내 염제와의 사이에 갈등이 발생했다. 그리하여 쌍방은 다시 한 바탕 큰 전쟁을 벌였으니, 이것이 바로 세 번째 탁록 대전이다. 그러나 또 하나의 견해에 따르면, 당초 치우는 염제를 몰아내고, 염제의 칭호를 찬탈했기 때문에, 실제로는 황제와 염제 간의 전쟁이 바로 두 번째 탁록 대전이라는 것이다. 요약하자면, 결국은 황제와 염제의 두 씨족이 전쟁을 통해 마침내 연합하여(이를 '염황연맹炎黃聯盟'이라 한다—옮긴이), 중국 민족의 선조가 되었다.

황제에 대해 전해지는 이야기들

황제는 역사적으로 지위가 매우 우러러 받들어지고 있으며, 수많은 발명과 창조를 모두 그가 혼자서 완성했다고 여겨진다. 황제가 등장하기 전에, 사람들은 단지 나무 위나 동굴 속에만 거처를 만들 수 있었는데, 황제가 집을 발명하면서, 사람들이 따뜻하고 쾌적한 거주지를 갖게 되었다. 그는 또한 옷·수레와 배·토기 등의 기물들도 발명했다. 이 밖에 군사 방면에서, 황제는 병기와 진법(陣法)도 창제했다.

황제의 아내와 그가 임명한 신하들도 문명의 발전에 거대한 공헌을 했다. 그의 본처인 누조(嫘祖)는 양잠법과 실 뽑는 법을 발명했으며, 또한 누에고치 실로 비단 짜는 법을 발명했다. 신하인 창힐(倉頡)은 문자를 발명하여, 끈으로 묶어 기록하던 방법을 대체했고, 옹부(雍父)는 절구와 절구공이를 만들어 쌀을 찧는 데 사용했으며, 대요(大撓, 어떤 사람은 용성容成이라고도 한다)는 간지역법(干支曆法)을 제정하여 농사철에 이용했다. 또 영윤(伶倫)은 악기를 발명하고 음률(音律)을 제정했으며, 공고(共鼓)와 화적(貨狄)은 선박 만드는 법을 발명했고, 휘(揮)와 모(牟)는 활과 화살을 발명했으며, 예수(隸首)는 산술(算術)을 발명한 것 등이다. 이렇게 신화 체계에서 수많은 천신들이 성왕화한 이후에는 또한 모두가 황제의 후예라고 일컬어졌는데, 가장 유명한 것이 소호(少昊)·전욱·제곡 등이다.

소호는 궁상씨(窮桑氏) 혹은 금천씨(金天氏)라고도 불리는데, 동쪽의 해외에 나라를 세운 다음, 온갖 새들을 관리(官吏)로 삼았다고 전해진다. 예를 들면, 봉황은 총괄 관리자이고, 집비둘기는 교육을 관장하고, 독수리는 군사를 관장하고, 뻐꾸기는 건축을 관장하고, 솔개는 형법을 관장하고, 산비둘기는 언론을 관장한 것 등등이다. 후에 소호는 중원으로 돌아와, 복희(어떤 신화 체계에서는 태호씨太昊氏라고 부른다)를 대신하여 동쪽의 천제가 되었다고도 하고, 서쪽의 천제가 되었다고도 한다. 궁상씨라는 명칭과 봉황을 숭배했던 습속으로부터 보아, 전문가들은 대체로 소호가 대신 가리키는 것은 당연히 고대에 산동 반도 일대에 거주했던 동이족(東夷族)일 것이라고 생각하고 있다. 성왕화한 신화 체계에서, 소호는 황제의 아들이거나 혹은 복희의 외손자다.

전욱은 고양씨(高陽氏)라고도 부르는데, 원래 북쪽의 천제였다가, 후에 황제의 중앙 천제 지위를 계승한 뒤, 신하인 중(重)과 여(黎)를 파견하여 대지의 넓이를 측량하게 했으며, 또한 하늘과 땅의 통로를 차단하여, 천신과 인간이 더 이상 서로 왕래하지 못하게 만들었다. 성왕화한 신화 체계에서, 전욱은 황제의 손자로 여겨진다. 『사기(史記)』「오제본기(五帝本紀)」에서는, 그가 차분하고 박식하며 지략이 있는 사람이어서, 서로 다른 지역 조건에 따라 생산을 발전시킬 수 있었을 뿐 아니라, 천문 현상을 관측할 수 있어서, 해와 달의 운행에 따라 역법을 정했으니, 그것이 바로 〈전욱력(顓頊曆)〉이라고 기록하고 있다. 이 밖에, 그는 또한 각종 제사와 예의 제도를 제정하여 백성을 교화했다고 한다.

전설 속에서 전욱은 화신(火神)을 담당했던 적이 있으므로, 어떤 신화는 그를 화신인 축융과 혼동하여, 그가 수신(水神)인 공공과 불주산에서 세상을 거의 파멸시킬 뻔했던 그 큰 전쟁을 벌였다고 한다. 그러나 그렇게 되면, 여와가 하늘을 기워 꿰맨 일이 황제와 치우가 대전을 벌인 이후의 일로 바뀌어야 한다.

제곡은 고신씨(高辛氏)라고도 부르며, 황제의 증손자이자, 전욱이 그의 큰아버지다. 전해지기로, 그는 궁상(窮桑: 지금의 산둥성에 속함)에서 태어났으며, 어려서 총명하고 배우기를 좋아하여, 15살 때부터 전욱을 도왔고, 30살 때 제위(帝位)에 오르자, 박읍(亳邑, 지금의 허난성 옌스偃師 서쪽)으로 천도했으며, 염황연맹(炎黃聯盟)의 중요한 수령이었다. 전설에 따르면, 그는 별을 조종할 수 있었고, 시간과 절기를 관찰하는 방법에 능통하여 생산을 지도했다고 한다. 제곡에게는 네 명의 아내가 있었으니, 강원(姜嫄)·간적(簡狄)·경절(慶節)과 상의(常儀)가 그들이다. 강원은 기(棄, 즉 후직后稷)를 낳았으니, 그가 곧 주(周)나라의 시조다. 간적은 제비의 알을 먹고 임신하여 설(契)을 낳았으니, 그가 바로 상(商)나라의 시조다. 경절은 요(堯)를 낳았고, 상의는 지(摯)를 낳았다. 어떤 전문가는 상의가 바로 옛날 전설 속에 나오는 월신(月神)이며, 항아(嫦娥)와는 동음이자(同音異字)라고 주장한다.

제곡은 음악을 매우 좋아했다. 그는 악사(樂師)인 함흑(咸黑)을 불러 〈구초(九招)〉와 〈육례(六列)〉 등의 가곡을 만들었으며, 또 악수(樂垂)에게 명하여 비고(鼙鼓: 기병이 말을 타고 가면서 치는 북)·종(鍾)·반(磐) 등의 악기들을 만들게 했고, 64명의 무녀(舞女)들로 하여금 오색 옷을 입고 노래에 따라 춤을 추도록 했다. 음악이 울려 퍼지기 시작한 후에, 봉황·대적(大翟) 등 이름도 귀하고 신비한 새들도 모두 전당에 모여들어 경쾌하게 춤을 추기 시작했다—옛날에는 덕행이 고상한 인재만이 봉황을 불러올 수 있다고 여겼다. 제곡은 또한 천하를 순유(巡遊)하기를 좋아하여, 동쪽으로는 태산과 동해까지, 동북쪽으로는 요녕(遼寧)까지, 북쪽으로는 탁록·항산(恒山)·태원(太原)까지, 서북쪽으로는 영하(寧夏)·감숙(甘肅)까지, 서남쪽으로는 사천(四川)까지, 남쪽으로는 호남(湖南)과 호북(湖北)까지 두루 돌아다녔다.

한걸음 더

하모도(河姆渡) 문화와 대문구(大汶口) 문화

하모도 문화 유적은 지금의 저장성 위야오(余姚)의 허무두(河姆渡)에서 발견된 완벽하게 보전된 신석기 시대 중기의 문화 유적이다. 탄소-14 연대측정법에 따르면, 하모도 문화의 연대는 대략 기원전 5000년부터 기원전 3000년 무렵까지 존재했다. 거기에서 가장 특색 있는 발견은 당시에 이미 논에 벼농사를 지었다는 것으로, 이는 인류의 농업 발전사에서 중대한 공헌이다. 대문구 문화 유적은 산동의 유명한 밭작물 문화 유적으로, 1950년대에 처음 발견되었으며, 신석기 시대 말기에 속한다. 수년 동안의 발굴과 정리를 통해, 사람들은 대문구 문화 유형의 유적이 모두 100여 곳에 달한다는 것을 발견했으며, 그 존립 연대는 대략 기원전 4300년부터 기원전 2400년까지다. 대문구 문화도 전형적인 농업 문명 유적인데, 주요 농작물은 내한식물(耐旱植物: 가뭄을 잘 견디는 식물)인 조[粟]이고, 돼지·개·소·닭 등의 가축을 길렀으며, 동시에 어렵(漁獵) 경제도 중요한 생산 부문이었다. 지금으로부터 대략 4,500년 전 이후에, 중원 지역에서는 남북 지역 문화의 선진적인 요소들을 취합함과 아울러 발전을 선도할 태세가 나타나기 시작했으며, 중원 지역을 중심으로 일체화하여 다원화되는 구조도 점차 배태되어 형성되었다.

전설 시대

인물: 요(堯), 순(舜), 우(禹) 지역: 중국 키워드: 선양(禪讓)

요(堯)·순(舜)·우(禹)의 선양(禪讓)

역사학자와 고고학자들의 견해에 따르면, 요·순·우 삼대는 원시 사회에서 노예제 사회로 이행하는 과도기이자, 또한 중국 초기의 문명 시대이며, 그때 이미 초기 국가 성격을 띤 방국(邦國)과 방국 연맹이 형성되어 있었다고 한다. 이 시대와 관련이 있는 전설들의 절대 다수는 선진(先秦) 시기 제자(諸子)들의 논술에서 볼 수 있는데, 유가(儒家)나 도가(道家)는 물론이고 묵가(墨家)도 모두 삼대의 군주들을 성인화(聖人化)하고 있으며, '선양'이라는 주장이 이때부터 성행하기 시작했다. 또한 바로 이 세 명의 전기적(傳奇的) 인물들부터, 그 옛날의 신인합일(神人合一)적인 영웅이 실제의 인간으로 바뀌기 시작하여, 그들이 인간의 칠정육욕(七情六欲: 인간이 갖고 있다는 일곱 가지 감정과 여섯 가지 욕망)을 한층 더 많이 가진 모습으로 묘사되기 시작했다.

선양의 첫 실현

제곡 이후 오랫동안, 염황연맹(炎黃聯盟)의 수령 직무를 이어받은 것은 제요(帝堯)이며, 그는 도당씨(陶唐氏)라고도 불린다. 제요는 후세에 추앙받는 성왕일 뿐만 아니라, 신성(神性)도 대단히 크게 지니고 있다. 당시 하늘에서는 열 개의 해가 동시에 떠서, 곡식이 말라 죽고, 농지는 황폐해져, 백성들의 고통은 말할 수 없을 정도였다고 한다. 그러자 제요가 손수 화살을 쏘아 아홉 개의 해를 쏘아 떨어뜨림으로써, 세계가 다시 예전의 질서를 회복하게 했다고 전해진다.

더욱 유명한 견해는, 해를 쏘아 떨어뜨린 것은 제요가 아니라 용감한 장수였다는 것인데, 혹자는 천제가 인간 세계에 보낸 천신(天神)인 후예(后羿)였다고도 한다. 『회남자(淮南子)』에서는 말하기를, 후예는 왼팔이 오른팔보다 길었고, 타고난 신궁이었다고 한다. 또 그는 아홉 개의 해를 쏘아 떨어뜨렸을 뿐만 아니라, 제요를 도와 백성들을 해치는 구영(九嬰)·착치(鑿齒)·수사(修蛇) 등의 괴수들도 죽였다고 한다. 후예의 아내는 이름이 아(娥) 혹은 항아(嫦娥)인데, 그는 남편이 곤륜산 여신인 서왕모(西王母)에게서 구해온 불사약을 훔쳐 먹고는 날아서 달[月]로 도망친 뒤, 줄곧 거기에서 살았다고 한다. 〈항아분월(嫦娥奔月: '항아가 달로 도망치다'라는 뜻)〉이라는 전설은, 중국에서는 누구나 다 알고 있는 이야기라고 할 수 있다. 아내가 떠난 다음, 후예는 상심을 떨치지 못하다가, 마침내 제자인 봉몽(逄蒙)에게 죽임을 당했다고 한다.

◈ **도응준**(陶鷹尊) | 신석기 시대

이 응준(鷹尊)은 점토로 만든 검은색 도기로, 맹금의 외형을 모방하여 만든 선사 시대의 도기 공예품이다. 산시성 화현(華縣) 타이핑좡(太平莊)에서 출토되었으며, 현재 중국 국가박물관에 소장되어 있다.

세계 각 민족들의 신화 중에는 모두 대홍수와 관련된 기록이 있다. 예를 들면 유태인의 〈노아의 방주〉 이야기나 인도의 마누(Manu) 이야기 같은 것들이다. 중국의 고대 신화도 이와 비슷하지만, 단지 대홍수가 한 번만 발생하지 않고 앞뒤로 두 번 발생했다는 점이 다르다. 두 번째 홍수가 발생한 것이 제요 시대인데, 비록 여와가 하늘을 기워서 꿰맨 첫 번째 홍수만큼 규모가 크지는 않았지만, 수천 리나 물이 흘러 넘쳐 황하 유역이 모두 수해를 입었고, 또한 재해가 22년 동안이나 계속되었다.

제요가 신하인 곤(鯀)을 보내 물을 다스리도록 하자, 곤은 둑을 쌓아 막는 전통적인 방법을 사용했다. 그런데 동쪽을 막으면 서쪽에서 새고, 서쪽을 막으면 동쪽이 무너져서, 꼬박 9년이나 걸렸지만 헛수고였다. 이에 제요는 크게 노하여, 곧 사람을 보내 곤을 우산(羽山)에서 죽인 다음(일설에 의하면 섭정한 제순帝舜이 죽였다고 함), 곤의 아들 우(禹)를 기용하여 자기 아버지의 사업을 계승하게 했다.

또 다른 주장에 따르면, 곤을 죽인 것은 제요나 제순 같은 인간 군주가 아니라, 천제라고 한다. 왜냐하면 곤이 하늘의 보물인 식양(息壤: 저절로 끊임없이 생성되는 흙인데, 이는 여와가 하늘을 기워 꿰매고 남은 갈대의 재라고 한다)을 훔쳐, 그것으로 홍수를 막으려 했기 때문이다. 식양은 물을 만나면 불어나는데, 물이 1척(尺) 높아지면 흙이 1장(丈: 10척이 1장) 높아져, 매우 효과가 있었다. 그러나 훔친 사실이 결국 발각되어 천제는 식양을 빼앗고, 곤을 죽인 다음 그의 배를 갈라 버렸다. 곤의 아들인 우는 원래 모습이 규룡(虬龍: 전설에 나오는 상상의 동물로, 용의 새끼 모습에, 색깔이 붉고 양쪽에 뿔이 있다고 한다)이었으며, 바로 이때 아버지의 뱃속에서 나와, 곤이 홍수의 재해를 일소하려 했던

◈ **인두형**(人頭形) **아가리의 채도병**(彩陶甁) | 신석기 시대

이 도병(陶甁)은 간쑤성 친안(秦安)의 다이디완(大地灣)에서 출토되었으며, 여성 인체의 조형을 도병의 몸체와 서로 결합하여 만든 선사 시대 예술품이다. 병의 아가리는 여성의 머리 모양으로 빚었으며, 코는 튀어나왔고, 양쪽 귀와 입은 구멍을 뚫는 방식으로 표현했으며, 양쪽 귀에는 귀걸이를 거는 작은 구멍이 있다. 전체적인 조형을 보면, 이 병은 마치 임신하여 커다란 배가 볼록하고 머리를 풀어 헤친 여자처럼 생겼다. 볼록하게 부풀어 오른 병의 배를 임신부의 배로 삼았으니, 예술적 구상이 독창적이다.

웅대한 계획과 뜻을 계승했다고 한다.

우(禹)도 신격화된 상고 시대의 성왕이다. 그는 응룡(應龍) 같은 신수(神獸)들을 이끌고 무자비한 수신(水神)인 공공(共工)을 물리친 다음, 13년 동안에 걸쳐 수로를 파서 물을 흐르게 하는 방법을 사용하여, 마침내 홍수를 수습했다. 그가 곳곳을 바삐 다니느라 여러 차례 집 앞을 지나가면서도 들어가려 하지 않았으며, 힘이 들어 앙상하게 뼈만 남을 만큼 야위어 장단지에 나 있는 털이 모두 마모되어 없어져 버렸다. 전설에 따르면, 우는 도산씨(塗山氏)의 딸을 아내로 맞아 장가를 들었는데, 한번은 우가 치수를 위해 원산(轘山, 지금의 허난성 옌스偃師 동남쪽)에 갔다가, 산벽이 너무 두꺼워서 뚫기가 어렵자, 그는 한 마리 곰으로 변신하여 발톱으로 산을 팠다고 한다. 불행히도 식사를 전달하러 오던 아내가 이 모습을 보았다. 도산씨의 딸은 남편이 곰에게 잡아먹혔다고 생각하고는 황급히 도망치다가 돌로 변해 버렸다. 그런데 그녀는 이미 임신을 하고 있었기 때문에, 우는 그 돌을 끌어안고 크게 외쳤다. "당신은 떠나도 괜찮으니, 아이는 나에게 돌려주시오!" 돌은 그 소리를 듣고 갈라지더니, 그 돌 안에서 갓난아이 하나가 뛰어나왔다. 그가 바로 훗날 가천하(家天下: 임금이 나라를 자기 집안의 소유물로 간주하여 대대로 물려주는 제도로, '사천하私天下'라고도 한다. 이와 상대되는 개념이 '공천하公天下'다) 왕조를 창시하는 하후(夏后: '后'는 옛날에 군주를 일컫는 칭호였다) 계(啓)다.

우는 홍수의 재난을 평정했을 뿐만 아니라, 신마(神馬)인 '비토(飛菟)'를 타고 각지를 순행하면서 매우 많은 괴물과 맹수들을 죽였다. 그는 각지에서 바친 금속들을 수집하여, 형산(荊山) 근처에서 아홉 개의 거대한 보정(寶鼎: 보물 솥)을 주조하여, 중국 최초의 행정구역인 '구주(九州)'에 맞추었다. 보정에는 각지의 맹수와 도깨비의 형상을 새겨, 그 지역을 여행하는 사람들에게 경고하였다. 후에 이 구정은 천자의 권위를 상징하게 되었다. 우의 공적이 매우 컸기 때문에, 후세에 사람들은 습관적으로 그를 '대우(大禹)'라고 불렀으며, 당시의 임금인 제순은 또한 그를 섭정관(攝政官)으로 임명했을 뿐 아니라, 마지막에는 그에게 왕위를 물려주었으니, 유가의 학자들은 이처럼 평화롭게 왕위를 물려주는 것을 '선양(禪讓)'이라고 부르게 되었다. 선양이란, 바로 어질고 능력 있는 사람에게 왕위를 물려주고 자신의 아들에게 물려주지 않는 것을 가리키는 것으로, 전설 속의 상고 시대 성왕 군주의 왕위를 물려주는 가장 보편적이면서도 도덕적 고상함을 가장 구체적으로 드러내는 방법이었다. 제요는 제순에게 왕위를 물려주었고, 제순은 다시 대우에게 왕위를 물려주었다고 전해진다.

의문으로 남는 진상(眞相)

그 당시 제요는 나이가 들어, 후계자 문제를 생각하다가, 대신인 '사악(四岳)'('岳'은 산을 가리키며, 사악은 사방을 주관하는 제후들이다)에게 물으면서, 자신의 아들인 단주(丹朱)는 능력이 부족하니, 반드시 따로 어질고 능력 있는 사람을 선택해야 한다고 말했다. 사악은 먼저 곤(鯀)을 추천했지만, 곤은 치수에 실패하여 기회를 잃었으므로, 그들은 다시 평민 출신인 순(舜)을 추천했다. 그러면서 순의 부모는 우매하고 고집이 세며, 형제들은 무능하지만, 그는 오히려 변함없이 효도를 할 줄 아니, 쉽게 얻을 수 있는 인재가 아니라고 했다.

그리하여 제요는 곧 자신의 두 딸인 아황(娥皇)과 여영(女英)을 순에게 시집보내, 그들로 하여금 순의 모든 행동을 관찰하도록 했다. 순의 동생인 상(象)은 형을 질투했으므로, 부모와 모의하여 여러 차례 순을 해치려고 했다. 예를 들어 순으로 하여금 우물을 파도록 한 다음 우물 위에서 돌을 던져 넣거나, 창고를 정리하도록 한 다음 건물 밖에서 불을 지른 것 등이다. 그러나 순은 자신의 지혜를 이용하여, 우물 아래에 먼저 횡으로 굴을 파서 몸을 숨김으로써 돌에 맞는 것을 피했으며, 또 손에 두 개의 삿갓을 들고 불이 난 창고의 지붕에서 날아 내려왔다(일설에 의하면, 용과 큰 새로 변신하여 잇따른 큰 곤경들을 피했다고 한다). 비록 여러 차례 모해를 당했지만, 순은 그의 부모와 동생을 조금도 원망하지 않았을 뿐만 아니라, 장기와 유사한 놀이를 발명하여 동생에게 가르쳐 주었다고 한다. 이처럼 장기는 상을 위해 만들었기 때문에 '상기(象棋)'라고 부르게 되었다고 한다. 결국 부모와 상은 모두 그에게 감동을 받았으며, 제요도 이 때문에 순이 확실히 숭고한 인품과 덕을 지니고 있음을 분명히 알게 되었으므로, 그를 섭정관에 임명했고, 얼마 후에는 임금의 지위를 그에게 물려주었다. 제순(帝舜: 순 임금)은 유우씨(有虞氏)라고도 불린다.

옛날 전적들에서는 말하기를, 제요는 꼬박 100년을 재위했고, 제순은 49년을 재위했다고 하는

◈ **〈대우상(大禹像)〉** | **남송, 마린(馬麟)**

이 〈대우상〉은 길이가 249센티미터, 너비가 113센티미터로, 남송의 화가인 마린의 대표작이다. 현재 타이페이(臺北) 고궁박물원에 소장되어 있다.

데(그가 섭정했던 기간은 포함되지 않음), 만약 신격(神格)을 갖지 않았다면, 보통 사람은 그렇게 오래 살 수 없다. 제순은 제위를 이어받은 다음, 천하를 질서정연하게 다스렸다. 그는 음악을 좋아했기 때문에, 복희가 발명한 슬(瑟)의 현(弦)을 23개로 늘렸다. 말년에 제순은 자신의 현명하지 못한 아들인 상균(商均)을 포기하고, 치수에 공을 세운 대우(大禹)에게 임금의 지위를 선양해 주었다. 대우는 8년 동안 재위하다 세상을 떠났는데, 임종 전에 임금의 지위를 보좌관인 백익(伯益)에게 선양하려고 했지만, 백익의 신망과 실력이 계(啓)보다 못했고, 또 하후(夏后) 씨족들과 여러 방국 군주들의 추대를 받지 못하자, 결국 계는 염황 집단의 우두머리가 되어, 새로운 가천하 왕조인 하(夏) 왕조를 세웠다.

현재의 고고학적 발굴은 전설 속의 요·순·우 시대와 대체로 대응시킬 수 있는데, 이 시기에 이미 방국과 방국 연맹, 즉 초기 국가를 형성했다. 요·순·우는 방국의 군주일 뿐만 아니라, 방국 연맹의 맹주이기도 했다. 이때는 분명히 이미 계급사회에 들어섰던 것 같다. 설령 아직 원시 사회였다 하더라도, 원숭이 무리조차도 원숭이 왕이 탄생할 때는 한 차례 결투를 피하기 어려운 법이니, 선양의 전설은 참으로 온화하고 우아하게 너무 이상화되었다. 이에 대해 전혀 다른 일부 전설도 존재한다. 『한비자(韓非子)』「외저설우상(外儲說右上)」에는, 제요가 임금의 지위를 순에게 물려주려고 하자, 곤(鯀)과 공공(共工)이 다음과 같이 반대했다고 기술되어 있다. "어찌 천하를 일개 평민에게 물려줄 수 있단 말입니까?" 그러나 제요는 그들의 의견을 듣지 않았을 뿐만 아니라, 군대를 보내 곤을 우산에서 살해하고, 공공을 유주(幽州)의 도읍으로 추방했다고 한다. 『한비자』「충효(忠孝)」에서는, 순은 부모와 동생 상이 잘못을 뉘우치지 않자, 결국 부모를 추방하고, 상을 죽였다고 기록하고 있다. 『죽서기년(竹書紀年)』에서는, 제요가 늙어 덕(德)이 쇠했으므로, 순이 곧 그를 평양(平陽)에 감금하고, 또 사람을 보내 그의 아들인 단주를 저지하여, 부자가 서로 만나지 못하게 한 다음, 결국 제요로부터 임금 지위를 찬탈했다고 기록하고 있다. 『사기』「오제본기」에서는, 제순은 아들 상균이 현명하지 못했으므로, 하늘에 대우를 추천하여 자신의 후계자로 삼았다고 한다. 순이 세상을 떠나자, 대우는 3년간 상례를 치른 다음, 상균에게 제위를 물려받도록 요청하려고 생각했지만, 제후와 백성들이 모두 반대했으므로, 결국 어쩔 수 없이 자신이 임금이 되었다고 기록하고 있다. 제순이 남방을 순시하다가 창오(蒼梧)의 들판에서 갑자기 세상을 떠나자, 구억산(九嶷山)에 안장했다. 그러나 이와는 전혀 다른 일설에 따르면, 제순은 남방을 순시한 것이 아니라, 대우에 의해 그곳으로 추방된 것이며, 대우가 그 기회를 틈타 그의 임금 지위를 찬탈했다고 한다. 계가 하 왕조를 개창한 것도 앞서 서술한 상황과 유사하며, 다만 그는 아들이 임금의 지위를 계승한 승리자로서, 백익을 물리치고 보좌에 올랐다는 것만이 다를 뿐이다.

총괄하자면, 요·순·우 삼대에 임금의 지위가 이어진 것은, 실제와 맞지 않게 유가나 묵가 등의 학파들에 의해 미화된 '선양'이었다기보다는, 방국 맹주에 재위하는 자와 이를 계승하는 자 사이에 지위와 권력에 대한 투쟁에 의해 이루어졌다고 보는 게 맞을 것이다. '공천하(公天下: 가천하와 상대되는 개념으로, 나라를 임금의 소유물로 보지 않고, 공공의 소유물로 여기며, 임금의 지위도 세습하는 게 아니라 능력 있는 자를 선발하여 선양하는 것을 가리킨다)'로부터 '가천하'로의 변화는, 실제적으로는 고대 방국 연맹, 즉 초기의 국가로부터 노예제 왕국으로의 변화였다. 대우 이전의 전설은 대단히 다양하고 복잡하며 이설이 분분하지만, 하 왕조에 진입한 이후에는 중국의 각 지역들 간의 관계가 갈수록 밀접해지면서 공통된 신앙과 공통된 조상을 가졌다는 친밀감이 형성되었다. 그리하여 대대로 이어지는 계통[世系]의 전승이나 관계에 관련된 고사가 상대적으로 고정된 형태를 갖춤으로써, 중국의 역사는 전설 시대로부터 반신사(半信史: 역사 기록을 일정 정도 신뢰할 수 있음) 시대로 접어들었다.

한 걸음 더

도사(陶寺) 유적

도사 유적은 황하 중류 지역의 중원에 존재했던 용산(龍山) 문화의 대표 유적으로, 산시성 샹펀현(襄汾縣) 타오쓰촌(陶寺村) 남쪽에 있으며, 면적은 대략 300만 평방미터에 이른다. 탄소-14 연대측정법에 따르면, 이 유적의 연대는 대략 기원전 2500~기원전 1900년이며, 유적 안에는 전에 없는 규모의 도시 유적·세계 최초의 천문관상대(天文觀象臺)·기세가 웅장한 왕실 궁전·독립된 수공업 구역 및 대량의 도요(陶窯)와 우물 등이 있다. 일부 고고학자들은, 도사 유적은 틀림없이 제요(帝堯)의 도성 소재지였을 것이며, 그것의 발견은 중국 고대 문명의 기원과 요순 시대의 사회 역사를 탐색하는 데 중요한 의의를 지니고 있다고 주장한다.

하(夏) 기원전 2070~기원전 1600년

인물: 계(啓), 소강(少康), 걸(桀) 지역: 명조(鳴條) 키워드: 가천하(家天下)

가천하(家天下)를 창건한 하 왕조

하계(夏啓)가 수립한 왕조로서, 아버지가 죽으면 아들이 임금의 지위를 물려받는 세습제 왕조를 역사에서는 하(夏) 왕조라고 부른다. 이는 중국 역사에서 '천하공주(天下共主: 25쪽 참조)'를 최고 통치자로 삼은 첫 번째 왕조다. 그러나 하우(夏禹)가 재위하던 때는 하 왕조가 탄생하기 직전이었기 때문에, 사마천 이래로 사학자들의 대다수는 하 왕조의 시작을 하우로부터 계산하고 있다. 그리하여 하 왕조는 우(禹)부터 이계(履癸: 桀)까지 모두 14대 17왕에 걸쳐, 400여 년간 존립했다. 하 왕조의 건립은 길고 긴 원시 사회가 사유제 사회에 의해 대체되었다는 것을 상징하며, 이는 역사의 진보였다.

하(夏)를 건립한 하계

우(禹)가 세상을 떠난 다음, 그의 보좌관인 백익(伯益)이 정치투쟁 과정에서 우의 아들인 계(啓)에게 패배하자, 어쩔 수 없이 기산(箕山) 근처에서 숨어 지냈다(일설에 따르면 백익이 계에게 죽임을 당했다고 한다). 비록 계는 순조롭게 왕위를 차지했지만, 그가 왕위를 획득한 방식은 바로 유호씨(有扈氏) 부락의 의심을 샀다. 그들은 계가 왕위를 승계한 것은 권모술수를 부린 결과이며, 선양 제도를 위반했고, 보편적인 도덕적 기준을 위배했다고 여겼으므로, 계를 반대하는 기치를 내걸었다. 그러자 계가 군대를 이끌고 가서 유호씨를 토벌하면서, 감(甘: 지금의 산시성 후현戶縣 남쪽) 지역에서 큰 전쟁이 일어났다. 몇 번의 격렬한 대전을 거친 다음, 계가 유호씨를 멸망시키고, 왕의 지위를 공고히 했다. 반란을 평정한 다음, 천하의 모든 사람들에게 유호씨의 말로를 보여 주어 일벌백계의 효과를 거두었고, 동시에 또한 더 나아가 제후들을 달래고 자신의 위신을 세우기 위해, 계는 곧 아버지를 모방하여 균대(鈞臺: 지금의 허난성 위저우禹州)에서 전에 없이 대규모로 제후 대회를 소집했다. 그것이 바로 역사에서 유명한 '균대의 향연[鈞臺之享]'이다. 유호씨의 반란을 평정하

◈ **신인문옥종**(神人紋玉琮) | 신석기 시대

이 선사 시대의 옥기는, 모양이 바깥쪽은 네모나고 안쪽은 원형이며, 가운데에 큰 원형 구멍이 있는 것을 보면, 중국 고대의 중요한 예기(禮器)인 종(琮: 고대의 예기 중, 원형이나 팔각형 통 모양이며, 가운데 구멍이 뚫려 있는 옥기)과 매우 비슷하기 때문에, '종'이라고 부른다.

고 군대의 향연을 거행함으로써, 계는 자신의 통치 지위를 한층 더 공고히 했다. 이후에도 그는 다시 통치를 공고히 하기 위한 수많은 조치들을 취했다. 예컨대 천하를 구주(九州)로 나누고, 관리를 파견하여 통치한 것이라든가, 전문적인 국가의 군대를 건립하여 통치를 유지한 것이라든가, 선양 제도의 취소를 선포하고 세습제로 대체한 것 등이다. 이러한 각종 조치들은, 중국 역사상 첫 번째로 '천하공주'를 통치자로 삼은 왕조, 즉 하 왕조가 탄생했음을 말해 준다. 하계가 세상을 떠나자, 아들 태강(太康)이 왕위를 물려받았다. 태강은 왕위에 오른 다음, 수도를 양적(陽翟: 지금의 허난성 위저우)에서 짐심(斟尋: 지금의 허난성 옌스偃師 얼리터우二里頭 부근)으로 천도했다. 태강에게는 취미가 있었는데, 그것은 바로 사냥이었다. 그는 수시로 몇 달씩 도성을 비워 둔 채 낙수(洛水) 북쪽 강가에 가서 사냥을 하며 즐기느라, 나라의 모든 일을 소홀히 하는 바람에 백성들의 원성이 자자했다.

소강중흥(少康中興)

당시 하나라의 제후들 가운데에는, 유궁국(有窮國) 군주인 후예(后羿)가 태강에게 매우 총애를 받았는데, 그는 태강이 왕위에 앉아 있으면서 사냥꾼의 우두머리 일만 추구하는 것을 보고, 야심을 키우기 시작했다. 그러던 중 태강이 사냥을 나간 틈을 타, 후예는 군대를 이끌고 하 왕조의 도성을 점령해 버렸다. 나라로 돌아갈 수 없게 된 태강은 정신이 번쩍 들었지만, 어쩔 수 없이 낙수의 북쪽 강가에서 유랑 생활을 하다가, 양하(陽夏: 지금의 허난성 타이캉太康)에 정착했으며, 결국 여기에서 생을 마쳤다. 역사는 이를 '태강실국(太康失國)'이라고 한다. 명목상의 정통성을 찾기 위

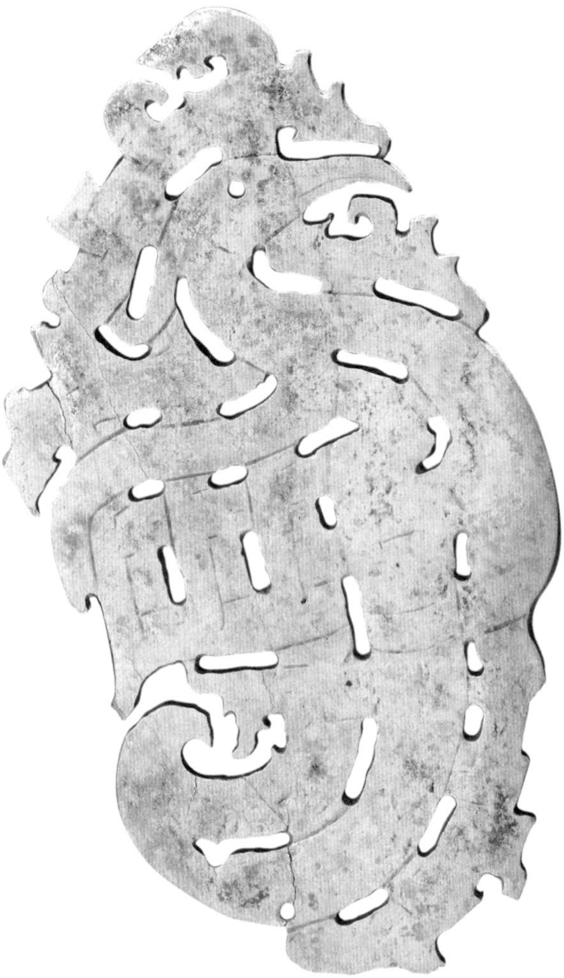

◈ **봉황 문양을 투각한 옥패(玉佩)** | 신석기 시대

이 옥패는 길이가 12.6센티미터, 너비가 6.2센티미터이며, 옥은 유백색(乳白色)이고, 봉황을 투조했다. 봉황의 머리에 있는 관모(冠毛)와 구부러진 목과 갈고리 모양의 부리는, 조형이 핍진하고 생동감이 넘치는 것으로 보아, 용산(龍山) 문화 옥 제조 공예의 뚜렷한 특색을 지니고 있다.

해 후예는 태강의 동생인 중강(仲康)이 왕이 되는 것을 도왔으니, 그것은 당연히 중국 역사에서의 첫 번째 꼭두각시 정권이라고 할 수 있다. 그 후, 후예가 군주를 조종하여 제후들을 움직이자, 제후들은 감히 따르지 않을 수 없었다. 얼마 지나지 않아 중강이 번민하다가 세상을 떠나고, 그의 아들 상(相)이 즉위했으니, 그가 바로 제상(帝相)이다. 당시 제후들은 알현할 때, 모두 먼저 후예를 알현한 다음 다시 제상을 알현하자, 후예는 시기가 무르익었음을 알고는, 곧 하 왕조를 대체하고 자립했다. 그때의 후예는 승리에 도취되어 판단력을 잃고, 교훈을 받아들여 나라를 다스리는 데 힘을 쏟은 게 아니라, 반대로 태강이 했던 모든 행동을 그대로 따라 했다. 그리하여 그는 종일 밖에 나가 사냥을 하면서, 국가의 정무를 모두 총애하는 신하인 한착(寒浞)에게 맡겨 버렸다. 야심이 매우 크고, 마음이 독하고 소행이 악랄했던 한착은 후예의 제자인 봉몽(逢蒙)과 결탁하여 반란을 일으켜, 후예를 모살한 다음, 다시 동맹을 맺었던 동지인 봉몽을 제거하고 스스로 왕이 되었다.

정당하지 않게 왕위를 차지한 한착은 권력에 대해 더욱 편집적이고 냉혹했다. 그는 후예에 의해 폐위된 상을 잠재적 위협이라고 생각하여, 상을 맡아 보살피고 있던 짐관씨(斟灌氏)와 짐심씨(斟尋氏)에 대해 대군을 파견하여 공격했으며, 마침내 상을 죽였다. 상이 죽임을 당한 후, 그의 아내인 후민(后緡)은 비통함을 참고 담장 구멍을 빠져나와 친정인 유잉씨(有仍氏) 부락으로 도망쳤다가, 이듬해에 상의 유복자를 낳았고, 이름을 소강(少康)이라고 지었다. 소강이 장성한 후, 어머니로부터 조상이 나라를 잃은 비통한 내역을 알고는, 곧 나라를 되찾겠다는 강렬한 생각을

갖게 되었다. 당시 우국(虞國)의 군주인 요사(姚思)는 소강의 신분을 알게 되자, 자기의 두 딸들을 소강에게 시집보내고, 윤읍(綸邑)을 소강에게 봉지(封地)로 주었으며, 동시에 약간의 노예들도 주었다. 소강이 통치를 하면서 윤읍의 백성들은 편안하게 생업에 종사했고, 병사들은 용감하고 전투에 능했다. 이리하여 소강은 백성들의 칭송을 받게 되었다. 그 후 소강은 다시 현인인 숭개(崇開)의 도움을 받아 안정과 혼란·흥함

◈ **동작**(銅爵) | 하(夏)

이 동작(銅爵: 청동 술잔)은 전체 높이가 20.7센티미터로, 중국에서 가장 오래된 청동 주기(酒器)다. 형체가 가볍고 얇으며, 허리가 잘록하고, 바닥이 평평하며, 주둥이는 길고 꼬리는 뾰족하며, 세 개의 다리는 뾰족하면서 바깥쪽으로 벌어져 있다. 이 잔은 1984년에 허난성 옌스의 얼리터우에서 출토되었으며, 이리두(二里頭: 얼리터우) 문화의 전형적인 대표 유물이다.

과 망함의 도리를 학습했으며, 병사를 위무하고 백성들을 편안케 하는 방법을 배웠다. 몇 년 후에, 한착의 가족들 간에 권력을 계승하는 문제로 인해 심각한 내부 모순이 발생하여, 한착의 아들인 과요(過澆)와 과(戈) 간에 투쟁이 벌어졌다. 소강은 이 기회를 틈타 군대를 일으켜, 조금도 힘을 들이지 않고 왕궁으로 돌진해 들어가서 한착을 죽이고, 마침내 천하를 탈환하여 하 왕조를 되찾았다. 소강은 즉위한 후, 정사에 힘쓰고, 백성을 잘 보살폈다. 그리하여 그가 통치하는 하 왕조는 나라가 태평하고 백성이 편안했으며, 번영하고 안정된 태평성대를 이루었으니, 역사에서는 이를 '소강중흥'이라고 일컫는다.

하걸(夏桀)의 망국(亡國)

소강 이후, 하 왕조는 다시 10여 명의 통치자를 거쳤으며, 마지막 왕위는 최후의 군주인 걸(桀)에게 돌아갔다. 나라를 망해먹은 군주 가운데 대표적인 인물로서, 걸은 어리석고 우매한 군주의 모든 특징을 갖추고 있었다. 예를 들면, 간신을 중용하고 충신을 배척했으며, 대내적으로는 잔인하고 난폭했으며, 대외적으로는 마구잡이로 정벌에 나선 것 등등이다. 그 중 가장 대표적인 사례는 바로 말희(妺喜)를 총애하여 관룡봉(關龍逢)을 살해한 것이다.

걸이 즉위하고 33년째 되던 해에 군대를 일으켜 유시씨(有施氏) 부락을 정벌하러 나섰다. 유시씨는 막을 방법이 없자, 한 명의 미녀를 걸에게 바쳤는데, 이름이 말희였으며, 유시씨 우두머리의 여동생이었다. 걸은 말희를 매우 총애하여, 특별히 그를 위해 화려하고 웅장한 옥으로 지은 집[瓊室]·상아로 지은 집[象廊]·구슬로 지은 집[瑤臺]과 옥으로 된 침대를 만들어 주고, 온갖 향락을 제공했다. 이런 것들에 대한 모든 부담은 백성들이 짊어지게 되자, 민중들은 매우 고통스러웠지만, 격분하면서도 감히 말은 하지 못했다. 걸에게는 관룡봉이라는 신하가 있었는데, 그는 백성들의 원성을 듣고는 걸에게 다음과 같이 간언했다. "천자는 겸손하고 신의를 중시해야 하며, 절약하고 검소하며 또한 유능한 인재를 아껴야, 천하가 비로소 안정될 수 있습니다. 폐하께서 무절제하게 사치하고, 살육을 일삼으시니, 백성들의 원성이 넘쳐나고 있습니다. 이런 상황이 계속되면, 천하가 위태로워질 것입니다." 걸은 이 말을 듣고 크게 노하여 관룡봉을 처형했으며, 또 이렇게 말했다. "하늘에는 태양이 있고, 나는 곧 나라의 태양이니, 태양이 멸망해야 내가 비로소 멸망할 것이다."

이때, 상(商) 부락은 우두머리인 탕(湯)의 영도하에 나날이 번성하고 있었다. 걸은 탕의 세력이 강대해져 자신을 위협하게 될 것을 염려하여, 탕을 하나라의 도읍으로 불러들여 하대(夏臺: 감옥)에 감금했다. 그러자 상 부락 사람들이 거금을 걸에게 보냄과 동시에 걸의 측근에게도 뇌물을 주고, 탕을 석방시켜 상 부락으로 돌아오게 했다.

수감 생활을 통해 탕은 하 왕조가 겉으로는 강해 보지만 속은 텅 비어 있다는 것을 똑똑히 보았다. 그리하여 그는 현명한 신하인 이윤(伊尹)을 등용하여 민심을 얻고, 차츰 상 부족의 실력을 키워 나갔다. 그리고 차례로 갈(葛: 지금의 허난성 닝링寧陵 북쪽)·위(韋: 지금의 허난성 화현滑縣 동남쪽)·고(顧: 지금의 산둥성 쥐안청鄄城 동북쪽) 등 하나라의 속국들을 멸망시킴으로써, 걸의 날개를 잘라 버렸다. 시기가 무르익은 다음, 탕과 이윤은 부하들을 소집하고 군대를 일으켜 하나라 정벌에 나서, 하나라의 요충지인 명조(鳴條: 지금의 허난성 펑추封丘 동쪽)에서 걸의 부하들과 결전을 벌였다. 쌍방이 막 전투를 개시했을 때, 하늘에서 큰 비가 내렸는데, 걸이 뜻밖에도 군대를 떠나 이탈하여 성안으로 들어가 비를 피하자, 사기가 바닥난 하나라 군대는 싸우지도 않고 스스로 뿔뿔이 흩어져 버렸다. 하걸과 말희도 상나라 군대에게 붙잡혔으며, 결국 변방으로 유배되었다가 추위와 굶주림으로 죽었고, 하 왕조는 멸망했다.

걸은 중국 역사에 기록된 첫 번째 폭군으로, 그는 방탕하기 짝이 없었을 뿐 아니라, 자신을 '태양'이라고 여기다가, 결국 나라도 잃었고, 목숨도 잃고 말았다.

한 걸음 더

『하소정(夏小正)』

『하소정』은 12개월의 월별로 물후(物候: 시기에 따라 변화하는 만물의 상태)·농사·기상·천문·사냥 등의 활동에 관해 기록한 문헌으로, 하대가 남겨 놓은 귀중한 문화유산이다. 『하소정』은 현재 서한(西漢) 사람인 대덕(戴德)이 편찬한 『대대예기(大戴禮記)』에 보존되어 있으며, 경문(經文)과 전문(傳文)의 두 부분으로 나뉜다. 경문은 하대의 역법과 생활 상황을 기록하고 있으며, 전문은 곧 주석(註釋)으로, 그 주석 부분은 후세의 학자들이 추가한 것들이다. 『하소정』이 기록하고 있는 물후와 사람들의 활동 정황은 생동감 있고 재미있다. 예를 들면, 정월(正月)에는 기러기가 북쪽으로 날아가고, 들쥐가 굴에서 나오며, 복숭아와 오얏이 꽃을 피우고, 농부는 논밭을 관리하기 시작하며, 2월에는 농부가 기장을 파종하고, 곤충이 꿈틀거리며, 꾀꼬리가 울고, 강낭콩이 열매를 맺는다는 것 등등이다. 이러한 것들은 당시 사람들이 오랜 기간 동안 경험하여 축적된 것이다. 주의할 만한 것은, 하대에는 1년의 정월을 동지 뒤의 세 번째 달에 두었으며, '건인(建寅)'이라고 불렀다는 점이다. 이때 만물이 소생하고, 대지가 새롭게 바뀌어, 농민들이 일을 하기 시작했기 때문에, 이달을 새해의 정월로 삼는 것은 백성들의 환영을 받았을 뿐만 아니라, 농업의 관리에도 편리했다. 오늘날 우리가 이용하고 있는 음력(陰曆)에서는 동지가 통상 11월에 있고, 새해는 동지 이후 세 번째 달에 두고 있는데, 이것도 하대의 역법에 따른 것이다.

전문 테마 이리두(二里頭) 문화 유적과 하(夏) 문화

중국 초기 국가의 문명 근원을 밝혀 내는 과정에서, 하대(夏代)는 매우 중요한 역할을 했다. 은허(殷墟)가 발굴된 다음에, 상대(商代)의 역사적 사실이 신뢰할 만한 역사로 확립되자, 하대의 진실성을 논증하는 것이 자연히 논제로 제기되었다. 일찍이 20세기 중엽에, 저명한 역사학자인 판원란(范文瀾)은 『죽서기년(竹書記年)』 속에 기록된 전설과 『사기』의 기록에 근거하여 하대를 중국 역사상 첫 번째 조대라고 주장했다. 그러나 오로지 문헌 자료에만 의지하여 하대의 역사를 연구하면서, 많은 문제들이 매우 난처해졌고, 심지어는 해결할 수 없었다. 그런데 고고학적 발견은 하대의 역사가 중요한 의의를 갖는다는 생각에 대해 의심의 여지가 없게 해 주었다. 이리두 유적의 발견은 하대의 문화를 연구하는 데 매우 중요한 실마리를 제공해 주었다.

◈ 녹송석(綠松石)을 상감한 도철문동패식(饕餮紋銅牌飾) | 이리두 문화

이 문패(紋牌)는 길이가 16.5센티미터로, 위쪽이 넓고 아래쪽이 좁으며, 모서리가 둥그스름하고 가운데가 잘록하여, 전체적으로 보면 방패 모양이다. 양 옆에는 각각 동그란 코가 한 쌍씩 있으며, 앞면은 녹송석을 이용하여 동물 문양 장식을 상감해 넣었다. 그 형상이 마치 짐승의 얼굴과 비슷하다.

하(夏)를 찾아가는 여행

이리두 유적은 하남 언사(偃師) 지역 내 낙수(洛水) 남쪽 언덕의 이리두촌(二里頭村)에 위치하고 있다. 유적은 이리두촌을 중심으로 하여, 그 범위가 낙수 남쪽의 사각루촌(四角樓村)·북허촌(北許村)과 위양장(喂羊莊) 사이를 포괄하며, 총 면적이 대략 4평방킬로미터이고, 중요 문화 유물이 분포된 면적은 대략 5~6만 평방킬로미터에 이른다. 유적은 산을 등진 채 앞에 물이 흐르고 있으며, 동쪽은 험준한 성고(成皐)가 막고 있고, 서쪽은 효산(崤山)과 함곡관(函谷關)으로 막혀 있어, 자연 조건이 뛰어나고, 지세가 매우 험하다.

이리두 유적의 발견은, 저명한 역사학자인 쉬쉬성(徐旭生)의 공을 빼놓을 수 없다. 그는 먼저 문헌 자료를 통해 하 씨족이 활동했던 주요 지역을 추정하면서, 응당 두 지역을 특별히 주목해야 한다고 생각했다. 첫 번째는 하남 중부의 낙양 평원과 그 주변으로, 특히 영수(潁水) 상류의 등봉(登封)과 상구(商丘) 지대였다. 두 번째는 산서 서

◈ 옥도(玉刀) | 이리두 문화

이 옥도는 푸른 옥으로 만들었는데, 옥의 색깔이 곱고 윤이 나며, 조형이 이리두 문화 옥도의 전통적 양식을 지니고 있다. 비록 깊은 땅속에 수천 년 동안이나 묻혀 있었지만, 여전히 그 당시 옥공예의 정교함과 성숙함을 볼 수 있다. 이로부터 하 왕조 시기에 중국의 공예 미술은 이미 완전히 새로운 수준으로 발전해 있었다고 할 수 있다. 옥 문화의 성숙과 발전은 하 왕조 문명의 중요한 상징 중 하나다.

남부의 분하(汾河) 하류 일대였다. 1959년에 쉬쉬성은 친히 사람들을 데리고 하남성으로 가서 고고학적 조사를 진행했는데, 1개월 동안의 활동을 통해 예상했던 대로 하남 언사에서 유적을 발견했다. 같은 해에 중국 과학원 고고연구소가 발굴 작업을 시작했다. 1960년부터 1964년까지 낙양의 고고 발굴단이 이리두에서 8차에 걸친 발굴을 진행하여 작업장 터·도요(陶窯)·요혈(窯穴)·우물·무덤·동기(銅器)·옥기·도기 등을 잇달아 발견했다. 이 발견에 근거하여, 고고학자들은 이곳이 초기 도시 유적이라고 단정했다. 고고학자들은 여기에서 발견한, 시기가 다른 도기들을 근거로 이리두 유적의 문화 특징은 대략 하남의 용산 문화와 정주(鄭州)의 이리강(二里岡)에 있던 상대(商代) 전기 문화 사이에 해당한다고 단정하고, 고고학적으로 통상 이리두 문화라고 부른다. 그리고 이리두 유적은 대체로 하 왕조 중·후기의 수도였을 거라고 추정하고 있다.

건축의 기적

1970년대에 들어선 이후, 이리두 유적의 발굴은 새로운 진전을 이루었다. 이 유적의 주요 궁전의 토대가 다시 햇빛을 보게 된 것이다. 1974년, 이리두 발굴단이 1호 궁전의 토대를 발견했다. 1977년, 다시 2호 궁전의 토대를 발견했다. 1호 궁전은 대략 정방형으로, 동서의 길이가 약 108미터, 남북의 너비가 약 100미터, 높이가 약 0.8미터다. 토대의 위에는 가지런하게 배열된 기둥

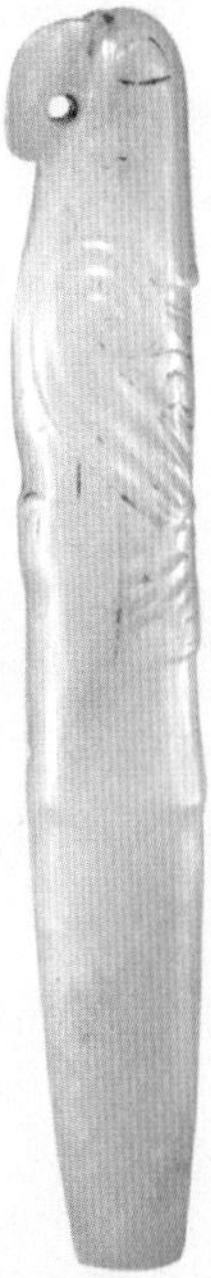

◈ 청백색 옥으로 만든 조문추(鳥紋墜) | 이리두 문화

이 옥추(玉墜)는 길이가 9센티미터로, 청백색 옥으로 만들었다. 옥 재질이 부드럽고 매끄러우며, 전형적인 이리두 문화 옥병형기(玉柄形器: 옥 자루 모양의 기물)의 특징을 띠고 있다. 새의 조형은 생동감 넘치는 형상으로, 부리와 눈과 깃털이 모두 살아 있는 것처럼 생생하다.

구멍과 목재를 뼈대로 한 벽의 토대가 있으며, 기둥 구멍은 자갈을 깔아 기둥 받침으로 삼았다. 토대 중간 부분의 북쪽으로 치우친 곳은 정전(正殿)으로, 바닥 평면은 장방형이며, 두께가 약 3미터 남짓이고, 밑에는 3층으로 자갈을 평평하게 깔아, 기초가 견고하다. 바닥 위에는 22개의 낭주(廊柱: 통로를 따라 죽 이어져 있는 기둥)들이 있는데, 각각의 낭주에는 바깥쪽으로 2개씩의 경첨주(擎檐柱: 목조 건축에서 지붕을 지탱하기 위해 처마 밑으로 튀어나와 있는 기둥)를 두어 처마를 지탱하고 있다. 이렇게 큰 궁전 건축은 당연히 당시 왕권의 상징이었다. 2호 궁전은 1호 궁전에서 동북쪽으로 150미터 정도 떨어진 곳에 있으며, 그 형상은 1호 궁전과 기본적으로 같다. 장방형이며, 남북의 길이가 약 73미터, 동서의 너비가 약 58미터로, 면적은 비교적 작지만, 보존 상태가 매우 좋다. 그 토대의 북부 중간에는 또 하나의 전당이 있다. 그것은 정방형의 평평한 기단 위에 지었다. 토대의 동서 가장자리는 회랑이고, 남쪽 가장자리에도 회랑이 있으며, 남쪽 대문은 행랑식 건물이다. 전당과 행랑이 정원을 이루고 있다. 정원 밑에는 도관(陶管)으로 이루어진 배수로가 있다. 이 두 궁전의 토대에서 출토된 문물들을 보면, 기와를 사용했던 흔적은 아직 발견되지 않고 있으며, 단지 나무기둥이 타고 남은 소량의 재와 풀을 이겨서 만든 흙덩이가 발견되었을 뿐이다. 이로부터 궁전의 건축 재료는 당연히 목재와 초니(草泥: 풀을 섞어 짓이긴 진흙)가 주를 이루었을 거라고 추단할 수 있다.

지금까지도 이리두 유적의 발굴은 여전히 진행되고 있기 때문에, 아직도 비교적 완벽한 유적 분포도를 내놓지 못하고 있다. 그러나 이리두의 궁전 유적이 후세 궁전의 호화롭고 웅장한 모습에는 훨씬 미치지 못하지만, 그것이 북쪽에서 남쪽을 향해 자리 잡고 있고, 폐쇄적인 배치를 이루고 있으며, 높은 기단과 목조 구조라는 등의 특징들은 모두 후세의 궁전들이 그대로 따르고 있다. 이리두의 궁전 유적은 중국 고대 궁전 건축의 효시가 되었다.

하대(夏代) 국가의 형성

국가의 출현 및 발전은, 종래의 사회 경제의 발전과도 떼어 놓을 수 없다. 이리두 유적에서 발굴된 유물들을 보면, 이리두의 사회 경제는 이전에 비해 이미 뚜렷이 발전해 있었다. 농업 경제 방면에서는, 납작한 돌삽[石鏟]·방산(蚌鏟: 대합조개 껍질로 만든 삽)·나무가래[木耒]·돌칼·돌낫·돌도끼 등이 있는데, 이러한 공구의 수량이 많을 뿐만 아니라, 정교하게 제작되었다. 사람들은 이러한 생산도구들을 사용하여 땅을 갈고 수확을 함으로써, 노동 효율이 용산 문화 시기에 비해 현저히 높아졌으며, 농업 생산의 발달 수준을 나타내 준다. 수공업 제작 방면에서는 세밀한 분업이 출현했다. 예를 들면 동기(銅器) 제조·옥기 제조·도기 제조 등 다른 작업 종류들로 나뉘어 있었다. 유적에서는 동기 제조 작업장 및 동기들이 발견되었는데, 예를 들면 작(爵: 술잔)·칼·낚싯바늘 등이다. 일부 동기들은 가공 기술이 비교적 거칠고, 제작이 비교적 원시적이며, 일부 동기들의 형태는 매우 반듯하고, 제작이 비교적 정교하다. 이는 이 시기가 이미 동기 제조의 초급 단계에 있었다는 것을 말해 준다. 또 옥기 제조의 경우를 보면, 종류가 매우 복잡하고 많다. 예컨대 옥으로 만든 관(管)·종(琮)·규(圭) 등이 있다. 뿐만 아니라, 이 시기의 옥기 제조 수준은 매우 높아, 조각은 정교하고 섬세하며, 선은 유창하고 원숙하며, 광택은 밝고 깨끗하다. 심지어는 조각한 흔적이 보이지 않는 것도 있는데, 이는 전문적인 장인이 아니면 제작할 수 없는 것들이다. 이로부터 알 수 있듯이, 옥기 제조는 당시에 이미 전문적인 수공업이 되어 있었다. 또한 유적에서는 주기(酒器)들도 발견되었는데, 그것의 제조 공예도 상당히 수준이 뛰어나며, 동시에 그 당시 이미 비교적 많은 잉여농산물이 있었다는 것을 나타내 준다. 만약 그렇지 않았다면 술을 빚는 일은 실현될 수 없었을 것이다. 농업과 수공업의 발전에 따라, 교환을 목적으로 하는 생산 활동, 즉 상품 생산과 교환도 출현했다. 이리두 유적 3기(期)에서 출토된 문물들은 당시 상품 교환과 무역도 발전했음을 말해 준다. 유적에서는 조개[貝]가 발견되었는데, 그러한 조개는 두 가지 기능을 했다. 하나는 장식품이고, 다른 하나는 화폐의 역할이다. 그런데 바닷조개는 해안 지방에서 나고, 중원 지역은 비교적 멀리 떨어져 있다. 이는 당시 각 지역들 간의 연계와 왕래가 이미 매우 광범위하게 이루어지고 있었고, 무역과 교환이 비교적 크게 발전해 있었다는 것을 말해 준다.

이리두에서 출토된 유물들에 대한 간단한 분석을 통해 보면, 농업과 수공업에서 이미 분업이 출현했고, 수공업 자체도 세밀하게 분업화되었을 뿐만 아니라, 상품 유통도 출현했다는 것을 알 수 있다. 이러한 특징들은 당연히 계급 사회에 속하는 것들이다.

집터와 무덤

사유제(私有制)의 출현과 계급의 분화는 이리두 유적의 집터와 무덤에 한층 뚜렷이 나타나 있다. 집터의 경우, 어떤 것은 길이가 9~10미터에 달하고, 폭이 5미터 정도이며, 지면이 단단하고, 얇게 한 층을 돌로 깔아 놓았다. 어떤 집터는 또 사방 가장자리에, 갈아서

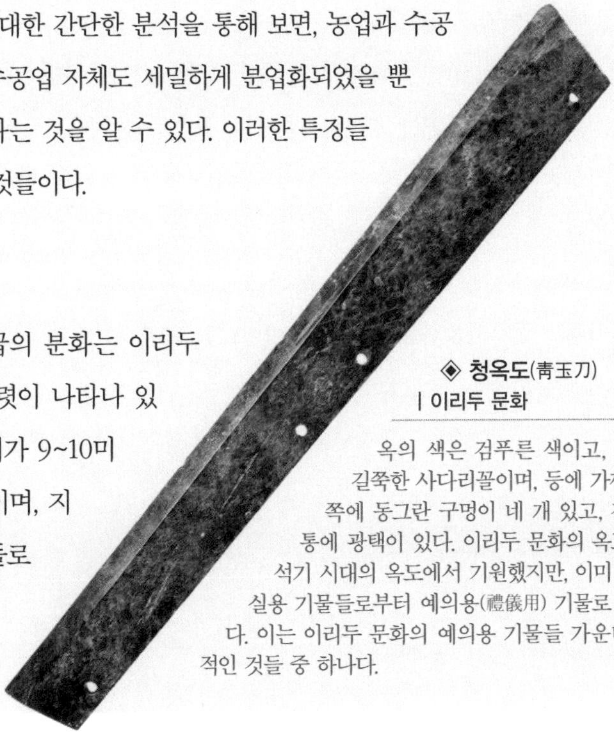

◈ **청옥도**(青玉刀)
| 이리두 문화

옥의 색은 검푸른 색이고, 몸통은 길쭉한 사다리꼴이며, 등에 가까운 위쪽에 동그란 구멍이 네 개 있고, 전체 몸통에 광택이 있다. 이리두 문화의 옥도는 신석기 시대의 옥도에서 기원했지만, 이미 당시의 실용 기물들로부터 예의용(禮儀用) 기물로 변화했다. 이는 이리두 문화의 예의용 기물들 가운데 대표적인 것들 중 하나다.

◈ **옥장**(玉璋) | 이리두 문화

이 옥장(玉璋: 옥홀玉笏이라고도 함)은 청옥(青玉)으로 만들었는데, 몸통에는 주사(朱沙)가 가득 박혀 있다. 날은 양쪽 면을 갈아서 만들었고, 자루는 장방형이며, 앞부분에 둥근 구멍이 하나 뚫려 있다. 몸통의 뒷부분에는 두 개의 난간이 있고, 두 난간 사이에는 톱니 모양의 장식이 있다. 이리두의 옥장은 용산 문화 시기 아장(牙璋: 상아로 만든 홀)의 특징을 계승했으며, 중원의 문화와 해대(海岱: 지금의 산둥성 보하이부터 타이산 사이의 지역에 해당) 문화가 교류하여 탄생한 산물이다.

윤이 나는 기둥밑동과 기둥 구멍이 있는 것으로 보아, 이미 원시 공동체 시기의 지혈식(地穴式)이나 반지혈식 집과는 완전히 다르다. 이러한 집터는 당연히 당시 노예주 귀족의 집이었을 것이다.

그리고 무덤도 빈부와 계급이 분화하여 출현했음을 매우 잘 말해 준다. 무덤은 대·중·소 세 가지 형태로 나뉜다. 대형 무덤은 단 하나만 발견되었는데, 묘구(墓口)는 정방형이며, 면적은 25평방미터로, 애석하게도 이미 도굴되었기 때문에 구체적인 부장품의 상황은 알 수가 없다. 중형 무덤은 모두 장방형이며, 길이는 약 2미터, 폭은 약 1미터다. 부장품은 일반적으로 10건 정도이고, 최대 20건으로, 옥삽[玉鍤]·동과(銅戈)·녹송석 장식 등이다. 이런 무덤들은 틀림없이 노예주 귀족의 무덤일 것이다. 소형 무덤의 수량은 비교적 많은데, 길이는 약 2미터, 폭은 약 0.7미터이고, 부장품은 4~10건 정도다. 이런 무덤은 틀림없이 평민의 무덤일 것이다. 이 밖에도 일부 무덤은 부장품이 없는 것도 있고, 또한 무덤 주인을 줄로 묶어서 매장한 것 같은 경우도 있으며, 몸과 머리가 다른 곳에 있는 경우도 있고, 사지가 분해되어 있는 경우도 있는데, 이런 무덤들은 노예의 것일 가능성이 매우 높다.

요약하자면, 집터와 무덤을 통해 볼 때, 당시는 이미 신분이 다른 등급의 구분이 있었으며, 부장품의 수량에 큰 차이가 있다는 것은 또한 당시에 이미 계급 사회에 진입해 있었다는 것을 말해 주는데, 아마도 노예제 국가였을 것이다.

◈ **청동가**(青銅斝) | 이리두 문화

가(斝)는 고대의 주기(酒器)로, 술을 담아 놓거나 술을 마실 때 사용했다. 이 청동가는 높이가 30센티미터로, 이리두 문화 말기의 기물이며, 현재 중국사회과학원 고고연구소에 소장되어 있다.

상(商) 기원전 1600년

인물: 성탕(成湯), 이윤(伊尹) 지역: 황하 유역 키워드: 명조(鳴條) 전투

성탕(成湯)이 상(商)을 건립하다

『시경(詩經)』에는 "하늘이 현조(玄鳥: 제비)에게 명하니, 내려와서 상을 낳았다[天命玄鳥, 降而生商]"라고 기록되어 있다. 이 신화의 신비한 색채를 띤 이야기는 사람들에게 하나의 종족 집단, 즉 상족(商族)의 탄생을 말해 준다. 상족 조상들이 여덟 번의 이주를 한 다음에, 상족 부락은 우두머리인 탕(湯)의 영도하에 점차 역사의 무대로 등장했으며, 마침내 하 왕조를 대체하여 상 왕조를 건립했으니, 이는 중국 역사상 두 번째 노예제 국가다. 상탕이 나라를 세운 후, 하 왕조가 멸망한 교훈을 받아들여, 이윤(伊尹) 등과 같은 현명한 신하들의 도움을 받아 상 왕조의 정치를 안정시키자, 국력도 나날이 강성해졌다. 형이 죽으면 동생이 뒤를 잇고, 아버지가 죽으면 아들이 뒤를 잇는 계승 제도는 상 왕조가 존립한 기간 내내 유지되었다. 상 왕조는 탕 이후 몇 대에 걸친 왕들이 통치하는 동안, 정치와 경제가 매우 크게 발전했다.

하늘이 명하여 상(商)을 낳다

상족은 황하 하류에 살던 오래된 종족이다. 그들의 기원에 관해, 『시경』「현조(玄鳥)」에는 "天命玄鳥, 降而生商(하늘이 현조에게 명하니, 내려와서 상을 낳았다)"라는 겨우 여덟 글자로써 사람들에게 한 토막의 신화를 말해 주고 있다. 이 신화와 관련하여 『사기』「은본기(殷本紀)」에는 다음과 같이 기록되어 있다. "세 사람이 목욕을 하러 갔는데, 제비가 알을 낳는 것을 보고, 간적(簡狄)이 그 알을 삼키자, 임신하여 설을 낳았다[三人行浴, 見玄鳥墜其卵, 簡狄取呑之, 因孕生契]." 여기에서 알 수 있는 것은, 상나라 사람의 조상인 설(契)은 그의 어머니인 간적이 집 밖에서 목욕을 할 때, 제비의 알을 먹었기 때문에 임신하여 낳았다는 점이다. 이 고사는 오늘날 들으면 약간 황당한 것 같지만, 옛날 사람들은 믿어 의심치 않았던 것 같다. 고문자(古文字) 전문가는 이미 갑골문(甲骨文)을

통해 실증하기를, 상나라 사람은 확실히 제비를 자신들의 조상으로 여겼으며, 상대에는 전체 기간 동안 사람들이 모두 제비를 매우 숭배했다는 것이다. 때문에 상대의 청동기에는 변화무쌍한 봉황문 도안을 매우 많이 새겨 놓았다고 한다.

상나라 사람이 '商(상)'이라고 부르는 것은, 설(契)이 "상의 제후에 봉해지고, 자(子)씨 성을 하사받았기[封於商, 賜姓子氏]" 때문에, '상'을 종족의 이름으로 삼았다. 그런데 '상'은 또한 '殷(은)'이라고도 불리는데, '殷'자는 『설문해자(說文解字)』에서 이렇게 해석하고 있다. "음악이 왕성한 것을 일컬어 은이라 하며, ……『역경』에서 말하기를, 성대하게 상제에게 제사를 올린다고 하였다[作樂之盛稱殷, …… 『易』 曰, 殷薦之上帝]." 이 해석으로부터, 우리는 은나라 사람들은 천지와 조상들에게 제사 지내고, 음악 교육을 숭상한 종족이었다는 것을 알 수 있다. 그 밖에, '殷'과 '夷(이)'는 음성(陰聲: 중국어 음운학에서 모음으로 끝나는 음)과 양성(陽聲: 중국어 음운학에서 −m, −n, −ng로 끝나는 음)이 대전(對轉: 서로 바뀌는 것)하는데, 동남부 지역의 옛날 발음에서는 같은 발음으로 읽었기 때문에, '殷'은 바로 '夷'의 한 갈래라는 것이다. 『설문해자』에서는 말하기를, "이(夷)는 동쪽 사람들이다[夷, 東方之人也]"라고 했고, 동이족(東夷族)의 각 부락들은 대다수가 새를 토템으로 삼았으므로, "제비가 상을 낳았다[玄鳥生商]"는 고사는 바로 상나라 사람과 동이족은 역사적으로 연원이 같다는 것을 실증해 준다고 한다. 그런데 『사기』에서는 기록하기를, "은나라의 설(契)은 어머니의 이름이 간적(簡狄)이며, 유융씨(有娀氏)의 딸이다[殷契, 母曰簡狄, 有娀氏之女]"라고 하여, 또한 은상(殷商)의 문명이 옛날의 융하(戎夏)[3] 문명을 계승했음을 밝혔다. 상족(商族)은 단지 유융씨로부터 분리되어 나온 한 종족이고, 설은 이 종족의 제1대 시조이며, 이는 또한 상족이 당시에 이미 모계 씨족 사회로부터 부계 씨족 사회로 이행했음을 나타내 준다.

설의 자손들은 그의 봉지(封地)인 상(商)에서 살았는데, 이는 대략 지금의 허난성 상추(商丘) 일대에 해당한다. 갖가지 원인으로 인해 선상(先商: 상대商代를 '선상先商'·'조상早商'·'만상晩商'의 세 시기로 나누는데, 그 중 최초의 단계) 시대에 모두 여덟 번 이주했다. 이 여덟 번에 걸친 구체적인 이주 지역은 현재로서는 아직 확정할 수 없지만, 대체로 오늘날의 허난·허베이·산둥 3성(省)의 범위를 벗어나지 않았으며, 허베이성 남부와 허난성 북부 일대가 바로 상족이 활동했던 중심지였다.

선상 시대에, 상족의 농업과 목축업이 모두 크게 발전했으며, 교환도 나날이 활발해져, 사유제

3 융하(戎夏): 옛날 문헌과 어원의 증거들을 보면, 상고 시대에 '융'과 '하'의 근본적인 차이는 민족의 차이가 아니라, 생활 방식의 차이였다. 즉 '융'은 유목을 하고, '하'는 농경을 했다. 융과 하·상·주 사람들은 모두 공통의 조상인 황제(黃帝) 민족의 후예들이라는 것이 융하동원설(戎夏同源說)이다. 하·상·주부터 서주까지, 중원 지역 사람들은 유목 생활 방식으로부터 선진적인 농경 생활 방식으로 무려 천여 년에 달하는 변화를 완성하여, 농경 문화 시기에 진입함으로써, 융으로부터 화하(華夏)가 되었다고 한다.

적 생산과 계급의 분화가 가속화했다. 부락 우두머리의 지위는 갈수록 부각되다가, 상갑미(上甲微: 상나라의 제8대 군주) 이후, 상족의 우두머리는 점차 국왕으로 변화하기 시작했으며, 부락 조직도 점차 국가 정권으로 바뀌어 갔다. 그리하여 하나의 신흥 종족이 동쪽에서 발흥하고 있었는데, 이때의 하 왕조는 오히려 내리막길에서 갈수록 추락하고 있었다.

성탕(成湯)이 상(商)을 건립하다

하 왕조는 400여 년을 통치했는데, 기원전 16세기에는 하 왕조의 마지막 왕인 하걸(夏桀)이 재위했다. 하걸은 유명한 폭군으로, 대대적인 토목 공사를 진행하여 궁전을 지었으며, 방탕하고 사치스러운 생활을 했다. 이때, 설(契)의 제14대손인 성탕이 상나라의 국사를 장악했다. 성탕은 하걸이 너무 부패한 것을 보고, 하 왕조를 멸망시키기로 결심했다. 그는 표면적으로는 걸에게 복종하면서도, 암암리에 끊임없이 자기 세력을 확대했다. 군사 행동을 더 잘 진행하기 위해, 성탕은 부하들을 인솔하여 박(亳: 지금의 허난성 옌스 남쪽) 지방으로 이동했다. 박 지방으로 이동한 다음, 성탕은 대내적으로는 백성들을 너그럽게 대하고, 백성들과 함께 이익을 취하는 데 주의를 기울임에 따라, 국내 민중의 옹호와 지지를 받게 되었으며, 상족 내부에서는 백성들이 친근하게 따르고 편안하게 살면서 즐겁게 생업에 종사하는 국면이 형성되었다. 대외 관계에서는, 성탕은 자기의 영향력을 확대하는 데 모든 힘을 쏟았고, 각 나라와 부락들의 지지를 받는 데 힘쓰면서, 외부 역량을 단결시켰다.

성탕이 행한 일련의 활동들은 자연히 하걸의 주의를 끌게 되었다. 하걸은 성탕을 속여서 하나라로 오게 한 뒤 하대(夏臺: 지금의 허난성 위저우禹州에 있었음)에 연금했다. 상나라의 우상(右相)인 이윤(伊

◈ **사문동병옥모**(蛇紋銅柄玉矛) | 상

이 상대의 옥모(玉矛: 옥으로 만든 창)는 옥으로 만든 창끝과 청동으로 만든 자루로 이루어져 있으며, 창끝은 담녹색이고, 선 모양의 갈색 반점이 있다. 자루는 뱀이 입을 벌리고 있는 형태로 만들었고, 창끝의 뒤쪽 가장자리가 뱀의 입 속에 끼워져 있다. 이처럼 옥과 동이 복합된 형식의 창은 일반적으로는 실전에서 무기로 사용한 것이 아니라, 의식용 기물로 사용되었을 가능성이 매우 높다. 옥모의 공예는 매우 정교하고, 보존 상태가 매우 양호한, 쉽게 볼 수 없는 진기한 예술품이다.

尹)은 계획을 세워 성탕을 구출해 냄과 동시에, 탕을 위해 정확하게 형세를 분석하면서, 표면상으로는 여전히 하걸에게 신하의 예를 갖추어 섬겼다. 하걸이 가혹했기 때문에, 그의 동맹자였던 구이(九夷)[4] 가운데 일부 부락들이 하나라의 착취와 강탈을 참지 못하고 점차 하 왕조에 등을 돌리자, 힘의 균형이 점차 성탕에게 유리한 방향으로 변하기 시작했다. 『설원(說苑)』「권모편(權謀篇)」에서는 이에 대해 다음과 같이 상세하게 묘사하고 있다. 즉 이윤이 성탕에게 계책을 올려, 하나라에 공물을 바치지 않고, 하나라의 반응을 살폈다. 하걸은 성탕이 공물을 보내오지 않자, 곧 구이의 군대를 소집하여 상을 공격했다. 성탕은 급히 사죄하고 복종하겠다고 요청하면서, 다시 공물을 가지고 들어갔다. 이듬해에 또 공물을 바치지 않았다. 하걸은 다시 구이의 군대를 소집하여 상을 공격하려 했으나, 구이의 군대가 뜻밖에 걸의 명령에 호응하지 않았다. 이처럼 하걸은 이미 고립무원의 처지에 놓이자, 성탕이 하나라를 멸망시킬 시기가 무르익었다.

성탕은 대대적인 공격을 하기로 결정하고, 장병들을 소집하여, 하늘의 뜻이라는 구실로 장병들을 동원했다. 그리고 유공자에게는 상을 줄 것이고, 따르지 않는 자는 징벌하기로 했다. 이것이 바로 지금까지 보존되고 있는 『상서(尙書)』「탕서편(湯誓篇)」이다. 성탕이 박(亳) 지방에서 군대를 일으키자, 창끝은 곧장 하나라의 도읍으로 향했다. 하걸은 성탕의 공격에 대해 결코 만반의 준비가 되어 있지 않아, 어쩔 수 없어 병력을 소집하여 황급하게 응전했다. 성탕의 장병들은 하걸을 일찍이 멸망시키지 못한 것을 안타까워하면서 매우 용감하게 싸웠으므로, 전투가 막 시작되자 하나라 군대는 대패하여 도망쳤다. 명조(鳴條) 전투에서 하나라 군대는 철저하게 궤멸되었다. 하걸은 남소(南巢: 지금의 안후이성 차오현巢縣 서남쪽)로 도주했다가, 상나라 군대에게 체포되었다. 이리하여 하 왕조는 멸망했다.

성탕이 군대를 철수하여 박도(亳都)로 돌아와 왕에 즉위하자, 3천 명의 제후들이 조정에 와서 하례했다. 성탕은 이 때문에 상탕(商湯)으로도 불리게 되었다. 그는 하우(夏禹)가 주조한 구정(九鼎)을 박도로 옮겨왔으며, 그때부터 상 왕조는 하 왕조를 대체하여, 중국 역사상 두 번째 노예국가가 되었다.

한 시대의 유능한 재상

상탕(商湯: 이 밖에도 무탕武湯·은탕殷湯·천을天乙·성탕成湯·성당成唐 등 다른 이름들이 매우 많다)은 하

4 구이(九夷): 옛날에 중원 동쪽에 있던 아홉 개의 오랑캐 씨족들을 통틀어서 부르던 명칭이다. 구체적으로는 견이(畎夷)·우이(于夷)·방이(方夷)·황이(黃夷)·백이(白夷)·적이(赤夷)·현이(玄夷)·풍이(風夷)·양이(陽夷) 등 아홉 부족을 가리킨다.

왕조를 멸망시키고 상 왕조를 건립했으며, 우상(右相)인 이윤은 그의 유능한 참모였다. 이윤은 이름이 지(摯)이며, 원래 상탕의 장인인 유신씨(有莘氏) 집안의 노예였다. 유신씨가 딸을 시집보낼 때, 이윤을 배가노예(陪嫁奴隸: 시집보낼 때 혼수품처럼 딸려 보내는 노예)로 상탕 집안에 딸려 보냈다. 이윤은 요리를 잘 하여, 상나라에 온 뒤에 상탕을 위해 요리를 담당했는데, 그가 상탕을 모시고 식사하는 기회를 이용하여, 상탕에게 천하의 형세를 분석해 주고, 하걸의 폭정을 낱낱이 열거하면서, 하나라를 멸망시키고 상나라를 세우는 큰 계책을 제공했다. 후에 그는 상탕의 신임을 얻게 되자, '윤(尹)' 즉 우상(右相)에 임명되었다. 상탕은 힘을 다해 나라를 다스리면서, 하걸의 폭정에 반항했으며, 또한 결국 일거에 하 왕조를 멸망시키고 상 왕조를 건립했다. 그 과정에서 이윤은 중요한 역할을 했다. 상 왕조 건립 초기에, 이윤은 또한 상탕을 도와 각종 전장(典章: 법령) 제도를 제정하여 정국을 신속히 안정시키자, 경제가 회복되고 발전하여, 상 왕조는 점차 번영하기 시작했다.

◈ **인면문방정**(人面紋方鼎) | 상

이 상대의 청동정(青銅鼎)은 후난성 닝샹(寧鄕)에서 출토되었고, 현재 후난성박물관에 소장되어 있다. 방정의 사면은 모두 하나씩의 커다란 인면(人面) 형상으로 장식되어 있는데, 눈썹과 눈, 입과 코가 갖추어져 있으며, 모습이 특이하다. 방정의 안쪽에는 '大禾'(대화)라는 두 글자가 새겨져 있다. 이는 현재까지 발견된 것들 가운데 사면의 벽을 모두 인면으로 도안한 유일한 상대(商代)의 방정이다.

상탕이 세상을 떠난 후, 그의 두 아들들이 왕위를 계승했지만, 얼마 지나지 않아 둘 다 사망했다. 후에 이윤이 주관자가 되어, 상탕의 손자인 태갑(太甲)이 왕위를 계승하도록 했다. 태갑은 왕이 된 후, 자기의 성정대로 국사를 처리했으므로, 조상들이 물려준 법률 제도를 모두 파괴해 버렸다. 이때의 상 왕조는 비록 이미 세 명의 왕을 거쳤지만, 나라를 세운 지는 20년도 되지 않은 때였으므로, 상나라 정권은 아직 더 공고해져야만 했다. 이윤은 위기를 타개하고 상나라 정권을 구하기 위해, 먼저 거듭하여 태갑에게 충고했지만, 후에 아무리 타이르고 충고해도 태갑을 고칠 수 없다는 것을 알았다. 그리하여 이윤은 그를 동(桐, 지금의 산시성 완룽현萬榮縣에 속함)으로 추방하고, 자신이 섭정하여 임금의 직책을 대행했다.

태갑을 타일러 깨우치기 위해, 이윤은 「이훈(伊訓)」·「사령(肆令)」·「조후(徂後)」 등 일련의 훈계하는 글들을 써서 태갑에게 읽도록 하면서, 그를 어떻게든 훌륭한 군주로 만들려고 가르쳤다. 예를 들면 어떻게 옳고 그름을 분명히 할 것이며, 어떤 일이 마땅히 행해져야 하고, 조상의 가르침을 저버리고 마음대로 행동해서는 안 된다는 것 등이었다. 태갑은 이런 글들을 읽고, 자기가 했던 모든 행동을 반성하여, 잘못을 바로잡기로 결심했다. 3년이 지나고 나서, 이윤은 태갑이 확실히 새로운 사람이 되었다고 느끼자, 친히 문무 대신들을 거느리고 가서 태갑을 맞이하여 박도로 돌아왔다. 그리고 엄숙하고 정중하게 정권을 태갑에게 돌려준 다음, 자신은 정무를 주관하던 위치에서 정무를 보조하는 위치로 돌아갔다. 태갑은 복위한 후에, 경계하고 두려워하면서, 이윤 같은 사람들의 보좌를 받아 나라를 질서 있게 다스리자, 상 왕조는 안정적으로 발전하는 시기에 들어섰다. 『사기』 「은본기」에서는 기록하기를, 이 시기에 "제후들은 은나라에 의탁하고, 백성들은 편안해지자[諸侯歸殷, 百姓以寧]", 이윤은 「태갑훈(太甲訓)」 3편을 지어 태갑을 표창했고, 태갑은 이로 인해 사후에 '태종(太宗)'으로 존경받았다고 한다. 그리고 이윤은 곧 극도로 삼가며 직무를 다하여 왕실을 보좌했고, 태갑의 아들인 옥정(沃丁)이 재위할 때까지 살다가 마침내 세상을 떠났다. 은허(殷墟: 허난성 안양에 있는 은나라 유적)의 복사(卜辭: 점을 치는 데 사용했던 갑골문자)를 통해 알 수 있듯이, 후세의 상나라 사람들은 이윤에게 성대한 제사를 지냈다.

상탕과 이윤은 중국 역사상 최초로 함께 일컬어지는 성군(聖君)과 현신(賢臣)으로서, 후세의 군신들이 이들을 본받았다.

상(商) 기원전 1250년 전후

인물: 반경(盤庚), 무정(武丁) **지역:** 은도(殷都) **키워드:** 천도(遷都)

반경(盤庚)의 은(殷)으로의 천도와 무정중흥(武丁中興)

상 왕조는 건국에서 멸망까지 무려 500여 년에 달했는데, 마지막 270여 년은 은(殷: 지금의 허난성 안양)에 도읍을 정했기 때문에, 상 왕조를 은 왕조라고도 부르며, 때로는 은상(殷商) 혹은 상은(商殷)이라고도 부른다. 상 왕조가 은에 도읍을 정한 것은 반경 때 시작되었다. 반경의 조카인 무정은 왕위를 계승한 후, 온 힘을 다해 나라를 다스려, 상 왕조의 통치를 다시 새로운 수준으로 끌어올렸으니, 역사에서는 이를 '무정중흥'이라고 부른다.

은(殷)으로 천도하다

상 왕조의 사회 질서는 성탕 시기에 이미 안정되었지만, 그가 세상을 떠난 후에는 왕실 내부에서 권력과 이익을 두고 다투면서 갈수록 치열한 투쟁이 발생했다. 특히 왕위에 대한 쟁탈전은 숙부와 조카 간에, 형과 동생 간에, 심지어 너 죽고 나 살기로 싸우자, 국가는 그들에 의해 극도로 혼란해졌다. 태갑 이후의 군주와 노예주 귀족들은 생활이 갈수록 부패해져, 노예에 대한 착취가 매우 가혹해지면서, 노예주와 노예 사이의 모순도 갈수록 첨예해졌다. 일부 방국(方國)[5] 부락들도 기회를 봐서 반란을 일으켰다. 이러한 내우외환의 국면으로 인해, 상 왕조의 국력은 나날이 약화되었으며, 거기에다 홍수와 가뭄 등 자연재해까지 겹쳐, 상 왕조는 붕괴의 위기에 놓였다.

반경은 상탕의 9대손이자, 상 왕조의 제20대 임금이다. 그는 선견지명이 있는 인물로, 국가를

5 방국(方國): '방국 부락'이라고도 한다. 최근 학자들의 연구에 따르면, 상 왕조 시기의 국가는 고국(古國)과 방국(方國)의 연합체였다고 하며, 어떤 학자는 이런 연합체를 '방국 연맹'이라고 부른다. 그리고 '고국'과 '방국'을 다음과 같이 정의하고 있다. "고국은 부락보다 높고 안정적이고 독립적인 정치 실체, 즉 초기 도시국가 형태의 원시 국가를 가리키며, 지금으로부터 5천 년 전의 홍산 문화 시기에 제일 먼저 방국(邦國: 초기 국가) 단계로 이행했다. 방국 시대 이후가 방국(方國) 시대로, 고대 중국은 지금으로부터 약 4천 년 전에 이 방국 단계로 진입했다."

◈ **사양방준**(四羊方尊) | 상

이 방준(方尊: 네모난 술잔)은 예기(禮器)인데, 주로 조상에게 제사 지낼 때 사용했다. 사양방준은 지금까지 발견된 상대의 청동 방준들 가운데 가장 큰 것이며, 현재 중국 국가박물관에 소장되어 있다.

기존의 방식대로 유지해 갈 수 없다고 느끼자, 각종 모순의 충돌을 완화시키면서, 상 왕조의 쇠망을 구제할 한 가지 방법을 생각해 냈다. 그것은 바로 도성을 은(殷)으로 옮기는 것이었다. 은 지방은 서쪽으로는 태항산(太行山)을 의지하고 있으며, 서쪽이 높고 동쪽이 낮아, 마치 키(곡물을 까불어 알곡만 골라내는 기구–옮긴이)처럼 생겼으며, 앞쪽으로는 대평원을 마주하고 있고, 토지가 비옥했다. 원수(洹水)가 서북쪽에서 동남쪽으로 흘러, 물을 이용하기가 편리하여, 농업 생산에도 편리했다. 그 밖에도, 은은 정확히 키의 아가리에 해당하는 곳에 위치했으며, 지세가 험준했다. 이 때문에 전국을 효과적으로 관리하고, 군대를 일으켜 전쟁을 하는 데 모두 비교적 편리했다. 정치적인 측면에서 보면, 천도한 다음에는 모든 것을 처음부터 시작할 수 있으니, 왕실과 귀족들을 억제할 수 있었고, 또한 반란 세력의 공격을 피할 수도 있어, 도성이 비교적 안전해져서, 외부의 방해는 줄어들고, 통치가 매우 안정될 수 있었다.

비록 천도는 많은 이점들이 있었지만, 모든 사람들이 천도하기로 한 결정을 지지한 것은 아니었으니, 일부 수구적인 노예주 귀족들은 천도를 맹렬히 반대했다. 반경은 일 처리가 매우 단호한 사람이었으므로, 그는 노예주 귀족들을 소집하고, 그들에게 천도의 이유를 공개적으로 설명했다. 그는 설명을 하면서 때로는 감정에 호소하여 움직이게 했고, 이성적으로 설득하기도 했고, 때로는 엄준한 형벌과 법으로 그들을 위협했으며, 또 때로는 선공선왕(先公先王)의 신령을 이용하여 그들을 협박하기도 했다. 『상서』「반경(盤庚)」에서는 반경이 했던 이러한 훈시 세 편을 기록하고 있다. 제1편은 권고하는 내용으로, 모두에게 은으로 천도하는 장점을 말하고 있다. 제2편은 위협하는 내용인데, 그는 강경한 말투로, 모두가 반드시 천도하라는 명령에 순순히 복종해야지, 그러지 않으면 호된 제재를 받을 것이라고 경고하고 있다. 마지막으로 그는 민중에게 이렇게 호소한다. "갑시다! 가서 안락한 생활을 찾읍시다! 지금 나는 그대들을 이주시켜, 거기에서 그대들의 가

정을 영원히 안정시키겠소이다."

반경은 강온 양면의 수단을 이용하여, 마침내 도성을 은으로 옮겼지만, 투쟁은 결코 끝나지 않았다. 백성들은 새로운 지방에 가자, 생활이 익숙하지 않아, 고향으로 돌아가자고 아우성이었다. 노예주 귀족들은 이 틈을 타 소란을 피우면서, 모두가 고향으로 돌아가자고 선동했다. 「반경」 제3편은 아마도 바로 이때 관리와 귀족들에게 한 말인 것 같다. 그는 강경한 말투로 노예주 귀족들의 반대를 제지했다. 그는 관리와 귀족들이 향락을 탐하고 재물을 수탈해서는 안 되며, 정치를 통해 공을 세우고, 백성에게 은혜를 베풀며, 백성들과 한마음이 되어, 국가를 잘 다스려야 한다고 경고했다. 그로부터 몇 년이 지나자, 상황이 비로소 안정되었다. 반경은 은으로 천도함으로써, 장기간에 걸친 구세력의 영향에서 벗어났다. 뿐만 아니라 도성인 은도(殷都) 부근의 토지가 비옥하고 물산이 풍부했으며, 특히 백성들이 열심히 일을 했으므로, 마침내 비교적 짧은 시간 안에 "백성은 편안하고, 도성인 은은 부흥하여, 제후들이 알현하려고 찾아오는[百姓由寧, 殷都復興, 諸侯來朝]" 국면이 나타났다. 은도가 매우 번영하는 도시로 건설되자, 쇠락하던 상 왕조에 다시 부흥하는 국면이 출현했다. 이때부터 상 왕조의 도성은 곧 은성(殷城)에 고정되었다.

◈ **옥우인**(玉羽人) | 상

우인(羽人: 날개가 달린 신인)은 쭈그리고 앉아 있는 자세이고, 두 손은 앞가슴에서 맞잡고 있다. 머리에는 우관(羽冠)을 쓰고 있으며, 관의 뒤에는 세 개의 움직이는 고리를 조각해 놓았고, 고리와 고리는 서로 걸려 있다. 이처럼 사슬을 투조(透彫)한 기법은 상대에는 매우 보기 드물다. 이 기물은 1989년에 장시성(江西省) 신간(新干) 다양저우(大洋洲)에 있는 상대의 무덤에서 출토되었으며, 현재 장시성박물관에 소장되어 있다.

무정중흥(武丁中興)

반경이 나라의 도성을 은으로 옮긴 이후, 상나라의 정치·경제 및 문화는 모두 매우 크게 발전했다. 무정 시기에, 상 왕조의 국력은 가장 강성한 단계에 도달했다. 무정은 반경의 동생인 소을(小乙)의 아들이다. 그는 어려서부터 평민의 아이들과 함께 놀고, 함께 일하고, 노동 기술을 배웠으며, 검소하고 소박한 생활 습관도 길렀고, 동시에 노예의 힘든 생활도 체험했다. 반경이 세상을 떠난 후, 그의 동생인 소신(小辛)이 왕위를 계승했다. 3년 후에 소신이 죽자, 이번에는 무정의 아버지인 소을 차례였다. 소을이 10년 동안 재위한 뒤 죽자, 왕위는 무정이 물려받았다.

무정은 왕이 된 뒤, 당시의 소박하고 검소한 생활 습관을 바꾸지 않았으며, 민중의 고통도 잊지 않았다. 그는 오로지 상 왕조를 부흥시키고, 상탕 같은 어진 임금이 되려는 생각뿐이었다. 무정의 왕위 계승은 상나라의 계승 제도에 부합하지 않았고, 선왕들이 남겨 놓은 제도—형이 죽으면 동생에게 물려주고, 마지막에는 형의 아들에게 돌려준다—를 위반했는데, 본래 소을이 죽은 다음에는 당연히 왕위를 반경의 아들에게 물려주어야 했다. 이로 인해 무정은 우선 사촌 형제들의 불만을 무마시켜야만 했다. 역사에서 기록하기를, 무정이 왕위를 승계한 후에 "3년간 말을 하지 않았으며, 정사는 총재(冢宰: 육경六卿 중 한 명으로 이조상서에 해당)에게 결정하게 하고, 나라의 기풍을 살폈다[三年不言, 政事決于冢宰, 以觀國風]"고 한다. 첫째로 무정은 침묵하는 방식으로 형세를 관찰하면서 왕위를 공고히 했다. 둘째로 그는 "아직 자신을 보좌할 신하를 구하지 못했기" 때문에, 그가 이렇게 하는 것은 자신에게 충성할 유능한 인재를 찾는 것이기도 했다.

후에 부암(傅岩)이라는 지방에서, 무정은 '열(說)'이라고 불리는 노예를 발견했다. 무정은 그와 대화를 나누고는, 그가 대단히 현명하고 유능한 인재라는 사실을 알았기 때문에, 열에게 '傅(부)'라는 성을 하사하고, 또한 과감하게 그를 정승[相]에 발탁하여 국정을 맡겼다. 부열(傅說)은 출신이 비천했으므로, 무정은 곧 꿈을 구실로 삼아 그를 궁중으로 불러들임으로써, 일부에서 불필요한 뒷공론하는 것을 차단했다. 『사기』「은본기」에는 이렇게 기록되어 있다. "무정이 밤에 꿈속에서 성인을 만났는데, 그의 이름이 열(說)이라 했다. 꿈에서 보았던 성인을 신하들과 백관들에서 찾아보았으나, 모두 아니었다. 그리

한 걸음 더

상대(商代)에는 모든 백성이 술을 즐겼다

상대의 알코올 음료로는 주(酒: 술)·예(醴: 단술, 감주, 맥주와 비슷한 술)·창(鬯: 울창주)이 있었다. 벽법(蘗法: 곡물을 발아시킨 누룩을 이용하여 술을 빚는 법)을 이용하여 예를 빚는 것도, 상고 시대에는 중국의 양조 기술 중 하나였던 것 같다. 상대의 갑골문에도 '예(醴)'와 '벽(蘗)'이 모두 기록되어 있다. '주'와 '예' 이외에도 은상(殷商) 왕조의 술 가운데에는 또한 '창(鬯)'도 있었다. 창은 옻기장[黑黍]을 원료로 하고, 울금향초(鬱金香草, 한약재로 쓰이기도 함)를 첨가하여 빚는 술로, 이는 최초의 문자 기록이 있는 약주(藥酒)다. 상나라 사람들은 술을 즐겨 마셨기 때문에, 음주 풍습은 사회의 구석구석까지 만연해 있었다. 상나라 왕은 조상들에게 제사를 지내면서, 반드시 술과 맛있는 음식을 이용하여 예의를 갖춰 제사를 지냈다. 상나라 주왕(紂王)이 술을 즐겼다는 것에 대해서는 사료의 기록이 대단히 많다. 사실상 상나라 사람들이 술을 즐겨 마신 것은 당시 사회의 보편적 현상이자, 일종의 사회 풍조였다. 그리고 상나라 사람들이 술을 즐김으로써 구현한 것은 일종의 정신 상태였는데, 이러한 풍조는 귀족 통치계급 내에 방탕하게 만연했을 뿐만 아니라, 또한 점차 일반 평민 계층 내에서도 범람함에 따라, 당시 사회 풍조에 영향을 미쳤다.

하여 백관들로 하여금 재야에서 찾아보도록 하여, 부험(傅險)이라는 곳에서 열을 찾아내어……재상으로 등용하니, 은나라는 태평하게 잘 다스려졌다[武丁夜夢得聖人, 名曰說, 以夢所見視群臣百吏, 皆非也. 于是乃使百工營求于野, 得說于傅險中……擧以爲相, 殷國大治]." 당시의 역사적 조건하에서, 부열 같은 사람을 중용할 수 있었다는 것 자체가 있을 수 없는 일이었다. 여기에서 무정은 보통 사람과는 다른 안목을 가지고 있었을 뿐만 아니라, 또한 사람을 알아보고 적재적소에 잘 쓸 수 있는 사람이었다는 것을 알 수 있다. 바로 부열 등 여러 현명한 신하들의 보좌를 받으면서, 상 왕조는 나날이 강성해져 갔다.

국력이 강성해지자, 상 왕조는 변방을 소란스럽게 하고 수시로 배반과 복종을 반복하는 일부 방국·부락들과 전쟁을 할 수 있는 힘을 갖게 되었다. 무정은 사방으로 끊임없이 정복 전쟁을 시작하여 계속 전쟁을 벌임으로써, 주변의 종족들로부터 많은 인구와 부를 획득했다. 이와 동시에, 상나라는 또한 주변 종족들과 경제 및 문화 교류를 진행하면서, 여러 제후국들이 잇달아 상 왕조에 편입되어 왔으므로, 상 왕조의 영토와 정치적 영향력은 엄청나게 확대되었다. 현재까지 출토된 무정 시기의 갑골복사(甲骨卜辭)에는 '중사(中師)'라는 이름이 있는데, 이는 당연히 군대가 '사(師)'를 최고 편제 단위로 삼기 시작했다는 것을 말해 준다. 또 어떤 사람은 이에 근거하여, 좌사(左師)·중사(中師)·우사(右師)의 삼사(三師)를 창립한 것은 바로 무정 시기에 시작되었다고 주장하기도 한다.

무정이 대외적으로 전쟁을 벌이는 목표는 주로 귀방(鬼方)·설방(舌方)·토방(土方)·형초(荊楚) 등이었다. 귀방은 은상(殷商) 시기에 북쪽의 초원 지대에 살던 유목 부락으로, 빈번하게 은나라 사람들의 통치 구역에서 소란을 피우자, 무정이 친히 군대를 이끌고 정벌에 나서, 3년 만에 평정했다. 설방은 은상의 북쪽에 거주하던 또 다른 유목 부락으로, 반경이 은으로 천도하기 전에, 설방은 왕실에서 '구세의 난[九世之亂]'[6]이 일어난 틈을 이용하여 급속히 세력을 확대했다. 더 많은 생활 물품을 약탈하기 위해 설방은 점차 남쪽으로 이동하면서 상나라 속국들을 괴롭혔으며, 또한 여러 차례 상나라 왕기(王畿, 수도 부근의 지방)의 서쪽 외곽까지 깊숙이 침입하여 약탈을 자행함으로써, 상 왕조의 통치를 심각하게 위협했다. 10여 년에 걸친 정벌을 통해, 설방도 무정에게 평정되었다. 토방은 은상의 북쪽에, 왕기로부터 비교적 가까운 곳에 살던 또 다른 종족으로, 항상 상

6 구세의 난[九世之亂]: 상나라 때, 왕인 중정(仲丁) 이후에 연속으로 왕위 쟁탈전이 발생한 데다, 또한 여러 차례 천도함에 따라, 왕조가 중도에 쇠락하고 제후들이 이반한 사건을 말한다. 이 혼란은 중정·외임(外壬)·하단갑(河亶甲)·조을(祖乙)·조신(祖辛)·옥갑(沃甲)·조정(祖丁)·남경(南庚)·양갑(陽甲) 등 아홉 임금에 걸쳐 벌어졌기 때문에 '구세의 난'이라고 부른다. 이 혼란은 거의 100년 동안 계속되다가, 반경이 은으로 천도한 이후에 비로소 수습되었다.

◈ **용호준**(龍虎尊) | 상

상대 말기의 이 용호준은, 높이가 50.5센티미터이고, 아가리의 지름이 44.7센티미터다. 용의 머리가 잔의 몸체 바깥쪽으로 튀어나와 있고, 잔의 배[腹] 부위에는 용 문양을 부조(浮彫)로 새겨 놓았다. 이 용호준은 1957년에 안후이성 푸난(阜南)에서 출토되었으며, 현재 중국 국가박물관에 소장되어 있다.

나라 주민들을 침탈하여 소요를 일으켰다. 무정이 3년에 걸쳐 토방을 멸망시킴에 따라, 토방의 영토도 상나라의 영토가 되었다. 당시 상 왕조의 남쪽에도 매우 많은 방국(方國)과 부락들이 있었는데, 강한(江漢) 유역에 있던 형초는 그들 중 가장 강대한 방국의 하나였다. 무정은 일찍이 상족(商族) 무사들을 이끌고 형초의 험준한 지방을 깊숙이 침투하여, 형초를 물리치고 수많은 노예를 포획하여 이곳을 평정했다. 그리하여 강한 유역도 상 왕조의 일부분이 되었다. 상나라의 제후국인 대팽(大彭)과 시위(豕韋)가 상나라의 명령을 따르려 하지 않고, 공물 헌납도 거절했기 때문에, 무정은 그들도 멸망시켜 버렸다.

전쟁에서 잇달아 승리함에 따라, 상 왕조의 세력은 동서남북 사방으로 급속히 확장되었으며, 상대의 최고 절정에 이르렀다. 그러한 전쟁들은 객관적으로 중원 지역과 주변 종족들의 경제·문화적 교류를 촉진하여, 상 왕조를 동쪽으로는 해안에서부터 서쪽으로는 감숙(甘肅)까지, 남쪽으로는 강한 유역을 지나 북쪽으로는 고비 사막[大漠]에 이르는 강대한 나라가 되게 하였다. 무정은 50여 년 동안 재위했으며, 그가 통치한 기간은 상 왕조가 가장 강성한 시기였으므로, 역사에서는 이 시기를 '무정중흥'이라고 부른다.

상(商) 기원전 1250년 전후

인물: 부호(婦好) **지역:** 은도(殷都) **키워드:** 부호묘(婦好墓)

여걸 장군 부호(婦好)

부호는 중국 역사, 더 나아가 세계 역사상 역사에 기록되어 있는 최초의 여성 군대 통솔자로서, 중국 여성의 걸출한 대표자라고 할 만하다. 그와 관련된 사적(事迹)은 갑골복사에서 많이 보이지만, 그것이 진정으로 세상 사람들의 주목을 받게 된 것은, 1976년에 은상(殷商) 시대 고고학 전문가인 정전상(鄭振香)과 천즈다(陳志達)가 주관하여 그의 무덤을 발굴하면서 시작되었다.

부호

부호는 상왕(商王)인 무정(武丁)의 아내로서, 상나라의 저명한 여성 장수였다. 이름은 호(好)이고, 부(婦)는 친족의 호칭이며, 명문(銘文)에서는 그를 '모신(母辛)'이라고 부르기도 한다. 부호의 이름은 갑골문에 빈번하게 나타나는데, 그는 상왕의 아내일 뿐만 아니라, 더욱 중요한 것은 그가 무정 시기에 활약했던 걸출한 정치가이자 군인이었다는 점이다. 부호는 무예가 뛰어났으며, 보통 사람보다 힘이 셌다. 지금까지 출토된 갑골복사에서는, 무정이 주변의 방국이나 부락들과 잇달아 전쟁을 벌일 때, 부호는 여러 차례 명을 받고 상왕을 대신하여 군대를 징집했으며, 거듭하여 군 장수에 임명되어 출정하여 싸웠고, 무정을 도와 사방으로 전장을 누비면서 위대한 공적을 세움으로써, 무정 시기의 상 왕조가 전성기를 이루도록 했다고 밝히고 있다. 그는 1만 3천 명의 병사를 이끌고 가서 강방(羌方)을 공격하여, 수많은 강족을 포로로 잡았으니, 무정 시기에 한 차례의 출정에서 가장 많은 병사를 이끌었던 장수가 되었다. 그는 또 토방(土方)·파방(巴方)·이방(夷方) 등에 대한 중대한 작전에 참가하여 군대를 지휘했다.

부호는 여성 군대 통솔자로서, 출정할 때마다 모두 수천수만의 군대와 군마를 거느렸다. 어떤 복사에는 "登婦好三千, 登旅萬, 呼伐羌"이라고 기록되어 있다. 이 말의 의미는, 상왕이 부호 휘하

◈ **옥호**(玉虎) | 상

이 두 건의 옥호는 모두 허난성 안양(安陽) 인쉬(殷墟)에 있는 부호묘(婦好墓)에서 출토되었으며, 상대 말기의 입체 환조(丸彫) 작품으로, 색깔은 검푸른 색이다. 옥호는 사지를 땅에 대고 엎드린 채, 고개를 숙이고, 입을 벌려 이빨을 드러내고 있다. 그 자세가 마치 달려들 것 같아, 조용한 가운데 움직임이 깃들어 있는 정중동(靜中動)의 모습을 느낄 수 있는, 옥 조각의 걸작이다.

의 군대 3천 명과 나머지 병사 1만 명을 징발하여, 부호로 하여금 그들을 이끌고 가서 강국(羌國)을 정벌하도록 했다는 것이다. 1만 3천 명의 군대는, 당시의 입장에서 보면, 규모가 엄청나게 컸다고 할 수 있다. 부호는 자신이 대군을 장악하고서 친히 전쟁에 나갔으며, 어떤 때는 그가 다른 군대의 장수들을 지휘하기도 하여, 군대 통솔자의 역할을 하기도 했다. 이로부터 알 수 있는 것은, 당시 부호는 군사 방면에서 최고의 권위를 지니고 있었다는 점이며, 이는 그의 묘실(墓室)에서 출토된 유물들로부터도 입증할 수 있다. 부호의 묘에서는 네 자루의 동월(銅鉞: 청동 도끼)이 출토되었는데, 두 개는 크고, 두 개는 작으며, 윗면에 모두 '*婦好*'라는 두 글자의 명문을 새겨 놓았다. 두 자루의 큰 동월은 모두 무게가 8~9킬로그램에 달한다. 이 두 자루의 거대하고 무거운 동월들은 상 왕조에서 최고 높은 왕권을 상징했다. 이러한 상징물이 순장품으로 부호와 함께 묻혔으니, 부호의 당시 지위가 어떠했는지는 두 말할 필요가 없이 자명하다.

부호의 권위는 당연히 잇달아 성공한 군사 정벌을 통해 확립되었을 터이고, 그의 군사 정벌은 상 왕조의 정권이 공고해지도록 하는 데에도 중요한 공헌을 하였다. 무정 이전에, 상 왕조의 도성(지금의 허난성 안양 샤오툰촌小屯村 부근)으로부터 북쪽으로 수백 킬로미터 떨어진 토방(土方)이 늘 상나라의 변경을 침범하여 소요를 일으켰다. 이들은 사나운 종족으로, 상나라에 소속된 사냥 구역에 거리낌 없이 들어와서 마음대로 사람과 재물을 약탈했다. 상왕은 여러 차례에 걸쳐 토방 부족에 대해 전쟁을 벌였지만, 번번이 그들을 제압하지 못하자, 토방은 해마다 끊임없이 남하하며 침범했다. 이러한 상황은 무정 시기까지 계속되었다. 무정이 즉위한 다음, 부호에게 군대를 이끌고 가서 토방을 토벌하도록 명령하자, 부호가 군대를 이끌고 가서 토방 군대를 철저히 궤멸시켰다. 토방은 이때부터 온순해져서, 다시는 상나라 땅을 침범하지 못했을 뿐만 아니라, 그 세력도 이때부터 쇠락해져 갔다. 당시 상나라의 동남쪽에 있던 이국(夷國)은 비록 국력은 강하지 않았지만, 생존을 위해 가끔씩 돌발적으로 기병을 동원하여 상나라 영토에 침입하여 살인과 약탈을 자행했다. 부호는 무정의 명을 받고 다시 군대를 거느리고 싸우러 나섰다. 그러나 그는 전방에 와서는 군대의 행동을 잠시 중단시키고는, 은밀하게 적군의 동태를 정탐하면서 출격할 시기를 기다렸다. 시기가 무르익자, 부호는 군대를 거느리고 갑자기 전체 전선에서 일시에 출격했으며, 강국의 군대는 철저하게 패배하고 말았다. 단지 이 한 번의 전쟁으로, 이국 사람들은 부호의 매서움을 깨닫게 되어, 이후로는 감히 더 이상 소란을 피우지 못했다.

위에서 언급한, 상 왕조의 파방(巴方)에 대한 군사적 승리도 부호가 거둔 전공들 중 하나다. 파방은 상 왕조의 서남쪽에 있었는데, 이 종족은 상나라의 숙적이었다고 할 만큼, 항상 상나라와 전쟁을 일으켰다. 파방을 멸망시키기 위해, 무정은 친히 군대를 이끌고 가서 무찔렀다. 이때 전투가 시작되기 전에, 무정은 부호와 다음과 같은 계책을 상의하여 결정했다. 즉 무정이 정예 부대를 거느리고 가서 파방의 군영을 기습하고, 부호는 군대를 인솔하여 파방 군대의 퇴로 방향에 미리 매복하고 있다가, 파방의 후퇴하는 병력을 호되게 공격할 준비를 하기로 했다. 무정이 인솔하는 상나라 군대가 갑자기 출현하여, 파방 군대로 하여금 깜짝 놀라 허둥대며 어쩔 줄 모르게 만들자, 파방 군대는 응전하지 못하고 뿔뿔이 흩어졌으며, 마침 상나라 군대의 매복 지역 안으로 몰려 들어왔다. 부호는 복병들을 지휘하여 정면에서 차단하고 죽임으로써, 파방의 군대를 완전히 섬멸했다. 이는 중국 전쟁사에 기록된 최초의 매복 기습전이다.

혁혁한 지위

위에서 언급한 몇 차례의 성공적인 정복 전쟁 외에도, 부호는 서북쪽에서 강국(羌國)의 침입을 격퇴하기도 했다. 그가 용맹하고 위세 있게 싸움을 잘하고 뛰어난 재능과 원대한 계략을 가졌다는 사실이 알려짐으로써, 상 왕조 주변의 방국 부락들로 하여금 감히 경거망동을 하지 못하게 만들었다. 그의 명성은 심지어 그가 죽은 뒤에도 계속 이어졌다.

무정은 부호를 존경하고 사랑한 나머지, 부호가 살아 있을 때 항상 그의 일상생활과 건강 및 출산 등의 상황에 대해 점을 쳤다. 부호가 세상을 떠난 다음, 무정은 그를 제사 지내기 위해, 그의 묘혈 위에 종묘(宗廟) 건축을 지었으며, 묘 위에는 향당(享堂: 위패를 모시는 당집)을 지었다.

무정 이후의 역대 상왕들의 마음속에서, 부호는 줄곧 숭고한 지위를 누렸다. 무정이 사망한 후,

◈ **종목대이면구**(縱目大耳面具) | 상

쓰촨성 광한(廣漢) 산싱뚜이(三星堆)에서 출토된 청동기들 가운데, 청동면구는 가장 독특한 종류다. 예를 들어 이 종목대이면구(사방을 마음대로 볼 수 있는 눈과 큰 귀를 가진 면구-옮긴이)는 형체가 거대하고, 얼굴 생김새가 특이하며, 큰 귀와 넓은 입에, 눈동자가 튀어나와 있는 것으로 보아, 뚜렷하게 고촉인(古蜀人: 지금의 쓰촨성 지역에 살았던 고대 종족)의 문화 특색을 지니고 있다.

그의 후손들은 부호를 무정에게 종속된 아내로 여기지 않았으므로, 그의 시신을 대묘(大墓)에 이장하여 무정과 합장하지 않고, 단독으로 부호의 묘에 남겨 두었다. 조상에게 제사를 지낼 때에도 따로 부호에 제사를 거행했다. 이는 모계 씨족 사회의 유풍이었던 것으로 보이는데, 노예 사회 단계에 있던 상 왕조는 종법 제도가 아직 완비되지 않았으므로, 부녀자가 사회적으로 일정한 지위를 차지하고 있었다. 부호에 대해 말하자면, 이렇게 귀족 부녀자였으므로, 곧 더욱 그의 총명한 재능을 발휘할 수 있었을 것이고, 심지어 전장에서 혁혁한 전공을 세울 수 있었을 것이다.

진귀한 부장품들

무정은 부호를 매우 총애했으므로, 부호가 세상을 떠난 후, 무정은 그의 무덤 안에 대량의 부장품을 함께 묻어 줌으로써, 부호로 하여금 사후에도 그가 생전에 누렸던 모든 특권을 누릴 수 있도록 했다. 부호의 묘에서 출토된 1,928건의 부장품들 가운데에는, 동기(銅器)·옥석기(玉石器)·골아기(骨牙器: 동물의 뼈나 상아로 만든 기물) 등이 포함되어 있으며, 또한 거의 7천여 개에 달하는 조개껍질도 포함되어 있다. 그 중에는 '婦好' 혹은 '好'자를 명문으로 새긴 동기도 109건이나 된다. 이러한 동기들은 모두 무정 시기에 만들어진 청동기 가운데 정품들로, 부호삼련언(婦好三聯甗)·부호우방이(婦好偶方彝)·부호효준(婦好鴞尊) 및 사모신사족굉(司母辛四足觥)은 그 중에서도 더욱 보기 드문 진품들이다.

한 걸음 더

신비스런 삼성퇴(三星堆)의 촉(蜀) 문화

삼성퇴의 고대 유적은 쓰촨성 광한시(廣漢市) 서북쪽에 있는데, 지금까지 대량의 청동 인두상(人頭像)·청동 입인(立人)·청동 면구·청동 신수(神樹) 등등이 출토되었으며, 지금으로부터 5,000년 전부터 3,000년 전까지의 고촉국(古蜀國) 문화를 반영하고 있다. 이는 지금까지 서남부 지역에서 발견된 유적들 중 범위가 가장 크고, 지속된 기간이 가장 길고, 문화의 내용이 가장 풍부했던 고대 국가 문화 유적이다. 삼성퇴 유적에서 출토된 대형 청동 조소 작품들 가운데에는, 인물 조상(彫像)이 가장 특색을 지니고 있다. 그 청동 인두상은 모두 10여 건으로, 귀족 두상도 있고 노예 형상도 있으며, 큰 것도 있고 작은 것도 있는데, 큰 것은 높이가 1.7미터이고, 작은 것은 고작 6.5센티미터에 불과하다. 또 표정과 태도가 각기 다른 데다, 정교하면서도 우아하고 아름다우며, 서로 다른 인물의 개성과 신분이 뚜렷이 나타나 있다. 이는 당시 촉국의 청동 주조 기술이 이미 매우 발달해 있었다는 것을 말해 준다.

부호우방이는 전체 높이가 60센티미터, 길이가 88.2센티미터, 무게가 71킬로그램이며, 주로 음식물을 담는 데 사용했다. 이 기물은 비교적 독특하다. 장방형에, 외관을 보면 마치 두 개의 방이(方彝: 네모난 술동이)를 연결하여 만든 것처럼 보이며, 둘 다 측면에는 한 마리의 코끼리 머리 모양의 장식물이 있고, 기물 몸통은 모두 수면문(獸面紋: 짐승 얼굴 문양)으로 장식했다. 그 뚜껑은 지붕처럼 생겼고, 꼭대기의 양쪽 끝에는 손잡이가 있다. 기물 안쪽에는 '婦好'라는 두 글자가 새겨져 있고, 조형은 품위 있고 웅장해 보이며, 문양 장식은 정교하고 아름다우면서 화려하고, 주조 공예가 뛰어나다. 또 형태가 독특하여, 마치 한 채의 전당처럼 생긴, 은허에서 발굴된 청동기들 중 진귀한 작품이다.

부호효준은 전체 높이가 45.9센티미터, 무게가 16.7킬로그램이다. 형체는 부엉이처럼 생겼는데, 머리는 약간 위쪽으로 쳐들고 있으며, 커다란 꼬리와 굵고 튼튼하며 힘센 두 다리가 함께 몸통을 지탱하고 있다. 부엉이의 표정과 자세는 단정하고 장중하며, 왕의 기백이 느껴지는 것이, 일반적인 자연계의 부엉이 같은 맹금류와는 비교할 수 없다. 부엉이의 전신(全身)에 새겨진 문양 장식은 정교하고 세밀하며, 얼굴 가운데와 가슴 앞의 가운데에는 각각 한 줄기 비릉(扉稜: 볼록 튀어나온 능선)이 있고, 볏의 바깥쪽에는 깃털 무늬가 있으며, 안쪽은 거꾸로 된 기문(夔紋: 전설 속의 동물인 기룡 문양)으로 장식했다. 부엉이의 등에는 또한 한 마리의 하늘을 날고 있는 모양의 새와 한 마리의 작고 정교한 기룡(夔龍)을 주조해 놓아, 전체 기물의 형상에서 웅장하고 힘찬 기세가 느껴진다. 상대의 뛰어난 청동 공예와 장인들의 고아한 심미 취향 및 낭만적인 기질이 여기에 충분히 체현되어 있다.

사모신사족굉은, 높이가 36센티미터, 무게가 8.5킬로그램으로, 생김새가 매우 특이한 성주기(盛酒器: 술을 담아 놓는 그릇)다. 전체적인 형상을 보면, 다리가 네 개인 기이한 짐승임이 틀림없다. 그런데 다시 자세히 보면, 앞부분은 소 같은 짐승이 서 있는 모습 같고, 머리 위에는 동그랗게 말린 뿔이 있으며, 가운데 척추부터 꼬리까지는 권룡문(卷龍紋: 용이 몸을 서리고 있는 문양)으로 장식했다. 또 뒤쪽은 새처럼 생겼고, 발에는 두 개의 발굽과 두 개의 발톱이 있는 것으로 보아, 필경 어떤 신수(神獸)인 듯하며, 고고학자들의 추가 고증이 요구된다. 이 기물은 주둥이부터 꼬리까지가 뚜껑이며, 전체가 섬세하고 정교한 문양 장식으로 꾸며져 있다. 뚜껑 안쪽과 몸통 안쪽에는 모두 '司母辛'이라는 세 글자의 명문이 새겨져 있다. 그 풍부한 상상력과 매우 뛰어난 공예는 우리들로 하여금 상대 예술가의 교묘한 구상에 대해 탄복하지 않을 수 없게 한다.

이 밖에도, 부호 묘에서 출토된 동월(銅鉞: 청동 도끼)은, 무덤의 주인이 생전에 군권(軍權)을 갖고 있던 인물이라는 상징이다. 그리고 무덤 속에 있던 네 개의 동경(銅鏡)은 적어도 상왕 무정 시기에 중국은 이미 동경을 사용하고 있었다는 것을 나타내 준다. 부장되어 있던 옥석기들 가운데 다수는 상대 옥기들 중 우수한 작품에 속한다. 10여 건의 옥석 인물상은 당시의 의관(衣冠)이나 머리 모양을 연구하는 데 귀중한 자료들이다. 또 손잡이가 있는 3건의 상아 술잔도 보기 드문 진귀한 고대 예술품이다. 그리고 부호 묘에서 출토된 옥룡(玉龍)은, 용의 몸이 짧고, 단일한 운뢰문(雲雷紋)·중환문(重環紋)·능형문(菱形紋) 등의 장식이 출현하며, 용의 꼬리는 칼날처럼 얇고 날카로우며, 일정한 실용적 가치가 있다.

부호 묘의 발견은 상대 무정 시기의 역사와 사회 풍모를 연구하는 데 풍부한 사료를 제공해 주었다. 또 사치스럽고 화려한 이 무덤으로부터 역사를 되돌아보면, 부호라는 이 여걸임과 동시에 또한 잔인하고 포악한 노예주 귀족은, 사람들로 하여금 "한 장수가 공을 세우는 것은 수많은 병사들의 희생으로 이루어진다[一將功成萬骨枯]"는 사실을 느끼지 않을 수 없게 해 주었으니, 천추의 공과(功過)에 대해 누가 분명하게 말할 수 있겠는가!

상(商) 기원전 1046년

인물: 제신(帝辛), 달기(妲己) 지역: 목야(牧野) 키워드: 목야 전투

주왕(紂王)의 망국(亡國)

무정 이후, 상 왕조의 사회적 모순이 갈수록 첨예해졌고, 그 후의 통치자들 또한 갈수록 부패하여, 상나라 말기의 제신(帝辛) 때에는 상황이 매우 심각했다. 상탕(商湯)은 자기의 후손들이 하걸(夏桀)의 전철을 다시 밟으리라고는 생각하지 못했지만, 그의 17대손인 제신 대(代)에 이르러, 그가 창건한 천추의 대업은 하루아침에 무너져 버렸다.

덕(德)을 잃은 군주

제신은 바로 중국 역사에서 그 유명한 상나라 주왕(紂王)이다. 그는 상 왕조의 제29대 왕인 제을(帝乙)의 작은아들로, 제을의 본처 소생이었기 때문에 태자가 되었다. 제을이 세상을 떠난 후, 제신이 왕위를 계승했으며, 후손들은 그를 상 주왕이라고 불렀다. 주왕은 용기와 힘이 다른 사람들보다 뛰어났으며, 또한 말솜씨가 청산유수 같고, 능력이 매우 뛰어났다. 그러나 그는 주색을 좋아하고, 원유(苑囿: 동물을 기르면서 임금이 사냥을 하는 공원)와 호화스러운 건물을 마구 지었으며, 미녀인 달기(妲己)를 총애하고, 녹대(鹿臺: 주왕의 재물을 보관하는 건물)를 높이 지었다. 또 악사에게 명하여 '북리지무(北里之舞: 기생들이 추던 선정적인 춤)'와 '미미지악(靡靡之樂:

◈ 옥룡(玉龍) | 상

이 옥룡은 허난성 안양의 인쉬(殷墟)에 있는 부호 묘에서 출토되었으며, 전체적으로 검푸른 색을 띠고 있다. 용은 몸을 서리고 있으며, 짧은 입과 짧은 뿔이 있고, 입을 벌려 이빨을 드러내고 있으며, 용의 꼬리는 몸통의 오른쪽에 말고 있다. 이는 은상(殷商) 말기의 소형 옥 조각 작품으로, 현재 중국 사회과학원 고고연구소에 소장되어 있다.

음탕한 노래)'을 만들도록 하고, "술로 연못을 삼고, 고기를 매달아 숲을 이루어", 밤을 새우며 아침까지 술을 마시고 노래를 부르느라, 국정을 돌보지 않았다.

이뿐만 아니라, 주왕은 또한 매우 잔인하고 포악하여, 각 방면의 반항을 진압하기 위해 그는 엄혹한 형법을 제정하고, 듣는 사람을 깜짝 놀라게 할 만한 수많은 형벌들을 만들기도 했다. 예를 들어 '포락지형(炮烙之刑)'은, 바로 청동으로 속이 빈 구리 기둥을 만들어, 그 속에 목탄으로 불을 피워 그 구리 기둥을 벌겋게 달구어 놓고, 만약 주왕에 대해 감히 시비를 논하는 자가 있으면, 주왕은 그에게 맨발로 그 위를 걷도록 명령을 내렸다. 그리하여 그 형벌을 받는 자가 뜨거움을 참지 못하고, 곧 밑으로 떨어져서 산 채로 불에 타 죽게 하는 형벌이다. 또 '해형(醢刑)'은, 사람을 죽인 다음 육장(肉醬: 고기를 소금에 절임)하는 형벌이다. 제후 매백(梅伯)이 주왕에게 '포락'이라는 혹형을 폐지하도록 간언하자, 주왕은 그를 잘게 썰어서 육장으로 만든 다음, 다른 제후들로 하여금 먹어 치우도록 강요함으로써, 한 사람을 죽여 여러 사람에게 경고를 했다. 이 밖에도 '포형(脯刑)'이 있었는데, 이는 사람을 죽여 덩어리로 자른 다음, 말려서 육포로 만드는 형벌이다. 조정의 신하들이 주왕의 폭정에 대해 분노하면서도 감히 말을 못하자, 악후(鄂侯)가 자신이 왕조의 삼공(三公) 신분이라는 것을 믿고, 주왕과 논쟁을 벌이다가, 주왕이 잔인하다고 지적했으므로 주왕에게 죽임을 당했으며, 동시에 육포로 만들어져 대중에게 보여졌다. 서백후(西伯侯) 희창(姬昌: 훗날의 주 문왕)은 이 일이 있고 나서 뒤에서 탄식했다가, 사람들에게 고발을 당한 다음에 주왕에 의해 감옥에 갇혔으며, 후에 다시 희창의 큰아들인 백읍(伯邑)을 때려죽인 다음, 고깃국을 끓여 희창에게 보내 먹도록 했다.

상 왕조의 멸망

주왕의 음란한 생활이 날이 갈수록 심해지자, 그의 배다른 형제인 미자(微子)는 나라가 망해가는 것을 두고 볼 수 없어 주왕에게 진심어린 충고를 했지만, 주왕은 도무지 듣지 않았다. 그러자 미자는 어쩔 수 없이 도성을 빠져나와 민간에 은거했다. 주왕의 또 다른 형제인 기자(箕子)는 주왕의 폭정에 대해 일찍부터 불만을 품고 있었다. 그리고 그는 미친 사람 행세를 하면서, 노예들 속에 섞여 살았다. 주왕이 발견한 다음, 무사들에게 명하여 그를 감금해 버렸다. 주왕의 숙부인 비간(比干)은, 미자가 도망쳐 은거하고, 기자는 미친 척하면서 노예가 되는 것을 직접 보고는, 매우 비애에 잠겼다. 그는 죽을 각오로 논쟁을 벌였다. 연속 3일 동안 주왕에게 간절하게 간언하면서 날카로운 의견을 제시하자, 주왕은 매우 화를 내면서 이렇게 말했다. "내가 듣기로는 성인의 마음속에는 일곱 개의 구멍이 있다고 들었는데, 비간은 성인의 명성을 누리고 있거늘, 내가 비간의 마음이 그런지 아닌지 확인해 봐야겠다." 그리하여 비간을 죽이라고 명령을 내린 뒤, 배를 갈라 그의 심장을 꺼내서 도대체 어떻게 생겼는지 보았다. 조정에 있던 일부 대신들은 주왕의 그러한 잔인하고 포악함을 보고는, 나날이 강대해지고 있던 주나라로 잇달아 도망쳤다.

이렇게 내부 모순이 격화됨과 동시에, 상 왕조와 주변의 각 종족들 간의 모순도 날이 갈수록 첨예해지면서, 장기간에 걸친 정복 전쟁이 국력을 모두 소모해 버렸으므로, 쇠락하는 형국은 이미 되돌리기 어려웠다. 그리고 상나라의 서쪽에 있던 속국인 주나라는, 문왕(文王)과 무왕(武王)이라는 양 대에 걸친 영명한 군주의 영도하에 세력이 나날이 강대해지고 있었다. 특히 무왕은 왕위를 계승한 다음, 사람을 알아보고 적재적소에 잘 등용하여, 수많은 재능 있는 사람들을 자기편으로 끌어들였다. 예를 들면 태공망(太公望)·주공(周公) 단(旦)·산의생(散宜生) 등이다. 그들의 보좌를 받아, 국가는 나날이 발전했다. 무왕은 또한 줄곧 상나라를 멸망시킬 기회를 노리고 있었다. 그는 끊임없이 사람을 보내 상나라의 정황을 조사하게 했다. 그는 상나라 백성들이 감히 말조차 하지 못한다는 사실을 알고는, 상나라를 멸망시킬 기회가 왔다고 단정했다. 그리하여 서쪽과 남쪽의 부락들과 연합하여, 상 주왕에 대해 공격을 개시했고, 상나라 도읍의 교외에 있는 목야(牧野)에서 전투를 벌였다. 이때, 상나라 군대는 동이(東夷)와 전투를 벌이고 있어, 군대를 귀환시킬 겨를이 없자, 주왕은 어쩔 수 없이 임시로 수많은 노예들을 무장시켜 전선으로 출동했다. 하지만 노예들은 이미 주왕을 뼈에 사무치도록

◈ **십자공방유**(十字孔方卣) | 상

유(卣)는 제사를 지낼 때 향주(香酒)를 담아 두는 기구로, 형상이 후세의 주전자처럼 생겼으며, 꼭대기에 뚜껑이 하나 있고, 손잡이도 있다. 이 십자공방유의 복부 중심에는 각각 한 개씩의 장방형 구멍이 뚫려 있고, 네 개의 구멍은 두 개씩 서로 마주보고 있으며, 기물의 형태도 또한 정방형이기 때문에, 이런 이름이 붙여졌다. 이 유는 장시성(江西省) 신간(新干) 다양저우(大洋洲)에 있는 상대의 무덤에서 출토되었으며, 현재 장시성박물관에 소장되어 있다.

미워하고 있었으므로, 전선에서 반란을 일으킨 다음, 주 무왕의 군대를 인도하여 상나라의 임시 수도인 조가(朝歌: 지금의 허난성 치현淇縣)로 쳐들어갔다.

녹대(鹿臺)의 한(恨)

이 지경이 되자, 주왕은 어쩔 수 없이 허겁지겁 궁중으로 돌아갔다. 대세가 이미 기울었음을 알고, 주왕은 한없이 후회했다. 주나라 군대가 곧 쳐들어올 것인데, 만약 포로로 전락한다면 절대로 좋은 결말이 없을 거라고 생각했다. 그는 어쩔 수 없이 결심을 하고는, 가장 화려하고 귀한 복장으로 갈아입고, 온 몸에 진주와 보석들을 걸친 채, 가장 호화로운 궁전인 녹대로 올라갔다. 그런 다음 소매로 얼굴을 가려, 조상들을 볼 면목이 없음을 나타내고, 불을 피워 스스로 불에 타 죽었다. 무왕이 군대를 거느리고 왔을 때, 주왕은 이미 죽어 있었다. 그리하여 무왕은 명령을 내려, 주왕의 머리를 잘라 커다란 백기(白旗)와 함께 높이 매달아 놓음으로써, 그의 죄악을 널리 세상에 알리도록 했다. 상 왕조는 이렇게 멸망을 고하고, 주 무왕이 새로운 천자가 됨으로써, 중국 역사상 세 번째 왕조인 주 왕조가 건립되었다. 제신은 도(道)를 잃었으므로, 후손들은 그에게 '제(帝)' 칭호를 붙이지 않고 강등시켜 '왕(王)'으로 고쳐 불렀다. 이것이 바로 '주왕'이라는 칭호의 내역이다.

한 걸음 더

찬란한 청동 문화

대략 기원전 13세기 전후, 즉 중국 상대(商代) 때, 중국은 청동기가 매우 번성한 시기에 진입했다. 청동은 구리·주석·납 등의 금속들을 합금한 것으로, 경도가 높고, 용해점은 낮아, 청동을 이용해 만든 공구는 한층 오래 쓸 수 있었다. 고고학적 분석에 따르면, 상대의 청동기는 구리와 주석의 합금으로, 순수한 구리가 가지고 있는 강인함을 가질 뿐만 아니라, 밝은 광택을 내도록 제조할 수도 있었으며, 또한 예리한 병기나 공구 및 아름다운 용기를 제조할 수 있었다. 상대의 청동 제품들은 사회생활의 대부분 영역들과 관련이 있었다. 청동 제조 기술도 이 시기에 향상되었는데, 독특한 조형과 정교하고 아름다운 문양 장식은, 모두 상 왕조의 청동기로 하여금 수천 년의 문화 발전 및 예술 발전 과정에서 뚜렷한 지위를 차지하도록 해 주었고, 중국 고대 문화의 한 가지 중요한 상징이 되도록 했다. 청동기의 대량 사용은, 상대의 정치·경제·문화 및 예술을 전에 없이 발전하도록 촉진하여, 중국 역사상 찬란한 청동 문명을 창조하게 했다. 상대 통치계급의 가치관은, 야금술(冶金術)이 사천(四川)·강서(江西) 등 매우 광범위한 지역으로 퍼져 나감에 따라, 광한(廣漢) 삼성퇴(三星堆)·신간(新干) 대양주(大洋洲) 등 일부 지역성 청동 문명에 영향을 미쳤다.

상(商) 기원전 11세기 초

인물: 후직(后稷), 계력(季歷), 문왕(文王) **지역:** 황토(黃土) 고원 **키워드:** 천도(遷都)

작은 나라 주(周)의 굴기

주족(周族)은 중국 황토(黃土) 고원에서 살았던 오래된 종족으로, 유구한 역사를 지니고 있었다. 하(夏) 왕조가 상(商) 왕조로 바뀔 때, 주족은 어쩔 수 없이 서쪽으로 이주하여, 서부의 미개한 종족들과 뒤섞여 살았다. 공유(公劉) 시기에 주족은 비교적 크게 발전하여, 그 사회 형태가 씨족 부락에서 국가 단계로 진입했다. 단보(亶父) 시기에, 주족은 단보의 인솔하에, 지금의 산시성(陝西省) 치산(岐山) 아래에 있는 주원(周原)으로 이주했다. 이후로, 주나라 사람들은 단지 왕계(王季)·문왕(文王)·무왕(武王)의 삼대에 걸친 사람들의 노력만으로 곧 상 왕조를 무너뜨리고, "천하에 빛나는 주나라"를 건립했다. 하나라·상나라에 비하면, 주나라는 늦게 등장한 데다, 외진 곳에 있던 작은 나라였기 때문에, 역사서들에서는 "큰 나라 상[大國商]" "작은 나라 주[小邦周]"라고 일컫고 있다. 그러나 바로 이 손바닥만한 작은 나라가 상나라를 대체하고 떨쳐 일어나, 8백 년간 이어지는 대업의 기반을 열고, 중국 문화의 주요 부분의 기초를 다짐으로써, 후세 사람들이 대대로 칭송할 만큼 세상을 놀라게 한 위업을 성취했다.

후직(后稷)이 온갖 곡식을 기르다

주나라의 시조는 기(棄)이며, 헌원씨(軒轅氏) 황제(黃帝)의 후예라고 전해진다. 그의 어머니는 유태씨(有邰氏)의 딸로, 이름은 강원(姜嫄)이며, 황제의 증손자인 제곡(帝嚳) 고신씨(高辛氏)의 정실(正室: 본처)이라고 전해진다. 『시경』「대아(大雅)」'생민(生民)'편의 기록에 따르면, 주족의 시조인 기가 출생한 정황은 대체로 다음과 같다. 즉 기의 어머니인 강원이 들판에서 우연히 거인 발자국의 엄지발가락을 밟고 나서 임신한 것을 느끼고, 시조인 기를 낳았다는 것이다. '棄(버릴 기)'라고 이름을 지은 까닭은, 그가 세 번이나 그의 어머니에 의해 버려졌기 때문이라고 한다. 강원이 기를 낳

◈ **사장반**(史墻盤) | **서주**(西周)

이 반(盤)의 높이는 16.2센티미터이고, 구경(口徑)은 47.3센티미터이며, 산시성 푸펑장(扶風庄) 바이촌(白村)에서 출토되었다. 반의 안쪽 바닥에는 18행, 총 284자의 명문(銘文)을 새겨 놓았는데, 필적이 깔끔한 데다, 짜임새가 단정하고 장중하여, 서주의 금문(金文) 서법을 연구하는 데 진귀한 자료다.

았다는 전설에서, 여전히 주족의 기원에 대한 실마리, 즉 기가 탄생한 과정을 살펴볼 수 있다. 여기에는 바로 모계 씨족 사회에서 부계 씨족 사회로 이행한 역사가 반영되어 있다. 주나라 사람이 기를 시조로 받들었던 까닭은, 대체로 그의 시대부터 주족이 비로소 독립적인 부계 씨족 부락을 건립하기 시작했기 때문이다. 기가 태어나서 자란 외가인 유태씨는 농업 생산에 종사하던 종족이었다. 유태씨의 농업 생활에서 영향을 받았기 때문에, 기는 어려서부터 삼[麻]과 콩 심는 놀이를 즐겨 했으며, 성장한 후에는 유능한 농사꾼이 되었다. 그는 잡초를 제거하고 종자를 선별하는 것 같은 선진적인 농사 기술을 파악하고 있었을 뿐만 아니라, 서로 다른 토질에 따라 적합한 농작물을 선택할 줄도 알았다. 기의 영도하에, 유태씨는 매우 빠르게 유명한 농경 부락이 되었으며, 그 자신은 요(堯) 임금에게 발탁되어 농사(農司: 농업을 담당하는 고위 관료)가 되었고, 후에는 다시 순(舜) 임금에 의해 후직(后稷)에 임명되어 전문적으로 농사를 주관했다. 그 후손들도 대대로 은택(恩澤)은 누렸으며, 여러 번 후직의 관직을 맡았다. 후직의 농업에 대한 공헌과 그가 농사에 힘쓰다 죽은 정신으로 인해, 그는 후세 사람들에게 농신(農神)으로 받들어지고 있다.

공유(公劉)와 단보(亶父)

사마천의 『사기』 「주본기(周本紀)」에 기록되어 있는 주족의 세계(世系)에 따르면, 후직부터 무왕이 상나라를 무너뜨린 선공(先公: 선대의 군주에 대한 존칭) 시기까지, 모두 15명의 선공들이 있었다. '15'는 확실한 숫자가 아니다. 왜냐하면 주족이 흥기한 우하(虞夏)[7] 시기부터 주 문왕까지, 하(夏)·상(商) 두 왕조가 총 1,200여 년의 역사를 거쳤으므로, 결코 15대의 임금이 모두를 담당할 수는 없었기 때문이다. 이들 15명의 역사적으로 검증 가능한 선공들 가운데, 공유와 고공단보(古

7 우하(虞夏): 유우씨(有虞氏), 즉 순(舜) 임금 시대와 하 왕조를 함께 일컫는 말이다. 역사학계에서는 줄곧 하 왕조를 중국의 첫 번째 왕조로 여기지만, 또한 일부 학자들은 하 왕조 이전에 유우씨 시대가 있었으며, 이 유우씨가 바로 중국 역사상 하 왕조보다 앞선 첫 번째 왕조라고 주장하기도 한다.

公亶父)[8]는 주나라 사람으로서 유명한 두 명의 선공들이다. 공유 시기에, 주족은 점차 강대해졌으며, 또한 한 차례 중대한 이주를 했다. 즉 이때 주족은 태(邰)에서 빈(豳, 지금의 산시성 쉰이현旬邑縣 서남쪽)으로 이주했다. 공유는 계획적으로 새로운 도읍을 선정하고 건설하여 국가 기관을 창건했을 뿐만 아니라, 또한 주족은 공유의 영도하에 농업 생산을 회복하고 발전시켰으며, 그 사회 형태도 씨족 부락에서 국가 단계로 진입했다. 때문에 공유는 '공(公)'이라는 존칭으로 불리는 첫 번째 주나라 사람이자, 유명한 선공들 중 한 사람이다.

◈ **청동종(青銅鐘) | 서주**

하·상·주 시대의 음악 악기의 대부분은 청동기였으며, 청동종은 그 중에서 가장 대표적인 것이다. 그것은 주로 제사나 연회 때 사용되었으며, 일반적으로 용종(甬鐘: 자루가 있는 종)과 뉴종(紐鐘: 걸 수 있도록 고리가 달려 있는 종) 및 박종(鎛鐘: 둥근 고리가 있고, 아가리가 평평하며, 몸통은 타원형 혹은 기왓장을 합쳐 놓은 것처럼 약간 납작한 합와형合瓦形인 종) 등 세 가지로 나뉜다. 이 청동종의 꼭대기에 통 모양의 자루가 있는 것을 볼 때, 이것은 용종이라는 것을 알 수 있다.

주족의 또 다른 유명한 선공, 즉 고공단보는 주나라 사람들이 '대왕(大王: 혹은 太王)'이라는 존칭으로 불렀으며, 주족 선공들도 단보 때부터 비로소 '왕'으로 불리기 시작했다. 고공단보가 후손들에게 이처럼 존중받게 된 까닭은, 주로 그의 두 가지 공적에서 기인한다. 하나는 주족을 이끌고 빈 지역에서 기산(岐山) 아래쪽에 있는 비옥한 평야인 주원(周原)으로 이주한 것이다. 다른 하나는 상 왕조를 멸망시킨 패업을 이룩한 것이다. 빈 지역은 융적(戎狄: 중국 고대에 서북 지역에 있던 미개한 종족들을 통칭하던 말) 등 유목 씨족 부락들에게 포위되어 있어, 오랜 세월 동안 전란을 겪었으므로, 고공단보는 곧 부족을 이끌고 위하(渭河)를 따라 서쪽으로 이주했다. 즉 오늘날의 진(晉: 지금의 산서성) 서남쪽으로부터 기산의 아래쪽에 있는 주원으로 이주하고, 여기에서 주나라 사람들이 굴기할 기초를 다

8 고공단보(古公亶父): 원래 이름은 단(亶)이고, 성은 희(姬)씨다. '고공'은 단의 원래의 관직명이자 존칭이며, '단보'는 이름, 혹은 자(字)다.

졌다. 단보가 기산으로 이주하여 주원을 건설한 뒤, 계력(季歷)과 문왕(文王) 2대 사람들만의 노력을 통해, 원래 "작은 나라 주[小邦周]"를 "천하의 3분의 2를 차지하는[三分天下有其二]" 강대한 국가로 변화시켰다. 무왕 때, 깃발을 한번 휘두르자 천하의 제후들이 호응하여, 일거에 상나라를 멸망시켰다. 단보는 주나라 사람들 중에서 가장 높은 위엄과 명망을 지니고 있었기 때문에, '대왕'으로 존경받았으며, 그 지위는 "공로와 업적이 있는 조상들[烈祖]" 중 으뜸이었다. 역사서들도 대왕 때부터 "실질적으로 상나라를 제거하기 시작했다"고 말하고 있다.

계력(季歷)이 살해되다

고공단보는 기산 아래쪽에 나라를 세워, 상나라를 멸망시키고 패업을 이루었다. 그에게는 세 명의 아들이 있었으니, 장남 태백(太伯)·차남 중옹(仲雍, 『사기』에서는 이를 우중虞仲이라고 함)과 막내아들 계력이다. 전해지기로는, 단보가 계력의 아들 창(昌)이 '천자의 덕[聖德]'을 가지고 있는 징후를 알아채고, 창이 장차 왕이 되도록 하기 위해 왕위를 계력에게 물려주기로 결정했다고 한다. 그러자 태백과 중옹은 왕위를 계력에게 물려주도록 하기 위해 '형만(荊蠻: 주나라 사람들이 형초荊楚 지역 토착민을 폄하하여 부르던 명칭)' 지역으로 도망친 뒤, 머리를 깎고 몸에 문신을 했으며, 훗날의 오(吳)나라를 건립했다. 후세의 역사학자들은, 태백·중옹과 계력 사이에서 권력과 왕위를 겸손하게 사양하는 일이 일어났을 가능성은 있지만, 단순히 뒤로 물러나 길을 터 줌으로써 의심을 살 만한 일을 하지 않으려는 것만은 아니었다고 인정한다. 사실상 단보가 부족을 이끌고 서쪽으로 이주할 때, 바로 주족의 역량을 다음과 같이 안배했다. 첫째는, 태백으로 하여금 계속 빈 지역에 남아 융적에 저항함으로써, 주족이 원래 가지고 있던 영향력을 유지하도록 했다. 후에 형세의 변화와 전략적 고려로 인해, 태백은 일부 부족을 인솔하여 빈 지역으로부터 남하하여, 오늘날의 장쑤성 쑤저우(蘇州) 일대로 와서 오나라를 건립했다. 둘째는, 차남인 중옹으로 하여금 서쪽으로 이주한 후에, 기산의 서북쪽 지역에서 변경을 개척하여 영토를 넓히도록 했다. 셋째는, 막내아들 계력으로 하여금 단보와 함께 주원을 건설하여, 주나라 사람들의 근거지로 삼도록 했다. 계력은 아버지와 형들의 도움을 받아, 주나라 세력이 급속히 발전할 수 있도록 했다. 그 후, 문왕의 국가 운영은 또한 무왕이 일거에 상나라를 멸망시키도록 한층 더 차질 없이 준비했다.

대왕이 세상을 떠난 후, 셋째 아들 계력이 왕이 되었고, 왕계(王季)라고도 불렸다. 고공단보 시기에, 주변 이적(夷狄: 오랑캐)들의 위협을 기본적으로 해결했으며, 계력은 태백의 도움을 받아 도처에서 영토를 개척하여, 상 왕조를 위해 귀방(鬼方)·연경(燕京)의 융(戎)·여무(余無)의 융과 시호(始乎)의 융을 토벌했다. 귀방은 은(殷)·주(周) 때 중국의 서북쪽에 거주하던 방국(方國)으로, 그

◈ **절굉(折觥) | 서주**

굉(觥)은 고대의 술을 담아 두던 기물이다. 이 절굉은 산시성 푸펑장(扶風庄) 바이촌(白村)에서 출토되었다. 그 조형이 독특하며, 문양 장식이 복잡하고, 주조 공예가 정교하며 아름답다. 이는 서주 청동기 중 대표작으로, 현재 중국 국보로 지정된 중요한 보물이다.

들은 늘 중원에서 소란을 일으키면서 상 왕조의 변방을 위협했다. 상왕(商王) 무을(武乙) 통치 시기에, 계력은 상왕의 명령을 받들어 귀방을 토벌했는데, 3년 동안 전쟁을 벌여 귀방 부족 20여 개 부락의 우두머리들을 포로로 잡았다. 귀방을 정복한 후에, 계력은 다시 상왕 문정(文丁: 상나라 29대 왕으로, 무정의 아들) 시기에는 더 나아가 산서 지역의 '연경의 융'을 정벌하였다. 연경의 융은 물과 풀을 따라 옮겨 다니며 사는 유목 부족으로, 지금의 산시성 징러(靜樂) 주변·펀수이(汾水: '汾河'라고도 하며, 황하의 두 번째 큰 지류)의 양안으로부터 치현(祁縣) 서쪽과 우현(鄔縣) 북쪽에 이르기까지, 사방 100여 킬로미터가 모두 그들의 활동 범위였다. 연경의 융은 비교적 강대하여, 계력은 크게 패하고 돌아왔다. 연경의 융을 정벌하다 패배했기 때문에, 계력은 방향을 바꾸어 산서 지역에 있는 여무의 융을 정벌하여 큰 승리를 거두었다. 이후에, 계력은 다시 각각 호타하(滹沱河) 유역에 있던 시호의 융과 예도(翳徒)

의 융을 정벌하여, 모두 적지 않은 전과를 올렸다.

계력이 왕위를 계승한 초기에, 상 왕조는 반드시 주나라 사람과 연합하여 중원을 침범하는 융적에 맞서야 했기 때문에, 상왕은 주나라 사람들에게 매우 크게 의지했다. 계력이 귀방에 대해 군대를 동원하여 초반에 승리를 거두었을 때, 상왕 무을은 그에게 토지와 옥기 및 말을 하사하여 치하했다. 후에 상왕 문정은 계력이 여무의 융을 함락시킨 공로를 표창하기 위해, 다시 명을 내려 그를 제후인 방백수령(方伯首領)으로 삼았다. 그러나 융을 토벌함에 따라 강대해지는 주족도 점차 상왕의 근심거리가 되어 갔는데, 계력은 자신의 세력을 끊임없이 확대했으므로 상왕의 의심과 질투를 사게 되어, 결국 문정에 의해 살해되었다.

문왕(文王)의 즉위

계력이 상왕 문정에 의해 갇혔다가 살해된 후, 그의 장남인 창(昌)이 왕위를 계승했다. 창은 바로 후세 사람들에 의해 존경받는 주(周) 문왕이다. 문왕이 왕위를 계승했을 때는 이미 중년이 되었는데, 그가 당시 물려받아 관할하는 영토의 범위는 사방 백 리를 넘지 않았으므로, 상 왕조의 적수가 전혀 되지 못했다. 아버지의 비참한 최후를 감안하여, 문왕은 한편으로는 주의 깊고 신중하게 종주국인 상 왕조를 섬김으로써, 상왕의 걱정과 의심을 줄여 나갔다. 다른 한편으로는 암암리에 실력을 기르면서, 상나라를 무너뜨릴 대업을 적극적으로 모색했다.

문왕이 재위한 기간은 매우 길었는데, 50년이나 된다고 전해진다. 그는 안으로는 정무를 돌보면서, 경사(卿士: 관직) 제도를 확립하고, 정권 기구를 완비했다. 아울러 적극적으로 현명하고 유능한 인재를 선발하여 등용하고, 널리 인재를 불러 모았다. 예를 들면 후세에 잘 알려진 책사인 강자아(姜子牙: 일명 강태공)·상나라 주왕을 폐위하고 주나라에 종사한 대신(大臣) 신갑(辛甲) 및 산의생(散宜生)·육자(鬻子)·굉요(閎夭)·태전(太顚) 등 수많은 방국의 수령들이 모두 문왕에 의해 등용되었다. 이 밖에도 문왕은 또한 "정무에 바빠 침식을 잊었으며……농업 생산을 발전시키고, 백성들을 보살폈으며, 홀아비와 과부와 고아와 자식 없는 노인을 돌보면서, 모든 백성들이 화합하도록 했다[勤于政事, 廢寢忘食……發展農業生産, 關懷小民·照顧鰥寡孤獨, 使萬民咸和]." 문왕의 현명한 통치하에서, 주나라의 힘은 나날이 커졌고, 방국과 부락들에서 위엄과 명망도 갈수록 높아지자, 하동(河東: 중국 민족의 중요 발원지의 하나로, 지금의 산시성 서남부)의 소국들이 잇달아 주왕(周王)에게 복속해 왔다.

문왕은 대외적으로 제후들을 단결시킴과 동시에, 줄곧 정성스럽고 공손하게 상왕을 섬김으로써, 결국 상 주왕(紂王)의 신임을 얻었다. 주왕은 문왕을 서백후(西伯侯)에 봉하고, 그에게 상나라를 배반한 나라들을 정벌하는 일을 책임지도록 했다. 주 문왕은 바로 이 기회를 틈타 계획적으로 서쪽으로 군대를 동원하여, 융적의 주나라에 대한 위협을 제거했다. 문왕이 잇달아 주나라 북쪽에 있던 견융(犬戎)과 서쪽에 있던 밀수(密須)를 멸망시킴으로써, 동쪽으로 진출하여 상나라를 멸망시키기 위한 뒷걱정을 제거했다. 견융은 바로 고공단보가 기산 아래쪽으로 이주할 때 재앙을 초래하여 불안하게 했던 바로 그 혼이(混夷)다. 밀수는 바로 지금의 간쑤성 링타이(靈臺) 주위에 거주하던 길(姞)씨 성을 가진 나라로, 세력이 상당히 강대하여 항상 주나라 백성들에게 소란을 피웠으므로, 문왕은 먼저 이들 두 지역을 정벌했다. 동쪽으로 진출하여 상나라를 멸망시킬 목적으로, 문왕은 밀수를 물리친 다음, 도읍을 기산의 남쪽이자 위수(渭水)의 북쪽 기슭에 위치한 정(程) 지역으로 옮겼다. 이것이 바로 『일주서(逸周書)』에서 말하는 "주왕택정(周王宅程: 주나라 왕이 정 지역에 자리를 잡다)"이며, 이렇게 함으로써 동쪽으로의 발전을 꾀했다.

문왕은 정 지역에 자리를 잡은 이후에는 적극적으로 동쪽으로 밀고 나아갔다. 그는 먼저 동쪽으로 황하를 건너 하내(河內: 황하 이북 지역의 옛 이름) 지역으로 진입하여, 여(黎)·한(邗) 등의 나라들을 정벌했다. 이어서 위수를 따라 동진하여, 상 왕조의 위수 유역에 있던 중요 거점인 숭국(崇國)을 멸망시켰다. '여'는 '기(耆)'라고도 불렀으며, 진(晉: 지금의 산시성 지역)의 동쪽에 위치해 있어, 그곳은 상 왕조의 본토와 매우 가까웠다. 밀수를 멸망시킨 이듬해에, 문왕은 여를 정벌했는데, 『상서』「서백감려(西伯戡黎)」에는 이 사건을 기록하고 있다. 한국(邗國)은 여의 남쪽에 있었고, 황하의 북쪽 기슭에 위치했으니, 당연히 지금의 허난성 친양(沁陽) 주위에 해당했을 것이며, 상 왕조의 수렵 범위에 속했을 것이다. 여·한 두 나라는 상나라 도읍인 조가(朝歌)와 매우 가까웠으며, 또한 산서 고지대의 동쪽 가장자리에서는 상 왕조 도성 부근의 평원을 내려다볼 수 있어, 상 왕조의 대문을 곧바로 봉쇄할 수 있었기 때문에, 매우 중요한 전략적 의미가 있었다.

주나라 사람들은 여·한 두 나라를 함락시킨 다음, 다시 이듬해에 숭국을 정벌했다. 숭국은 지금의 허난성 서부인 숭산(嵩山) 부근에 있었으며, 상 왕조 말기에 숭호후(崇虎侯)의 봉지였다. 숭국은 주나라 사람들이 동진하는 데 첫 번째 장애물이었다. 왜냐하면 숭호후는 상나라 주왕(紂王)의 심복으로, 관동(關東: 중원에서 서역으로 통하는 중국의 중요한 관문인 함곡관의 동쪽 지역)에서 주나라 사람들을 감시하는 책임을 맡고 있었기 때문이다. 문왕은 바로 이 사람이 밀고했기 때문에 주왕에 의해 유리(羑里)에 감금되었다가, 결국 주나라 대신인 굉요(閎夭)가 미녀·양마(良馬)와 진기한 물품들을 바치고 나서야 비로소 석방되어 주나라로 돌아왔다. 그러나 숭국의 지세가 험준하여, 지키기는 쉽고 공격하기는 어려웠으므로, 지속적인 강공을 펼친 후에야 겨우 주나라 사람들은 숭국을 정복했다. 숭국을 정벌하여 거둔 승리는, 상 왕조가 위수 유역에 박아 놓은 하나의 못을 뽑아 냄으로써 주나라 사람들이 동진하는 데 커다란 장애를 제거한 것일 뿐만 아니라, 동시에 또한 주나라 사람들이 관동의 비옥한 땅을 보유함으로써, 그들의 경제력을 크게 강화해 주었다. 『시경』「문왕유성(文王有聲)」에는, 숭국을 정복한 후에, 문왕은 도성(都城)을 위수(渭水)의 북쪽 기슭에 있는 정(程)으로부터 위수의 남쪽 기슭에 있는 풍읍(豊邑)으로 옮겼다고 기록되어 있다. 풍읍(지금의 산시성 후현戶縣)은 지리 형세가 나라의 도읍이 되기에 더욱 적합했으니, 여기에서 출발하여 상나라를 멸망시킬 대군을 더욱 신속하게 동원했다. 역사서들에는, 문왕이 여기에 영대(靈臺: 임금이 올라가서 사방을 구경하던 누각)와 영유(靈囿: 임금을 위해 짐승들을 기르던 정원)를 건설했다고 기록되어 있다. 후세의 고고 발굴에 의하면, 거기에는 성벽 및 그와 서로 부합되게 성구(城溝: 적의 공격을 저지하기 위해 성 둘레에 파는 도랑, 즉 해자)가 설치되어 있었으며, 유적의 총 면적은 대략 12평방킬로미터였다.

문왕은 풍읍으로 천도한 뒤 얼마 지나지 않아 세상을 떠났다. 그는 비록 상나라를 멸망시키는 대업을 완성하지는 못했지만, 무왕이 상나라를 정벌하도록 준비를 철저히 해 놓았다. 당시 중국의 판도를 보면, 주나라 사람들은 이미 위수 유역과 황하 중류의 절반을 영토로 차지하고 있었으며, 또한 진남(晉南: 지금의 산시성 남부에 해당)과 강한(江漢) 지역도 차지하고 있었다. 그런데 상나라 왕에게는 단지 황하 하류 및 동쪽 변방의 동이(東夷) 지역만 남아 있었으니, 주나라는 이미 "천하의 3분의 2를 차지했다"고 할 수 있었다. 그리하여 무왕은 왕위를 계승하고 얼마 지나지 않아, 상 왕조를 일거에 멸망시켰다.

한걸음 더

종법제(宗法制)

서주(西周)의 종법제는 바로 적장자(嫡長子) 계승제와 나머지 아들들의 분봉제(分封制)를 핵심 내용으로 하는 사회 조직 제도였다. 그것이 규정하는 계승 제도는 "적자를 세울 때는 장자를 우선으로 하고 현명함을 우선으로 하지 않으며, 아들을 세울 때는 귀함을 우선으로 하고 나이의 많음을 우선으로 하지 않는다[立嫡以長不以賢, 立子以貴不以長]"는 것이었다. 즉 정실이 낳은 장자를 세우며, 만약 적부인(嫡夫人: 정실)에게 아들이 없으면, 신분이 존귀한 부인(적부인 다음으로 신분이 높은 소실)이 낳은 아들을 세우는 것, 이것이 바로 적장자 계승제다. 적장자 계승제에 따라, 주나라 천자는 천하의 대종(大宗: 종가의 정통을 이은 계통)으로, 적장자가 계승하며, 나머지 아들들은 곧 소종(小宗)으로, 분봉하여 제후가 되었다. 제후국 내에서도, 적장자 세습의 원칙에 따라 적장자가 제후의 지위를 계승해야 하며, 나머지 아들들은 분봉하여 경대부(卿大夫)가 되었다. 이러한 종법제는 서주의 귀족들을 서로 연결시켜 주는 접합제이자, 주나라 천자와 제후들을 연결시켜 주는 끈이었으며, 수천 년 동안 중국 민족이 유지하고 발전시켜 온 연결고리의 하나였다.

주(周) 기원전 1046년

인물: 주 무왕(武王) 지역: 목야(牧野) 키워드: 맹진지서(盟津之誓)

무왕(武王)이 상(商)을 멸망시키다

서쪽에서 일어선 작은 나라인 주(周)가, 역대 우두머리들, 특히 고공단보(古公亶父)부터 계력(季歷)·문왕(文王)에 이르기까지 개척을 거친 후에는, 처음의 손바닥만하던 소국에서 상나라와 대등한 대국으로 변해 있었다. 문왕이 세상을 떠나자, 무왕이 뜻을 이어받아 목야(牧野)에서 일전을 벌여 상나라를 멸망시킨 다음, 호경(鎬京)에 도읍을 정하고, 빛나는 주 왕조를 건립했다.

맹진(盟津)에서 군대를 점검하다

역사에서 기록하기를, 주 문왕은 장수하여 많은 아들이 있었다고 한다. 장자인 백읍고(伯邑考)는 문왕이 살아 있을 때 사망했기 때문에, 문왕이 세상을 떠난 후 차남인 희발(姬發)이 왕위를 계승했으니, 그가 바로 무왕이다. 주나라에서 무왕이 왕위를 계승할 때, 상 왕조는 내부 모순이 나날이 첨예해져 갔다. 잔인하고 포악한 주왕(紂王)은 포락지형(炮烙之刑: 80쪽 참조)을 자행했을 뿐만 아니라, 또한 비중(費中)과 악래(惡來) 등 아첨하는 간신들을 중용함으로써, 나라의 형세가 점점 나빠지고 있었다. 그러나 썩어도 준치인지라, '대국 상나라'는 군사력 면에서는 여전히 상당히 우위에 있었기 때문에, 무왕은 문왕이 했던 것처럼 때를 기다리는 정책을 계속 유지하면서, 상나라를 멸망시킬 기회가 완전히 무르익기를 기다렸다. 무왕은 한편으로는 문왕 시기의 옛 신하들을 비롯하여 소공(召公)·필공(畢公)·모숙정(毛叔鄭) 등 많은 현신(賢臣)들을 중용하여 내정을 대대적으로 손질했다. 다른 한편으로는 풍읍(豐邑)의 동쪽 가장자리에서 멀지 않은 풍수(豐水)의 동쪽 기슭에 호경(鎬京, 지금의 산시성 시안西安 서남쪽)을 건설하고, 동진하여 상나라를 멸망시킬 준비를 한 걸음 더 진척시켰다.

총명한 무왕은 즉각 상나라를 정벌하지 않고, 한 걸음씩 신중하게 모색해 나갔다. 그 가운데

◈ **사화**(䚻盉) | 서주

화(盉)는 술을 담아 놓거나 술을 배합하는 기구로, 상대와 서주 시기에 성행했다. 이 사화는 외형이 납작한 타원형이고, 앞쪽 끝에 용머리 형상의 아가리가 있어, 밖으로 술을 따를 수 있다.

가장 대표적인 것이 바로 황하의 북쪽 기슭에 있는 맹진(盟津, 지금의 허난성 멍진 서북쪽)에서 진행한 '맹진관병(盟津觀兵: 맹진에서 군대를 사열함)'이다. 이는 사실상 대규모 군사 훈련이기도 했다. 『사기』 「주본기(周本紀)」에 기록하기를, 무왕은 문왕이 은(상)나라를 정복하려던 천명을 계속 이어갔으니, 먼저 천신(天神)에게 제사를 지낸 다음, 문왕의 위패를 싣고서 군대를 이끌고 동진하여, 각 방면에서 오는 제후들과 맹진에서 군대를 합류시켰다. 전해지기로는, 의외로 합류한 제후들이 8백여 명이나 되었고, 그들은 모두 상 주왕을 토벌할 수 있다고 생각했지만, 무왕은 아직 시기가 완전히 무르익지 않았다고 여겼기 때문에, 잠시 군대를 철수하여 서쪽을 방어했다고 한다. '맹진관병'은 상 왕조의 군사력에 대한 정탐이자, 실전에 대비한 예행연습이었다. 이를 통해 제후들과 회맹(會盟: 제후들과 만나 맹약을 체결함)하는 목적을 이루었을 뿐만 아니라, 북상하여 주왕을 정벌할 지형과 노선도 숙지함으로써, 주왕을 정벌하기 위한 사전 준비를 철저하게 했다. 이와 동시에 상나라 주왕의 통치는 더욱 풍전등화의 위기에 처했다. 상나라의 귀족들 가운데 유식한 선비들은 기울어진 대세를 다시 만회하기 위해 잇달아 주왕에게 간언했지만, 잔인하고 포악한 주왕은 각성하기는커녕 오히려 간언한 자신의 숙부인 비간(比干)을 살해하고, 기자(箕子)를 감금했다. 이때, 상 왕조의 통치는 이미 사분오열되었으며, 상 주왕은 대다수 백성들이 등을 돌리고 가까운 사람들은 모두 떠나 버리자, 그야말로 외톨이가 되었다. 그리하여 무왕이 상나라를 멸망시킬 시기가 완전히 무르익었다.

목야(牧野) 전투

무왕 11년(기원전 1046년) 정월, 맹진에서 군대를 점검하고 난 이듬해에, 무왕은 병거(兵車) 300대·용사 3천 명·사병 4만 5천 명 및 용(庸)·촉(蜀)·강(羌)·무(髳)·미(微)·노(盧)·팽(彭)·복(濮) 등의 방국(方國)과 부락들의 병력을 이끌고 동쪽으로 향하여 주왕을 토벌했다. 이 토벌대는 맹진을 건넌 다음, 성대한 규모의 출정 결의 대회[盟會誓師]를 열었다. 여기에서 무왕은 주왕의 죄상을 낱낱이 열거하면서, 각 방면의 제후와 주나라 군대의 장병들이 함께 호랑이나 곰처럼 용감하게 전진하여, 일거에 상나라를 멸망시키는 목적을 달성하도록 격려했다. 맹진에서 출정 결의 대회를 마친 다음, 주왕을 정벌할 대군은 곧 급히 행군하여, 단지 4일 만에 조가(朝歌: 상나라의 도읍) 외곽의 목야에 모였다. 그들은 밤을 새워 진을 치고, 이튿날 아침 주왕의 군대와 목야에서 결전을 벌였다.

목야 전투의 과정에 대해, 후세에 매우 많은 기록들이 있다. 『일주서(逸周書)』「극은해(克殷解)」에서는 목야 전투의 경과를 다음과 같이 기록하고 있다. 즉 주나라 군대가 350대의 병거를 이끌고 와서 목야에 진을 쳤고, 상 주왕도 군대를 이끌고 와서 저항했다. 무왕이 친히 용사와 병거 등 정예 부대를 이끌고 상나라 군대를 공격하자, 상나라 군대는 크게 패하여 도망쳤다. 상 주왕은 전투에서 패한 후에 도성으로 돌아가서, 녹대에 올라 스스로 몸에 불을 질러 죽었다. 『시경』「대명(大明)」에서는, 상나라 군대의 깃발은 마치 숲과 같이 목야를 가득 채웠다. 그러나 인원수에서 우세한 상나라 군대는 결코 전투에서 승리를 거두지 못하고, 오히려 전장에서는 "앞에 있던 병사들이 창을 거꾸로 향하여" 무왕의 선봉이 되었기 때문에, 목야 전투는 하루가 안 되어 끝났고, 무왕은 완전한 승리를 거두었다.

목야 전투는 적은 숫자의 병력으로 많은 병력을 이긴 교과서적인 전투인데, 상나라 군대가 맥없이 패배한 원인을 후세의 역사가들은 대체로 다음과 같은 두 가지라고 여긴다. 첫째는, 상 주왕의 포악함으로 인해 민심을 잃어, 신민의 추대를 받지 못했으며, 결국 병사들이 전장에서 창을 거꾸로 향하여 자신을 겨누며 맞섰다는 것이다. 둘째는, 상 주왕이 사면초가에 빠져, 효과적인 원조를 받지 못했다는 것이다. 장기간에 걸쳐 사이(四夷: 사방 변방의 이민족들)를 약탈했기 때문에, 상 왕조와 사방의 이민족[夷戎] 부락들의 관계에 긴장이 조성되었고, 동시에 또한 여러 해에 걸친 동이(東夷)와의 정복 전쟁은 상나라의 군사력을 크게 약화시켰다. 이에 반해 주나라 군대가 적은 수의 병력으로 많은 숫자의 적에게 승리를 거둘 수 있었던 것은, 바로 주 무왕과 영도 집단이 "같은 목표를 위해 다 같이 힘쓰고 노력한 데다[同心同德]", 희(姬)씨와 강(姜)씨의 두 성을 가진 귀족들이 연맹을 맺었고, 서쪽의 제후들이 협력한 데에 있었다. 당연히 또한 무왕이 선택한

◈ **강후궤**(康侯簋) | 서주

궤(簋)는 예기(禮器)의 일종으로, 제사를 지낼 때 기장·조·벼 등 곡식을 담아 두는 데 사용했으며, 그 기능이 후세의 대완(大碗: 큰 사발)에 해당한다. 이 강후궤는 바닥에 "王來伐商邑(왕께서 오셔서 상나라를 정벌하셨다)"이라는 명문이 새겨져 있는 것을 볼 때, 이 기물은 당연히 서주 초기에 무왕이 상나라를 정벌한 역사적 증거임을 알 수 있다.

상나라를 공격할 시기와 전략적 배치가 정확했고, 주나라 군대의 투지가 드높았던 데에도 있었다.

상 왕조의 멸망

목야 전투 후에, 주나라 군대는 직접 도성 부근[京畿]으로 진입했고, 여기에서 비교적 완강한 저항에 직면했다. 『시경』 「무성(武成)」편에서는 기록하기를, 쌍방은 도성 부근에서 치열한 격전을 벌였는데, 선혈이 모여 강물을 이루어, 전투용 목봉(木棒)들이 떠다닐 지경이었다. 상 주왕이 스스로 불에 타 죽은 다음, 무왕은 황월(黃鉞: 황금으로 장식한 도끼로, 임금이 정벌에 나설 때 소지했다)로 그의 머리를 잘라, 커다란 흰색 깃발 위에 매달았다. 목야 전투 다음날, 무왕은 상왕의 궁전에서 성대하게 은나라를 대체하는 수명(授命: 명령을 내림) 의식을 거행하고, 정식으로 상 왕조가 멸망했음을 선고했다.

무왕은 대명(大命: 천명)을 받은 후에, 여러 건의 대사(大事)를 시행했다. 첫째는, 상나라 유민들을 위무했다. 즉 상 주왕의 아들인 무경(武庚)을 은(殷) 제후에 봉하여, 계속 상나라 유민을 통솔하도록 했으며, 주왕에 의해 구금된 기자(箕子)와 백성들을 석방하도록 명령을 내렸다. 또 상 왕조의 충신인 상용(商容)과 비간(比干)을 표창하고, 아울러 비간을 위해 그의 무덤을 보수했으며, 상왕이 녹대와 곡물 창고에 쌓아 놓은 돈과 곡식을 풀어 백성들에게 나누어 주었다. 둘째는, 전국(傳國: 왕위를 물려주는 것)의 구정(九鼎: 왕권의 지고무상함과 국가의 통일·번창을 상징하던 아홉 개의 솥으로, 하·상·주 삼대에는 국가 정권을 상징하여 왕위를 계승할 때 물려받는 보물로 받들어졌다)과 보물들을 가지고 주나라로 돌아감으로써, 은(殷)에서 주(周)로 정권이 교체되었음을 상징했다. 셋째는, 군영 내에서 사전(祀典: 제사를 지내는 의식)을 거행하여 선조들을 위로하고, 신령들에게 제사를 지낸 다음, 계속하여 은나라 귀족의 잔여 세력들을 제거했다.

무왕은 상나라를 정복하고 나서, 상나라 도읍인 조가에서 단 7일만 머물다가, 곧 군대를 철수하여 주나라로 돌아간 다음, "종묘에 섶불을 피우는 제사를 올려[燎于宗廟]" 조상들에게 제사를 지냈다. 『시경』「무성」편의 기록에 따르면, 무왕은 정월에 출병하면서부터 4월에 군대를 철수할 때까지의 단 2달 남짓 만에 상나라를 멸망시키는 대업을 완성했으니, 이는 기적이라고 할 수밖에 없다. 그러나 대우정(大盂鼎)의 명문에는 이렇게 새겨져 있다. "武王嗣文王作邦, 辟厥匿·匍有四方(무왕이 문왕을 계승하여 나라를 건립하셔서, 간악한 무리들을 내쫓고, 널리 사방의 영토를 보호하셨다)." 이 기적은 근거 없이 하늘에서 떨어진 것이 아니라, 주나라 사람들이 여러 대에 걸쳐 끊임없이 분투한 결과였다.

주(周) 기원전 11세기 중엽

인물: 주공(周公) 단(旦), 주 성왕(成王) 지역: 호경(鎬京), 낙읍(洛邑) 키워드: 제례작악(制禮作樂)

주공(周公)의 섭정

주나라가 건국되고 얼마 지나지 않아 무왕이 세상을 떠나자, 아직 젖먹이 어린아이였던 성왕(成王)이 왕위를 계승했다. 그리하여 주공 단(旦)이 국정을 대신 처리하여 성왕을 보좌했다. 주공은 7년간 섭정하면서, 동쪽의 완강한 은(殷)을 정벌하고, 성주(成周: 주나라 때 '낙양'을 일컫던 지명)를 건설했으며, 제후들을 분봉했을 뿐 아니라, 예의를 제정하고 음악을 만들었다. 그리하여 성왕과 강왕(康王) 시기에 "천하가 평안하고, 백성이 죄를 짓지 않았으므로 40여 년 동안 형벌을 사용하지 않는" 안정된 국면이 출현하게 하였다. 무왕부터 성왕·강왕 때까지의 주 왕조는, 국력이 발전하고, 전장(典章: 나라의 법률과 제도) 제도와 예악형정(禮樂刑政: 예의, 음악, 형벌, 정치)이 모두 나날이 완비되어 감에 따라, 중국은 노예제의 전성 시기에 진입했다.

동쪽을 정벌하고 반란을 평정하다

무왕이 상나라를 멸망시키고 4년 후에 세상을 떠나자, 그의 아들인 성왕이 왕위를 계승했다. 이때의 성왕은 아직 젖먹이 어린아이였으므로, 정사를 돌볼 수 없었다. 이때, 상 왕조의 잔여 세력 및 아직 굴복하지 않은 방국과 부락들이 모두 꿈틀거리며 움직이려 하고 있었으므로, 무왕의 동생인 주공 단이 섭정을 시작하여, 나이 어린 성왕을 보좌했다. 주공 단은 문왕의 아들이자 무왕의 동생으로, 일찍이 무왕이 주왕(紂王)을 정벌할 때 동행했으며, 상나라를 정벌한 후에는 다시 소공(召公)과 함께 성실하게 무왕을 도왔다. 그는 무왕의 여러 동생들 중 가장 사리에 밝아, 중책을 맡길 만한 사람이었다. 무왕은 죽기 전에, 주 왕조는 막 건립되어 아직 안정되지 못하여, 오직 주공 단만이 막중한 임무를 맡을 수 있음을 고려해서, 형이 죽으면 동생이 승계[兄終弟及]하는 방식으로, 왕위를 그에게 물려주려고 했다. 당시 주공은 황공하여 얼굴에 온통 눈물을 흘리면서, 두 손을 맞잡고 사양했다. 무왕이 세상을 떠난 후, 주 왕조의 형세는 더욱 엄중했으므로, 무왕이 완수하지 못한 대업을 완성하기 위해 주공은 결연하게 섭정하여 나라를 맡아 다스렸다.

주공의 섭정은 주 왕조의 통치 내부에서 과연 파란을 불러 일으켰다. 즉 귀족들은 주공의 섭정 동기에 대해 의심을 가졌으며, 소공조차도 주공 단을 의심하여, 그가 성왕이 어리다는 것을 빌미로 그의 자리를 빼앗으려 한다고 생각했다. 또한 옛 은나라 도성에 남아 무경(武庚: 상나라 마지막 왕인 주왕紂王의 아들로, 녹보祿父라고도 한다)을 감시하던 관숙(管叔)과 채숙(蔡叔)은 의심이 불만으로 비화하여, 결국 반란을 일으켰다. 관숙은 주공 단의 형이므로, 만약 형이 죽으면 동생이 물려받는다는 원칙에 따를 경우, 섭정을 해야 할 사람은 당연히 관숙이지 주공 단이 아니었기 때문에, 마음속에 앙심을 품고 있었다. 그리하여 그는 채숙을 부추기고, 무경과 결탁하여 공공연하게 반란을 일으켰다. 삼감(三監)[9]의 반란에 직면하자, 주공은 자신의 뛰어난 재간과 과감한 결단력을 과시했다. 그는 먼저 통치 집단 내부를 안정시키려고, 반복하여 소공과 강태공(姜太公)에게 속마음을 밝혀 오해를 없애고, 그들의 전폭적인 지지를 얻어 냈다. 그런 다음에 왕실의 백관 및 동맹자들에게 형세의 엄준함 및 반란을 평정

◈ **청동유정문방정**(靑銅乳釘紋方鼎) | 서주

정(鼎)은 처음에는 밥을 짓는 취사도구로서, 현대의 솥[鍋]에 해당했으며, 일반적으로 음식을 삶거나 고기류를 담아 두는 데 사용했기 때문에, 역사서에는 "대장부가 오정식(五鼎食: 고대 제후들이 연회 때 다섯 개의 솥에 소·돼지·사슴·닭·생선을 삶아 먹던 식사를 가리키는 말로, 호화로운 생활이나 귀한 신분을 비유하는 말이다)을 먹을 수 없다면, 오정(五鼎)에 삶아져 죽을 따름이다[大丈夫不能五鼎食, 便當五鼎烹]"라는 말이 있다. 후에 정은 점차 나라를 세우는 중요한 기물로 여겨지면서, 국가 정권의 상징이 되었으며, 또한 "問鼎中原(문정중원: 원래는 '중원을 차지하다'는 뜻인데, '천하를 탈취하는 것'을 비유하는 말이다)"과 같은 말도 탄생했다.

9 삼감(三監): 앞에서도 언급했듯이, 무왕이 상나라 주왕의 아들 무경을 상나라 도성이었던 은(殷)에 제후로 봉했다. 그런 다음 또한 그 지역을 위(衛)·용(鄘)·패(邶) 등 세 구역으로 나누어, 각각 무왕의 동생들인 관숙·채숙·곽숙[霍叔]이 통치하게 함으로써 무경을 감시했으므로, 이를 '삼감'이라고 부른다. 일설에 따르면, 무왕이 패에 무경을 봉하고, 용에 관숙을 봉하고, 위에 채숙을 봉하여, 은나라 백성을 위무하고, 무경을 감시했다고도 한다.

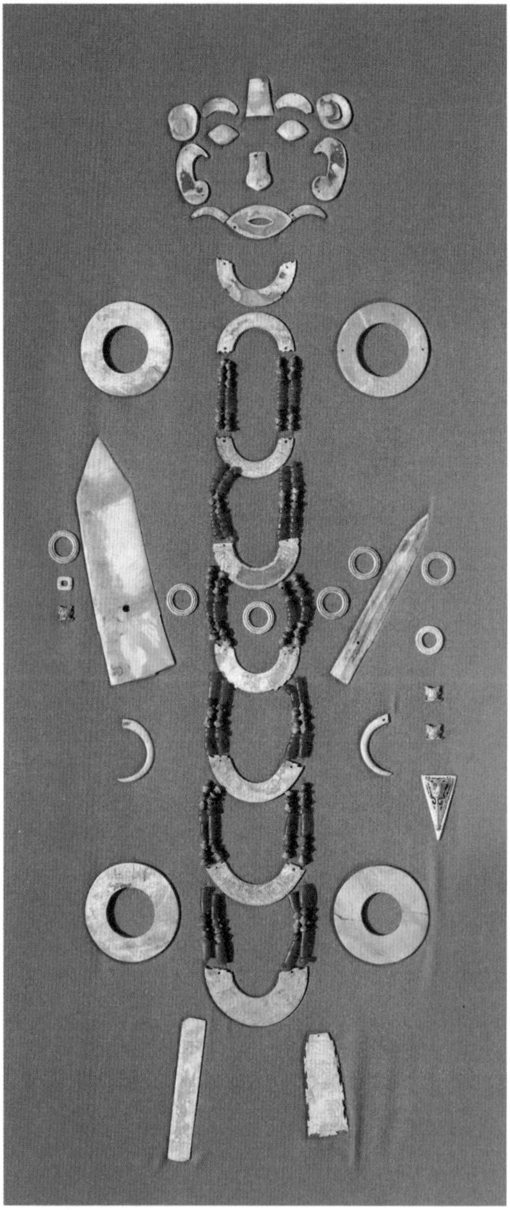

◈ **옥복면**(玉覆面)**과 조옥패**(組玉佩) | 서주

서주 시기에는, 왕과 제후 등 높은 귀족들을 입관할 때, 모두 한 세트의 옥기로 사자의 얼굴을 덮었는데, 이를 복면(覆面)이라 한다. 그리고 또한 사자의 몸 위에도 온전한 세트의 옥패를 착용했는데, 이를 조옥패라고 한다. 이것은 허난성 싼먼샤시(三門峽市)에 있는 괵국(虢國)의 무덤에서 출토된 옥복면으로, 모두 13개의 옥기들로 이루어져 있다. 사람 얼굴의 오관을 모방하여 만들었으며, 이마·두 눈썹·두 눈·코·귀·입·양쪽 수염·양쪽 볼과 목이 있다.

할 결심과 희망을 설명했다. "안으로는 친지와 형제들을 안정시키고, 밖으로는 제후들을 위무한" 다음, 주공은 친히 대군을 이끌고 동쪽으로 출정했다. 이 전쟁은 3년이 걸렸는데, 『상서대전(尙書大傳)』에 기록하기를, 주공이 첫 해에는 반란을 제지했으며, 둘째 해에는 삼감의 난을 평정하여, 무경과 관숙을 처단하고, 채숙을 유배했으며, 셋째 해에는 계속하여 반란에 참여했던 동쪽의 작은 나라들을 평정했다고 한다. 주공은 삼감의 난을 평정한 뒤에도 계속 동진하여, 동쪽에 남아 있던 은나라의 잔여 세력들을 정복했다. 당시 이 동쪽 정복 전쟁은 대단히 격렬했다. 『시경』「파부(破斧)」의 기록에 따르면, 이 정벌은 도끼를 비롯한 무기가 모두 깨져 버렸다고 하니, 그 전쟁의 참혹함이 어느 정도였는지 알 수 있다.

통치를 공고히 하다

3년에 걸친 동쪽 정벌은 주나라의 승리로 끝났다. 이는 주공의 섭정으로 인해 촉발된 왕위 쟁탈을 해결했을 뿐만 아니라, 또한 은나라의 잔여 세력에게 심각한 타격을 가했으니, 두 번째로 상나라를 멸망시킨 것이라 할 수 있다. 동쪽 정벌이 끝난 후에, 주 왕조의 세력과 영향력은 동쪽으로 해안에까지 미치게 되어, 은나라의 잔여 귀족들에 대한 통제력을 크게 강화함과 동시에, 동이(東夷)를 주나라의 직할 영토로 편입시킴으로써, 진정한 통일 대업을 완성하고, 서주 통치 영역의 기초를 확립했다. 동쪽 정벌이 끝난 후에, 승리의 결과를 한층 더 공고히 하고, 동부 지역에 대한 통제를 강화하기 위해, 주공은 곧 동도(東都)인 낙읍(洛邑) 건설에 착수했다. 낙읍의 지리적 위치는 매우 중요했다. 여기에 도읍을 건설하면, 직접 주재하면서 중원을 지킬 수 있었으며, 서쪽으로는 주나라의 근거지를 지키고, 동쪽으로는 은나라의 완강한 세력을 제압함과 아울러, 동쪽 변방의 새로운 영토를 통제할 수 있었다. 그러나 계속되는 전쟁으로 인해 동도를 건설하려는 계획은 한동안 진척되지 못하다가, 주공이 동쪽 정벌을 마무리한 후에야 비로소 이 계획을 착수하였다.

◈ **사호박종(四虎鎛鐘)** | 서주

박종(鎛鐘)은 청동종의 일종으로, 대부분 그 꼭대기에 납작하고 둥근 손잡이와 짐승 모양의 손잡이가 있다. 이 사호박종의 무게는 16킬로그램으로, 양 옆에는 각각 두 마리씩의 엎드린 호랑이로 장식해 놓았는데, 한 마리는 위에 있고, 한 마리는 아래에 있으며, 모두 머리가 밑에 있고 꼬리가 위에 있다. 이는 서주 청동기 중 보기 드문 훌륭한 작품이다.

낙읍의 건설은 주공이 섭정한 지 5년째 되던 해에 시작했다. 그해 2월 을미일(乙未日)에 성왕은 먼저 소공을 낙읍에 보내 자세히 살펴보고 새로운 도읍을 건설할 터를 선정하도록 했다. 3월 무신일(戊申日)에는, 주공이 직접 낙읍에 가서 시찰하고, 제전(祭典)을 거행했다. 동도를 건설함과 동시에, 주공은 이어서 반란을 평정한 다음 은나라 유민들을 낙읍과 호경 일대로 이주시켰다. 이렇게 함으로써, 그 많은 노동력을 성을 쌓고 해자를 파는 데 이용할 수 있었을 뿐만 아니라, 그들로 하여금 근원을 잃게 하여, 직접 주 왕조의 감시하에 둘 수도 있었으므로, 일거양득이었다고 할 수 있다. 낙읍은 두 부분으로 구성되었다. 강 서쪽은 종묘와 궁실을 위주로 하는 왕성(王城)이었고, 강 동쪽에는 은나라 유민들의 거주지를 배치했다. 이를 통틀어서 '낙읍'이라고 불렀으며, 또한 '신대읍(新大邑)' 혹은 '성주(成周)'라고도 불렀다. 낙읍은 서도(西都)인 호경의 동쪽에 있었으므로, '동도(東都)'라고도 불렀다. 그에 상응하여, 서도 호경은 '종주(宗周)'라고 불렀는데, 이는 곧 천하 종족(宗族)의 종묘가 있는 곳을 의미한다. 『한서』「지리지(地理志)」에서는, 동도 낙읍이 건설된 후, 동서 양쪽 도읍의 경기(京畿: 도성과 그 주변)가 하나로 이어져, "경기가 천 리였으며[京畿千里]", 전국을 통치하는 중심지가 되었다고 기록하고 있다.

낙읍이 건설된 후, 주공은 곧 성왕에게 정권을 돌려주었다. 성왕은 명을 내려, 주공으로 하여금 남아서 낙읍을 지키고, 계속 반란을 감시하면서 천하의 형세를 안정시키도록 했다. 성왕 시기에, '종주'인 호경과 '성주'인 낙읍은 모두 주 왕조가 명령을 발포하는 중요한 장소였으며, 주공과 성왕도 종주와 성주 사이를 왕래하면서 정무를 처리했다. 성주에도 궁실과 종묘를 지었으며, 종주의 육사(六師: 천자가 거느리는 6개의 군부대)와 마찬가지로 팔사(八師)를 주둔하게 하여, 주 왕조가 반란을 평정하고 수비하는 중요한 역량으로 삼았다. 서도인 종주와 비교하여 말하자면, 동도인 성주의 임무는 사방의 공부(貢賦: 공물과 세금)를 거둬들이고 제후와 신하들의 거동을 감시하는 데 더 중점이 두어졌다. 주공이 성왕에게 정권을 돌려준 후에도 여전히 주의 깊고 신중하게 성왕을 보좌하다가, 결국 병으로 풍읍(豐邑)에서 세상을 떠났다. 주공은 눈을 감기 전에 다음과 같은 유언을 남겼다. "반드시 나를 성주에다 묻어, 내가 감히 성왕을 떠날 수 없도록 분명히 하라[必葬我成周, 以明吾不敢離成王]." 이로부터 주공이 성왕을 보좌한 것이 얼마나 충성스럽고 신중했으며, 전심전력했는지 알 수 있다. 주공의 대공무사(大公無私)함은 정사를 보좌하는 현명한 신하의 본보기가 되어 대대로 전해오고 있다. 반란을 평정한 것을 비롯하여 성주를 건설한 것까지, 제후들을 분봉하여 주나라의 울타리로 삼은 것을 비롯하여 예를 제정하고 음악을 만들어 천하를 교화한 것까지, 주공은 서주의 건국에서 매우 중요한 역할을 했다. 주공의 섭정은, 앞으로는 문왕과 무왕의 위업을 계승했고, 뒤로는 성강의 치[成康之治]를 열었다고 할 수 있다.

성강의 치[成康之治]

주공이 동쪽을 정벌하고 성주를 건설한 후에, 성왕은 정식으로 서주 왕조를 통치하기 시작했다. 성왕과 그의 아들인 강왕(康王) 시기에, 주 왕조는 한층 더 공고해지고 발전했다. 성왕은 정사에 부지런했던 것으로 유명하다. 그는 주공이 제정한 정책들을 근면하게 집행했으며, 또한 친히 적전(籍田: 천자나 제후가 백성들을 동원하여 경작하던 농지)을 경작함으로써 세상의 본보기가 되었다. 강왕은 역사에서 교훈을 받아들이는 것을 중시했다. 그는 은나라가 망한 까닭은, 은나라 사람들이 술에 취해 주정을 부린 것이 한 가지 중요한 원인이라고 생각했기 때문에, 술을 끊고 사치를 억제하여, 제후들이 교만하고 사치하지 말도록 훈계했다. 『고본죽서기년(古本竹書紀年)』에는 이렇게 기록되어 있다. "진후(晉侯)가 궁궐을 지어 아름다웠는데, 강왕이 이를 꾸짖었다[晉侯築宮而美, 康王使讓之]." 이는 바로 진후의 궁궐이 지나치게 호화롭고 아름다웠기 때문에, 강왕의 꾸지람을 들었다는 것을 말하고 있다.

성왕과 강왕 시기에는 서주의 국력이 창성하여, 대외 전쟁에서도 많은 승리를 거두었다. 대보궤(大保簋)의 명문에는, 성왕이 녹(錄)을 정벌하여 승리를 거둔 뒤에 그를 자작(子爵)에 봉했다고 기록되어 있다. 또 소우정(小盂鼎)의 명문에는, 강왕이 귀방(鬼方)을 정벌하여, 많은 사람을 죽이거나 사로잡았는데, 첫 번째에 귀방의 수령 3명을 사로잡고, 4,300여 명을 죽였으며, 1만 3천여 명의 사람과 전차 30대 및 소 300여 마리를 포획했다고 기록되어 있다. 성왕과 강왕 때에는 또한 여러 번 제후들과 회맹했는데, 성왕은 "기양(岐陽)에서 제후들과 수렵을 했고", 강왕은 "풍궁(酆宮)에서 제후들을 알현했다". 따라서 성왕과 강왕 때에는 사회가 안정되고 백성들이 휴식을 취했으므로, "40여 년 동안 형벌을 사용하지 않았으며", 천하가 평안하고 사회가 번영하는 국면이 출현했다.

한 걸음 더

주공이 예악(禮樂)을 제정하다

예(禮)와 악(樂)은 원래 원시인들의 제사 활동에서 발원했다. 예는 신에게 제사 지내는 공양이었고, 악은 신을 즐겁게 하는 가무(歌舞)였으므로, 주공 이전까지는 예악의 주요 기능이 신을 공경하는 것이었다. 그런데 주공이 예를 제정하고 악을 만드는 데 착수하여, 곧 예악에 대한 새로운 정의와 규범을 진행함으로써, 그것을 서주 정권이 통치하는 데 필요로 하는 요구에 더욱 부합되게 하였다. 예를 들면, 주례(周禮)는 주나라 사람들의 일상생활인 관례(冠禮: 남녀가 성인이 되는 의식)·상례(喪禮)·빙례(聘禮: 혼례)와 군신(君臣) 간의 상하에 대한 제도를 규정하는 근례(覲禮)·조례(朝禮) 및 군대의 출군례(出軍禮) 등등을 엄격하게 규정했다. 또 주악(周樂)은 규정된 악무(樂舞)를 이용하여 예제를 사람의 마음에 깊이 파고들게 함으로써, 모든 백성을 교화했다. 따라서 서주는 분봉으로 나라를 세우고, 종법(宗法)으로 집안을 세우고, 예악으로 천하를 교화함으로써, 중국 예악 문화의 기조를 확립하여, 서주 및 후세의 전체 중국 문화에 대해 모두 헤아릴 수 없을 만큼 큰 역할을 했다.

주(周) 기원전 841년

인물: 주 여왕(厲王) 지역: 호경(鎬京) 키워드: 공화(共和)

공화행정(共和行政)

주 여왕(厲王)이 나라를 다스리던 시기에, 줄곧 고압적인 정책을 시행함에 따라 백성들의 원성이 넘쳐났으며, 심지어 기세 높게 봉기를 일으켜 여왕을 호경에서 몰아냈다. 그리하여 서주에는 14년 동안 임금이 없이, 귀족과 대신들이 천하를 통치하는 기이한 시기가 출현했으니, 이것이 바로 서주 역사에서의 그 유명한 '공화행정'이다.

지독했던 여왕(厲王)

성왕과 강왕 시대 후에, 주나라 사람들은 40여 년의 태평성세를 누렸으며, 주나라의 국력도 절정에 달했다. 강왕 다음이 소왕(昭王)인데, 소왕은 남순(南巡: 남방 순시)할 때 한수(漢水: 장강의 최대 지류 중 하나)를 건너다가 익사했다. 소왕 다음은 목왕(穆王)인데, 목왕은 원정을 즐겨하여, 서쪽으로는 하상(河上: 황하 주변)까지 정복했고, 북쪽으로는 견융(犬戎)을 태원(太原)까지 축출했으며, 동남쪽으로는 서융(徐戎)을 평정했고, 남쪽으로는 형월(荊越)을 정벌하여, 성왕과 강왕의 뒤를 이어 다시 판도 확장에 성과를 거둔 군주였다. 목왕 다음에는 아들인 공왕(共王)이 물려받았고, 공왕은 아들 의왕(懿王)에게 물려주었으며, 의왕은 숙부인 효왕(孝王)에게 왕위를 물려주었고, 효왕 다음에는 다시 의왕의 아들인 이왕(夷王)이 물려받았다. 이왕 시기에, 북쪽 변방의 융적(戎狄)이 중원을 침입하여, 수도인 호경 부근까지 진입하자, 서주의 국력은 쇠락하기 시작했다.

이왕이 세상을 떠난 후에 그의 아들인 호(胡)가 왕위를 계승했으니, 그가 여왕이다. 주 여왕은 재물을 탐했는데, 즉위한 후에는 역시 이익에 밝은 영이공(榮夷公)을 경사(卿士: 왕실에서 정무를 담당하던 고급 관리)에 임명하여, '전리(專利)'를 실행했다. 즉 세상의 모든 물품에서 발생하는 이익을 왕이 독점하여 소유하고, 산림이나 천택(川澤: 강과 못)에서 물고기를 잡거나 수렵하여 취한 이익을 모두 왕실에서 몰수하여, 백성들은 땔나무를 채취하거나 어렵(漁獵)을 할 수 없었다. 이 '전리'

제도는 귀족들의 이익을 침해했을 뿐만 아니라, 본래 이미 과중한 세금을 견딜 수 없던 '국인(國人)'들의 어렵과 땔감의 원천도 단절시켜 버렸다. 여기에서 '국인'이란 성시(城市)에 거주하는 평민 계층을 가리킨다. 그들은 도성과 그 주변[京畿]에 거주했으며, 자신의 토지를 보유하고 있어, 평시에는 농사를 짓고, 전시에는 병사가 되었다. 그들은 또한 국가 대사의 정책을 결정할 권리도 향유했다. 서주 후기에는, 대외 전쟁과 세금 징수가 늘기만 하고 줄지 않았으므로, 국인과 노예주 귀족의 모순은 나날이 첨예해졌다. 그리고 여왕의 탐욕과 이익 추구는 국인의 생존 조건을 악화시켰으므로, 그들의 여왕에 대한 불만도 더욱 강해졌다.

◈ **사음력**(師趛鬲) | 서주

력(鬲)은 고대에 밥을 짓는 취사기구였으며, 상대부터 춘추 시기까지 유행했다. 이 청동력의 안쪽 벽에는 명문이 새겨져 있는데, 사음(師趛)이라는 사람이 세상을 떠난 부모를 기념하여 이 기물을 만들었다고 기술되어 있기 때문에, 이것을 사음력이라고 이름 붙였다. 현재 베이징 고궁박물원에 소장되어 있다.

국인의 불만을 진압하기 위해, 여왕은 위국(衛國)으로부터 무당을 불러와서, 전문적으로 국인들의 언론을 감독하여, '비방(誹謗)'하는 사람을 발견하면, 곧 그를 잡아다 죽였다. 여왕의 공포 정책이 국인들을 두려움에 떨게 만들자, 감히 말을 하지 못하고, 길거리에서 서로 만나더라도 황급히 눈짓만으로 아는 체할 뿐이었다. 국인들이 더 이상 왕을 비방하지 않는 것을 알자, 여왕은 매우 만족해하면서, 자기가 비방을 그치게 한 것이 옳았다며 득의양양했다. 식견 있는 선비인 소공(召公)이 여왕에게 간언하기를, "백성들의 입을 막는 것은 강을 막는 것보다 심하니[防民之口, 甚于防川]", 마땅히 국인들로 하여금 말을 할 수 있도록 하고, 언로를 넓게 열어야만, 비로소 오래도록 나라가 잘 다스려져 평안해질 거라고 했다. 그러나 고집불통인 여왕은 충신들의 간언을 듣지 않고 고압적인 통치를 계속했다.

기원전 841년, 폭정을 참을 수 없게 된 국인들은 마침내 기세등등하게 무장 봉기를 일으켰다. 그들은 둑이 터진 홍수처럼 왕궁으로 돌진했다. 여왕은 황급히 체(彘, 지금의 산시성 훠저우霍州)로 도망쳤으며, 여왕의 태자 정(靜)은 소공의 집안에 숨었다. 국인들은 소공의 집을 겹겹이 에워싸고, 소공에게 태자 정을 내달라고 요구했다. 그러자 소공이 어쩔 수 없이 자신의 아들을 태자 정 대신 내주는 바람에, 비로소 태자는 다행히 죽음을 모면했다. 국인들의 폭동은 중국 역사상 최초의 대규모 군중 무장 봉기였다. 그것은 서주 역사에서 하나의 전환점이 되었다. 이때부터 성대했던 종주(宗周: 호경)는 형세가 점차 나빠졌으며, 주 왕조의 통치는 나날이 쇠약해져 갔다. 그런데 여왕은 체로 도망친 뒤 감히 곧장 도성으로 돌아오지 못했기 때문에, 사람들은 신망 있고 어질고 의로운 공백화(共伯和)를 천거하여 정사를 처리하게 했으니(일설에 따르면, 주공과 소공 두 사람이 공동으로 정무를 처리했다고 함), 역사에서는 이를 '공화행정(共和行政)'이라 한다. 공화 원년, 즉 기원전 841년부터, 중국 역사에는 처음으로 확실한 기년(紀年: 연대의 기록)이 있게 되었다.

선왕중흥(宣王中興)

공화 14년(기원전 828년)에 여왕이 체에서 사망했다. 그러자 공백화는 제후들과 연합하여 태자 정을 받들어 왕으로 삼았으니, 그가 바로 선왕이며, 공백화는 그의 원래 나라인 공국(共國: 지금의 허난성 후이현輝縣)으로 돌아갔다. 선왕은 모두 46년간 재위했다. 그는 국인들이 폭동을 일으킨 태풍을 몸소 경험했기 때문에, 역사를 교훈으로 삼을 수 있었으므로, 집정한 기간 동안 혁신에 힘쓰고, 어질고 유능한 인재를 등용하여, 주 왕조를 부흥시켰다. 역사에서는 이를 '선왕중흥'이라고 일컫는다.

선왕이 왕위를 계승한 후에 정책 시행의 중점은, 여왕의 고압적인 정책을 변경하여 계급 모순을 완화하는 데 있었다. 선왕은 또한 소공(召公)을 재상에 임명하여 자신을 보좌하도록 했으며, 윤길보(尹吉甫)·중산보(仲山甫) 등과 같은 어진 신하들도 중용함으로써, 제후들의 신임을 얻게 되자, 주 왕실의 위엄과 명망도 점차 회복되었다.

한 걸음 더

정전제(井田制)

정전제는 원시 씨족 공동체의 토지 소유제도가 발전·변화해 온 토지 국유제인데, 이 제도는 경지(耕地)를 '井'자 형태로 분할했기 때문에 붙여진 이름이다. 그 특징은, 토지는 국왕의 소유이고, 공동체의 농민이 경작한다는 점이다. 운영 방식은 '공전(公田)'과 '사전(私田)'으로 나뉜다. 공전은 공동체의 농민이 집단적으로 경작하고, 그 생산물은 왕실과 각급 노예주 귀족에게 귀속된다. 사전은 공동체의 농민이 사용하며, 그 생산물은 그들의 소유다. 『주례』에서는 아홉 명의 성인 남자를 정(井)으로 삼고, 사방 1리(里)를 1정, 사방 10리를 성(成), 즉 100정으로 삼았으며, 사방 100리를 동(同), 즉 1만 정으로 삼았다. 이렇게 정전 체계를 구성했다. 이 토지 제도는 상·주 시대에 시행되다가, 전국(戰國) 시대에 상앙(商鞅)이 변법할 때 비로소 바뀌었다. 진(秦)이 천하를 얻은 후에, "상앙의 법을 이용하여, 제왕의 제도를 고치고, 정전을 폐지하니, 백성들이 매매할 수 있게 되었으며", 정전제는 역사의 무대에서 완전히 사라졌다.

선왕은 국력을 진흥시키고 나자, 곧 왕실이 쇠약해진 이후에 중원으로 쳐들어온 이적들을 몰아내는 데 힘썼다. 그리하여 북쪽의 험윤(獫狁: 중국 서북 지역에 거주하던 이민족)을 정벌하고, 남쪽의 회이(淮夷)와 형초(荊楚)를 정벌했다. 선왕의 북벌은 비교적 대승을 거두었다. 『시경』「유월(六月)」에는 "험윤을 정벌하여, 태원에 이르렀다[薄發獫狁, 至于太原]"고 기록되어 있다. 즉 선왕은 곧장 오늘날의 간쑤성 핑량(平凉) 일대까지 평정하여, 북쪽에서 주나라를 위협하던 험윤을 제거했다. 북쪽의 험윤을 정벌한 다음, 선왕은 다시 남쪽의 형초와 회이 정벌에 나섰다. 아울러 그의 큰외삼촌을 신(申: 지금의 山西省·陝西省 일대)에 봉하여, 남쪽 제후의 우두머리로 삼고, 주 왕실의 남쪽 변방을 지키도록 했다. 선왕의 남쪽 정벌로 인해 주나라는 남쪽에 대한 영향력을 회복했다. 남쪽 정벌 후, 선왕은 또한 진중(秦仲)으로 하여금 7천 명의 원군(援軍)을 이끌고 가서 서융을 정벌하도록 했다. 이 정벌에서 승리함으로써, 한때 서쪽이 평정되고 제후들이 주나라에 조공을 하는 중흥의 상황이 출현했다.

◈ **월형노예수문정(刖刑奴隸守門鼎) | 서주**

이 기물의 상부는 사족방정(四足方鼎)이며, 하부의 한쪽 측면에는 열고 닫을 수 있는 두 개의 선문(扇門: 여닫이문) 문짝이 달려 있다. 오른쪽 문짝 위에 월형(刖刑: 발목을 자르는 형벌)을 받고 문을 지키는 노예가 조각되어 있기 때문에 붙여진 이름이다.

그러나 해마다 계속된 정벌은 또한 주나라의 국력을 소모시켰을 뿐 아니라, 선왕 후기에 이르러서는 전쟁에서도 계속 패했기 때문에, 선왕의 중흥은 잠깐 나타났다가 순식간에 사라지고 말았다. 선왕 때, 서주의 정전제가 한층 더 와해되어, 노예들이 집단으로 도망치고 농지가 황폐화하는 현상이 나타났으며, 심지어 선왕조차도 적전(籍田: 101쪽 참조)의 예를 갖추지 못했다. 왕실이 쇠약해짐에 따라 제후들의 원심력도 갈수록 커지자, 주 왕실의 제후들에 대한 통제도 갈수록 약해져, 중흥의 분위기는 이내 사라지고 말았다.

주(周) 기원전 771년

인물: 주 유왕(幽王) 지역: 여산(驪山) 키워드: 봉화를 피워 제후들을 농락하다[烽火戱諸侯]

견융(犬戎)이 주(周)를 멸망시키다

선왕(宣王) 46년(기원전 782년), 선왕이 세상을 떠나고, 그의 아들인 유왕(幽王)이 왕위를 계승했다. 유왕은 서주의 마지막 군주로, 그는 즉위한 뒤에 소인배들을 가까이하고 현신들을 멀리했으며, 여색에 탐닉했다. 바로 이처럼 그의 황당무계하고 남의 의견을 받아들이지 않는 완고함이, 직접적으로 서주가 견융에게 멸망하는 결과를 초래했다.

천재지변과 무도(無道)함

선왕 46년, 선왕이 세상을 떠나고 그의 아들인 유왕이 왕위를 계승했다. 유왕은 서주의 마지막 왕으로, 그는 왕위를 계승한 후, 결국 선왕 말년의 쇠미해진 세력을 만회하지 못하고, 오히려 서주의 멸망을 가속화시켰다. 유왕 2년(기원전 781년)에, 주 왕조의 도성 주위를 흐르는 위수(渭水)·경수(涇水)·낙수(雒水) 등 세 강 유역에서 강력한 지진이 발생하여, 세 강의 물이 마르고, 기

◈ 괵계자백반(虢季子白盤) | 서주

이 기물은 서주 시대의 세면도구로, 귀족이 사용한 기물이다. 용도는 얼굴과 손을 씻는 오늘날의 세숫대야와 유사했다. 이 반(盤)의 바닥에는 명문이 새겨져 있는데, 괵계자백(虢季子白)이 정복 전쟁에서 공을 세웠으므로, 주나라 천자가 하사하는 상을 받았기 때문에, 이 반을 제작하여 기념한다고 기록하고 있다.

산(岐山)이 무너져 내리는 자연재해가 일어나 커다란 손실을 끼치고, 사회의 혼란과 불안을 격화시켰다. 이렇게 엄중한 자연재해는 하·상 2대가 멸망하기 전의 현상과 유사했으므로, 이는 서주가 멸망할 징조로 여겨졌다.

거대한 자연재해를 당했는데도, 유왕은 제때 조치를 취하여 백성들을 위로하지 않았을 뿐만 아니라, 오히려 백성들을 더욱 가혹하게 착취했다. 이 밖에도 유왕 때 임용된 사람들은 대부분 아첨을 일삼고 어리석은 무리들이어서, "소인배들은 출세하고, 군자는 벼슬을 하지 못하여", 주 왕실의 통치를 더욱 암담하게 했다. 당시 유왕에게는 포사(褒姒)라는 이름의 총애하는 비(妃)가 있었다. '포(褒)'는 나라 이름으로, '포사'는 바로 포국에서 주나라 왕실로 시집온 여자였다.

포사는 웃지 않았으므로, 궁중에 들어간 이후로 아무도 그가 웃는 모습을 본 적이 없었다고 한다. 그러자 유왕은 명령을 내려 현상금을 걸고, 누구라도 포사를 한 번 웃게 하면, 곧 천금(千金)의 상을 내리겠다고 했다. 괵석보(虢石父)라는 사람이 유왕에게 "봉화를 피워 제후들을 놀려 주자"는 유치한 꾀를 냈다. 원래 주 왕조는 서쪽 변방에 있는 견융(犬戎)의 침입을 방비하기 위해 호경 부근의 여산(驪山, 지금의 산시성 린퉁臨潼 동남쪽) 일대에 20여 곳의 봉화대를 설치했다. 한번은 견융이 침입해 오는 것을 보고, 관문을 지키는 병사가 순서에 따라 봉화를 피워 긴급사태임을 알리자, 부근의 제후들이 신호를 보고 군대를 동원하여 구원했다. 주 유왕은 미인을 한 번 웃도록 하기 위해, 정말로 봉화를 피우라고 명을 내렸다. 그리하여

◈ **수면문상수뢰**(獸面紋象首罍) | 서주

뢰(罍)는 술을 담아 놓는 술 주전자로, 주로 상대와 서주 시기에 유행했으며, 방형과 원형의 두 종류가 있다. 이 뢰는 쓰촨성 펑저우(彭州)에서 출토되었다. 꼭대기에는 구형(球形) 뚜껑이 달려 있고, 어깨 부위에는 두 개의 코끼리 머리 모양의 쌍이(雙耳)가 달려 있으며, 기물의 표면은 대량의 수문(獸紋)으로 장식되어 있어, 매우 화려하고 아름답다.

제후들은 황급히 군대를 이끌고 왔으나, 견융이 보이지 않자, 비로소 우롱당했음을 알고 화를 내며 돌아갔다. 제후들이 한바탕 왁자지껄 소란을 피우자, 포사는 참지 못하고 생긋 웃었다. 이 한 번의 웃음이 유왕을 매우 기쁘게 했으니, 어찌 제후들의 기분 따위에 신경을 쓰겠는가. 당시의 제후·귀족 및 국인(國人: 103쪽 참조)들은 모두 유왕이 포사를 총애하는 것에 대해 불만을 표시함과 아울러, 주나라가 망해 가는 것을 포사 탓으로 돌렸다. 『시경』 「첨(瞻)」에 있는 "婦有長舌, 維厲之階, 亂匪降自天, 生自婦人(여인이 말이 많으니, 오로지 재앙의 실마리라네. 혼란은 하늘에서 떨어진 것이 아니고, 여인에게서 온 것이라네)"이라는 시구는 바로 국인들의 포사에 대한 불만을 반영하고 있는 내용이다. 이와 동시에, 유왕은 또한 마음대로 부역(賦役)을 징발하고, 백성들의 재물과 토지를 빼앗았으므로, 백성들의 원성은 더욱 심해졌다.

임금은 죽고 나라는 망하다

유왕의 우매하고 무도함은 하늘의 분노와 백성들의 원망을 초래하자, 통치계급 내부의 귀족들 모두가 형세의 위태로움을 느끼고, 각자 별도로 탈출구를 모색하기에 분분했다. 대신 황보(皇父)는 동도(東都)에 따로 자신의 성읍을 건설했고, 사도(司徒) 정환공(鄭桓公)도 동도에서 발붙일 곳을 물색하여 화를 피했다.

주 유왕은 남의 말을 듣지 않고 고집이 셌다. 심지어 신후(申后: 첫째 왕후)와 왕자 의구(宜臼)를 폐위하고, 포사를 왕후로 삼았으며, 포사가 낳은 왕자인 백복(伯服)을 태자로 삼았다. 이렇게 하여 미인의 환심을 사려고 시도했다. 뒤따르는 결과를 헤아리지 못하고, 유왕이 이처럼 왕후와 태자를 폐위하고 새로 세운 것은, 결국 나라가 망하는 재앙을 초래했다. 신후(申后)는 신후(申侯)의 딸인데, 폐위된 후에 태자 의구는 외가인 신국(申國)으로 도망쳐 피신했다. 유왕 10년(기원전 772년), 유왕은 제후들과 중악(中岳)[10]인 숭산(嵩山)에서 회맹하고, 의구를 제거하기 위해 군대를 일으켜 신국을 토벌했다. 그러자 신후는 유왕 11년(기원전 771년)에 증국(繒國) 및 서쪽의 견융과 연합하여 군대를 동원해 주나라를 공격했다. 유왕은 군대를 이끌고 이들과 여산에서 전투를 벌였다가, 크게 패하고 돌아갔다. 유왕은 희(戲: 지금의 산시성 린퉁)에서 죽임을 당했고, 포사는 견융에게 포로로 잡혀갔다. 주나라가 공격을 당하고 유왕이 죽임을 당하는 과정에서, 각지의 제후들은 아무도 군대를 파견하여 도우러 가지 않았다. 이는 "봉화를 피워 제후들을 농락한[烽火戲諸侯]" 것에서 비롯된 나쁜 결과라는 것 이외에, 주나라 천자가 이미 제후들에 대한 통제력을 상실한 데

10 중악(中岳): 예로부터 중국에서는 5대 명산을 일컬어 오악(五岳)이라 했는데, 동악 태산(泰山), 서악 화산(華山), 남악 형산(衡山), 북악 항산(恒山)과 더불어 중악 숭산이 그것이다.

에 더 큰 이유가 있었다. 이 때문에 제후들은 비로소 감히 군대의 행동을 잠시 중지시키고 기회를 엿보면서 구경이나 하다가 어부지리를 취했다.

유왕이 죽임을 당한 후, 백복이 진국(晉國)으로 도망치자, 진국은 백복을 옹립할 생각을 가지고 있었다. 그런데 신후가 일부 제후들과 연락하여 전에 태자였던 의구가 즉위하는 것을 지지했다. 신후 쪽 세력이 더 강대했기 때문에, 진후(晉侯)는 결국 백복을 죽이고 의구 편으로 돌아섰다. 이리하여 의구가 왕위를 계승했으니, 그가 평왕(平王)이다. 서주의 도읍 소재지인 호경은 견융에 의해 이미 심하게 파괴되었기 때문에, 평왕은 즉위한 이듬해, 즉 기원전 770년에 진(晉) 문공(文公)·정(鄭) 무공(武公)·위(衛) 무공(武公)·진(秦) 양공(襄公) 등의 호위를 받으면서 낙읍(洛邑)으로 천도하여 동주(東周)를 건립했다. 이리하여 280여 년간 존립했던 서주는 정식으로 멸망을 고했다.

한 걸음 더

분봉제(分封制)

주대의 분봉은 봉건친척(封建親戚: 왕의 친족과 인척들에게 토지와 작위를 내려 나라를 건설함)의 원칙 위에 수립된 것으로, 종친(宗親: 임금의 친족)과 귀척(貴戚: 임금의 인척)들을 혈연관계의 멀고 가까움이나 공신들의 공로가 크고 작음에 따라, 주 왕조의 도성과의 거리가 다른 지방들에 분봉했다. 이러한 분봉은 종법제로써 보장하여, 동성(同姓)의 종친이 주(主)가 되고, 이성(異姓)의 공신이 보조가 되어, 위에서 아래까지 단계별로 분봉했다. 주 왕실과 제후들 사이에는 분봉(分封: 영지와 작위를 나누어 줌)과 수봉(受封: 영지와 작위를 나누어 받음)의 형식을 통해 주종 관계를 이루었다. 수봉한 제후들은 주나라 천자에 대해 왕실을 수호하고, 영토를 지키고, 정기적으로 알현하여 공물을 바치고, 명을 받들어 정벌에 나서는 등의 의무를 졌다. 주나라 천자가 제후들을 분봉한 것 외에도, 제후들 내부에서 제후도 자신의 봉국(封國) 내에 있는 토지와 백성들을 경대부(卿大夫)들에게 분봉해 줄 수 있었으며, 경대부들도 이어서 자신들의 자제와 가신들에게 분봉해 줄 수 있었다. 주나라는 분봉을 통해, 천자와 제후의 상하·군신 관계를 형성함으로써, 제후들은 천자에게 신하로서 복종했지만, 제후 내부에서도 자기의 신민과 영토를 가지고 있어, 상대적으로 독립된 지방 정권을 형성했다. 그런데 이런 분봉제는 하(夏)·상(商)의 족방속국(族邦屬國: 방국 이전 단계의, 일종의 씨족 부락) 연맹과도 달랐고, 훗날의 중앙집권제가 본격화된 후의 군현제(郡縣制)와도 달랐으며, 주나라가 처음으로 만들어 낸 정치체제였다. 서주는 이처럼 분봉하여 나라를 수립하는 독특한 제도를 통해, 주 왕조의 사방(四方)에 대한 통제력을 강화하고, 최초의 통일되고 영토가 광활한 노예제 왕조를 건립하여, 각 지역의 정치·경제·문화에 대해, 특히 멀리 떨어진 변방 지대의 개발에 중요한 작용을 했다.

제2장

춘추전국(春秋戰國)

강호(强豪)들의 패권 다툼과 제자(諸子)들의 쟁명(爭鳴)

기원전 770년, 주 평왕(平王)이 동쪽의 낙읍으로 천도하여, 중국 고대사에서의 동주(東周) 시대를 열었다. 동주의 마지막 천자인 주 난왕(赧王)은 기원전 256년에 세상을 떠났는데, 학자들은 동주 시기의 하한을 기원전 221년까지 약 35년 연장해야 한다고 주장한다. 동주는 춘추(春秋)와 전국(戰國)이라는 양대 단계를 포함하고 있기 때문에, 동주 시대는 '춘추전국' 시기라고도 불린다. 사마천의 『사기(史記)』「육국연표(六國年表)」에 따르면, 춘추는 기원전 770년에 시작되며, 전국은 기원전 475년에 시작된다. 춘추전국은 모두 550년간 지속되었다.

춘추 시기에, 주나라 천자의 지위는 쇠락하고, 그 영토는 나날이 줄어들어, 결국 지금의 허난성 서부의 1~2백 리 정도로 협소해졌다. 제후들은 저절로 세력이 강대해지자, 주나라 천자에게 공물도 바치지 않고, 알현하지도 않고, 군대를 동원하여 수호하지도 않았을 뿐 아니라, 심지어는 주나라 천자의 권위에 도전하기까지 했다. 제후들 사이에도 힘이 있으면 왕이 되었고, 약자는 강자의 먹이가 되었다. 또 세력이 강대한 제후들은 서로 패권을 잡으려고 다투면서, 중원 패주(霸主)의 지위를 놓고 서로 쟁탈전을 벌였다. 역사에는 '춘추오패(春秋五霸)'라는 주장이 있는데, 제(齊) 환공(桓公)·진(晉) 문공(文公)·초(楚) 장왕(莊王)·오왕(吳王) 합려(闔閭)·월왕(越王) 구천(句踐)을 가리키기도 하고, 제 환공·진 문공·송(宋) 양공(襄公)·진(秦) 목공(穆公)·초 장왕을 가리키기도 한다. 제 환공이 여러 강자들 중에서 가장 먼저 패권 쟁취에 나섰다. 그는 '존왕양이(尊王攘夷: 임금을 높이 받들고 오랑캐를 물리침)'의 기치를 내걸고, 기원전 681년에 북행(北杏)에서 제후들과 회맹했으며, 마지막에 월왕 구천이 중원으로 북상하여, 서주(徐州)에서 회맹을 거행했다.

전국칠웅(戰國七雄)인 연(燕)·조(趙)·한(韓)·위(魏)·제(齊)·초(楚)·진(秦)은 병립하여 물러서지 않고 싸웠다. 합종연횡(合縱連橫)하기도 하고, 먼 나라와 연합하여 가까운 나라를 공격하기도 했다. 각 나라들은 잇달아 변법(變法: 법과 제도를 고침)하여 세력 강화를 도모했는데, 진(秦)나라 상앙(商鞅)의 변법이 가장 유명하다. 사회적 생산력의 발전과 변법개제(變法改制: 법을 고치고 제도를 바꿈)가 사회 형태와 정치 구조와 문화적 동질감 등 일련의 대변화를 촉발함에 따라, 전국적인 범위에서 노예제로부터 봉건제로, 귀족 분권제에서 중앙 집권제로, 세경세록제(世卿世祿制: 관직과 녹봉의 세습제)에서 관료 임면제로, 분열에서 통일로의 역사적 변화를 촉진했다.

춘추전국은 대변화의 시대였다. 이는 사상·문화의 영역에 투영되어, 제자(諸子)가 벌떼처럼 일어나 백가쟁명(百家爭鳴)하였다. 그들의 방대하고 심오하며 풍부하고 다채로운 사상의 정수는 한데 모여 중국 전통 문명의 주요 원천을 이루었으며, 오늘날까지 수많은 염황자손(炎黃子孫: 전설 속의 황제인 염제와 황제의 자손이라는 뜻으로, 중국 민족을 일컫는 말)의 마음속을 촉촉이 적셔 주고 있다.

춘추 시기 기원전 770~기원전 476년

인물: 제 환공, 진 문공, 초 장왕, 오왕 합려, 월왕 구천 **지역:** 중원 지역, 오월(吳越) 지역
키워드: 제후들의 쟁패

춘추오패(春秋五霸)

서주 말년에 전쟁과 기근 및 내란의 파괴로 인해, 관중(關中)[1] 지역에 도읍을 정했던 주나라 왕실의 세력이 극도로 쇠약해지자, 주 평왕(平王)은 진(晉)·정(鄭) 두 나라 제후의 도움을 받아, 동쪽의 낙읍(洛邑: 지금의 허난성 낙양)으로 천도함으로써, 중국 역사에서의 동주(東周) 시기가 시작되었다. 주나라가 동쪽으로 천도한 후에는, 통제 가능한 범위가 고작 낙읍 주변으로 한정되어, 제후를 호령하던 권력을 상실했으며, 지난날 왕의 존엄과 명망을 완전히 잃고 말았다. 주 왕실이 쇠약해지자, 사방의 제후들은 무력에 의지하여 격렬한 경쟁을 벌였고, 갖가지 형식으로 패주의 지위를 탈취했다. '춘추오패'란 바로 주나라 천자를 대체하여 명령을 내리고 시행한 다섯 명의 군주들이다. 선택 기준의 차이로 인해, '춘추오패'가 가리키는 다섯 군주가 어느 나라 군주들인지 완전히 주장이 일치하지는 않는다. 비교적 주류를 이루는 것은 제(齊) 환공(桓公)·진(晉) 문공(文公)·초(楚) 장왕(莊王)·오왕(吳王) 합려(闔閭)·월왕(越王) 구천(句踐)이 오패라는 주장이다.

제 환공이 먼저 제패하다

제나라는 황하 하류에 위치했다. 대체로 지금의 산둥성 경내에 해당한다. 주 무왕이 주왕(紂王)을 정벌하여 상나라를 멸망시킨 후, 태공(太公) 강상(姜尚)은 제(齊)에 봉해지자, 영구(營丘: 지금의 산둥성 창둥昌東 동남쪽)에 나라를 세우고, 후에 임치(臨淄: 지금의 산둥성 린쯔)로 천도했다. 초기에 제나라는 오곡이 부족해 인구가 적었는데, 태공 때부터 제나라는 어업·염업(鹽業)·공업·상업의 발전을 중시함에 따라 제나라 지역에 "사람과 물자가 몰려들었다". 춘추 초기에 제나라는 이미

1 관중(關中): '사관(四關: 네 개의 관문)'의 안쪽, 즉 동쪽의 함곡관(函谷關), 서쪽의 대진관(大震關), 남쪽의 남관(藍關), 북쪽의 금쇄관(金鎖關)의 안쪽 지역을 가리킨다. 오늘날의 산시성(陝西省) 중부에 해당한다.

가장 강대한 제후국이 되었으며, 효산(崤山) 동쪽에 우뚝 선 나라가 되었다.

기원전 685년에 제 환공(기원전 685~기원전 643년 재위)이 즉위하자, 관중(管仲)을 임용하여 개혁을 진행했다. 관중(?~기원전 645년)은 이름이 이오(夷吾)로, 중국 고대 사회의 걸출한 정치가였다. 그는 이전에 공자(公子) 규(糾)를 보좌했는데, 환공과 공자 규가 국왕의 지위를 두고 다툴 때, 활을 쏘아 환공을 다치게 한 적이 있었다. 환공은 국왕의 지위를 차지한 뒤에 과거의 원한을 문제 삼지 않고, 관중을 맞이하여 재상에 임명하고 국정을 관장하게 하였다. 관중은 정치적으로 국(國)·야(野)[2]를 분리하여 다스리는 제도를 널리 시행했다. 즉 군주와 그의 2세인 경(卿)이 제나라를 나누어 관리했으며, 나라 안에는 각급 군사 조직을 설립하고, 사농공상(士農工商)은 각자 그 직업을 수행하며, 각자 정해진 지역에서 살도록 규정했다. 그리고 경제적으로는 농사철 시간을 빼앗지 않았으며, 토지의 비옥도에 따라 등급을 매겨 세금을 징수하는 등 농업 생산과 수공업 생산에 유리한 많은 조치들을 시행하여, 제나라가 신속하게 부국강병을 이루도록 함으로써, 이후 패업을 이루기 위해 풍부한 경제력과 군사력을 축적하기 시작했다. 역사에서는 이때부터 춘추오패가 자웅을 겨루는 웅장한 그림이 펼쳐진다.

패권을 장악할 필요에 적응하기 위해, 관중은 당시의 형세에 근거하여 '존왕양이(尊王攘夷)'라는 구호를 제시했다. '존왕'은 바로 주나라 왕실의 안정을 말하며, '양이'는 북쪽의 융적을 막아내고, 남쪽의 강력한 초(楚)나라를 물리쳐, 중원의 비교적 약한 제후국들을 보위하는 것을 말한다. 먼저 주 왕실이 비록 나날

◈ **회도인형병**(灰陶人形甁) | 춘추

이 도병(陶甁)은 병의 몸통으로 인체를 삼고, 병의 아가리는 머리 꼭대기에 있으며, 눈썹·눈·코·입을 빚어 놓았다. 입에는 구멍을 파 놓았고, 귀에는 구멍이 뚫려 있는데, 원래는 장식물이 걸려 있었던 것 같다. 이 도병은 간쑤성 리현(禮縣)에서 출토되었으며, 현재 간쑤성박물관에 소장되어 있다.

2 국(國)·야(野): 서주 시기에는 전국을 국(國)과 야(野)로 구분했다. '국'은 성읍(城邑)이나 그 주변 지역을 말하고, '야'는 성읍에서 멀리 떨어진 지역을 말한다. '국'에 거주하는 백성을 국인(國人)이라 했으며, 주로 수공업이나 서비스업에 종사했다. '야'에 거주하는 백성을 야인(野人)이라고 했으며, 주로 농업에 종사했고, 소수는 수공업이나 서비스업에 종사했다. 이들은 모두 자유민으로, 일정한 신분의 자유를 가지고 있었으며, 노예가 아니었다.

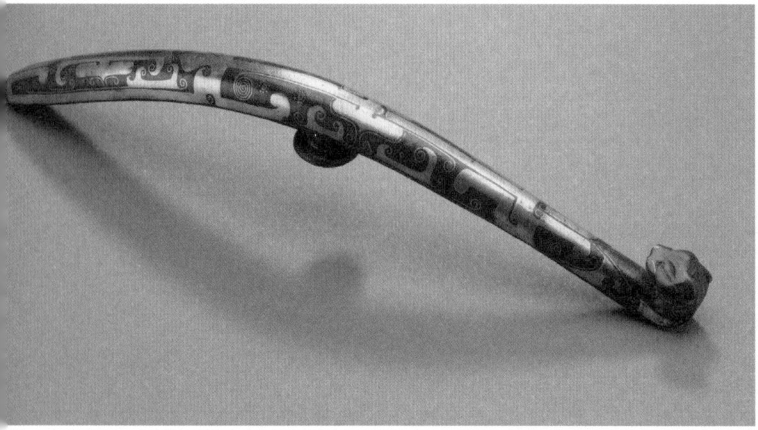

◈ **착은대구**(錯銀帶鉤) | **춘추**

대구는 고대의 귀족과 문인·무사들이 허리띠를 매는 연결고리로, 대부분 청동으로 주조했으며, 황금·은·철·옥 등으로도 만들었다. 대구는 서주 때 사용하기 시작했으며, 전국 시기부터 진(秦)·한(漢) 시기까지 널리 유행했다. 대구는 신분을 상징했는데, 지위가 높고 고귀한 사람일수록 대구의 재질은 더욱 희귀한 것을 사용했고, 제작도 더욱 정교하고 섬세했으며, 조형과 문양 장식은 더욱 복잡했다.

이 쇠약해져 갔지만, 여전히 상당한 정치적 호소력을 지니고 있었으므로, '존왕'이라는 기치를 내걸어 패권 쟁탈의 장애를 감소시킬 수 있었다. 그 다음으로는, 당시 만(蠻)·이(夷)·융(戎)·적(狄)으로 불리던 주변 종족들이 항상 중원의 비교적 약한 제후국들을 공격하고 있었으므로, 누군가 이러한 제후국들이 평화를 유지할 수 있도록 도와줄 수 있다면 자연히 추대될 수 있었다. 때문에 '존왕양이'의 기치를 내걸고, 패권 쟁탈의 장애를 감소시킬 수 있었을 뿐 아니라, 패권 쟁탈의 정치적 자산도 증가시킬 수 있었다. 기원전 664년에, 북쪽의 산융(山戎)이 연(燕)나라를 침공하자, 연 장공(莊公)이 제나라에 구원을 요청했다. 제 환공은 이에 응하여 친히 군대를 이끌고 북쪽으로 정벌에 나서, 산융을 격파하고 연나라(전성기의 영토 범위는 대체로 지금의 베이징·톈진·허베이성·랴오닝성·산시성 일대였다)를 구했다. 기원전 661년에, 북적(北狄)이 형(邢, 지금의 허베이성 싱타이邢臺)을 침공하자, 제 환공이 제·송(宋)·조(曹) 세 나라의 군대를 규합하여 형나라를 구했다. 이듬해에는 북적이 다시 위(衛, 지금의 허난성 치현淇縣)를 침공하여 파괴하자, 위나라에는 단지 유민 5천여 명밖에 남지 않았다. 이어서 북적은 기원전 659년에 다시 형나라를 공격하여 파괴했다. 제 환공은 형나라를 구하고 위나라를 보존하려고, 형나라를 이의(夷儀, 지금의 산둥성 랴오청聊城)로 옮기고, 위나라를 초구(楚丘, 지금의 허난성 후아현滑縣)으로 옮겼다. 역사에서는 이를 "형천여귀(邢遷如歸: 형나라는 옮기는 것을 원래대로 돌아가는 것처럼 여겼다)", "위국망망(衛國忘亡: 위나라는 망한 사실을 잊었다)"이라고 기록하고 있다. 제 환공이 이리하여 크게 명성을 떨치자, 각 제후국들이 호응하여 몰려들었고, 서로 다투어 복속해 와서 제나라와 맹약을 체결했다.

제 환공이 떨쳐 일어선 뒤에, 원래 초나라에 종속되어 있던 제후국들이 모두 제나라로 돌아섰다. 이는 초나라를 매우 분노하게 만들었다. 그리하여 초나라는 해마다 정(鄭)나라를 침공하여 보복했다. 기원전 656년에, 제 환공은 노(魯)·송·진(陳)·위나라 등의 군대를 이끌고 가서 초나라

◈ 언보이(匽父匜) | 춘추

이(匜)는 고대에 세수할 때 물을 끼얹는 용구로, 그 형상이 후세의 표주박과 비슷하다. 이 언보이는 바닥에 20여 자의 글자가 새겨져 있는데, 새국(塞國)의 공손언보(公孫匽父)가 이 기물을 제작했다고 기록하고 있다. 현재 후베이성(湖北省)박물관에 소장되어 있다.

를 추종하던 채(蔡)나라를 격파하고, 곧장 나아가 초나라를 정벌했다. 그리고 초나라가 주 왕실에 조공을 바치지 않은 것을 질책하여, 초나라가 잘못을 인정하지 않을 수 없도록 했다. 마침내 두 나라는 소릉(召陵, 지금의 허난성 옌청郾城)에서 회맹했다. 이 토벌에서 제나라는 비록 승리하지는 못했지만, 초나라의 북진 계획을 저지시킬 수 있었다. 기원전 651년에, 제 환공이 제후들과 규구(葵丘, 지금의 허난성 란카오蘭考)에서 회맹하자, 주 왕실은 대표를 파견하여 참가했으며, 제 환공을 극력 표창했다. 이는 제 환공의 패업이 절정에 달했다는 것을 상징한다. 제 환공은 재위 기간 동안 여러 차례 제후들을 소집하여 회맹했으며, 잇달아 30여 개의 소국들을 멸망시킴으로써, 춘추 시기의 첫 번째 패주가 되었다.

진(晉) 문공(文公)의 패업

진나라는 주나라 성왕(成王)의 동생인 당숙우(唐叔虞)의 봉국(封國: 제후국)으로, 숙우의 아들이 국호를 '진'으로 바꾸고, 익(翼, 지금의 산시성 이청翼城)에 도읍을 건설했다. 『좌전(左傳)』에서는 말하기를, "진나라는 깊은 산속에 있어, 융적이 그와 이웃하고 있으며[晉居深山, 戎狄之與鄰]", 진나라는

"밖은 산이고 안에는 강이 있는[表裏山河]" 견고한 요새였으므로, 비록 지키기는 쉽고 공략하기는 어려운 장점이 있기는 했지만, 진나라와 중원의 교류에는 불리하다고 했다. 춘추 초기의 진나라는 힘이 비교적 약했으므로, 그 영토는 고작 지금의 진남(晉南: 지금의 산시성 서남부)과 분(汾: 지금의 산시성 중부)·회(澮: 지금의 허난성과 안후이성 일대) 지역을 포괄하는 정도였다. 헌공(獻公) 때, 진나라가 발전을 이루어 북쪽의 강국이 되자, 중원의 제후들과 회맹하기 시작했으며, 이미 초보적으로 외부와 패권을 다툴 잠재적 실력을 쌓아 가고 있었다.

춘추의 패권 다툼 과정에서, 진정으로 제 환공의 패주 지위를 교체한 것은 진 문공이다. 진 문공의 이름은 중이(重耳, 기원전 636~기원전 628년 재위)로, 평소 좋은 평판을 가지고 있었다. 그는 일찍이 내란으로 인해 나라 밖에서 19년 동안 떠돌았다. 잇달아 제·송 및 초나라를 떠돌며 온갖 고초를 다 겪었다. 그러다가 마침내 진(秦)과 결연을 맺고 임금의 지위에 올랐는데, 이때 나이가 이미 62세였다. 그는 조최(趙衰)나 호언(狐偃) 같은 사람들을 중용하여, 정치를 개혁하고, 경제를 발전시키고, 군대를 정비하여 무력을 강화하고, 백성들에게 믿음을 얻고, 왕실을 안정시킴으로써, 패권을 잡기 위한 기초를 튼튼히 다졌다.

문공이 패권을 차지한 것은, 주로 두 가지 사건으로 인해 이루어졌다. 첫째는 왕실을 위해 충성을 다한 것이다. 문공이 즉위한 첫 해에, 주나라 왕실에서 내란이 발생하자, 주 양공(襄公)이 그의 이복동생 왕자를 따라 도성을 빠져나가 난을 피해 망명했다. 이듬해에 문공이 출병하여 난을 평정한 뒤, 양왕을 호송하여 귀국했다. 이때 군대를 일으켜 왕실에 충성을 다했기 때문에, 진 문공은 4개의 성(城)을 상으로 받은 것 외에도, 진나라가 중원의 제후들에 대해 위엄과 명망을 높이는 데에도 도움이 되었다. 둘째는 '성복 전투[城濮之戰]'다. 기원전 633년에, 초나라가 송나라를 포위하여 공격하자, 송나라는 진나라에게 위급함을 알리고 구원을 요청했다. 진 문공은 군대를 이끌고 가서 송나라를 구했다. 진나라 군대는 초나라 군대의 강력한 공격을 피하기 위해 전면전을 벌이지 않고, 일부러 3사(舍: 옛날의 거리 단위로, 30리가 1사였다)를 도망쳤다. 마침내 진나라는 진(秦)·제·송나라와 연합하여, 병거(兵車) 700대를 출동시켜 성복(城濮, 지금의 산둥성 판현范縣 린푸전臨濮鎭)에서 초나라 군대를 격멸시켰다. 전쟁이 끝난 후, 진 문공은 천토(踐土, 지금의 허난성 위안양현原陽縣 서남쪽)에서 제후들과 만나, 여기에 모인 노(魯)·제·송·채(蔡)·정·위(衛)·거(莒) 등의 나라들과 맹약을 체결하여, 모두 왕실을 돕고 서로를 해치지 않기로 규정했다. 주 양왕도 초대받고 참가하여, 조서를 내려 진 문공을 '후백(侯伯, 즉 霸: 제후의 맹주)'에 책봉했다. 이리하여 진나라는 정식으로 중원의 새로운 패주가 되었다.

맹자는 말하기를, 『춘추(春秋)』는 "그것이 기록한 일은 바로 제 환공과 진 문공에 관한 것[其事

則齊桓·晉文]"이라고 했다. 그러나 환공이 세상을 떠난 후, 제나라의 패주 지위는 곧바로 종말을 고했으며, 진 문공과 그의 후계자들은 진나라의 패업을 되찾았다 상실했다 하면서 춘추 말기까지 유지했다.

진(秦) 목공(穆公)이 서융을 제패하다

진나라는 본래 영(嬴)씨 성을 가졌으며, 원래는 동쪽의 부락이었다가, 주나라 초기에 지금의 간쑤성 톈수이(天水) 부근으로 이주했다. 동주 때 진나라는 비로소 주 왕실에 의해 제후국으로 인가받았다. 그 원인은 진 양왕(襄王)이 주 평왕(平王)을 호송하여 동쪽으로 이동하는 데 공을 세웠기 때문이다. 진나라는 원래 지금의 농동(隴東: 룽산隴山 동쪽의 간쑤성 지역)에 있었고, 후에 기서(岐西: 기산의 서쪽으로, 지금의 산시성에 속함)를 점거했으며, 덕공(德公)이 비로소 옹(雍, 지금의 산시성 펑샹鳳翔)으로 옮겼다. 목공 때 점차 강대해지면서, 진(晉) 문공의 패업에 대해 도전하기 시작하여, 패권 다툼 활동을 전개했다. 진(秦)과 진(晉)은 혼인 관계를 맺음으로써 밀접해졌지만, 양국은 국경을 접하고 있었기 때문에 항상 갈등이 있었다. 진 문공이 세상을 떠난 후, 진 목공은 진나라가 상(喪)을 당한 틈을 타 동쪽으로 군대를 파견하여 정(鄭)나라를 습격했다. 하지만 상인(商人) 현고(弦高)에게 속아 정나라가 대비를 하고 있다고 오인하여 돌아가다가, 효(崤, 지금의 허난성 몐치澠池·뤄닝洛寧)를 통과할 때, 진(晉)의 복병을 만나

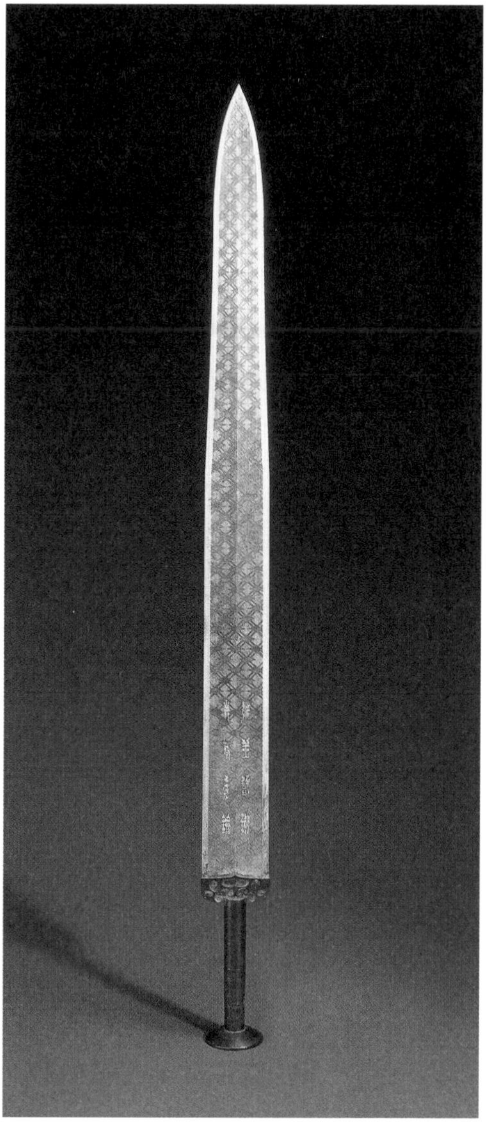

◈ **월왕(越王) 구천(勾踐)의 검**

청동검의 몸체 표면은 평평하고 반들반들하며, 옆의 칼날은 두 번 활처럼 휘어진 곡선이고, 마지막에는 활처럼 휘어지며 안으로 모여들어 예리한 첨봉(尖鋒)을 이룬다. 검격(劍格: 칼날과 손잡이 사이에 손을 보호하기 위해 튀어나온 부분)에는 푸른색 유리를 박아 장식해 놓았고, 검체에는 마름모꼴 무늬가 가득 새겨져 있다. 또한 검격과 가까운 곳에는 여덟 글자의 착금(錯金: 홈을 파고 금을 박아 넣음) 명문이 있는데, "越王鳩淺自作用劍"(월왕 구천이 스스로 만들어 사용한 검)이라고 되어 있다. 여기에서 '鳩淺(구천)'은 바로 역사에서 와신상담(臥薪嘗膽)하여 결국 오나라를 멸망시킨 월왕 구천(勾踐)이다.

모든 병력이 몰살당하고, 사령관인 맹명시(孟明視)·서걸술(西乞術)·백을병(白乙丙)은 사로잡혔다. 그 후 수년 동안 진(秦)과 진(晉)은 때때로 전쟁을 벌였지만, 실력이 진(晉)에 미치지 못했기 때문에 진(秦)은 도무지 우위를 차지하기 어려웠다. 동시에 진(晉)나라가 진(秦)나라의 동진을 위한 요새—도림새(桃林塞), 즉 훗날의 함곡관(函谷關)—를 점령했기 때문에, 진 목공은 방향을 서쪽으로 돌려 융적을 합병하여, 힘이 강해졌다. 역사에서는 목공이 "12개의 나라를 정복하여 합병하고, 천 리(里)의 영토를 개척했으며", 서융(西戎)을 제패했다고 기록하고 있다.

당연히 진 목공은 결코 춘추 시기의 진정한 패주가 되지 못했고, 그의 패주로서의 효력은 단지 서융 지역에 한정되었다. 동쪽의 각 나라들에 비하면, 진(秦)나라 사회는 더욱 낙후되고 야만적이어서, 진 목공이 죽었을 때 177명이나 그를 위해 순장(殉葬)했다. 이때 자차(子車) 씨의 "삼량(三良: 세 명의 훌륭한 인재)"이라고 불리던 세 명의 아들인 엄식(奄息)·중행(仲行)과 겸호(鍼虎)까지도 모두 순장되었다. 결국 춘추 시기에, 목공 이후 상앙(商鞅)이 변법(變法)하기 전까지의 진(秦)나라는 더 이상 정치 무대에서 좋게 표현된 적이 없다.

초(楚) 장왕(莊王)이 중원의 패권을 차지하다

초나라는 강(江: 장강)·한(漢: 한수) 유역의 만족(蠻族)[3] 국가로, 전욱(顓頊: 전설 속의 임금으로, 황제의 손자) 고양(高陽: 전욱의 이름)의 후예라고 전해지며, 서주 때 주로 단양(丹陽, 지금의 후베이성 쯔구이秭歸) 지역에서 활동했다. 기원전 689년에 처음으로 영(郢: 지금의 후베이성 장링江陵 지난청紀南城)에 도읍을 건설했으며, 후에 반세기 동안의 발전을 거치면서 점차 강성해졌다.

기원전 638년, 송(宋) 양공(襄公)이 군대를 보내 정(鄭)나라를 정벌했다. 당시 정나라는 초나라의 속국이었으므로, 초나라는 군대를 보내 정나라를 도와 송나라 군대와 홍수(泓水: 지금의 허난성 저청현柘城縣 북쪽)에서 전투를 벌였다. 송나라 군대는 본래 초나라 군대가 강을 건너느라 진열이 혼란한 때를 틈타 초나라 군대를 격파할 수도 있었지만, 송 양공은 난세(亂世)에는 힘을 중시한다는 것을 모르고, "옛날 방식[古道: 옛날 중국에서는 전쟁을 할 때, 상대방이 전투 대형을 갖출 때까지 기다렸다가 전투를 시작했다]"을 고집하여, 고지식하게도 초나라 군대가 강을 건너와서 전투 대형을 잘 갖추고 난 다음에야 비로소 전투를 벌였다. 그 결과 전투에서 이길 수 있는 기회를 놓쳐, 송나라 군대가 참패하자, 송 양공의 우매하고 케케묵은 '인의(仁義)'의 패권 다툼은 영원한 웃음거리가 되었다. 이때의 초나라는 이미 북쪽의 강국들과 서로 필적할 수 있었다. 초 장왕(기원전 613~기원전

3 만족(蠻族): 옛날에 중국의 남방에 거주했던 각 종족들을 통틀어 일컫던 명칭으로, 남만(南蠻)이라도고 한다. 은(殷)·주(周) 시기에는 지금의 장강 중류 및 그 이남 지역에 분포되어 살았다.

591년 재위) 때 손숙오(孫叔敖)를 재상에 임용하여, 내정(內政)을 정비하고, 수리(水利) 사업을 일으켜, 국력이 더욱 강성해지자, 북쪽으로 나아가며 제패하기 시작했다. 기원전 606년, 초 장왕은 군대를 이끌고 가서 육혼융(陸渾戎)을 공격했는데, 이락(伊洛: 낙양 부근) 지대에 이르러 주나라 영토에서 열병식을 거행하여 위력 시위를 하자, 주 정왕(定王)은 어쩔 수 없이 사람을 보내 위로했다. 그러자 장왕은 뜻밖에 왕권을 상징하는 구정(九鼎)의 크기와 무게를 물었는데, 마치 주나라를 멸망시킬 야심과 자세를 갖고 있는 듯했다. 이로부터 또한 알 수 있듯이, 제 환공과 진 문공의 '존왕(尊王: 임금을 높임)'과 '근왕(勤王: 임금에게 충성을 다함)'이라는 기치는 이미 쓰러졌고, 그것을 대체한 것은 약육강식의 법칙과 명정언순(名正言順: 명분이 바르고 말이 사리에 맞음)의 싸움이었다.

기원전 598년에 초나라가 정나라를 포위하여 공격하자, 진(晉)나라가 출병하여 정나라를 구했다. 이듬해, 진나라와 초나라 군대가 필(邲: 지금의 허난성 싱양滎陽 북쪽)에서 전투를 벌인 결과, 진나라 군대는 참패하여 허겁지겁 도망쳤다. 초 장왕은 황하에서 말에게 물을 먹이고, 북쪽을 위풍당당하게 바라보았다. 기원전 594년에 초나라가 송나라를 포위하자, 송나라는 진나라에게 위급함을 알리고 구원을 요청했지만, 진나라는 초나라를 두려워하여 감히 출병하지 못했다. 이때부터 중원의 각 나라들이 진나라에 등을 돌리고 초나라로 돌아서니, 초 장왕은 중원의 패주가 되어, 진나라와 함께 춘추의 최대 강국이 되었다. 기원전 576년에 초나라는 정나라와 위(衛)나라를

한걸음 더

사서(史書) 『춘추(春秋)』

『춘추』는 현존하는 중국 최초의 편년체(編年體) 사서다. 그것은 노(魯)나라 역사이자 춘추 시기의 국제관계사이며, 또한 편년체 사서의 시조이기도 하다. 『춘추』가 기록하고 있는 연대는 기원전 722년부터 기원전 479년까지다. 이러한 편년사는 주 왕조와 각 제후국들이 모두 가지고 있는데, 비록 내용은 다르지만, 모두 '춘추'라고 부른다. 지금 전해지고 있는 노나라 『춘추』는 공자의 수정을 거친 것이다. 주 왕실이 쇠락함에 따라, 전란이 자꾸 발생하자, 공자는 『춘추』라는 근엄한 서법(書法)을 빌려 존왕양이(尊王攘夷) 및 주 왕조의 최고 통치권을 옹호하는 정치적 주장을 표현했다. 『춘추』는 문자의 사용이 정확하며, 단어의 선택이 엄격하고 신중하여, 비록 역사 기록은 간단하고 순수하게 객관적으로 기록한 것처럼 보이지만, 실제로는 암암리에 좋고 나쁨을 지적하면서 저자의 사상적 경향을 구체적으로 드러냈다. 그리하여 후세에는 이렇게 문장이 변화가 많고, 간단하지만 심오한 말로 큰 의미를 말하고, 경향성을 띤 문장 표현 방식을 '춘추필법(春秋筆法)'이라고 불렀다. 『춘추』가 기록하고 있는 역사적 사실이 지나치게 간단하기 때문에, 후에 세 개의 전(傳: 옛날 저명한 학자들이 경서에 대해 주석한 글)이 해석을 가했는데, 가장 유명한 것은 『좌전(左傳)』이다. 이는 역사적 사건의 본말에 중점을 두어 기록했다. 나머지 두 편은 『공양전(公羊傳)』과 『곡량전(穀梁傳)』인데, 이것들은 내용과 이치에 중점을 두어 상세히 해석하고 있다.

공격했고, 이듬해에 진나라는 정나라가 초나라를 따른다는 것을 구실로 삼아 정나라를 공격했다. 정나라가 초나라에 구원을 요청하자, 초 공왕(恭王)은 군대를 이끌고 정나라를 도우러 나섰다. 진나라와 초나라의 군대는 언릉(鄢陵)에서 전투를 벌였다. 그 결과 초나라 군대가 패하고 물러갔다. 기원전 571년에 진나라 도공(悼公)이 호뢰(虎牢: 지금의 허난성 시수이汜水)에 성을 쌓고 정나라를 압박하여, 정나라로 하여금 초나라에 등을 돌리고 진나라로 돌아서게 했다. 이때 진나라의 세력이 초나라보다 약간 우세하여, 진나라 도공은 성공적으로 패주의 지위를 되찾았다. 하지만 진나라도 이미 내리막길을 걷기 시작함으로써, 중원의 패권 다툼은 종말을 향해 다가갔다.

오(吳)·월(越)의 쟁패

전쟁이 백성들과 약소국에게 가져다줄 재난에 직면하자, 기원전 546년에 송나라의 향술(向戌: 당시 송나라의 대부)은 '미병(弭兵: 전쟁을 멈추다)' 건의를 제출했다. 즉 각 제후국들 간에 전쟁을 중지하자고 건의했다. 진(晉)·초·제·진(秦) 등 4대 강국들이 이에 동의함에 따라, 패업은 진(晉)나라와 초나라 두 강국이 균등하게 나누어 차지했으며, 제나라와 진(秦)나라의 지위는 두드러졌다. 이후의 40년 동안, 중원의 각 나라들 간에 군사적 충돌은 이전에 비해 뚜렷이 감소했고, 패권 다툼의 전장은 동남쪽의 오나라와 월나라 쪽으로 옮겨갔다. 오·월은 장강 하류의 강절(江浙: 지금의 중국 동부, 장강 하류로, 장쑤성과 저장성을 포괄하는 지역을 가리킨다) 지역에 위치하고 있어, 춘추 초기에 중원 지역과는 왕래가 비교적 적었다. 중원 제후들의 패권 다툼이 종말을 향해 갈 때, 두 나라는 점차 발전하여, 중원 제후들이 패권을 다투던 역사적 장면을 다시 재현하기 시작했다.

기원전 514년, 합려(闔閭)가 오나라 왕위에 오르자, 원래 초나라 귀족이었다가 오나라로 도망쳐 온 오원(伍員, 즉 오자서伍子胥)과 제나라의 손무(孫武)를 중용하여, 내정을 개혁하고, 성곽을 쌓아 방비를 튼튼히 하고, 곡식 창고를 채우고, 무기고를 정비하고, 군대를 확충하면서, 전쟁 준비를 강화했다. 그리고 "서쪽으로는 강국 초나라를 격파하고, 북쪽으로는 제나라와 진(晉)나라를 위협하며, 남쪽으로는 월(越)나라 사람들을 복속시킨다"는 전략 방침을 정했다. 초나라는 월나라와 연합하여 오나라를 압박하기 위해, 월왕 윤상(允常)을 적극적으로 지원했다. 기원전 510년, 오나라가 월나라를 침공하자, 두 나라는 즉시 장기간에 걸친 일진일퇴의 패권 다툼을 전개했다. 기원전 506년, 오왕 합려는 군대를 이끌고 초나라 도읍인 영(郢: 지금의 후베이성 징저우荊州 북쪽)을 공격했다. 이듬해 봄, 월왕 윤상은 오나라 국내가 비어 있는 틈을 타, 군대를 출동시켜 오나라의 도읍인 고소(姑蘇: 지금의 장쑤성 쑤저우蘇州)를 습격하자, 합려가 급히 군대를 차출하여 돌아와 막아냄으로써, 윤상으로 하여금 군대를 철수하게 했다. 기원전 496년, 월왕 윤상이 병으로 사망하자,

오왕은 곧 구천(勾踐)이 새로 즉위하는 기회를 틈타, 군대를 이끌고 남쪽으로 진격하여 월나라를 공격했다. 월왕 구천이 군대를 지휘하여 맞서 싸운 결과, 오나라 군대는 참패했으며, 합려는 부상이 위중하여 회복되지 못하고 사망하니, 그의 아들 부차(夫差)가 즉위한 다음 복수하겠다고 다짐한다.

기원전 494년, 오왕 부차는 군대를 일으켜 월나라를 멸망시키고, 월나라 도성을 점령했다. 구천은 굴욕을 감수하고 생명의 안전을 도모하자는 범려(范蠡)의 제안을 받아들여, 오나라를 신하로서 섬기겠다는 의사를 표현했다. 아울러 진귀한 보석과 미녀들을 오나라 태재(太宰: 최고 관직명) 백비(伯嚭)에게 뇌물로 바치면서, 그에게 중간에서 중재해 달라고 요구했다. 성공적으로 오왕이 방심하도록 만든 뒤, 구천은 범려 등을 데리고 가서 부차에게 주어 노복으로 삼게 했으며, 심지어는 자신이 친히 부차를 위해 말을 몰기도 했다. 이리하여 마침내 부차를 속여 신임을 얻었고, 3년 후에 석방되어 월나라로 돌아갔다. 구천은 귀국한 후에 와신상담(臥薪嘗膽)하면서, 현명한 인재들을 선발하여 간언을 받아들이고, 내정을 개혁하고, 생산을 발전시켰으며, 군대를 훈련하여, 오나라를 멸망시키기 위한 힘을 축적했다. 부차가 경계심을 늦추도록 하기 위해, 구천은 부차에게 미녀 서시(西施)와 정단(鄭旦)을 바치고, 동시에 많은 돈을 들여 오나라 대신들을 매수했다. 기원전 482년, 부차가 3만 명의 정예 병력을 거느리고 북상하여 회맹하자, 구천은 이 기회를 틈타 군대를 이끌고 오나라 도성인 고소로 진격해 들어갔다. 이때, 부차는 바로 황지(黃池: 지금의 허난성 평추封丘 서남쪽)에서 진(晉) 정공(定公)과 패주가 되려고 다투고 있었는데, 월나라 군대가 고소를 습격했다는 소식을 듣자, 군사 상황을 보고하러 온 일곱 명의 사자를 연달아 죽여, 이 불리한 소식을 봉쇄하고, 가까스로 패주가 된 다음, 황급히 나라로 돌아가 월나라에 화의를 요청했다.

기원전 473년, 구천은 대대적으로 오나라를 공격했는데, 도읍인 고소를 겹겹이 포위하고 있던 기간이 3년에 달했을 때, 마침내 오나라를 멸망시키고, 부차로 하여금 자살하도록 했다. 그 후, 월나라는 오나라를 멸망시키고 남은 여력으로, 회수(淮水)를 건너 북상하여 제후들과 회맹하고, 춘추 말기의 마지막 패주가 되었다.

『맹자』「진심(盡心) 하(下)」에서는, "춘추 시기에는 의로운 전쟁이 없었다[春秋無義戰]"고 기록하고 있다. 이는 정확하다. 역사서의 기록에 따르면, 거의 300년에 이르는 춘추 시기 동안에, 멸망한 제후국이 50여 개에 달했으며, 전쟁이 거의 500차례나 일어났고, 제후의 조빙(朝聘: 제후가 정기적으로 천자나 맹주를 알현하는 것)과 회맹이 450여 차례 있었다. 제후들의 패권 다툼은 모든 국가들로 하여금 끊임없이 전쟁과 재난을 겪도록 하여, 백성들의 생산 활동과 생활에 심대한 피해를 가져다주었으며, 수많은 약소국들로 하여금 진저리치게 했다. 이런 의미에서 말하자면, "춘추 시

◈ **용수신수(龍首神獸) | 춘추**

이 두 건의 청동 신수(神獸)는 허난성 쉬지에링(徐家嶺)의 9호 묘에서 출토된 부장품들로, 두 건의 크기가 같고, 조형이 서로 같으며, 본래 한 쌍이었다. 신수의 조형은 기이한데, 용머리에 짐승 몸통이며, 입에서 긴 뱀을 토해내고 있고, 머리 위에도 여섯 마리의 작은 용들이 몸을 서리고 있다. 또 등 위에는 휘어진 몸을 한 괴수(怪獸)를 꽂아 장식해 놓았는데, 이 짐승의 입에서도 머리를 쳐들고 올라가는 용을 토해 내고 있어, 매우 감상할 가치가 있는 청동 공예품이다. 현재 허난성박물관에 소장되어 있다.

기에는 의로운 전쟁이 없었다"는 말은 일리가 있다. 그러나 동시에 또한 이러한 전쟁들은 각 지역의 사회 경제적 발전과 서로 다른 집단들 간의 접촉과 융합을 촉진하는 데에는 객관적으로 유리하게 작용하여, 통일적 민족국가의 형성에 중요한 추동 작용을 했다는 점도 마땅히 보아야만 한다. 역사에는 항상 이러한 전쟁이 있었고, 그것은 불가피하게 폭력과 재난을 불러오기 마련이지만, 여전히 진보적인 의미를 지니고 있었다.

춘추 시기

인물: 노자(老子) 지역: 함곡관(函谷關) 서쪽 키워드: 도가(道家)

노자(老子)와 도가(道家) 철학

도가학파의 시조는 노자다. 노자는 성이 이(李)씨이며, 이름은 이(耳)이고, 자는 담(聃)이며, 초나라 고현(苦縣) 여향(厲鄕) 곡인리(曲仁里) 사람이다. 그는 일찍이 주나라 왕실의 수장실(守藏室)에서 관직을 맡아, 국가 도서를 관장했으며, 말년에는 은퇴하여 서쪽의 함곡관(函谷關)을 나가 은거하면서 『노자』를 저술했다. 『노자』는 『도덕경(道德經)』이라고도 하고, 『논어』보다 약간 늦게 책으로 만들어졌으며, 모두 81장(章)으로 이루어져 있다. 『도덕경』은 도가학파의 경전(經典) 저작이다. 이 책에서는 '도(道)'로써 우주 만물이 변화하고 성장하는 법칙을 설명하고 있으며, 소박한 변증법 사상을 포함하고 있다. 그리고 "성스러움을 끊고 지식을 버리며[絶聖棄智]" "아무 일을 하지 않아도 저절로 다스려지는[無爲而治]" 정치적 관점과 세속적인 정을 잊고 욕심을 적게 하는 수신 방법을 주장한다. 이 철학 사상은 후세에 심원한 영향을 미쳤다.

노자의 도(道)

노자라는 인물 및 그 생애와 생존 연대는 지금까지 모두 논란이 되고 있다. 그가 태사(太史) 담(儋)이라는 주장도 있고, 노래자(老萊子)라는 주장도 있지만, 비교적 많은 학자들은 그가 바로 이이(李耳)라고 여긴다. 이이는 자(字)가 백양(伯陽)이고, 노담(老聃)이라고도 불렸으며, 초나라 고현(지금의 허난성 루이鹿邑) 여향 곡인리 사람으로, 도가학파의 시조로 받들어지고 있다. 노자는 젊었을 때 주나라 왕실의 수장실에서 관직을 맡아 국가의 도서를 관장했으며, 말년에는 서쪽으로 함곡관을 나가 은거하면서 『노자』를 저술했다.

최고의 지혜를 갖춘 철학자로서 노자는 자연 만물이 변화하는 상황 및 예로부터 당시까지의 사회 발전의 관계와 인과성을 깊이 관찰했는데, 발견한 사물의 모순성은 어떤 고대 철학자들과

◈ **수문희준**(獸紋犧尊) | 춘추

준(尊)은 상·주 시대의 주기(酒器)인데, 이 수문희준의 몸통은 소 형상이며, 복부 속은 비어 있고, 등에는 세 개의 구멍이 있어, 술을 주입하기에 알맞다. 현재 상하이박물관에 소장되어 있다.

비교해도 훨씬 광범위하고 깊이가 있다. 노자는 '도(道)'가 만물의 본원이라고 주장했다. 그것은 천지(天地)보다 먼저 생겨났고, 마지막에는 정지 상태로 돌아가며, 소리도 없고, 형태도 없으며, 맛도 없다고 한다. 그것은 인식할 수 없는 정신적 존재로서, "도를 도라 할 수 있으면 변치 않는 도가 아니며, 이름을 이름 지을 수 있으면 변치 않는 이름이 아니다[道可道, 非常道, 名可名, 非常名]"는 것이다. 그는 또한 '도'를 '무(無)'라고 말한다. "천하의 만물은 유에서 생겨나고, 유는 무에서 생겨난다[天下萬物生於有, 有生於無]." 이것은 객관적 유심주의(唯心主義)[4] 관점이다. 하지만 동시에 또한 주의해야 할 것은, 노자가 생각하기에 '도'란 혼돈스럽고 원시적이며 미분화된 물질로, 실질이 있고, 형상도 있고, 정신도 있으며, 또한 순환하면서 왕복적으로 운동한다고 여겼다. 여기에는 소박한 유물주의적 요소가 포함되어 있다. 노자의 철학 본체론(本體論)은 모순적인 것이기 때문에, 유물주의 사상가와 유심주의 사상가들 모두에게 영향을 미쳤다.

인식과 정견(政見)

노자의 인식론은 기본적으로 선험론(先驗論)의 범주에 속한다. 그는 말하기를, "문을 나서지 않고도 천하의 일을 알고, 창밖을 내다보지 않고도 하늘의 이치를 알며[不出戶, 知天下, 不窺牖, 見天道]", 반대로 "더 멀리 나갈수록 더 적게 안다[其出彌遠, 其知彌少]"고 말했다. 그리하여 그는 "입을 막고 귀를 닫아[塞其兌, 閉其門]" 완전히 실천과 관계를 끊고, 단지 "극도로 비움의 상태가 되고, 고요함이 견실하도록 유지해야만[致虛極, 守靜篤]" 곧 인식할 수 있으며, 또한 "배우는 것은 나날이 더하는 것이고, 도를 닦는 것은 나날이 덜어 내는 것[爲學日益, 爲道日損]"이라고 주장했다. 노자의 이러한 사상은 그의 우민정책(愚民政策)의 근거가 되었다.

노자는 이미 모순의 변증법적 성격을 인식하고 있었다. 특히 정(正)과 반(反)의 양면이 서로 전

4 유심주의(唯心主義): 유심론(唯心論, Mentalism)이라고도 하며, 유물론과 반대되는 개념이다. 즉 세계의 모든 것은 결국 정신적인 것으로 환원될 수 있다고 주장하는 입장으로, 정신을 실체가 있는 존재라고 인정한다.

화(轉化)한다는 법칙은 노자 학설의 정수가 되었다. 그는 유와 무[有無], 어려움과 쉬움[難易], 길고 짧음[長短], 아름다움과 추함[美醜], 굳셈과 부드러움[剛柔], 강함과 약함[强弱], 복과 화[福禍], 삶과 죽음[生死], 지혜로움과 우매함[智愚] 등은 모두 상호 의존적인 것으로, "유와 무는 서로를 낳고, 어려움과 쉬움은 서로를 만들고, 길고 짧음은 서로 견주며, 높고 낮음은 서로 기울며, 소리와 소리는 서로 조화하며, 앞과 뒤는 서로 따른다[有無相生, 難易相成, 長短相較, 高下相傾, 聲音相和, 前後相隨]"고 여겼다. 동시에 이러한 모순들은 조건이 성숙한 상태에서는 서로 전화할 수 있다. "화는 복이 기대고 있는 곳이며, 복은 화가 엎드려 있는 곳이다[禍兮福之所倚, 福兮禍之所伏]." 그는 "사물이 절정에 달하면 반드시 되돌아간다[物極必反]"고 여기고, "되돌아가는 것은 도의 움직임[反者道之動]"이라는 저명한 명제를 제시했는데, 이것은 『역경(易經)』의 변증법 사상을 계승하고 발전시킨 것이다. 하지만 몰락한 귀족의 대표적 인물로서, 노자 학설의 정신은 모순을 해결하여 앞을 향해 나아가는 것이 아니라, 발전을 저지하여 원래의 상태를 유지하거나, 심지어는 뒤로 후퇴시키려는 것이었다. 그는 사물이 충분히 발전하는 것을 소극적으로 저지하여, 유약한 지위를 유지하고, 전화하여 반면(反面)으로 가는 것을 피했다. "굳세고 강한 것은 죽음의 무리이고, 유약한 것은 삶의 무리[堅强者死之徒, 柔弱者生之徒]"라고 했다. 이것이 바로 노자가 제시한, 유약한 것으로 강한 것을 이긴다는 이론이며, 그가 대표하는 계급이 나날이 몰락해 가고 있었다는 것과 투쟁을 두려워하는 심리를 반영하고 있다.

◈ 〈노자기우도(老子騎牛圖)〉 | 명, 장로(張路)

장로(1464~1538년)는, 자가 천치(天馳)이며, 명대의 화가다. 이 그림은 노자가 푸른 소의 등 위에 타고 있는 모습을 그린 것으로, 손에 『도덕경』을 쥔 채, 눈을 치켜뜨고서 한 마리의 날아가는 박쥐를 주시하고 있다. 인물의 얼굴은 매우 생생하고 사실적으로 그렸으며, 옷 주름의 삽입도 민첩하고 교묘하여, 전체 인물은 단숨에 그린 것 같은 느낌을 주며, 형상이 생동감 넘치면서도 정취가 풍부하다.

노자는 "무위이치(無爲而治: 임금의 덕이 커서, 아무 일을 하지 않아도 유능한 인재를 얻어 천하가 저절로 잘 다스려지는 것)"와 소국과민(小國寡民: 나라는 작고 백성은 적은 상태)의 정치사상을 주장했다. 그는 "백성을 다스리기 어려운 것은, 그 위에 있는 사람이 유위(有爲)로써 다스리기[民之難治, 以其上之有爲]" 때문이므로, '무위'의 책략을 채택하여 나라의 백성을 다스려야 한다고 여겼다. 구체적인 내용은 다음과 같다. 즉 '법치(法治)'를 반대하고, '어진 사람을 존경하는 것[尙賢]'을 반대하고, '예치(禮治)'를 반대하고, 전쟁을 반대하고, 토지세를 많이 징수하는 것을 반대한 것 등이다. 춘추전국 시기에 사회의 동요가 극심하여, 백성들이 안정과 휴식을 간절히 희망했는데, 노자의 '무위'·'청허(淸虛: 마음이 맑고 깨끗함)'와 '정지(靜止: 고요하고 움직이지 않는 상태)' 사상도 이렇게 백성들이 화목하고 평화로움을 갈망하는 바람을 반영해 냈다. '무위이치'에 도달하기 위해, 노자는 '소국과민'이라는 구상을 제시했다. 그는 "백성들로 하여금 무지하고 욕심을 갖지 못하게 하여[使民無知無欲]", "갓난아기 상태로 되돌려 놓아[復歸於嬰兒]", '소국과민'의 상고 시대로 회복시키려고 시도했다. 그리하여 기계를 사용하지 않고, 배와 수레를 타지 않고, 군대를 갖고서 전쟁을 하지 않으며, 문자를 폐지하고, 새끼줄을 매듭 지어 일을 기록하고, "이웃 나라는 서로 바라다보이고, 닭과 개 우는 소리가 서로에게 들리며, 백성들은 늙어서 죽을 때까지 서로 왕래하지 않아야[隣國相望, 鷄犬之聲相聞, 民至老死不相往來]" 한다고 했다.

한걸음 더

『도덕경(道德經)』

『도덕경』이 저술된 연대에 관해, 학자들의 견해는 일치하지 않는다. 춘추 시기라는 설도 있고, 전국 시기라는 설도 있으며, 진·한 시대에 지어졌다는 주장도 있다. 현재 『노자』의 판본과 관련하여 주요한 것은 세 가지가 있다. 하나는 1993년에 후베이성 징먼(荊門) 궈디안(郭店)에 있는 초나라 무덤에서 출토된 죽간본(竹簡本)이다(간본簡本이라 함). 다른 하나는 1973년에 창사(長沙) 마왕두이(馬王堆)에 있는 한(漢)나라 무덤에서 출토된 두 가지 백서본(帛書本: 비단에 쓴 글)이며, 또 다른 하나는 지금 전해오고 있는 문헌본(文獻本)이다(금본今本이라 함). 백서본과 금본은 내용상으로 근본적인 차이가 없고, 단지 부분적인 사상에서 약간의 차이만 있을 뿐이다. 예를 들어 인의(仁義)를 대하는 견해를 보면, 금본은 예악(禮樂)을 강력하게 비판하면서, "인을 끊고 의를 버리면, 백성들은 다시 부모에게 효도하고 자식을 사랑하게 된다[絶仁棄義, 民復孝慈]"는 견해를 제시하고 있다. 즉 예(禮)가 천하를 혼란스럽게 만드는 근본 원인이라고 여긴다. 그런데 간본은 인의와 절성기지(絶聖棄智: 성스러움을 끊고 지식을 버리다)를 반대하지는 않고, 단지 지적 변설[智辯]·교활한 이익 추구[巧利]·거짓과 사술[僞詐] 등등만 반대하고 있다. 이로부터 금본과 간본은 사상 면에서 같은 점도 있고 다른 점도 있다는 것을 알 수 있는데, 이는 도가학파가 때에 따라 세태에 따라 발전해 왔다는 것을 말해 준다.

춘추 시기 기원전 551~기원전 479년

인물: 공자(孔子) 지역: 노(魯)나라 키워드: 유가(儒家)

유학(儒學)의 종사(宗師) 공자(孔子)

공자가 창조한 유학은 중국 봉건시대 문화의 핵심을 형성했으며, 중국 문화사에서 숭고한 지위를 누렸다. 서한(西漢)이 시작되면서부터, 공자의 학설은 통치계급의 요구에 부응하여 수시로 조정되고 변화했지만, 줄곧 저명한 학파로서 독존적인 지위에 있었다. 공자가 살아 있을 때는, 일부 사람들이 그를 '성인(聖人)'으로 우러러 받들었는데, 사후에는 더욱 더 사람들이 그를 경모하여, 그를 만세사표(萬世師表: 영원한 스승의 본보기)로 여겼다. 그는 봉건사회가 집대성한 '성인'이자, 중국 고대 문화의 위대한 대표자이기도 하다.

젊은 시절의 공자

공자(기원전 551~기원전 479년)는, 이름이 구(丘)이며, 자가 중니(仲尼)이고, 노(魯)나라 사람으로, 주(周) 영왕(靈王) 21년에 노나라 창평향(昌平鄉) 추읍(陬邑: 지금의 산둥성 취푸曲阜 동남쪽)에서 태어났으며, 아버지는 숙량흘(叔梁紇)이다. 공자가 3세 때, 아버지가 병으로 세상을 떠나자, 어머니가 친정으로 데려가면서, 궐리(闕里)로 이주했다. 공자가 16~17세 때, 어머니가 세상을 떠나자, 그는 그 지역 귀족 사회에서 배척을 당했다. 어려운 상황은 공자로 하여금 분발하여 향상하도록 격려했다. 그는 한편으로는 생계를 도모하면서, 다른 한편으로는 열심히 혼자서 공부했다. 그는 힘써 도를 배워 깨우치고 힘써 실천했으며, 아랫사람에게 묻는 것을 수치스러워하지 않았고, 겸허하고 공손하며 예의를 알았고, 처세가 침착했다. 그리하여 매우 빠르게 사회에서 두각을 나타냈고, 귀족들 사이에서도 명성을 얻었다. 20세 이후에 그는 계씨(季氏)의 '계리(季吏)'가 되어 창고 관리를 책임졌으며, 또 '승전(乘田)'이 되어 소와 양을 관리하는 책임을 맡았는데, 모두 매우 뛰어나게 수행했다.

주 경왕(敬王) 3년(기원전 517년)에 공자는 제(齊)나라로 가서 대부(大夫) 고소자(高昭子)의 가신

◈ 〈공자행교도(孔子行敎圖)〉 | 청

역사서의 기록에 근거하면, "공자는 키가 9자 6치이며, 태어나면서부터 소입술[牛脣]과 사자코에, 크고 두툼한 입과 목, 호랑이 손바닥과 거북등을 지니고 있었다[孔子身高九尺六寸, 生得牛脣獅鼻, 海口輔喉, 虎掌龜脊]"고 한다. 청대에 그려진 이 〈공자행교도〉에서, 공자는 전신에 무명옷을 입고 있는데, 두루마기의 부드럽고 매끄러운 선과 가볍게 펄럭이는 옷섶은 모두 이 선사(先師)의 "온화하고, 선량하며, 공손하고, 검소하며, 겸손한[溫良恭儉讓]" 유학자의 특징을 잘 드러내 주고 있다.

이 되었고, 또 제나라 경공(景公)을 알현했다. 공자는 제나라 태사(太師: '삼공三公' 중 우두머리)와 '음악[樂]'을 담론하면서 〈소악(韶樂)〉을 배웠는데, 음악을 감상한 다음에 3개월 동안 고기 맛을 잊었다. 제 경공이 공자에게 정치의 길에 대해 묻자,

공자는 이렇게 말했다. "임금은 임금답고, 신하는 신하답고, 아비는 아비답고, 자식은 자식다워야 합니다[君君, 臣臣, 父父, 子子]." 경공은 칭찬했다. 후에 경공이 다시 이에 대해 물었는데, 공자가 "정치의 요체는 재물을 절약하는 데 있습니다[政在節財]"라고 답하자, 경공은 크게 기뻐했다. 공자의 출현은 시대의 상징이다. 그는 동족이 결합하는 것을 기초로 삼던 예악(禮樂)을 비교적 보편적 사회성을 갖는 예악—즉 사회제도—으로 전환했으며, 나아가 '인(仁)'을 제시하여 예악이 실현할 목표로 삼았다. '인'이란, 한편으로는 개인의 인격을 가리키는데, 개인의 인격은 빈부귀천의 차별이 없다. 다른 한편으로는 곧 사람들 간의 관계를 가리키는데, 사람들 간의 관계는 피차가 상대방의 인격을 인정하는 것이 관건이다. '인'을 실현하려면, 반드시 교육과 교양에 의지해야 하고, 예악은 바로 '인'을 실현하는 수단이므로, 예악에 대한 학습과 연구부터 착수해야 한다. 공자는 솔선수범하여 교육 사업에 종사하면서, 학생들을 받아들이는 데에 계급의 제한을 두지 않았다. "가르침에는 차별이 없었다[有教無類]"고 할 수 있으니, 그 정신은 경탄할 만한 것이다. 춘추전국 시대에 중국의 음악은 최고 수준으로 발전했다. 공자가 "소(韶: 순임금이 지었다는 음악)를 듣고 고기 맛을 잊었다[聞韶不知肉味]"는 고사는 당시 문인과 사대부들이 음악에 대한 수양을 교육의 일부분으로 삼았다는 것을 말해 주고 있다. 공자는 또한 이로부터 예악 정신을 확대 해석해 냄으로써, 전국 시기 유가의 핵심 관념으로 만들었다.

주유(周遊)와 저서

노나라 정공(定公) 8년(기원전 502년)에 계씨(季氏)의 가신인 공산불뉴(公山不狃)가 비(費, 지금의 산둥성 페이현費縣 서북쪽)에서 계씨에게 반란을 일으키고, 사람을 보내 공자를 불렀다. 공자는 부름에 응할 준비를 했지만, 제자인 자로(子路)가 공자를 말렸다. 얼마 지나지 않아, 외국에 명성이 알려져 있던 공자는 결국 노 정공에 의해 임용되었다. 먼저 공자는 중도(中都: 춘추전국 시대의 지명으로, 지금의 산둥성 원상현汶上縣)를 관할하는 임무를 맡았는데, 1년도 지나지 않아 정치적 업적이 뛰어났으므로 사방에서 모방했다. 공자는 곧 사공(司空)으로 승진했으며, 후에 다시 대사구(大司寇: 법률과 형벌을 담당하던 대신)로 승진했다. 공자는 생애의 전반부에는 정치에 전념하여, 예를 회복하는[復禮] 데 힘썼으며, 노나라에서 임용되었던 기간 동안에는 온 힘을 다해 그 포부와 재능을 펼쳐, 사법·교육과 삼환(三桓)[5] 세력을 타도하는 데 적지 않은 노력을 기울였다. 비록 그다지 큰 효과를 거두

5 삼환(三桓): 노 환공(桓公)에게는 네 명의 아들이 있었는데, 적장자인 노 장공(莊公)은 권력을 승계하여 군주가 되었다. 그의 동생들인 경대부(卿大夫) 맹손씨(孟孫氏)·숙손씨(叔孫氏) 및 계손씨(季孫氏)는 모두 대가족을 형성했는데, 이들을 일컫는 말이다.

◈ **취푸**(曲阜)**에 있는 공묘**(孔廟)**의 내부 전경**

공묘는 산둥성 취푸에 있다. 이는 유가 학파의 창시자를 기념하기 위해 지은 것이다. 기원전 478년, 이 해는 공자가 세상을 떠난 지 1년 후이기도 한데, 노나라 애공(哀公)은 명령을 내려 공자의 제사를 지내도록 했으며, 또한 공자가 살았던 집을 개조하여 사당으로 삼도록 하여, 공묘를 짓기 시작했다. 오랜 세월이 지나면서, 공묘는 여러 차례 훼손되기도 했고, 여러 차례 다시 지어지기도 했으며, 지금은 100동이 넘는 전당이 있는 건축물로 발전했다.

지는 못했지만, 그의 정치적 능력을 보여 주었다. 후에 노나라 군신들과 정치적 견해가 맞지 않았으므로, 공자는 55세 때 노나라를 떠났고, 이때부터 그는 열국을 주유하는 단계로 접어든다. 공자는 14년 동안 주유했다. 선후로 위(衛)·진(陳)·조(曹)·송(宋)·정(鄭)·채(蔡)나라 등 여섯 제후국들에 가서, 줄곧 자신을 등용하여 '인정덕치(仁政德治)'의 주장을 널리 시행할 이상적인 임금을 물색했다.

노 애공(哀公) 11년(기원전 484년)에 공자는 노나라 대부 계강(季康)의 부름에 응하여 노나라로

돌아갔다. 공자는 비록 주례(周禮: 주나라의 사회 체계와 정치 제도)를 부흥시킬 정치적 포부로 가득 차 있었지만, 결국 등용되지 못했다. 공자가 처음 노나라에 돌아왔을 때, 노 애공과 계강은 선후로 공자에게 정치에 대해 물었지만, 모두 그를 다시 기용하지는 않았다. 공자는 자기의 정치 이상을 펼칠 수 없다는 것을 깨닫자, 방향을 바꾸어 학문을 강의하고 저술하는 데 힘을 쏟음으로써, 자기의 사상과 학식을 후세에 전파하려 했다. 공자는 주나라 왕실이 쇠약해져 예악이 모두 폐기된 것을 유감스러워하면서, "예를 배우지 않으면, 남 앞에 설 수 없다[不學禮, 無以立]"고 말했다. 여기에서 '예'는 주례를 가리키며, 노예제의 등급 세습 제도와 도덕 기준이 포함된다. 공자는 또한 '예'는 반드시 '인'의 사상과 감정을 기초로 삼아야, '인'과 '예'가 서로 도와서 일이 잘 되어 나간다고 강조했다. 공자는 또 '음악[樂]'이 감정을 도야하게 하는 작용을 상당히 중요시하여, '예'

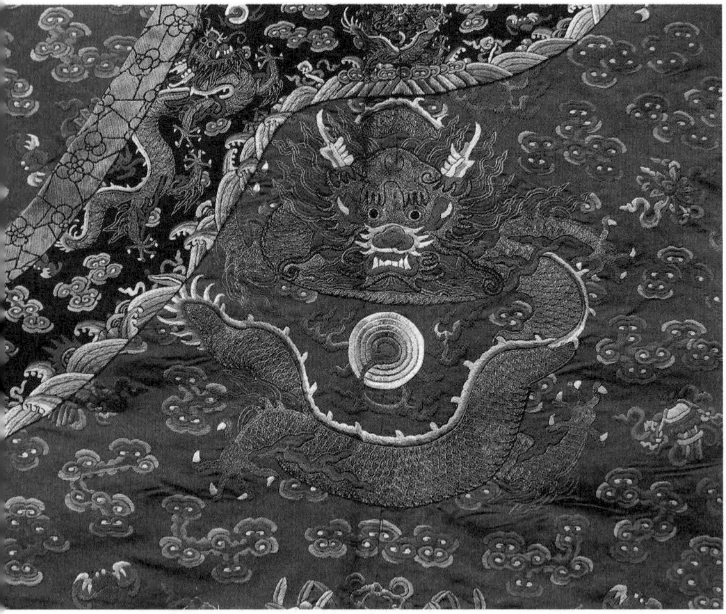

◈ 연성공복(衍聖公服)의 일부분 | 명

연성공(衍聖公)은 북송(北宋) 지화(至和) 2년(1055년)에 송 인종(仁宗)이 공자의 제46대손에게 하사한 봉호(封號)다. 이후부터 연성공은 역대 통치자들이 공자의 적계(嫡系) 자손을 책봉하는 봉호가 되었다. 이 명대의 연성공복 위에는 보기 드문 금룡(金龍) 도안을 그려 놓았는데, 이는 봉건 통치자들이 공자의 가문에 대해 표시하는 존경의 의미였다.

로써 외면을 다듬고, '음악'으로 내면을 수양해야 한다고 주장했다. "풍속을 바꾸는 데는 음악보다 좋은 것이 없고, 임금을 편안하게 하고 백성을 잘 다스리는 것으로는 예보다 좋은 것이 없다[移風易俗, 莫善於樂, 安上治民, 莫善於禮]"(『효경孝經』「광요도廣要道」)고 생각했다. 서주 때부터 춘추 중기까지, 고시(古詩) 3천여 편이 전해오고 있었는데, 공자가 그것들 가운데 중복되는 것을 빼고, 예의를 바르게 하는 데 사용할 수 있는 것들을 취하여 305편으로 정리했으며, 또한 이를 '풍(風)'·'아(雅)'·'송(頌)' 세 분야로 분류한 것이 바로 지금 전해오고 있는 『시경(詩經)』이다. 공자는 '시(詩)'의 작용에는 다음과 같은 네 가지가 있다고 말한다. 즉 도덕적 정감을 불러일으키고, 풍속의 성쇠를 관찰하고, 상호 우의를 증진시키고, 정치의 좋고 나쁨을 비평한다는 것이다.

공자의 서거

주나라 경왕(敬王) 41년(기원전 479년) 4월 11일, 공자는 세상을 떠났으니, 향년 73세였다. 노나라 애공은 뇌문(誄文: 죽은 사람의 명복을 빌거나 생전의 공덕을 칭송하며 추도하는 글)을 지어 추도했다. 이것이 후세에 뇌문의 효시가 되었다. 공자의 제자들은 3년 동안 상복을 입었으며, 자공(子貢)은 공자의 묘 옆에 집을 짓고 거기에서 살다가, 6년 후에야 비로소 떠났다. 공자의 제자들과 노나라 사람들이 공자의 묘 부근에 모여 살았으므로, 묘지 일대는 공리(孔里)라고 불렸다. 공자는 말년에 스스로 "하늘을 원망하지 않고, 사람을 탓하지 않으며, 아래의 인간사로부터 배워 위로 하늘의 이치에 통달한다[不怨天, 不尤人, 下學而上達]"고 하면서, 문을 걸어 잠그고 학문에 열중했으며, 예의를 연구하는 데 몰두했다. 그는 제자들과 고서들을 정리하고, 시사(時事)와 인물을 평론했다. 전해지기로는 그가 『서전(書傳)』과 『예전(禮傳)』을 지었고, 『역경(易經)』을 위해 「단사(彖辭)」·「상사(象辭)」·「계사(繫辭)」·「서괘(序卦)」·「설괘(說卦)」·「잡괘(雜卦)」·「문언(文言)」을 지었다고 하며, 사람들은 이를 〈십익(十翼)〉이라고 한다. 또 『시(詩)』 3천여 편을 줄여서 305편으로 만들었으며, 『춘추』를 정리하여 문장을 간략하게 함으로써, 그 안에 좋고 나쁨에 대한 평가를 함축시켰다. 공자의 주장은 비록 당시의 군주들에게 채용되지는 않았지만, 그 영향은 오히려 대단히 심대했다. 공자는 중국 전통문화의 거인으로서, 도덕을 정치와 행동의 규범으로 삼았으며, 개인의 입장에서 인(仁)·의(義)·충(忠)·신(信)을 규범화하여, 춘추 시기 도덕 사상을 완성했다. 그의 대동(大同) 정신·일신(日新) 정신 및 문제가 있어도 보류해 둔 채 당분간 따지지 않으면서 오로지 진취하려고 추구한 정신은 전국 시기 문명의 주도적인 정신이 되었다.

유가 사상

'유(儒)'자에 포함된 개념에 관해, 동한의 정현(鄭玄)은 『주례(周禮)』「태재(太宰)」를 주석하면서 이렇게 설명했다. "유(儒)란, 제후 보씨(保氏)가 육예를 가지고 백성을 가르친 것이다[儒, 諸侯保氏有六藝以教民者]." 이로부터 '유'는 바로 육예(六藝: 시·서·역·예·악·춘추)로써 귀족 자제들을 가르친 왕조의 관리(官吏)였다는 것을 알 수 있다. 춘추 시기에 학술이 아래로 옮겨가고, 관학(官學)이 사학(私學)으로 바뀌면서, 교육에 종사하는 사람들도 '유'라고 불렀다. 노나라는 주공(周公)의 옛 봉토여서, 오랫동안 풍부한 상(商)·주(周)의 문화 전통을 지니고 있었다. "주나라의 예의는 노나라에 다 있었기[周禮盡在魯矣]" 때문에, 노나라의 공자가 유가 학파를 창립한 것은 절대 우연이 아니었다. 공자의 학설은 바로 사(士) 계층 사상의 결정체다. 공자가 살았던 시대는 사회가 거대한 변화를 배태하고 있었는데, '사'는 사회의 중간에 위치하고 있던 계층으로, 통치계급 중 가장 낮은 계층이었다. 그러나 사 계층은 군사적으로는 작전의 골간이었으며, 정치적으로는 하급 관리였고, 문화적으로는 지식인 집단이었으므로, 사 계층의 사회적 역할은 매우 중요했다. 하지만 지위가 높지 않아, 국정을 독차지하고 있던 세경(世卿: 세습적인 대부 계층) 귀족에 종속될 수밖에 없었다. '사'들이 벼슬을 얻고 이름을 널리 알리려고 할 때는, 더욱 상층 귀족의 이익에 영합하는 보수적 사상을 표현해 냈지만, 곤궁하여 뜻을 이룰 수 없을 때에는 곧 서민을 동정하는 진보적 관념을 표현해 냈다.

공자의 정치관과 윤리관은 서로 융합되어 있다. 공자의 정치적 주장의 주요 내용은 '예악(禮樂)'이다. "덕으로써 인도하고, 예로써 바르게 하는 것[道之以德, 齊之以禮]"이 공자의 정치사상에서 최고의 가치였다. '덕'은 '인의(仁義)'를 가리키고, '예'는 통치계급이 규정한 질서를 가리킨다. '악'

은 정서적으로 사람과 사람 간에 서로 타협하고 절충하게 하는 것이다. '예'는 차이를 구분함으로써, 귀천의 등급을 구분하고, '악'은 같음을 추구하여 상하의 모순을 완화해 준다. 예악의 기초는 '인(仁)'이다. '인'은 공자 윤리 사상의 핵심이다. "어진 사람은 남을 사랑하고[仁者愛人]" "자신의 사욕을 극복하고 예로 돌아가는 것이 인이다[克己復禮爲仁]"라는 것이 바로 그가 '인'에 대해 내린 두 가지의 가장 중요한 정의(定義)다. 공자는 인정(仁政: 어진 정치)을 주장하고, 터무니없이 무거운 세금을 징수하는 것을 반대하여, "가혹한 정치는 호랑이보다 무섭다[苛政猛於虎]"고 생각했다. 『논어』「선진(先進)」에 기록하기를, 제자 염구(冉求)가 계씨를 위해 가혹하게 세금을 거둬들이자, 공자는 분노하여 그를 문하에서 쫓아냈다. 그는 주장하기를, 현명하고 유능한 인재를 등용하고, 형벌을 신중히 하며, 세금 징수를 가볍게 하고, 교화를 강화하라고 하면서, "천하에 도가 있으면, 예악과 정벌에 관한 결정이 천자로부터 나오고, 천하에 도가 없으면, 예악과 정벌에 관한 결정이 제후로부터 나온다[天下有道, 則禮樂征伐自天子出, 天下無道, 則禮樂征伐自諸侯出]"고 여겼다. 여기에 이미 공자의 통일사상(統一思想)이 반영되어 있다. 비록 공자의 사상이 춘추 말기의 역사적 현실에 부합되지는 못했지만, 통일된 정권이 출현한 다음에는 이러한 사상이 통치자의 심리에 영합할 수 있었기 때문에, 후세에는 제창되었다. 서한 때 "백가를 배척하고 유학만을 존숭하기[罷黜百家, 獨尊儒術]" 시작하면서부터, 각 왕조들은 모두 적극적으로 공자의 이런 사상을 이용하여, 정권의 안정을 유지 보호했다.

한 걸음 더

『논어(論語)』

『논어』에는 공자의 사상과 언행이 집약적으로 반영되어 있으며, 모두 20편(篇)이다. 그것은 중국의 어록체(語錄體) 산문의 효시다. 그 가운데 대부분은 간단한 대화와 문답으로, 언어가 간결하고 의미가 심오하며, 내용이 함축적이고, 의도가 심원하다. 공자는 현실 사회생활에 대해 깊이 인식하고 있었기 때문에, 『논어』 속에는 말은 간결하지만 뜻은 완벽한 것들이 상당히 많이 있으며, 철리(哲理)와 계몽의 내용을 담은 어구들이 풍부하다. 예를 들어, "배우더라도 생각하지 않으면 곧 아무것도 아니며, 생각하더라도 배우지 않으면 곧 독단에 빠지고[學而不思則罔, 思而不學則殆]", "세 사람이 길을 가면 그 중에는 반드시 나의 스승이 될 만한 사람이 있다[三人行必有我師焉]"고 한 것이다. 『논어』의 언어는 비록 간단하지만, 감정이 풍부하여, 간단한 대화와 행동을 통해 인물의 성격을 드러내 주고 있다. 예를 들면 「선진」편에서 제자들이 각자 자신의 뜻을 말할 때, 자로(子路)는 솔직하고, 염유(冉有: 즉 염구)는 겸손하며, 공서화(公西華)는 말솜씨가 뛰어나고, 증석(曾皙)은 소탈하다. 또 「미자(微子)」편에는 장저(長沮)·걸익(桀溺)·장인(丈人)의 속세에 무관심하고 오만한 은둔자적 형상이 모두 생생하게 살아 있는 듯이 기록되어 있다.

춘추 시기

인물: 공자(孔子) 지역: 황하 유역 키워드: 풍(風)·아(雅)·송(頌)

『시경(詩經)』 속의 세계

중국 최초의 시가집(詩歌集)으로서, 『시경』은 서주(西周) 초기부터 춘추 중엽까지 대략 500여 년 동안의 시 모두 305편을 수록하고 있으며, 풍(風)·아(雅)·송(頌) 세 종류로 나뉜다. 그 가운데 '풍'은 주남(周南)·소남(召南)·패(邶)·용(鄘)·위(衛)·왕(王)·정(鄭)·제(齊)·위(魏)·당(唐)·진(秦)·진(陳)·회(檜)·조(曹)·빈(豳) 등 15개 나라의 민간 가요를 포괄하고 있으며, 모두 160편이다. '아'는 기본적으로 귀족들의 작품이며, 소아(小雅)와 대아(大雅)를 포함하여 모두 105편을 포괄하고 있다. '송'은 궁정이 종묘에 제사 지낼 때 사용하는 음악과 가곡이며, 시 40편이다. 총체적으로 말하자면, 『시경』 속에 수록되어 있는 시들은 위로는 서주로부터, 아래로는 춘추 중엽까지, 황하 유역을 위주로 하는 사회생활을 반영하고 있는, 중국 시가의 보고(寶庫) 중에서도 매우 아름다운 진기한 꽃이다.

풍(風)·아(雅)·송(頌)

『시경』은 주나라 초기부터 춘추 중엽까지 사회생활 면모를 구체적으로 묘사하고 있다. 그 중에는 선조의 창업을 칭송하는 송가(頌歌)도 있고, 귀신에게 제사 지내는 악장(樂章)도 있으며, 귀족들 간에 연회를 베풀며 왕래한 기록도 있고, 또한 노동·수렵·연애·혼인 및 사회적 습속을 반영한 감동적인 작품들도 있다. 아시(雅詩)와 송시(頌詩)는 모두 통치계급이 특정한 경우에 사용한 음악과 가곡들이다. 31편의 '주송(周頌)'은 서주 초기에 주나라 왕이 종묘에 제사 지낼 때 사용한 가곡들로, 농후한 종교적 분위기를 띠고 있다. 그 가운데 일부 봄·여름에 풍년이 들기를 기도하고, 가을·겨울에 풍년을 경축하는 내용 등과 같은, 신의 가호에 감사드리는 일부 제사용 노래들은, 당시 농업 생산의 정황과 규모를 언급하고 있어, 오늘날의 사람들이 서주 초기의 농업 생산과 백성들의 생활을 탐구하는 데 중요한 사료이기도 하다. 「소아」의 거의 대부분과 「대아」의 일

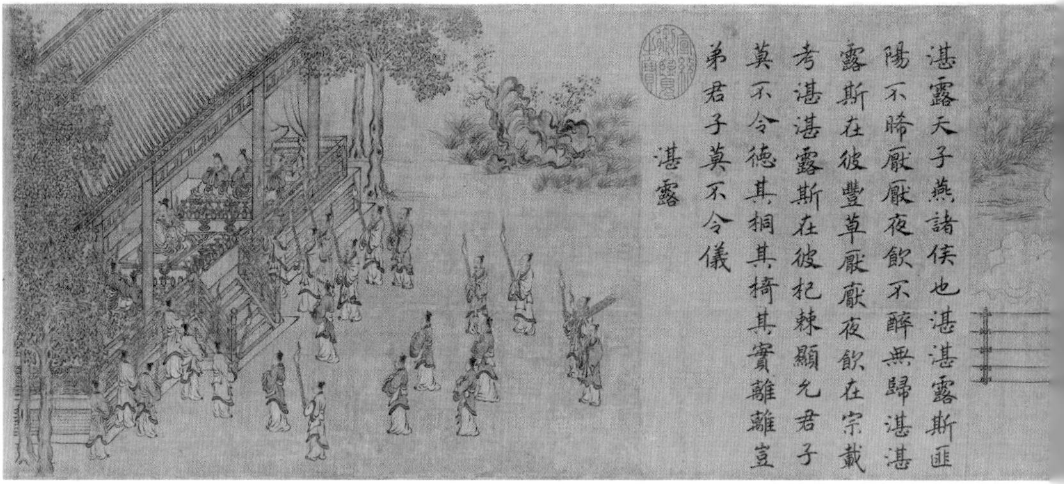

◈ 〈소아·남유가어지십도(小雅·南有嘉魚之什圖)〉
| 송, 마화지(馬和之)

이 그림은 『시경』 「소아」에 포함되어 있는 〈남유가어〉 등 10수의 시에서 소재를 취하여, 각각의 시 뒤에 그림 한 폭씩을 그려 넣은 것으로, 모두 12폭이다. 전체 그림의 필묵은 간결하고 세련되며, 선은 유창하고 변화가 다양하며, 구상이 정묘한, 고전문학 작품을 제재로 삼은 매우 보기 드문 회화 걸작이다.

부 작품들은 주 왕실이 쇠약해지면서부터 평왕(平王)이 도읍을 동쪽의 낙읍(洛邑)으로 옮길 때까지의 역사적 배경하에서 창작된 것들이다. 이러한 아시의 작자들은 현실에 대해 분명하게 인식하고, 집권자들의 우매함과 부패를 비판함으로써, 국가의 앞날과 백성의 운명에 대한 관심을 표현해 냈기 때문에, 그 작품들은 또한 비교적 심각한 사회적 내용을 지니고 있다. 이 시기의 아시는 주나라 초기의 송시와 아시의 길이에 비해 다소 길고, 구법(句法: 문장의 구성 방식)은 정제되었으며, 어투가 유창하다. 그리하여 주나라 초기의 송시처럼 딱딱하고 무겁지도 않고, 주나라 초기의 아시처럼 종교적인 신비한 색채를 띠지도 않으며, 서사(敍事)가 단순하고, 비유가 생동감 넘치며, 서정적인 분위기에 편중되어 있어, 강렬한 형상성과 감화력을 지니고 있다.

「국풍(國風)」은 『시경』 가운데 정수다. 이는 중국 고대 문예의 보고(寶庫) 중에서도 영롱하게 빛나는 진주다. 「국풍」 속에 있는 주대의 민가(民歌)는 선명한 화면으로써 노동 인민의 생활환경을 반영하고 있다. 그것은 평민 백성들의 수탈과 억압에 대한 고발, 결혼과 행복의 추구 및 행복한 생활을 쟁취하려는 신념을 표현해 낸, 중국 최초의 현실주의 시집이다. 고대의 민중들은 장기간 생산 노동과 사회적 투쟁에 참가하면서, 점차 예민한 관찰력을 기르고 풍부한 지식을 쌓아 갔다. 그들은 질박한 언어로 사물을 묘사해 내고, 간결하고 소박한 생활 장면으로 사회 현실을 비판하는 재능을 가지고 있었다. 이러한 현실주의 창작 방법은 「국풍」 속에 높은 수준으로 체현되어 있으며, 또한 그것의 뚜렷한 예술 특징이 되었다. 예를 들어 「칠월(七月)」은 소묘(素描) 기법으로 빈

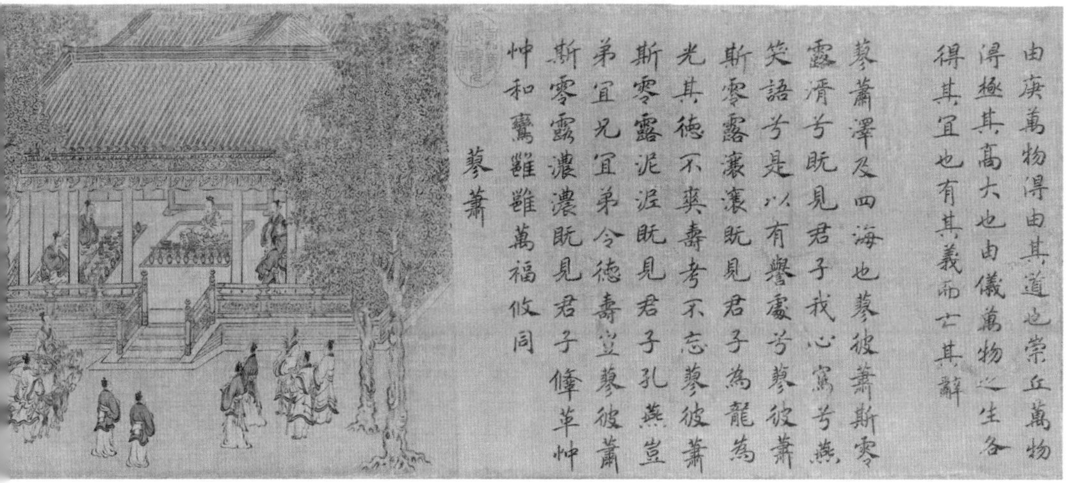

곤한 농민이 압박당하고 수탈당하는 처지를 독자들에게 생동감 있게 묘사해 주고 있으며, 「황조(黃鳥)」는 순장(殉葬)을 소재로 하여, 순장자에 대한 깊은 동정과 안타까움을 통해 그런 폭력에 항의하고 있다. 또 「맹(氓)」은 여주인이 버림받는 가련한 운명·뼈에 사무치는 심경 고백과 의연하고 결연한 태도로써, 당시 사회제도의 죄악을 제기했다. 「국풍」의 언어는 정확하고, 우아하고 아름다우며, 형상성이 풍부하다. 『시경』의 이러한 언어 특징은 결코 의도적으로 고심하며 만들어 낸 것이 아니라, 민중들이 사물을 세밀하게 관찰한 후에 자연스럽게 나타난 것이어서, 억지로 꾸며 낸 흔적이 없다.

특색과 영향

『시경』은 중국 시(詩) 역사의 찬란한 출발점으로, 그것의 특색과 영향은 주로 다음과 같이 표현된다. 첫째, 『시경』은 서정시가 주류를 이루고 있다. 『시경』과 대체로 동시대인 고대 그리스 호머(Homer)의 사시(史詩)는, 바로 완전한 서사시(敍事詩)다. 호머의 사시가 서양 문학이 서사(敍事) 전통을 위주로 나아가는 발전 방향의 기초를 다진 것과 마찬가지로, 『시경』도 중국 문학이 서정적 전통을 위주로 나아가는 발전 방향을 열었다. 이후부터 서정시를 주로 하는 시가(詩歌)가 중국 문학의 주요 양식이 되었다. 둘째, 『시경』은 극소수의 작품들을 제외하고는 완전히 현실의 인간 세계와 일상생활을 반영하고 있으며, 허구적인 초인간적 신화 세계는 거의 없다. 그 작품들이 이야기하고 있는 것은, 정치적 풍파라든가, 봄에 밭을 갈고 가을에 수확하는 것이라든가, 남녀간 애정의 슬픔과 기쁨과 비애와 즐거움에 관한 것들이다. 이것은 전체 중국의 고대 문화가 현실성을 체현하는 것을 중시했음을 말해 준다. 셋째, 『시경』은 개인의 감정을 표현할 때, 확실히 비교적 차분하고 평온하다. 이 때문에 서정(抒情)이 항상 근심과 괴로움·의미심장함과 섬세함의 특징을 띠게 하였다. 이러한 특징은 또한 중국의 후대 시가에 대해 심각한 영향을 미쳤다. 넷째, 『시경』의 기본적인 문장 구조는 사언(四言)이고, 간혹 이언(二言)부터 구언(九言)까지 섞여 있으며, 음률은 평온하다. 동시에 『시경』은 항상 첩장(疊章: 문구나 문장을 중복 사용함)의 형식 및 쌍성(雙聲: 두 음절 이상의 단어에서 각 음절의 첫소리가 같은 것)이나 첩운(疊韻: 비슷한 음이나 같은 음을 중첩하여 사용함)의 어휘들을 채용함으로써, 감정의 토로를 강화하고 성운(聲韻)의 미감(美感)을 얻도록 했다. 다섯째, 『시경』은 수많은 부(賦)·비(比)·흥(興)의 표현 수법을 운용하여, 작품의 형상성을 강화했다. 주희(朱熹)가 저술한 『시집전(詩集傳)』의 해석에 따르면, '부'는 "그 사실을 진술하되 직접적으로 말하는 것[敷陳其事而直言之]", 즉 진술이며, '비'는 "저 사물로 이 사물을 비유하는 것[以彼物比此物]", 즉 비유이며, '흥'은 "먼저 다른 사물을 말함으로써 노래하는 말을 불러오는 것[先言他物以引起所詠之辭]", 즉 다른 사물의 도움을 받아 노래하는 내용을 펼쳐 놓는 것이다. 부·비·흥은 『시경』의 세 가지 씨줄이라고 불리며, 또한 풍·아·송과 함께 『시경』의 육예(六藝)라고도 불린다. 이러한 문장 구성 방법의 성숙한 운용은 『시경』의 가장 뚜렷한 예술적 특색이다. 『시경』은 중국 운문(韻文)의 근원이자, 중국 시사(詩史)의 빛나는 출발점이다.

한 걸음 더

산문(散文)의 황금시대

산문은 문자가 출현한 이후 가장 실용적인 문학 형식이다. 은상(殷商) 이래, 갑골(甲骨)의 계각문(契刻文: 동물의 뼈나 나무 조각에 파서 새긴 문자)과 죽간(竹簡)·목간(木簡)의 기록이 있었다. 서주 시기에는 금속 거푸집으로 주조한 명문(銘文)이 한층 더 발전했다. 춘추전국 시기에는 사회의 급속한 변화에 따라, 특히 '사(士)'라는 새로운 사회 계층이 형성됨에 따라, 산문이 왕성하게 발전하는 황금시대로 진입하기 시작했다. 당시에는 문(文)·사(史)·철(哲)이 아직 명확하게 구분되어 있지 않았으므로, 이러한 산문은 설사 역사나 철학 저작일지라도, 동시에 또한 우수한 문학 작품이기도 했다. 중국의 산문이 정식으로 형성된 진정한 상징은 『상서(尙書)』다. 『상서』는 '상고 시대의 문서'라는 뜻인데, 중국 상고 시대의 역사적 문서와 고대의 사적을 부분적으로 기록한 작품 모음집이다. 춘추전국 시기에는 『서(書)』라고 불렸고, 한대에 와서 비로소 『상서』라고 고쳐 불렀으며, 후에 유가에서 경전으로 받들면서 『서경(書經)』이라고 불렀다. 『상서』의 편찬 연대에 관해, 어떤 사람은 공자가 편찬했다고 주장하지만, 근대 학자들 대부분은 『상서』는 전국 시기에 편찬되었다고 여긴다. 『상서』는 비유가 적절하고 생동적이며, 형상성을 지니고 있고, 서사(敍事)가 분명하다. 게다가 또한 인물의 감정적인 어투도 표현해 내어, 매우 생생하게 묘사했다. 상나라와 주나라 초기의 문장에 비해 한층 더 유창하다.

춘추 말기

인물: 손무(孫武) 지역: 오(吳)나라 키워드: 손자병법(孫子兵法)

병성(兵聖) 손무(孫武)

선진 시기에, "국가의 대사는 제사와 전쟁이었다[國之大事, 在祀與戎]". 춘추전국 400여 년 동안, 전란이 네 번 일어났고, 수많은 명장들이 출현했다. 예를 들면, 악의(樂毅)·조사(趙奢)·백기(白起)·왕전(王翦)·염파(廉頗)·이목(李牧) 같은 사람들은 수많은 새로운 전술과 군사 사상을 창조해 냈으며, 또한 그 내용이 총정리되어 병서(兵書)로 만들어졌다. 예컨대 오기(吳起)의 『오자(吳子)』·사마양저(司馬穰苴)의 『사마법(司馬法)』·위료(尉繚)의 『위료자(尉繚子)』·강상(姜尙: 강태공의 이름)의 이름을 빌려 지은 『육도(六韜)』 등이 그런 것들이다. 그 가운데 가장 저명한 병학가(兵學家)와 병학 저작은 바로 손무와 그의 저작인 『손자병법(孫子兵法)』이다.

◈ 청동 투구[銅胄] | 춘추

청동 투구는 중국 고대에 장병들이 머리를 보호하던 장비로서, 두무(兜鍪)·두무(頭鍪)·두회(頭盔)라고도 부른다. 이것은 항상 몸을 보호하는 갑옷[鎧甲]과 세트를 이루어 사용했기 때문에, '갑주(甲胄)'라는 용어는 중국 고대의 보호 장비를 통칭하는 말이 되었다.

손무

손무(대략 기원전 547~기원전 485년)는, 자가 장경(長卿)이며, 제나라 낙안(樂安, 지금의 산둥성 후이민惠民) 출신으로, 생몰년은 분명치 않으며, 대략 춘추 말기의 인물이다. 손무는 제나라 귀족 출신인데, 제나라의 내란 때문에 아버지를 따라 오나라로 망명한 뒤, 교외에 은거하여 스스로 농사를 지으면서 병서 연구에 몰두했다. 오나라 왕 합려가 즉위한 후, 다양한 인재를 물색하는 것을 중시하자, 손무는 오자서

◈ 손무(孫武)

손무의 『손자병법』은 7세기경에 일본에 전해졌다. 18세기 이후에는 이어서 유럽에 전해져, 영어·프랑스어·독일어·러시아어 등으로 번역되어, 세계 군사 문화의 보고(寶庫) 속의 보배가 되었다.

(伍子胥)의 추천을 거쳐, 자신이 쓴 병법 13편을 오나라 왕에게 바쳤다.

『사기(史記)』「손자오기열전(孫子吳起列傳)」의 기록에 따르면, 손무와 합려의 첫 번째 만남은 결코 유쾌하지 못했다. 합려는 장난 섞인 태도로 손무에게 180명의 궁녀들을 훈련시키도록 했다. 손무는 흔쾌히 응낙한 뒤, 궁녀들을 두 대오로 나누어, 합려로 하여금 가장 총애하는 두 명의 궁녀를 대장으로 삼고, 이들 두 궁녀에게 긴 창을 주도록 했다. 그런 다음 '전진과 후퇴·좌로 가·우로 가'의 명령과 그것을 어떻게 실행하는지를 여러 번 되풀이하여 설명해 주었다. 실제 훈련할 시간이 되어, 손무가 북을 치며 명령을 내리자, 궁녀들은 뜻밖에도 깔깔대며 크게 웃으면서 명령에 따르지 않았다. 손무는 다시 여러 번 되풀이하여 타이르면서 거듭 명령을 내렸는데, 줄곧 궁녀들은 이미 다 똑똑히 알고 있다고 표시했다. 손무가 다시 북을 치며 명령을 내렸을 때, 궁녀들은 여전히 큰 소리로 웃어대면서 명령을 따르지 않았다. 손무는, 궁녀들이 이러는 것은 군령이 엄격하지 못하고, 각 대오의 대장(隊長)들이 장수의 명령을 집행하지 않는 것이 원인이라고 생각했으므로, 좌우 대오의 대장들을 참수하도록 명령했다. 흥미롭게 지켜보고 있던 합려는 손무가 이처럼 무정하게 집행하리라고는 생각지 못하여, 급히 손무에게 사정했지만, 손무는 오히려 매우 단호하게 군왕(君王)들을 답답하고 괴롭게 만드는 한마디 명언으로 회답했다. "장수가 군에 있을 때는 임금의 명령이라도 받아들이지 않을 수 있습니다[將在軍, 君令有所不受]". 마침내 손무는 두 명의 대장을 참수하고, 다른 궁녀를 지명하여 그들의 직위를 대체했다. 이어진 훈련에서는 궁녀들의 동작이 정연하고 통일되어, 마치 엄격하게 훈련된 전사들 같았다. 합려는 그제야 비로소 명장(名將)의 가치를 깨닫고서, 손무를 중시하기 시작했다. 기원전 506년에, 합려는 오자서를 책사로 삼고, 손무를 사령관으로 삼아, 3만 명의 오나라 군대가 대대적으로 초나라 정벌에 나섰다. 손무는 그의 군사적 재능을 유감없이 발휘하여, 다섯 번 싸워 다섯 번 모두 승리를 거두었으며, 20만 명의 초나라 군대를 마음대로 가지고 놀았다. 그리고 마침내 순조롭게 초나라의 도읍인 영(郢, 지금의 후베이성 장링江陵)으로 공격해 들어갔다. 순식간에 오나라 군대의 선봉은 "서쪽으로는 강력한 초나라를 격파하고, 북쪽으로는 제나라와 진나라를 위협하여, 제후들에게 이름을 떨쳤다." 초나라를 격파한 전쟁이 있은 지 오래지 않아, 손무는 관직을 물러나 은거 생활로 돌아갔으며, 다시는 역사책의 기록에 행적이 등장하지 않는다.

병법(兵法)의 명저(名著)

『손자병법』은 내용이 풍부한데, 그 핵심은 전략과 전술에 관한 논술이다. 전체 책의 구조는 엄밀하고, 매우 강한 논리성을 띠고 있으며, 완벽한 군사 이론 체계를 형성하고 있다. 이는 중국 고대 군사 사상이 얼마나 성숙했는지를 말해 주는 지표다. 직업 군사 전략가로서 손무는 전쟁에 대해 신중한 태도를 지니고 있었다. 그는 이렇게 말했다. "전쟁은 나라의 중대한 사안이다. 생사가 거기에 달려 있으며, 존망의 길이 거기에 있으니, 살피지 않으면 안 된다[兵者, 國之大事. 死生之地, 存亡之道, 不可不察也]." 군왕과 장수는 쉽게 군대를 일으켜서는 안 되며, "(나라에) 이득이 없으면 군대를 출동시키지 말고, 승리를 거둘 수 없으면 군대를 사용하지 말며, 나라가 위태로운 상황이 아니면 전쟁을 하지 말아야 한다[非利不動, 非得不用, 非危不戰]"고 했다. 그는 적대적인 세력을 해결하는 가장 좋은 방법은 전쟁이 아니며, "싸우지 않고 적을 굴복시키는 전쟁[不戰而屈人之兵]"이야말로 가장 좋은 선택이라고 생각했다.

전략 사상 방면에서, 손자의 견해는 주로 세 가지다. 첫째는, 전쟁과 정치 환경은 매우 밀접한 관계가 있다. 둘째는, 장수의 군사적 자질이 전쟁의 승부에 중요한 영향을 미친다. 셋째는, 적과 아군의 군사 정보를 장악하는 것이 매우 중요하다.

손자는 좋은 정치적 분위기와 전쟁은 매우 밀접한 관계가 있다고 여겼으며, 그는 그것을 '도(道)'라고 불렀다. 도가 있는 전쟁은 백성들의 지지를 받을 수 있기 때문에, "군주와 함께 죽을 수도 있고, 군주와 함께 살 수도 있으므로, 죽음을 두려워하지 않는다[可以與之死, 可以與之生, 而不畏死]"는 것이다. 곧 상하가 모두 한마음으로 마음을 합쳐 협력하게 된다는 것이다. 「모공편(謀攻篇)」에서는 그것을 "위아래 사람들이 한목소리를 내는 자가 승리한다[上下同語者勝]"고 했다. 전쟁의 승부와 장수의 지휘는 밀접한 관계가 있다. 장수의 주요 자질에 대해, 손무는 「계편(計篇)」에서 "지혜, 믿음, 인자함, 용감함, 엄격함[智, 信, 仁, 勇, 嚴]"을 제시하고, 이것이 장수의 "오덕(五德)"이라고 했다. 지혜[智]란, 지력(智力) 즉 두뇌를 활용하는 것을 가리킨다. 믿음[信]이란, 공을 세운 자에

◈ **청동 창** | 춘추

창은 중국 고대에 흔히 볼 수 있는 장병기(長兵器)다. 이 청동 창의 뒤쪽 끝부분은 가운데가 비어 있어, 거기에 나무 자루를 끼워 넣을 수 있으며, 그래야만 비로소 완전한 긴 창으로 사용할 수 있다.

게는 반드시 상을 주고, 잘못을 저지른 자에게는 반드시 벌을 내리며, 장병들과 약속을 지키고 믿음을 지키는 것이다. 용감함[勇]이란, 간부들이 용감하고 결단력이 있으며, 대담하게 책임을 지는 것을 가리킨다. 인자함[仁]과 엄격함[嚴]은 곧 군대를 다스리는 태도인데, 장병들에 대한 보살핌과, 군기(軍紀)에 대한 엄격한 요구를 중요시하는 것이다. 손자는 또한 군사 정보를 매우 중요시했다. 이는 바로 적군과 아군의 정세를 파악하는 것이다. 그는 "나를 알고 적을 알면, 백 번을 싸워도 위태로움에 처하지 않으며, 적을 모르고 나를 알면, 한 번 이기고 한 번 지며, 적을 모르고 나를 모르면, 싸울 때마다 반드시 위태로워진다[知己知彼, 百戰不殆, 不知彼而知己, 一勝一負, 不知彼, 不知己, 每戰必殆]"고 여겼다. 여기에서 '나를 알고, 적을 알고, 도(道)를 안다는 것'에는 단순히 적군과 아군의 정황만이 아니고, 전투를 벌일 지역의 지리적 환경이나 기후 특성과 같은 군사적 정황도 포함된다.

구체적인 전술 방면을 살펴보면, 손무의 군사 철학은 소박한 유물론과 풍부한 변증법 사상을 포함하고 있다. 그는 전쟁에서는 자연 조건을 충분히 이용해야 한다고 생각하여, "자연의 이치에 순응하여 토벌을 행하는 까닭은, 음양과 사계절의 변화에 따라야 하기 때문[順天行誅, 因陰陽四時之制]"이라고 했다. 또 군대가 주둔할 때는 그늘지고 습한 곳을 피해 질병을 예방해야 하며, 동시에 또한 물이나 불 등의 형식을 잘 이용하여 적을 공격해야 한다고 여겼다. 전쟁은 절대로 어떤 미신에 의지해서는 안 되며, 단지 많은 사람의 역량만을 믿어야 한다고 했다. "많은 사람보다 출중한 공을 세우려면, 먼저 알아야 한다. 적을 먼저 아는 것은, 귀신에게서 얻을 수도 없고, 다른 사건에 견주어서 유추할 수도 없으며, 법칙에서 증험할 수도 없다[成功出于衆者, 先知也. 先知者, 不可取于鬼神, 不可象于事, 不可驗于度]"고 했다. 그는 세계 속의 어떤 사물도 모두 변화 발전한다고 여겼다. 이른바 "전쟁에는 변하지 않는 형세는 없고, 물은 변하지 않는 형태가 없으므로[兵無常勢, 水無常形]", 뛰어난 장수는 "적이 변화해도 승리를 거둘[因敵變化而取勝]" 수 있어야 한다고 했다. 때문에 장수는 밖에 나가 싸울 때에는 "임금의 명령을 받지 않을 수 있어야 한다[君命有所不受]"고 했다. 안정과 혼란, 용감함과 비겁함, 강함과 약함 같은 모순의 대립은 모두가 변화할 수 있으니, "혼란은 안정에서 나오고, 비겁함은 용감함에서 나오며, 약함은 강함에서 나온다[亂生于治, 怯生于勇, 弱生于强]"는 것이다. 그는 변증법적 색채를 띤 수많은 작전 원칙과 방법들을 제시했다. 예를 들면, "유리한 국면의 형세에 따라 주도권을 장악하며[因利而制權]", "적과 함께 변화하고[與敵變化]", "지혜로운 자의 고려는, 반드시 이로움과 해로움에 두루 미친다[智者之慮, 必雜于利害]"는 것 등등이다.

춘추전국 시기에는, 기존에 전쟁이 신의와 예절을 중시하던 전통이 무너지고, "속임수[詭詐]" 혹은 "지혜로운 계략[智謀]"이 용병술의 핵심이 되었다. 손자는 "전쟁은 속임수이며[兵者, 詭道也]" "전쟁은 속임수로 이루어진다[兵以詐立]"고 했다. 그의 이러한 사상은 이른바 "궤도십이법(詭道十二法)" 속에 집중적으로 구현되어 있다. 즉 "전투 능력이 있어도 그렇지 못한 것처럼 보이게 하고, 군대를 사용하면서도 사용하지 않는 것으로 보이게 하고, 가까이 있으면서도 멀리 있는 것으로 보이게 하고, 적에게 이로운 것처럼 하여 유인하고, 혼란에 빠뜨린 뒤 취하고, 적이 튼튼할 때는 그를 대비하고, 적이 강하면 그를 피하고, 적을 노하게 하여 소란스럽게 만들고, 자세를 낮추어 적을 교만하게 만들고, 편히 휴식을 취한 적은 피로하게 만들고, 서로 가까운 적은 멀어지게 만들고, 방비가 안 된 곳을 공격하고, 예상치 못하게 출격하라[能而示之不能, 用而示之不用, 近而示之遠, 遠而示之近, 利而誘之, 亂而取之, 實而備之, 强而避之, 怒而撓之, 卑而驕之, 佚而勞之, 親而離之. 攻其無備, 出其不意.]"는 것이다. 이는 춘추전국 시대의 군사 모략사(謀略史)에 대한 심오한 총결이다.

손자 이후, 역대 군사학자들은 대부분이 『손자병법』을 경전으로 받들었다. 전국 시기의 오기(吳起)·손빈(孫臏) 등과 같은 사람들은 모두 손무의 영향을 받은 사람들이다. 삼국(三國)·양진(兩晉: 서진과 동진)·남북조(南北朝) 시기에, 조조(曹操) 등 군사 전략가들은 앞을 다투어 『손자병법』에 주석을 달았으며, 이를 통해 이 불멸의 기서(奇書)를 중시하는 마음을 드러냈다. 송대에 군사학의 거작(巨作)인 『무경칠서(武經七書)』를 편찬할 때도 『손자병법』을 맨 앞에 두고, '병경(兵經)'이라고 불렀다. 또한 오랜 세월 동안 『손자병법』 속의 전쟁에 대한 논술과 승리를 거둔 사례를 인용하거나 채택한 경우는 너무나 많아서 일일이 다 열거할 수 없다. 이러한 것들은 모두 『손자병법』이라는 이 병서가 군사 학술 영역에서 얼마나 가치 있는지를 말해 준다.

전문 테마 차전(車戰)과 전차(戰車)

인류의 전쟁사에서 보병(步兵)은 가장 오래된 병과(兵科)다. 보병은 군대의 장비에 대한 요구가 높지 않고, 조직하고 유지하기가 쉽다. 이에 상응하여, 인류의 전쟁 형식도 처음에는 주로 보병전이었다. 중국 역사상, 원시 사회의 전쟁 또한 보병전이 주를 이루었고, 그런 상황은 상대(商代) 전기까지 계속되었다. 하지만 상대 말기에 이르러 이러한 보병전 방식은 점차 새롭게 등장한 차전(車戰)에게 자리를 물려주었다. 춘추 시기에 차전은 이미 당시의 중요한 전쟁 방식이 되었다.

전차의 구조

안양(安陽) 은허(殷墟)에서는 이미 은상(殷商) 시기의 전차 18대가 발굴되었다. 이를 통해 상대의 전차는 나무로 만들었으며, 그 형상과 구조는 끌채가 하나이고, 바퀴는 두 개이며, 바퀴통이 길다는 것을 알 수 있다. 전차의 차상(車廂: 전차 위에 사람이 타는 칸, 즉 차간) 안에는 갑사(甲士: 갑옷으로 무장한 병사) 세 명과 그들이 휴대한 무기, 말채찍 및 차를 수리하는 공구 등을 실을 수 있었다. 그러한 기본 형상과 구조는 서주(西周)와 동주(東周)의 전차가 물려받았지만, 구조면에서는 개선된 점이 있다. 첫째는, 전차 끌채의 휘어진 각도가 더 커져서, 끌채의 끝부분이 높아지고, 복마(服馬: 네 마리가 끄는 사두마차에서 가운데에 있는 두 마리의 말)가 받는 압력이 감소되었으며, 이로 인해 말의 끄는 힘이 증가되었다. 둘째는, 차상이 더 넓어져, 갑사가 전차 위에서 완전히 자유롭게 병기를 휘두를 수 있었으므로, 전차가 진행할 때 갑사가 민첩하게 적을 찔러 죽일 수 있었다. 전차를 더 견고하고 충격에 더 잘 견디게 하기 위해, 몇몇 중요한 부분들의 청동을 강화한 곳들이 다소 증가했다. 이 밖에 서주의 병차(兵車) 종류도 증가했다. 즉 공격용으로 사용하는 경차(輕車) 외에, 방어용으로 사용하는 광차(廣車)도 있었으며, 고리[環]와 가죽으로 화살과 돌을 막아 주는 평차(苹車)가 있었고, 지휘용 융차(戎車)가 있었으며, 빈 자리를 메워 주는 데 사용하는 궐차(闕車, 왕차王車라고도 함)가 있었다. 이 밖에도, 성(城)을 공격하는 데 사용하는 임차(臨車)와 충차(衝車)도 있었고, 기물을 싣는 데 사용한 연(輦)도 있었다.

무기와 장비

전차 위에 있는 공격용 무기들로는 과(戈: 세로로 날을 세우고, 맨 아래의 자루를 꽂는 부분에는 자루와 수직을 이루도록 한 쪽으로 돌출된 부분이 있는 창)·추모(酋矛: 대략 4미터 정도 되는 긴 창)·이모(夷矛: 추모보다도 40센티미터 정도 더 긴 창)·극(戟: 과戈와 모矛를 합친 형태로, 과의 돌출 부위에도 날이 달린 창)·수(殳) 등과 같은 장병기(長兵器), 가까운 거리의 육박전과 몸에 지니고서 방어하는 데 사용하는 단병기(短兵器)인 도(刀)와 검(劍) 등, 또한 먼 거리를 공격하는 데 사용하는 활과 화살이 있었다. 전차 위에서 싸우는 갑사의 보호 장비로는 방패와 갑옷 등이 있었다. 차전(車戰: 전차가 주력을 이루는 전투)을 벌일 때, 근거리의 격투는 두 대의 전차가 교차할 때이기 때문에, 감쳐서 베는 기능이 있는 과(戈)가 비교적 효과적인 살상 도구였다. 과는 긴 자루가 있어, 주로 전차 위에서 휘두르는 전투에 적합했다. 모(矛)는 뾰족한 형태의 찔러 죽이는 무기로, 역시 서주와 춘추 시기의 전차에서 흔히 볼 수 있는 무기였다. 상·주부터 춘추전국 시기까지, 모의 형상은 끊임없이 개선되어, 모신(矛身)이 점차 길어지고 양쪽이 좁아졌는데, 이러한 모양은 더 깊이 찌를 수 있어, 살상력을 증가시켜 주었다. 극(戟)은 과와 모를 합친 형태로, 두 가지 무기의 쪼고, 찌르고, 감치는 세 가지 기능을 겸비하고 있다. 춘추 시기 극의 형태와 기능도 끊임없이 변화하여, 전국 시기에는 또한 강철로 만든 극이 출현했다. 수(殳)는 타격용 무기로, 울퉁불퉁한 모서리가 있는 금속 대가리와 대나무나 나무로 만든 자루로 구성되어 있다. 전국 시기 수의 금속 대가리는 종종 가시와 모서리가 달려 있다. 방어하는 데 사용하는 방패는 나무·대나무·등나무·금속 등 갖가지 재질들이 있다. 갑옷[甲]은 옷처럼 생겼고, 몸에 걸쳤으며, 투구[冑]는 모자처럼 생겼고, 머리에 썼으며, 바로 헬멧이다.

◈ **중산왕국(中山王國)의 '山'자형 기물** | 전국

기물의 형체가 '山'자 모양이기 때문에 붙여진 이름이다. 이 기물은 웅장하고 장중한데, 이는 왕권의 상징이자, 또한 중산국의 휘장이기도 하다.

귀족 전쟁

춘추 시기는 차전(車戰)의 전성기였다. 당시의 대국들은 흔히 만 대의 전차를 보유했고, 소국들도 천 대의 전차를 보유했으며, 각 나라들의 전투력도 전차의 수량으로 평가했다. 그때의 전쟁은 차전이 절대적인 비중을 차지했다. 총체적으로 말하자면, 당시의 차전, 특히 춘추 초기의 차

◈ **동제 비수**(匕首)**와 대구**(帶鉤: 버클) **| 춘추**

좌우 양쪽에 있는 기물은 금을 상감한 대구이고, 가운데 있는 것은 녹송석(綠松石)을 상감한 청동 비수인데, 모두 춘추 시기에 귀족들이 사용한 기물들이다.

전은 귀족식 전쟁으로, 예절을 숭상하여, 원래 잔혹해야 할 전투가 심지어는 예술적인 분위기로 넘쳐났다. 두 나라 사이에 대규모 충돌이 발생했을 때, 전쟁을 벌이는 군대가 서로 만나서, 먼저 군대가 막사를 설치하고 주둔하는데, 이를 '차(次)' 혹은 '군(軍)'·'사(舍)'라고 한다. 예를 들면 기원전 632년에 진(晉)나라와 초(楚)나라가 성복(城濮)에서 전투를 벌일 때, 진나라 군대가 성복에 막사를 짓고 주둔했으며, 초나라 군대가 뒤쪽에 막사를 설치하고 주둔했다. 그런 다음 양쪽이 전투 시간과 전투를 벌일 장소를 약정했다. 전투는 약정한 날짜에 개시했으며, 쌍방은 좋은 전투 태세로 배치하려 했다. 그것은 차전에서 가장 중요한 절차였다. 춘추 시기의 차전에서는 하나의 예외도 없이 미리 진을 치고, 진을 친 다음에 전투를 벌인다는 원칙을 준수했다. 예컨대 성복 전투에서, 진나라 군대는 신북(莘北)에 진을 쳤다. 송나라 양공(襄公)은 패권을 쟁취하려고 초나라 군대와 교전을 벌일 때, 초나라 군대가 강을 건너와 진열을 잘 갖추기를 기다렸다가 다시 결전을 진행했다. 이는 후세 사람들에 의해 융통성이 없었다고 조롱을 당했지만, 사실 그것은 춘추 시기와 그 이전 시기의 전쟁이 예(禮)를 숭상하여, 먼저 진영을 갖춘 다음 전투를 벌이던 풍조를 나타내 주었다. 이 밖에, 춘추 시기의 차전은 기본적으로 모두 낮에 진행했으며, 만약 낮에 승부를 가리지 못한 전쟁이 있을 경우에는, 곧 밤에는 휴전을 하고, 쌍방이 사상자를 처리한 뒤, 다시 대오를 갖추어, 다음날 다시 전투를 벌였다.

기본 전술

춘추 시기의 열국(列國)들 간에는 전쟁이 잦았으며, 전쟁 과정에서 차전 전술도 현저하게 진보를 이루었다. 우선 차전의 전투 대형이 매우 크게 발전했다. 비교적 보편적으로 중군(中軍)과 좌익(左翼)·우익(右翼) 등 세 부분이 서로 보조를 맞추어, 정면이 넓게 횡으로 늘어선 전투 대형을 채택했다. 차전의 규모가 확대되고 참전하는 전차의 대수가 늘어남에 따라, 전차의 편대(編隊)도 확

◈ **초왕염장과(楚王酓璋戈)**

과(戈)는 상대(商代)부터 전국(戰國) 시기까지 성행했던 무기로, 진(秦)나라 이후 점차 사라졌다. 과의 돌출된 부분을 '원(援)'이라고 하는데, '원'의 위아래에는 모두 날이 세워져 있어, 이것을 이용하여 적을 감쳐서 베거나 쪼아서 찔렀다.(이 과에는, 초왕 염장이 정벌에 나서는 장병들을 위해 만들어서 배포했다는 명문이 새겨져 있다.-옮긴이)

대되었다. 다음으로, 초보적인 야전(野戰) 방어 방법인 보루(堡壘)가 출현하여, 전차에 대한 전면적인 공격을 저지할 수 있었다. 이 밖에도 춘추 시기, 특히 말기의 전쟁에서는 기만술도 처음으로 사용되었고, 신의(信義)는 전쟁의 승부에서 하찮은 것으로 여겨졌다. 예를 들자면 상대방이 아직 전열을 제대로 갖추지 못한 틈을 타 공격을 개시한 것이다. 또 다른 예로는, 노나라 희공(僖公) 33년(기원전 627년)에, 진(晉)나라와 초나라 군대가 강을 사이에 두고 대치했는데, 강을 건너는 한 쪽이 강을 건널 때 상대방에게 공격을 받아 매우 쉽게 궤멸당할 수 있었으므로, 쌍방이 서로 버티며 양보하지 않았다. 이때 진나라 내부에서 반란이 일어나, 진나라 군대가 급히 철수해야 했으므로, 진나라 군대의 장수는 편지를 써서 초나라 사령관에게 다음과 같이 제안했다. 즉 진나라 군대가 30리 후퇴하고, 초나라 군대가 강을 건넌 다음, 쌍방이 전열을 갖추어 결전을 벌이든지, 아니면 초나라 군대가 후퇴하고, 진나라 군대가 강을 건너게 해 달라는 것이었다. 초나라 사령관이 후자를 받아들이자, 그는 뜻밖에도 초나라 군대가 뒤로 후퇴할 때를 기다렸다가, 진나라 군대는 그 기회를 틈타 본국으로 철수했으므로, 그들을 쫓아갈 수 없었다.

탄력적인 전술

춘추 시기의 전차진(戰車陣) 전투는 다양한 작전 방법을 탄력적으로 운용했다. 예컨대 측후방으로 우회하여 적의 허술한 부분을 공격한다거나, 후퇴하는 척하다가 측면을 공격하고, 복병을 매복시키고 포위하는 것 등이다. 위에서 언급한 성복 전투에서, 진나라와 초나라 쌍방은 각자 모두 좌·중·우 삼군을 보유하고 있었다. 진나라 군대는 우선 취약한 초나라 군대의 우익 진영과 채(蔡)나라 연합군을 궤멸시켰다. 이어서 상군(上軍)과 하군(下軍)이 동시에 뒤로 후퇴하는 척하자, 초나라 좌사(左師: '좌군'과 같은 의미)가 다른 부대의 지원 없이 단독으로 진나라 상군을 추격하는 바람에, 결과적으로 측면 날개가 노출되고 말았다. 이에 진나라 중군이 기회를 틈타 옆에서 측면을 공격하고, 진나라 상군도 군대를 돌려 협공을 취하자, 초나라 좌사는 대패하고 말았다. 이것이 바로 후퇴하는 척하다가 측면을 공격한 전술의 유명한 사례다. 기원전 684년의 제나라와 노나라의 장작(長勺) 전투에서, 제나라 군대가 패퇴할 때, 조귀(曹劌)는 노나라 장공(莊公)이 급히 서두르며 추격하려는 것을 제지했다. 그는 제나라 군대가 패퇴할 때의 기치(旗幟)와 바퀴 자국을 관찰하고, 제나라 군대가 정말로 궤멸되었다는 것을 확인한 다음에야 비로소 추격하도록 명령을 내렸는데, 이는 바로 제나라 군대가 후퇴하는 척하면서 복병을 매복시켜 두었을 경우를 염려했기 때문이다.

전차의 쇠퇴

상·주 시기에, 군사적으로 각축을 벌인 중심 구역은 관중(關中)과 중원(中原) 지역에 있었다. 이 지역은 지세가 탁 트이고 평탄하여, 전차가 빨리 달리기에 적합한 평원 지대로, 말이 끄는 전차의 거대한 충격력은 초기의 보병으로서는 항거할 방법이 없었다. 춘추 중기 이후, 패권을 다투는 전쟁이 끊임없이 발생하면서 작전 구역이 확대되자, 지형도 복잡하게 변했다. 그 가운데에는 산천과 소택(沼澤: 연못)도 적지 않았는데, 전차는 그러한 곳에 진을 치고 적진으로 돌진할 수 없어, 효력을 발휘할 여지가 없었다. 그리하여 일부 국가들은 다시 적응 능력이 훨씬 강한 보병을 조직하거나, 차병(車兵)을 보병으로 개편하기도 했다. 이러한 현상은 차전(車戰)의 쇠락과 보전(步戰)의 부흥을 예시하는 것이었다.

무대에서의 퇴장

전국 시기에는, 전쟁의 규모가 한층 확대되고, 잔혹성도 증가되면서, 사상자도 이와 함께 늘어났으므로, 반드시 대량의 군대를 징집해야 했다. 전국 시기 군웅들의 군대 수는 춘추 시기

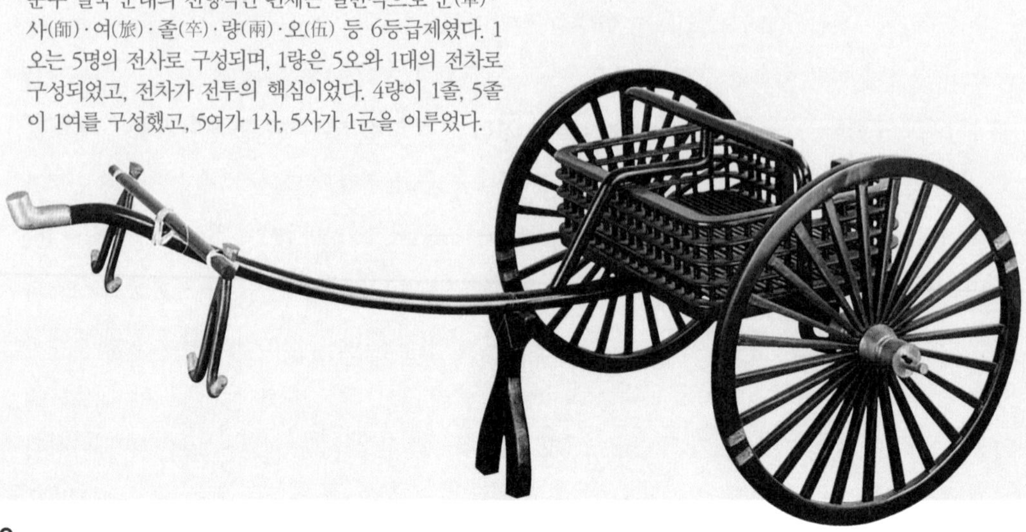

◈ 춘추 시기의 전차 복원도

춘추 열국 군대의 전형적인 편제는 일반적으로 군(軍)·사(師)·여(旅)·졸(卒)·량(兩)·오(伍) 등 6등급제였다. 1오는 5명의 전사로 구성되며, 1량은 5오와 1대의 전차로 구성되었고, 전차가 전투의 핵심이었다. 4량이 1졸, 5졸이 1여를 구성했고, 5여가 1사, 5사가 1군을 이루었다.

◈ 진 시황릉 2호분에서 출토된 동차마(銅車馬)

이 동차마는 사마단원차(駟馬單轅車: 한 채의 수레를 네 필의 말이 끌고, 끌채가 하나인 마차)로, 비례는 실제 차량의 2분의 1이며, 무게는 약 1.2톤이다. 이 유물은 세계 고고사(考古史)에서 시대가 가장 이르고, 마차의 장비가 가장 완벽하게 갖추어진 동차마 중 하나다.

에 비해 열 배 내지 수십 배 증가했다. 진(秦)나라는 갑병(甲兵: 갑옷으로 무장한 병사) 100만 명을 보유했고, 제(齊)나라는 갑병이 수십만 명이었으며, 초나라도 갑병을 100만 명 보유했다. 이들 군대는 모두 농민 출신이어서, 평시에 차전(車戰)에 반드시 필요한 장기적이고 체계적인 훈련을 할 수 없었으며, 각국의 능력도 또한 근본적으로 이처럼 방대한 군대를 차병(車兵)으로 무장시킬 수 없었으므로, 농민을 주력으로 하는 대규모 군대는 필연적으로 보병일 수밖에 없었다. 그 밖에, 차전은 또한 그 자체의 고유한 약점도 있었다. 즉 지형에 대한 의존도가 비교적 큰 것 외에도, 그것의 작전 방식이 단조로워, 주로 속전속결의 야전에서나 유용했고, 성을 공격하는 데에는 적절치 않아, 효과적으로 적의 강고한 방어물을 공격하는 수단은 되지 못했다. 전국 시기에는 경제가 발전하여, 성시(城市)의 상품 교역과 정치적 중심으로서의 지위가 끊임없이 상승하자, 성을 공격하여 나라를 멸망시키는 것은 대국(大國)이 다른 나라를 겸병하는 직접적인 목표가 되었으므로, 성시의 방어 기능도 확실히 발전을 이루었다. 차전이 성을 공격하는 중책을 감당할 수 없게 되면서, 그 지위도 낮아질 수밖에 없었다. 전국 시기 보병의 전술은 매우 크게 발전했다. 야전 방면에서는, 선진적인 밀집 전투 대형과 더욱 견고한 장애물을 설치하고 진지를 설치하는 등의 방어 방법을 광범위하게 채용함으로써, 전차와 맞설 수 있었다. 또한 보병의 무기와 장비도 매우 크게 개선되었다. 특히 위력이 거대한 원거리 발사 무기인 노(弩)를 대량으로 사용함으로써, 폭넓게 펼쳐진 정면에서 효과적으로 전차의 공격을 저지할 수 있게 되었다. 전국 시기의 작전 구역은 한층 확대되었고, 지형이 더욱 복잡해졌다. 바로 이러한 요인들이 작용했기 때문이며, 차전이 벌어지는 광경은 더 이상 볼 수 없게 되었고, 보병전이 이를 대체했다.

전국(戰國) 전·중기

인물: 이괴(李悝), 오기(吳起), 신불해(申不害), 상앙(商鞅), 조(趙) 무령왕(武靈王)

지역: 중원 지역, 초(楚) **키워드:** 변법(變法)

전국칠웅(戰國七雄)의 변법도강(變法圖强)

전국 초기에 한(韓)·위(魏)·조(趙)의 세 가문은 중원의 전통 강국이었던 진(晉)나라를 분할하여 정식으로 중원의 제후가 되었다. 거기에다 강(姜)씨를 대신하여 들어선 전(田)씨의 제(齊)나라와 여전히 활약하고 있던 전통의 강국들인 진(秦)·초(楚)·연(燕) 세 나라 등 전국칠웅이 병립하는 국면이 정식으로 형성되었다. 당시 열국의 형세를 보면, 제나라는 동쪽에 있었고, 초나라는 남쪽에 있었으며, 진나라는 서쪽으로 치우쳐 있었고, 연나라는 동북쪽에 위치했으며, 한·위·조나라는 중원에 있었다. 정권을 공고히 하고 부국강병을 이루기 위해, 각 나라들은 모두 일정한 정도의 변법(變法: 국가의 법령이나 제도의 개혁) 개혁 활동을 진행했다. 그 가운데 비교적 유명한 것들로는, 위나라의 이괴(李悝: '이회'로 표기하기도 하지만, '이괴'가 맞다) 변법, 한나라의 신불해(申不害) 개혁, 초나라의 오기(吳起) 변법 및 진나라의 상앙(商鞅) 변법이 있다. 그 중에서도 진나라의 변법이 가장 철저했고, 이것은 진나라가 후에 6국을 통일하는 기초를 다져 주었다.

◈ 녹송석을 상감한 대구(帶鉤) | 전국

이 대구의 길이는 16.5센티미터로, 허베이성 핑산(平山)에서 출토되었으며, 전국 시기에 귀족들이 장식물로 착용한 것이다.

이괴의 변법

기원전 445년에 위(魏) 문후(文侯)가 즉위하여, 전국 시기의 현명한 인재를 불러 모으고 선비를 양성하는 풍조를 열었다. 그는 이괴를 임용하여 변법을 실시했다. 이괴의 변법에서 중요한 것은 '진지력지교(盡地力之敎)'[6]다. 이는 바로 최고 수준으로 토지의 이용 효율을 높였는데, 여기에는 생산 기술의 개선과 농민의 생산에 대한 적극성을 높이는 등의 내용들이 포함되어 있다. 그 다음으로 물가 통제 방면에서는 평적법(平糴法)을 실행했다. 그 내용은, 작황이 좋은 해를 상·중·하 세 등급으로 나누고, 작황이 나쁜 해도 역시 상·중·하 세 등급으로 나누어, 작황이 좋은 해에는 정부가 등급에 따라 돈을 풀어 일정한 양의 양곡을 구입하고, 작황이 나쁜 해에는 정부가 역시 등급에 따라 적정한 가격으로 내다 팔았다. 이 법의 목적은 백성들이 물가의 영향을 별로 받지 않게 하여, 농민의 생산 의욕을 높이는 데 있었다. 이괴의 변법이 가장 크게 영향을 미친 것은 『법경(法經)』의 편찬이다. 이는 비교적 체계를 갖춘 중국 최초의 봉건 성문(成文) 법전으로, 여기에는 춘추 이래 각 나라들의 입법이 집중적으로 드러나 있다. 『법경』은 도법(盜法)·적법(賊法)·수법(囚法)·포법(捕法)·잡법(雜法)·구법(具法) 등 모두 여섯 편으로 되어 있다. 이것은 "상앙(商鞅)이 이것을 얻어서 진(秦)나라를 다스렸다는" 법전이다. 이 법전은 진·한 이래 봉건 입법의 시초로서, 이후 역대 왕조들이 법률을 제정하는 본보기가 되었다. 이괴의 개혁은 위나라로 하여금 "천하를 강력하게 바로잡고, 사방 이웃 나라들에게 위력을 행사하여", 전국 시기 전기에 가장 강성한 국가가 되게 했을 뿐만 아니라, 전국 시기에 각 나라들이 개혁을 단행하는 발단이 되어, 전국 시대의 정치·법률·군사·문화·경제 등 모든 방면에서의 혁신이 새로운 단계로 진입하도록 했다.

초(楚)나라와 한(韓)나라의 변법

기원전 389년에, 초 도왕(悼王)은 군사와 정치 양 방면에서 뛰어난 위(衛)나라 사람 오기(吳起)를 영윤(令尹: '재상'에 해당하는 벼슬)에 임명하고, 초나라 변법 개혁 전반을 주관하게 하였다. 당시 초나라는 옛 귀족 세력이 창궐하자, 오기의 개혁은 우선 세습적인 분봉제(分封制)를 고치는 것에서부터 착수했다. 옛 귀족을 제한하여, 봉군(封君: 봉지를 받은 왕족과 공신)의 자손이라 할지라도 3대째가 되면 작위와 녹봉을 회수하고, 이들 옛 귀족들을 멀리 변방 지역으로 이주시켜 황무지를 개발하게 하였다. 또 관료 사회의 잘못된 풍조를 정비하고, 무능한 관리들을 감축했다. 초나라는 오기의 변법을 통해 점차 강성해져 갔다. 오기는 남쪽으로는 양월(揚越)을 흡수하고, 북으로는 진(陳)나라와 채(蔡)나라를 병합했으며, 삼진(三晉: 진晉나라를 분할하여 탄생한 한韓·위魏·조趙 세 나라를

6 진지력지교(盡地力之敎): 직역하면, "토지의 생산력을 최대한 이용하는 정책" 정도로 표현할 수 있는데, 구체적 내용은 다음과 같다. 즉 작물을 심을 때, 다양한 종자를 심어, 만약 하나의 작물이 자연재해를 입으면, 나머지 작물을 수확할 수 있도록 하며, 땅을 깊이 갈고, 잡초를 열심히 제거하며, 수확할 때는 강도나 도적이 올 것을 방비하기라도 하듯이 신속하게 하여, 손실을 줄여야 한다는 것이다. 이러한 것들은 모두 매우 훌륭한 농업 기술 경험으로, 농업의 노동 생산성을 높이는 데 매우 큰 작용을 했다.

일컫는 말)을 물리치고, 서쪽의 진(秦)나라를 정벌했다.

그러나 오기의 개혁은 단지 초 도왕 한 사람의 지지만을 받았을 뿐, 초나라 통치계층은 결코 찬성하지 않았다. 반대로 개혁이 매우 많은 귀족들의 실제 이익에 저촉되었기 때문에, 오기는 오히려 그들에게 눈엣가시처럼 여겨졌다. 기원전 381년에 초 도왕이 세상을 떠나자, 오기는 도성인 영(郢)에서 초나라 귀족들에 의해 죽임을 당하여, 변법은 기본적으로 실패하고 말았다.

기원전 354년에 한(韓)나라 소후(昭侯)는 신불해(申不害)를 재상에 임용하고, 변법을 진행했다. 신불해의 변법과 다른 제후들의 변법은 달랐는데, 그는 군주의 통치술을 중요시하여, 군주의 통치 지위를 공고히 했다. 때문에 신불해는 정치·경제에서의 낡은 제도를 개혁하는 '법(法)'을 중요한 위치에 두지 않고, 단순히 술수, 즉 신하를 임용하고 감독하고 심사하는 방법만을 중요시했다. 이러한 변법은 임시적으로 중앙집권적 통치를 강화할 뿐이었고, 한나라의 국가적 역량을 높이는 데에는 그다지 도움이 되지 못했다.

상앙(商鞅)의 변법

위(魏)나라가 각 나라들의 변법의 물꼬를 텄지만, 진(秦)나라 상앙의 변법은 의문의 여지없이 가장 철저하고 성공적인 변법의 전형이었다고 할 수 있다. 춘추 시기에, 비록 진나라가 서융(西戎: 중국 서쪽의 이민족을 통틀어 일컫는 말)을 제패하기는 했지만, 진(晉)·초(楚)나라와 비교하면 진나라의 정치·경제·문화는 훨씬 낙후해 있었다. 진 효공(孝公) 때, 진나라 내부의 종족들은 항상 무기를 들고 싸움을 벌였고, 외부에서는 초·위 두 나라의 침입을 받았다. 동쪽의 여러 나라들도 모두 진나라를 융적(戎狄: 미개한 종족을 멸시하여 부르던 명칭)으로 간주하면서, 진나라와 회맹(會盟)하기를 거부했다. 이러한 치욕과 참기 힘든 모멸을 당하자, 남에게 지기를 싫어하던 효공은 심지어 영토의 절반을 떼어 사례할 것을 승낙하면서까지, 오로지 자신이 변법을 통해 나라를 부강하게 만드는 것을 도울 수 있는 인재를 구했다. 상앙은 그 소문이 사실인지 물은 후, 곧 서둘러 고국인 위나라를 떠나 진나라로 건너가서, 효공의 변법을 보좌했다.

기원전 356년(기원전 359년이라는 주장도 있음)부터, 상앙은 두 차례 변법령을 하달했는데, 변법의 내용은 주로 다음과 같다. "농지에 길을 내고 경계에 담장을 쌓으며", "정전제를 폐지하고", "백성들이 토지를 매매할 수 있게 했다". 또 "작위와 녹봉을 세습하는 것"을 폐지하고, 군사적 공로의 크기에 따라 작위를 수여함으로써, 세습 귀족의 특권을 타파했으며, 새로운 등급 제도를 확정하여, 신흥 지주계급의 세력을 발전시키고 강화했다. 그리고 분봉제를 폐지하고, 현제(縣制: 전국을 31개의 현으로 편성했음)를 수립했으며, 호구(戶口)를 편제하여, "십(什: 열 가구)과 오(伍: 다섯 가구)가 서로 연대하여 책임을 지도록 하여", 중앙집권을 실행함으로써, 백성에 대한 통치를 강화했다. 또한 "농업을 중시하고 상업을 억제했으며", 농사와 길쌈을 장려하여 사회 경제를 발전시켰으며, "용량을 재는 도구와 무게를 재는 도구와 길이를 재는 도구를 균등하게 통일하고[平斗桶·權衡·丈尺]"[7] 표준 도량형기를 반포함으로써, 세금 징수와 물품 교환을 편리하게 하여, 중앙 집권제도를 강화했다. 뿐만 아니라, "시경과 서경을 불태우고 법령을 확실히 하여" 사상에 대한 통치를 강화했다.

◈ **십오연잔등(十五連盞燈) | 전국**

이 등잔은 마치 가지와 잎이 무성한 큰 나무처럼 생겼다. 길이가 각기 다른 8마디의 가지와 줄기를 끼워 넣어 만들었으며, 뻗어 나온 가지들은 15개의 원반형 등잔들을 떠받치고 있다. 또한 가지와 줄기 위에는 장난을 치고 있는 한 무리의 원숭이들을 주조해 놓아, 예술적 구상이 매우 기묘하다. 현재 허베이성박물관에 소장되어 있다.

진나라가 이처럼 새로운 법을 18년간 시행하자, 국가는 나날이 부강해졌다. 사마천은, 상앙의 변법이 시행된 이후에 "진나라 사람은 부강해져서, 천자가 효공에게 상을 내리자, 제후들이 모두 축하했다"고 말했다. 일찍이 치욕을 참아 가며 중대한 임무를 맡아 온 효공은 상앙이 변법으로 공을 세웠기 때문에, 그에게 15개의 읍(邑)과 상군(商君)이라는 칭호를 하사했다. 상앙의 변법이 진나라에 가져다준 것으로는, 정권을 공고히 하고 경제를 발전시킨 것 외에도, 호랑이나 이리처럼 용맹하고 잔인한 군대도 보유하게 해주었다. 왜냐하면 적을 죽여 공을 세우고, 전장에서 적의 목을 베어 가져오는 것은 곧 상을 받거나 승진할 수 있다는 것을 의미했으며, 일반 백성들 입장에서 말하자면, 최소한 당연히 빈곤에서 벗어날 수 있었기 때문이다. 기원전 354년에 진나라는 위나라의 소량(少梁, 지금의 산시성陝西省 한청韓城)을 빼앗았고, 기원전 352년에는 상앙이 군대를 이끌고 안읍(安邑, 지금의 산시성 샤현夏縣)을 공격하여 탈취했으며, 기원전 340년에 상앙은 위나라 장수인 공자(公子) 앙(卬)을 포로로 잡고, 전쟁에서 위나라 군대에게 승리를 거두었다. 그러나 상앙의 새로운 법령은 옛 귀족들의 이익과 배치되었다. 그리하여 기원전 338년에 진 효공이 세상을 떠나고, 그의 아들인 혜문

7 斗桶·權衡·丈尺: 두통(斗桶: 6두가 1통)은 용량을 재는 도구, 권형(權衡: 저울추와 저울대)은 무게를 재는 도구, 장척(丈尺: 10척이 1장)은 길이를 재는 도구를 가리키며, 이는 곧 도량형이다.

왕(惠文王)이 즉위하자, 상앙은 피살되고 말았다. 하지만 상앙의 변법이 거둔 성과는 여전히 이어져서, 이후에 진나라가 여섯 나라를 통일하는 견실한 기초가 되었다.

호복(胡服) 착용과 말 타기, 활쏘기

전국 시기 이후, 진나라는 상앙이 변법을 실행한 이래로 국력이 빠르게 향상되었기 때문에, 산동(山東, 지금의 야오산崤山 동쪽)에 있던 여섯 나라들에게는 심각한 위협이 되었다. 그 여섯 나라들 중 조(趙)나라 서북쪽에는 흉노가 있었고, 서쪽에는 임호(林胡)와 누번(樓煩)이 있었으며, 서남쪽은 강대한 진나라와 경계를 접하고 있었으므로, 조나라의 주변 환경은 매우 험악했다. 이렇게 험준한 형세를 앞에 두고, 막 즉위한 조나라 무령왕(武靈王)은 개혁을 통해 부강을 도모하여 조나라를 부흥시키기로 결심했다. 그는 당시 조나라의 실제 상황과 처한 환경을 객관적으로 분석하고, 조나라의 국력을 강화할 방법을 진지하게 연구했다. 그리고 뛰어난 지략과 기백으로 중원 전통의 의관(衣冠) 제도와 작전(作戰) 형식을 단호히 폐기하고, 대담하게 북방 유목민족의 군사상의 장점들을 학습하여, 전국적으로 "호복 착용과 말 타기와 활쏘기[胡服騎射]"를 실시하라고 명령을 내렸다.

춘추 시대에 각 나라들은 모두 전차 및 그와 협력하는 보병을 군대의 주력으로 삼았으며, 차전(車戰)이 주요 작전 방식이었다. 그러나 육중한 전차는 단지 비교적 평탄한 곳에서만 작전을 하기에 적합했을 뿐이고, 복잡한 지형에서 운행하기에는 매우 불편했다. 전국 시기에 이르자, 전장이 중원 지역의 모든 지방으로 골고루 퍼지게 되자, 지형과 지세가 다양해졌다. 이로 인해 전차는 전쟁의 발전에 적합하지 않은 것이 되어 버렸다. 조나라는 오랜 기간 동안 호인(胡人: 옛날 중국의 서쪽과 북쪽에 살던 이민족들)들과 전쟁을 벌여 왔기 때문에, 전차와 보병이 협동하여 작전을 펼치는 방식은 호인들의 기병 전술보다 기동성과 민첩성이 훨씬 떨어진다는 사실을 점차 깨닫게 되었다. 그리하여 조나라 무령왕은 강대한 기병 부대 하나를 창설하기로 결정했다. 동시에 무령왕은 또한 기병전의 요구에 적응하기 위해서는, 중원 지역의 소매가 넓고 옷자락이 긴 두루마기를 반드시 짧은 기장과 소매가 좁은 옷에, 가죽 띠로 몸을 묶고, 발에는 가죽신을 신는 호복(胡服)으로 바꿔야 한다고 판단했다. 중원을 정통으로 여기고, 화하(華夏: 중국의 옛 명칭)의 예악(禮樂) 문화의 오만함으로 널리 만연해 있던 분위기에서, 무령왕은 대담하게 전통의 여복(輿服: 수레와 가마 등 탈것과 관대와 복식 및 각종 의식 장비 일체) 제도를 개혁하여, 호인의 복식과 습속을 본받도록 했다. 이로부터 그는 확실히 재능이 뛰어나고 계략이 원대한 군사 전략가이자 정치가였다는 것을 알 수 있다.

◈ **쌍수삼륜반**(雙獸三輪盤) | 전국

이 윤반(輪盤: 바퀴가 달린 쟁반)은 높이가 15.8센티미터, 구경(口徑)이 26센티미터로, 1958년에 장쑤성 우찐(武進)에서 출토되었으며, 현재 난징박물관에 소장되어 있다. 윤반의 형태는 독특하여, 한쪽에는 반(盤)의 밑에서 뻗어 나온 두 마리 용머리가 있고, 반의 밑에는 여섯 개의 바퀴살이 있는 둥근 바퀴 세 개가 마치 정(鼎)의 다리처럼 달려 있어, 강남(江南) 지역 동주(東周) 청동기의 뚜렷한 특징을 띠고 있다.

"호복 착용과 말 타기와 활쏘기"는 단지 군사와 복식(服飾) 차원에만 그친 게 아니라, 점차 정치에도 스며들어 갔다. 자기의 개혁을 추진하기 위해, 무령왕은 일부 귀족의 관직을 파면하고, 민간과 타국에서 온 인재들을 일부 기용했다. 이러한 조치들은 조나라의 정치적 면모도 일부 바꿔 놓았다. 무령왕의 노력을 통해, 조나라는 북쪽에서 유일하게 실력을 갖추어, 진나라와 우열을 다투는 국가가 되었다. 그러나 조나라 무령왕의 개혁은 여전히 국내 보수 귀족들의 불만을 불러일으켰으니, 혜문왕 4년(기원전 296년)에 조나라에서 사구궁(沙丘宮)의 변란이 발생하여, 이미 퇴위한 무령왕은 사구의 행궁(行宮)에 포위되었다가, 결국 그 안에서 굶어 죽고 말았다. 무령왕이 사망한 뒤, 조나라에서 국정을 장악한 것은 여전히 이들 전통적 귀족 세력이었다. 이런 조나라는 천하를 두고 패권을 다투는 과정에서 진나라에 패했고, 또 결국 나라가 망한 것도 이상한 일이 아니었다. 하지만 '호복'의 습관은 여전히 유지되었으며, '말 타기와 활쏘기'로 강대해진 조나라 군대도 끊임없이 강대해졌는데, 장평(長平) 전투 과정에서 비로소 거의 다 소멸되고 말았다.

전국 시기 기원전 342~기원전 259년

인물: 손빈, 방연, 백기, 조괄 **지역:** 계릉(桂陵), 장평(長平) **키워드:** 전국칠웅

확대되는 패권 다툼 전쟁: 계릉부터 장평까지

전국 시기에, 중국 영내에 있던 제후국들은 결코 전국칠웅(戰國七雄)이라는 일곱 나라에 그치지는 않았지만, 실력이 강대하고, 한때 자웅을 겨룰 자격을 가졌던 나라들은 여전히 진(秦)·제(齊)·초(楚)·위(魏)·조(趙)·한(韓)·연(燕) 등 이들 일곱 나라였다. 천하를 쟁탈하기 위해, 이들 7대 강국들은 정복전쟁을 멈추지 않았고, 전쟁의 규모도 갈수록 커졌으며, 전쟁의 격렬함과 파괴성도 갈수록 높아졌다. 기원전 354년의 계릉(桂陵) 전투에서, 위나라와 제나라가 동원한 군대는 불과 십 수만 명이었지만, 거의 100년 후에 벌어진 장평(長平) 전투에서 진나라와 조나라는 이미 백만 대군을 동원하여 두 나라의 국운을 결정하는 대결전을 벌였다. 오랜 기간에 걸친 잔혹한 패권 다툼 전쟁은, 한편으로는 각 나라 백성들에게 혹심한 재난을 가져다주었으며, 또한 정치적 통일을 이루는 것이 백성의 갈망이자 역사적 추세가 되도록 했다.

계릉(桂陵) 전투와 마릉(馬陵) 전투

전국 시대가 시작되기 60년 전, 삼진(三晉) 가운데 위(魏)나라는 그 이름에 부끄럽지 않은 제1의 패주(霸主)였다. 위나라가 위치한 중원 지역은 비교적 일찍이 개발되어, 생산력이 발전하고, 인구가 많고, 토지가 비옥했으며, 동시에 도로망이 발달하여 교통이 편리했기 때문에, 온 나라의 물산이 모여들었다. 따라서 상업이 번영하고, 제조업이 발달했다. 이 밖에 위나라는 또한 전국 시기에 처음으로 변법도강(變法圖强: 변법을 통해 부강을 도모함)을 실시한 제후국으로, 위 문후(文侯)는 법가(法家)인 이괴(李悝)·서문표(西門豹)를 중용하여 『법경(法經)』을 제정했으며, 정전(井田)을 폐지하고, 논밭의 경계에 길[阡陌]을 내서, 봉건적 토지 소유제를 확립하고, 생산력을 극대화했다. 군사 방면에서, 위나라는 비교적 일찍 군사 변혁을 진행하여, 정예 무졸(武卒: 철갑으로 중무장한 정예

보병)을 핵심으로 하는 상비군을 건립했다. 위나라 군대 내부의 등급은 엄격하고, 역할 분담이 명확했으며, 병력의 수도 방대했다. 위 양왕(襄王) 시기에, 위나라는 무졸 20만 명, 분격(奮擊: 가볍게 무장한 날랜 보병) 20만 명, 창두(蒼頭: 두건을 묶고 선발되기를 기다리는 신병) 20만 명, 시도(厮徒: 군사 기술자, 근무병, 병참병) 20만 명, 전차 6백 대, 기마 5천 필을 보유하고 있어, 군사력이 전국에서 최고라고 할 만했다. 명장 오기(吳起)의 지휘 아래, 위나라 군대는 사방으로 정복 전쟁을 벌였으며, 여러 차례에 걸쳐 제·초·진(秦)·조나라 등 강국들의 군대를 격파했다. "큰 전쟁을 72차례 벌여, 완승이 64회였고, 나머지는 모두 승부를 가리지 못한" 놀라운 전적을 세웠다. 그 가운데 가장 깊은 손상을 입은 것은 바로 위나라의 서쪽에 인접해 있던 진(秦)나라로, 위나라에게 황하 서안(西岸) 5백여 리의 비옥한 토지를 빼앗겼을 뿐만 아니라, 함곡관(函谷關)마저도 위나라 군대에게 공격을 받고 함락됨으로써, 거의 멸망 일보 직전까지 내몰렸다.

◈ **운문금잔**(雲紋金盞)**과 루비**(漏匕: 도안을 투조로 새겨 구멍이 숭숭 뚫린 수저) | **전국**

이 두 건의 금기(金器)는 후베이성 쑤이저우(隨州)에 있는 증후을묘(曾侯乙墓)에서 출토되었으며, 현재 후베이성 박물관에 소장되어 있다.

그러나 위 문후의 계승자인 위 혜왕(惠王)은 전략적 안목이 부족하여, 사방에 적을 만드는 바람에, 조·제·한·진·초나라 등과 차례로 전쟁을 벌였고, 마침내 국운이 중도에 쇠퇴하여, 다시 일어서지 못했다. 그리하여 훗날 위 혜왕은 처량하게 탄식하며 이렇게 말했다. "동쪽에서는 제나라에 패하여 장자(長子)가 죽었고, 서쪽으로는 진나라에게 칠백 리의 영토를 잃었으며, 남쪽에서는 초나라에 굴욕을 당하여 여덟 개의 읍을 잃었으니, 과인은 이것이 수치스럽구나[東敗於齊, 長子死焉, 西喪地於秦七百里, 南辱於楚, 失八邑, 寡人恥之]." 여기에서 "동쪽에서는 제나라에게 패했다"고 한 말이 가리키는 것은, 바로 전국 시대 초기에 있었던 두 번의 경천동지할 큰 전투, 즉 계릉 전투와 마릉 전투다. 기원전 354년, 조나라와 위(魏)나라의 속국이었던 위(衛)나라가 전쟁을 벌였는데, 위 혜왕은 속국과의 연합군을 이끌고 조나라의 도성인 한단(邯鄲)을 포위 공격했다. 이때의 조나라는 아직 무령왕이 호복 착용·말 타기·활쏘기를 하게 한 이후의 기병을 보유한 강국이 아니었으므로, 위나라의 강력한 세력에 저항할 힘이 없자, 동쪽의 대국인 제나라에게 구원을 요청할 수밖에 없었다. 당시의 제나라는 위왕(威王)이 집정하고 있었으며, 국가의 실력이 상승하던 시기였

◈ **호서록기좌**(虎噬鹿器座) | **전국**

호랑이가 사슴을 입에 물고 있는 모습의 기물 받침대다.(옮긴이)

다. 따라서 제 위왕은 왕실 장수인 전기(田忌)를 주장(主將)으로 삼고, 병법의 대가인 손빈(孫臏)을 군사(軍師)로 삼아, 조나라를 구원하기 위해 출병했다. 손빈은 위나라의 대군이 조나라에 가 있어, 국내에는 병력이 비어 있을 것이므로, 조나라를 원정하기보다는 차라리 직접 위나라의 도성인 대량(大梁, 지금의 허난성 카이펑開封 일대)을 포위 공격하는 것이 낫다고 판단했다. 이것이 바로 삼십육계 중 두 번째 계략인 '위위구조(圍魏救趙: 위나라를 포위하여 조나라를 구한다, 즉 상대방이 강할 때 정면으로 맞서지 않고, 우회적으로 상대의 허점을 이용하여 승리를 거둔다는 뜻)'의 유래다. 그 결과 손빈의 계책이 맞아떨어져, 제나라 군대는 계릉(桂陵, 지금의 허난성 창위안長垣 서남쪽)에서 매복하고 있다가, 자국 군대를 지원하기 위해 되돌아오는 위(魏)나라 군대를 성공적으로 격파하고, 위나라 군대의 주장인 방연(龐涓)을 사로잡아, 위나라 군대와 싸워서는 이기기 어렵다는 신화를 깨뜨려 버렸다. 기원전 342년, 위나라 군대가 다시 한(韓)나라를 공격하자, 한나라도 제나라에게 구원을 요청했다. 제 위왕은 느긋하게 지켜보다가, 이듬해에야 비로소 전기와 손빈이 이끄는 군대를 파견하여 한나라를 도왔다. 이때 손빈은 "적에게 약하게 보여, 황급히 도망치는 것처럼 위장함으로써 적을 기만하는[示敵以弱, 減竈誘敵]" 전술을 채택하여, 오로지 원수를 갚기 위해 한이 맺혀 있던 방연과 위나라 군대를 제나라의 마릉(馬陵, 지금의 산둥성 신현莘縣 서남쪽이라 하며, 그 외에 두 가지 설이 있음) 일대로 유인한 다음, 사방에 매복해 있던 복병이 나타나 일제히 수많은 화살을 쏘아 위나라 군대의 주력을 완전히 섬멸했으며, 방연은 패배하자 자살했다. 이렇게 두 번씩이나 대패함으로써, 위나라는 수년 동안 육성한 정예 군대를 하루아침에 모두 잃어 버려, 더 이상 천하의 패권을 쟁취할 힘이 없어졌다.

장평(長平) 전투

위나라가 쇠락한 다음, 진(秦)나라 동쪽 국경의 압력이 급격히 감소한 데다, 변법이 진나라의 국력을 촉진하자, 이 서쪽 국가는 초나라·제나라와 나란히 일컬어지는 최고의 대국으로 부상했다. 초나라와 제나라가 연합하는 것을 피하기 위해, 진나라는 외교를 통해 초나라를 현혹시켜, 초 회왕으로 하여금 제나라와 국교를 단절하도록 유도했다. 그런 다음 다시 단양(丹陽)과 남전(藍

◈ **증후을준반**(曾侯乙尊盤) | 전국

이 반(盤)은 후베이성 쑤이저우(隨州)에 있는 증후을묘에서 출토되었다. 반의 높이가 23.5센티미터, 구경(口徑)이 58센티미터이며, 현재 후베이성박물관에 소장되어 있다.

田)에서의 두 차례 큰 전투를 통해 초나라에게 심대한 타격을 가함으로써, 초나라의 국력을 급격히 하락하게 하여, 진나라와 경쟁할 힘이 없게 만들었다. 초나라가 쇠락한 다음, 제나라는 유일하게 진나라와 나란히 일컬어지는 최고의 대국이 되었고, 진나라 소양왕(昭襄王)과 제나라 민왕(湣王)은 한동안 나란히 동쪽과 서쪽의 두 제왕으로 불리면서, 양국의 특수한 지위를 뚜렷이 드러냈다. 그런데 제나라 민왕은 결국 위나라 혜왕과 마찬가지의 실책을 범했다. 바로 사방에 적을 만든 것이다. 그리하여 제나라는 차례로 송·노·연·조·한·위나라 등과 국교가 나빠져, 전략적 형세가 대단히 불리해졌다. 기원전 234년, 연나라의 대장인 악의(樂毅)가 이끄는 6국 연합군이 대대적으로 제나라를 공격하여, 한때 제나라의 70여 개 성을 점령하자, 제 민왕은 국외로 도망쳤다가 재상인 요치(淖齒)에 의해 살해당했고, 제나라는 거의 멸망 직전의 상태에 이르렀다. 비록 훗날 제나라 종실인 전단(田單)이 즉묵성(卽墨城)을 견고하게 지켰고, 또한 연나라가 전쟁에 임하여 장수를 바꾸는 기회를 이용하여 연나라 군대에게 심각한 타격을 가하고, 제나라를 되찾는 데 성공하기도 했다. 하지만 5년 동안의 전쟁으로 인해 제나라 국력은 크게 쇠약해졌기 때문에, 군사와 정치 양 방면 모두에서 더 이상 진나라에게 가장 큰 위협이 되지는 못했다.

초·제 양국이 쇠락한 후, 산동(山東) 지역에 있던 여섯 나라들 가운데, '호복을 입고, 말 타기와 활쏘기'를 시행한 조나라만이 강대한 군사력을 보유하게 되었으며, 이로 인해 또한 진나라의 중점 타격 대상이 되었다. 기원전 270년, 진나라 군대가 한(韓)나라 상당(上黨, 지금의 산시성 창즈長治)을 포위 공격하여, 한나라를 돕던 조나라와 알여(閼與, 지금의 산시성 순현順縣)에서 격전을 벌인 결과, 진나라 군대가 대패했다. 기원전 262년, 진나라 군대가 다시 한나라의 상당을 공격하자, 저항할 힘이 없던 한나라는 상당을 조나라에게 바쳤다. 그러나 조나라의 주장인 염파(廉頗)가 이끄는 대군이 상당에 도착할 때를 기다리는 동안, 진나라 군대가 이미 상당의 17개 성을 모두 공격하여 함락시키자, 염파는 어쩔 수 없이 군대를 이끌고 지형이 험준한 장평(長平, 지금의 산시성 가오핑高平 서북쪽)에 주둔하면서 진나라 군대와 대치했다. 염파의 전략적 의도는 매우 분명했다. 즉 장평 지구는 진나라와 멀리 떨어져 있는 반면 조나라와는 가까웠기 때문에, 진나라 군대의 후방 보급선이 조나라 군대보다 멀 것이므로, 만약 진지를 단단히 지키기만 하면 진나라 군대를 무너뜨릴 수 있으리라는 것이었다.

바로 이렇게 두 나라는 장평에서 꼬박 3년을 대치했는데도 승부를 가리지 못했다. 염파에 대해 어찌할 방도가 없었던 진나라의 군신들은 반간계(反間計: 첩자를 보내 이간하는 술책)를 쓸 수밖에 없었다. 그리하여 조나라에 헛소문을 퍼뜨리기를, 염파는 늙고 무능하며 겁이 많아 싸우기를 두려워하므로, 진나라는 단지 조나라의 나이어린 장수인 조괄(趙括)만을 무서워한다고 했다. 조나라 왕은 과연 이 계략에 걸려들었는데, 큰소리를 치면서도 전쟁 경험은 전혀 없는 조괄을 발탁하여 노장 염파를 교체했다. 조괄은 장평에 도착한 후, 염파가 시행했던 군대 배치를 전부 뒤엎고, 조나라 군대를 이끌고 진나라 진지를 향해 맹렬한 공격을 시작했다. 진나라 장수 백기(白

起)는 적을 유인하여 깊숙이 끌어들이는 전술을 채용했다. 그는 우선 조나라 군대의 주력 부대로 하여금 자기 진영 깊숙이 들어오도록 유인한 다음, 정예 기병이 측면으로부터 우회하여 조나라 군대의 주력을 둘로 분리시켰다. 진나라 소양왕은 전방의 전세를 파악한 다음, 진나라 내에 있는 모든 15세 이상의 성인 남자들을 징발하여, 진나라의 하내군(河內郡, 지금의 허난성 자오쭤시焦作市 부근)으로부터 장평의 뒤쪽으로 직접 투입했다. 그리하여 조나라의 도성인 한단과 장평의 연결을 철저히 단절시킴으로써, 조나라 군대의 지원군과 후방에서 보급하는 군량 및 말 사료를 차단했다. 46일 동안의 포위 차단을 거치면서, 조나라 군대는 모든 양식과 사료를 먹어 치웠으므로, 어쩔 수 없이 우세한 진나라 군대를 향해 자살식으로 공격을 개시할 수밖에 없었다. 그 결과 조괄은 전투 중에 화살을 맞아 사망했고, 40만 명의 조나라 군대는 포로가 되었다. 조나라 군대의 무장을 해제한 후에, 백기는 명령을 내려 240여 명의 15세 미만 조나라 사람들을 한단으로 돌아가도록 풀어 주었고, 그 나머지의 조나라 병사들은 전부 장평에서 생매장하여 죽였다.

장평 전투에서, 진나라는 동쪽의 최대 강국인 조나라(제나라와 초나라는 비록 병력은 조나라보다 많았지만, 병사들의 훈련과 상무 정신은 조나라보다 못했다)를 분쇄하는 거대한 대가를 얻었고, 중국 천하는 전국 시대의 마지막 20년으로 진입했다. 진나라 사람이 천하를 통일하는 시각이 곧 닥쳐오고 있었다.

한걸음 더

진(秦)나라 장수 백기(白起)

전국 시대의 군사사(軍事史)에는 "기(起)·전(翦)·파(頗)·목(牧)"이라는 4대 명장의 이야기가 있는데, 이는 바로 진나라의 백기·왕전(王翦)과 조나라의 염파·이목(李牧)을 가리킨다. 백기가 확고하게 4대 명장의 으뜸을 차지하는 까닭 중 가장 중요한 것은 역시 그의 매우 위대하고 놀라운 전적이다. 기원전 294년에 진나라의 좌서장(左庶長)에 임용되면서부터, 기원전 258년에 진왕의 질시를 받자, 어쩔 수 없이 자살할 때까지, 백기는 평생 크고 작은 70여 회의 전쟁을 치러, 백전백승을 거두었다. 기원전 293년, 백기는 이궐(伊闕, 지금의 뤄양洛陽 룽먼龍門)에서 위(魏)·한(韓) 연합군을 크게 물리치고, 24만 명을 참수했다. 기원전 278년, 백기는 군대를 이끌고 초나라의 도읍인 영(郢)을 공격하여, 초나라 군신들로 하여금 황급히 천도하지 않을 수 없도록 했다. 또 기원전 260년에, 백기는 장평에서 조나라 주력군을 일거에 섬멸하고, 45만 명을 참수했다. 역사서에 근거가 남아 있어 조사할 수 있는 전쟁에서만, 백기는 여섯 나라의 군대 백만여 명을 섬멸했으니, 산동 지역에 있던 여섯 나라의 군주들은 그에 대해 소문만 들어도 간담이 서늘했다고 할 수 있다. 마오쩌둥은 이십사사(二十四史)를 읽을 때, 이렇게 썼다고 한다. "섬멸전에 대해 말하자면, 천 년 이래로, 그(백기)보다 뛰어난 사람은 아무도 없었다."

전국 시기 기원전 480~기원전 420년

인물: 묵자 지역: 중원 지역 키워드: 묵가

묵자(墨子)와 묵가(墨家)

묵자는 전국 시기의 저명한 사상가·철학자이자 과학자로, 묵가 학파의 창시자다. 묵자가 세상을 떠난 후, 그의 제자들이 그의 생전의 어록을 정리하여, 『묵자』라는 한 권의 책 속에 모았다. 묵자는 평생 '겸애(兼愛)'·'비공(非攻)'·'상현(尙賢)'·'상동(尙同)'·'천지(天志)'·'명귀(明鬼)'·'비명(非命)'·'비악(非樂)'·'절장(節葬)'·'절용(節用)' 등의 관점들을 제창하고, 묵가 학파를 창립했다. 묵가는 백가쟁명의 전국 시대에 유가(儒家)와 더불어 '현학(顯學: 저명한 학설이나 학파)'이라고 일컬어졌으며, 중국 문명의 발전에 상당한 공헌을 했다.

묵자와 묵가

묵자(대략 기원전 480~기원전 420년, 일설에는 대략 기원전 468~기원전 376년이라고 함)는 이름이 적(翟)이고, 송나라 사람이며, 노나라 사람이라고도 한다. 생존 시기는 공자보다 약간 늦다. 묵적의 생애에 관해 사마천의 『사기』는 그다지 전문적으로 기술하고 있지 않고, 단지 「맹자순경열전(孟子荀卿列傳)」의 말미에 간단히 언급하고 있다. 이로부터 유학을 존숭한 한대(漢代) 이후에 묵가 학파는 이미 홀대를 받고 있었다는 것을 알 수 있다. 묵자의 출신은 빈천하여, 스스로 '천인(賤人)'이라고 말했다. 그는 생활이 검소하고 소박하여, "배고프지 않을 만큼만 먹고, 몸을 가릴 만큼만 입었는데", 이는 공자가 "밥은 곱게 찧어 지은 것을 싫어하지 않았고, 회는 가늘게 썬 것을 싫어하지 않은[食不厭精, 膾不厭細]" 생활 태도와는 뚜렷이 달랐다. 자신의 주장을 실행하기 위해, 그는 사방으로 분주히 돌아다녔다. 묵자는 일찍이 초나라가 송나라를 침공하는 것을 저지하기 위해, 제나라에서 출발하여, 10일 밤낮을 걸어서 초나라 도성으로 갔다. 이는 유학자들이 말이나 가마를 타고서 겉모양을 번지르르하게 갖추어 각지를 돌아다닌 상황과 선명한 대비를 이룬다.

묵자의 학설을 신봉하는 사람을 묵자(墨者)라고 하는데, 묵자 집단은 종교적 성격을 띠었고,

조직이 엄격한 집단이었으며, 그 최고 우두머리를 거자(鉅子)라고 불렀다. 전임(前任) 거자는 그가 승인한 현자(賢者)에게 직위를 물려주었다. 묵자 집단은 엄격하고 공정한 기율이 있었다. "묵자의 법은 살인한 자는 죽이고, 사람을 다치게 한 자는 처벌했으며", 모든 묵자들은 반드시 거자의 지휘에 순종해야 했다. 묵자들은 매우 용감했고, 또한 방어전에 뛰어나서, "불길을 향해 나아가고 칼날을 딛고 섰으며, 죽는 한이 있어도 발길을 돌리지 않을" 정도로, 죽음을 두려워하지 않는 무사 정신이 풍부했다고 전해진다.

◈ **상감삼각운문대(象嵌三角雲紋敦) | 전국**

대(敦)는 옛날에 기장[黍]·벼[稻]·피[稷] 등과 같은 곡식을 담아 두던 그릇으로, 춘추 시기에 출현했다. 후에 점차 뚜껑을 변화시켜, 전국 시기에는 대부분 뚜껑의 형태가 몸통과 같았다. 그 기본적인 특징은 배가 동그랗고, 두 개의 귀고리가 있으며, 세 개의 짧은 다리와 뚜껑이 있다.

묵자의 주장

묵자의 정치적 주장은, 백성들의 생활 문제를 해결하려고 시도했으면서도, 또한 당시의 '왕공대인(王公大人: 신분이 높은 최상층 계급)'의 정치적 요구에 부합하려고도 했다. 묵자는 당시 백성들의 가장 큰 문제가 "굶주린 자가 먹을 것을 구할 수 없고", "추위에 떠는 자가 옷을 구할 수 없으며", "힘든 자가 쉴 수 없는", 이른바 '삼환(三患: 세 가지 근심)'이라고 여겼다. 그는 동시에 당시 '왕공대신'들의 정치가 요구하는 것은 "나라가 부강해지고", "백성이 많아지며", "형벌과 정치가 안정되는 것", 즉 '삼무(三務: 세 가지 힘써야 할 일)'라고 생각했다. 묵자는 상층부를 설득하고 하층 백성들을 교화하여 '삼환'과 '삼무'를 해결할 방도를 찾음으로써, 당시 통치계급과 피치계급 간에 첨예하게 대립하는 모순을 해결하려고 생각했다. 묵자의 정치사상과 행동은 모두 이것을 출발점으로 삼은 것들이었다.

우선, 묵자는 소생산자의 이익에서 출발하여, 전국 초기의 "나라들이 서로 침략하고", "가문들이 서로 강탈하며", "사람들이 서로를 해치는" 재앙적인 현실에 대해, '겸애(兼愛)'와 '비공(非攻)' 사상을 제시하면서, "함께 서로를 사랑하고, 서로 이롭게 하자"고 주장했다. 그리하여 상응하는 능력이 있는 사람이, 힘이 있는 사람은 힘으로 사람을 돕고, 재산이 있는 사람은 재산을 사람들에게 나누어 주고, 도리가 있는 사람은 도리로 사람들을 가르침으로써, "굶주린 자는 먹을 수 있고, 추위에 떠는 자는 옷을 얻을 수 있고, 힘든 자는 쉴 수 있고, 불편한 자는 안정을 찾을 수 있게" 하자고 하여, 백성들의 요구와 갈망을 표현해 냈다. 하지만 그것은 단지 주관적인 바람에서 출발한

◈ **동제(銅製) 비수(匕首) | 전국**

비수는 단검(短劍) 혹은 좁고 긴 단도(短刀)와 비슷한데, 그 대가리 모양이 비(匕, 옛날 사람들이 음식을 먹던 기구)와 비슷하기 때문에 붙여진 이름이다. 요·순 시기에 이미 비수가 있었다고 전해진다. 비수는 작고 끝이 날카로우며, 휴대하기가 편하여, 근거리 전투에 효과적인 무기다. '도궁비견(圖窮匕見)'[8]은 바로 비수와 관련이 있는 유명한 고사성어다.

것일 뿐, 실현할 수 있는 것은 아니었다. 그 다음으로, 묵자는 생산을 촉진하고 소비를 제한하는 세 가지 원칙을 제안했다. 첫째는 "각자 그가 가진 능력에 맞는 일에 종사하게 하여", 그 능력을 다 발휘하도록 한다. 둘째, "무릇 백성들이 이용하기에 족할 만큼 공급하면 곧 중단하자"고 하여, 모든 생활 재료들은 단지 쓸 수 있을 만큼만 공급하고 나면 중지할 것을 주장했다. 셋째는 "여러 가지 추가로 비용을 지불하여 백성들에게 이익이 되지 않으면 하지 말라"고 하여, 백성들의 물질적 생활에 대해 이로움이 없는 일은 모두 금지하자고 건의했다. 이러한 원칙에 기초하여, 또한 '절용(節用: 소비 절약)'·'절장(節葬: 간소한 장례)'·'비악(非樂: 음악을 하지 말 것)'·'비공(非攻: 전쟁을 하지 말 것)'이라는 주장을 제안했다. 이렇게 해야만 백성들의 '삼환'을 해결하고, '삼무'를 실현할 수 있다고 주장했다.

다음으로, 묵자는 어진 사람을 선발하여 정치를 맡게 하자는, 이른바 '상현(尙賢)'의 정치를 주장했다. 묵자는 귀족의 세습 특권을 반대하면서, "관리라고 해서 항상 고귀한 사람은 없고, 백성이라고 끝내 천한 사람은 없다"고 생각했다. 그는 심지어 세상에서 가장 어진 사람을 선출하여 천자(天子)로 세우는 게 마땅하며, 순서에 따라 이공(二公)·국군(國君)·경(卿)·재(宰)·향장(鄕長)·이장(里長)을 선발하여, 모든 신민이 무조건 상급자의 통치에 복종하고, 각급 장관들은 하층 신민에 대해 절대적 통치권을 갖는 게 마땅하다고 생각했다. 그 밖에도 묵자는 노동 생산을 매우 중시하여, 인류는 반드시 농사와 길쌈에 종사해야만 비로소 옷과 식량과 재물을 얻을 수 있다고 주장했다. 그러면서 "자신의 힘에 의지하여 노동하는 자는 살 수 있고, 그렇지 않은 자는 살 수 없다"고 하여, "그 노동에 참여하지 않고, 그 결실을 얻는" 행위를 호되게 비판했다.

묵자는 원래의 출신 계층을 잘 알고 있어, 백성들의 생활 문제를 해결하는 것을 중시하고, 일반 백성들의 요구를 반영할 수 있었으며, 또한 당시 통치 집단의 사치스럽고 터무니없는 행위에 대해 날카로운 비판을 가할 수 있었다. 이것이 그의 사상적 진보성이었다. 그러나 그는 너무나도

8 도궁비견(圖窮匕見): "지도를 펼치자 비수가 나타나다"는 뜻으로, 어떤 계획이나 음모가 탄로 난 상황을 비유하는 고사성어다. 연(燕)나라는 진(秦)나라의 침략을 자주 받자, 연나라 태자 단(丹)이 진나라의 정(政: 훗날의 진 시황)을 암살하려고 사신으로 위장한 형가(荊軻)를 자객으로 보냈다. 형가는 진나라에서 도망해 온 장수 번오기(樊於期)의 목과 연나라 독항(督亢) 지방의 지도를 예물로 바쳤다. 그런데 진왕이 지도를 펼치자 한 자루의 비수가 나타났다. 형가는 지도를 바치면서 지도 속에 숨겨 온 비수로 진왕을 죽이려 했으나, 비수가 땅에 떨어지는 바람에 음모가 탄로나 죽임을 당했다.

절약을 강조하고, 정신생활을 소홀히 하여, 지나치게 "음악을 배척할 것[非樂]"을 요구했는데, 이는 백성들의 바람과 역사 발전을 거스르는 요구였다.

유가와 묵가의 논쟁

공자가 유가를 창립한 뒤를 이어, 묵가도 노나라에서 확립되었다. 두 학파는 '현학(顯學: 명망 있는 학문이나 학파)'을 형성하여, 서로 논쟁을 벌이면서, 춘추전국 시대 백가쟁명의 서막을 열었다. 묵자는 처음에는 유학자에게 배웠지만, 나중에 그는 유가의 예절이 너무 번거롭다는 것을 발견하고, 곧 유가를 떠나 따로 묵파(墨派)를 창시했다. 묵가는 발흥한 뒤 빠르게 발전하여 신봉자가 매우 많아지자, 대단히 큰 활동 능력을 갖게 되었다. 『여씨춘추(呂氏春秋)』「당염(當染)」편의 기록에 따르면, 공자와 묵자가 세상을 떠난 후, "따르는 사람이 더욱 많아지고, 제자들이 더욱 많아져, 천하에 가득했다"고 한다. 두 학파가 대표하는 사회 계층이 달랐고, 또 이로 인해 형성된 학술적 관점의 차이 때문에, 유가와 묵가는 항상 서로를 힐난하고 질책했다.

유가와 묵가의 논쟁은 주로 다음과 같은 몇 가지 방면에서 이루어졌다.

첫째, '인애(仁愛)'와 '겸애(兼愛)'는 각각 유가와 묵가의 대표적인 이론이자 핵심 범주다. 유가의 '인애'는 차등적인 사랑이다. 즉 부모형제에 대한 사랑을 중심으로 하여, 점차 종족·국가 및 사회에 대한 사랑으로 확장해 나가야 한다는 것이다. 그런데 묵가의 겸애는 차등 없는 사랑으로, 사람들은 혈연과 등급을 차별하는 관념을 버리고, 모든 사람을 자기처럼 사랑하도록 요구한다.

둘째, 유가는 "이익에 대해서는 적게 말하고", 이익을 중시하는 자를 '소인' 취급하여, 이른바 "소인은 이익에 밝다"고 했다. 묵가는 의로움[義]과 이로움[利]은 밀접한 관계가 있으며, "함께 서로를 사랑하는 것"은 동시에 또한 "서로를 이롭게 하는 것"이라고 여겼다. 이는 분명히 두 가지의 대립되는 의리관(義利觀)이다.

셋째, 공자는 '천명(天命)'을 주장하여, 자연계와 인간의 운명은 모두 하늘의 뜻에 따라 결정된다고 여겼다. 이른바 "죽고 사는 것은 명에 달려 있고, 부귀는 하늘에 달려 있다"고 하면서, 사람은 천명에 순응하여 행동해야 한다고 주장했다. 그러나 그도 마땅히 해야 할 일은 온 힘을 다해야 하며, 성공하든 실패하든 관계없이, "불가능한 줄을 알아도 그것을 하여, 사람으로서 해야 할 일을 다 한 다음, 그것을 자연의 법칙에 맡겨야" 한다고 생각했다. 묵자는 '비명(非命: 운명을 따르지 않고, 운명을 부정함)'을 주장하여, 유가의 천명론을 부정했다. 그러나 또한 하늘은 의지를 가지고 있다는 것, 즉 '천지(天志)'를 인정했다. '천지'는 사람의 행위에 따라 선한 사람에게는 상을 내리고 악한 사람에게는 벌을 내릴 수 있다고 하여, 그것은 더 이상 신비하거나 측정할 수 없는 것이 아니라, 이상을 실현하는 이론적 도구로 바뀌었다. 이는 실제로는 하늘에 의탁하여 자기의 뜻을 말한 것이다. 이와 같이 '하늘[天上]'에서 '인간'으로 전환한 것은 분명히 이전의 사람들보다 발전한 부분이다. 이 때문에 묵자는 공자에 비해, 인간이 발휘하는 주관적 능동성을 더 중시했다.

넷째, 공자는 귀신에 대해 명확하게 인정하지도 않았고, 명확하게 부정하지도 않았다. 그는 이렇게 말했다. "사람을 제대로 섬기지 못하는데, 어찌 귀신을 섬길 수 있으며, 삶에 대해서도 알지 못하는데, 어찌 죽음을 알겠는가." 기본적으로 존재를 인정하면서도 논하지는 않았으며, 공경하되 그것을 멀리하는 태도를 취했다. 묵자는 '명귀(明鬼: 귀신의 존재를 분명히 밝힘)'를 주장하여, 귀신의 존재를 인정했다. 그러나 당연히 지적해야 할 점은, 묵자가 밝힌 귀신도 선한 사람에게는 상을 내리고 악한 사람에게는 벌을 내리는 능력을 갖고 있어, 그 성격이 '천지'와 비슷했다는 것이다. 이렇게 귀신에 의탁하여 자기의 뜻을 말한 묵자의 행위는, 당시 사회적 소생산자들의 역량이 미약하여 초자연적인 힘을 빌리는 것이 불가피하다는 공상을 반영하고 있다.

다섯째, 유가는 예의를 중요하게 여겨, '성대한 장례'와 '긴 장례(3년)'를 중시했다. 묵가는 '성대한 장례'와 '긴 장례'는 노동하는 백성들의 재산을 축낸다고 여기고, '간소한 장례'를 제창하여, 장례로 인해 사회적 생산이 영향을 받아서는 안 된다고 주장했다.

여섯째, 유가는 예악(禮樂) 제도를 옹호하고 제창했다는 점을 앞에서 이미 언급했는데, 묵자는 '음악을 배척할 것'을 주장하고, 물질적 향락을 반대하여, 생활은 단지 배불리 먹고 따뜻하게 입을 수만 있어야 하며, 예의나 예술 따위의 정신생활은 결코 존재할 필요가 없다고 주장했다.

한 걸음 더

장주(莊周)와 『장자(莊子)』

장주는 송(宋)나라 몽(蒙, 지금의 허난성 상추商丘 동북쪽) 출신으로, 전국 시대 도가 학파의 대표적 인물이며, 노자(老子)와 함께 '노장(老莊)'이라고 일컬어진다. 장자는 평생 권세 있고 지위가 높은 사람들을 경멸하고, 자유자재하는 시골 생활을 숭상했다. 그는 『노자』의 부분적으로 소극적인 생각을 발전시켜, '도(道)'야말로 천지의 본원이며, 세상에서 오로지 도가 있는 것만이 절대적인 것이고, 그 나머지는 모두 상대적인 것이라고 여겼다. 그는 사회 진보를 반대하고, 문화 지식을 부정하고, 인의예악(仁義禮樂)을 몹시 싫어했다. 시비를 따지지 않고, 물아(物我)를 망각하며, 꿈과 실제[夢醒]를 구분하지 않고, 순탄하게 살다가 안락하게 죽는다는 그의 주관적 유심주의 사상은 역대 지식인들 모두에게 영향을 미쳤다. 장자의 저작은 『장자』라는 한 권의 책에 취합되어 있다. 그것은 선진(先秦) 시기의 저명한 철학 저작일 뿐만 아니라, 한 권의 뛰어난 문학 작품이기도 하다. 명말·청초의 저명한 문학 평론가인 김성탄(金聖嘆)은 『장자』를 제1의 자서(子書: 제자백가서)라고 했으니, 그것의 문학사에서의 지위를 알 수 있다.

전국 시기 대략 기원전 372~기원전 238년

인물: 맹자, 순자 **지역:** 추(鄒)나라, 초(楚)나라 **키워드:** 성선론, 성악론

맹자(孟子)와 순자(荀子)

맹자는 전통 유가의 주요 계승자로서, 그 지위는 공자 바로 다음이다. 그는 중국 사상사에 걸출한 공헌을 했고, 유학을 계승 발전시켰기 때문에, 사람들로부터 '아성(亞聖: 둘째가는 성인, 즉 공자 다음의 성인)' 혹은 '중국의 플라톤'이라고 존경받고 있다. 순자는 맹자 이후·전국 말기 유가의 대표적인 인물로, '성악론(性惡論)'을 제창했다. 그의 학설은 항상 후세 사람들에 의해 맹자의 '성선론(性善論)'과 비교되었으며, 유가 사상 체계의 발전에 일정한 공헌을 했다.

맹자

맹자(대략 기원전 372~기원전 289년)는 이름이 가(軻)이며, 추(鄒, 지금의 산둥성 쩌우청시鄒城市) 지방 사람이다. 맹자는 노나라 귀족인 맹손씨(孟孫氏)의 후예로, 공자의 적손(嫡孫)인 자사(子思)한테 가르침을 받아, 사상적으로는 공자와 일맥상통한다. 맹자의 일생 동안의 경력은 공자와 약간 유사한 점이 있다. 소년 시절에는 학문에 몰두했으며, 장년 시절에는 정치적 이상을 품고, 제자들을 데리고 20여 년 동안이나 제·송·등(滕)·노나라 등지를 돌아다녔다. 그러나 맹자가 어느 나라에 가서든지, 모두 "선대 임금들을 본받고, 어진 정치를 시행하라"는 자신의 주장을 선전하자, 양(梁) 혜왕(惠王)이나 제(齊) 선왕(宣王) 등 '부국강병'에 급급하던 군주들에게는 공담가(空談家)로 간주되어, 평생 동안 결코 중용되지 못했다. 말년에 맹자는 고향으로 돌아와 책을 쓰고 이론을 세우면서, 젊은이들을 교육했다. 맹자의 핵심 사상은 모두 『맹자』라는 한 권의 책 속에 기록되어 있으며, 책 속에는 또한 그의 오랜 세월에 걸친 정치 활동·정치 이론 및 유심주의 철학 사상 등등도 포괄되어 있다.

정치적으로, 맹자는 선왕(先王: 전설의 임금인 요·순·우·탕을 가리킨다. 혹자는 문왕·무왕도 포함된다고

◈ **맹자 묘비**

맹자의 묘는 산둥성 쩌우청(鄒城) 동북쪽에 있는 쓰지산(四基山)의 서쪽 기슭에 있으며, 묘 앞에는 용머리를 한 거북 모양 받침대의 거대한 비석이 있다. 비석에는 '亞聖孟子墓'(아성맹자묘)라고 새겨져 있는데, 이 비석은 청(淸) 도광(道光) 14년(1834년)에 중건되었다.

한다)들을 본받아, '인정(仁政)'과 '왕도(王道: 어진 덕으로 백성을 다스리는 것)'를 실천할 것을 주장하고, 일부 나라 군주들의 학정과 패도(覇道: 무력으로 나라를 다스리는 것)를 반대하여, "백성은 귀하고, 사직(社稷)이 그 다음이며, 임금은 미천하다[民爲貴, 社稷次之, 君爲輕]"는 사상을 제시했다. 그는 전력을 다해 요·순을 고취하면서, 이렇게 말했다. "요·순의 도(道)일지라도, 어진 정치를 하지 않으면 천하를 다스릴 수 없다." 그는 정치 체제를 '패도'와 '왕도'의 두 가지로 분류하여, "힘으로 인을 가장하는 자는 패자(覇者)이고" "덕으로 인을 행하는 자는 왕"이라고 했다. 여기에서 말하는 왕도란, 바로 그의 정치 사상, 즉 "어진 사람을 존중하고 능력 있는 사람을 임용하여, 재능이 걸출한 인재가 합당한 자리에 있고, 백성들을 위해 먹고 살기에 충분한 생업을 마련해 주며", "백성들에게 어진 정치를 실시하고, 형벌을 줄이고, 세금을 가볍게 하여, 정성껏 농사를 지을 수 있게 하는 것"이었다. 이렇게 하면 백성들로 하여금 마음으로부터 감복하게 하여, "천하에 대적할 자가 없게" 할 수 있다는 것이다. "백성이 근본이며[民爲本]", "백성은 귀하고 임금은 미천하다[民貴君輕]"는 것, 이것이 바로 맹자의 인정론(仁政論)의 핵심이자, 또한 맹자의 인본(人本) 정신이 집중적으로 구현되어 있는 부분이라고 할 수 있다.

개인의 수양 방면에서, 맹자는 사람의 본성은 본래 선하다고 주장했다. 이것이 그의 '인정' 사상의 이론적 근거다. 그는 사람의 성정은 본래 선하기 때문에, 모두가 '측은지심(惻隱之心: 남을 불쌍하게 여길 줄 아는 마음)'·'수오지심(羞惡之心: 부끄러워 할 줄 아는 마음)'·'사양지심(辭讓之心: 겸손하고 사양할 줄 아는 마음)'·'시비지심(是非之心: 옳고 그름을 구분할 줄 아는 마음)'이라는 사단(四端)을 가지고 있으며, 이것은 선천적인 인(仁)·의(義)·예(禮)·지(智)의 맹아라고 여겼다. 그리하여 만약 물욕(物慾)이 커지지 않도록 하여 진심으로 선(善)을 향해 나아가기만 하면, "사람들은 모두 요 임금이나 순 임금처럼 될 수 있다"고 생각했다. 맹자의 수양론은 결코 마음속으로 스스로 성찰하고 스스로 단속하는 것에 국한된 것이 아니라, 그는 힘써 실행할 것도 제창했으며, 사람들에게 우환이 있는 동안에도 자기를 갈고 닦도록 격려했다. 그리하면 "하늘이 장차 그 사람에게 큰일을 맡길 것"이라는 그 유명한 주장이 나오게 되었다. 그는 괴롭고, 힘들고, 배고프고, 부족하고, 혼란스러운 것 같은 고생을 겪으면서 의지를 갈고 닦고, 신체를 강건하게 하며, 사유 수준과 업무 처리 능력을 증강시켜야만, 사람은 비로소 중대한 사명을 담당할 수 있다고 여겼다. 맹자는 선현들의 인생 경험으로부터 다음과 같이 느끼고 깨달았다. 즉, 험악한 불행은 왕왕 한층 더 쉽게 사람을 분발하게 하여, 그 사람으로 하여금 끊임없이 자기를 완벽하게 만들어 가게 한다. 반면, 안일한 생활은 오히려 사람의 의지를 소멸시켜, 그 사람을 퇴폐하게 한다는 것이다. 바로 이른바 "근심과 걱정이 있는 곳에 삶이 있고, 안락한 데에 죽음이 있다[生於憂患, 死於安樂]"는 것이다.

객관적으로 말하자면, 맹자의 사상은 여전히 역사 유심주의(唯心主義) 세계관의 한계성을 띠고 있기는 하지만, 그가 폭정을 몹시 싫어하고 백성의 생활을 중시한 사상은 또한 고대 민주주의의 특징을 띠고 있어, 그 후의 중국 역사에 매우 큰 영향을 미쳤다.

순자

순자(대략 기원전 313~기원전 238년)는 이름이 황(況)이고, 순경(荀卿)이라고도 하며, 조(趙)나라 사람으로, 전국 후기 유가 학파의 걸출한 대표 인물이다. 순자의 일생은 공자나 맹자와 매우 유사하다. 그는 자기의 정치적 포부를 실현하기 위해, 일찍이 제(齊)·조(趙)·진(秦)·초(楚)나라 등을 두루 돌아다니면서 매우 많은 정치 활동에 참여했다. 제나라 위왕(威王)·선왕(宣王) 시기에, 순자는 제나라의 유명한 직하학궁(稷下學宮)[9]에 유학하여, 세 차례나 좨주(祭酒)의 직무를 맡았다. 후에 제나라 사람들이 질투하자, 순자는 초나라로 가서 두루 돌아다녔는데, 초나라의 중신(重臣)인 춘신군(春申君)이 그를 난릉령(蘭陵令: 난릉의 현령. 7품 벼슬)에 임명했다. 춘신군이 세상을 떠난 후, 순자는 은거하여 책을 저술하면서 제자들을 가르쳤다. 그 중에는 가장 유명한 두 명의 제자들이

9 직하학궁(稷下學宮): 직하지학(稷下之學)이라고도 부른다. 전국 시기 제나라의 관변 고등 교육기관으로, 제 환공(桓公) 전오(田午)가 처음 설립했으며, 제나라의 도읍인 임치(臨淄)의 직문(稷門) 부근에 있었다. '직(稷)'은 제나라 도읍인 임치성의 성문(城門)이름으로, '직하(稷下)'는 이 성문 부근이라는 의미다.

◈ **순자**

전국 시기의 유명한 사상가이자 정치가로, 한비(韓非)와 이사(李斯)가 모두 순자의 입실제자(入室弟子)였다. 이 두 제자들이 모두 법가(法家)의 대표적 인물이었기 때문에, 역대 일부 학자들은 순자가 유가 학자인지 아닌지 의문을 품고, 그는 법가에 가깝다고 여겼으며, 혹자는 그를 "겉으로는 유가이지만, 실제 내용은 법가"라고 하는 게 더 적합하다고 주장했다.

있었다. 한 명은 법가 학파의 대표 인물인 한비자(韓非子)이고, 다른 한 명은 진(秦)나라가 천하를 통일하는 데 큰 공로를 세운 중신인 이사(李斯)로, 그들은 모두 중국 역사상 높은 명성을 가진 인물들이다. 순자의 저작인 『순자』는 지금 고작 32편만 남아 있는데, 주요한 것으로는 「천론(天論)」, 「비상(非相)」, 「정명(正名)」, 「의병(議兵)」, 「비십이자(非十二子)」, 「권학(勸學)」편 등이 있다.

학파에 대해 말하자면, 순자는 유가에 속하지만, 그의 정치 사상은 공자나 맹자와는 매우 많이 다르며, 심지어는 뚜렷이 상반되는 부분도 매우 많다. 예를 들자면, 순자가 왕도를 존중해야 하고, 어질고 능력 있는 인재를 발탁해야 한다고 주장한 것은 맹자와 서로 같다. 하지만 동시에 패권의 힘[霸力]을 말하고, 후왕(後王: 주나라의 문왕·무왕이라는 견해와 성왕·강왕 및 주공을 가리킨다는 견해가 있다)을 본받자고 한 것은 맹자와 상반된다. 순자는 유가 사상을 출발점으로 삼고, 춘추전국 시기 각 학파들의 이론을 비판적으로 흡수하여, 자기의 사상 체계를 확립했다. 순자는 천명론(天命論)을 부정하고, 소박한 자연관을 선전했다. 순자는 생각하기를, 자연계는 그 자체의 법칙이 있어, 사람의 의지로 변화시킬 수 없으며, 사회의 안정과 혼란·흥망성쇠는 '천명(天命: 하늘의 뜻)'과 관계가 없고, 인간이 하는 일이야말로 그에 대해 결정적인 힘을 갖는다고 여겼다. 이 밖에도, 순자는 또한 인간은 자연에 대해 무능하여 아무 일도 할 수 없는 존재가 아니라, 인간의 주관적 노력을 통해 자연을 변화시킬 수 있다고 여겼다. 이처럼 사람이 노력하면 대자연을 이길 수 있다는 사상은 당시로서는 매우 진보적인 것이었다.

순자는 "후왕을 본받아", '예(禮)'·'법(法)'·'술(術)'로 효과적인 통치를 실행할 것을 주장하고, 군권(君權)의 집중과 사상의 통일을 숭상했다. 다시 말하자면 이른바 "최고 지도자를 존중하고[尊

無上]", "천하를 통일한다[一天下]"는 것이다. 순자는 또한 후왕을 학습하고, 실제로부터 출발하여 사회문제를 해결할 것을 강조했다. 순자는 생각하기를, 국가는 가정과 마찬가지로 하나의 권위만을 수립해야만 비로소 철저하게 안정될 수 있다고 여겼다. 그는 "천하는 하나다"라고 주장하면서, 정치적 통일을 추구함과 동시에, 사상적으로도 반드시 통일을 이루려면, 마땅히 "천하에는 두 개의 도가 없어야 하며, 성인에게는 두 개의 마음이 없어야 한다"고 했다. 이러한 사상은 모두 신흥 지주계급의 이익을 옹호했다.

이 밖에, 순자는 맹자의 '성선론'을 반대하고, '성악론'을 주장했다. 맹자는 생각하기를, 사람의 도덕관념은 선천적인 것이기 때문에, 사람의 '양지(良知: 태어날 때부터 타고난 지혜, 혹은 양심)'를 계발하면 사람을 선하게 할 수 있으며, 성인이 될 수 있다고 여겼다. 그러나 순자는, 사람의 도덕관념은 사회적 환경이나 교육과 밀접한 관련이 있다고 생각했다. 다시 말하면, "쑥이 삼밭에서 자라면 붙들어 주지 않아도 곧게 자라고, 흰 모래가 진흙 속에 있으면, 둘 다 함께 검게 된다"는 것이다. 이렇게 환경이 인간의 도덕적 품격의 높낮이를 결정한다는 사상은, 소박한 유물론 사상을 지니고 있다. 순자는 또한 후천적인 교육과 예(禮)를 극진히 하고 법(法)을 중시하는 효과를 강조했다. 그리하여 예와 법은 함께 일으켜야만 "공이 없으면 상을 주지 않고, 죄가 없으면 벌하지 않을" 수 있다고 여겼다.

한걸음 더

맹모(孟母)의 아들 교육

맹모, 즉 맹자 어머니는 중국의 역사와 교육사에서 자녀 교육에 가장 뛰어났던 여성 중 한 명이다. 맹자는 어려서 아버지를 여의고, 전적으로 어머니에게 의지하여 고생을 참고 견디며 성인이 되었다. 처음에 맹자 가족은 묘지 부근에서 살았으므로, 맹자는 매일 보고 들어서 익숙해지고 습관이 되자, 죽은 사람을 매장하는 놀이를 하며 놀았다. 맹자의 어머니는 환경이 맹자에게 좋지 않은 영향을 미치는 것을 염려하여, 집을 시장 부근으로 옮긴 결과, 맹자는 다시 장사꾼들이 소리치며 물건을 파는 것을 배우기 시작했다. 맹자의 어머니는 다시 집을 학궁(學宮: 서당 등 교육기관) 부근으로 이사하자, 맹자는 놀이를 할 때 각종 예의를 흉내 내기 시작했다. 그리하여 맹자의 어머니는 아들을 은연중에 감화시켜 교육할 좋은 곳을 찾았다고 여겼으므로, 그제야 곧 집안이 안정되었다. 후에 학습하는 과정에서, 맹자가 열심히 공부를 하려 하지 않자, 맹자의 어머니는 매우 화를 내면서 짜고 있던 베를 칼로 잘라 버림으로써, 맹자에게 일을 하다가 중도에 그만두면 안 된다는 것을 가르쳤다. 이 두 가지 고사가 바로 역사적으로 유명한 '맹모삼천(孟母三遷)'과 '맹모단직(孟母斷織)'이다. 조금도 의심할 여지없이, 맹자는 훗날 한 시대의 존경받는 스승이 될 수 있었으니, 여기에는 어머니의 교육이 큰 역할을 했다.

전국 후기

인물: 한비 **지역:** 한(韓)나라, 진(秦)나라 **키워드:** 법가

한비(韓非)와 법가(法家)

법가는 춘추 전기부터 출현했으며, 그 대표적 인물들로는 관중(管仲)·자산(子産)·상앙(商鞅)·신불해(申不害)·신도(愼到) 등이 있다. 그들은 '법치(法治)'를 주장하면서, 율령(律令)을 엄격하고 공정하게 하여, 백성들로 하여금 "질병처럼 두려워하게" 해야 한다고 했다. 이괴(李悝)·상앙·신불회·신도는 잇따라 '법(法, 법령)'·'술(術, 책략)'·'세(勢, 권세)'라는 사상을 제시하고 발전시켰다. 전국 말기에, 사상가인 한비가 종합적으로 정리하여 완비된 법가의 이론 체계를 형성했다. 법가 사상의 집대성자로서, 한비는 군주에게로의 권력 집중을 적극적으로 제창하고, 상벌을 중시하도록 제안했으며, 경전(耕戰: 농사와 전쟁을 가리키는 말로, 이 둘을 똑같이 중시하여, 이를 서로 결합해야 한다고 주장했다)을 중시하고, 유가와 묵가의 "선왕을 본받아야 한다"는 등의 관점에 반대하면서, 변법 개혁을 주장하여, 진(秦)나라가 여섯 나라를 통일하는 데 이론적 기초를 제공했다. 또한 그는 2천여 년에 걸친 중국 봉건 사회의 정치에 심각한 영향을 끼쳤다.

한비

한비(?~기원전 233년)는 전국 시기 법가 학파의 대표적 인물이다. 한비는 한(韓)나라 귀족의 후예로, 이사(李斯)와 함께 순황(荀況: 순자)의 제자가 되었다. 말을 더듬는 결점이 있었기 때문에, 한비는 결코 전국 시대의 대정치가나 종횡가(縱橫家: 외교에 일가견을 가진 사람들)의 탁월한 말재주꾼은 아니었지만, 그의 사변(思辨) 능력이나 글 솜씨는 매우 뛰어났고, 문장은 이치에 맞고 논리성이 매우 강했다. 청년 시대의 한비는, 한나라가 나날이 쇠락하여 전국칠웅 가운데 가장 약소한 나라로 몰락해 가는 것을 보고는, 곧 한나라 왕에게 글을 올렸다. 그는 변법을 진행하여 한나라를 강성하게 할 것을 주장했지만, 한나라 왕은 이를 무시했다. 우연한 기회에, 진(秦)나라 왕 영정

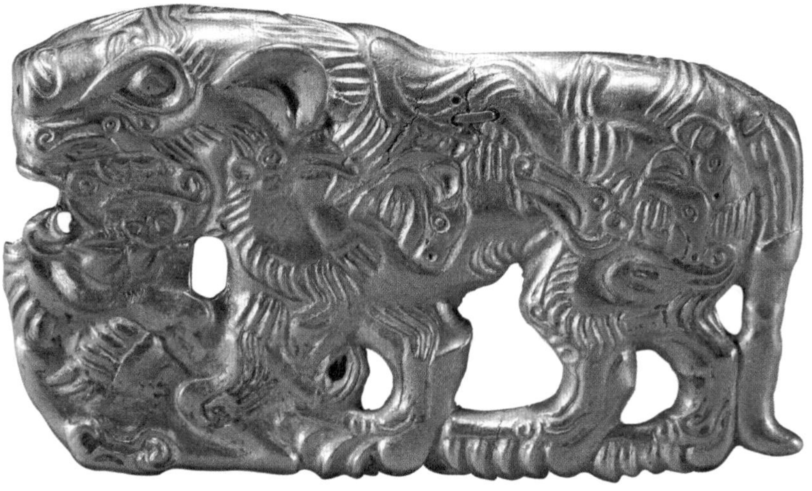

◈ **호랑박투문**(虎狼搏鬪紋) **금패식**(金牌飾) | 전국

이 금패는 내몽골 둥성(東勝)에서 출토되었으며, 초원 문화의 특징을 띠고 있다. 조형은 호랑이와 이리가 격투를 벌이는 형상으로, 현재 내몽골의 오르도스(鄂爾多斯)박물관에 소장되어 있다.

(嬴政: 훗날의 진 시황)이 한비가 쓴 「고분(孤憤)」·「오두(五蠹)」 같은 글들을 보고는 크게 칭찬하면서, 한비에 대해 간절히 만나고 싶다는 생각을 가지고 있었다. 오래지 않아 진나라가 출병하여 한나라를 공격하자, 한비는 화의(和議)를 요청하는 사자로 진나라에 파견되었다. 진왕 영정은 오래 전부터 경모해 오던 한비를 보자 매우 기뻐하면서, 그에게 나라를 다스리고 패권을 잡는 데 대해 의견을 물었다. 한비의 동창인 이사는 이때 이미 진나라에서 높은 직위에 있었으므로, 그는 한비가 진왕 영정에게 중용되어 자신의 지위에 영향을 미치지 않을까 염려했다. 그리하여 대신인 요가(姚賈) 등과 함께 진왕 영정에게 중상모략하기를, 한비는 마음속으로 고국을 생각하고 있다고 하여, 한비를 감옥에 가두게 했다. 후에 이사는 다시 사람을 보내 한비에게 독약을 주어, 옥중에서 자살하도록 했다.

한비의 저작은 『한비자(韓非子)』라는 한 권의 책에 수집되어 있으며, 현재 55편, 10만여 자가 전해지고 있다. 『한비자』라는 책의 풍격은 날카롭고, 문장은 간결하면서 세련되었으며, 수많은 우언(寓言) 고사들이 수록되어 있다. 예를 들면, '자상모순(自相矛盾: 스스로 앞뒤가 맞지 않고 모순됨)'·'수주대토(守株待兎: 그루터기를 지키며 토끼가 오기를 기다림. 즉 어리석은 판단으로 되지도 않을 일을 고집함)'·'휘질기의(諱疾忌醫: 병을 감추고 의사의 진료를 기피함. 즉 문제를 감추고, 남의 충고를 듣지 않음)'·'남우충수(濫竽充數: 피리 부는 악사를 마구 불러다 숫자만 채워 넣음. 즉 무능한 사람이 유능한 체하거나, 외람되게 높은 벼슬을 차지하고 있는 것을 비유하는 말)'·'노마식도(老馬識途: 늙은 말이 길을 안다는 뜻으로, 경륜 있는 사람에게는 지혜가 있음을 비유하는 말)' 등등이다. 이러한 우언 고사들은 심오한 철리(哲理)를 담고 있어,

사상성과 예술성의 완미한 결합을 통해 사람들에게 지혜로운 깨우침을 주며, 비교적 높은 문학적 가치를 지니고 있다. 또한 한비자의 정치사상을 통속적이고 알기 쉽게 선전해 주고 있어, 선진 시기 제자(諸子)의 산문들 가운데 독자적으로 한 유파를 형성한 풍격이라고 할 만하다.

법가의 법(法)·술(術)·세(勢)

한비 이전에, 법가 내부는 임법(任法: 법에 맡김)·용술(用術: 책략을 사용함)·중세(重勢: 권세를 중시함) 등 세 가지 사상적 분파로 나뉘어 있었다. 그 중 임법파는 법률 조문의 제정과 상벌(賞罰)의 집행을 중시했으며, 대표적 인물은 진(秦)나라의 상앙이다. 용술파는 관리의 선발과 임용·감독과 심사·포상과 처벌 및 통제의 방법과 수단을 중시했으며, 대표적인 인물은 한(韓)나라의 신불해다. 중세파는 국왕의 권세와 지위를 유지하고 운용하는 것을 강조했으며, 대표적 인물은 조(趙)나라의 신도다. 한비는 과거의 실패와 성공의 변화를 살펴보고는, 반드시 '법'·'술'·'세' 세 분파의 핵심 내용을 종합해야만 비로소 제왕의 패업을 완수할 수 있다고 생각했다. 그는 개인 세력을 제거하여, 군주의 전제(專制)를 강화하고, 중앙집권 제도를 건립해야만, "사건은 사방에서 벌어지더라도, 급소는 중앙에 있게 되며, 성인(聖人: 황제)이 급소를 장악하고 있으면, 사방의 제후들이 복속하여 충성을 하게 된다"고 제시했다. 한비가 제안한 이와 같은 군주 전제 이론은 묵가의 '상동(尙同: 천하의 의견을 천자의 의견과 같도록 하나로 통일해야 혼란이 없다는 사상)' 사상에서 영감을 얻은 것이다. 동시에 한비는 사학(私學)을 금지하여, 백성들은 "법을 가르침으로 삼고" "관리를 스승으로 삼도록 하여", 문화 전제 정책을 실행해야 한다고 주장했다. 이 밖에 그는 또한 상과 벌을 엄격하게 실행하고, 경전(耕戰)을 장려하여, 국가의 부강을 모색해야 한다고 주장했다. 그는 말하기를, "법으로 금하는 사항을 명확히 하고, 그에 대해 반드시 상을 내리거나 벌을 내리며, 그 토지의 생산력을 다 사용함으로써 수확을 많게 하여, 백성들이 죽음으로써 성을 지키도록 하는 것", "이것이 오로지 망하지 않는 책략이다"라고 했다. 한비는 진보적인 역사관을 가지고 있었다. 그는 유가의 복고사상을 단호하게 반대하고, 시대에 따라 그에 맞게 변화해야 한다고 주장하면서, "옛날 방법을 그대로 따르지 말고, 오랫동안 사람들에게 인정받은 규범이나 관습이라도 영원불변하는 법칙으로 삼지 말라"고 했다. 그는 선왕의 방법을 이용하여 지금의 나라를 다스리는 것은, 마치 "그루터기를 지키며 토끼가 오기를 기다는 것"처럼 황당하고 가소로운 일이라고 생각했다. 그러나 한비는 인민의 역사적 작용에 대해서는 인식하지 못해, 하층 백성들에 대해서는 잔혹하게 진압해야 한다고 주장했다.

한비는 역사의 발전 추세에 맞추어, 전제적 권력 집중[專制集權]이라는 법치 이론 체계를 완성했다. 이는 중국 군주 전제의 중요한 정치·사상적 도구가 되었다. 법학(法學)은 전국 시기의 '현학(顯學: 저명한 학설이나 학파)'이었는데, 후에 진 시황은 위에서 서술한 한비의 주장을 거의 전부 채용하여, 진 왕조가 천하를 통치하는 정치 이론이 되었다. 한비의 학설은 전체 중국 고대의 통치와 전통문화에 대해 심원하고 복잡한 영향을 미쳤다. 그의 역사 진화론 관념과 형벌을 엄격하게 하고 법률을 준엄하게 해야 한다는 주장은, 역대 군주들이 온 힘을 다해 나라를 다스릴 방법을 강구하고, 개혁과 변법을 하는 사상적 무기가 되었다는 측면에서, 진보적 의의를 지니고 있다. 하지만 그의 이론은 폭력을 중시하고 회유(懷柔)를 경시했으며, 법술(法術: 법과 책략)을 신뢰하고 공리(功利: 실리)를 숭상했으며, 상을 줄 만하면 상을 주고 벌을 주어야 하면 반드시 벌을 주었으며, 인애(仁愛)를 배척함으로써, 사회적 모순을 쉽게 격화시켰다. 서한 이후, 유학만이 유일하게 존숭받는 정통(正統) 사상이 되었지만, 법가 학설은 줄곧 역대 통치자들에 의해 은밀하게 혹은 분명하게 중요시되며 채용되었다. "유법병용(儒法幷用: 유가와 법가 학설을 함께 채용함)"은, 혹자는 "양유음법(陽儒陰法: 겉으로는 유가의 방식을 적용하고, 속으로는 법가의 방식을 적용함)"이라고도 하는데, 이는 중국 전통의 정치·통치 기법이었다.

전국 중·후기

인물: 소진(蘇秦), 장의(張儀) **지역:** 중원의 각 나라들 **키워드:** 합종, 연횡

종횡(縱橫)의 책략이 천하를 움직이다

전국 중·후기에, 위(魏)·초(楚)·제(齊)나라가 잇따라 쇠락하고, 진(秦)나라가 유일한 '초강대국'이 되었다. 이러한 형세에서, 그들 각 나라 사이에서 분주하게 움직이던 종횡가(縱橫家)들은 다양하게 자기의 외교·정치적 주장들을 내놓았는데, 그 중 가장 유명한 것이 바로 '합종(合縱)'과 '연횡(連橫)'이다. 합종이란, 동쪽의 각 나라들이 연합하여 진나라에 대해 공동으로 대응하자는 것을 가리킨다. 그 나라들의 형세를 보면, 동쪽의 각 나라들 간에는 남북을 향해 연합하게 되어 있었기 때문에, '합종'이라고 불렀다. 연횡이란, 동쪽의 각 나라들이 따로 진나라와 우호를 맺는 것을 가리킨다. 그 나라들의 형세를 보면, 동쪽의 각 나라들이 진나라와 동서를 향해 연합하는 모양새였기 때문에, '연횡'이라고 불렀다. 맹방을 쟁취하고 적국을 고립시키기 위해, 전국의 여러 강국들은 본래 "영원한 친구는 없고, 영원한 적도 없으며, 오로지 영원한 이익만 있다"는 원칙에 따라 여러 가지로 뒤엉켜 복잡한 종횡의 조약 체결 활동을 진행했으며, 중국 고대의 '벌교(伐交: 적이 다른 세력과 연합하는 것을 차단함)' 책략이 가장 빈번하게 운용된 시기였다.

소진(蘇秦)이 여섯 나라 재상의 관인(官印)을 지니다

전국 시기의 종횡가들 중에, 합종 정책을 가장 효과적으로 추진한 사람은 연(燕)나라의 소진(?~대략 기원전 321년)이다. 소진은 동주(東周)의 낙양에서 태어났으며, 일찍이 제나라에 가서 귀곡자(鬼谷子) 선생을 따르며 배웠고, 장의(張儀, ?~대략 기원전 309년)와는 동창 관계라고 전해진다. 처음에 소진은 외국에 가서 제후들에게 유세를 했는데, 아무도 그를 거들떠보지 않았다. 그는 여비가 바닥나자, 어쩔 수 없이 고향으로 돌아왔고, 친족과 고향 사람들의 냉대와 조롱을 받았다. 그리하여 그는 더욱 분발하여 독서를 했다. "머리를 대들보에 매달고, 송곳으로 허벅지를 찔러 졸음을 쫓아", 결국 학업에서 크게 진보를 이루었다. 기원전 314년에 연나라에서 내란이 발생하자, 제나라는 이 기회를 틈타 대대적으로 연나라를 공격하여, 연나라를 거의 멸망시켰다. 이듬해에, 연나라 소왕(昭王)이 즉위하자, 그는 나라의 치욕을 잊지 않고, 널리 현명한 인재를 받아들여, 원수를 갚으려고 힘썼다. 이때 소진이 연나라에 왔다. 그는 임금의 명을 받들어 제나라에 사신으로 나가, 제나라 선왕(宣王)을 설득하여 연나라의 영토를 돌려받았으므로, 연나라 왕의 신임을 얻었다. 그는 평생 동안 주로 연나라가 강대해질 방도를 모색하면서, 제나라에서 이간시키는 활동에 종사함과 동시에, 제·조·한·위나라 등 주변국들의 사이에서 분주히 오가면서, 제나라를 공격하고 진나라를 공격하기 위한 합종을 조직했다.

◈ **원숭이 모양의 은대구**(銀帶鉤) | **전국**

이 대구는 원숭이 모양으로 만들어졌다. 오른쪽으로 긴 팔을 뻗고 있으며, 구부린 원숭이의 발톱으로 걸 수 있게 되어 있고, 등 뒤에는 띠 위에 고정시키는 둥근 꼭지를 설치해 놓아, 구상이 매우 정교하다.

기원전 288년에, 진나라 소왕(昭王)과 제나라 민왕(湣王)이 황제로 칭하면서, 진나라는 서제(西帝), 제나라는 동제(東帝)가 되기로 서로 약속했다. 진나라와 제나라의 연합은 다른 나라들에게는 더욱 불리했으므로, 연나라 소왕은 다시 소진을 제나라에 파견하여, 제나라 왕으로 하여금 송나라를 공격하도록 설득하게 했다. 송나라는 제나라의 남쪽에 위치하고 있어, 제나라가 만약 송나라를 공격한다면, 필연적으로 북쪽의 연나라에 대한 방비는 약화될 수밖에 없었다. 그리고 송나라는 초·위나라와 경계를 접하고 있었을 뿐만 아니라, 또한 진나라와는 사이가 좋았으므로, 제나라가 송나라를 공격하면, 틀림없이 이들 세 나라와 모순이 발생하여, 사방에 적을 만드는 처지에 놓이게 되었다. 소진은 또 제나라 민왕에게, 황제 칭호를 포기하여 진나라를 고립시키고, 각 나라들로 하여금 진나라를 반대하도록 끌어들임으로써, 이 기회에 편리하게 송나라를 멸망시키자고 설득하자, 제나라 민왕은 그의 주장을 받아들였다. 이리하여 소진은 한·조·위·연 등 네 나라 군주들을 따로 설득하여, 각자 군대와 군량과 마초(馬草: 군마의 사료)를 내어 진나라를 공격했다.

이때의 합종은 규모와 기세가 대단했으며, 연합군과 진나라 군대는 형양(滎陽, 지금의 허난성에 속함)·성고(成皐, 역시 지금의 허난성에 속함) 일대에서 대치했다. 그러나 각국은 표면상으로는 연합했지만, 실제로는 모두 자기만의 속셈이 있었다. 제나라는 각 나라들이 동쪽 국경에 신경을 쓰느라 여념이 없는 기회를 틈타, 동시에 출병하여 송나라를 공격함으로써, 각 나라들의 불만을 불러일으켰다. 진나라는 이 기회를 틈타 다섯 나라의 연맹에 대해 분열과 와해를 진행했다. 제나라가 전력을 기울이지 않으니, 다른 나라들도 자연히 모두 서로에게 미루고 머뭇거리며 나아가지 않아, 연합군은 시종 진나라와 대규모 전쟁을 벌이지 않았다. 비록 이와 같았지만, 이때의 합종은 또한 약간 성과도 거두었다. 즉 진나라 소왕은 황제 칭호를 포기했고, 과거에 빼앗아 차지했던 위나라와 조나라의 일부 영토를 되돌려 주었다.

기원전 286년에, 제나라가 송나라를 멸망시키고, 영토와 인구를 크게 확장하자, 각 나라들은 제나라의 강력한 압력을 받았다. 진나라는 이 기회를 틈타 한·조·위·연나라와 조약을 맺고 제나라를 공격하여, 제서(濟西, 지금의 산둥성에 속함)에서 제나라 군대를 크게 물리쳤다. 연나라 소왕은 이 기회를 틈타 악의(樂毅)로 하여금 군대를 이끌고 남하하여 제나라로 공격해 들어가도록 했다. 제나라 민왕은 소진을 신임했기 때문에, 연나라 군대를 전혀 방비하지 않았으므로, 제나라 군대는 크게 패하여 거의 나라가 망할 지경이 되었다. 그러나 소진은, 몸은 제나라에 있지만 마음은 연나라에 있는 간첩이라는 신분도 완전히 밝혀져, 거열(車裂: 사지와 머리를 다섯 대의 수레에 묶고 찢어 죽이는 형벌)의 형벌을 받았다. 이후부터 동쪽의 거인이었던 제나라는 한번 쓰러진 뒤 다시 일어서지 못하자, 진나라가 독점하는 국면이 형성되었다.

소진 이후에 다시 한 무리의 종횡가들이 출현했는데, 예를 들면 이태(李兌)·공손연(公孫衍) 같은 사람들이다. 그들도 일찍이 합종을 제창하고 조직했지만, 규모로 보나 영향력으로 보나 모두 이전에 비할 수는 없었다.

장의(張儀)가 소진 대신 분주해지다

만약 소진이 합종 정책의 첫 번째 추진자라면, 연횡을 조직하여 가장 효과를 거두었고, 연횡으로 가장 유명한 사람은 바로 진나라의 장의다. 장의는 위나라 귀족의 후예인데, 그는 일찍이 초나라에 가서 유세를 하고, 초나라 재상과 술을 마셨다고 전해진다. 그런데 얼마 지나지 않아 초나라 재상은 자기의 옥벽(玉璧: 가운데에 동그란 구멍이 뚫린 둥글넓적한 옥기) 하나가 보이지 않는다는 것을 발견했다. 그의 부하들은 모두 장의가 훔쳐간 것으로 의심했기 때문에, 그를 붙잡아다 채찍질을 가했다. 하지만 장의가 인정하지 않자, 어쩔 수 없이 그를 석방하고 마무리했다. 장의의 아내는 불평을 하며 그에게 이렇게 말했다. "만일 당신이 독서와 유세를 하지 않았으면, 어찌 이런 치욕을 당하겠습니까?" 그러자 장의가 아내에게 말했다. "당신은 내 혀가 아직도 있는지 없는지 한번 봐 주시오." 그의 아내는 웃으면서 이렇게 대답했다. "아직 있습니다." 장의는 "그럼 됐소"라고 말했다.

기원전 329년에, 장의는 진나라에 들어갔다가, 혜문왕(惠文王)에 의해 객경(客卿: 다른 나라에서 와 고위 관리가 된 사람)에 임명되어, 제후들을 토벌하는 대사를 꾀하는 일에 직접 참여했다. 기원전 328년에, 장의는 진왕에게, 막 점령한 포양(蒲陽)을 돌려주도록 건의하여 위나라에 호의를 보이고, 위나라 왕에게 진나라와 동맹을 체결하도록 설득했다. 그 결과 위나라 왕은 장의에게 설득당하여, 진나라에게 영토를 떼어 주고, 두 나라는 우호를 맺었다. 이리하여 장의의 연횡 정책은 첫 전쟁에서 승리를 거두었다. 하지만 이내 진나라가 약속을 어기고 다시 위나라를 침공하자, 종횡가인 공손연이 이 기회를 틈타 위·조·한·연·중산(中山) 등 다섯 나라에 "오국상왕(五國相王)"을 제안했다. 이는 바로 다섯 나라 군주들이 왕(王)이라고 칭하기로 선포하고, 서로가 이를 승인한 뒤, 연합하여 진나라에 대항함으로써, 위나라의 방어력을 증강시키자는 것이었다. 하지만 초나라가 그해에 군대를 일으켜 위나라를 공격하여 위나라 군대를 크게 물리치고, 8개의 성읍을 점령하자, 위나라와 초나라는 철천지원수가 되어 버렸다. 장의가 다시 사신으로 나가서, 위나라의 비위를 맞추면서 포섭하자, 위나라 혜왕(惠王)은 과연 공손연의 합종 정책을 포기했다. 그리고 진·한나라가 연합하여 제·초나라에 대처하자는 장의의 정책을 받아들였다. 기원전 319년에, 장의가 진나라를 위해 이익을 도모한 정황이 밝혀지는 바람에 위나라에서 쫓겨났고, 공손연은 제·연·조·한·위 등 다섯 나라의 지지를 받아 위나라 재상이 되었다. 이듬해에 그는 합종하여, 위·조·한·연·초 등 다섯 나라를 연합한 뒤 진나라를 공격하자고 제안했다. 그러나 각 나라들의 이해관계가 달라, 초·연 두 나라는 합종에 적극적이지 않았고, 출병하지 않았다. 그래서 기원전 317년의 수어(修魚, 지금의 허난성 위안양原陽 서쪽) 전투에서 삼진(三晉: 151쪽 참조) 연합군은 진나라 군대에게 대패하여, 8만 명이 참수를 당함으로써, 이번의 합종은 실패로 끝나고 말았다.

진나라가 갈수록 강성해지는 것을 직접 보자, 제나라와 초나라는 가까워지기 시작하여, 서로 동맹을 체결하고, 진나라와 자웅을 겨룰 역량을 강화했다. 이로 인해 제나라와 초나라의 연맹은 진나라에게는 골치 아픈 우환이 되었다. 그리하여 제·초 연맹에 틈새를 벌어지게 하여 두 나라의 역량을 감소시키는 것이, 곧 장의가 연횡을 추진하는 관건이 되었다. 기원전 313년, 장의는 초나라에 가서 회왕(懷王)을 만나, 초나라가 제나라와의 관계를 단절하면, 진나라 혜문왕이 상우(商于, 지금의 허난성 시촨淅川 서남쪽) 일대 6백여 리의 영토를 초나라에 주기로 했다고 공언했다. 안목이 짧은 초 회왕은 계략에 말려들어, 제나라와 단교하기로 결정하고, 사람을 진나라에 보내 영토를 인수하여 관리하도록 했다. 장의는 수레에서 떨어져 부상을 입었다고 속이고, 세 달 동안 조정에 나가 정무를 보지 않았다. 초나라 왕은 장의가 자신이 제나라와 단교하겠다는 뜻이 진실하지 않다고 의심한다고 여겼기 때문에, 사람을 보내 제나라 왕을 한 차례 꾸짖었다. 제나라 왕은 몹시 화를 내며, 진나라와 연합하여 초나라를 공격하려고 했다. 그때 장의는 뜻밖에 태도를 바꾸어 이전의 일을 부인하면서, 초나라 사자에게 이렇게 말했다. "진나라의 영토가 어찌 함부로 남에게 증여될 수 있단 말인가? 내가 초나라에 주도록 승낙한 것은 6리에 해당하는 나의 봉지(封地)이지, 6백 리가 아니오." 초왕은 사자의 보고를 들은 후 벌컥 화를 내면서, 즉각 대군을 소집하여 진나라를 공격했다. 그 결과 단양(丹陽, 지금의 허난성 단수이丹水 북쪽)에서 일전을 벌여 진나라 군대에게 대패했으며, 초나라의 한중(漢中, 지금의 산시성陝西省 서남부)도 진나라에게 빼앗겼다. 패배했다는 소식이 초나라에 전해지자, 회왕은 부끄럽고 분한 나머지 화를 이기지 못하여, 온 나라의 역량을 진나라 공격에 쏟아 부었다. 같은 해에, 진나라와 초나라는 다시 우전(于田, 지금의 산시성陝西省에 속함)에서 전투를 벌였는데, 초나라 군대는 또 다시 대패했다. 이때, 한·위 두 나라가 남이 위급한 때를 틈타 한몫 챙기려고 초나라를 공격하자, 초나라는 양쪽에서 적을 맞이하게 되었으므로, 할 수 없이 성을 진나라에게 내주고 허둥지둥 철군했다. 얼마 지나지 않아 진나라 혜문왕은 사자를 보내 초 회왕에게 통보하기를, 진나라 소유의 무관(武關) 바깥쪽 지방을 초나라가 소유한 검중지(黔中地)와 맞바꾸고 싶다고 했다. 회왕은 장의에 대한 원망을 멈추지 않으면서 말하기를, "만일 장의를 손에 넣을 수만 있다면, 검중지를 바치겠다"고 했다. 장의가 이 말을 들은 다음, 초나라에 가게 해달라고 요구하자, 혜문왕은 위험하다고 여겼지만, 장의는 오히려 진나라는 강하고 초나라는 약한 정치적 정세하에서는, 초왕이 감히 자기를 해치지 못할 거라고 생각했다. 과연 장의는 초나라에 도착한 후에, 감옥에 갇혔다. 장의는 초 회왕이 총애하던 신하인 근상(靳尙)과 총애하던 후궁인 정수(鄭袖)를 매수했다. 정수는 초왕에게 말하기를, 장의를 죽이는 것은 아무런 득이 안 될 뿐 아니라, 또한 필시 진나라와의 관계를 파괴할 것이니, 장의를 석방하여 진나라와 관계를 개선하는 것만 못하다고 했다. 회왕은 과연 후궁의 말을 따라 장의를 석방했다. 그 후, 장의는 다시 제·조·연나라에게 진나라와 연횡하도록 주장하여, 모두 성공을 거두자, 무신군(武信君)에 봉해졌다. 얼마 지나지 않아, 진나라 혜문왕이 병으로 세상을 떠나고, 무왕이 왕위를 계승했다. 무왕은 어려서부터 장의를 싫어했는데, 신하들 가운데 장의를 시기하는 사람들이 이 기회를 이용하여 다시 무왕에게 중상모략을 했다. 장의는 조만간 큰 화를 당할까 두려웠으므로, 재상의 직위를 사임하고 위나라로 갔다가, 기원전 310년에 병으로 세상을 떠났다. 기원

◈ **중산왕**(中山王) **방호**(方壺) | **전국**

호(壺)는 옛날에 술이나 물을 담아 두던 그릇이다. 이 방호는 허베이성 핑산(平山)의 중산왕 묘에서 출토되었다. 호의 몸통 위에는 450자의 글이 새겨져 있으며, 몸통의 네 모서리에는 또한 머리가 위를 향하고 꼬리가 아래를 향한 네 마리의 용을 붙여 놓아, 중산 지구의 고졸하면서 웅혼한 예술적 특징을 뚜렷이 보여주고 있다.

전 328년부터, 장의는 위·초·한나라 등에서 유세를 하면서, 각 나라들 사이의 모순을 이용하여, 연횡을 조직하기도 하고, 합종을 깨뜨리기도 하면서, 진나라의 이익을 도모했다. 비록 그가 신의를 중시하지 않고, 외교 무대에서 기만술을 운용함으로써 모든 사람들로부터 멸시를 받기는 했지만, 진 혜문왕의 전체 재위 기간에 그는 진나라가 외교적으로 잇따라 승리를 거둘 수 있도록 하여, 진나라가 나중에 여섯 나라를 통일하는 데 공로를 세웠다.

전국 시기의 종횡가들은 마음에는 권모술수를 품고서, 입에는 뛰어난 말솜씨를 가지고서, 정치무대에서 활동했다. 일단 그들의 주장이 채택되면, 각 나라들의 관계가 조정되어, 한 나라의 흥망성쇠에까지 이를 수 있었기 때문에, 『맹자』에서는 이렇게 말하고 있다. "공손연과 장의가 어찌 진짜 대장부가 아니겠는가! 한번 노하면 제후들이 두려워하고, 평안히 있으면 세상이 잠잠했거늘[公孫衍·張儀豈不誠大丈夫哉! 一怒而諸侯懼, 安居而天下息]." 이로부터 그들의 영향력이 얼마나 컸는지 충분히 알 수 있다.

전국 후기

인물: 여불위, 진 장양왕 **지역:** 조(趙)나라, 진(秦)나라 **키워드:** 돈적거기(囤積居奇)

여불위(呂不韋)가 제왕을 매점하다

춘추 말기부터 전국 시대까지, 상업 활동이 전대미문의 발전을 이루면서, 상인들은 독립적인 사회 집단이 되었다. 그들은 취급하는 상품의 종류가 대단히 많았고, 활동 범위가 대단히 넓었으며, 각 생산 부문에 걸쳐 풍부한 이익을 얻었다. 『사기(史記)』「화식열전(貨殖列傳)」에는 10여 명의 개인 부호들을 열거하고 있다. 예를 들면 공자의 제자인 자공(子貢)·도주공(陶朱公) 범려(范蠡)·대상인인 백규(白圭)는 모두 조정을 나오면 곧 호상거부(豪商巨富)들이었고, 조정에 들어가면 곧 신하이고 재상이었으며, 심지어 한 나라의 군주와 지위가 대등하여, 당시의 정치에 중요한 영향을 미쳤다. 그 가운데 사람들에게 가장 귀에 익어 잘 알려져 있는 사람은 탁월한 식견을 가졌던 여불위라고 할 수 있을 것이다. 그는 자신의 장사 수완에 의지하여, 물건을 쌓아 두고 큰 이익을 얻을 때를 기다렸으며[囤積居奇], 실의에 빠진 한 명의 왕손(王孫)을 지원하여 한 나라의 군주로 만들었고, 자신도 그에 따라 벼락출세를 하여, 권위가 혁혁했으니, 중국 역사상 상인이 정치에 참여한 모범적인 사례라고 할 수 있다.

'기화(奇貨: 진기한 물건)'를 매점하다

여불위(?~기원전 235년)는 복양(濮陽, 지금의 허난성 푸양) 사람으로, 각지를 왕래하면서, 싼 값으로 사들였다가 비싼 값에 팔았기 때문에, 큰돈을 벌었다. 진(秦) 소왕(昭王) 42년(기원전 265년)에 소왕은 차남인 안국군(安國君)을 태자로 세웠다. 안국군에게는 20여 명의 아들이 있었는데, 그 가운데 한 명의 이름은 자초(子楚)였다. 그는 총애를 받지 못했기 때문에, 진나라에 의해 조(趙)나라에 인질로 보내졌다. 진·조 두 나라는 해마다 전쟁을 벌여, 국가 관계가 매우 나빴으므로, 자초의 인질 생활도 매우 힘들었고, 매우 마음에 들지 않았다. 당시 여불위는 조나라에서 장사를 하고 있었는데, 한번은 길거리에서 뜻밖에 자초가 지나가는 것을 보고는, "미리 확보해 놓으면 장차 큰 이익을 볼 것[奇貨可居]"이라고 생각했다. 그리하여 여불위는 곧바로 가서 자초를 예방하고, 자초에게 이렇게 유세했다. "내가 당신 집안을 빛나고 성대하게 할 수 있습니다." 그러자 자초가 웃으면서 말했다. "당신은 먼저 자신의 집안을 빛나고 성대하게 하고 나서, 다시 나의 집안을 빛나고 성대하게 해주시오!" 이에 여불위가 말했다. "나의 집안은 당신의 집안이 빛나고 성대해야 비로소 그렇게 될 수 있습니다." 바로 이렇게 해서 두 사람은 교류를 시작했고, 수완이 뛰어난 여불위는 매우 빠르게 자초의 막역한 친구가 되어, 자초가 진나라로 돌아가 권력을 장악하도록 하기 위해 장애물을 제거하면서 유리한 조건을 만들기 시작했다.

◈ **희배입인경반**(犧背立人擎盤) | 전국

이 반(盤)의 밑받침은 송아지 모양이며, 송아지의 등 위에는 어린 사내아이의 형상이 세워져 있는데, 두 손을 앞으로 뻗어, 반을 받쳐 주는 자루를 떠받치고 있다.

여불위는, 안국군이 화양부인(華陽夫人)을 가장 총애하는데, 화양부인에게는 자손이 없지만 안국군에게 적자(嫡子)를 확립하여 건의할 권한이 있다는 말을 듣고는, 오백 금(金)을 자초에게 내주어, 일상 생활비 및 빈객들과의 교제 비용으로 쓰도록 했다. 다시 오백 금을 내어 진기한 노리개들을 구입한 뒤, 이 물건들을 가지고 진나라에 가서 유세를 했다. 여불위는 먼저 화양부인의 언니를 만나, 가지고 간 물건들을 화양부인에게 전달해 달라고 바치는 김에, 자초는 총명하고 어질고 능력이 있으며, 교제하는 제후 빈객들이 천하에 널려 있다고 말했다. 그러면서 아울러 그로 하여금 화양부인에게 자초가 "부인을 하늘로 여기고 있으며, 밤낮으로 태자와 부인을 생각하며 눈물을 흘리고 있다"고 전해 달라고 요청했다. 화양부인은 이 말을 듣자 매우 흐뭇했다. 여불위는 기회를 보아 다시 화양부인의 언니에게 화양부인을 다음과 같이 설득하라고 말했다. "내가 듣자하니, 미색을 이용하여 사람을 모시다가, 일단 미색이 퇴색하면 총애도 그에 따라 사라진다고 합니다. 지금 당신은 태자를 모시고 있어 비록 총애를 받지만, 아들이 없으니, 서둘러 태자의 아들 가운데 재능도 있고 효성스러운 한 사람을 골라 친교를 맺고 계승자로 세우는 것이 좋습니다. 그렇게 하면 남편이 살아 있을 때 당신은 존중받을 것입니다. 그리고 남편이 세상을 떠난 후에는, 당신이 세운 아들이 왕위를 계승하여, 결국 또한 세력을 잃지 않을 것입니다. 지금 자초는 어질고 능력이 있으며, 또한 자발적으로 부인에게 의지하고 있으니, 부인이 만일 진정으로 지금 그를 내세워서 후계자로 삼는다면, 당신은 평생 진나라 도읍에서 은총을 받으며 살 수 있을 것입니다." 화양부인은 이 이야기를 다 듣고 나자, 정말이지 꿈에서 깨어난 듯이 정신이 번쩍 들어, 안국군 앞에서 자초가 어질고 유능하다며 칭찬하기 시작했다. 그리하여 점차 안국군은 자초에 대해 호감을 가졌다. 시기가 이미 무르익었다는 것을 알자, 화양부인은 안국군에게 자신의 생각을 밝히고 결판을 내기로 결정했다. 하루는 화양부인이 먼저 안국군이 매우 기뻐하도록 비위를 맞춘 다음, 구슬 같은 눈물을 흘리며 소리 내어 울면서 이렇게 말했다. "저는 운 좋게 후궁에 들어왔지만, 참으로 유감스럽게도 자식이 없으니, 제가 훗날 의지할 수 있도록 자초를 후계자로 삼을 수 있기를 바랍니다." 한 번의 베갯밑공사로 안국군의 즉각적인 응답을 얻어 냈다. 안국군은 부인의 기분을 맞추느라 즉각 옥부(玉符: 옥으로 만든 증표)를 내려, 자초를 후계자로 삼기로 결정했다. 안국군과 화양부인은 또한 자초에게 풍성한 선물도 보냈으며, 아울러 여불위에게는 자초의 스승을 맡아 달라고 요청했다.

고심하여 경영하다

여불위는 금전과 지략으로 자초가 왕위 후계자가 되도록 도운 다음, 다시 온갖 지혜를 다 짜내어 다음 계획을 구상했다. 여불위는 도처에 미녀들을 찾아 나섰다. 때마침 조나라의 도성인 한단(邯鄲)에 조희(趙姬)라는 기생이 있었는데, 노래를 잘 부르고 춤도 잘 추었으며, 자태가 아름다웠다. 여불위는 거금을 쓰는 것을 아끼지 않고 이 기생을 사서 첩으로 삼았고, 얼마 지나지 않아 조희는 임신을 했다. 여불위는 조희를 자초에게 보내 주었지만, 일부러 조희가 이미 임신했다는 사실은 숨겼다. 그 후 조희가 음력 정월에 아들을 낳자 이름을 '정(正)'이라고 지었다가, 후에 다시 '정(政)'으로 바꾸었고, 조나라에서 태어났기 때문에, 성(姓)을 조(趙)씨로 하여, 조정(趙政)이라고 불렀다. 이 사람이 바로 훗날 역사적으로 명망 높은 진 시황이다.

진 소왕 50년(기원전 257년)에, 진나라 군대가 한단을 포위 공격하여, 정황이 매우 긴급하자, 조나라는 자초라는 이 인질을 죽이려고 했다. 자초는 곧 여불위와 몰래 모의하여, 성을 지키는 관리에게 6백 금을 주고서 간신히 빠져나와, 진나라의 군영으로 도망칠 수 있었다. 자초는 순조롭게 진나라로 돌아온 뒤, 즉시 화양부인을 예방하러 갔다. 화양부인은 매우 기뻐했다. 조나라가 보복을 하기 위해 자초의 아내인 조희와 그 아들인 조정을 죽이려고 하자, 한바탕 힘든 유랑 생활을 했다. 어머니와 아들 둘이서 여기저기 숨어 다니다가, 마침내 기적적으로 살아 돌아왔다.

진 소왕 56년(기원전 251년), 소왕이 세상을 떠나자, 태자인 안국군이 왕위를 계승했고, 화양부인은 왕후가 되었으며, 자초는 태자가 되었다. 애석하게도 안국군은 복이 없어 1년 후에 세상을 떠났다. 그리하여 태자 자초가 마침내 왕위에 올랐으니, 그가 바로 진 장양왕(莊襄王)이다. 장양왕은 즉위한 후, 화양왕후를 화양태후로 높였으며, 여불위를 승상에 임명하고, 문신후(文信侯)에 봉하여, 하남 낙양(洛陽)의 10만 호를 식읍으로 하사했다. 대상인인 여불위는 큰 이익을 얻기 위해 진기한 물건에 투자하다가, 이때에 이르러서 명성과 권력과 이익을 동시에 얻었다. 장양왕은 왕위에 오른 지 3년 만에 세상을 떠났고, 영정(嬴政, 즉 조정)이 왕위를 계승했다. 처음 왕위에 올랐을 때, 진왕 영정은 겨우 13세였으므로, 조정의 대권은 상국(相國: 재상)인 여불위에 의해 조종되었으며, 진왕 영정은 그를 '중부(仲父: 제왕이 재상이나 중신을 높여 부르던 존칭)'로 존중했다. 이때의 여불위 집안에는 노복이 만 명을 넘었고, 문객(門客: 세력 있는 집안에서 숙식을 해결하며 지내는 사람)이 3천 명이나 되었을 정도로 권세가 조야를 흔들었으니, 아무도 그에 비할 수 없었다. 장양왕 원년부터 진왕 영정이 즉위한 후 10년까지, 여불위는 진나라의 군정(軍政) 대권을 13년 동안 장악하여, 진나라의 수많은 중대한 군사·정치적 활동들은 모두 여불위가 진왕 영정을 대신하여 수행했다. 이 기간에 진나라는 여섯 나라들과 전쟁을 벌이면서 여러 차례 승리를 거둠으로써, 여섯 나라를 통일하기 위한 기반을 다졌다.

그러나 진왕 영정이 성장하여 성인이 되어 감에 따라, 여불위는 혹시 자기가 태후와 사통했다는 사실이 밝혀져, 자기에게 재앙이 닥치지나 않을까 두려웠다. 그리하여 몰래 노애(嫪毐)라는 사람을 물색하여 환관이라고 속인 뒤 태후에게 바쳤다. 노애는 태후에게 두터운 총애를 받았으므로, 그 권세가 여불위와 거의 대등해졌으며, 진왕 영정이 즉위한 지 8년(기원전 239년) 후에는 장신후(長信侯)에 봉해졌다. 또한 태후와 사통하여 두 명의 아들을 낳고, 진왕의 '의붓아버지'로 행세했다. 진왕 영정이 국정을 장악한 후에, 노애는 진왕의 옥새를 도용하여 군대를 일으켜, 진왕 영정이 거주하는 내궁(內宮)을 공격했다. 진왕 영정은 급히 상국(相國: 재상)인 창평군(昌平君)과 창문군(昌文君)에게 반란을 진압하도록 명령하자, 함양(咸陽)에서 격전을 벌여, 반란군 수백 명의 목을 벴고, 노애와 그 일당은 모두 체포되었다. 진왕 영정은 명령을 내려, 노애와 함께 반란을 일으킨 관리 20여 명을 효수하여 거리에 내걸었으며, 사람들이 지켜보는 가운데 노애를 거열형에 처하고, 삼족을 멸했으며, 태후가 낳은 두 아들을 함께 죽이고, 태후를 옹도(雍都, 지금의 산시성陝西省 펑샹鳳翔 남쪽)의 별궁에 연금했다. 노애의 반란은 여불위에게도 영향을 미쳤다. 진왕 영정은 한때 상국 여불위를 죽일까도 생각했지만, 그가 선왕을 섬겼던 공로가 매우 컸고, 또한 수많은 빈객(賓客) 변사(辯士)들이 그에게 용서를 구했기 때문에, 여불위를 법으로 처벌하기 어려웠다.

◈ **방주형**(方柱形) **투조누관**(透彫樓觀) | **전국**

이 기물은 정방형의 몸통 위에 하나의 네모난 가옥을 떠받치고 있으며, 가옥 안에는 앉은 자세의 한 인물 형상이 있고, 인물 형상 앞에는 하나의 정(鼎)이 있다. 또 그 정 옆에는 한 명의 시자(侍者)와 두 명의 악기(樂伎)가 무릎을 꿇고 있는, 전국 시기 건축 양식을 이해할 수 있는 진귀한 문화재다. 현재 허베이성박물관에 소장되어 있다.

이듬해에, 진왕 영정은 여불위의 상국 직위를 박탈하고, 도성에서 추방하여 하남의 봉지로 보냈다. 다시 1년 남짓 지난 다음, 각 제후국들의 빈객 사자들의 왕래가 잦아져 끊이지 않았는데, 모두들 여불위에게 가서 문안을 드렸다. 진왕 영정은 관직에서 파면된 여불위가 뜻밖에도 여전히 그토록 높은 위엄과 명망을 가지고 있다는 것을 알자, 편지를 써서 여불위가 각 제후국들의 사자들과 밀접하게 내왕한 것에 대해 질책하고는, 그의 온 집안을 외진 촉군(蜀郡)으로 이주하도록 명령했다. 여불위는 자신이 이미 진왕 영정의 용서를 받을 수 없다는 것을 알고는, 더 큰 치욕을 당하는 것을 피하기 위해 독주를 마시고 자살했다.

여불위는 신분이 평범한 일개 상인의 신분으로서, 뜻밖에 자신의 두뇌에 의지하여 단번에 높은 지위에 올랐으니, 그의 안목과 정치적 수완은 사람들로 하여금 경탄을 자아내게 할 만한 것이었다. 하지만 결국 그는 진나라 왕 정(政)이라는 훨씬 강력한 상대를 만났고, 또한 이 정치 도박에서 패하고 말았다.

『여씨춘추(呂氏春秋)』

진왕 정(政) 8년(기원전 39년)에, 여불위는 빈객 3천 명을 끌어 모아 두뇌집단을 꾸리고, "사람들로 하여금 그가 들은 지식을 저술하도록" 한 다음, 그것을 선택하고 종합하여, 제자백가의 각 학파 학설들을 "모두 포괄한" 한 권의 저작인 『여씨춘추』를 편찬했다. 이 책은 주로 유가·법가·음양가(陰陽家)의 일부 학설들을 취사선택하고, 이것을 종합하여 일련의 정치적 주장을 구성했으며, 지금 12기(紀)·8람(覽)·6론(論) 등 총 26편, 20여만 자가 남아 있다. 『여씨춘추』는 유가·도가·음양가 등 각 학파의 학설들을 선택적으로 받아들였다. 그 가운데 유가와 도가가 주를 이루고 있다. 예를 들면, 유가의 수신(修身)·제가(齊家)·치국(治國)·평천하(平天下) 이론은 찬성하고, 가천하(家天下: 임금이 나라를 자기 가문의 재산으로 간주하여 대대로 세습하는 제도)는 반대했으며, 상고 시대의 선양(禪讓: 임금이 살아 있는 동안 다른 사람에게 왕위를 물려줌) 제도를 칭송했다. 또 제후를 분봉할 것을 주장했으며, 임금은 아무 일을 하지 않더라도 이루어지지 않는 것이 없어야 하고, 힘이 있고 위엄이 있어야만 비로소 신하들을 복종시킬 수 있다고 주장했다. 또한 법가의 "엄한 형벌과 법"을 반대하면서, 덕의(德義)로 통치해야 한다고 주장한 것 등등이다. 『여씨춘추』는 각 학파의 학설을 종합한 것이지, 결코 발전적으로 비판·계승 및 총괄한 다음 전혀 새로운 사상을 제시한 것이 아니며, 각 학파들의 학설을 뒤섞어서 그러모아 놓은 것이다. 그 주요 사상은 진나라가 계속해서 "엄한 형벌과 법"을 채용해 왔던 법가 사상과 모순되었기 때문에, 진나라 통치자들은 중시하지 않았다. 하지만 『여씨춘추』는 고대 사람들의 입에 오르내리던 많은 이야깃거리와 숨겨진 사건들을 담고 있어, 일정한 역사적 가치를 지니고 있다. 특히 적지 않은 농업 기술 방면의 기록이 보존되어 있는 소중한 문헌자료다.

제3장

진(秦)·한(漢)

통일 다민족 국가의 성대한 기초를 다지다

기원전 221년, 진 시황은 여섯 나라를 멸망시킴으로써, 영토가 전에 없이 광활하고 통일된 다민족 국가를 건립함과 아울러, 군주전제·중앙집권·관료제도가 삼위일체를 이루는 정치 체제를 창건하여, 그 역사적 공적은 더없이 크고 위대했다. 하지만 모두가 한 목소리로 칭송하는 '천고일제(千古一帝: 천 년에 한 번 나올 만한 위대한 황제)'가 되지는 못했다. 그는 큰일을 하여 공을 세우기를 좋아했고, 사치가 극에 달해, 국가 통일과 제도 창신(創新)이 만들어 놓은 "흑자"를 엄청나게 소모했다. 또 턱없이 무거운 세금을 거둬들이고, 형벌이 너무 가혹하여, 왕조가 새로 일어나면서 넘쳐나던 민심과 민력(民力)을 급속히 손상시켰다. 기원전 209년, 대택향(大澤鄕) 봉기가 요원의 불길로 타올랐다. 기원전 206년에 자영(子嬰)이 투항함으로써, 진나라는 겨우 2대에 걸친 15년 만에 멸망하고 말았다.

기원전 202년, 평민 출신의 유방(劉邦)이 전쟁에서 강적 항우(項羽)를 물리치고, 황제를 칭하며 한(漢)나라를 건립하여, 장안(長安)에 도읍을 정했다. 서한(西漢) 초기에, 진나라가 망한 교훈을 받아들여, 부역을 줄이고 세금을 가볍게 해 줌으로써, 백성들에게 휴식을 주었다. '문경의 치[文景之治: 한나라 문제와 경제의 치세]'는 국가의 실력을 증강시켰다. 뛰어난 재능과 원대한 계략을 가진 한 무제(武帝)는 제도를 변혁하고, 유교를 존숭했으며, 북쪽의 흉노를 정벌하고, 서역과 통로를 열어, 문치(文治: 폭압이 아니라 문덕으로 다스림)와 무공(武功: 군사적인 업적)이 역사책에 찬란히 빛나고 있다. '소선중흥(昭宣中興: 소제와 선제 시기의 태평성세)' 이후, 황제들 대부분이 나약하여, 외척들이 정치에 관여하고, 환관들이 총애를 받게 되면서, 조정 안팎을 난장판으로 만들었다. 서기 8년에, 왕망(王莽)이 한나라를 찬탈하여 마음대로 제도를 뜯어고치면서, 천하가 혼란스러워지자, 적미(赤眉)와 녹림(綠林)이 봉기를 일으켰다. 서한은 모두 12명의 황제에 걸쳐, 210년간 존속했다.

서기 25년, 농민군과 결별한 서한의 종실(宗室) 유수(劉秀)가 황제에 등극하여, 낙양에 도읍을 정했으니, 역사는 이를 동한(東漢)이라 부른다. 광무제(光武帝)는 "공신들을 물러나게 하고, 문관들을 등용하여" 나라를 "온화한 방법[柔道]"으로 다스리고, 기개 있게 개혁을 진행했으므로, 이를 "중흥(中興)"이라고 부른다. 그러나 명문거족 및 토호(土豪)들이 새로운 왕조와 함께 굴기하자, '도전(度田: 토지를 측량하는 것인데, 거기에는 호구 조사도 포함되어 있었다)'이 실패하여, 토지 겸병과 토지 집중은 전에 없이 심각해졌으므로, 빈곤해진 농민들은 의지할 곳을 잃고 떠돌았다. 동한 중·후기에는, 외척이 여전히 발호하고, 환관이 더욱 활개를 치면서, 두 차례 '당고(黨錮: 반대 세력에 대해 벼슬을 하지 못하게 하는 것)'를 일으켜 조야(朝野)의 훌륭한 인재들을 박해하자, 정치는 한층 부패했으며, 사회는 전에 없이 암울했다. 184년에, 황건(黃巾)의 대대적인 봉기가 폭발하자, 각지에서 군벌과 포악한 권세가들은 잇달아 군대를 일으켜, 그 기회를 틈타 한쪽에서 할거했다. 220년에, 헌제(獻帝)가 조비(曹丕)에게 양위하면서, 동한은 멸망했다. 동한은 모두 14명의 황제에 걸쳐, 195년간 존속했다.

진(秦) 기원전 230~기원전 220년

인물: 진왕 정(政) 지역: 중국 키워드: 대일통(大一統)

진왕(秦王)이 천하를 평정하다

당대(唐代)의 대시인인 이백(李白)은 다음과 같이 진 시황을 찬양하는 시 한 수를 지었다. "진왕이 천하를 평정하고, 호랑이처럼 날카롭게 노려보니 참으로 웅혼하구나! 검을 휘둘러 떠 있는 구름을 치니, 제후들이 전부 서쪽으로 오는구나[秦王掃六合, 虎視何雄哉! 揮劍擊浮雲, 諸侯盡西來]." 이 시는 천고일제(千古一帝)인 진 시황이 여섯 나라들에 위세를 떨치고 천하를 통일한 웅장한 모습과 기개를 묘사했다. 하지만 사실 진나라는 영토로 말하자면 천 리에 불과했고, 그것도 한쪽 구석에 치우쳐 있었으며, 습속으로 말하자면 융족(戎族)에 가까웠으므로, 문명이 오래된 중원의 여러 나라들과는 도무지 비교할 수가 없었다. 그러나 "서주(西周)와 동주(東周)를 먹어치우고 제후들을 멸망시켜, 지존의 지위에 올라 천하를 제패한", 세상을 압도하는 장거는 바로 결국 욕심 많고 잔인한 진나라가 완성했다. 역사학자인 사마천은, 이는 하늘의 뜻이 아니면 이루어지기 어려웠을 거라고 여겼는데, 역대 학자들은 이에 대해 의견이 분분하여 일치된 결론을 내리지 못했다.

낙후되고 외진 땅에서 떨쳐 일어나다

진나라의 성(姓)은 영(嬴)씨다. 영진(嬴秦)은 영씨 성을 가진 수많은 종족들 가운데 한 갈래로서, 영씨 성을 가진 종족들은 자신들의 시조가 "오제(五帝: 전설 속의 다섯 성군)의 한 사람인 전욱(顓頊)의 후손"이니, 황제(黃帝: 중국의 시조로 여겨지는, 전설 속의 성군)와 하나의 혈통에서 나온 것과 같다고 주장한다. 세계의 거의 모든 종족들과 마찬가지로, 영씨 종족도 영웅적인 시조의 신비로운 전설을 가지고 있다. 『사기』 「진본기(秦本紀)」의 기록에 따르면, 전욱의 손녀 이름은 여수(女修)로, "여수가 베를 짜는데, 제비가 알을 떨어뜨리자, 여수가 이 알을 삼켜, 아들 대업(大業)을 낳았다"고 한다. 대업의 아들 대비(大費, 즉 백예伯翳, 일설에는 백익伯益이라고도 함)는 일찍이 대우(大禹)를 보좌하여 치수(治水)에 공을 세웠으며, 또한 순(舜) 임금을 위해 새를 길렀기 때문에, 순 임금으로부터 "영씨 성을 하사받았다"고 한다. 주나라 효왕(孝王)이 재위할 때, 서쪽의 진농(秦隴)으로 이주한 한 갈래의 영씨 수령인 비자(非子)는 말을 기르는 공을 세웠으므로, 진(秦) 지역의 견수(汧水)와 위수(渭水)가 교차하는 곳에 봉읍(封邑)을 받았으며, 또 그로 하여금 "이어서 영씨를 제사 지내도록" 했다. 이리하여 이 종족은 영진(嬴秦)이라는 이름을 얻게 되었다. 이것은 역사서에서 볼 수 있는 내용으로, 진나라 사람의 조상이 영씨 성을 갖게 되고, 종족 명칭이 진(秦)으로 정해진 유래다.

◈ **운문옥배**(雲紋玉杯) | 진

이 옥배는 산시성(陝西省) 시안시(西安市)에 있는 아방궁(阿房宮) 터에서 출토되었으며, 높이가 14.5센티미터, 구경(口徑)이 6.4센티미터이고, 그 아래쪽 벽에는 쭉 이어진 운문(雲紋)이 가득 새겨져 있어, 이런 이름이 지어졌다.

평왕(平王)이 동쪽(낙읍-옮긴이)으로 천도한 이후, 주나라 왕실이 중원의 한쪽 구석을 사수하자, 천자의 권위는 갑자기 땅바닥으로 떨어졌다. 이에 따라 사회는 곧 대분열·대요동·대변혁의 중요한 시기로 접어들었다. 진 양공(襄公)은 눈치 빠르게 대응하여, 친히 대군을 이끌고 평왕이 천도하는 것을 호송했으므로, 그 공훈이 탁월했다. 평왕은 양공의 지위를 제후로 승격시키고, "그에게 기(岐) 지역 이서의 땅을 하사했다". 진 목공(穆公) 때, 목공은 어질고 능력 있는 사람을 등용했다. 건숙(蹇叔)을 중용하고, 백리해(百里奚)와 유여(由余)를 교묘하게 받아들여, 그들의 계책과 결단의 보좌를 받으면서, 진나라는 관중(關中: 112쪽 참조)을 차지했고, 동쪽으로는 "진(晉)나라와 우호 관계"를 체결했으며, 서쪽으로는 융적(戎狄)을 토벌했다. 그리하여 "합병한 나라가 12개나 되고, 영토를 천 리나 개척하여, 마침내 서융을 제패했다". 전국 초기에, 후미진 변방에 위치한 진(秦)나라는 건국이 비교적 늦었기 때문에, 내부는 동요하고, 경제는 낙후했으며, 여러 차례 인접 국가들에게 업신여김을 당했다. 그 후, 진나라 사람들은 지난날의 실패를 반성하고, 변법을 통해 강국이 되기로 결심했다.

그리하여 진 효공(孝公)은 상앙(商鞅)을 임용하여 변법을 시행했다. 정치에서는, 현제(縣制: 군郡 밑에 현을 두는 제도)를 추진하여 중앙집권을 강화하고, 이치(吏治)를 맑고 깨끗하게 하여 행정 효율을 높였다. 경제에서는, 농업과 길쌈을 장려하여, 근본(농업-옮긴이)을 중시하고 말단(상업-옮긴이)을 억제했으며[重本抑末], 도량형을 통일하고, 법령의 형식으로 토지 사유를 확실하게 인정해 줌으로써, 소농(小農) 경제를 육성했다. 군사에서는, "군에서 공을 세운 자에게는 신분에 관계없이

◈ **청동 창**[銅矛] | 진(秦)

진 시황 병마용 1호 갱에서 출토된 청동 창은 제작이 뛰어나, 지하에서 2천 년 이상 묻혀 있었는데도 여전히 처음 만들었을 때와 마찬가지로 예리하여, 진대의 우수한 청동기 제작 수준을 뽐내고 있다.

그 등급에 따라 작위를 부여하는" 제도를 실행하여, 세습 귀족을 타파하고, 신흥 군공(軍功) 지주를 육성함으로써, 진나라 군대의 적극성과 전투력을 극도로 향상시켰다. 법률에서는, 호구(戶口)를 편제하고, 형벌을 강화했으며, 상벌을 분명히 했다. 상앙 변법의 성공은 진나라가 부강해지기 위한 기초를 닦았다. 진나라는 상앙의 변법을 통해 국력 향상을 도모하면서부터, 점차 "사해(四海: 온 천하)를 자기 주머니에 넣고 묶어 두려는 마음과 팔황(八荒: 온 세상)을 다 삼켜 버리려는 마음[囊括四海之意, 幷吞八荒之心]"이 생겨나기 시작했다. 그리하여 끊임없이 다른 나라를 합병하려는 전쟁을 일으켜, 동쪽의 여섯 나라들을 잠식해 들어갔다. 진나라 군대는 주로 창끝을 두 방향, 즉 동쪽의 삼진(三晉: 151쪽 참조) 방향과 서남쪽의 촉한(蜀漢) 및 초(楚) 지역을 향해 겨누었다. 삼진 방향에서, 진나라 군대는 병력을 관외(關外: 관중 지역에서 중원으로 통하는 동쪽 관문인 함곡관函谷關 이동 지역)로 이동하여, 중원을 직접 압박했다. 기원전 330년과 기원전 328년에, 진나라는 두 번에 걸쳐 위나라를 공격했고, 위나라는 잇달아 하서(河西) 땅과 상군(上郡)의 15개 현을 바쳤다. 기원전 307년에는 진나라가 한(韓)나라 의양(宜陽)을 공격하여 점령함으로써, 진나라의 영토는 중원까지 확장되었다. 기원전 289년에, 진나라는 두 번에 걸쳐 위나라를 공격하여 61개 성을 탈취했다. 서남 방향에서, 진나라는 먼저 파(巴)·촉(蜀)을 취한 다음, 초(楚)·한(漢)을 압박해 들어갔다. 기원전 316년에, 진나라는 파·촉을 멸망시켰다. 이 전쟁은 진나라의 국운을 건 도박이었다고 할 수 있는데, 결국 진나라 장수 사마착(司馬錯)이 다음과 같이 예견했던 효과를 매우 톡톡히 거두었다. 즉 "촉나라를 얻는 것은, 곧 초나라를 얻는 것이다. 초나라가 망하면, 곧 천하가 합병된다." 과연 이후부터, 진나라 군대는 초나라에 대해 여러 차례의 결정적 승리를 거둠으로써, 차후에 여섯 나라의 우두머리로 군림하면서 천하를 통일하기 위한 견실한 기초를 다졌다. 즉 기원전 312년에, 진나라는 초나라를 공격하여 한중(漢中) 땅 6백 리를 차지하고, 한중군(漢中郡)을 설치했으며, 기원전 298년에는 다시 초나라를 공격하여 16개의 성을 탈취했다. 또 기원전 278년에는 초나라 도성인 영(郢)을 취하고, 그곳에 남군(南郡)을 설치했으며, 기원전 277년에는 초나라를 공격하여 무(巫)와 강남(江南)을 취하고, 검중군(黔中郡)을 설치했으며, 기원전 272년에는 남양군(南陽郡)을 설치했다. 기원전 256년에, 진나라는 주나라를 멸망시키고, 구정(九鼎: 95쪽 참조)을 취했다. 이후로 산동의 여러 나라들이 앞을 다투어 진나라에 가서 "배알하자", 진 소왕(昭王)은 마치 "천하공주(天下共主: 25쪽 참조)" 같았으며, 그가 자손들에게 물려준 것은 나날이 밝아지는 천하였다.

군웅(群雄)을 일소하고, 천하를 통일하다

기원전 246년, 영정(嬴政)은 진나라 왕위에 올랐으니, 나이가 고작 13세였다. 당시 진나라의 대권은 그의 어머니인 황태후가 총애하던 가짜 환관 노애(嫪毐)와 상국(相國)인 여불위(呂不韋)가 장악하고 있었는데, 그들의 권력과 이권 쟁탈전은 날이 갈수록 치열해졌다. 소년이던 영정은 울분을 참으면서 감히 아무 말도 하지 못하고 일부러 약한 체하다가, 그가 22세가 되어 친정할 때까지 기다린 뒤, 군대를 동원하여 반란을 일으킨 장신후(長信侯) 노애를 즉각 주살했다. 그런 다음, 또한 '중부(仲父)' 여불위를 상국 직위에서 파면하고, 아울러 그가 독약을 먹고 자살하도록 핍박했다. 영정은 양대 정적을 제거하고, 왕권을 강화하여, 까다로운 장애를 일소하자, 천하를 통일하는 대업에 착수했다. 기원전 230년부터 기원전 221년까지, 진나라의 왕이 된 영정은 계속해서 한(韓)·조(趙)·위(魏)·초(楚)·연(燕)·제(齊) 등 여섯 나라를 겸병함으로써, 중국 역사상 첫 번째로 다민족 중앙집권 국가를 건립했다. 그 진행 과정은 전·후 두 개의 주요 단계로 나뉜다.

전 단계는 기원전 230년부터 기원전 225년까지인데, 주로 진나라와 거리가 비교적 가까운 삼진(三晉) 지역과 허약한 연나라에 대해 군대를 사용했다. 삼진 지역 나라들 중 한나라가 가장 약했기 때문에, 한나라를 공격함으로써 진나라는 대규모 정복 전쟁의 서막을 열었다. 기원전 230년에, 내사등(內史騰)을 파견하여 한나라를 쟁취하고, 한나라 왕 안(安)을 포로로 잡으니, 한나라는 멸망했다. 기원전 229년에, 진나라 대장 왕전(王翦) 등이 군대를 이끌고 조나라를 공격했다. 1년도 안 되어 조나라 군대를 대파하고, 조나라의 도성인 한단(邯鄲)을 함락시켰으며, 조나라 왕 천(遷)을 사로잡으니, 조나라는 멸망했다. 조나라 공자(公子: 제후의 아들)인 가(嘉)는 대(代, 지금의 허베이성 웨이현蔚縣)로 도망쳐, 스스로 대왕(代王)이 되었다. 진나라의 행동은 조나라의 북단에 있던 연나라로 하여금 크게 두려하게 만들었다. 연나라 태자 단(丹)은 마침내 장사(壯士)인 형가(荊軻)를 파견하여 지도를 바친다는 명분으로 진왕 영정을 암살하고, 진나라의 야심찬 병탄 계획을 무산시키려고 망상했다. 그러나 예상치 못하게 지도 속에 숨겨 두었던 비수가 드러나는 바람에 암살 계획이 발각되어, 형가는 영정을 찌르지도 못했을 뿐 아니라, 오히려 진나라 궁정을 피로 물들이며 죽임을 당했다.(164쪽 각주 '도궁비견' 참조–옮긴이) 기원전 226년에, 놀라기도 하고 화도 난 진왕 영정은 왕전을 파견해 연나라를 공격하여, 연나라의 도성인 계(薊, 지금의 북경)를 격파하자, 연나라 왕 희(喜)는 요동(遼東)으로 천도했다. 원한을 갚은 다음, 진나라는 이미 정해 놓은 계획에 따라, 삼진 지역에 남아 있던 적국인 위나라를 향해 군대를 사용했다. 기원전 225년, 진나라는 왕분(王賁)을 파견하여 위나라를 공격했다. 위나라의 도성인 대량(大梁)을 포위하고 대량성을 물에 잠기게 하자, 위나라 왕 가(假)가 항복하여, 위나라는 멸망했다.

후 단계는 기원전 225년부터 기원전 221년까지이며, 주로 남쪽과 동쪽에 있던 초나라와 제나라에 대해 군대를 사용함과 동시에, 누워서 식은 죽 먹듯이 전 단계에서 살아남은 여적을 섬멸했다. 기원전 225년에, 진나라 장수 이신(李信)은 젊고 혈기가 왕성하여, 20만 명의 병력을 이끌고 가면 초나라를 멸망시킬 수 있다고 큰소리쳤다. 진왕 영정은 승리에 정신이 팔린 나머지 노장인 왕전 등의 간언을 무시하고 경솔하게 출병했다가, 승리하기는커녕 오히려 패하고 말았다. 진왕 영정은 결국 왕전이 이끄는 60만 대군을 파견하여 초나라를 공격했다. 기원전 224년, 초나라가 전국의 모든 군대를 동원하자, 왕전은 곧 진지를 굳게 지키면서 주위의 인구와 물자를 소개시키고, 적군이 이용할 만한 지형지물을 깨끗이 치워 버렸으며, 초나라 사람들이 한두 번 도전해 왔지만 모두 무시한 채 상대하지 않았다. 초나라 군대는 싸울 수 없자, 물러나 동쪽으로 향했다. 왕전은 이 기회를 틈타 추격하여 초나라 군대를 대파하고, 초나라 장수 항연

◈ **진나라의 용상(俑像)| 진**

진 시황릉 속에 있는 병마용(兵馬俑)은 조형이 매우 사실적이고, 살아 있는 듯이 생생하여, 모든 사병용(士兵俑)들은 연령과 신분을 알 수 있다. 어떤 것은 용모가 수려하고, 입술은 굳게 닫혀 있어, 갓 입대한 신병임이 분명하고, 어떤 것은 굵은 눈썹과 커다란 눈에, 수염이 약간 곤두서 있는 것으로 보아, 분명히 여러 차례 죽을 고비를 남긴 노병일 것이다.

(項燕)을 죽였다(일설에는 항연이 자살했다고 함). 이듬해에, 초나라 왕 부추(負芻)를 사로잡으니, 초나라는 마침내 멸망했다. 강대국인 초나라를 섬멸함으로써, 정복 전쟁의 대세는 이미 결정되어, 전혀 거리낄 게 없었다. 기원전 222년에, 왕분이 이끄는 군대는 마치 가을바람이 낙엽을 쓸어 버리듯이 잇달아 요동과 대(代)를 점령하고, 연나라 왕 희와 대나라 왕 가를 사로잡으니, 연나라와 대나라는 마침내 망하고 말았다. 그 이듬해에, 왕분은 연나라 남쪽으로부터 제나라를 공격했다. 진나라 군대가 파죽지세로 제나라 도성인 임치(臨淄, 지금의 산둥성 쯔보淄博)로 쳐들어가자, 제나라 왕 건(建)이 항복하여, 제나라는 멸망했다. 10년에 걸친 정복 전쟁은 바로 이렇게 막을 내렸다. 짧은 10년의 시간 동안, 진왕 영정은 위료(尉繚)·이사(李斯)·왕전 같은 문신과 무장들의 보좌를 받아, 상대방이 미처 손쓸 틈도 없이 빠른 기세로 전광석화처럼 여섯 나라를 섬멸하고, 질풍노도 같은 통일 여정을 완성하여, 중국 고대 역사에 참신한 한 페이지를 열었다. 진나라의 통일은 대세의 흐름이자 인심의 방향이었을 뿐만 아니라, 진나라와 여섯 나라의 실력 차이가 점차 확대된 데 따른 필연적인 결과이기도 했다. 동시에 또한 진왕인 영정 개인의 뛰어난 지능과 원대한 계략과도 떼어 놓을 수 없다. 진나라의 통일은, 중국 역사를 참신한 단계로 밀고 나갔다.

봉건 정치의 피라미드

진왕 영정은 여섯 나라를 소탕하고 진 왕조를 창업하여, 춘추전국 시기의 '천하공주'가 이름만 있고 실체는 없는 국면을 마감했다. 그리고 시황제(始皇帝)로서의 영정은 곧 왕제(王制)를 폐지하고 군주제(君主制)를 확립하여, 전제주의 중앙집권 제도를 추진함으로써, 방대한 봉건 정치의 피라미드를 세웠으니, "하나의 제도를 제정하여 영원히 전했다"고 할 수 있다.

진대(秦代) 이전에, 상(商)·주(周)의 최고 통치자는 모두 '왕(王)'이라고 불렀다. 전국 시기에는 왕실이 쇠미해지고, 군웅들이 함께 일어나면서, '왕(王)'이라 부르기도 하고 '제(帝)'라 부르기도 하는 것이 풍조가 되었다. 진나라가 여섯 나라를 멸망시키자, 진왕 영정은 이름을 바꾸지 않으면, "성공을 드러내어 후세에 전할 방도가 없다"고 여기고, '황제(皇帝)'라는 칭호를 사용할 것을 제안했다. 이것은 진왕 영정이 최초로 역사적인 창제를 한 것이다. 이후로 '황제'라는 칭호는 역대 최고의 봉건 통치자들이 계속 사용했다. 황제의 독존(獨存)적 지위를 과시하기 위해, 진왕 영정은 이사 등의 건의를 받아들여, 여러 가지 제도를 제정했다. 시황제의 명(命)은 '제(制)'라 하고, 령(令)은 '조(詔)'라 했으며, 자신을 '짐(朕)'이라고 불렀고, 황제가 사용하는 옥인(玉印)을 '새(璽)'라고 불렀으며, 문자를 사용할 때는 황제의 "이름을 쓰지 말도록[諱名]" 한 것 등등이다. 이 밖에도, 통치를 공고히 하기 위해, 그는 또한 삼공(三公) 구경(九卿) 제도를 실시했다. 삼공이란, 승상(丞相)·대위(大尉)·어사대부(御史大夫)다. 승상은 삼공의 우두머리로, 금인(金印)에 자색 인끈[紫綬]을 맸고, 녹봉이 만 석(石)이었으며, "천자를 주관하여 보좌하고, 천자를 도와 중요한 정사를 처리했다". 또 좌·우 승상으로 나뉘어 있었고, 황제에게 직접 명을 받는 문관(文官)의 우두머리였다. 대위는 역시 금인에 자색 인끈을 맸고, 녹봉이 만 석이었으며, "군대 업무를 관장하고", "오병(五兵)을 주관하는" 무관(武官)의 우두머리였다. 어사대부는 은인(銀印)에 청색 인끈을 맸으며, "부승상을 맡았고", 조령(詔令: 칙령)을 문서로 만들어 하급 기관에 전달했으며, 백관에 대한 감찰 책임을 맡았다. 어사대부는 대부분 황제의 심복으로, 지위가 약간 낮은 직책인 어사(御史)가 자리를 옮겨 승진하여 재상의 권력[相權]을 억제했다. 삼공 밑에는 여러 경(卿)들이 있었으며, 이를 구경(九卿)이라고 불렀는데, 실제로는 아홉 명만이 아니었으며, 대다수는 진나라에 원래 있었던 직위다. 주요한 것들로는, 종묘예의(宗廟禮儀)를 관장하는 봉상(奉常), 황실 종족(宗族: 황제의 친족)과 외척의 사무를 책임지는 종정(宗正), 궁전의 출입문을 숙위(宿衛: 수비하기 위해 숙직함)하는 낭중령(郎中令) 등등이 있었다. 삼공과 구경은 모두 황제가 임면했고, 일절 세습할 수 없었다.

삼공과 여러 경들을 설립하고, 행정·군사·사법·감찰·재정을 분리하고, 박사(博士)가 국가 대사를 논의한 것은, 역할을 분담시킨 것일 뿐만 아니라, 상호 견제하게 한 것이다. 그리하여 황제는 대권을 확실하게 장악하고, 군신(群臣)들을 마음대로 부릴 수 있게 되었으며, 뛰어난 정치적 수완을 발휘하여 가국일체(家國一體: 국가는 곧 황제의 국가로서, 황실과 국가는 뗄 수 없는 일체의 관계라는 것)의 정치적 '대일통(大一統: 하나로 통합함)' 구도를 강화했다. 삼공과 구경을 주축으로 이루어진 봉건 조정은, 황제에게 절대적으로 복종하고, 명을 받아 정무를 대신 처리하는, 진나라 전제주의 중앙집권 정치의 핵심이었다. 이 핵심을 중심으로, 진 왕조는 또한 군(郡)·현(縣)·향(鄕)·리(里)를 주축으로 하는 전국적인 지방 권력 체계를 편성했다. 수도와 경기(京畿: 수도 주변 지역) 요충지에 내사(內史)가 직할하는 중앙(中央)을 설립한 것 외에, 진나라 지방 정권으로서 많은 군(郡)을 설치했다. 진군(秦郡)의 설치는 학계에서 원래 논쟁이 있었다. 시황 26년(기원전 221년)에 막 통일을 이루고, 진나라는 "전국을 36개의 군으로 나눈" 다음, 먼 변경 지대의 개척과 군청 소재지를 조정함에 따라, 전체 군의 숫자는 최대 46개(일설에는 54개)에 달했던 것 같다. 각 군에는 일률적으로 "수(守)·위(尉)·감(監)"을 설치했다. 군수(郡守)는 "그 군의 통치를 관장했고, 녹봉이 2천 석이었으며", 최고 지방 행정장관으로서 관할 구역의 정치·군사·재정·민정·사법·감찰 등 중요 업무를 통할했다. 군수 밑에는 군승(郡丞)·좌수(佐守)를 두었으며, 녹봉은 6백 석이었다. 군위(郡尉)는 "태수(太守: 군수의 존칭)를 보좌하여 그 무관 직무를 맡아 관장했으며", 역시 녹봉은 2천 석이었으니, 군사 제국에서 그의 지위가 어느 정도였는지 알 수 있다.

◈ **투수문경(鬪獸紋鏡) | 진**

진대에 만들어진 이 동경(銅鏡)은 후베이성 윈멍(雲夢) 수이후디(睡虎地)에서 출토되었으며, 현재 후베이성 윈멍박물관에 소장되어 있다. 동경은 상대(商代)에는 제사에 사용하는 예기(禮器)였으며, 전국 시기부터 진나라 때까지는 일반적으로 아직 왕공 귀족들만이 사용할 수 있었는데, 한대(漢代)에는 점차 민간에 보급되어, 사람들에게 필수불가결한 생활용구가 되었다.

군 밑에는 현(縣)을 두었고, 현급(縣級) 기구는 모두 군이 통할했다. 현 중 1만 호(戶) 이상인 곳에는 현령(縣令)을 두었으며, 녹봉은 6백 석부터 1천 석까지였고, 1만 호 미만인 곳에는 현장(縣長)을 두었으며, 녹봉은 3백 석부터 5백 석이었다. 현령이나 현장은 한 개 현의 부역 징발·재판·치안 등의 정무를 통솔했다. 현령과 현위(縣尉)의 역할 분담은 군수·군위의 역할과 유사했다. 현 밑에는 향(鄕)을 두었고, 향 밑에는 리(里)가 있었으며, 리 밑에는 10호(戶)로 편성된 십(什)과 5호로 편성된 오(伍)가 있었다. 호는 개별 소농(小農) 가정이었고, 십과 오는 진나라의 가장 기본적인 단위였다.

진나라는 군·현 관리들의 감찰과 지방의 순행(巡行)을 특히 중시했다. 어사대부 밑에 감어사(監御史)를 두어 군(郡)을 감독하도록 했으며, 각 군에는 독우(督郵)를 두어 현을 감독하도록 했다. 위와 같은 계통의 행정 편제를 통해, 진 시황은 중앙에서부터 지방에 이르는, 그리고 삼공·구경부터 향·리·십·오에 이르는 피라미드형 통치 기구를 구축했다. 황권(皇權)은 현실을 알지 못하고 민중들과는 괴리되어 탑 꼭대기에 위풍당당하게 있었고, 노동하는 대중은 곧 탑 밑바닥에서 억압을 당했다. 이처럼 기이한 피라미드는 진 제국(帝國)의 군주전제·중앙집권·관료 제도가 삼위일체를 이룬 정치 체제 문화의 확립을 상징했다.

진 시황은 중국 군주제의 창건자로서, 정치의 '대일통' 문화를 확립했다. 그는 또한 전국의 수레는 두 바퀴의 폭을 같게 했고, 문서는 같은 문자를 사용하게 했으며, 화폐와 도량형 등 사회생활과 경제 제도를 통일하여, 중국 사회경제 공동체의 기본이 형성되도록 촉진했다. 그리하여 '대일통' 문화의 기본 골격의 기초를 다짐으로써, 당시는 물론 그 이후의 역사 발전 과정에도 거대한 영향을 미쳤다.

한걸음 더

진나라의 영거(靈渠) 건설

영거는 지금의 광시성(廣西省) 북부에 위치하고, 영거(零渠)라고도 불리며, 시황 33년(기원전 214년)에 건설된 인공 운하다. 이는 섬서의 정국거(鄭國渠)·사천의 도강언(都江堰)과 함께 진나라의 3대 수리 공사라고 일컬어진다. 시황 33년에, 진나라의 군위(軍尉)인 도휴(屠睢)가 50만 명의 진나라 군대를 지휘하며 5방면으로 나누어 남하하여, 지금의 양광(兩廣: 광동과 광서) 지역에 거주하던 남월(南越)·서구(西甌)와 대규모 전쟁을 벌였다. 남월과 서구를 정복하기 위한 전쟁을 지원하고, 남월을 공격하는 진나라 군대의 보급 문제를 해결하기 위해, 진 시황은 감록(監祿)을 지금의 광시성 싱안현(興安縣) 북부에 파견하여, 상수(湘水)와 이수(漓水)를 연결하는 운하를 파도록 함으로써 "군량 보급로를 텄는데", 이것이 바로 유명한 영거다. 영거는 상수와 이수가 가장 가까운 곳을 선택하여 팠으며, 전체 길이는 34킬로미터로, 강남(江南: 장강의 중·하류 이남)의 장강(長江) 수계(水系)와 주강(珠江) 수계를 통하게 하였다. 영거의 건설은 진나라 군대가 작전을 하는 데 필요한 요구를 보장했으며, 중원 지역이 남쪽 지역이나 서남쪽 지역과의 경제·문화적 교류를 하는 데 중요한 역할을 했다. 명·청대에 이르기까지, 영거는 또한 "삼초(三楚: 선진 시기의 초나라 영토를 가리키는 말로, 진나라 때는 동초·서초·남초로 나뉘었기 때문에 부르던 호칭이다)와 양월(兩粤: '粵'은 '越'과 같은 글자로, 양월이란 동월과 남월을 가리킨다)의 급소"라고도 불렸다.

진(秦) 기원전 210년

인물: 진 시황, 공자(公子) 호해(胡亥), 조고(趙高) 지역: 사구(沙丘) 키워드: 지록위마(指鹿爲馬)

사구의 변[沙丘之變]

사구는 지금의 허베이성(河北省) 광쭝(廣宗) 서북쪽의 다핑타이(大平臺)에 위치한다. 그것은 상나라 때 처음 건설되었으니, 지금까지 3천여 년의 역사를 지니고 있다. 그 이름은 중국의 여러 유명한 제왕들과 밀접한 관계를 지니고 있다. 즉 상나라 주왕(紂王)은 여기에서 음란한 행위를 벌이면서, 주지육림(酒池肉林)의 방탕한 생활을 했으며, '호복을 입고, 말 타기와 활쏘기를 하도록[胡服騎射]' 개혁을 한 조(趙)나라 무령왕(武靈王: 154쪽 참조)은 후계자를 세우는 대사를 잘 처리하지 못했기 때문에, 골육상잔(骨肉相殘)의 비극을 불러일으켰다가, 최후에는 결국 사구궁(沙丘宮) 안에서 무참하게 굶어 죽었으며, ……시황은 다섯 번째 순행을 하던 도중, 지독히 무더운 시기에 사구에서 횡사했다. 재상 이사(李斯)는 부고를 내지 않고 비밀에 부침으로써, 내시 조고(趙高)가 조서를 위조하여 정변을 일으킬 좋은 기회를 제공하여, 진 제국의 최고 권력 쟁탈과 관련된 음모가 이루어질 수 있었으니, 역사에서는 이 정변을 "사구의 변"이라고 부른다.

복잡하게 급변하는 정세

시황 37년(기원전 210년)에, 기세당당하면서도 장중하며 거대한 거가(車駕: 천자가 타는 수레)가 다시 함양(咸陽)을 출발했다. 이것은 시황이 일생 동안 했던 다섯 번째 대규모 순행이자, 또한 그의 생애에서 마지막 순행이었다. 이 순행에서, 시황은 우승상(右丞相)인 풍거질(馮去疾)로 하여금 조정에서 유수(留守: 황제가 순행을 떠났을 때, 대신 도읍에 남아 지키는 일)하도록 했고, 좌승상(左丞相)인 이사로 하여금 거가를 호위하도록 했다. 중거부령(中車府令) 겸 행부새령사(行符璽令事)인 내시 조고와 시황의 둘째 아들인 호해(胡亥)도 명을 받들어 수행했다. 순행하던 수레 행렬이 강을 건너 평원진(平原津, 지금의 산둥성 핑위안현平原縣 동남쪽)으로 갈 때, 사람들은 황제가 병에 걸렸으며, 그것도

◈ **사슴 문양의 와당(瓦當)| 진**

와당은 처마의 가장 앞쪽 끝 부분에 얹는 기와조각으로, 중국 고대 건축의 지붕에 사용했다. 주요 기능은 방수와 배수였으며, 목제 골조 부분을 보호했다. 와당의 표면은 대부분 도안이나 문자 등으로 장식되어 있기 때문에, 실용적인 물건이면서 동시에 예술적·문화적 가치도 지니고 있다.

매우 중하다는 사실을 알았다.

『사기』「진 시황본기」의 기록에 따르면, 시황이 마지막 임종할 때 중거부령 조고에게 명령하여 새서(璽書: 옥새가 찍힌 황제의 문서) 한 통을 작성했는데, 이것은 그가 장자(長子)인 부소(扶蘇)에게 주는 유언이었다. 유서는 다음과 같이 매우 간단했다. "군대를 몽념에게 맡기고, 함양에 돌아와서 상(喪)에 참여하여 장례를 치러라[以兵屬蒙恬, 與喪會咸陽而葬]." 매우 분명히 이것은 부소에게 전하는 유언이었다. 이때 공자(公子: 제왕의 아들을 가리키는 말인데, 이때 부소는 아직 태자로 공식 지명되기 전이었기 때문에 공자라고 함) 부소는 멀리 북부 변방인 상군(上郡)에 있었다. 2년 전에 이들 부자는 분서갱유로 인해 반목하게 되어, 부소는 함양을 떠나도록 명령을 받았다. 명목상으로는 몽념의 군대를 감독하는 것이었지만, 실제로는 변방으로 유배를 당한 것이었다.

그러나 유언이 천하에 공포되는 것을 기다리지 못하고, 7월 병인일(丙寅日)에 시황은 사구(沙丘) 평대(平臺, 지금의 허베이성 핑샹平鄕 동북쪽)에서 조용히 세상을 떠났다. 시황이 사구에서 병사했다는 것을 아는 사람은 단지 측근 몇 사람뿐이었다. 승상 이사는 때를 놓치지 않고 즉시 결단하기를, "부고를 내지 않고 비밀에 부치기로" 결정했다. 왜냐하면 황제가 외부에서 가붕(駕崩: 황제나 황태후가 사망함)한 데다, 생전에 아직 정식으로 태자를 책봉하지도 못했고, 호해는 시황을 수행하고 있었으며, 장자인 부소는 멀리 상군에 있었고, 여러 공자들은 아직 함양에 있었기 때문이다. 만약 무턱대고 황제가 사망한 사실을 선포하면, 여러 대신들과 황제의 아들들이 터무니없이 변란을 일으키거나, 심지어는 천하 대란을 일으킬 염려가 있었다. 사람들의 이목을 가리기 위해, 이사는 시황의 시체를, 폐쇄되어 있으면서도 바람이 통하는 수레에 넣어 두고, 평소처럼 태감(太監)이 곁에서 시중을 들도록 배치하여, 때에 맞춰 음식을 올리고, 백관들이 상주(上奏)하면 수레 안에서 태감이 대신 결재하도록 결정했다. 이러한 조치는 비록 크게 비난할 일은 아니었지만, 조고가 정치적 음모를 획책할 절호의 기회를 제공했다. 시황은 임종 전에, 조고로 하여금 유서를 대필하여 장자인 부소에게 주도록 했는데, 그 의도는 매우 분명했다. 그것은 바로, 진 제국의 황제 옥좌에는 머지않아 공자 부소가 오르라는 것이었다. 그러나 시황은 바로 하나의 자세한 사정—즉 조고는 부소와 친근한 몽씨 가문과는 사이가 좋지 않았지만, 공자 호해와의 관계는 매우 친근했다—을 등한히 했으니, 야심만만한 조고는 이러한 "도박을 벌일" 기회를 놓치지 않았다. 그는 유서를 감춰 두고 보내지 않은 다음, 갖은 언변으로 선동하여, 호해로 하여금 형을 죽이고 보위를 빼앗을 생각을 갖도록 충동질했다.

이사가 올가미에 걸려들다

그러나 호해의 마음을 움직이는 것만으로는 불가능했고, 조고가 정치적 투기에서 성공하려면, 또한 반드시 한 사람의 적극적 지지도 얻어야만 했으니, 그는 바로 승상 이사였다. 이사는 원래 초나라 상채(上蔡, 지금의 허난성 상차이)의 가난한 선비였는데, 젊을 때 전국 후기의 각 학파들을 집대성한 사상가인 순자(荀子)의 문하에 들어갔다. 몇 년 후, 이사는 배움에서 어느 정도 성취를 이루자, 초나라를 떠나 진나라에 가서 벼슬을 하기로 결정했다. 그는 스승에게 작별을 고하면서 말하기를, "가장 큰 치욕은 비천한 것이며, 가장 큰 비애는 빈궁한 것입니다"라고 했다. 그는 진나라가 열국을 병탄하여 천하를 통일할 것을 도모하고 있다는 사실을 예민하게 알아차렸다. 이것은 바로 이상이 있고 포부가 있는 가난한 유세지사(遊說之士: 여러 나라를 돌아다니면서 제왕들에게 자신의 지략을 설파하여 채택되도록 함으로써 출세를 도모하는 유세객들)가 사방으로 바쁘게 뛰어다니면서 뛰어난 재능을 펼칠 절호의 기회였다. 이 시기는 바로 소년 이사의 인생관과 가치관이 형성되는 시기였으므로, 이러한 생각은 그가 장차 공을 세우고 업적을 쌓아, 청사에 길이 이름을 남길 정신적 동력이었을 뿐만 아니라, 또한 그가 뜻을 굽혀 아부하고, 악한 군주를 도와 나쁜 일을 하게 되는 사상적 기초이기도 했다.

이사는 진나라에 들어간 이후, 청산유수 같은 말솜씨로 유세하여 진왕이 합종연횡과 수매이간(收買離間: 매수하여 이간함)의 계략을 정하도록 했으며, 또한 유명한 「간축객서(諫逐客書)」[1]를 써서, 진나라가 객경(客卿: 179쪽 참조)을 중용하던 전통을 견지하도록 했고, 계략을 써서 순자의 문하에서 함께 공부했던 동문인 한비(韓非)를 죽음으로 몰아넣었다. 그는 잇달아 장사(長史: 일정한 업무가 있는 관직이 아니고, 고위 관리를 보좌하는 일종의 참모 직위)·객경에서부터 정위(廷尉: 구경九卿의 하나로, 형

1 「간축객서(諫逐客書)」: 「반축객서(反逐客書)」라고도 한다. 기원전 237년에 진나라의 치수(治水) 사업을 책임지고 있던 정국(鄭國)이, 한(韓)나라에서 파견한 첩자라는 사실이 밝혀지자, 진왕은 진나라에 와서 벼슬을 하고 있던 모든 다른 나라 출신을 추방하도록 명을 내렸다. 초나라 출신인 이사도 이에 따라 추방당할 처지에 놓이자, 함양(咸陽)을 떠나면서 진왕에게 그 부당함을 간언하기 위해 쓴 산문이다. 이 글로 인해 이사는 추방을 모면하고, 계속 진나라에 머물면서 벼슬을 할 수 있었다.

옥刑獄 업무를 관장했음)·좌상(左相)까지 승진했고, 딸이 황제와 혼인 관계를 맺으면서 관운이 탄탄대로에 놓여, 대신들 중 최고 지위에 올랐으며, 온 집안이 부귀를 누렸다. 한번은 이사의 장자인 삼천군수(三川郡守) 이유(李由)가 함양으로 돌아와 가족을 방문하자, 집안에서 크게 연회를 벌였다. 이때 조정의 문무백관이 모두 와서 아첨하느라 거마가 끊이지 않고 이어져, 전에 볼 수 없는 성황을 이루었다. 이사는 이 광경을 보고 감개무량했는데, 흐뭇하면서도 자못 다음과 같은 걱정이 생겨났다. 그는 범려(范蠡: 월왕 구천을 도와 오나라를 멸망시킨 공신)처럼 공을 세우고 나서 은퇴하는 대범함을 보일 수는 없었으니, 도대체 어떻게 해야만 이렇게 "최고로 부귀를 누리는" 시간을 계속 유지할 수 있을 것인가?

조고는 이사를 찾아가 이렇게 말했다. "승상, 시황이 세상을 떠나시기 전에 장자인 부소에게 유서를 내리셔서, 그에게 함양으로 와서 장례를 치르라고 명하셨습니다. 지금 조서와 어새(御璽: 옥새)는 모두 호해의 손 안에 있는데, 누구를 태자로 세울 것인지, 오직 승상과 저의 한 마디 말에 달렸습니다. 어떻게 정하시겠습니까?" 이사는 깜짝 놀라, 분노를 금치 못하여 조고를 꾸짖었다. "당신은 어찌 감히 이런 망국적인 말을 하시오? 이것은 근본적으로 우리 같은 신하된 자들이 논의할 일이 아니오!" 조고는 이사를 한번 슬쩍 쳐다보고는, 여전히 태연자약하게 말을 이어갔다. "승상, 한번 생각해 보십시오. 능력이나 공로나 지략으로 보더라도, 부소와의 친소 관계로 보더라도, 승상께서 어느 것 하나 몽염보다 나은 게 있습니까?" 이사는 잠시 침묵하다가 이렇게 말했다. "맞는 말이오. 당신이 말한 그런 방면에서는 내가 확실히 몽염만 못하오." 이 말을 듣자 조고는 슬며시 자신감이 생겨, 이렇게 말했다. "부소가 즉위한 다음에는 틀림없이 몽염을 승상에 임명할 것인데, 그때 승상께서는 어떤 상황에 처할 것 같습니까? 아마 통후(通侯: 최고 등급

◈ **궤사용**(跪射俑) **| 진**

궤사용(무릎을 꿇고 궁노弓弩를 쏘는 자세의 인형)은 진 시황릉 병마용(兵馬俑) 2호 갱에서 출토되었으며, 궁병(弓兵) 방진(方陣: 네모난 형태의 전투 대형) 속에 있다.

◈ **진 시황릉 병마용 1호 갱** | 진

진 시황릉 안에는 모두 병마용 갱 세 개(4호 갱은 폐기된 채 비어 있음)가 있다. 그 중 1호 갱은 동서 길이가 230미터, 남북 너비가 62미터로, 현재 이미 무사용 580건과 도마(陶馬) 24필이 발굴되었다. 이러한 병마용은 하나의 방대한 군진(軍陣)을 이루고 있어, 당시 진나라 군대가 여섯 나라를 일소하고 전장을 질주하는 장렬한 장면을 재현하고 있다.

의 작위명)의 인장을 품고 퇴직하여 고향으로 돌아갈 기회조차도 없을 것입니다." 이어서 조고는 호해를 옹립했을 때의 좋은 점에 대해 역설했는데, 그것이 암시하는 의미는 곧 이사가 호해를 옹립하기만 하면, 승상의 자리는 보장된다는 것이었다. 한 차례 심각하게 고민을 하던 이사는, 자신의 이해관계가 국가의 안정이나 시황제의 당부보다 중요하다고 판단했다. 이사는 결국 조고와 의기투합하여, 함께 시황제가 부소에게 내린 조서를 폐기했다. 그들은 시황제의 유조(遺詔: 황제가 죽기 전에 남긴 조서)를 위조하여, 호해를 태자로 세웠다. 이어서 다시 시황제가 부소에게 주는 편지 한 통을 위조했다.

사후에 벌어진 일들

당시 부소와 몽염은 30만 대군을 이끌고 함양 북쪽 300킬로미터에 있는 상군(上郡)에 주둔하고 있었다. 부소는 신분이 장자로서, 강력한 군대를 장악하고 있었기 때문에, 만약 적절히 대응하기만 하면, 이 음모를 완전히 깨부술 수 있었다. 그러나 부소는 천성이 선량하여, 자신이 조정으로 돌아가 원대한 계획을 한번 펼치기를 열렬하고 간절히 기대하고 있을 때, 시황의 조서가 상군에 전해졌는데, 뜻밖에도 그가 힘써 일을 하지 않았다고 꾸짖으면서, 그와 장군 몽염에게 자결하라는 내용이었다. 이 거짓 조서를 보자, 부소는 슬픔과 분노가 몰려왔지만, 몸을 돌려 내실로 들어가 자문(自刎: 스스로 목을 베어 자결함)하려고 했다. 노장 몽염은 오히려 보내온 편지가 수상하며, 아마도 무슨 속사정이 있는 것 같으니, 시황에게 직접 물어보거나 아니면 사실인지 검증해 보고 나서 다시 결단해야 한다고 생각했다. 그렇지만 부소는 당시 마음이 복잡하고 정신이 혼란스러워서 스스로 감정을 억누르지 못하다가, 사자가 몇 차례 거듭해서 재촉하자, 검을 빼들어 스스로 목을 베어 자결했고, 몽염은 감옥에 갇혔다. 조고는 그제야 비로소 안심이 되었다. 그들 일행은 함양에 도착하여, 시황의 죽음을 알리고 장례를 치렀다. 호해는 태자 명의로 제위를 물려받아, 이세(二世) 황제가 되었다.

호해는 황위에 오른 다음, 먼저 '반란'의 죄목으로 몽염을 핍박하여 자살하게 한 다음, 영(嬴)씨 황족들을 마구 살육했다. 모두 12명의 공자들이 함양의 길거리에서 사람들이 보는 가운데 참수되었으며, 6명의 공자와 10명의 공주들은 두현(杜縣, 지금의 산시성 시안시西安市 창안구長安區)에서 산 채로 거열(車裂: 사지를 말에 묶어 찢어 죽임)당해 죽었으며, 연좌(連坐)된 자들이 셀 수 없이 많았다. 그 후, 호해는 항상 깊숙한 궁궐에 기거하면서, 조정에 나가 정사를 돌보는 일은 거의 하지 않고, 혼자서 조고를 만나 정사를 결정했다. 조고는 수중에 있는 권력에 의지하여, 함부로 성향이 다른 사람들을 배척하고, 조정 중신들을 모함했다. 이세 2년(기원전 208년)에는, 사구의 변을 일으킨 공모자인 이사를 '모반의 죄'로 몰아 삼족을 멸하고, 함양에서 요참(腰斬: 허리를 베어 죽이는 형벌)했다. 그러나 진승(陳勝)과 오광(吳廣)이 처음 봉기를 일으키자, 진나라 말기의 장렬한 대봉기는 이미 막을 수 없게 되어, 진나라 군대는 진압에 힘을 쓰지 않았으므로, 호해와 조고 사이에서도 모순이 발생했다. 권력과 지위를 보전하기 위해, 조고는 함양령(咸陽令) 염락(閻樂)에게 명하여 호해를 압박하여 죽이도록 하고, 종실의 공자인 자영(子嬰)을 다시 진왕으로 세웠다. 자영은 조고를 제거하지 않으면, 진나라의 혼란을 멈추게 할 수 없다는 것을 잘 알고 있었기 때문에, 조고를 재궁(齋宮)으로 유인하여 살해하고, 삼족을 멸했다. 조고는 결국 자업자득으로, 자신이 저지른 죄과를 자신이 받고 죽었다. 자영이 왕위에 오른 지 고작 46일 만에 유방(劉邦)은 무관(武關, 지금의 산시성 단펑현丹鳳縣 우관하武關河 북안)을 돌파하고, 파상(灞上, 지금의 산시성 시안시 동남쪽)으로 진군하여, 자영에게 항복하라고 독촉했다. 자영은 곧 "목에 항복을 나타내는 끈을 묶고서, 백마가 끄는 소박한 수레를 탄 채, 천자의 옥새와 부절을 바치면서, 지도(軹道: 정자 이름) 근방에서 항복했다." 다시 한 달 남짓 지났을 때, 항우가 군대를 이끌고 함양에 들어와서, 스스로 자신을 서초(西楚) 패왕(霸王)에 봉하고, "자영과 진나라의 여러 공자 및 종족들을 죽이고, 마침내 함양을 도륙했다". 진나라라는 강대한 제국은, 그것의 영광과 치욕을 모두 쓸어 모아, 바로 이렇게 하늘 높이 치솟는 커다란 불길 속에서 사라졌다.

한 걸음 더

분서갱유(焚書坑儒)

진 시황 34년(기원전 213년)에 강압적인 방식으로 여섯 나라 백성들의 사상을 통일하기 위해, 진 시황은 진나라 사서(史書) 이외의 사서, 민간에서 소장하고 있는 "『시경』·『서경』과 제자백가의 책들"은 모두 불태우게 하고, 단지 의약·점(占)·식목[種樹] 관련 책만 남겨 둘 수 있도록 명령했다. 만약 다시 『시경』이나 『서경』을 언급하는 자는 '기시(棄市: 사람을 죽인 다음, 그 시체를 길거리에 방치하는 형벌)'하였다. 명령이 하달되고 나서 한 달도 안 되어, 민간에 있던 대부분의 "금령에 위배되는" 서적들은 잿더미가 되었으니, 역사에서는 이를 '분서(焚書)'라고 한다. 분서를 단행한 이듬해에, 시황을 위해 장생불로 약을 찾던 방사(方士: 신선이 되기 위해 술법을 익히는 사람)인 후생(侯生)과 노생(盧生)이 재물을 착복하고 모의하여 도망친 뒤, 포학한 진 시황을 위해 복무하는 것을 거부하겠다고 공언했다. 또한 일부 유생들과 술사(術士)들이 유가 경전을 인용하거나 고대 성현들의 말을 빌려 시국을 비판하면서, 시황의 인격과 진나라의 정책·제도 및 통치 방식 등 여러 측면에서 전면적으로 진나라를 부정했다. 우레와 같이 펄펄 뛰며 노발대발한 시황은 어사를 파견하여 함양에 살고 있는 모든 방사와 유생들을 심문했다. 많은 유생들이 서로를 고발하자, 시황이 친히 460여 명을 금령 위반자라고 확정하고, 모두 구덩이를 파서 생매장했으니, 이를 역사에서는 '갱유(坑儒)'라고 한다.

진(秦) 기원전 209년

인물: 진승, 오광 지역: 대택향 키워드: 게간이기(揭竿而起)

대택향(大澤鄕)의 함성

진 시황이 세상을 떠나기 전에, 이미 백성들의 원망이 들끓었고, 반대자들이 사방에서 들고 일어나면서, 진 제국에는 이미 비바람이 몰아치고 있었다. "진 시황이 저지르기 시작한 죄악이 호해 때 극에 달하여", 폭압적인 진나라의 통치는 극단적으로 어두웠으며, 전체 사회가 격렬하게 요동쳤다. 진 제국은 마치 하나의 거대한 화약고와 같아져, 불티 하나만 있으면 곧 폭발할 듯했다. 시대가 영웅을 부르지만, 시대가 영웅을 만들기도 하거늘, 진승(陳勝)과 오광(吳廣)이 대택향에서 분기하여 크게 외치면서, 폭풍처럼 거세게 일어난 진나라 말기의 농민 전쟁의 서막을 열었다.

게간이기(揭竿而起: '깃대를 들고 일어나다'는 뜻으로, '봉기'를 의미함)

진 이세(二世) 원년(기원전 209년) 7월, 피로가 극에 달한 9백여 명의 대오가 두 명의 장위(將尉: 장군 바로 다음의 지휘관)에게 압송되고 있었다. 무거운 발걸음을 끌면서, 질척이는 도로를 따라 사수군(泗水郡) 기현(蘄縣)의 대택향(大澤鄕, 지금의 안후이성 쑤저우宿州)으로 가고 있었다. 그들은 진 이세의 명을 받들고 아득히 멀리 어양(漁陽, 지금의 베이징 미윈密雲 서남쪽)으로 국경을 수비하러 가던 '여좌(閭左)'[2]들이었는데, 대오는 대택향에 도착한 뒤에 거기에서 멈출 수밖에 없었다. 큰비가 내려 길이 막히는 바람에, 이제 출발할 날짜가 언제일지 알 수 없었다. 그런데 진나라 법률에 따르면, 만약 시간에 맞추어 도달하지 못하고, 시간을 끌어 기한을 지키지 못하면, 모두 참수하도록 되어 있었다. 바야흐로 많은 사람들이 안절부절못하며 어찌할 바를 모르고 있을 때, 대오 안에

2 여좌(閭左): 옛날 중국의 행정 편제에서는 25가구를 1여(閭)로 삼았는데, 가난한 사람들은 여의 왼쪽에 살았고, 부자들은 여의 오른쪽에 살았기 때문에, 빈민들을 일컫는 말로 전의되었다. 진대에는 주로 머슴이나 소작농을 일컫는 말이었다.

있던 두 명의 둔장(屯長: 지휘자)—양성(陽城, 지금의 허난성 팡청현方城縣) 출신 진승과 양하(陽夏, 지금의 허난성 다캉현太康縣) 출신 오광—이 비밀리에 경천동지할 만한 대사를 꾸미고 있었다.

이튿날, 진승과 오광은 "陳勝王(진승왕)"이라고 씌어진 백서(帛書)를 물고기의 뱃속에 쑤셔 넣은 다음, 수졸(戍卒: 국경을 지키는 병사)에게 이 물고기를 사다가 삶아 먹도록 했다. 병사는 물고기의 뱃속에 있는 백서를 보고는, 놀라움을 멈추지 못했다. 그날 저녁에 진승은 다시 오광으로 하여금 부근 황야의 숲속에 있는 사당에 잠입하여, 밝은 듯도 하고 어두운 듯도 한 모닥불을 피우고, 여우가 크게 우는 소리를 배워서, "大楚興, 陳勝王(대초흥, 진승왕)"이라고 크게 울부짖도록 비밀리에 명령을 내렸다. 그러자 수졸들은 더욱 놀라움을 금치 못했다. 평소에 미신을 신봉하던 농민들은 이것을 믿어 의심치 않고, 이것은 모두가 완전히 "하늘의 뜻"이라고 여겼으므로, 그들의 마음속에서 진승은 엄연히 천명을 받아 즉위한 천자였다. 이러한 준비를 통해, 진승과 오광은 시기가 되었다고 여겼다. 두 명의 장위는 비를 쳐다보며 나아가지 못하니 근심이 떠나지 않자, 단지 술에 의지하여 시름을 달래면서, 억지로 시간을 보낼 수밖에 없었다. 이때, 오광이 고의로 자기는 도망치겠다고 떠벌리면서 장위를 격노하게 만들었다. 예상했던 대로 장위는 버럭 화를 내면서 사람들이 보는 앞에서 오광에게 채찍을 가했다. 그래도 오광이 여전히 입을 다물지 않으니, 장위가 막 검을 뽑아 베어 죽이려고 하자, 미리 준비하고 있던 오광이 벌떡 일어나 검을 빼앗았고, 진승도 가세하여 두 명의 장위들을 죽였다.

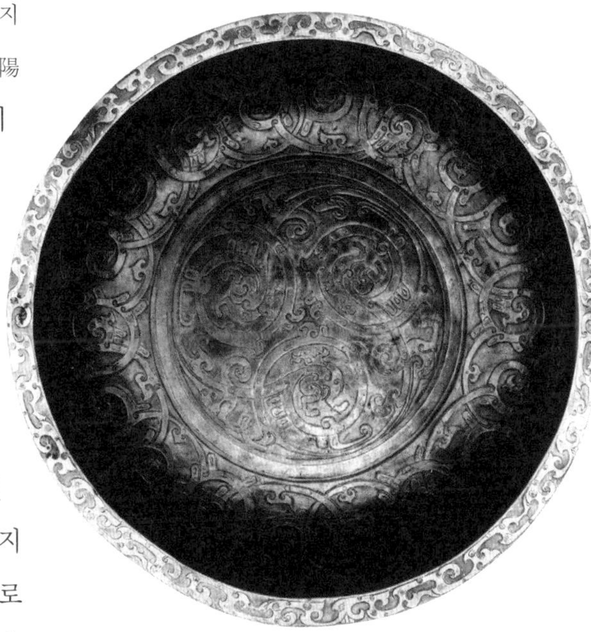

◈ **함양궁(咸陽宮) 은반(銀盤) | 진**

이 은반의 직경은 12.7센티미터로, 산시성 셴양(咸陽)에서 출토되었으며, 당연히 진대의 궁정 기물이었을 것이다.

진승은 즉시 사람들을 소집하여, 격앙된 어조로 다음과 같이 말했다. "그대들은 비를 만나 모두 이미 기한을 어겼으니, 기한을 어기면 참형을 당한다. 설사 참형을 면한다 할지라도, 변경을 지키다 죽는 자가 항상 열 명 중 예닐곱 명은 된다. 또 용감한 사나이는 죽지 않으면 그만이고, 죽으면 곧 크게 이름을 떨칠 따름이거늘, 왕후장상인들 어찌 따로 씨(혈통)가 있겠는가!" 이처럼 진승의 매우 선동적인 연설을 들은 수졸들은 얼굴이 온통 눈물범벅이 되었고, 감정이 격앙되자, 모두가 한 목소리로 호응하면서, 팔을 흔들며 "경건히 명을 받들겠습니다!"라고 소리 높이 외쳐댔다. 진승과 오광은 이리하여 거짓으로 공자 부소와 초나라 장수 항연(項燕: 항우의 할아버지)의 이름을 빌려, 민심에 순응하고, 그들은 오른쪽 어깨를 드러내어 맹서를 했다. 이리하여 진나라에 반대하는 분노한 함성 속에서, 900명의 수졸들은 "나무를 베어 무기로 삼고, 장대를 들어 기치로 삼아", '대초(大楚)'라는 깃발을 펼쳐 들었다. 진승은 스스로 장군(將軍)이 되었고, 오광은 도위(都尉: 옛날 중국의 무관으로, 장군 바로 밑에 해당함)가 되었다. 중국 역사상 첫 번째 농민 봉기의 활활 타오르는 맹렬한 불길은 바로 맨 처음에 이렇게 대택향의 비 내리는 밤에 타올랐다.

대택향의 작디작은 불씨는 눈 깜빡할 사이에 맹렬한 기세로 변했다. 천 명도 안 되는 봉기군은 진승과 오광의 지휘 아래, 첫 전투에서 승리를 거두고, 대택향을 공격하여 함락시켜, 군대가 급속히 강대해지자, 이어서 다시 기현(蘄縣, 지금의 안후이 쑤저우宿州)을 점령했다. 그 후 병력을 두 방면으로 나누어, 한 방면은 부하 갈영(葛嬰)이 병력을 인솔하여 동쪽으로 진격했고, 다른 한 방면은 진승이 친히 인솔하여 서쪽으로 향했다. 채 한 달도 안 되어, 봉기군은 연달아 지금의 안후이성과 허난성의 여러 지역들을 공격하여 함락시켰다. 봉기군은 명성과 위엄을 크게 떨쳤는데, 진(陳, 지금의 허난성 화이양淮陽) 지역에 매우 가까이 접근했을 때에는, 이미 전차 6~7백 대, 기병 천여 명, 보졸 수만 명을 보유하게 되었다. 진 지역은 남북 교통의 요충지에 위치하고 있어, 예로부터 모든 전략 전술가들이 차지하려고 노리는 땅이었다. 진나라가 통일 전쟁을 벌일 때, 이곳은 주요 전쟁터였으니, 각지에서 전란이 일어나는 전쟁의 세월을 증명할 수 있었다. 진나라가 통일한 이후에, 이곳은 다시 진나라가 진군(陳郡)의 수부(首府: 관청 소재지)를 설치한 요충지였기 때문에, 진승은 병력을 집중하여 진 지역을 공격하기로 결정했다. 수만 명의 대군이 성 아래에 도착했을 때, 군수와 현령은 일찌감치 줄행랑을 치고 없었다. 진승이 인솔하는 대군은 아름다운 초루(譙樓: 성문 위에 지은 집)의 문 아래에서 성을 나와 맞서 싸우던 군승(郡丞: 군수 바로 밑에 있던 관직)을 죽이고, 완강하게 저항하던 진나라 군대를 섬멸하여, 위풍당당하게 역사적으로 유명한 이 성을 열어젖히고 들어갔다.

진 지역을 공격하여 점령한 다음, 진승은 삼로(三老: 백성들의 교화를 담당하던 지방 관리)와 호걸 등에게 "모두가 모여 함께 일을 논의하자"고 불러 모아 놓고, 정권을 수립할 큰 계획을 협의했다. 한 차례 토론을 거쳐, 진승은 부하 장이(張耳)가 "왕으로 칭하는 것을 잠시 늦추고, 서쪽으로 진격하여 함양(咸陽)을 공격하자"고 한 건의를 거절하고, 스스로 '초왕(楚王)'이 되었으며, 국호를 '장초(張楚)'라고 정했다. '장초' 정권이 건립된 후, 각지의 농민들이 잇달아 봉기군 행렬에 참여해 왔다. 당시 비교적 유명한 농민 봉기들로는 다음과 같은 것들이 있었다. 패현(沛縣) 풍읍(豊邑, 지금의 장쑤성 펑현豐縣 동쪽) 출신 유방(劉邦)이 현리(縣吏: 현의 말단 관리) 소하(蕭何)와 조참(曹參)의 지지를 받아, 패현 현령을 살해하고 봉기를 일으켰으며, 초나라 귀족의 후손으로 숙질(叔侄: 숙부와 조카) 관계인 항량(項梁)과 항우(項羽)가 진나라 회계(會稽) 군수를 살해하고 진승에게 호응했다. 이 밖에도 한(韓)나라의 명사인 장량(張良)·위(魏)나라의 명사인 장이(張耳)와 진여(陳餘) 등이 있었다. 진승이 왕을 자처한 이후, 옛 노나라 땅 일대에서 수많은 유생들도 "공자의 예기(禮器)를 들고 진승 왕에게 귀의하여" "몸을 바쳐 신하가 되었다". 이어서 공자의 8대손인 공부(孔鮒)도 "진섭(陳涉: 진승. '涉'은 진승의 字)의 박사가 되었다가, 진섭과 함께 죽었다". 그들의 가세는, 한편으로는 진나라를 반대하는 사회적 기초를 확대했으며, 다른 한편으로는 진나라에 반대하는 대오의 복벽(復辟: 전복된 왕조가 다시 일어서거나 폐위된 임금이 다시 복귀함)에 복선을 묻어 놓았다.

성공하기 직전에 실패하다

진나라에 반대하는 투쟁이 폭풍처럼 거세게 일어나고 농민의 무장이 급속히 확대됨에 따라, 진승은 스스로 왕이 된 후, 신속하게 봉기군과 각지의 진나라에 반대하는 세력을 조직하고, 진로를 나누어 출격하여, 진나라를 향해 맹렬한 공세를 개시했다. 그 중 진승은 진성(陳城)에 주재하면서 지휘했고, 주력 부대는 서쪽으로 진나라 정벌에 나섰다. 진나라 정벌에 나선 주력 부대의 주요 전략 목표는 관중(關中) 땅이었으며, 병력을 세 방면으로 나누어 진격했다. 한 방면은 오광을 가왕(假王, 임시 왕 혹은 대리 왕이라는 뜻)으로 삼고, 형양(滎陽)으로 서진했다. 다른 한 방면은 송류(宋留)로 하여금 편사(偏師: 주력 부대를 좌우 날개에서 보조하는 부대)를 이끌고 서남쪽으로 출발하여 남양(南陽)을 탈취하고, 무관(武關)을 쳐서 협동 작전을 펼치면서, 오광과 함께 서진하도록 명령했다. 또 다른 한 방면은, 주문(周文)을 장군으로 삼아, 영천(潁川)을 거쳐, 함곡관(函谷關)을 통과한 뒤, 곧바로 함양을 공격하도록 명령했다. 봉기군의 강력한 공세를 맞이하자, 진나라 군대는 전선이 궤멸되어, 관동(關東: 함곡관의 동쪽)의 대부분이 봉기군에게 점령당했다. 오광이 거느리는 부대는 승상 이사의 아들인 이유(李由)가 주둔하여 지키는 삼천군(三川郡)으로 순조롭게 진격해 들어가서, 전략적 요충지인 형양을 겹겹이 포위했다. 그리고 또 다른 방면에서 주문이 인솔하는 부대는 신속히 영천군과 삼천군을 우회하여, 효새(崤塞: 효산)의 천연 요새를 넘어 함곡관을 격파하고 들어가, 곧바로 진나라의 오랜 근거지인 함양을 겨냥했다. 주문이 함곡관을 돌파할 때, 그가 인솔하는 부대는 이미 전차가 천 대, 병졸 수가 10만 명에 달하는 위풍당당한 군대가 되어 있었다. 진 이세 원년(기원전 209년) 9월, 주문이 이끄는 대군은 단번에 진 시황의 여산(驪山) 묘 부근의 희(戲, 지금의 산시성陝西省 린퉁臨潼 경내)까지 공격해 들어갔다. 이곳은 함양으로부터 불과 백 리 밖에 떨어져 있지 않았다.

기세가 드높은 농민 봉기에 대해, 진나라 통치자는 처음에는 신경을 쓰지 않았지만, 봉기군의 북소리가 함양의 궁전을 뒤흔들어 곧 무너뜨릴 정도가 되었을 때가 되어서야, 진 이세는 비로소 막 꿈에서 깨어나기라도 한 것처럼, 급히 서두르며 미친 듯이 반격을 조직했다. 주문이 이끄는 대군은 희 지역을 점령한 다음, 즉각 함양으로 진군하지 않고, 그곳에서 휴식을 취하며 정비했다. 이는 진나라 군대에게 한숨 돌릴 수 있는 기회를 주었다. 진 이세는 한편으로는 소부(少府: 구경九卿의 하나) 장한(章邯)의 계책을 받아들여, 여산(驪山)의 죄수들 수십만 명을 모두 징발한 다음, 장한이 이들을 인솔하여 주문에게 반격을 가했다. 다른 한편으로는, 북쪽 변경을 지키며 장성(長城)을 쌓고 있던 30만 대군에게 명령을 내리기를, 왕이(王離)와 소각(蘇角)이 이들을 인솔하고 빨리 남하하여, 측면에서 봉기군을 협공하도록 했다. 사납고 교활한 장한은 먼저 대군을 보내 주문을 공격했다. 주문이 통솔하는 부대는 먼 길을 오느라고 완전히 지쳐 있던 데다, 또한 고립된 채 깊이 들어온 탓에 지원을 받지 못했으므로, 어쩔 수 없이 함곡관을 빠져나가 조양(曹陽, 지금의 허난성 링바오靈寶 동북쪽)을 굳게 지켰다. 그리고 오광의 주력 부대는 진퇴양난의 상태에 빠져 있었는데, 그의 부하인 무신(武臣)과 주불(周市) 같은 사람들은 충분히 실력을 갖추고 있었음에도, 병력을 보유하고 자중하면서 지시를 따르지 않자, 진승의 수중에는 이미 움직일 수 있는 병력이 없었다. 주문은 2개월여 동안 굳건히 지키다가, 어쩔 수 없이 민지(澠池, 지금의 허난성 몐츠)로 후퇴할 수밖에 없었다. 진 이세 2년(기원전 208년)에 주문은 민지에서 10여 일 동안 피투성이가 되도록 분전하다가, 마침내 중과부적으로 인해 스스로 목을 베어 자살했다.

서쪽으로 정벌을 나섰던 주문의 군대가 궤멸함에 따라, 오광의 군대는 앞뒤에서 적을 맞이하게 되자, 병사들은 겁에 질렸다. 진 이세는 장사(長史) 사마흔(司馬欣)과 동예(董翳)가 이끄는 두 개 부대의 병력을 증파하여, 함곡관 밖으로 나가 장한을 도왔고, 형양을 지키고 있던 삼천군수 이유와 함께 오광에 대해 안팎에서 협공을 취했다. 얼마 지나지 않아 오광은 부하에게 살해당하고, 서쪽 정벌군의 주력은 진나라 군대에 의해 거의 다 교살(絞殺)당했다. 이것은 진승과 오광의 봉기가 승리에서 패배로 돌아서는 전환점이 되었다.

침체 상태에 빠지다

농민 봉기의 형세가 급속히 역전되고, 서쪽 정벌이 실패함에 따라, 전체 반진(反秦) 진영에는 심각한 분열이 나타났다. 특히 봉기가 고조되고 있을 때 투쟁에 말려든 여섯 나라의 일부 옛 귀족들은, 천하가 한창 혼란스러울 때, 정치적 투기에 박차를 가했다. 그들은 서로를 배척하기도 하고, 한쪽 편에 든든히 자리를 잡기도 하고, 공개적으로 진승 정권과 맞서기도 했으며, 심지어는 가만히 앉아 구경만 하다가 어부지리를 취하기도 했으니, 이것들은 진나라에 반대하는 형세에 그늘을 드리워 주었다. 장이와 진여는 진승의 위임을 받고 파견되어, 북쪽의 조(趙) 지역을 탈취하고는, 패퇴하는 주문을 구원하러 가지도 않았을 뿐만 아니라, 오히려 무신(武臣: 진승의 부장 이름)을 부추겨서 서둘러 왕으로 옹립했다. 이리하여 무신은 스스로 조왕(趙王)이 되었으며, 진여를 대장군, 장이를 우승상, 소소(召騷)를 좌승상으로 삼았다. 진나라를 반대하는 데 대한 장애를 감소시키고, "진나라 이외의 또 다른 적을 만들지" 않기 위해, 진승은 꾹 참으면서 사자를 보내 축하해 주면서, 그에게 주문을 구원하라고 명령했다. 이에 대해 무신은 군대 파견을 거부했을 뿐만 아니라, 세력 범위를 급속히 확대해 나갔으며, 연(燕) 지역 상곡군(上谷郡)의 말단 관리인 한광(韓廣)으로 하여금 병사를 거느리고 가서 북쪽의 연 지역을 다스리도록 파견했고, 또한 이량(李良)으로 하여금 항산군(恒山郡, 군의 치소治所는 동원東垣으로, 지금의 허베이성 스자좡시石家庄市 동북쪽)을 빼앗도록 했다. 그러나 한광은 북쪽의 계(薊)에 도달한 다음, 옛 연나라 귀족들의 종용을 받자, 스스로 연왕(燕王)이 되었다. 그리고 이량도 오래지 않아 군대를 일으켜 조나라에 반기를 들고, 한단(邯鄲)을 습격하여 무신과 소소를 살해하고, 진여와 장이를 몰아냈다. 이 밖에 주불은 위(魏)나라의 후예인 영릉군(寧陵君) 구(咎)를 세워 위왕(魏王)으로 삼았으며, 전담(田儋)은 스스로 제왕(齊王)이 되었다. 진승의 봉기는 이렇게 여섯 나라의 옛 귀족들이 복종하지 않고 할거하여, 위급한 상황을 보고도 구해 주지 않는 곤경 속에서 실패로 치닫고 있었다.

진승은 왕이 된 후, 종일 옛 귀족들에게 둘러싸여 점점 부패하고 타락해 갔으며, 교만하고 횡포하게 굴며 우쭐댔다. 그는 "큰 건물과 장막" 안에서 부귀를 탐하고, 사치스럽고 안일하게 지내면서, 점차 본래의 모습을 잃어 갔다. 한번은 고향의 옛날 친구들이 찾아왔다가, 궁궐 문이 단단히 잠겨 있었으므로, 진섭(陳涉, '涉'은 진승의 자字)의 이름을 직접 부르는 바람에, 문지기한테 붙잡혀 포박되었다. 그 친구들은 그 당시의 상황을 하소연하자, 문지기는 비로소 그들을 풀어 주기는 했지만, 진승에게 통보하기를 거부했다. 후에 진승이 마차를 타고 궁궐을 나오자, 그들은 길을 막고 큰 소리로 "진섭아!" 하고 외쳤다. 그래서 진승은 푸대접하기가 어려워지자, 어쩔 수 없이 함께 마차에 태워 궁궐로 돌아갔다. 궁궐에 들어온 다음, 이들 친구들은 높고 큰 궁전과 호화로운 휘장을 보자 눈이 휘둥그레졌고, 놀라고 기뻐하면서 이렇게 감탄했다. "진섭의 집이 정말 많구나!" 이 친구들은 궁궐 안에서 한가하게 지내다가 무심코 해서는 안 될 말을 하고 말았다. 주변의 궁인들에게 진승이 빈천했던 시절에 있었던 일을 말했고, 이 일이 진승의 귀에 전해진 다음,

◈ **진 시황 병마용 갱 속에서 출토된 화살촉**

진나라 군대가 사용한 무기는, 청동제 무기가 주를 이루었고, 철제 무기는 비록 연·조나라에서 처음 사용하기는 했지만, 여전히 시작 단계에 있었으며, 광범위하게 사용되지 않았다. 병마용 갱 안에 있는 검(劍)·도(刀)·창·방패 등은 거의 모두가 청동제인데, 실용성에 중점을 두어 화려함은 부족하며, 서로 돕기 편리하도록 장·단점을 결합했다.

그는 결국 명령을 내려 옛날 가난했던 시절의 그 친구들을 모두 죽였다. 이 사건이 있은 뒤부터 그는 농민들과의 거리가 점점 멀어졌다. 설령 자기의 장인과 처형을 보더라도, 모두에게 왕의 티를 내며 거드름을 피웠다. 진승이 이렇게 아첨하며 비위를 맞춰 주는 측근들을 중용하고, 공을 세운 자들에게는 상을 주지 않고, 죄가 있는 자들에게는 벌을 주지 않자, 많은 장수들이 더 이상 친근하게 다가가지 않게 되어, 점차 외톨이가 되어 갔다. 이것은 농민 봉기가 실패하게 되는 화근이 되었다.

장한은 승세를 타고 진성(陳城)의 외곽을 깨끗이 제압하고, 직접 진승 봉기군의 정치적 중심을 공격했다. 성을 지키던 상주국(上柱國: 고위 무관 관직명) 채사(蔡賜)는 피를 흘리며 싸웠고, 장하(張賀)는 진승이 친히 전투를 독려하는 상황에서도 결국 중과부적으로 성의 서쪽에서 목숨을 잃고 말았다. 진승은 어쩔 수 없이 봉기군을 거느리고 성으로 돌아와 굳건히 지키면서 원군을 기다렸다. 한 달 남짓 동안 견고히 지키느라, 안으로는 식량과 군마의 사료가 바닥나고, 밖으로는 지원병이 오지 않자, 진 이세 2년(기원전 208년) 섣달(음력 12월)에 진승은 여양(汝陽, 지금의 안후이 푸양阜陽)으로 도망쳤다. 얼마 지나지 않아 다시 하성보(下城父, 지금의 안후이 워양渦陽)에서 전투를 거듭했다. 이때, 본래는 한편으로는 싸우고 한편으로는 달아나면서 전투를 계속할 생각을 가지고 있었지만, 불행히도 그의 음흉한 마부인 장고(莊賈)에게 살해당했다. 가련한 진승은 봉기를 일으킨 지 반 년이 못 되어 원대한 꿈을 이루지 못한 채, 출병하여 이기지 못하고 먼저 죽고 말았다. 이것은 또한 마음 아픈 한 장면의 역사적 비극이었다. 진나라 말기의 농민 봉기는 비록 이렇게 침체되고 말았지만, 진승이 "한번 외치자 천하가 이에 호응했으며", 유방(劉邦)과 항우(項羽) 같은 후계자들이 바로 그의 뒤를 이어서, 그가 이루지 못한 반진(反秦) 사업을 완성한다.

진(秦)·한(漢) 시기 기원전 206~기원전 202년

인물: 항우, 유방 **지역:** 팽성, 형양, 해하 **키워드:** 초하한계(楚河漢界)

초(楚)·한(漢)의 쟁투와 유방(劉邦)의 완승

진(秦) 이세(二世) 원년(기원전 209년)에 각지의 영웅들이 진승과 오광의 뒤를 바로 이어서 잇달아 폭정의 진나라에 반대하는 봉기를 대거 일으켰다. 각 방면의 봉기군들은 원래 초 회왕(懷王)의 손자인 웅심(熊心, 사람들에게 호소하기 위해, 여전히 초 회왕으로 불렀다)을 받들어 함께 우두머리로 삼았으며, 그의 이름으로 병력을 여러 방면으로 나누어 폭정의 진나라 토벌에 나섰다. 유방과 항우가 각각 통솔하는 봉기군은 진나라에 대항하는 양대 주력 부대였다. 진나라가 봉기군의 끓어오르는 기세 속에서 멸망한 후, 항우와 유방이 각각 통솔하는 '초(楚)'와 '한(漢)' 양대 봉기군 세력은 다시 천하를 쟁탈하기 위한 전쟁 속으로 말려들어 갔다. 결국 항우는 오강(烏江)에서 자문(自刎: 스스로 목을 베어 자살함)했고, 유방은 황제로 등극했다.

◈ **진 시황릉 어수용(馭手俑) | 진**

어수(馭手: 마차를 모는 사람)용은 몸에 긴 담요를 입고 있으며, 겉에는 갑옷을 걸쳤고, 정강이에는 정강이 보호대를 착용했으며, 머리에는 건책(巾幘: 머리를 묶는 두건처럼 생긴 관모)과 장관(長冠)을 썼고, 두 손은 앞으로 들고 고삐를 당겨 마차를 모는 자세를 취하고 있다.

유방의 입관(入關)

진 이세 2년(기원전 208년)에 초 회왕 웅심은 유방이 인솔하는 대군을 서쪽으로 파견하여 진나라를 정벌하도록 했다. 아울러 장수들에게 약속하기를, 누구라도 먼저 입관(入關: 함곡관의 안쪽, 즉 관중 지역으로 들어감)하여 진나라를 멸망시키면, 곧 그를 왕으로 삼겠다고 했다. 기원전 206년에, 유방은 책사인 장량(張良)과 유학자 역이기(酈食其)의 도움을 받았고,

또한 봉기군 장병들이 목숨을 아끼지 않고 분투함에 따라, 무관(武關)과 효관(崤關) 등 전략적 요충지들을 연달아 함락시키면서, 대군이 순조롭게 함양성을 열고 들어갔다. 성에 들어서자마자, 장병들은 함양 궁전의 호화롭고 사치스러움에 놀라 넋을 잃고, 마치 굶주린 호랑이가 먹이를 잡듯이 진귀한 보물과 기물들을 차지하려고 달려들었다. 유방은 헤아릴 수 없이 많은 궁녀·견마(犬馬)들과 가득 쌓여 있는 진귀한 보물들을 보자, 성에 머물며 부귀를 누리려고 생각했다. 그의 부장인 번쾌(樊噲)가 간언했지만, 그는 전혀 아랑곳하지 않았다. 그리하여 결국 책사인 장량이 유방에게 이렇게 말했다. "진나라가 포학무도하여, 장군께서 마침내 군대를 일으켜 여기까지 올 수 있었습니다. 장군께서 백성들을 위해 해악을 제거하셔야지, 여기에서 포악한 진나라처럼 가무와 여색을 즐기며 개를 기르고 승마를 즐기는 호화롭고 음탕한 생활을 누려서는 안 됩니다. 만일 장군께서 정말로 그리 하신다면, 포악한 진나라와 무엇이 다르겠습니까?" 유방은 그제야 비로소 향락할 생각을 포기하고, 진나라의 부고(府庫: 궁궐이나 관청에서 문서나 재물을 보관하던 창고)를 봉쇄한 뒤, 군대를 이끌고 패상(灞上)으로 돌아갔다. 얼마 후, 유방은 백성들을 한데 모아 놓고, 약법삼장(約法三章)을 선포했다. 즉 살인한 자는 죽이고, 다른 사람을 다치게 한 자와 도둑질한 자는 처벌하며, 그 나머지 진나라의 가혹한 법은 모두 폐지하겠다는 것이다. 진나라 백성들은 너무나도 기쁘고 놀라워서, 서로 다투어 술과 음식을 내다가 유방의 군대를 위로했으며, 유방이 관중(關中)에 오랫동안 있으면서 왕이 되기를 희망했다.

유방이 입관한 후에 크게 인심을 얻자, 곧 군대를 파견하여 함곡관을 굳게 지키면서 제후의 군대를 진입하지 못하게 하여, 관중을 차지하고 자기의 소유로 삼아, 여기에서 오랫동안 왕이 되려고 시도했다. 기원전 207년에 항우는 거록(巨鹿, 지금의 허베이성 쥐루)에서 불퇴전의 각오로 전투에 임하여 진나라의 주력군을 대파하고, 진나라 장수 장한과 20만 명의 진나라 군대를 항복하게 했다. 그 이듬해, 항우가 군대를 이끌고 곧바로 함곡관으로 달려왔지만, 결국 유방의 부하에게 저지당했다. 항우는 크게 노하여 입관을 강행하도록 명령을 내리고, 급히 함양 교외로 가서 홍문(鴻門, 지금의 산시성 린퉁臨潼 동북쪽)에 군대를 주둔시켰다. 그리하여 패상에 주둔하고 있던 유방과는 고작 40리밖에 떨어지지 않았다. 초·한의 대립은 이로부터 시작되었으며, 초·한이 서로 투쟁하는 전주곡이었다고도 할 수 있다. 당시 항우는 보유한 병력이 40만 명으로, 백만 명이라고 알려져 있었고, 또한 그가 거록에서 진나라 군대를 대파하자 많은 제후들이 그에게 의탁해 왔다. 하지만 유방은 고작 10만 명의 군대만을 보유하고 있었으니, 누가 강하고 누가 약한지는 말할 필요도 없었다. 유방은 스스로 항우의 적수가 되지 못한다는 알고 있었으므로, 항우가 홍문에서 벌인 잔치에서 자세를 낮추면서, 자신은 관중에서 왕이 될 야심이 없음을 거듭 강조했다. 항우는 자신의 공로가 큰 것만을 믿고, 거만하게 우쭐대면서, 아부(亞父: 아버지처럼 믿고 존경하는 사람) 범증(范增)이 유방을 제거하자고 한 건의를 받아들이지 않았다.

◈ **금편(金片) 장식 문양이 박힌 철제 비수** | 서한

한대에는 철제 병기가 청동제 병기를 완전히 대체했으며, 이로 인해 형태뿐 아니라 성능 면에서도 모두 매우 큰 변화가 있었다.

홍문에서 연회를 마친 후, 항우의 군대는 함양으로 진입했다. 항우는 진왕 자영(子嬰)을 죽이도록 명령하고, 여산(驪山)의 능묘(즉 진 시황릉—옮긴이)를 파괴하고, 진나라 궁전을 철저하게 약탈하여, 진나라 백성들로 하여금 그에 대해 크게 실망하게 했다. 진나라 궁전을 불태운 후, 항우는 초 회왕을 의제(義帝)로 받들다가, 곧바로 다시 사람을 시켜 회왕을 죽였다. 항우는 제후들을 선동하여 천하를 분봉함과 아울러 유방을 한왕(漢王)으로 삼고, 남정(南鄭, 지금의 산시성陝西省 한중漢中)에 도읍을 정하게 했다. 유방이 그토록 갈망하던 관중 지역은 셋으로 나누어, 각각 항복한 세 명의 진나라 장수들, 즉 옹왕(雍王) 장한(張邯)과 새왕(塞王) 사마흔(司馬欣)과 적왕(翟王) 동예(董翳)에게 분봉했다. 항우는 곧 스스로 서초(西楚) 패왕(霸王)이 되었으며, 팽성(彭城, 지금의 장쑤성 쉬저우徐州)에 도읍을 정했다. 유방은 관중의 왕이 되지 못하자, 군대를 보내 항우를 공격하려고 했다. 하지만 그의 부하인 소하(蕭何)는 그에게, 큰일을 도모하기 위해 치욕을 참고, 먼저 한중을 근거지로 삼아, 어질고 현명한 사람들을 불러 모으고 물자를 비축하여 충분히 준비한 다음에, 다시 군대를 이끌고 동진하여 삼진(三秦, 즉 관중 지역)을 힘써 평정하고, 천하를 차지하도록 권고했다. 유방은 이 말을 듣고 비로소 한순간의 기분에 따라 무모한 도박을 하지 않고, 부하들을 이끌고 남정으로 갔다.

팽성에서의 실패

남정에 들어간 다음, 유방은 즉각 군대를 개편하고, 어질고 현명한 인재들을 불러 모으고, 물자를 비축하여 실력을 키웠다. 이 시기에 그는 한 사람의 중요한 인물, 즉 한신(韓信)을 기용했으니, 이 사람은 후에 초·한 전쟁에서 쌍방의 승부와 관련하여 대단히 중요한 인물이다. 처음에는 유방도 그의 재능을 발견하지 못하여 중용하지 않았는데, 후에 소하가 유방에게 이렇게 말했다.

“왕께서 천하를 제패하시려면, 이 사람을 기용하지 않고는 불가합니다!” 소하가 몇 차례 추천을 한 후에야, 유방은 비로소 한신을 대장군에 임명했다. 이때부터 한신의 탁월한 군사적 재능은 곧 용솟는 샘물처럼 펼쳐진다. 그는 유방에게 천하의 대세를 분석하면서, 삼진을 평정하는 것은 동쪽으로 항우를 공격하기 위한 전제조건이라고 지적하고, 아울러 삼진으로 진군하기 위해 상세하고도 구체적으로 부대를 배치했다. 유방은 이때 한신에 대해 이미 머리가 땅에 닿을 정도로 탄복하면서, 중책을 맡겼다.

기원전 206년 7월, 전영(田榮)과 팽월(彭越)이 군대를 일으켜 항우를 배반하자, 유방은 이 기회를 틈타 “겉으로는 잔도(棧道)[3]를 고치는 척하면서, 뒤로는 몰래 진창(陳倉: 지금의 산시성 바오지寶鷄)을 공격하자는” 한신의 계책을 채용하여, 대대적으로 잔도를 복구하는 척하며, 삼진의 주의를 끌어서 상대방을 현혹시켰다. 같은 해 8월, 유방은 비밀리에 군대를 조직하여 신속하게 진창으로 출발하여, 진창을 갑자기 습격했다. 옹왕 장한은 황급히 군대를 소집하여 맞섰다. 그러나 유방과 한신은 치밀하게 군대를 배치하여 대비하고 왔고, 모든 병력이 긴밀하게 협력하니 파죽지세와 같았다. 새왕 사마흔과 적왕 동예 및 하남왕(河南王) 신양(申陽)은 차례로 유방에게 투항했다. 옹왕 장한은 완강하게 사수했지만, 결국은 역시 유방의 군대에게 함락되었다. 유방은 인심을 얻기 위해, 분봉(分封)을 조건으로 투항을 권고함과 동시에, 점령한 속지(屬地)에서는 백성들을 위해 하도(河道)를 완전하게 수리하여 생산을 회복시켰다. 또한 진나라 때의 황가(皇家) 원유(苑囿)[4]를 백성들이 경작하고 어렵(漁獵)과 채집을 할 수 있도록 개방했다. 유방은 무력으로 선도했고, 이어서 인심을 위무하여 확보함으로써, 관중 지역을 확실히 제압했다.

항우는 유방이 삼진을 점령했다는 소식을 듣자, 서둘러 군대를 보내 토벌에 나섰으나, 한나라 군대에 의해 관외(關外: 함곡관의 바깥)에서 저지당했다. 이때 다시 제나라와 조나라가 연합하여 반란을 일으켰다는 소식이 전해오자, 항우는 크게 노하여, 여기에 남아서 유방을 물리쳐야 한다는

3 잔도(棧道): 원래의 의미는 “절벽에 사다리를 매달아 만든 험난한 길”이라는 의미다. 유방은 항우에 의해 한중 왕에 임명되어 파촉으로 갔는데, 파촉으로 가기 위해서는 이러한 잔도를 통과해야 했다. 유방은 군대를 거느리고 잔도를 통과한 다음, 병사들의 탈주를 막고, 또 항우에게 자신은 관중을 공격할 의지가 없다는 것을 보여주려는 속셈으로 이 잔도를 불태워 버렸다.

4 원유(苑囿): 담장 등으로 일정한 범위를 획정하여, 생산을 하거나 감상을 하는 기능을 가진 황가의 전속 영지다. 선진 시기에는 대개 ‘유(囿)’라고 불렀으며, 한대에는 대체로 ‘원(苑)’이라고 불렀다. ‘원유’라고 함께 부른 경우도 비교적 흔히 볼 수 있다. 선진 시기 및 한대의 원유는 물질적 생산을 하는 것이 주를 이루면서, 감상의 기능도 갖추고 있었으므로, 대부분 습지 등 생산력이 비교적 높은 자연환경을 갖추고 있었다. 거기에서 생산된 산물은 주로 제사 활동 및 빈객들을 접대하는 잔치에 공급되었으며, 이는 중국 원림(園林)의 최초 형태였다. 그 후 원유의 성격이 점차 변화되어, 감상의 기능이 물질적 생산의 기능을 대체하여, 주요 기능이 되었다. 그리고 청대에 북경의 ‘남원(南苑)’은 여전히 자연 생태를 위주로 하는 고대 원유의 형태를 지니고 있었으므로, 고대 원유의 ‘활화석’이라고 할 만하다.

것을 모르고, 다시 군대를 철수하여 제나라와 조나라를 단죄하려고 동쪽으로 향했다. 이때 장량은 항우에게 한 통의 편지를 써 주었는데, 그 편지에서 이렇게 말했다. "유방은 한왕이 된 것에 불만을 갖고 있으며, 삼진을 공격한 것은 단지 관중의 왕이 되려는 것일 뿐입니다. 이렇게 되면 그의 목적은 달성되므로, 더 이상 동진하지 않을 것입니다." 항우는 장량의 말을 경솔하게 믿고, 서쪽으로 향하던 공격의 선봉을 동쪽으로 돌려 곧바로 제나라와 조나라를 타도하러 갔다. 항우를 따돌리자, 유방은 기원전 205년에 처음으로 함곡관을 나와 동진하여 곧바로 낙양(洛陽)을 공격했다. 낙양에서 그는 낙양의 삼로(三老: 208쪽 참조)인 동공(董公)의 계책을 받아들여, 의제(義帝)의 장례를 치르러 간다는 것으로 자신이 동쪽 정벌 계획에 군대를 동원하는 명분으로 삼았다. 항우가 함곡관에서 유방의 군대를 섬멸한 이래, 초·한의 대립은 비록 이미 시작되었지만, 아직까지 정식으로 반목하고 있지는 않았다. 이때 유방이 의제의 장례를 치르고, 항우를 모든 군대의 화살 표적으로 삼았다. 이는 항우에 대한 정식 선전포고였으며, 초·한 전쟁은 즉시 고조되기 시작했다.

같은 해 4월, 유방은 항우가 제나라와 조나라의 반란을 평정하는 틈을 타, 일거에 항우의 도성인 팽성을 공격해 들어갔다. 유방은 승리가 쉽게 올 것으로 보고, 천하의 형세는 이것으로 정해졌다고 여겼으므로, 너무 들뜬 나머지 모든 것을 잊은 채, 오로지 음주가무에만 몰두했다. 항우가 군대를 이끌고 공격해 오자, 유방은 실패하여 도망쳤는데, 그 두려움에 떠는 모습이 마치 상갓집의 개와 같았다. 이때 한나라 군대는 유방의 일시적인 어리석음으로 인해 심각한 타격을 받았고, 수많은 제후들은 다시 잇달아 항우에게로 돌아섰다.

성고(成皐) 전투

같은 해(기원전 205년) 5월, 유방은 형양(滎陽)에 도착했고, 여러 방면에서 패전한 병사들도 여기에 모여들었다. 유방은 군대를 재편성하고, 병력을 보충함과 동시에, 격식에 구애받지 않고 인재를 기용하여, 항우가 형양을 함락시키고 서진하려는 계획을 좌절시켰다. 이때 대장 한신이 통솔하는 일부 한나라 군대는 가볍게 위나라를 쟁취한 다음, 군대를 이끌고 북상하여 조나라를 공격하여 정형관(井陘關)에서 일전을 벌인 후, 조나라를 멸망시켰다. 그 후 원래 조나라의 책사였던 이좌거(李左車)의 계책을 채택하여, 군대를 동원하지 않고 손쉽게 연나라를 즉각 항복시켰다. 한신이 위나라와 조나라를 평정하고, 연나라를 권고하여 투항시킴으로써, 한나라 군대의 세력을 강화시키자, 팽성 전투에서 패배하여 쇠퇴해 가던 형세는 바야흐로 점차 반전되어, 형세가 유방에게 유리해지기 시작했다.

형양에 주둔한 뒤, 유방의 대군은 항우와 일진일퇴의 전투를 벌였다. 한나라 군대의 군수품은 대부분 하도(河道)를 통해 운송했는데, 항우는 여러 차례 군대를 이끌고 가서 물자를 빼앗아, 한나라 군대의 군량과 군마 사료를 부족하게 만들었다. 한신 또한 먼 지역에 있어 지원할 방도가 없자, 유방은 할 수 없이 항우와 강화를 체결하여, 천하를 균등하게 나누어 차지하려고 생각했다. 항우는 범증(范增)의 건의에 따라 이를 단호하게 거절하고, 형양 공격에 박차를 가하여, 일거에 한나라 군대를 섬멸하려고 생각했다. 정면으로 항우와 싸울 힘이 없자, 유방의 부하인 진평(陳平)은 유방에게 항우와 범증 두 사람의 관계를 이간시켜, 항우 주변의 유능한 책사를 제거하자고 건의했다. 항우는 용감하기는 했지만 지략이 없었으므로, 범증이 알려 주는 보좌에 전적으로 의지했다. 이때 범증이 그에게 강화를 거절하도록 한 것은 바로 한나라 군대의 사혈(死穴: 건드리면 죽는 급소)을 정확히 지적한 것이었으니, 범증을 제거하지 않고는 한나라 군대가 승리를 거두기 어려웠다. 한나라 군대의 이간 계획은 크게 성공을 거두어, 범증은 과연 항우에게 쫓겨났고, 도중에 급병에 걸려 죽었다. 범증이 쫓겨난 뒤, 항우는 더욱 미친 듯이 형양을 공격했다. 유방은 막아 내지 못하고, 어쩔 수 없이 부장(部將)의 엄호를 받으면서 가벼운 차림으로 말을 타고 형양을 벗어나 관중 지역으로 들어가서, 다시 동쪽의 항우를 공격할 준비를 했다.

얼마 후, 유방은 두 번째로 함곡관을 나와, 완(宛, 지금의 허난성 난양南陽)·엽(葉, 지금의 허난성 예현葉縣) 일대로 출병했다. 항우는 이 소식을 듣자, 곧 군대를 이끌고 남하했는데, 유방은 오히려 방어만 하고 싸우지 않으면서, 초나라 군대가 성 밖에서 마음대로 활동하도록 내버려 두었다. 이때 역이기는 유방에게, 제나라를 공격하여 초나라 군대의 후방을 교란함으로써, 초나라 군대의 병력을 분산시켜야 한다고 일깨워 주었다. 그리하여 유방은 역이기를 제나라에 보내 항복을 받아냈다. 역이기의 항복 권유 계획이 머지않아 성공할 무렵, 한신이 연나라를 정복하고 황하를 건너 곧바로 제나라를 공격해 왔다. 그러자 제나라 왕은 역이기가 항복을 권유한 것이 거짓이라고 여기고, 곧 그를 삶아 죽였다. 한나라 군대는 제나라에서 승리를 거듭하면서, 기원전 203년에 제나라 영토를 전부 평정했다. 한신은 유방을 도와 위·조·연·제 등 네 나라를 함락시키고, 일약 위세가 당당하고 천하를 뒤흔드는 대장군이 되었으니, 천하에 그를 모르는 사람이 없었다. 항우는 한신이 자신과 유방 사이에서 미묘한 작용을 한다는 것을 깨달았다. 즉 한신이 초나라에 있으면 항우가 승리하고, 한신이 한나라에 있으면 유방이 승리한다는 사실을 깨달은 것이다. 그리하여 항우는 책사인 무섭(武涉)을 한신에게 보내, 유방에 대해 모반을 일으키도록 권유한다. 한신은 유방이 자신을 알아보고 등용해 준 은혜가 고마워서, 무섭의 권유를 사절했다. 그러나 그는 또한 자신의 공적이 높다는 것만 믿고, 남의 공을 가로채어 유방에게 상을 달라고 요구하자, 유방은 어쩔 수 없이 그를 제나라 왕에 봉했다.

유방은 완·엽 일대로 출병한 다음, 성고(成皐, 지금의 허난성 시쉬汜水)에 들어가 주둔했다. 항우가 군대를 이끌고 성고를 포위하여 공격하자, 유방은 항우의 공격을 막아 내지 못하고, 패배하여 수무(修武, 지금의 허난성 서북부)로 달아났다. 한나라 군대는 정면으로 초나라 군대에게 반격을 가할 수 없었으므로, 유방은 군대를 보내 항우의 후방을 습격하여, 항우의 대다수 병력을 다른 곳으로 이동하게 하였다. 적을 가볍게 여긴 항우는 초나라 군대의 대사마(大司馬)인 조구(曹咎)를 남겨 두어 성고를 지키도록 하고, 자신은 군대를 이끌고 후방을 평정하러 갔다. 항우가 돌아오기를 기다리다가, 성고는 다시 유방에게 함락당했다. 한나라 군대는 항우가 돌아온다는 소식을 듣고, 일부 병력을 보내 성고를 지키게 하고, 나머지는 곧 광무(廣武, 지금의 허난성 싱양滎陽)에서 멀지 않은 험준한 요충지로 철수했다. 그런데 항우는 성고가 이미 한나라 군대의 수중에 들어갔다는 것을 알자, 곧 군대를 이끌고 되돌아와 광무에 주둔하면서, 한나라 군대와 대치했다. 항우는 오랫동안 한나라 군대를 공격하고도 이기지 못하면서, 식량이 부족해져 궁지에 몰리자, 유방의 아버지를 삶아 죽이겠다고 협박했지만, 이 계획도 효과를 거두지 못했다.

◈ **조부모**(弔俘矛: 포로가 매달린 창) | 서한

이 청동 창의 창끝 아래 모서리에는 쇠사슬을 이용하여 두 명의 포로를 매달아 놓았다. 포로는 발가벗은 알몸이고, 머리를 아래로 늘어뜨렸으며, 긴 머리카락은 아래로 흐트러져 있고, 표정이 마치 살아 있는 것처럼 생생하다. 현재 윈난성박물관에 소장되어 있다.

패왕별희(霸王別姬)

유방은 초나라 군대가 약세에 처해 있음을 알았지만, 자신의 아버지와 아내가 항우의 수중에

◈ **옥문관**(玉門關)**의 한나라 장성**(長城) **유적**

옥문관은 한 무제가 서역을 개통할 때 처음 건설되었는데, 서역의 진주·보석과 옥 등 진귀한 물건들이 모두 이곳을 통해 수입되었기 때문에 붙여진 이름이다.

있었으므로, 사람을 보내 초나라 군대와 천하를 균등하게 나누어 갖자고 강화를 제의했다. 식량과 사료가 부족한 항우는 마침내 유방의 강화 요구를 받아들였고, 아울러 유방의 아버지인 유태공(劉太公)과 아내인 여치(呂雉)를 돌려보냈다. 항우는 자신의 근거지로 돌아갔고, 유방도 군대를 이끌고 서쪽으로 돌아갈 준비를 하였다. 바로 이때, 책사인 장량과 진평이 그에게 이렇게 일깨워 주었다. "대왕께서 초나라 군대가 피로한 때를 틈타 그들을 소탕하지 않으시다니, 설마 그들이 와서 대왕을 소탕하기를 기다리시겠다는 말씀입니까? 지금 저들을 놓아 주신다면, 호랑이를 키워 후환을 남기는 격입니다!" 유방은 일리가 있다고 느끼고는, 곧 이 건의를 받아들였다. 기원전 202년, 유방은 한신·팽월 등 부하들의 군대를 불러 모아, 초나라 군대와 고릉(固陵, 지금의 허난성 타이캉太康 서쪽)에서 전투를 벌였다. 한나라 군대에게 세 방면으로부터 공격을 받자, 피로가 극에 달한 데다 보급이 부족한 항우의 군대는 전선이 붕괴되어, 해하(垓下, 지금의 안후이성 링비(靈璧)로 후퇴했고, 한나라 군대에 의해 겹겹이 포위되었다.

항우는 여러 차례 포위망을 뚫으려고 시도했지만 모두 성공하지 못하고, 병력을 많이 잃은 데다, 군량도 거의 남아 있지 않아 상황이 매우 처참했다. 유방은 항우의 군대가 이미 싸울 능력을 잃었으므로 강공을 할 필요가 없다고 단정하고, 사람들을 보내 초나라 군영 사방에서 초나라 노래를 부르도록 했다. 감상적인 초나라 노래가 초나라 군영에 두루 울려 퍼지자, 항우를 따라 강을 건너 북상하여, 기개 있게 한번 대업을 도모하려던 강동(江東)의 자제들은 고향의 노래를 듣더니, 집 생각 어머니 생각에 눈물을 흘렸다. 이내 초나라 군영의 모든 병사들이 눈물을 흘리며 울었다. 항우가 있는 막사 안에도 초나라 노래가 들려오자, 그는 수 년 동안 자신이 사방팔방으로 원정을 다니면서 천하에 위세를 떨쳐, 패업이 곧 이루어질 것 같았으나, 결국 유방에 의해 막다른 길목에 놓이게 된 처지를 회상했다. 회한이 사무친 항우는 검을 빼들고 이렇게 노래했다. "힘은 산을 뽑을 만하고 기개는 세상을 덮을 만하거늘, 시운이 불리하니 추(騅)도 달리지 않는구나. 추가 달리지 않으니 어찌할거나, 우희야, 우희야 어찌할거나[力拔山兮氣蓋世, 時不利兮騅不逝. 騅不逝兮奈若何, 虞姬虞姬奈若何]!" 여기에서 '추'는 항우가 가장 좋아하던 한 필의 명마이고, 우희는 항우가 가장 총애하던 첩이다. 노래가 끝나자, 우희는 검을 뽑아 목을 베어 자결했고, 항우는 8백여 명의 부하들을 이끌고 어둠을 틈타 포위를 돌파했다. 사람은 절망적인 상태에서는 힘이 놀랄 만큼 커지는 법인데, 항우는 겹겹이 포위된 상태에서 한 줄기 혈로(血路)를 뚫고, 도망쳐 오강(烏江) 강변에 도달했지만, 수백 명이었던 기사(騎士)들은 고작 26명만이 아직 그의 곁을 따르고 있었다. 그때 강변에서 초나라의 작은 배 한 척이 그를 맞이했다. 사공은 항우에게 빨리 배를 타고 강을 건너, 강동으로 돌아가 대업을 다시 도모하도록 권했다. 항우는 지난날 8천 명의 강동 지역 자제들을 데리고 공을 세워 업적을 쌓으려고 나왔지만, 지금은 단지 자기 혼자만 남았으니, 더 이상 강동의 어른들을 볼 낯이 없다고 느꼈다. 마침내 추격해 온 한나라 장병들과 한 차례 혈전을 벌인 후, 항우는 오강의 강가에서 검을 빼들어 자결했다.

항우가 죽자, 천하에 아무도 유방과 필적할 만한 사람이 없었다. 유방은 매우 빠르게 각 방면의 제후들을 평정하고 중국을 통일하여, 한(漢) 왕조를 건립하고, 장안(長安)에 도읍을 정했으니, 역사에서는 이를 서한(西漢)이라고 부른다. 한 고조(高祖) 유방은 진(秦) 이세(二世)가 망한 교훈을 받아들여, 부역을 가볍게 하고 세금을 줄여 주어, 백성들에게 휴식을 주는 정책을 실행하자, 임금이 아무 일을 하지 않아도 저절로 다스려 졌으므로[無爲而治], 경제가 급속히 회복되었으며, 역사는 새로운 한 페이지를 열어 젖혔다.

전문테마 먼지투성이 지하의 군단(軍團)

진 시황이 통치했던 시기의 진나라는 한때 명성을 떨치던 제국으로, 북쪽의 흉노를 정벌하고, 남쪽의 백월(百越)을 정벌하면서, 모두 80만 명의 대군을 동원했다. 또 영거(靈渠)를 건설하고, 아방궁(阿房宮)을 짓느라 동원한 사람은 셀 수 없을 정도로 많았다. 천하를 평정하여 통일한 것은 물론이고, 중앙에 권력을 집중하여 천하를 통치했으니, 시황은 강대한 군대가 뒷받침하는 것을 그만둘 수 없었다. 이렇게 "승자는 왕이 되고, 패자는 도적이 되는" 상황이 더욱 심하던 시대에, 강대한 군대가 없었다면 시황은 천하를 평정할 수 없었을 것이고, 강대한 군대가 없었다면 시황은 천하를 안정시킬 수도 없었을 것이다.

진 시황릉

기원전 246년, 나이가 고작 13세인 영정은 진나라 국왕에 즉위했다. 그 뒤 얼마 지나지 않아 자신의 능묘를 조성하기 시작했다. 기원전 221년, 진나라가 여섯 나라를 통일한 후, 전국에서 70만 명을 여산(驪山)에 징발하여 계속 능묘를 조성했다. 또한 승상 이사를 설계 책임자로 임명하고, 대장군 장한을 총감독에

◈ **동차마(銅車馬) | 진**

진 시황릉 병마용 2호 갱 속에서 출토된 차마는 전체 길이가 317센티미터, 높이가 106.2센티미터로, 차 위에는 하나의 어관용(御官俑: '어관'은 말을 모는 관리)이 무릎을 꿇고 앉아 있다.

임명했으며, 영정이 50세에 세상을 떠나자, 36년에 걸친 진 시황릉은 비로소 완성되었다.

진 시황릉은 서조(西朝: 장안) 동쪽에 자리하고 있다. 능 안에는 안팎에 이중으로 땅을 다져 쌓은 성벽이 있는데, 이는 도성(都城)의 황성(皇城)과 궁성(宮城)을 상징한다. 내성(內城)은 남북 길이가 1,300미터, 동서 폭이 578미터이며, 외성(外城)은 장방형으로, 남북 길이가 2,513미터, 동서 너비가 974미터이다. 안쪽 담은 토대의 너비가 10미터, 달구질하여 쌓은 두께가 5~8미터이고, 바깥쪽 담은 토대의 너비가 6~7미터, 달구질하여 쌓은 두께가 6~8미터이다. 진 시황릉의 능총(陵塚: 봉분)은 처음에는 높이가 200여 미터였지만, 2천여 년 동안 비바람을 맞았기 때문에 지금은 76미터로 낮아졌다. 진 시황릉의 내부는 한층 더 복잡하고 화려하다. 역사 기록에 따르면, 진 시황이 세상을 떠나고 능묘의 지궁(地宮: 제왕의 능묘 지하에 관을 안치하는 곳)에 안장되었는데, 지궁은 이미 지하수가 흐르는 위치까지 팠기 때문에, 돌을 매우 정교하게 가공했고, 돌덩이 사이에는 또 구리나 주석을 녹여 부었다고 한다. 지궁 속에는 또한 수은으로 큰 강처럼 만들었고, 무덤 천정에는 야명주(夜明珠: 밤에 빛을 발하는 구슬)를 박아 만든 천체(天體) 모양으로 되어 있었으며, 유지(油脂)로 장명등(長明燈: 밤에 지붕이나 처마에 달아 켜 두는 등)도 만들어 놓아, 진 시황의 만수무강을 상징했다고 한다. 전혀 과장하여 말하는 게 아니라, 진 시황릉은 바로 하나의 지하 왕국이다.

제8대 기적

진 시황릉 가운데 가장 귀중한 역사적 문물로는, 세계 제8대 기적이라고 불리는 병마용보다 더한 것은 없다. 그것은 진나라 군대의 풍모를 생생하게 재현하고 있다. 사실 한대부터 근대까지, 진나라의 용(俑)은 간헐적으로 출토되어 왔다. 병마용은 일반적으로 지면으로부터 5미터 아래 지점에 묻혀 있었기 때문에, 우물을 파거나 무덤을 파다가 모두 매우 쉽게 발굴했지만, 줄곧 사람들의 주목을 끌지 못하다가, 1974년 7월에 비로소 정식으로 발굴하기 시작했다. 지금까지 발굴된 진 시황릉 용장갱(俑葬坑: 용을 묻어 놓은 갱)은 비록 아직 전체 장갱(葬坑)의 일부분에 불과하지만, 그 규모는 이미 지금도 세계를 놀라게 하고 있다. 그 가운데 1호, 2호, 3호 갱에는 모두 상당한 수량의 용장품(俑葬品)들이 진열되어 있으며, 용갱은 모두 지하 갱도식 토목 구조로 건축되었고, 서쪽을 등지고 동쪽을 향해 있으며, '品'자 형태를 띠고 있다. 3개의 용갱은 배치가 매우 정연하고, 구조가 특이하다. 깊이가 대략 5~7미터인 갱 바닥에는 3미터마다 동서로 마주하는 이중의 담을 쌓았고, 담 사이는 비워 두어 '과동(過洞: 통로)'으로 삼았으며, 갱 바닥에는 푸른 벽돌을 깔았고, 병마용은 이 과동 안에 진열했다. 담의 양쪽 약 1.5미터 되는 곳에는 촘촘하게 현주(弦柱: 기둥머리가 두툼하게 튀어나온 기둥으로 추측됨)를 세워 놓았고, 기둥머리는 목제 들보[梁]에 연결되어 있으며, 칸막이벽과 순량(順梁: 들보와 기능은 같지만, 방향이 들보와 반대로, 건물의 칸과 칸 사이를 연결하는 들보) 위쪽은 횡으로 촘촘하게 도리를 깔고, 위쪽을 갈대로 만든 돗자리와 진흙과 다진 흙으로 덮었다.

각자 역할 분담이 있다

1호 갱은 병거(兵車)와 보병이 혼합되어 편성된 직사각형 방진(方陣)으로, 보병이 주를 이루고 있으며, 우군(右軍)이라고 부른다. 동쪽에는 210명의 궁노수(弓弩手)가 있고, 3열 횡대로 선봉 부대를 이루고 있으며, 중간은 6천 명의 개갑용(鎧甲俑: 갑옷을 입은 용)으로 이루어진 주체 부대이고, 뒤에는 35대의 사마전차(駟馬戰車: 네 마리의 말이 끄는 전차)를 배치했다. 이 사마전차의 양 옆에는 각각 1렬의 어수(馭手, 옛날에 마차를 모는 사람을 어수라고 했는데, 전차의 편제에서는 일반적으로 전차 한 대마다 두 명의 '차사車士'와 한 명의 어수를 배치했다)가 진격하여 공격할 수도 있고, 후퇴하여 방어할 수도 있도록, "전투태세를 갖춘 군진"을 이루고 있다. 전체 군진은 다시 약간의 단위로 구분할 수 있는데, 각각의 단위에는 한 명의 지휘관이 배치되어 있으며, 약간의 전차와 보병이 딸려 있다. 전쟁에 나가기 위해 대기하고 있는 이들 장병들은 이미 제 위치를 지키고 있으며, 궁노수는 매우 긴장된 모습이고, 전마(戰馬)는 수레를 걸고 있어, 언제라도 명령만 내리면 즉시 출발할 것 같은 모습을 하고 있다. 2호 갱의 면적은 대략 6천 평방미터로, 평면은 곱자[曲尺: ㄱ자] 형태이며, 전차·기병·보병으로 이루어져 있어, 공격과 수비를 결합하고, 전차와 보병이 협조하면서, 상호 엄호하는 혼합 형태로 진영이 편성되어 있다. 이 부대를 좌군(左軍)이라 부르는, 상징적인 행영(行營), 즉 병영 내의 임시 주둔지다. 2호 갱에는 대형 도용(陶俑)·도마(陶馬)가 모두 1,400여 점이 있으며, 그 중 안장을 채운 말을 탄 기병용이 160점이다.

◈ **무릎꿇 자세의 무사용 | 진**

산시성 린퉁(臨潼)에 있는 진 시황 병마용 1호 갱에서 출토되었다. 용의 높이는 130센티미터로, 무사는 오른쪽 무릎을 꿇고 몸을 꼿꼿이 세운 채 무릎꿇 자세를 취하고 있다. 두 손은 노(弩: 여러 개의 화살을 동시에 쏠 수 있는 큰 활)를 쥐고 있는 자세이고, 눈은 전방을 향하고 있는 것이, 마치 언제라도 노를 당겨 화살을 쏠 준비를 하고 있는 것 같다. 인체와 의복이 모두 실제 인물과 완전히 똑같이 빚어졌으며, 무사가 신고 있는 신의 바닥에 새겨진 선 문양조차도 전혀 소홀히 하지 않고 모두 면밀하게 빚어 놓았다.

이는 현재 고고학사에서 발견된 최초의 대규모 기병 용 집단으로, 진대의 기병은 이미 장비를 완비한 독립된 병과를 이루고 있었다는 것을 말해 준다.

3호 갱은 '凹'자형으로, 전차는 진영의 앞쪽에서 명령을 기다리고 있으며, 호위병들은 뒤쪽에서 2열로 늘어서서, 손에는 의장(儀仗) 등을 쥐고서 장군이 오기를 기다리고 있다. 이런 정황으로 볼 때, 이것은 분명히 전쟁터의 지휘부라는 것을 추단할 수 있다. 세 개의 갱은 완벽한 군진 편제 체계를 구성하고 있으며, 진나라 군대가 "보병 백여 만 명, 전차 1천 승(乘), 기마 1만 필을 보유했고", 병사들은 강하고 전마는 건장하여 기세가 드높았던 진용을 생생하게 재현하였다. 세 개의 갱에 있는 부장품들은 수량이 많고, 형태가 크고, 기예가 정교하고, 내용이 풍부하기 때문에, 세계 제8대 기적으로 알려져 있을 뿐만 아니라, 또한 군사 상황·능침(陵寢) 제도·조소 예술·야금(冶金) 기술 등 다양한 방면을 탐구하는 데 중요한 가치를 지니고 있다.

◈ **무사용(武士俑)의 등에 새겨진 도안 | 진**

이것은 진 시황릉 안에 있는 채색 장군용(將軍俑)의 등에 새겨진 도안으로, 정교하게 새겨져 있으며, 진나라 군관(軍官)의 복식(服飾) 특징을 사실적으로 표현한 것이다.

등급이 엄격하다

진 시황릉 속의 병마용들은 각각의 체중이 300여 킬로그램 정도이며, 키는 평균 1.8미터 정도로, 진짜 사람 크기와 비슷하다. 진나라 때의 장병들의 형상에 근거하여 빚었으며, 체격이 건장하고, 복식이 매우 사실적이며, 표정과 태도가 생생하다. 그들의 옷차림·자세·표정·손동작 및 미세한 머리카락과 수염을 보면, 그 사람의 직책·병과(兵科)·성격 등을 대략 판단할 수 있다. 1호 갱 안의 맨 앞에 3열 횡대로 서 있는 204명의 무사용을 보면, 세 명의 장군용을 제외하고 나머지는 모두 몸에 전포(戰袍: 두루마기처럼 생긴 옛날 전투복)를 입었고, 발에는 짧은 신발을 신었으며, 갖가지 형태의 상투를 정교하게 빚어 올렸고, 아무도 돌격하여 전투를 벌이는 투구와 몸을 보호하는 갑옷을 입지 않았다. 역사 기록에 따르면, 진나라는 상앙이 변법을 실시한 이래 전공(戰功)을 중요시했기 때문에, 병사들이 전투를 할 때 모두 투구를 쓰지 않고, 갑옷도 간편하여, 날쌔고 용맹하기로 유명했다. 진 시황 때, 사병들은 서로 다른 계급·병과·임무의 성격에 따라 다른 융장(戎裝: 전투장비)을 갖추었다. 군관(軍官)과 직접 적을 맞아 교전을 벌이는 전사에게는 대부분 갑옷을 지급했다. 갑옷의 방호 수준도 위의 기준에 따라 달랐다. 일반적으로 계급이 낮거나 원거리 공격을 맡은 사병은 전포만을 갖추었다. 1호 갱이 보여 주는 것은 바로 일반 사병의 옷차림이다.

별도로 세심하게 구분해 보면, 또한 이들 도용들이 각양각색의 선명하고 아름다운 옷차림을 하고 있다는 것을 발견할 수 있다. 일반적으로 기병(騎兵) 노수(弩手)는 청동제 갑옷을 입었고, 장군은 가죽제 갑옷을 입었으며, 또한 흑·백·자·홍·녹색 등의 채색 도안이나 무늬를 넣어, 사방으로 연속되는 마름모형 도안을 이루고 있는 것이, 남쪽 초나라의 풍격을 뚜렷이 나타내고 있다. 이것은 진나라 사람들이 여섯 나라를 정복하는 과정에서, 난폭하고 용맹하며, 이기기 위해 싸움을 마다하지 않는 민족적 특성을 최대한 발휘했지만, 동시에 또한 나머지 여섯 나라의 문화도 차츰 스며듦에 따라, 옷차림이나 관모(冠帽) 등 각 방면에서 모두 큰 변화가 있었다. 하지만 진나라 군대의 상투는 여전히 특유의 전통을 견지하여, 그것으로 각종 신분 등급도 구분할 수 있다. 이로부터 또한 진나라 군대 및 왕조 전체의 등급이 모두 매우 엄격했다는 것을 미루어 알 수 있다.

차마용(車馬俑)

인용(人俑)을 제작한 기예가 이와 같을 뿐만 아니라, 각종 차마용도 역시 기예가 뛰어나다. 진시황릉 안에 있는 청동차마(青銅車馬)는 고고사(考古史)에서 시대가 가장 이르고, 체적이 가장 크며, 보존이 가장 완벽한 차마다. 청동 차체(車體)는 장식이 화려하여, 흘러가는 구름과 기하 도안의 채색 무늬가 그려져 있으며, 준마는 유백색(乳白色)이다. 그것들의 구조는 복잡하고, 제작 공예는 뛰어나다. 예를 들어 2호 갱 안에 있는 청동차마는 2,462개의 부품을 조립하여 만들었는데, 부품은 모두 주조하여 형태를 만들었고, 조립 방법은 주접(鑄接: 쇠를 주조하여 연결)·한접(焊接: 땜질)·자모구(子母扣: 똑딱단추 형태) 연결·장석(裝錫) 연결 등 여러 가지 기술을 채용한, 고대 청동 제품 중에서도 진귀한 보물이다. 또 예를 들면, 2호 갱 속에서 출토된 하나의 청동검(青銅劍)은, 측정해 보니, 그 표면에 산화막(酸化膜)을 함유하고 있었으며, 크롬 2%를 함유하고 있었다. 이러한 크롬 도금 기술은 근대에 독일이 체계적인 일련의 복잡한 작업 과정을 이용하고서야 비로소 실현할 수 있었는데, 진나라 사람들은 어떻게 이 기술을 조작했는지 아직 아는 사람이 없다. 이 밖에 이 제품은 견고성이 뛰어나고, 색깔이 순수하며, 밀도가 높고, 방부 성능이 좋을 뿐 아니라, 단단하면서도 예리하다. 오늘날 사람들이 무수히 반복하여 실험 삼아 제작해 보았지만 모두 실패하고 말았으니, 진나라 사람들의 야금 기술이 이미 "노화순청(爐火純青: 화롯불이 가장 뜨거워지면 파랗게 변하듯이, 무공의 수준이 최고의 경지에 이름)"의 수준에 도달해 있었다고 할 수 있다.

군사 강국

진 시황릉 병마용은 바로 하나의 거대한 군사박물관처럼, 진나라 군대의 역사적 풍모를 기록해 놓고 있어, 진 왕조의 거대한 군대의 위력을 보여 주고 있다. 역사에서 진나라 군대가 천하를 평정한 위세를 일컬어 백만 대군이라고 한다. 전쟁터에서 진나라 군대는 용감하게 잘 싸웠고, 용맹스러우면서 사나웠으며, 어떤 때는 심지어 야만적이고 잔인하다고 표현할 수 있을 정도였다. 진 왕조는 바로 이처럼 강한 군대에 의지하여 천추의 위업을 성취했다.

병마용 안에서 출토된 병기(兵器)들에는 당시 유행했던 모든 무기 종류들이 다 포함되어 있으며, 또한 각종 무기들은 모두 뛰어나게 제작되었다. 병과를 보면, 진나라 때에는 보병·기병·차병 등 3대 병과가 있었고, 육군과 수군의 양대 부분이 있었다. 진 시황 때 육군은 보병이 주축이었고, 기병도 독립된 병과였으며, 함께 진나라의 정복 전쟁에서 주력이 되었다. 노병(弩兵)은 보병에 포함된 한 병과로서, 살상력이 가장 강했으며, 전차 및 일반 보병과 혼합하여 편성되었다. 수군은 주로 초나라를 정복하고 백월(百越)을 공격할 때 중요한 역할을 했다. 마병용 갱에서 출토된 무릎꽒 자세의 용은 진나라 군대의 사수(射手)가 사격하는 순간을 기록하고 있는 것이다.

◈ 진 시황릉 병마용 2호 갱 | 진

2호 갱의 총 면적은 약 6천 평방미터이며, 그 중 선봉 부대는 보병 무사용이고, 좌익은 기병 무사용이며, 우익은 전차부대다. 2호 갱에서는 지금까지 전차·무사용·마용(馬俑) 등 160여 건이 출토되었다.

서한(西漢) 기원전 195~기원전 180년

인물: 여치 **지역:** 장안 **키워드:** 임조칭제(臨朝稱制)

여후(呂后)의 칭제(稱制: 섭정)

5천 년 이래로, 중국의 남성 최고 통치자 숫자는 셀 수 없을 정도로 많지만, 여성 지배자는 반대로 매우 드물다. 바로 이렇기 때문에, 여후의 범상치 않음이 비로소 뚜렷이 드러난다. 한 고조 유방이 세상을 떠난 후에, 여후는 16년 동안 권력을 장악했고, 혜제(惠帝)와 소제(少帝)를 옹립한, 중국 역사상 3대 여성 통치자 중 첫 번째 사람이다. 바로 그가 통치한 시기는, 위로는 고조(高祖)가 나라를 세운 초기의 동요와 수양(修養)을 이어받았고, 아래로는 문경의 치[文景之治: 문제와 경제 시기의 태평성세]로 이어 주어, 서한 정권이 흥성하는 데에 연결고리 역할을 했다.

여후의 권력 장악

기원전 202년, 초·한 쟁패의 최종 승리자로서 유방은 정식으로 서한 정권을 건립하고, 그 자신은 개국 군주인 한 고조(高祖)가 되었다. 유방이 천자의 보좌에 오를 수 있었던 한 가지 중요한 원인은, 바로 그가 한 무리의 걸출한 책사와 무장(武將)들을 결속시켜 임용한 것이다. 이들 무장들이 목숨을 걸고 싸우도록 하기 위해, 유방은 심지어 영토를 쪼개 주어 왕에 봉하는 것도 아까워하지 않았다. 서한 초기에 유방이 책봉한 이성(異姓: 유방과 같은 유씨가 아닌 다른 성) 왕은 모두 7명이었다. 초왕(楚王) 한신(韓信), 양왕(梁王) 팽월(彭越), 회남왕(淮南王) 경포(黥布: 영포英布라고도 함), 조왕(趙王) 장이(張耳), 연왕(燕王) 장도(臧荼), 한왕(韓王) 신(信), 형산왕(衡山王, 후에 장사왕長沙王으로 바꿔 불렀음) 오예(吳芮)가 그들이다. 천하가 하나로 평정되자, 유방은 곧 약간 후회하면서, 장군들에게 떼어 주는 대가가 너무 크다는 걸 느꼈다. 즉 강한 군대를 거느리고 있는 저들 이성 왕들이야말로 자기의 영토에 생겨난 악성 종양으로, 그들을 제거할 방법을 생각해 내야 한다고 느꼈다. 그 후 몇 년 동안에, 이들 공신들은 유방에 의해 하나씩 제거되었다. 한신·팽월·경포는 그의 칼에 목숨을 잃었고, 한왕 신은 멀리 흉노로 도망쳤다. 마지막으로, 유방은 백마를 잡아, 군신들과 삽혈(歃血: 옛날에 제왕과 제후가 회맹할 때, 말이나 소 따위의 가축을 죽여, 그 피를 입술에 묻혀 굳은 맹세를 하는 의식) 맹세하고, 유(劉)씨 성이 아닌 자는 왕이 될 수 없다고 선포했다. 그리하여 유방은 마침내 안심하고 후손들에게 물려줄 수 있게 되었다.

◈ 〈한전논공도(漢殿論功圖)〉 | 명, 유준(劉俊)

이 그림은 길이가 165센티미터, 너비가 106.5센티미터로, "한나라 궁전에서 공신들의 공을 논했던" 일에서 소재를 취했다. 한 고조 유방이 처음 나라를 세우고 나서, 공신들이 궁전에서 공을 다투며 상을 받으려다가, 검을 뽑아 궁전의 기둥을 쪼개 버렸다. 그러자 대신 숙손통(叔孫通)이 고조를 설득하여 노나라 땅의 제생(諸生: 여러 유생)을 불러, 조의(朝儀: 조정에서의 의식)를 규정하자, 고조는 크게 기뻐했다. 이렇게 함으로써 비로소 황제의 존엄함을 깨닫게 되었다. 현재 미국 메트로폴리탄 박물관에 소장되어 있다.

고조 12년(기원전 195년), 유방이 장안의 장락궁(長樂宮)에서 세상을 떠나자, 태자인 유영(劉盈)이 왕위를 계승했으니, 그가 바로 한 혜제(惠帝)다. 그러나 유방이 생각하지 못한 것은, 병권을 장악했던 공신들이 소멸되어, 아들도 평온하게 즉위하긴 했지만, 외척 여씨가 뜻밖에도 유씨 정권의 가장 큰 골칫덩어리가 되었다는 것이다. 한 혜제의 어머니인 여후는 성이 여(呂)씨이고 이름이 치(雉)로, 고조 유방의 조강지처다. 그는 사람됨이 굳세고 강하며, 정치 수완이 매우 악랄하여, 유방과 생사와 고난을 함께 하면서 유방이 천하를 탈취하는 것을 도왔으며, 한나라를 건국한 후에 유방이 한신 등 대신들을 죽일 때에도 모두 중요한 역할을 했다. 그런데 이제 남편이 세상을 떠나고, 아들이 천자의 자리에 오르자, 여후는 마침내 대권을 혼자서 장악했다. 그는 먼저 사람을 보내 일찍이 혜제와 태자 자리를 다투었던 조왕(趙王) 여의(如意)를 독살한 다음, 다시 여의의 생모이자, 유방에게 한없이 총애를 받았던 척부인(戚夫人)의 손과 발을 자르고, 눈알을 파냈으며, 귀를 그을려 듣지 못하게 하고, 벙어리가 되는 약을 들이마시게 하여, 뒷간에 던져 놓고, 인체(人彘: 인간 돼지)라고 불렀다. 혜제는 사람이 이렇게 잔혹하게 상해당하는 것을 보고 무서워서 벌벌 떨다가, 이 사람이 예전의 그 아름다웠던 척부인이라는 것을 알고 나자, 심지어 그 자리에서 큰 소리로 울기 시작했다. 혜제는 이때 놀라서 큰 병을 얻었으며, 다시는 어머니를 보고 싶지 않아, 사람을 보내 여후에게 이렇게 말했다. "이것은 사람의 일이 아니니, 나는 태후의 아들로서 더 이상 천하를 통치할 면목이 없습니다." 혜제는 이때부터 매일 술을 마시고 노래를 부르면서 방탕하게 지냈으며, 정사를 돌보지 않음으로써, 어머니에게 반항했다.

여씨(呂氏)가 왕이 되다

혜제 7년(기원전 188년) 8월, 마음속에 원망과 분노를 가득 안고 혜제가 세상을 떠났다. 여후는 장황후(張皇后)의 양자를 황제로 세우고, 소제(少帝)라고 불렀으며, 여후 자신이 임조칭제(臨朝稱制: 황제의 어머니인 황태후가 국정을 대신 맡아 섭정함)하였다. 이 장황후는 바로 혜제의 누나인 노원공주(魯元公主)의 딸로, 자기의 친외삼촌에게 시집와서 황후가 되었지만 아들이 없자, 여후는 곧 그로 하여금 후궁 비빈이 낳은 아들을 양자로 삼아, 자신이 낳았다고 말하게 하고, 아이의 어머니를 죽여 버렸다.

여후는 대권을 장악한 다음, 즉시 대신들을 소집하여 여씨 집안사람을 왕으로 삼는 문제를 상의했다. 여후는 먼저 우승상(右丞相) 왕릉(王陵)에게 물었다. 왕릉은 큰 소리로 이렇게 답했다. "고제(高帝: 한 고조 유방)께서는 일찍이 백마를 죽여, 대신들과 서약하시기를, '유씨가 아니면서 왕이 된 자는, 천하의 모두가 그를 쳐부순다'고 서약하셨습니다. 지금 만약 여씨를 왕으로 삼으신다면, 그 서약을 위배하는 것입니다." 여후는 매우 불쾌해 하며, 다시 좌승상(左丞相) 진평(陳平)과 강후(絳侯) 주발(周勃)에게 물었다. 진평과 주발은 모두 지모가 번뜩이고, 정치 투쟁에 능통한 인물들이었으니, 그들은 이구동성으로 이렇게 답했다. "고제께서 천하를 평정하시고, 유씨의 자제들을 왕으로 삼으셨는데, 지금은 태후께서 천자의 직무를 대행하고 계시니, 여씨의 여러 형제들을 왕으로 삼으시는 것은, 전혀 불가한 것이 아닙니다." 여후는 크게 기뻐하면서, 선포하고 조정에서 나갔다.

조정을 내려와서, 왕릉은 진평과 주발의 옷소매를 틀어쥐고서 책망하며 이렇게 말했다. "당초 고제와 삽혈 맹세할 때, 그대들은 설마 그 자리에 없었단 말이오? 지금 고제께서 세상을 떠나셔서, 태후께서 국정을 맡아 처리하는 여주(女主: 안주인)이시지만, 여씨의 자제를 왕으로 삼으려 하십니다. 그대들은 뜻밖에도 그의 사욕을 눈감아 주고, 그의 염원에 영합하여 고제와 맺은 서약

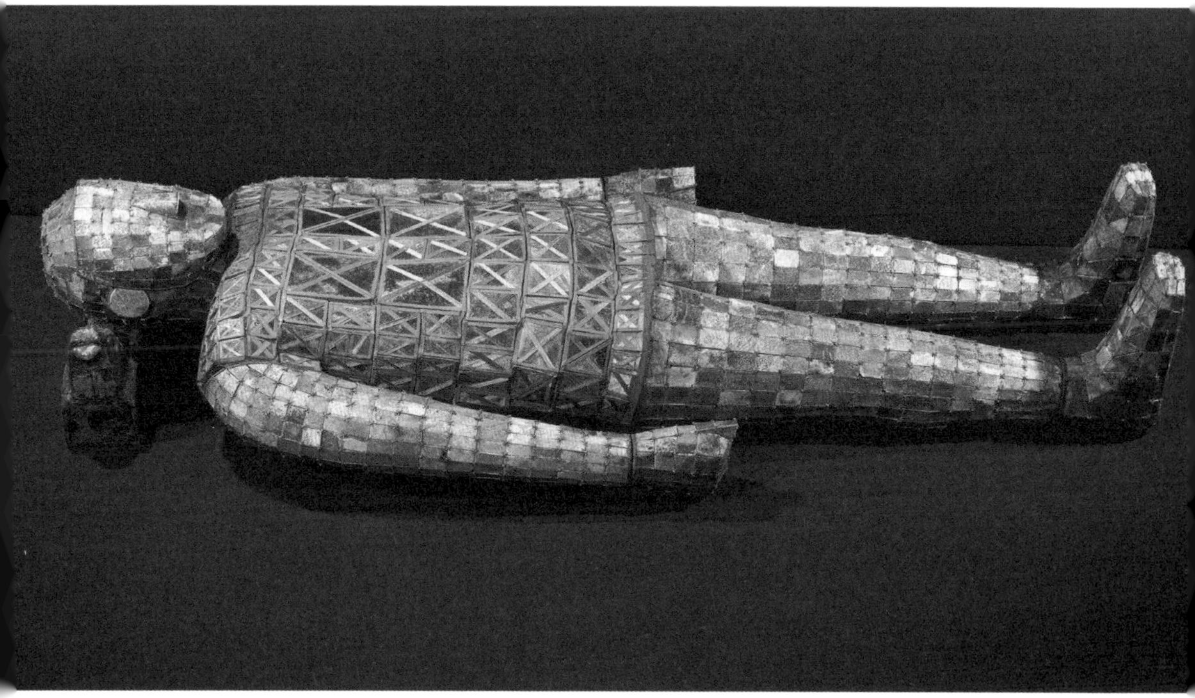

을 위배하시니, 장래에 황천에서 과연 무슨 면목으로 고제를 뵙겠습니까?" 그러자 진평과 주발은 웃으면서 이렇게 말했다. "지금 조정에서 직접 맞대고 반박하면서, 도리에 입각하여 끝까지 따지고 드는 것은, 우리가 그대보다 못합니다. 하지만 대한(大漢: 한나라를 높여 부르는 명칭) 천하를 보전하고, 유씨의 후대를 안정시키려 한다면, 그대가 또한 우리보다 못하오." 왕릉도 옳다고 생각하여, 더 이상 논쟁을 하지 않았다.

◈ **금루옥의**(金縷玉衣) | 서한

이 금루옥의(금실과 옥으로 만든 옷)는 서한 중산정왕(中山靖王) 유승(劉勝)의 아내인 두관(竇綰)의 수의(壽衣)로, 2,160개의 수암옥(岫巖玉: 역사상 중국 4대 명옥 중 하나) 조각들을 금사(金絲)로 엮어서 만들었다. 옥의는 머리덮개·상의·장갑·바지통과 신발로 이루어져 있으며, 머리 밑에는, 금을 도금하고 옥을 상감한 동침(銅枕: 구리로 만든 베개)을 베고 있다. 현재 허베이성박물관에 소장되어 있다.

얼마 지나지 않아, 여후는 '장애물'인 왕릉을 고향으로 돌아가 여생을 보내도록 하고, 매우 신임하던 심이기(審食其)를 좌승상으로 삼자, 그가 국정을 제어했다. 그 후, 여후는 먼저 유씨 가문의 공훈이 탁월하고 영향력이 있는 사람을 선택하여 왕후(王侯: 왕과 제후)로 삼아, 유씨 가족들의 여씨에 대한 대립 정서를 완화시켰다. 그런 다음, 대대적으로 여씨 가족들을 봉했는데, 여태(呂台)·여산(呂産)·여록(呂祿)·여통(呂通) 등 여섯 사람이 왕후에 포함되었다. 동시에 여후는 또한 계속해서 유씨의 여러 왕들 중 조왕(趙王) 유우(劉友)와 연영왕(燕靈王) 유건(劉建)을 살해하자, 유씨와 여씨는 이때부터 철천지원수가 되었다.

소제(少帝)를 독살하다

여후가 일정 기간 동안 고심하여 계획하고 관리한 결과, 여씨의 세력은 이미 뿌리가 깊어져 제거하기 어려운 상태가 되자, 중앙으로부터 지방으로 확대하여, 국가의 혈맥을 확실하게 통제했다. 지방에서는 여씨 가문의 남자가 각급 관리의 위치를 차지했으며, 여씨 여자들은 혼인 관계를 맺음으로써 자기 남편을 감시하고 통제했다. 중앙에서는, 전국의 가장 중요한 두 개의 부대, 즉 남군(南軍)과 북군(北軍) 모두 여씨 가문의 수중에 장악되었다.

이때 한 소제는 차츰 철이 들었는데, 우연히 어떤 사람이 자신의 출생에 대해 하는 말을 들었다. 나이가 어려 아무 말이나 거리낌 없이 하던 소제는 시종에게 되는 대로 말하기를, "황후는 왜 나의 어머니를 죽여 놓고, 나를 자기의 아들이라고 할 수 있단 말이냐? 내가 성장하고 나면, 그분은 나의 어머니를 어떻게 대우할 것이며, 나는 그분을 어떻게 대우한단 말이냐." 여후는 이 사실을 들은 후에 소제가 장차 보복할 것을 두려워하여, 그를 영항(永巷: 죄 지은 궁녀들을 가두던 곳) 안에 가두고, 황제가 중병에 걸렸다고 주장하면서, 좌우 대신들에게 보지 못하게 했다. 여후는 또한 어린 황제의 정신이 혼란하여 천하를 통치할 수 없다는 것을 핑계로 삼아, 새 임금을 세우려고 했다. 이에 군신들이 어찌 감히 이의를 제기할 수 있었겠는가? 모두가 그저 머리를 조아리며 명령에 따를 뿐이었다. 고후(高后: 여후를 높여 부르는 호칭) 4년(기원전 184년), 여후는 사람을 보내 소제를 죽이고, 다시 상산왕(常山王) 유의(劉義)를 소제(少帝: 그는 어린 나이에 즉위했다가, 오래 재위하지 못하고 어린 나이에 폐위되었으므로 부르는 묘호다. 이전 황제도 묘호가 '少帝'였으므로, 구분하기 위해 이를 '후소제後少帝' 혹은 '소제홍少帝弘'이라고도 부른다)로 삼았으며, 이름을 유홍(劉弘)으로 바꿨다.

소제를 죽인 다음, 여후는 의지할 수 있는 것은 역시 자신의 가족에 포함되는 사람이라고 깨닫고, 조카인 여산(呂產)을 양왕(梁王)으로 삼고, 원래 양왕이었던 유회(劉恢)는 조왕(趙王)에 봉했다. 당시 인구나 영토는 물론이고 나라의 자산도 모두 양나라가 쇠잔한 조나라보다 훨씬 우위에 있었으므로, 양왕 유회는 여후의 이와 같이 독단적인 방법이 매우 불만스러웠지만, 더 이상 감히 반항하지 못하고, 한을 품은 채 집을 조나라로 옮길 수밖에 없었다. 여후는 불만을 누그러뜨리기 위해, 여산의 딸을 유회에게 시집보내 조나라 왕비로 삼게 했다. 조나라의 이 새로운 왕비는 여후의 풍채를 닮은 점이 매우 많았으니, 한 무리의 가노(家奴)들을 데리고서 유회를 매우 참담하게 괴롭혔을 뿐만 아니라, 마음대로 유회의 첩을 잔혹하게 죽이기도 했다. 고지식하고 착한 유회는 자기와 마음이 맞고 사랑하는 여인들이 모두 보호받지 못하자, 몇 수의 시를 써서, 곡을 붙인 다음 악공으로 하여금 부르도록 했다. 가사가 너무 슬프게 씌어졌는지, 악공이 너무 슬프고 원통하게 불러서인지는 모르겠지만, 거듭해서 듣고 또 듣더니, 아내에게 시달리던 유회는 곧 검을 뽑아 자살하고 말았다. 여후는 이 사건을 알고 나서 매우 화를 내면서, 유회가 여인 때문에 자살한 것을 보니 별로 장래성이 없다고 판단하고, 곧 유회 자손들의 왕 작위를 박탈해 버렸다.

여후가 병사하다

고후 8년(기원전 180년) 3월, 여후는 장안성 밖에서 하늘에 제사 지내는 의식을 거행하여, 나라가 태평하고 백성이 편안하며, 여씨가 영원히 부귀를 누리게 해달라고 기도했다. 여후는 제사를 지내고 궁궐로 돌아오는 도중에, 너무 피로해서였는지, 아니면 시력이 감퇴해서였는지는 몰라도, 몽롱한 가운데 마치 한 마리의 검은 개처럼 생긴 것이 자신의 겨드랑이 밑으로 돌진해 오더니, 눈 깜짝할 사이에 사라져 보이지 않는 것이었다. 이러한 초자연적인 사건을 접하자, 여후 같은 용감한 사람도 겁이 났는지, 어쩔 수 없이 점쟁이를 불러다 점을 쳐서 길흉화복을 알아 보았다. 아마 점쟁이도 여후에게 불만이 있었는지는 몰라도, 바로 그것은 조나라 왕 여의(如意: 여후가 독살했다)의 혼백이 해코지를 하고 있는 것이라고 말했다. 이 말을 듣고 공포에 질린 뒤, 여후는 중병에 걸렸다. 그해 7월 중순, 여후의 병세는 갈수록 위중해졌다. 여씨 가문의 부귀영화를 보전하기 위해, 병중에 있으면서도 여후는 또한 조왕 여록을 상장군에 임명하여 북군을 장악했고, 여산은 남군을 장악했다. 여후는 병상에서 가쁜 숨을 몰아쉬면서 두 여씨에게 이렇게 말했다. "내가 죽은 다음, 황제가 아직 어리니, 그대들은 반드시 병마를 거느리고 황궁을 보위하고, 내 영구를 따르지 말아, 대신들이 반란을 일으키지 못하도록 해라." 말을 마치고 얼마 지나지 않아, 여후는 궁궐 안에서 병사했다.

한 고조가 세상을 떠난 뒤, 여후는 16년 동안 국정을 장악했으며, 그 가운데 황제를 대신하여 섭정한 것이 8년이다. 여씨의 통치를 강화하기 위해, 그는 고조의 후손들을 거리낌 없이 잔혹하게 죽이고, 개국공신들에게 타격을 가했으며, 점차 여러 여씨들의 난을 일으켜, 유씨 천하를 거의 없애 버렸다. 그러나 부정할 수 없는 것은, 여후가 사회 경제 방면에서 여전히 황로무위(黃老無爲: 황제와 노자, 즉 도가의 무위 사상, 125쪽 '無爲而治' 참조)의 지도 사상을 신봉하여, 백성들의 부담을 줄여 주어 생활을 안정시킴으로써 원기를 회복하게 했으며, 농사와 길쌈을 장려했다는 점이다. 이로 인해, 이 시기에 사회는 비교적 안정되었고, 경제적 생산도 회복될 수 있었다. 여후가 살아 있을 때, 아무도 감히 그와 맞서지 못했으며, 아무도 그와 맞설 수 없었다. 그러나 그가 세상을 떠나자, 주발이나 진평 같은 사람들이 군대를 일으켜 여러 여씨들을 죽여, 여씨는 철저히 멸족되었으니, 이는 아마도 여후가 생전에 예상했던 것과 달랐을 것이다.

서한 기원전 179~기원전 141년

인물: 한 문제(文帝) 유항, 한 경제(景帝) 유계 **지역:** 장안 **키워드:** 삼십세일(三十稅一)

문경의 치[文景之治]

한나라가 수립된 초기에, 휴양생식(休養生息: 백성의 부담을 줄여 주어 생활을 안정시키고 원기를 회복하게 함) 정책을 확립했다. 십 수 년 동안의 발전을 거치면서, 한나라 건립 초기의 어려웠던 경제는, 여후가 집정했던 기간에 점차 회복되기 시작했다. 한 문제(文帝)와 경제(景帝) 시기에, 서한 조정이 다시 부역과 세금을 가볍게 해 주고 생산을 장려하는 일련의 정책들을 널리 시행하자, 전체 사회 경제가 번영하기 시작하여, 백성들이 편안하게 살면

◈ **쌍층구자칠염**(雙層九子漆奩) | 서한

염(奩)은 중국 고대에 부녀자들이 화장 상자로 사용한 것이다. 이 쌍층칠염의 상층에는 장갑 따위의 물건들은 넣어 두었고, 하층에는 아홉 개의 작은 화장 상자들이 있어, 화장품과 빗·참빗 따위의 물건들을 넣어 두었다. 현재 후난성(湖南省)박물관에 소장되어 있다.

서 즐겁게 생업에 종사하는 국면이 출현했으니, 역사에서는 이를 '문경의 치'라고 부른다.

경제의 회복

진나라 15년 동안의 잔혹한 통치와 진나라 말기의 거대한 파괴는 전체 사회 경제를 마비시켰으므로, 한나라 건국 초기에 직면한 것은 안팎으로 동시에 곤경에 처한 국면이었다. 즉 전국 인구의 거의 절반 이상이 사망했으며, 농민이 대량으로 고향을 등지고 떠나 유랑민이나 노예가 되는 바람에 토지의 대다수가 경작되지 않고 방치되었다. 그리하여 식량 공급이 부족해지자, 한 석(石)의 양식을 사려면 4~5천 전(錢)이나 필요했으며, 일부 지방에서는 심지어 "사람이 사람을 잡아먹는" 참상까지 나타나기도 했다. 이렇게 사회적 부가 극도로 부족하여, 천자가 출행하는 마차조차도 네 필의 말을 색깔이 같은 것으로 채워 넣을 수 없었다. 한 고조 유방이 한나라를 건립한 초기에는, '십오세일(十五稅一)'[5]의 가벼운 세율을 정하여, 농업 생산을 발전시키는 데 힘을 쏟았다. 유방이 세상을 떠난 뒤 여후(呂后)가 집정하자, 비록 고위층에서의 투쟁은 격렬했지만, 일반 백성들은 아무 영향도 받지 않았으며, 황로(黃老)의 무위지치(無爲之治: 125쪽 '무위이치' 참조) 사상의 영향을 받아 천하는 평안하고 무사했으며, 사회 경제는 계속 회복되어 갔다. 기원전 179년에 문제(文帝)가 즉위했을 때, 전체적으로 사회 경제는 이미 기본적으로 진나라 말기의 전란 속으로부터 회복되었다. 이 모든 것들은 문제와 경제(景帝) 시대에 경제가 번영하기 위한 좋은 기초를 닦아 놓았다.

문제는 한 고조(高祖)의 서자(庶子)여서, 부친의 총애를 받지 못했기 때문에, 북쪽의 외진 대지(代地: 지금의 허베이성 서북부, 산시성 동북부)에 배치되어 왕이 되었다. 한 고조가 세상을 떠난 뒤, 여후는 끊임없이 구실을 찾아 유(劉)씨의 여러 후왕(侯王)들을 살해하고, 그들의 봉국(封國)을 여(呂)씨 친속들에게 나누어 주었는데, 대국(代國)은 외지고 황량한 곳에 있었기 때문에 여씨의 주목을 받지 않았고, 문제도 자기의 목숨과 봉지를 보전할 수 있었다. 여후가 세상을 떠난 후, 대신인 진평(陳平)과 주발(周勃)이 군대를 일으켜 여씨 일족을 몰살시키고, 여씨가 옹립한 소제(少帝)

5 십오세일(十五稅一): 두 가지 주장이 있다. 하나는, 국가가 토지 생산량의 15분의 1을 토지세로 징수하는 제도라는 것이다. 서한 전기에는 실물로 토지세를 징수했는데, 해마다 생산량을 평가하여 기준을 정했다. 일반적으로 1묘(畝)당 6승(升)이었고, '삼십세일(三什稅一)'은 그 절반을 의미한다는 주장이다. 동한 때에는 정액으로 징수했다. 이 책에서는 이 주장대로, 이를 '세율'의 개념으로 사용했다. 다른 하나의 주장은, 지주가 소작농에게 토지 생산량의 10분의 5를 수취한 다음, 지주가 다시 국가에 토지 생산량의 10분의 1을 세금으로 납부하는 것을 가리킨다는 주장이다. '삼십세일'은 지주가 국가에 토지 생산량의 30분의 1을 세금으로 내는 제도가 아니라, 토지 생산량을 3 대 7로 나눈 뒤, 소작농이 7을 갖고, 지주에게 3을 토지세로 납부하며, 지주는 다시 국가에게 그것의 3분의 1을 세금으로 납부하는 제도라는 주장이다. 즉 '십오세일'과 '삼십세일'은 세율을 의미하는 말이 아니라는 주장이다.

를 폐위시킨 뒤, 문제를 맞이하여 즉위하게 했다. 외지고 황량한 대국에서 16년 동안 국왕으로 있던 문제는 간신히 장안으로 돌아올 수 있게 되자, 황제의 직위는 쉽게 차지할 수 없다는 것을 깊이 깨달았다. 그리하여 즉위한 후에 줄곧 삼가고 신중하게 처신했으며, 인정(仁政)을 힘써 행하면서, 조금도 게을리 하지 않았다.

기원전 179년 3월부터, 문제는 잇달아 조서를 내려 지방 관리들이 농업과 잠업을 권장하고 가르치도록 독촉했으며, 또한 그들에게 농민의 부담을 경감시켜 주도록 훈계했다. 기원전 168년의 춘경(春耕) 시절에, 문제는 또 친히 수도의 적전(籍田: 황제가 직접 농민을 두어 관리하고 참여하여 농사를 지어 조상에게 제사 지내는 황실 소유 농지)에 가서 경전(耕田: 밭갈이) 의식을 거행함으로써, 천하에 농업을 발전시키겠다는 결심을 내보였다. 조정의 강력한 격려를 받아, 식량 부족 문제가 점차 해결되자, 식량 가격이 크게 낮아졌다. 가장 가격이 낮을 때는 1석에 고작 10여 전(錢)밖에 하지 않았는데, 이는 서한이 개국했을 때에 비하면 수백 분의 1에 지나지 않았다. 식량 생산의 발전은 또한 재정 수입의 증대를 가져다주어, 나라의 창고에 식량이 가득 차자, 한 문제는 기원전 168년에 조서를 내려 전국의 전조(田租)를 절반으로 감면해 주었으며, 이듬해에는 다시 한 걸음 더 나아가 전조를 전부 면제해 주었다.

문제는 평생 동안 검소하고 절약하는 생활을 했다. 그가 재위한 23년 동안, 전국의 물질적 부는 끊임없이 증가했는데, 유일하게 변하지 않은 것은 문제가 사용하는 물품이었으며, 물론 황실·원유(苑囿)·차마(車馬)·복어(服御: 황제의 의복과 탈것) 등도 모두 전혀 증가하지 않았다. 문제가 한 번은 노대(露臺)를 수리하려고, 기술자를 물색해 와서 수리비를 계산해 보니, 고작 100냥의 황금밖에 필요하지 않았다. 하지만 문제는 이것이 중산층 10가구의 전 재산을 합친 액수라고 생각하여, 끝내 건물을 수리하지 않았다. 문제는 고급스럽고 화려한 옷도 피하고 멀리했으며, 평소에는 단지 검정색의 거칠고 두꺼운 무명옷만 입었다. 그가 총애했던 신부인(愼夫人)이 입었던 긴 치마의 치맛자락은 짧아서 땅에 끌리지도 않았다. 이는 긴 치마를 아름다움으로 여겼던 한 대에는 참으로 쉽지 않은 일이었다.

성세(盛世)의 모습

문제가 세상을 떠난 다음, 경제(景帝)가 즉위했다. 경제의 자신에 대한 절제력은 문제보다 훨씬 부족했다. 그는 대대적으로 원유를 조성했으며, 많은 마구간을 짓고 말을 길렀으며, 궁전·누대(樓臺)·차마 등도 대량으로 새로 짓거나 만들었다. 그러나 경제는 백성들에 대해서는 여전히 문제 때의 요역(徭役)을 가볍게 해 주고 세금을 줄여 주는 방침을 견지했으니, 선대의 업적을 계승 발전시킨 군주라고 할 수 있다. 경제는 '십오세일'의 농지세율을 더욱 줄여서 '삼십세일'로 했고, 이때부터 한대(漢代)의 제도로 확정되어, 농민들의 부담은 진대(秦代)에 비해 뚜렷이 경감되었다. 이 밖에도 경제는 또한 여러 차례 조서를 내려, 관리들에게 황금이나 주옥 등의 사치품을 구입하지 말도록 요구했으며, 이를 어기는 자는 절도죄로 처벌했다. 부패와 독직을 범한 관리들은 지위 고하를 막론하고 예외 없이 엄격하게 다스렸다.

◈ **한 경제(景帝)**

한 경제는 서한 역사상 중요한 지위를 차지한다. 그는 아버지인 한 문제의 사업을 계승·발전시켜, 아버지와 함께 '문경의 치'를 이루었다. 또 아들 한 무제의 '한무성세(漢武盛世)'를 위한 기초를 다졌고, 문제에서 무제로의 이행을 완성했다.

변방 지역의 상황을 보면, 경제가 재위할 때 흉노의 위협이 다소 완화되었다. 경제는 연속 세 차례에 걸쳐 흉노와 화친을 맺고 왕래하며 친분을 맺었다. 흉노는 비록 여러 차례 안문(雁門: 산시성 다이현代縣에 있는 요충지)을 침입하기는 했지만, 쌍방 간에 대규모 전쟁은 결코 발생하지 않아, 중원 지역의 경제가 발전하는 데에 전란으로 인한 영향을 받지 않을 수 있었다. 경제 전원(前元) 3년(기원전 154년)에, 오왕(吳王) 유비(劉濞) 등 여러 후왕(侯王)들이 '칠국(七國)의 난'을 일으켰다. 경제는 비록 대신 원앙(袁盎)의 건의를 받아들여 삭번(削藩: 제후의 권력을 축소함)을 건의했던 조조(晁錯)를 처형했지만, 반군은 여전히 멈추지 않고 계속해서 공격을 가했다. 할 수 없이, 경제는 태위(太尉: 최고위 무관 관직명) 주아부(周亞夫)에게 군대를 인솔하고 가서 반란을 평정하도록 명령하자, 단지 3개월 남짓 동안에 반군을 소탕했다. 그리하여 온 나라의 정국이 점차 안정되면서, 태평스러운 상황이 나타났다. 당시 사회가 안정되고, 백성들은 모두 풍족했으며, 지방의 양곡 저장 창고[糧倉]들에는 모두 곡식이 가득 넘쳐났고, 소부(少府: 황실 재정을 담당하던 부서)의 창고들도 수많은 포백(布帛: 각종 직물) 등 재화들로 채워졌다. 경성(京城: 황궁이 있는 수도)에 쌓여 있는 돈이 너무 많아, 장기간 쌓아 두고 사용하지 않자, 돈을 꿰어 놓은 끈이 썩어 버린 것을 헤아릴 수가 없었다. 태창(太倉: 경성에 있는 양곡 창고) 안에는 양곡을 쌓아 놓은 크고 작은 곳집들이 마치 군대의 진영처럼 줄을 지어 있었으며, 일부는 창고 밖의 노천에까지 쌓아 두자, 썩어서 먹지 못할 지경이었다. 종전에는 공경(公卿: 조정 대신)들조차도 모두가 갖지는 못했던 말을, 이때는 이미 보통 사람들의 가정에도 보급되어, 들판에는 말들이 무리를 이루었다. 이렇게 되자 나이 어린 암컷 말을 타는 사람들은 멸시를 당해, 고급스러운 모임에 참가하는 것조차 허락받지 못할 정도였다.

당시 한나라는 도가(道家) 사상으로 나라를 다스렸기 때문에, 형벌이 대단히 가벼웠으며, 백성들도 모두 자애할 줄 알았다. 의로운 일을 하는 것을 숭상하게 되자, 전체 사회에 무위이치 현상이 나타났다. 그러나 경제에서 자유방임 정책은 농촌에서 토지 겸병이 심각해지는 결과를 초래하기도 했으니, 각지에서 한 무리의 대지주와 대상인들이 출현하여, 백성들을 압박하면서 그 지역에서 군림했으며, 지방 관리들은 이들을 통제하기가 매우 어려웠다. 이러한 것들이 모두 경제 시대의 태평성세 모습 속에 숨어 있는 변수들이었다.

한 걸음 더

한악부(漢樂府) 건립

원수(元狩) 3년(기원전 120년), 한 무제는 악부를 설치하고, 사마상여(司馬相如) 등에게 시부(詩賦)를 짓도록 명령했으며, 환관 이연년(李延年)을 협률도위(協律都尉)로 삼고, 2천석인(二千石印: 2천석의 녹봉을 받는 관직을 나타내 주는 관인으로, 관리는 자신의 관직을 나타내 주는 이러한 관인을 끈에 묶어 항상 몸에 착용해야 했다)을 하사하여, 악보를 맡아 제작하고, 악공을 훈련시키고, 민가(民歌)를 채집하도록 했다. 악부는 진(秦)나라 때 처음 만들어졌으며, 묘당(廟堂: 종묘)의 음악을 관장하는 '태악(太樂)'과 함께 설립되었다. 한 무제가 악부를 건립한 목적은, 전통적인 교묘(郊廟: 천자가 천지에 제사 지내는 교사郊祀와, 선조들에게 제사 지내는 묘사廟祭) 음악을 개혁하여, 창작한 가시(歌詩)로 전통적인 고사(古詞)를 대체하려는 것이었다. 따라서 악부의 임무는 각지의 민가를 채집하여 새로운 곡조를 만들고, 새로 만든 송시(訟詩)를 선별하여 노랫말을 만들고, 악공을 훈련시키고, 여악(女樂: 여자 악사)에게 새로 만든 작품의 리허설을 진행하게 하는 것이었다. 악부는 한 무제가 확장하고 발전시키면서 한때 홍성했다가, 그 후 다시 점차 쇠퇴했다. 기원전 7년, 한 애제(哀帝)는 악부를 폐지하도록 명령했다. 악부는 음악을 관장하는 부서로서는 폐지되었지만, 그곳에서 민가와 속곡(俗曲: 민간에서 부르는 통속적인 노랫가락)을 전담하여 수집하고 정리했기 때문에, 후세 사람들은 '악부'라는 말로 음악에 편입된 민가와 속요 및 가사를 대신 불렀다. 육조(六朝) 때 사람들은 악부에서 불렀던 가시도 '악부'라고도 부르면서, '고시(古詩)'와 상대적인 개념으로 함께 사용했으며, 하나의 문학 장르로서 전해져 왔다.

서한 기원전 140~기원전 87년

인물: 한 무제 유철(劉徹) 지역: 낭거서산(狼居胥山) 키워드: 추은령(推恩令), 독존유술(獨尊儒術)

한 무제의 대일통(大一統)

문경의 치라는 태평성세의 후광이 결코 잠재적인 사회 모순을 덮어 감출 수는 없었다. 경제 발전은 불균형했고, 사회적 부의 분배는 불평등했으며, 토지 겸병 풍조가 점차 고개를 들기 시작했다. 또 한나라 초기에 제후왕(諸侯王)들을 분봉한 폐단은 여전히 중앙 집권의 공고함을 위협했으며, 흉노의 한 왕조에 대한 침입은 갈수록 심각해져, 그 기세를 막지 못했다. 백가(百家)의 학설들이 잇달아 제기되면서, 사상적으로 통일을 이루지 못한 상태는 여전했다. 수많은 사회문제들이 끊임없이 발생하여 무제 앞에 놓여졌다. 무제는 문제와 경제 시기에 모아 놓은 거대한 물질적 부에 의지하여, 대내적으로는 중앙 집권을 강화했으며, 대외적으로는 적극적으로 변방의 영토를 개척하여, '대일통'의 정치 체제를 기본적으로 실현할 수 있도록 최대한 추동했다.

중앙 집권의 강화

경제가 '칠국의 난'을 평정함으로써, 비록 제후왕의 세력을 약화시키기는 했지만, 어떤 국왕은 여전히 잇닿아 있는 성이 십여 개나 되었고, 차지하고 있는 지방이 천 리나 되어, 중앙 정부에 위협이 되었다. 무제는 국가의 통일을 유지하고, 중앙의 지방에 대한 통치를 강화하기 위해 많은 조치들을 취했다. 원삭(元朔) 2년(기원전 127년), 한 무제는 대신 주부언(主父偃)의 건의를 받아들여, '추은령(推恩令)'을 실행했다. 이른바 '추은'이란, 제후왕이 왕위를 계승하는 적장자 이외의 자제들에게 분봉해 주어, 제후국을 건립할 수 있도록 함과 아울러, 조정에 보고하여 황제가 제후국의 이름을 정해 주도록 한 것이다. 확립된 제도에 따라, 제후국은 군(郡)이 관리했다. 그렇게 제도를 확정한 결과, 왕국들의 면적이 끊임없이 축소되어, 더 이상 중앙 정부와 맞설 수 없었다. 그리고 황권을 강화하고 토착 호족들에게 타격을 가하기 위해, 무제는 장탕(張湯)·두주(杜周) 등으로

◈ **민(閩) 월왕(越王)의 '만세(萬歲)' 와당 | 서한**

이 와당(瓦當)은 푸젠성(福建省) 우이산시(武夷山市) 부근에 있는 민월왕성(閩越王城) 성터에서 출토되었다. 민월왕성은 '고한성(古漢城)'·'민왕성(閩王城)'이라고도 불리며, 기원전 202년에 처음 건립되었다. 민 월왕 오제(吳諸)가 한 고조 유방에게 봉작(封爵)을 받았을 때 건립한 왕성이다.

대표되는 법무 관리를 임용하여, 그들의 손을 빌려 정부의 법령을 널리 시행하고 지방을 안정시키는 등의 목적을 달성했다. 이러한 사람들은 무제의 마음을 헤아리는 데 능숙하여, 붓끝을 놀려 법을 우롱했다. 예를 들면, 황제가 석방을 원하는 사람에 대해서는, 법을 어기고 은전을 베풀어 그를 용서했으며, 황제가 엄격하게 처벌하기를 원하는 사람에 대해서는 가혹한 고문으로 자백을 강요하여, 그를 죽음으로 몰아넣었다. 하지만 혹리(酷吏: 가혹한 관리)들의 정치가 결코 좋은 점이 전혀 없었던 것은 아니다. '도주전(盜鑄錢: 불법으로 주조한 화폐)' 문제에 대해서는 법률대로 처리하여, 불법으로 화폐를 주조한 관리를 엄격하게 처벌하기도 했으며, 재력과 세력이 있는 호족들을 타격하는 방면에서는, 그 기간 동안 사납고 포악한 세력을 두려워하지 않고 공평하게 법을 집행한 사람도 있었다. 그렇지만 혹리의 폐단은 법을 무시하고 중형을 남발하여, 지나치게 피비린내가 나고 잔혹했다는 데 있었다. 많은 혹리들은 가혹하고 왜곡되게 법률 조문을 인용함으로써, 죄가 없는 사람을 유죄로 판정하여 사지로 몰아넣었으며, 심지어는 광범위하게 무고로 죄를 뒤집어 씌워, 수천 가구 이상이 연루됨으로써, 어느 정도 사회 모순을 격화시키기도 했다.

효과적으로 지방을 통제하기 위해, 무제는 진나라가 창설했던 어사 감찰 제도를 한층 더 완벽하게 가다듬었다. 원봉(元封) 5년(기원전 106년)에 전국을 통치하는 중심지인 삼보(三輔: 경조윤京兆尹, 풍익馮翊, 부풍扶風)·삼하(三河: 하남河南, 하내河內, 하동河東) 및 홍농(弘農) 이외의 각 지역들에 13개의 감찰 구역을 설정하고, 이를 주(州) 혹은 부(部)라고 불렀다. 각 주에는 자사(刺史) 1인을 두고, 지방 정치를 감찰하게 함으로써, 중앙의 지방에 대한 통제를 강화했다. 자사는 녹봉 600석으로, 그 지위가 큰 현(縣)의 현령(縣令)보다 낮았지만, 순행(巡行)을 나갈 때는 오히려 조정을 대표했기 때문에 직권이 대단히 컸으므로, 어디든지 군국(郡國)의 수상(守相: 군의 최고 통치자인 군수) 및 제후왕들은 무서워서 눈치를 살피지 않을 수 없었다. 이 밖에 인재 선발 제도에서, 한 무제는 '고문정치(高門政治: 부귀하고 힘센 가문을 중심으로 하는 정치)'에서 '선현정치(選賢政治: 어질고 능력 있는 사람을

◈ 남월왕(南越王)의 금인(金印) | 서한

남월국은 기원전 203년부터 기원전 111년까지 영남(嶺南) 지구에 있었던 국가로, 수도는 번우(番禺)였다. 기원전 112년, 남월국은 제4대 군주인 조흥(趙興)이 서한에 '내속(內屬: 속국이 되어 복종함)'을 요청했다가 승상인 여가(呂嘉)에게 살해되었다. 1년 후, 한 무제는 10만 명의 군대를 보내 남월국을 멸망시켰다. 남월국은 모두 5대의 군주를 거치며 93년 동안 존립했다.

선발하여 하는 정치)'로의 전환을 완성했다. 무제는 일련의 조령(詔令)과 조치들을 취하여, 이력과 출신에 의지하여 관직을 얻는 나쁜 관습을 없애고, 찰거제(察擧制: 제후국이나 지방 장관이 그 지역의 인재를 상부나 중앙에 추천하여 관리로 등용하는 제도)를 핵심으로 하고, 징벽제(徵辟制: 초야에 묻혀 사는 인재를 데려다 관리로 등용하는 제도) 등 여러 가지 방법들을 보조 수단으로 하는 관리 선발 제도를 확립했다. 무제는 즉위한 뒤에, 중앙과 지방의 주요 행정장관들에게 "현명하고 선량하며, 품행이 방정하고, 옳다고 생각하는 것을 끝까지 간언할 수 있는 선비"를 추천하도록 명령을 내렸다. 원광(元光) 원년(기원전 134년), 그는 다시 조서를 내려, 어질고 선량한 인재들에 대해 책문(策問: 정치나 시국에 관한 계책을 묻는 것)을 시험하도록 했으며, 아울러 군국들이 반드시 천거해야 할 사람의 숫자를 명확히 규정한 다음, 다시 군수로서 인재를 천거하지 않는 자는 죄를 따져서 관직을 박탈한다고 규정했다. 천거된 사람에 대한 시험 방법은 대책(對策)과 사책(射策)의 두 가지가 있었다. 대책은 하나의 문제를 출제하는 것이고, 사책은 문제를 추첨하는 것이다(여러 가지 다른 문제를 써 넣은 죽간들을 시험을 치르는 자가 추첨하여 그 문제에 답하는 것이다—옮긴이). 시험 내용은, 유생이나 학자들에게는 경학을 시험 보게 했고, 관리들에게는 장주(章奏: 신하가 황제에게 보고하는 문서)를 시험 보게 했다. 시험 성적의 우열에 따라, 이를 참작하여 임용했다. 찰거 과목은 매우 많았는데, 효렴(孝廉: 효행이 지극한 사람과 청렴한 사람)·무재(茂才: 재주가 뛰어난 사람)·현량방정(賢良方正: 행동이 어질고 선량하며 반듯한 사람)·문학(文學)·명경(明經: 경서에 밝은 사람) 등이 있었다.

사방으로 출격하다

무제 때는 국력이 강성하여, 그 인자함과 위엄이 이역에 전해지자, 주변 민족들, 특히 흉노의 중원 왕조에 대한 위협을 해소했다. 아울러 융통성 있고 다양한 정책들을 채택하여 소수민족과의 관계를 처리했으며, 각지의 구체적인 실정에 맞는 적당한 대책을 세움으로써, 변방 지역에 대한 통치를 강화했다.

한나라 초기, 흉노의 철기(鐵騎: 날래고 용맹한 정예 기병)는 여러 차례 중원을 침입하여 노략질을 멈추지 않았고, 이는 10여 년 동안이나 계속되었다. 무제가 등극한 다음에 군대를 보내 반격을 가했는데, 그 중 영향이 매우 컸던 전투가 세 차례 있었다. 원삭(元朔) 2년(기원전 127년), 한나라 군대의 장수인 위청(衛靑)은 먼 거리를 기습하는 전술을 채택하여, 하남(河南) 전투를 벌여, 진나라 말기에 흉노에게 빼앗겼던 하남 땅을 수복함으로써, 흉노가 수도 장안에 대해 가하던 위협을 제거했다. 원수(元狩) 2년(기원전 121년), 한나라 군대의 장수인 곽거병(霍去病)은 크게 우회하여 측면을 공격하는 전술을 채택하여, 하서(河西) 전투를 벌였다. 이로 인해 일거에 하서 지역에 있던 흉노의 각 부(部)들을 소탕하여 평정하고, 하서주랑(河西走廊: 옹주雍州에서 양주凉州에 이르는, 중원에서 서역으로 통하는 약 천 킬로미터에 달하는 주요 통로)을 탈환한 뒤, 주천(酒泉)·무위(武威)·장액(張掖)·돈황(敦煌) 등 네 개의 군을 설치했다. 흉노는 세력을 크게 잃었고, 한나라와 서역의 통로는 이때부터 통하게 되었다. 원수 4년(기원전 119년), 위청과 곽거병이 다시 빠르게 연속으로 공격하는 전술을 채택하여 막북(漠北) 전투를 벌였는데, 파죽지세로 쳐들어가, 흉노 땅 깊숙이 2천여 리까지 침투하여 낭거서산(狼居胥山)에 이르렀다. 흉노의 좌현왕부(左賢王部: 흉노의 귀족인 좌현왕이 통치하던 부락)는 완전히 궤멸되어, 전체 군대가 몰살했다. 그리하여 전국 시기 이래 흉노의 기병이 변방 지역을 마음대로 노략질하고 중원 북부의 농업 경제를 파괴하는 국면은 더 이상 존재하지 않게 되었다.

'월인(越人)'은 통틀어 '백월(百越)'이라고도 부르며, 남방에 광범위하게 분포되어 있던 소수민족이다. 그 종족의 계열은 매우 많았으며, 각자 종성(種姓: 고유한 성씨)을 갖고 있었고, 서로 지배하거나 종속되지 않았으며, 양월(揚越)·구오(句吳)·민월(閩越)·동구(東甌)·남월(南越) 등의 계열이 있었다. 무제 건원(建元) 3년(기원전 138년), 민월이 충동질을 받아 동구를 침입했다. 한나라 조정이 군대를 보내 돕자, 민월은 황급히 철수했다. 동구는 민월이 다시 침입해 올 것이 두려워, 한나라 조정에 내천(內遷: 변방에서 내지로 옮겨감)을 요청했다. 한나라 조정은 동구의 주민 4만여 명을 강회(江淮) 유역(지금의 안후이성 루장廬江 일대)으로 이주시켰다. 건원 6년(기원전 135년), 민월왕이 다시 문제를 일으켰는데, 군대를 동원하여 남월을 공격하자, 남월은 조정에 급히 구원을 요청했다. 한나라 군대가 도착하기도 전에 민월 내부에서 내분이 발생하여, 대거 들고 일어나 항복을 요청했다.

◈ **옥각배**(玉角杯) | 서한

이 옥각배는 광저우 샹강(象崗)에 있는 남월왕 묘에서 출토되었는데, 옥 색깔은 청황(靑黃)이고, 반투명하며, 모양은 코뿔소 뿔 같다. 매우 보기 드문 서한의 진귀한 옥조(玉彫) 작품으로, 현재 광저우 남월왕묘박물관에 소장되어 있다.

원정(元鼎) 5년(기원전 112년), 남월국의 국상(國相)인 여가(呂嘉)가 왕과 태후를 시해하고, 따로 새 임금을 옹립했다. 한나라 군대는 다섯 갈래로 일제히 출병하여, 무력으로 남월을 평정했다. 이듬해인 원정 6년, 동월 지역에서 또 반란이 발생하자, 한나라 조정은 반란을 평정한 다음, 무제는 다시 그 백성들을 장강(長江)과 회하(淮河) 사이로 이주시켜, 국가의 "편호제민(編戶齊民: 정식으로 정부의 호적에 편입된 평민 백성)"이 되게 했으며, 광동(廣東)·광서(廣西)의 대부분 지역과 월(越)의 남·북·중부를 장악했다. 무제는 그 지역과 오늘날의 하이난다오(海南島) 지역을 남해(南海)·창오(蒼梧)·울림(鬱林)·합포(合浦)·교지(交趾)·구진(九眞)·일남(日南)·담이(儋耳)·주애(珠崖) 등 9군(郡)으로 분립시켰다.

진·한 시기에, 촉군(蜀郡) 서남부에 거주하던 각 소수민족들을 역사서에서는 '서남이(西南夷)'라고 부르며, 주요한 것들로는 전(滇)·야랑(夜郎) 등의 종족들이 있었다. 건원 6년, 무제는 당몽(唐蒙)을 사신으로 파견하여 야랑을 굴복시켰고, 여기에 건위군(犍爲郡)을 설치했으며, 후에 다시 사마상여(司馬相如)를 파견하여 공(邛)·작(筰) 등의 지역들을 굴복시켰다. 장건(張騫)이 서아시아의 대하(大夏)에 있을 때, 공(邛)의 죽장(竹杖: 대나무로 만든 지팡이)과 촉(蜀)의 포(布: 옷감)를 보고서, 파촉(巴蜀) 지역에 신독(身毒, 지금의 인도)으로 통하는 길이 있다는 것을 알았다. 무제는 이 발견을 근거로, 원수 원년(기원전 122년)에 사신을 파견하여 파촉에서부터 출발해, 서역과의 교류를 실현시키려고 시도했다. 한나라가 파견한 사신이 여러 차례 이인(夷人)들에게 약탈당하고 살해되었으므로, 무제는 군대를 파견하여 서남이를 공격하고, 이 지역에 잇달아 침려(沈黎)·문산(汶山)·무도(武

郡) 등의 군(郡)을 설치했다. 원봉(元封) 2년(기원전 109년), 전왕(滇王)이 한나라 군대의 심한 압박을 받고 한나라 조정에 스스로 복속해 오자, 한나라는 여기에 익주군(益州郡)을 설치함과 아울러, 전왕에게 '전왕지인(滇王之印)'을 하사하고, 그에게 이 지역의 사무를 총괄하도록 명령했다.

독존유술(獨尊儒術: 유가 학설만 존숭함)

문화 방면에서, 무제는 "백가를 퇴출하고, 육경을 드러내어 밝히며[罷黜百家, 表章六經]", 유가 사상의 정통적 지위를 확립함으로써, 사상의 일통(一統: 하나로 합친다는 뜻으로, '통일'과 같은 의미이나, 학술적으로 굳어진 용어이므로, 그대로 표기한다)으로 정치적 통일을 유지하려고 힘썼다. 한나라 초기 이래로 학술 사상은, 전국 말기에 제자백가가 종합하고 총괄한 추세를 계승하여 발전해 나갔다. 유학 대가인 동중서(董仲舒)는, 공자와 맹자의 유학을 사상의 주축으로 삼고, 아울러 각 학파의 사상적 장점을 취해, 선진(先秦) 시기 유학의 '천인합일(天人合一)' 사상을 융합하고, 법가(法家)의 집권사상(集權思想)과 음양가(陰陽家)의 '오덕시종(五德始終)'설을 흡수함으로써, 유가 경전을 새롭게 해석했다. 그리하여 유학으로 하여금 당시 사회의 매우 절박한 요구에 적응하도록 했다.

무제 시대에, 가장 심대한 영향을 미친 문화 정책은 바로 유학이 제자백가의 학문 가운데에서 주도적 지위를 갖도록 확립한 것이다. 무제는 황로(黃老: 도가)와 형명(刑名: 법가) 등 백가의 학설을 비난하고 배척했으며, 문학(文學)과 유술(儒術)에 능한 선비들을 기용했다. 유학 대가인 동중서는 '현량문학(賢良文學: 어질고 선량하며, 경서에 밝은 사람을 선발하는 과거에 급제한 사람)'의 신분으로, 무제가 제시한 문제에 대해 대책을 발표하고, 세상을 다스리는 책략에 대해 토론했다. 그는 직언을 피하지 않고, 당시 사회의 병폐를 까발리면서, 진나라의 폐해가 지금도 여전히 남아 있다고 지적했다. 한나라는 지금까지 스스로 건립해 왔는데, "백성을 잘 다스리지" 못하는 까닭은, "새롭게 고쳐야" 하는데도 "새롭게 고치지" 못했기 때문이라고 했다. 그가 "새롭게 고칠 것"을 주장할 때, 특히 "교화(敎化: 가르쳐서 좋은 방향으로 인도함)"의 작용을 강조하면서, 문화 체제의 개혁을 널리 추진할 것을 주장했다. 그가 주장한 문화 체제 개혁 이론의 핵심은, 오로지 유학만이 존숭받는 지위를 확립해야 한다는 것이었다. 그 주장이 최고 통치자의 허락을 얻자, '독존유술(獨尊儒術)'의 문화 정책 원칙을 확립하고, "백가를 퇴출하고, 육경을 드러내어 밝히는" 문화 체제의 전환을 완성했다.

한대에 유학을 "존숭하는" 가장 주요한 수단은, 바로 유가 경학을 인재의 배양과 선발의 기본 내용으로 삼는 것이었다. 건원(建元) 5년(기원전 136년), 무제는 승상 공손홍(公孫弘)의 제안을 받아들여, 『시(詩)』, 『서(書)』, 『예(禮)』, 『역(易)』, 『춘추(春秋)』 등 오경박사(五經博士)를 설립하고, 유학 이외의 제자백가 학술은 관학(官學)에서의 합법적 지위를 잃게 하자, 오경박사가 관학의 권위를 거의 독점했다. 무제는 또 동중서의 헌책(獻策: 계책을 올림)을 받아들여, 원삭 5년(기원전 124년)에 태학(太學)을 창설하고, '오경박사'에게 제자를 배당했다. 이것이 한대의 관방(官方) 교육의 시작이며, 유학은 학교 교육의 주요 내용으로서 이때부터 확립되었다.

경제 개혁

중앙 정부는 화폐 주조권을 회수하고, 화폐를 통일하여 발행함으로써, 화폐 유통 영역에서의 혼란스러운 문제를 해결했다. 또한 때와 사안에 맞게 경제 개혁을 통해, 국가가 변방을 개척하고 정복 전쟁 활동을 하도록 강력한 물질적 지원을 제공했다.

한나라 초기에는 진나라의 '반냥(半兩)'(12수銖)전(錢)을 그대로 사용했지만, 품질이 나쁘고, 중량도 매우 부족하여, 경제의 정상적인 작동에 해독을 끼쳤다. 엄혹한 형법으로 사적인 화폐 주조를 금지한 것 말고도, 무제는 원정 4년(기원전 113년)에 명령을 내려 군국(郡國)들이 화폐를 주조하는 권리를 취소하고, 화폐 주조권을 중앙이 회수했으며, 아울러 전문 기구를 지정하여 책임지고 새로운 화폐를 주조하도록 했다. 금령(禁令)이 엄격했기 때문에, 새로 주조한 화폐인 '오수전(五銖錢)'은 품질이 높고 실용적으로 주조되었으므로, 불법으로 주조해서는 이익을 취할 수 없게 되자, 화폐의 통일적 발행 및 통용이 장기간 안정을 이루었으며, 매우 오랫동안 통용되었다. 동시에 정부의 수입을 증가시키기 위해, 무제는 장탕(張湯)의 '천하염철(天下鹽鐵)' 건의를 받아들여, 원수 4년(기원전 119년)에 염철(鹽鐵: 소금과 철) 업무에 능통한 동곽함양(東郭咸陽)과 공근(孔僅)을 대농승(大農丞)에 임용하고 염철 업무를 총괄하게 했으며, 또한 상홍양(桑弘羊)을 기용하여 이재(理財: 재정 관리)에 참여하게 했다. 이듬해에 그들은 염철을 관에서 관리한다는 다음과 같은 구체적 조치를 제시했다. 즉 중앙 정부는 소금과 철의 생산지에 염관(鹽官)과 철관(鐵官)을 설치하고, 통일된 생산과 통일된 판매를 실행하며, 이윤은 국가가 소유한다는 것이었다. 소금과 철을 관에서 관리한 것은, 국가로 하여금 국가 경제와 국민 생활에 관계가 있고 가장 중요한 의의가 있는 수공업과 상업의 이윤을 독점하게 함으로써, 백성들에게 추가로 세금을 징수하지 않고도 국가는 씀씀이가 풍족해지게 했다. 그러나 소금과 철의 국가 관리는 불가피하게 일부 부정적인 영향을 초래하기도 했다. 예를 들면 관염(官鹽: 관에서 관리하는 소금)의 가격이 비싸고 맛이 썼으며, 철제 농기구의 품질이 나쁜 것 등이다.

한대에 군국(郡國)들은 조정에 지방 특산품을 바쳐야 했지만, 매우 많은 군국들은 거리가 너무 멀었기 때문에 운송비가 종종 물품의 가격을 초과하기도 했고, 또 물품을 멀리 운송하는 동안 파손되거나 변질되기 쉬웠다. 무제 원정(元鼎) 2년(기원전 115년), 상홍양은 이 문제에 대해 '균수법(均輸法)'을 제안했다. 이른바 '균수법'이란, 중앙에 균수령(均輸令)을 두고, 지방에는 균수관(均輸官)을 두어, 균수 사무를 책임지도록 한 것이다. 즉 공물의 징발과 관영(官營) 상업을 결합하여, 대체로 각 군국들이 바쳐야 할 물품은 일률적으로 현지에서 산출되고 가격이 낮은 물품으로 충당한 다음, 이 공물을 필요로 하는 지역으로 운송하여 판매했으므로, "운송하는 사람도 편리하고, 관(官)에게도 유리했다". '균수법'의 보완책으로, 상홍양은 다시 '평준법(平準法)'을 제출했다. 즉 수도에는 평준관(平準官)을 설치하여, 관영 상업을 관리하고, 물가를 안정시켰으며, 수요와 공급을 조절하여 시장을 통제했다. 균수와 평준은 사실상 부상(富商)과 대고(大賈: 큰 상인)의 치부술을 관영 상업으로 바꾼 장사 요령이었는데, 전국적인 범위에서 대규모의 상품 구매와 전매를 진행하고, 물자의 공급을 효과적으로 조절하여, 시장을 통제했다.

격동의 위기

한 무제가 재위한 50여 년 동안, 봉건 제도의 전면적인 발전을 추동했으며, 중국의 전통 정치 체제 가운데 중앙 집권과 유가 존숭이라는 두 가지 주제를 확립하여, 봉건 왕조의 전성 국면을 이루었다. 그러나 무제는 대외적으로는 해마다 정복 전쟁을 벌였으며, 대내적으로는 혹리(酷吏)를

한걸음 더

사마천(司馬遷)과 『사기(史記)』

사마천(기원전 145 혹은 135~대략 기원전 90년)은 자(字)가 자장(子長)이며, 좌풍익(左馮翊) 하양(夏陽, 지금의 산시성陝西省 한청韓城) 사람이다. 그는 대대로 사관(史官)을 지낸 가문 출신으로, 훌륭한 가학(家學) 연원을 갖추고 있었다. 그는 젊었을 때 각지를 두루 돌아다니며 각지의 풍토와 인정(人情)을 체험하고 살폈다. 이는 이후 그가 저술하는 데 견실한 기초를 다져 주었다. 후에 그는 황가의 장서들을 두루 훑어볼 기회를 갖고, 저술을 위한 문헌을 준비했다. 사마천이 전심전력으로 『사기』를 저술할 때, 명장 이릉(李陵)을 위해 변호했기 때문에 부형(腐刑: 궁형)을 당했다. 이렇게 크나큰 치욕을 당하자, 사마천은 너무나도 원통한 나머지 죽고 싶은 생각뿐이었다. 그러나 그는 역사 속에서 힘을 얻어, 치욕을 참고 중책을 떠맡아, 마침내 『사기』라는 역사학 명저를 완성했다. 『사기』의 원래 명칭은 『태사공서(太史公書)』로, 총 130권, 52만여 자이며, 위로는 전설 속의 황제(黃帝)로부터, 아래로는 서한 무제 시대까지의 기전체(紀傳體: 역사적 인물의 행적을 중심으로 기록하는 역사 서술 체제) 통사다. 『사기』는 인물을 기록한 「본기(本紀)」·「세가(世家)」·「열전(列傳)」을 주로 삼고, 「표(表)」·「서(書)」를 보조로 삼아, 편년(編年)·기사(紀事) 등 여러 가지 역사서 문체의 장점들을 종합하여, 선진(先秦) 사학을 창조적으로 계승했다. 많은 것들을 걸러 내고 주도면밀하게 취사선택하여, 서사(敍事)가 엄밀하고 활발하며, 문필이 민첩하기 때문에, 루쉰 선생은 이것을 "사가(史家)의 절창이요, 운(韻)이 없는 「이소(離騷)」다"라고 찬양했다.

중용하여 법을 가혹하게 집행함으로써, 엄중한 폐단과 사회문제를 초래하기도 했다.

무제는 지방의 횡포한 호족 세력에게 타격을 가하기 위해, 혹리들을 대량으로 임용하여 엄격한 형벌과 가혹한 법 집행으로 반항을 진압했지만, 여기에 연루된 상황이 심각하여, 수많은 중산층 가정들이 점차 파산하는 결과를 초래하기도 했다. 무제 본인은 비록 출신지에 구애받지 않고 인재를 선발할 수 있었지만, 그가 채용한 인재가 자신의 뜻에 맞게 일을 처리할 때는 자연히 군신 간에 서로 의기투합했으며, 줄곧 뜻이 맞지 않을 때는 걸핏하면 주살하고, 삼족을 멸했다. 한나라 초기에 승상의 직권은 대단히 막중했으며, 예우도 제후왕과 같아, 비할 데 없이 존귀했다. 그러나 무제 시대에는 대신들에 대한 감찰이 가혹하여, 세 명의 승상인 이채(李蔡)·엄청적(嚴靑翟)·조주(趙周)가 모두 선후로 하옥된 뒤 주살되자, 한때 사람들은 자신이 안전하지 못할 거라고 느끼게 되어, 승상의 직책은 결국 사람들이 두려워하는 관직이 되었다. 대신(大臣) 공손하(公孫賀)는 승상으로 발탁된 뒤, 즉석에서 한 무제를 향해 이마를 땅에 조아리며 큰 소리로 통곡을 하면서, 자신은 이러한 요직을 추구하지 않았다고 말했다. 그러나 그는 끝내 그 직위를 거절하지 못했고, 몇 년 후에 있었던 무고(巫蠱) 사건에 연루되어 온 가족이 몰살당했다. 무제와 한 시대를 산 것이 대신들에게는 축복이자, 또한 엄청난 불행이었다.

◈ **수면문(獸面紋) 옥포수(玉鋪首) | 서한**

산시성 싱핑현(興平縣)에 있는 한 무제의 무릉(茂陵) 부근에서 출토되었다. 남전(藍田)에서 생산된 옥을 사용했고, 청색이다. 수면형(獸面形)에, 큰 눈, 반듯한 코, 이빨을 드러낸 모습으로 만들었다. 왼쪽 눈썹은 머리를 돌려 뒤를 돌아보는 주작(朱雀)으로 새겼고, 오른쪽 눈썹은 현무(玄武)로 새겼다. 짐승 대가리의 왼쪽 옆은 날아오르는 청룡(靑龍)이고, 오른쪽 옆은 몸을 구부린 백호(白虎)로, 구도가 기묘하며, 색다른 독창성이 있다. 코끝에는 고리를 물고 있는 둥근 꼭지가 드리워져 있었는데, 애석하게도 파손되었다. 뒷면은 빛이 나고 무늬가 없으며, 연결 구멍이 남아 있고, 구멍 안에는 아직 금속의 흔적이 남아 있다. 옥포수의 형체가 매우 크고, 새김이 정교하고 섬세한, 보기 드문 서한의 뛰어난 옥조(玉彫) 작품이다.

무제는 해마다 군대를 동원하여 흉노 등 주변 민족들과 끊임없이 전쟁을 벌였다. 매번 대규모 전쟁에 동원된 장병들은 적어도 수만 명에 이르렀고, 많으면 수십만 명에 달했으며, 군대를 위해 식량과 물자를 운반하는 장정들도 헤아릴 수 없었다. 이 때문에, 농민들은 엄청난 병역과 요역을 담당해야 했으므로, 농업 생산에 심각한 지장을 초래하여, 사회 모순이 전에 없이 격화되었다. 해마다 전쟁을 벌인 것 외에, 무제는 원정 2년(기원전 115년)부터 대대적으로 토목공사를 벌여, 여러 차례 궁실을 건설했는데, 잇달아 건장궁(建章宮)·명광궁(明光宮)·백량대(柏梁臺)를 지었다. 장안(長安) 주위에는 이미 장양궁(長楊宮)·오작궁(五柞宮) 등 여섯 개의 궁궐이 건립되어 있었다. 순유(巡遊: 각지를 돌아다니며 여행함)에 편리하도록 하기 위해, 무제는 또한 각지에 대대적으로 행궁(行宮)을 건립하여, 대량의 인력과 재력을 소모했다. 대대적으로 궁실을 지은 것 외에, 무제는 무절제하게 각지를 여행하며 순유했다. 원광(元光) 2년(기원전 133년) 이후 무제는 여러 차례 문무백관을 거느리고 전국 각지를 순유했다. 여러 역사서들에서 보이는 것만도 20여 차례나 되어, 그 순유의 횟수도 많았고, 그 범위도 넓었으며, 거기에 든 비용은 대체로 진 시황을 초과하자, 서한의 재정은 엎친 데 덮친 격이었다.

무고(巫蠱)의 화(禍)

사회 모순이 첨예화하고 재정 위기가 악화한 것 외에, 맹목적으로 귀신을 믿은 무제는 또한 소인배의 충동질을 받아, 통치 계층 내부에서 '무고의 화'라 불리는 정치적 풍파를 한바탕 일으켰다. '무고'는 한대에는 이미 오래 전부터 유래된 풍속으로, 매우 많은 사람들이 고집스럽게 맹목적으로 신봉했다. 즉 어떤 사람의 이름을 나무 인형에 새긴 다음, 무당을 통해 각종 악랄한 말들을 써 넣으면, 그 사람을 저주하는 작용을 일으킨다는 것이다. 무제는 말년에 방사(方士: 도사)와 신무(神巫: 무당)를 신봉한 데다, 연로하여 체력이 약해지자 의심이 많아지고 건망증이 심해졌으며, 시기하고 고집이 세졌다. 그는 늘 어떤 사람이 '무고'로 저주하는 방식을 이용해 자신을 해치려 하고 있다고 의심했으므로, 혹리에게 '무고'를 사용하는 사람을 낱낱이 조사하도록 함으로써, 전에 없는 정치적 풍파를 일으켰다. 정화(征和) 2년(기원전 91년), 어떤 사람이 보고하기를, 승상 공손하의 아들 공손경성(公孫敬聲)이 양석공주(陽石公主)와 사통하면서, 무당에게 무제를 저주하도록 시켰다고 했다. 무제는 즉각 명령을 내려 명장 공손하의 재산을 몰수하고 전 가족을 참수했다. 몇 달 후, 대장군 위청(衛靑)의 아들 위항(衛伉)이 공손경성의 '무고' 사건과 관련이 있다고 고발당했다. 무제는 옛 정을 털끝만큼도 생각지 않고, 위씨 집안의 전 가족을 남녀노소 따지지 않고 처형하는 바람에, 태자 유거(劉據)의 외가 일족은 몰살당했다. 그런데 이것은 결코 사건의 끝이 아니었다. 정화 2년 가을, 한 무제가 함양의 감천궁(甘泉宮)에 와서 요양하고 있었는데, 무고 사건의 처벌을 관장하던 직지수의사자(直指繡衣使者) 강충(江充)은 무제가 세상을 떠난 뒤 태자가 즉위하면 자신에게 불리할까 두려워서, '무고'를 빙자하여 태자를 모함했다. 가만히 앉아서 죽음을 기다리고만 있을 수는 없던 유거는 호위병들을 동원하여 강충을 체포하고, 그를 군중이 보는 앞에서 참수했다. 이때 장안성 안에서 난리가 일어나 소란스러워지자, 모두 태자가 반란을 일으켰다고 전했다.

감천궁에 있던 무제는 이것이 사실이라고 믿고, 승상 유굴리(劉屈氂)로 하여금 군대를 이끌고 가서 진압하도록 파견했다. 5일 동안의 격전을 치른 끝에, 태자는 패배하여 성을 버리고 도주했다. 무제는 명령을 내려 태자 유거의 문객(門客)들을 처형하고, 그를 따라 군대를 일으킨 가신과 관리와 병사들은 모두 반란죄에 의거하여 전 가족의 재산을 몰수하고 참수하도록 했다. 뒤이어 무제는 조서를 휴대한 사신을 미앙궁에 파견하여, 위황후(衛皇后)의 옥새와 수대(綬帶: 옥새를 묶는 끈)를 회수했고, 위황후는 강요에 못 이겨 자결했다. 태자는 장안을 도망친 후, 호현(湖縣) 천구리(泉鳩里)의 짚신을 삼는 빈민의 집에 숨어 지내느라 배불리 먹지 못했다. 태자는 어쩔 수 없이 사람을 보내 그 지역에 있는 한 친구를 찾아 도움을 요청했다가, 결국 관부에 발각되었다. 관부는 즉각 사람들을 보내 태자가 숨은 곳을 포위하자, 절망한 태자는 자살하고, 두 명의 황손은 모두 살해당했으며, 다행히 살아남은 사람은 단지 황제의 증손자인 유병이(劉病已)뿐이었다. 태어난 지 겨우 몇 개월밖에 안 되어 아직 강보 안에 있던 이 갓난아이조차도 감옥에 갇혔다.

정화 3년(기원전 90년), 관부에서 실증을 통해, '무고의 화'에 포함된 사건들의 대다수는 조사해 본 결과 확실한 근거가 없음이 밝혀졌다. 그리하여 모두들 태자가 강충의 모함을 당하자 놀라고 두려워서 불안해하다가 어쩔 수 없이 군대를 일으켜 자신을 보호한 것이지, 어떤 반역도 기도하지 않았다는 것을 알게 되었다. 전천추(田千秋: 차천추車千秋라고도 함)라는 낭관(郎官)이 글을 올려 태자의 억울함을 호소하기를, 아들 된 자가 제멋대로 아버지의 군대를 동원했으니, 그 죄는 편태(鞭笞: 채찍이나 곤장을 때리는 형벌)의 징벌감에 지나지 않는다고 아뢰었다. 무제는 크게 감동하여, 강충 일족의 재산을 몰수하고 참형에 처하도록 명령을 내렸으며, 승상 유굴리는 멸족을 당했다. 곧 이어, 무제는 장안에 사자궁(思子宮)을 건립했으며, 태자가 자결한 호현에는 귀래망사(歸來望思: 자식이 돌아오기를 바란다는 뜻)의 대(臺)를 지어, 후회스러운 마음을 표현하고 그리워하는 뜻을 나타냈다. 정화 4년, 무제는 그 유명한 '윤대의 조[輪臺詔]'를 반포하여, 자신이 실시한 일련의 정책들에 과실이 있었음을 인정했다. 후원(後元) 2년(기원전 87년), 무제가 세상을 떠나고 8세짜리 아들 유불릉(劉弗陵)이 즉위했으니, 그가 한 소제(昭帝)다. 13년 후, 한 소제가 세상을 떠나자, 대신 곽광(霍光)의 주도로, 태자의 손자인 유병이가 옥중에서 자라 민간에서 십 년 이상을 떠돌아다닌 후에야 도움을 받아 황제가 되었으니, 그가 한 선제(宣帝)다. 선제가 즉위한 후, 한 무제가 말년에 실시한 휴양생식(休養生息: 대규모 토목 공사나 전쟁을 벌이지 않고, 백성들이 편히 생업에 몰두하도록 함)과 생산을 발전시키는 정책을 계속 집행하자, 한나라의 국력이 회복되어, 서한의 태평성세는 계속될 수 있었다.

양한(兩漢) 시기

인물: 장건(張騫), 반초(班超) 지역: 옥문관(玉門關)·양관(陽關) 이서(以西)

키워드: 사주지로(絲綢之路)

서역을 소통시키고, 사주지로를 열다

양한 시대에, 한나라 정부는 주변과 국외의 각 민족·국가들과 광범위한 교류를 진행했다. 서역(西域)의 여러 나라들은 자신이 생존하기 위해 외부와 민간 무역을 통해 왕래하면서, 사실상 사주지로(絲綢之路: 실크로드)의 기본 형태를 형성했다. 그래서 한나라 정부는 서역을 개발하여 열심히 경영하고, 사주지로를 개통하여 순조롭게 소통시키는 것이 더욱 중요했다. 각국의 사절들이 빈번하게 왕래하면서, 그를 따라 오는 상인과 여행객 및 승려의 왕래가 끊이지 않았으며, 마침내 동양과 서양을 연결시키려는 꿈을 실현했다. 중국·인도·그리스·로마 등은 각자 특색 있는 문명을 가지고 있었는데, 중국과 서역이 왕래하는 중간 지대—즉 서역 지대—에서 모이고 융합됨으로써, 전 세계가 주목하는 서역 문명을 창조해 냈다.

최초로 서역을 통하게 하다

서역은 중국의 여러 역사 서적들에서 보이는 지리적 개념인데, 일반적으로 오늘날의 간쑤성 옥문관(玉門關)·양관(陽關) 이서(以西)의 광대한 지역을 가리킨다. 역사적으로 협의의 서역이란, 오늘날의 둔황(敦煌) 이서부터 신장(新疆) 전체를 가리키며, 광의의 서역이란, 중앙아시아·서아시아·인도 반도·북아프리카 및 동유럽의 일부 지역까지 확대할 수 있다.

한대 이전의 상고 시기까지의 신장 지구는, 기본적으로 정확하고 체계적인 문헌 기록이 없기 때문에, '사전서역(史前西域)'이라고 부른다. 서역 일대의 지리적 환경은 특징이 뚜렷하다. 즉 천산(天山)을 경계로 하여, 천산 이북 지역은 온대 건조 반사막 기후 및 사막 기후로, 목축업에 적합하여, 현지 주민들 대부분은 유목 민족의 특징을 지니고 있다. 이 대지 위에 건립된 국가는 '행국(行國: 이동하는 나라)'이라고 불렀으며, 그 가운데에서도 오손(烏孫)이 비교적 돋보였다. 오손은 전성기 때 10여만 명의 인구를 가진 기마 유목 부락으로, 말·소·낙타·양 등을 목축했으며, 양이 다수를 차지했다. "파오를 집으로 삼고 모직물로 담장을 삼았으며, 고기를 음식으로 삼고 낙(酪: 우유를 발효시킨 걸쭉한 음료)을 음료로 삼았다"고, 오손인의 음식과 주거 문화를 간명하게 개괄하고 있다. 천산 이남 지구는 온·난대의 매우 건조한 사막 기후에 속하며, 관개 농업이 발달하여, 현지 주민들은 대다수가 정착 민족의 특징을 띠고 있었으며, 이곳에 있던 나라들을 '성곽의 나라[城郭之國]'라고 불렀다. 오아시스에 위치한 각 나라들의 상황은 다소 달랐다. 어떤 나라는 목축을 위주로 하면서 농경을 겸하기도 했는데, 예컨대 선선(鄯善) 같은 나라들로, 이웃 나라들의 식량에 의존했기 때문에 '기전앙곡(寄田仰穀: 농지가 적은 나라가 다른 나라에 이민 가서 농사를 지은 것에 의지하여 식량을 충당함)'이라고 부르기도 했다. 또 어떤 나라는 농경을 위주로 하면서 목축을 겸했는데, 예를 들면 우전(于闐) 같은 나라들이다.

◈ **납공(納貢) 장면 저패기(貯貝器) | 서한**

저패기는 서한 시기에 서남쪽 지역에 있던 전국(滇國) 특유의 청동기로, 주로 화폐—조개껍데기—를 보관하는 데 사용했으며, 동시에 비교적 높은 예술적 심미 가치도 지니고 있다. 이 저패기는 서로 다른 민족의 인물들이 전왕(滇王)에게 공물을 바치는 장면을 새겼기 때문에, 이런 이름이 붙여졌다. 현재 윈난성(雲南省)박물관에 소장되어 있다.

한 무제 통치 시기에, 서역으로 이주한 대월지(大月氏)가 흉노와 원한을 갖고 있다는 말을 듣고, 흉노를 토벌할 동맹군을 물색하기 위해 두 차례에 걸쳐 장건을 서역에 사신으로 파견했다. 건원(建元) 2년(기원전 139년), 장건 일행 100여 명은 장안을 출발했지만, 얼마 지나지 않아 흉노에게 포로로 잡혔고, 아울러 막북(漠北)에 위치한 선우(單于: '넓고 크다'는 뜻으로, 흉노가 자신의 왕을 높여 부르던 호칭)의 왕궁으로 압송되어 10여 년 동안 구금되었다. 후에 장건은 흉노를 도망친 뒤 계속 서쪽을 향해 가서, 온갖 고생을 다 겪은 후에 마침내 대월지에 도착했다. 그러나 대월지 사람들은 이미 서쪽으로 이주했고, 그 거주지는 토지가 비옥하여 편안히 생업에 종사하고 있었으므로, 더 이상 흉노에게 원수를 갚으려는 생각을 하고 있지 않았다. 장건은 대월지에 1년여 동안 체류했지만, 끝내 대월지를 설득시키지 못했다. 그러나 장건이 갖고 돌아온 서역에 대한 풍부한 지식은 중

◈ **유금동마**(鎏金銅馬: 금을 도금한 동마) | **서한**

이 동마는 산시성(陝西省) 마오링(茂陵)에 있는 한 무제의 묘에서 출토되었으며, 말의 높이는 62센티미터, 말의 길이는 76센티미터다. 조형이 소박하고 중후하며, 몸 전체에 금을 도금하여, 표면이 대단히 매끄럽다. 고증에 따르면, 유금동마는 상림원(上林園: 한 무제가 건립한 원림)이나 황실의 마구간에서 사육하던 대완(大宛)산 천마(天馬)의 조형이라고 한다.

원의 한족들이 그때까지 들어보지 못했던 것들로, 이는 사람들의 시야를 크게 넓혀 주었다. 하서(河西)에서 한 차례 전쟁을 벌여, 한나라 군대는 하서 통로를 개통시켰다. 이런 형세하에서, 장건은 무제에게 오손과의 동맹을 맺고 함께 흉노를 공격하도록 건의했다. 원수 4년(기원전 119년), 장건은 다시 명을 받들어 서역으로 가서, 오손을 끌어들여 한나라에 귀속시키려고 시도했다. 이때 오손은 나라가 분열되었고, 국왕은 연로했으며, 한나라에 대한 이해가 부족했을 뿐만 아니라, 흉노를 두려워하기도 했으므로, 장건은 원하는 바를 이룰 수 없었다. 그러나 오손의 사신이 장건을 따라 한나라에 왔다. "오손 사신은 한나라 사람들이 부유하다는 것을 다 보고, 그의 나라로 돌아가 보고하자, 그 나라는 이에 한나라를 더욱 중시했으므로", 양국은 교류하며 왕래하기 시작했다. 그런데 장건이 대완(大宛: 명마로 유명했던 중앙아시아에 있던 나라)·대월지·강거(康居) 등의 나라에 사절로 파견했던 부사(副使)들이, 몇 년 후에 대부분 사신으로 나갔던 나라의 사신들과 함께 한나라에 돌아왔으므로, "서북 지역 나라들이 한나라와 소통하기 시작했다".

서역을 경영하다

서역이 한나라의 통치에 귀속된 다음, 한나라 군대는 이곳에 둔전(屯田)을 주둔시키고, 기구를 설치하여, 장기간 유수(留守: 머물며 지킴)할 계획을 세웠다. 양한의 교체기에, 정국이 변화하고 요동침에 따라 중원의 서역에 대한 보호가 무력해지면서, 흉노가 허점을 타고 들어왔기 때문에, 동한의 반초(班超)가 다시 서역을 통하게 했다.

장건이 서역에 사신으로 나간 다음, 한나라는 해마다 서역에 사절단을 파견하여 외교와 통상관계를 수립하려고 했다. 그러나 이러한 사절단은, 흉노의 침입을 당하기도 하고, 서역 작은 나라들에게 납치당하기도 하여, 생명과 재산의 안전이 심각하게 위협을 받았다. 한 선제(宣帝) 신작(神爵) 2년(기원전 60년), 서역에 대한 통제를 강화하기 위해, 한나라는 서역에 서역도호부(西域都護府)를 설치하여, 한나라가 서역을 관리하는 최고 행정·군사 기구로 삼아, 서역으로 통하는 남·북의 두 통로가 안전하게 잘 소통되도록 보호 감독했다. 서역도호는 내지(內地)의 군수(郡守)에 해당했으며, 그 밑에 부교위(副校尉)·승(丞)·사마(司馬) 등의 소속 관리들을 두었고, 통솔하는 군대가 있었다. 서역도호부의 설치는 서역이 정식으로 중앙 정권에 귀속했음을 상징했으며, 이는 한나라가 서역에 대한 통제와 군사적 관리를 강화하는 데 중요한 의의를 가졌다. 또한 서역 둔전의 순조로운 진행과 오고가는 상인이나 여행객의 정상적인 왕래에도 유리했다. 중원 왕조의 안정과 혼란 및 국력의 성쇠에 따라, 서역은 한나라에 귀순하기도 하고, 흉노에 굴복하기도 했으며, 중앙 정부와의 관계는 긴밀하기도 하고 소원하기도 했으며, 심지어는 완전히 단절되기도 했다.

동한 광무제(光武帝) 초년에, 서역 여러 나라들은 흉노의 심각한 수탈을 견딜 수 없게 되자, 잇달아 사신을 파견하여 속국으로 삼아 달라고 요구하면서, 한나라에게 도호(都護)를 파견해 줄 것을 요청했다. 광무제 유수(劉秀)는 천하를 이제 막 평정했기 때문에, 서역을 돌볼 겨를이 없다고 판단하여 이를 거절했다. 한 명제(明帝) 때, 한나라 정국이 안정되고, 경제가 다소 발전하자, 흉노에게 반격을 가하고 중앙 정부의 서역에서의 통치를 회복하는 것이 이미 가능해졌다. 영평(永平) 16년(서기 73년), 반초는 붓을 던지고 군대에 투신하여(반초는 『한서』의 저자인 반고의 동생으로, 원래 궁중의 서고를 담당하는 문신이었다—옮긴이), 두고(竇固)를 따라 흉노로 출격하여 전공을 세우며 두각을 나타내자, 두고의 신임을 받았으므로, 서역 남도(南道)의 여러 나라들에 사절로 파견되었다. 반초 일행은 남도를 지나 선선으로 갔다. 그는 형세에 맞게 일을 처리했는데, "호랑이 굴에 들어가지 않고서, 어찌 호랑이를 잡을 수 있으랴" 하는 늠름한 기백으로 흉노의 사신을 참살하여, 선선을 안심시켰고, 우전에 위세를 떨쳤으며, 소륵(疏勒)을 평정했다. 명제가 세상을 떠나고, 한나라가 서역에 주둔하던 병력을 모두 철수시키자, 반초는 부대를 이끌고 중원으로 돌아가기로 결정했다.

한 걸음 더

불교의 전래와 백마사(白馬寺) 건립

불교는 서한 말기에 이미 서역으로부터 중국에 전래되었다. 동한 명제 영평 7년(서기 64년), 낭중(郎中) 채음(蔡愔)과 박사(博士) 진경(秦景)이 천축(天竺: 인도)에 가서 불경을 구해 왔다. 영평 10년(67년), 그들은 천축의 두 사문(沙門, 즉 고급 승려)들과 함께 불상과 불경을 가지고 낙양으로 돌아왔다. 한 명제는 천축의 승려들을 접견하고, 또 그들을 동문 밖의 홍려사(鴻臚寺)에 머물게 했다. 이듬해(68년), 다시 명을 내려 옹문(雍門) 밖에 따로 거처를 지었고, 천축의 승려들이 이곳에서 불경을 번역했다. 그들이 번역한 『사십이장경(四十二章經)』은 중국에 현존하는 최초의 한역(漢譯) 불전이다. 불경을 싣고 돌아온 백마도 거기에서 보살폈기 때문에, 그곳을 백마사라고 명명했다. 백마사는 불교가 중국에 전래된 후 건립된 최초의 사원이다.

소륵 등의 나라들은 흉노의 권토중래를 두려워하여, 반초에게 서역에 계속 주둔해 줄 것을 간절히 요청했다. 우전왕은 심지어 반초가 탄 말의 다리를 끌어안으며 이렇게 말했다. "한나라 사신을 부모처럼 의지하고 있으니, 정말이지 가시면 안 됩니다." 반초는 그리하여 서역에 남아 주둔하기로 결정했다. 그는 서역에서 갖은 고생을 다 겪으면서 심혈을 기울여 경영하여, 사주지로가 원활하게 소통되도록 유지했다. 화제(和帝) 때, 반초는 월지(月氏)를 격퇴했으며, 언기(焉耆)를 토벌하고, 언기로 하여금 한나라에 항복하게 하자, "서역의 50여 개 나라들은 모두 인질을 보내고 속국이 되었다". 반초가 서역에서 벌인 군사·외교 활동은, 이 지역과 중원 지역의 관계를 전에 없이 밀접하게 해 주었으며, 또한 동서 문화의 교류를 위해 필요한 조건도 만들어 주었다. 반초가 서역을 다시 통하게 하고, 이를 경영한 것의 의의는, 장건이 최초로 서역을 통하게 했던 일에 결코 뒤지지 않는다.

한 가지 밝혀 둘 만한 것은, 영원(永元) 9년(서기 97년)에 반초가 부사(副使) 감영(甘英)을 대진(大秦), 즉 로마 제국의 동부 지역에 사절로 파견했다는 사실이다. 감영은 조지(條支: 지금의 시리아)의 해빈(海濱, 즉 지금의 페르시아만)까지 갔다가, 공을 세우지 못하고 돌아왔다. 이 행차는 한나라에게 그 연도(沿道)에 있던 각지의 사정에 대한 이해를 한층 더 심화시켜 주었고, 시야를 넓혀 주었다. 영원 12년(100년), 한 무리의 로마 상인 사절단이 낙양(洛陽)에 도착했다. 이는 중국과 유럽 간에 증거가 남아 있어 확인할 수 있는 최초의 교류다. 환제(桓帝) 연희(延熹) 9년(166년), 대진왕 안토니누스(Marcus Aurelius Antoninus: 재위 138~161년)가 파견한 사신이 바닷길로 여러 곳을 거쳐 낙양에 와서, 정중하게 상아와 서각(犀角: 코뿔소 뿔) 등 예물들을 바침으로써, 중국과 서양은 명확한 역사 연대가 기록되어 있는 공식 왕래를 시작했다.

사주지로(絲綢之路: 실크로드, 비단길)

19세기 말엽, 독일의 지리학자인 페르디난트 폰 리히트호펜(Ferdinand von Richthofen)이 처음으로 '실크로드'라는 개념을 제시했다. '실크로드'는 고대 중국이 서방으로 가는 무역 통로로, 오늘날의 시안(西安)에서 출발하여, 신장을 거치면서 남북 두 갈래로 나뉘고, 총령(葱嶺: 파미르 고원)을 넘어 중앙아시아와 서아시아의 각국에 이르렀으며, 다시 이들 국가들에서 유럽까지 이어졌다. 사실 중국은 사주지로를 통해 외국으로 수출한 물품이 오로지 비단[絲綢] 한 가지만은 아니었지만, 비단이 가장 유명했다. 기원전 2세기부터, 이후 1천여 년 동안, 중국의 비단은 대완(大宛)을 통해 끊임없이 이 상로(商路)를 거쳐 멀리 지중해 세계로 팔려 나갔으며, 국제 시장에서 잘 팔리기로 널리 이름이 알려진 상품이 되었기 때문에, 이 길의 이름이 실크로드라고 지어졌다. 일찍이 장건이 서역을 개통하기 전에, 서역의 오아시스 국가들은 자신들이 존립하고 발전하기 위해서는 반드시 각 오아시스들 간에 협력을 모색하여, 가진 것과 갖지 못한 것을 서로 교환해야 했다. 그리하여 보이지 않는 가운데 오아시스 간에 교류하는 노선을 개통시켜, 상대적으로 안정적인 상로를 형성함으로써, 사주지로의 원초적 형태를 닦았다. 장건이 서역과 통하게 하면서, 오아시스들 간의 관계는 더욱 밀접해졌으며, 동·서방의 관계도 한나라의 정치력에 의지하여 한층 더 강화되면서, 사주지로를 실질적으로 개발하게 하였다. 동·서방 간에 물질·기술·문화에서의 상호 필요성이, 사주지로가 개통될 수 있었던 근본 원인이었다. 각국 상인들의 무역 왕래와 사절의 빈번한 교류는 모두 사주지로가 실질적으로 발전하는 데 중요한 공헌을 했다.

사주지로는 동·서방의 무역 왕래를 가능하게 했다. 중국의 비단·칠기·철기 및 기타 수공예품이 서방으로 수입되었고, 중앙아시아와 서아시아의 일부 식물 품종들, 예를 들면 포도·목숙(苜蓿: 거여목, 즉 말의 사료로 쓰이는 식물)·석류·호두 등, 그리고 강거(康居) 등의 나라들에서 많이 생산되는 모피, 월지·안식(安息)·대진의 모직품 및 각종 진기한 물건과 동물들, 예컨대 유리·호박 등도 중국에 수입되었다. 천문·농업·수리·야금 등 각종 기술에 정통한 인재들이 서역으로 이주한 것은, 그 지역의 생산 기술과 과학의 진보를 촉진하는 데에 모두 대단히 중요한 의의를 가졌다. 또 서역의 페르시아·인도 스타일을 띤 악무(樂舞)·미술·생활용품들, 예를 들면 호좌(胡坐: 책상다리, 가부좌 자세)·호상(胡床: 걸상처럼 생긴 간단한 접의자) 등은 서한의 황실·귀족의 자제·관료들이 서로 다투어 모방하도록 함으로써 한때 유행했다. 서역의 남북 양쪽 통로에 있는 성곽 국가들은 사주지로의 무역에서 중요한 상품 집산지였다. 사주지로의 개통은 또한 중국과 서방의 문명이 빈번하게 접촉하고, 교류가 끊임없이 지속되도록 함으로써, 서역은 각지의 문명들이 합류하고 융합하는 땅이 되었다. 한대에는 육로의 사주지로가 개방되었을 뿐만 아니라, 거의 동시에 해

◈ **고창(高昌)의 고성(古城) 유적**

고창성은 기원전 1세기에 지어졌으며, 서한 왕조가 차사전(車師前: 지금의 트루판 분지 북쪽에 있던 나라) 경내에 주둔시켰던 둔전 부대가 지은 성이다. 『한서』에서 최초로 '고창벽(高昌壁)'을 언급하고 있다. 『북사(北史)』 「서역전(西域傳)」에는 다음과 같이 기록되어 있다. "이전에 한 무제가 군대를 파견하여 서역을 토벌하면서, 군대가 몹시 힘들었는데, 그 중 특히 곤란한 것은 거처 때문이었다. 지세가 탁 트이고 광활하며, 인구가 많고 번성했기 때문에, 고창이라고 불렀다[昔漢武遣兵西討, 師旅頓弊, 其中尤困者因住焉. 地勢高敞, 人庶昌盛, 因名高昌]." 한·위(魏)·진(晉)은 역대로 모두 무기교위(戊己校尉)를 파견하여 이 성을 지키면서, 둔전을 관리했기 때문에, '무기교위성'이라고도 불린다.

상의 사주지로도 개척되었다. 동남쪽 연해에 거주하여 항해에 뛰어났던 백월(百越) 민족은, 대륙 가장자리의 해안을 따라 장거리 항해를 거쳐 동·서방 해상 교통의 집결지인 남인도양 해안까지 가서 각종 물품들을 교역했는데, 주로 사치품의 교역이었다. 역사가 발전함에 따라, 해상 사주지로의 지위와 역할은 갈수록 두드러졌다.

양한(兩漢) 시기

인물: 위청, 곽거병, 두헌 지역: 마읍(馬邑), 계락산(稽落山) 키워드: 민족 대이동

한나라와 흉노의 화친과 전쟁

양한 시대에 한나라 주변의 소수민족들은 끊임없이 중원 지역을 향해 확장했다. 한나라 중앙 정부는 힘의 강약에 근거하여, 화친 정책을 채택하기도 하고, 군사 정책을 채택하기도 하면서, 적극적으로 영토를 개척함으로써, 이들 민족 지역에 대한 통제를 강화하여, 국가의 '대일통(大一統)'을 실현하기 위해 힘썼다. 전쟁과 평화가 병존하고, 교류와 융합이 공생함에 따라, 중국 문명의 뚜렷한 특징인 다민족·다양화가 통일되는 국면을 형성했다. 많은 민족들 가운데 흉노와 한나라의 대항이 가장 격렬하여, 촉발된 전쟁이 뜻밖에도 수백 년 동안이나 끊이지 않고 이어졌다.

흉노 문명

흉노는 유구한 역사를 가진, "물과 풀을 찾아다니며 생활하는" 유목 민족이었다. 흉노인들은 괴로움을 참고 힘든 일을 이겨 냈으며, 용맹하고 싸움을 잘했다.

흉노의 역사는 『사기(史記)』 「흉노열전」에 처음 보이는데, '흉노'라는 말은 흉노가 자기 민족 사람들을 스스로 부르는 명칭이다. 예를 들면 흉노의 수령인 선우(單于)가 사자를 파견하여 한 문제(文帝)에게 편지를 전했는데, 편지에는 "하늘이 세운 대흉노국 선우가, 삼가 황제의 안부를 여쭙습니다[天所立大匈奴單于, 敬問皇帝無恙]" 등의 말이 있다. 흉노 사람들은 또 스스로를 '호(胡)'라고도 불렀다. 『한서』에는 흉노의 선우가 한 무제

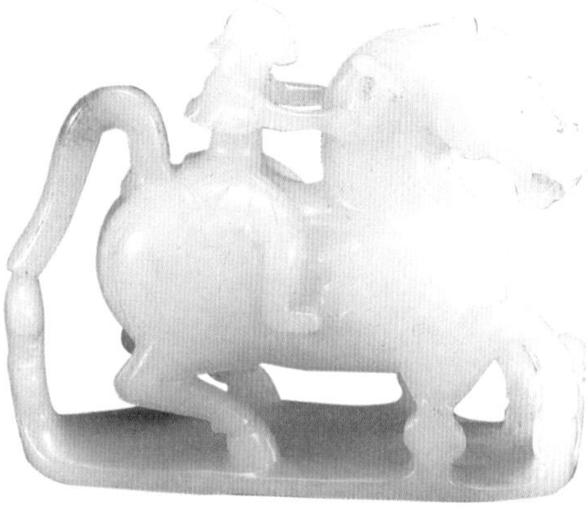

◈ 우인천마옥식(羽人天馬玉飾) | 서한

이 옥식은 산시성(陝西省) 셴양(咸陽)에서 출토되었으며, 구름에서 질주하는 천마가 한 명의 우인(羽人)을 태우고 있는 형상을 새겼다. 한대에는, 선인(仙人)들의 온 몸에 깃털이 잔뜩 나 있다고 여겼는데, 옥조(玉彫) 우인상은 거의 온 몸에 깃털이 나 있고, 어깨에는 날개가 달려 있는 것으로 보아, 이는 당시 사람들의 마음속에 있던 선인 형상에 부합된다.

에게 편지를 보냈으며, 편지에는 "남쪽에는 위대한 한나라가 있고, 북쪽에는 강력한 호가 있습니다. 호는 하늘의 총애하는 자식입니다[南有大漢, 北有强胡. 胡者, 天之驕子也]"라는 구절이 있다. 흉노인이 자신을 '호'라고 불렀기 때문에, 진·한 시기에는 '호'가 흉노의 특별한 호칭이 되었다. 흉노 정권의 구조에서 가장 중요한 특징은 바로 군제(軍制)와 정제(政制)가 결합한, 유목 성격의 군사 정권이었다. 선우는 부락 연맹의 최고 우두머리로, 군사와 정치 및 외교의 대권을 한 손에 장악했으며, 좌·우 골도후(骨都侯)가 정무를 보좌했다. 여러 대신(大臣)의 직무는 귀족이 맡았으며, 대를 이어가며 관직을 세습했다. 좌·우 현왕(賢王)은 흉노 정권에서 지방의 최고 장관이었다. 흉노는 '좌(左)'를 중시했기 때문에, 좌현왕이 선우의 계승인이었으며, 항상 태자가 맡도록 했다. 좌·우 현왕 밑에는 좌·우 곡려왕(谷蠡王)과 좌·우 대장(大將) 등을 두었는데, 그들은 부족의 수령이자, 군대의 장령(將領)이기도 했다. 부족 수령 밑에는 다시 천장(千長, 천기장千騎長)·백장(百長, 백기장百騎長)·십장(什長) 등 중·하급의 군대를 거느린 장관들이 있어서, 서로 다른 숫자의 기병을 나누어 받았으며, 작전을 지휘했다. 흉노가 가장 강성했을 때, 군대는 24개 부족으로 구성되었으며, 각 부족의 병력은 많게는 만 명, 적게는 기병 천 명이었고, 모두 기병 30만 명을 보유했다. 이러한 군사 편제는 흉노의 군대와 민간을 하나로 합쳐지게 하여, 대량의 인마(人馬)를 모아서 결성함으로써, 언제라도 거국적으로 출정할 수 있게 하였다. 그들은 대외적으로는 인근 각 민족들을 약탈하고 압박하여 피정복 지역을 통치했으며, 대내적으로는 귀족들의 사유재산을 보호해 주어, 사회질서를 유지했다.

생활 습속을 보면, 흉노인들은 "목축을 따라 이동하면서" 유목 생활을 했다. 풍성한 물과 풀을 구하기 위해, 흉노족은 가축 떼를 따라 사방으로 옮겨 다녔으므로, 정해진 곳이 없이 살았다. 의식주와 교통수단을 비롯한 생활필수품은 대부분 목축 및 그와 관련된 생산품에 의존했다. 흉노족의 음식은 가축의 고기·유즙과 유락(乳酪: 치즈)이 주를 이루었다. 그들은 짐승의 가죽과 모피 등으로 옷을 삼았으며, 양탄자로 천막을 쳐서 거처로 삼았다. 기타 물품들, 예컨대 갑옷 같은 것들은 대부분 가죽으로 만들었다. 목축업 이외에, 수렵도 사회 경제 생활에서 일정한 지위를 차지했으며, 또한 일부 소수의 흉노인들은 농업에 종사하면서 식량을 생산하기도 했다. 흉노인들의 이와 같이 유목을 위주로 하는 경제는, 자연환경에 대해 비교적 강하게 의존했다. 만약 큰 자연재해를 당하면, 종종 가축과 사람이 죽기도 했다. 이는 또한 흉노인들이 장기간 떠돌아다니며 정착하지 않았고, 역량이 때로는 강하기도 하고 때로는 약해졌으며, 부족이 "때로는 크고 때로는 작게, 따로 흩어져 헤어지는" 사회적 특성을 결정했다. 흉노인은 전국 시대 중·후기에 철기 시대에 진입했는데, 야철(冶鐵: 철 제련) 기술을 습득하여 철제 공구를 생산했으며, 야철업이 점차 독립적이고 상당한 규모를 갖춘 수공업 부문이 되어 갔다. 출토된 그들의 도검(刀劍)과 한나라 도검의 유사성을 보면, 흉노가 중원 지역에서 철기 문화를 받아들였음을 알 수 있다. 흉노인은 한인들과 서로 교류하는 '관시(關市: 변경의 교통 요충지에 설치하여, 외국과 교역을 했던 시장)'를 매우 중시하여, 서로 가진 것과 갖지 못한 것을 교환함으로써, 자신들의 생산과 생활에 필요한 것을 충족시켰다.

◈ **착금호절**(錯金虎節) | 서한

호절은 호부(虎符)라고도 부르며, 고대 제왕이 신하에게 병권(兵權)을 부여하여 군대를 파견하는 증표였다. 이 착금호절은 광저우 샹강(象崗)에 있는 남월왕(南越王) 묘에서 출토되었으며, 현재 광저우 남월왕묘박물관에 소장되어 있다.('착금'이란, 어떤 기물에 새기고자 하는 문양을 그린 다음, 그 문양을 파내고, 그 속에 금·은 등 다른 금속을 상감 기법으로 박아 넣는 것을 말한다.-옮긴이)

문헌의 기록에 따르면, 흉노인은 단지 자기 민족의 말만 갖고 있었고, 문자는 갖고 있지 못했다. 즉 "문서가 아니라, 말로 약속을 했다". 흉노인들이 널리 사용했던 악기는 호가(胡笳: 피리처럼 생긴 관악기)인데, 〈호가십팔박(胡笳十八拍)〉(채문희蔡文姬가 지었다고 전해지는 악곡으로, 중국 고대의 10대 명곡 중 하나로 평가된다-옮긴이)에서 말한 그대로, "호가는 본래 호(胡)에서 유래했다". 후에 호가는 중원 지역에 전래되어, 한인들이 매우 애호했다. 흉노인의 예술을 보면, 주제는 주로 그들의 유목과 수렵 생활을 반영하고 있다. 예를 들면, 출토된 흉노의 물품들에 새겨진 문양과 장식은 대부분 초원에서 흔히 보이는 동물을 주제 도안으로 삼았으며, 사슴 문양이나 말 형상 같은 것들이다. 흉노인은 사후에 영혼이 불멸한다고 믿어, 일부 해석할 수 없는 사회 현상과 자연 현상에 대해서는, 모두 귀신이 작용을 일으키는 것이라고 여겼다. 그들이 하늘·땅·해·달에 제사를 지내 자연을 숭배한 것은, 천지·조상·귀신의 보호를 받기 위해서였다. 그들은 '좌임(左衽: 옷깃을 왼쪽으로 여미는 것)'을 중시했으며, 대부분 '피발(披髮: 머리카락을 묶지 않고 풀어 헤침)'을 했다. 일부다처의 현상은 흉노의 귀족들 내에서는 매우 보편적이었으며, 수계혼(收繼婚), 즉 이른바 "아버지가 죽으면, 그 계모를 아내로 삼고, 형제가 죽으면, 다른 형제가 그의 아내들을 데려가 모두 자신의 아내로 삼는" 습속도 여전히 남아 있었다.

화친과 전쟁

기후 조건의 변화와 중원 지역의 재물에 대한 노림수 때문에 흉노는 남쪽으로 이주하여, 한나라의 지배 구역을 침략했다. 반면 한나라는 농업 문명 구역을 보호하고, 나아가 천하일통을 실현하기 위해서 역시 적극적으로 주변 지역으로 확장해 나갔다. 따라서 쌍방 간에는 전쟁과 평화가 병존했으며, 교류와 융합이 공생했다. 진나라 말엽, 군웅이 정권 쟁탈전을 벌이면서 쟁투가 끊이지 않았다. 바로 이때, 장성(長城) 이북의 흉노에도 왕위 교체가 나타났다. 왕위 계승자인 묵돌(冒頓)이 자신의 아버지인 두만(頭曼) 선우를 살해하고, 스스로 선우가 되었다. 그 후, 묵돌 선우는 군대를 이끌고 사방으로 정벌에 나서, 동호(東胡)를 멸망시키고, 월지를 몰아냈으며, 누번(樓煩) 등의 부족들을 항복시켜, 하서(河西)와 서역 여러 나라들을 지배했다. 또한 하투(河套: 내몽골 서부와 닝샤寧夏 회족 자치구 일대) 지역을 점령하고, 동쪽의 요동부터 서쪽으로는 총령까지, 남쪽의 장성부터 북쪽으로는 바이칼호에 이르는 강대한 초원 칸국[汗國]을 건립했다.

한나라 초기, 강성한 흉노는 끊임없이 한나라 북쪽의 군(郡)·현(縣)들을 공격하여, 사람과 재물을 약탈했다. 고조(高祖) 7년(기원전 200년), 유방은 흉노에 투항한 한왕신(韓王信)[6]의 반란 잔재 세력을 평정한다는 명분을 빌려, 친히 대군을 이끌고 흉노를 정벌했다. 그 결과 흉노의 40만 정예 기병에 의해 평성(平城, 지금의 산시성山西省 다퉁大同)의 백등산(白登山, 오늘날의 산시성 다퉁 동북쪽)에서 7일 동안이나 겹겹이 포위되었다. 후에 유방은 진평(陳平)의 계책을 듣고, 묵돌 선우의 알지(閼氏, 즉 왕후에 해당함)에게 거금의 뇌물을 주고서야 겨우 빠져나와 평성으로 가서 한나라 군대와 합류했다. 이 전쟁을 겪으면서, 유방은 아직 흉노를 물리칠 실력이 없으니, 치욕을 참으면서 때를 기다릴 수밖에 없다고 생각했다. 그는 누경(婁敬)의 건의를 받아들여, 흉노와 화친을 맺고, 종실의 딸을 공주(公主)로 삼아 흉노의 선우에게 출가시켰으며, 매년 대량의 면직물과 술과 음식을 흉노에게 선물했다. 또 흉노와 서로 관시(關市)를 통해 교류함으로써, 그들의 침략을 감소시켰다. 하지만 화친 정책의 효과는 크지 않아, 흉노는 여전히 끊임없이 침입했으며, 때로는 봉화 경보가 끝내 수도인 장안성 바로 가까이에서 피어오르기도 했다.

한나라 초기에 수십 년의 휴양생식(休養生息)을 거치면서, 한나라의 국력은 크게 증강되었다.

6 한왕신(韓王信): 원래 이름은 한신(韓信, ?~기원전 196년)이며, 서한 초기의 이성(異姓: 황제와 다른 성씨) 제후왕으로, 전국 시기 한(韓) 양왕(襄王) 희창(姬倉)의 서손(庶孫: 서자의 아들)이다. 이름이 같은 명장 한신과 혼동을 피하기 위해, 역사서에서는 대부분 그를 '한왕신'이라고 부른다.

무제는 즉위하고 몇 년 후에, 더 이상은 굴욕적인 화친 정책을 추진해서는 안 되며, 반드시 무력으로 흉노를 대응해야만, 비로소 한 번의 고생으로 영원히 북쪽 변경의 우환을 해소하고, 변경의 안정을 얻을 수 있다고 생각했다. 원광(元光) 2년(기원전 133년), 한나라 군대는 마읍(馬邑, 지금의 산시성 쉬저우朔州) 부근에 매복을 하여, 침입한 흉노 군대를 일거에 섬멸하려고 시도했다. 흉노인들이 한나라 군대의 계략을 알아차리고 중도에 철수하는 바람에, 한나라 군대는 성공하지 못하고 돌아갔다. 이때부터 한나라와 흉노는 헛되이 시간을 질질 끄는 전쟁을 시작했다. 한나라 군대와 흉노가 전쟁을 하는 과정에서, 많은 탁월한 장수들이 배출되었다. 예를 들면 '비장군(飛將軍: 민첩하고 용맹한 그를 흉노가 두려워하여 부르던 명칭)' 이광(李廣), 대장군 위청(衛青), 표기장군(驃騎將軍) 곽거병 등으로, 그들은 몸과 마음을 바쳐 국가에 충성하여 역사에 이름을 남겼으며, 널리 후세 사람들의 칭송을 받고 있다. 막남(漢南: 몽골 고원의 대사막 이남 지역) 전투·하서(河西) 전투와 막북(漠北) 전투 등 세 차례에 걸친 흉노와의 대규모 전투를 거치면서, 한나라와 흉노의 역량에는 변화가 나타나, 전쟁의 주도권은 더 이상 유목을 하는 흉노인의 수중에 장악되지 않았다.

◈ **착금박산로**(錯金博山爐) | 서한

이 박산로는 고대에 향을 피우는 데 사용하던 향로로, 중산정왕(中山靖王) 유승(劉勝)의 묘에서 출토되었다. 몸통의 상부와 향로의 뚜껑에는 층층이 겹쳐진 산봉우리들을 새기고, 수목·신수(神獸)·호랑이·표범 등의 동·식물들을 장식해 놓았으며, 공예가 대단히 정교하고 뛰어나다.

흉노의 분열과 서쪽으로의 이동

흉노에 대한 세 번째 대규모 반격 전쟁이 끝난 뒤부터, 무제는 적시에 국방 전략을 조정했다. 더 이상 대규모 출격을 하지 않고, 군사적 압박을 유지하는 태세를 갖춘 채, 국경의 요새를 튼튼히 지키면서 화친과 전쟁을 결합하는 방침을 채택했다. 서한 오봉(五鳳) 원년(기원전 57년), 흉노는 마침내 동·서 양 부(部)로 분열되었다. 이는 흉노 역사상 최초의 분열이었다. 흉노가 분열된 뒤, 동흉노는 호한야선우(呼韓邪單于)의 인솔하에 한나라에 귀순하여 남쪽의 만리장성 일대로 이주했으며, 한나라 정부는 그에 대한 우대를 강화했다.

왕망이 정권을 장악했던 시기에는, 흉노에 대해 헐뜯고 억압하는 정책을 잘못 실행함으로써, 한나라와 흉노의 관계가 악화되어 흉노가 빈번하게 침입하자, 다시 한 번 엄중한 위협이 되었다. 동한 초기에는, 경제가 심각하게 파괴되어, 흉노에 대해 수세를 취할 수밖에 없었다. 당시 흉노도 해마다 가뭄과 메뚜기로 인한 재해를 당했기 때문에, 초목이 말라 죽고, 사람과 가축은 굶주림과 전염병으로 인해 절반 이상이 사망했다. 또 흉노 귀족 내부에서 권력과 이권 다툼으로 인해 내홍이 끊이지 않은 데다, 동쪽에서는 오환(烏桓) 세력의 핍박에 직면하자, 흉노의 일축왕(日逐王) 비(比)는 그가 통치하던 남쪽의 부족 무리 4~5천 명을 이끌고 한나라에 의탁해 왔다.

건무(建武) 24년(서기 48년), 흉노 남부의 8부(部) 어른들이 상의하여, 비를 호한야선우로 옹립하고, 오원새(五原塞, 지금의 내몽골 허타우河套, 즉 오르도스 북쪽)에 사신을 파견하여, 동한 왕조에 "영원히 울타리가 되어, 북쪽의 오랑캐를 막아 내고 싶다"는 뜻을 나타냈다. 한나라 조정은 해마다 흉노의 침입에 대처하느라 고생하던 차여서, 그들의 요구를 받아들였다. 흉노는 이리하여 남·북 두 부(部)로 갈라섰다. 남흉노가 복속해 오면서 변경이 안정되자, 원래 내지로 이주했던 변방 군(郡)의 주민들 대부분이 잇따라 돌아갔다. 남흉노 사람들이 변방 지역에 들어와 살다가, 서서히 내지로 이주하여 한인들과 섞여 살면서, 점차 정착 생활과 농경 생활로 바뀌어 갔다.

동한의 화제(和帝)가 어린 나이에 즉위했으므로, 두태후(竇太后)가 국정을 맡아 정무를 처리하자, 두씨 가족의 세력이 팽창했다. 두헌(竇憲)은 외척이 정무를 보좌하는 기회를 통해, 세력을 믿고 남을 업신여겼으며, 무고한 사람들을 죽였다. 그의 범죄 행각이 사람들에게 폭로된 후, 두헌은 태후에게 처벌을 받을 것이 두려웠으므로, 글을 올려 청하기를, 북흉노에 출격하여 죄과를 씻을 수 있게 해 달라고 했다. 당시 북흉노는 큰 변란이 일어난 데다, 가뭄과 메뚜기 떼 재난까지 겹치는 바람에, 부족민과 가축의 희생이 대단히 심각했다. 남흉노도 이 기회를 틈타 북흉노를 합병하려고, 글을 올려 한나라에게 군대를 보내 전쟁을 도와 달라고 요청하자, 두태후는 결국 북흉노를 토벌하기로 결정했다. 영원(永元) 원년(서기 89년), 두헌과 경병(耿秉)이 군대를 이끌고 정벌에 나섰고, 남흉노와 합류하여 계락(稽落, 지금의 몽골 한호혁汗呼赫 산맥)에서 북흉노와 전투를 벌였다. 그 결과 북흉노를 대파하여, 수많은 사람을 참수하고, 가축 백만여 마리를 포획했으며, 북흉노의 투항자가 약 20만 명이나 되었다. 두헌과 경병은 국경을 3천여 리나 떠나와 연연산(燕然山, 지금의 몽골 항아이산杭愛山)에 올라, 반고(班固: 『한서』의 저자)에게 명하여 돌에 전공을 칭송하는 글을 새긴 뒤 돌아갔다. 이듬해, 한나라 군대는 다시 이오(伊吾: 지금의 신장 동북부, 톈산 산맥 북록의 동쪽 끝에 위치) 지역의 북흉노를 격파했다. 두헌은 북흉노가 쇠락한 기회를 틈타 일거에 그들을 섬멸하려고, 영원 3년(서기 91년)에 기연새(居延塞)에 군대를 보내 북흉노 선우를 금미산(金微山, 지금의 아얼타이산阿爾泰山)에서 포위하여 격파함으로써, 마침내 북흉노를 철저히 궤멸시켰다. 이후부터 북흉노의 잔여 세력은 한나라에 항복하기도 하고, 선비(鮮卑)에게 귀순하기도 했으며, 나머지는 대부분 고향을 떠나 서쪽으로 이주하는 여정에 올랐다. 연속 수백 년 동안 계속되었던 흉노와의 전쟁은 이때에 이르러 기본적으로 끝났다.

북흉노가 대패한 후에, 북선우(北單于: 북흉노의 왕)는 도망쳤는데, 행방을 알 수 없었다. 서쪽으로 이주한 흉노인들은 서로 싸우고 죽이는 혈전을 치르고, 먼저 서역 지역에 도달한 다음, 다시 중앙아시아와 동유럽으로 이주했다. 대략 4세기 중·후기부터, 흉노인들은 유럽 대륙에 출현하기 시작했는데, 그때가 서기 374년이다. 로마의 역사학자 암미아누스 마르켈리누스(Ammianus Marcellinus)가 저술한 『역사』는 최초로 흉노인을 기록한 서양의 역사학 저술이다. 그는 말하기를, 훈족이 돈강(Don River) 동쪽으로부터 네덜란드인들을 공격했는데, 완강한 저항에 부딪쳐, 쌍방은 돈강에서 격전을 치렀다고 했다. 네덜란드인은 전차를 주력으로 삼았지만, 용감무쌍한 훈족 기병을 당해 내지 못하여, 결국 대패했으며, 국왕은 피살되고, 민중은 항복했다. 네덜란드인이 정복되었다는 소식은 동유럽 국가들과 로마에 전해졌다. 이것은 그들이 처음으로 '훈족[匈人]'이라는 이름을 듣게 된 것으로, 그들이 갑자기 다가온 것에 대해 대단히 두려움을 느꼈으며, 훈족이 약탈하고 파괴하는 행위에 대해서는 더욱 무서워하며 벌벌 떨었다. 훈족은 헝가리 평원을 점령한 뒤, 점차 강대한 흉노 제국을 건설하기 시작했다. 특히 흉노왕 아틸라(Attila) 시대에는 적극적으로 외부로 확장을 꾀하여, 유럽의 대부분을 석권했다. 18세기 후기에 이르러서야, 프랑스 학자는 비로소 중국의 역사 기록에 근거하여, '훈족'은 바로 중국 역사에 나오는 '흉노'라고 지적했다. 오늘날 대다수의 헝가리인들은 여전히 자신이 흉노의 후예라고 인정하고 있다. 흉노가 서쪽으로 이동하자, 이로 인해 유럽에서는 장기적인 '민족 대이동'이 일어났으며, 또한 동·서 로마 제국의 쇠락과 멸망을 가속화함으로써, 유럽 역사의 진행 과정을 고쳐 쓰게 했다.

신(新) 시기 서기 8년

인물: 왕망 **지역:** 장안(長安) **키워드:** 복고개재(復古改制)

왕망(王莽)의 탁고개제(托古改制)

외척의 대표자로서, 왕망은 자기의 야심을 겸공(謙恭: 자신을 낮추고 남을 높임)과 인의(仁義)의 외피 아래 층층이 포장해 놓았다. 이 때문에 단번에 높은 지위에 올라 정권을 장악할 수 있었다. 일단 시기가 무르익자, 그는 조금도 주저하지 않고 따뜻한 정감이 넘쳐흐르던 베일을 벗어 던지고, 한나라 천하를 자기의 것으로 만들어 버렸다. 그리고 일련의 이른바 제도 개혁 활동을 진행했는데, 결국 개혁은 웃음거리가 되었고, 그 자신도 비명에 죽고 말았다. 이로 인해 후세 사람들은 시를 지어 왕망을 이렇게 평가했다. "만약 그해에 곧바로 죽었더라면, 평생의 참과 거짓을 누가 알았겠는가[向使當年身便死, 一生眞僞有誰知]."

◈ **장락식관호(長樂食官壺) | 서한**

이 관호(官壺: 관청에서 빚은 술을 담아 두던 술독)는 허베이성 만청(滿城) 링산(陵山) 서쪽에 있는 한나라 묘에서 출토되었다. 호의 밑바닥에 '長樂食官'이라고 새겨져 있어 이런 이름이 붙여졌으며, 현재 허베이성박물관에 소장되어 있다.

혼자서 권력을 장악하다

서한 성제(成帝) 때, 조정의 대권은 성제의 어머니이자 황태후인 왕정군(王政君)의 수중에 들어갔다. 왕태후에게는 여덟 명의 형제들이 있었는데, 일찍 죽은 동생인 왕만(王曼)을 제외하고, 그는 나머지 일곱 명 모두를 제후에 봉했으며, 맏이 왕봉(王鳳)은 관직이 대사마(大司馬: 병조판서에 해당)에 이르렀다. 왕씨 집안의 권력이 조야를 흔들자, 형제와 자식과 조카들까지 모두 매우 거만하고 난폭하며 사치스러웠지만, 오로지 왕망만은 예외였다. 왕망은 바로 왕태후의 일찍 죽은 동생인 왕만의 아들이었다. 왕망은 어려서 아버지를 여의고, 근검절약했을 뿐만 아니라, 독서에 힘을 쏟았으며, 일상적인 차림새조차도 보통 유생 같았다. 집에서 그는 부모에게 효도했고, 과수(寡嫂: 과부가 된 형수)와 조카들을 보살폈으며, 밖에서 그는 현인들과 친교를 맺었고, 숙부나 백부들에 대해서도 조카의 본분을 다하려고 노력했다. 대장군 왕봉이 병에 걸리자, 왕망은 편히 쉬거나 편히 잠을 자지 않으면서 여러 달 동안 간병했다. 매번 약을 먹이기 전에는 모두 자신이 직접 먼저 맛을 보았다. 왕봉은 매우 감동하여, 임종하기 전에 왕망을 황문랑(黃門郞)에 임명하도록 추천했다. 왕망은 이리하여 비로소 벼슬길에 올랐다. 몇 년 동안에, 왕망은 잇달아 기도위(騎都尉)·광록대부(光祿大夫)로 승진했으며, 성제 영시(永始) 원년(기원전 16년)에는 신도후(新都侯)에 봉해졌다.

왕망은 관직이 높아질수록, 사람됨이 갈수록 자신을 낮추고 남을 높였으며, 재산을 들여 문하의 빈객들을 도왔을 뿐만 아니라, 현인이나 조정의 문무 관리들과 친교를 맺었다. 그리하여 심지어 직위가 높고 권세가 강했던 몇몇 숙부와 백부들보다도 명성이 높았다. 수화(綏和) 원년(기원전 8년)에 38세의 왕망은 대사마로 승진했다. 성제가 세상을 떠난 후, 10년도 안 되는 동안에 두 명의 황제—애제(哀帝)와 평제(平帝)—가 바뀌었다. 평제가 즉위했을 때의 나이는 고작 9세여서, 국가 대사는 모두 왕망이 처리했다. 일부 왕망을 치켜세우는 사람들은 왕망이 한나라를 안정시킨 대공신이라고 말하면서, 태황태후(太皇太后) 왕정군에게 왕망을 안한공(安漢公)에 봉하도록 요청했다. 왕망은 아무것도 받아들이지 않겠다고 말했다. 후에 대신들이 다시 한 번 권유하자, 그는 단지 봉호(封號)만 받아들이고, 봉지(封地)는 거절했다. 원시(元始) 2년(서기 2년), 중원에 가뭄과 메뚜기 떼 재난이 발생했다. 왕망은 100만 전(錢)의 돈과 30경(頃: 1경은 100묘畝, 즉 약 2만 평)의 토지를 부담하여 이재민을 구제하는 비용으로 충당했다. 그러자 귀족과 대신들도 서로 다투어 그를 본받아, 토지와 돈을 부담하여 이재민을 구제했다. 후에 태황태후가 새로운 토지 2만여 경을 왕망에게 상으로 주자, 왕망은 다시 사양했다. 왕망은 또한 심복들을 따로 각지에 파견하여 풍토와 인정을 파악하게 하면서, 자기가 새로 하사받은 토지를 받지 않고 사양한 이 일을 도처에 선전하게 했다.

원시 4년(서기 4년), 왕망은 딸을 평제에게 출가시켜 황후로 삼자, 그는 국장(國丈: 황제의 장인)이 되어, 조정의 더욱 큰 권력을 장악했다. 그러나 점점 성장하는 평제는 오히려 왕망에 대해 불만이 커졌다. 왜냐하면 왕망은 평제의 어머니가 신변에 머물지 못하도록 한 데다, 평제의 외가 사람들을 모조리 죽였기 때문이다. 평제는 뒤에서 원망 섞인 말을 좀 하기 마련이었는데, 이것이 왕망의 귀에 전해졌다. 어느 날, 대신들이 평제에게 장수하도록 축하할 때, 왕망은 직접 평제에게 한 잔의 독주를 올렸다. 평제는 바로 이렇게 왕망에게 독살되었다. 평제에게는 아들이 없었기 때문에, 왕망은 유(劉: 한나라 황실의 성씨)씨 가문에서 두 살짜리 갓난아이를 찾아내어 황태자로 삼고, 유자영(孺子嬰: 갓난아이 영)이라고 불렀으며, 왕망은 스스로 '가황제(假皇帝)'('假'는 '가짜'가 아니라 '대리'라는 뜻)라고 불렀다. 일부 문무 관리들은 개국공신이 되려고, 왕망에게 황제에 즉위하도록 권했다. 이리하여 일부 치켜세우는 사람들은 수많은 미신적인 것들을 만들어 내어 사람들을 속였다. "왕망은 천명을 받고 즉위한 천자"라는 도서(圖書)도 발견되었고, 한나라 조묘(祖廟: 선왕들의 위패를 모신 사당) 안에서는 "한 고조가 왕망에게 양위해 주었다"는 구리 상자도 발견되었다

탁고개제(托古改制)

줄곧 사양하여 유명해진 왕망이 이번에는 다시 사양하지 않고, 스스로 황제가 되기로 결심했다. 그는 안양후(安陽侯) 왕순(王舜)을 태황태후 왕정군에게 보내 황제의 옥새를 달라고 요구했다. 태황태후는 그제야 비로소 막 꿈에서 깨어난 듯이, 왕순의 코를 가리키면서 이렇게 꾸짖었다. "왕씨 가문은 조정이 베푼 은혜 덕분에 비로소 몇 대에 걸쳐 부귀영화를 누릴 수 있었는데, 너희는 은혜를 갚을 생각을 하지 않을 뿐 아니라, 유씨 가문의 아비 없는 자식과 홀어미를 노려 황위를 찬탈하다니, 참으로 개돼지만도 못하도다." 말을 마치자 대성통곡을 하면서, 옥새를 내어 주려고 하지 않았다. 왕순은 늙은 고모가 죽을 듯이 비통해 하는 모습을 한 채 얼굴 가득 눈물 범벅이 된 모습을 보고는, 그를 위로하며 이렇게 말했다. "사정은 이미 이 지경이 되었고, 왕망은 반드시 이 옥새를 필요로 하는데, 고모께서 설마 그에게 주지 않을 수 있겠습니까?" 태후는 할 수 없이 옥새를 가지고 나와서는 매섭게 땅바닥에 집어던졌다. 서기 8년, 왕망은 정식으로 즉위하여 황제가 되었고, 국호를 신(新)으로 바꾸었으며, 도읍은 여전히 장안에 두었다.

왕망은 황제가 된 다음, 복고개제(復古改制: 제도를 다시 옛것으로 바꿈)라는 미명하에 다음과 같은 변법(變法)에 착수했다. 첫째, 서주(西周) 시기의 정전제(井田制)를 회복시킴으로써, 전국의 토지를 '왕전(王田: 황제가 소유한 땅)'으로 바꾸어, 매매를 하지 못하게 했다. 둘째, 노비를 '사속(私屬)'이라고 부르고, 매매를 할 수 없게 했다. 셋째, 일련의 완전히 새로운 상공업 관리 체제를 설립하고, 물가를 안정시키고, 화폐 제도를 개혁했다. 이러한 개혁은 좋은 일인 것 같지만, 한 건도 제대로 처리되지 못했다. 토지 제도 개혁과 노비 사속은 귀족과 토호들의 반대로 인해 처음부터 실행할 수 없었고, 더구나 각급 관리들의 농간으로 인해 토지를 갖지 못한 농민들은 근본적으로 토지를 분배받지 못하여, 토지 겸병 문제는 오히려 더욱 심화되었다. 물가를 안정시킬 권한은 귀족과 관료들의 수중에 장악되어 있었으므로, 그들은 바로 이 직권을 이용하여 투기 거래를 하고 독직과 강탈을 일삼자, 힘 있는 상공업자들을 단속하여 국가와 백성들로 하여금 이익을 얻게 할 수 없었을 뿐 아니라, 오히려 인민에 대한 수탈을 강화하여, 백성의 고통을 증가시켰다. 더욱 어리석

◈ **서우준**(犀牛尊) | 서한

이 서우준의 형상은 사실적이다. 서우(犀牛: 코뿔소)는 작은 귀와 둥근 눈을 갖고 있으며, 대가리를 쳐들고 우뚝 서 있다. 그 등 위에는 구멍이 뚫려 있으며, 몸통은 안쪽이 비어 있어, 술을 담을 수 있게 만들었다.

었던 것은 왕망이 전후 네 차례에 걸쳐 화폐제도 개혁을 진행하여, 한나라 때의 화폐인 오수전(五銖錢)과 도폐(刀幣)를 폐기하고, 별도로 '보화(寶貨)'를 발행했으며, 선후로 28종의 화폐를 발행한 것이다. 화폐의 종류가 매우 많아지자, 환산하는 것도 매우 곤란해졌다. 이로 인해 유통이 매우 불편했고, 화폐가 전에 없이 가치가 하락함에 따라, 보이지 않는 가운데 또한 백성들의 수많은 부를 착취해 갔다.

왕망의 이와 같은 복고개제는 농민들이 반대했을 뿐 아니라, 크고 작은 지주들조차도 강렬하게 반대했다. 3년 후에, 왕망의 제도 개혁은 경제 법칙을 위배하고 사회 현실과 동떨어짐에 따라, 거의 파산 지경에 이르자, 왕망은 어쩔 수 없이 명령을 내려 왕전과 노비를 매매할 수 있도록 했다. 주변의 각 민족들과의 관계에서, 왕망은 서한이 소제(昭帝)와 선제(宣帝) 이래 확립해 온 평등한 우호 관계를 바꾸어, 함부로 잘난 체하면서, 중앙 정부와 주변 민족들의 관계를 나날이 악화시킴으로써, 흉노·서역·서남·요동 등 각 지방 정권의 반대를 초래했다. 그리하여 해마다 이어진 전쟁으로 인해 수많은 국가의 부를 소모했으며, 무수한 사병과 백성들이 전장에서 전사하기도 하고 의지할 곳을 잃은 채 떠돌기도 하여, 국가는 동요하여 불안해지고 백성들은 안심하고 살 수 없는 지경에 빠져들었다. 결국 농민들은 부득이 반항하기 시작했고, 녹림군(綠林軍)이 장안을 공격하여 왕망은 피살되었다.

동한(東漢) 서기 25~36년

인물: 한 광무제 유수(劉秀) 지역: 농서(隴西), 파촉(巴蜀) 키워드: 득농망촉(得隴望蜀)

광무제(光武帝)의 득농망촉(得隴望蜀)

한(漢) 왕조가 몰락하던 시대에, 결코 남의 주목을 받지 못하던 유수가 뜻밖에도 한 왕조를 구해 냄으로써, 양한 왕조는 405년 동안 이어질 수 있었다. 이는 역사에 기록되어 있는 봉건사회 중 가장 길었으며, '제2위'인 양송(兩宋) 왕조는 320년에 불과했다. 유수가 큰 힘을 들여 위험한 국면으로부터 벗어나게 한 인물이 될 수 있었던 까닭은 결코 우연이 아니었다. 그는 웅대한 이상과 포부를 가졌을 뿐만 아니라, 뛰어난 재능과 원대한 계략도 갖추었던 황제로, '득농망촉(得隴望蜀: 농서 지방을 얻고 나니, 파촉 지방도 얻고 싶어지다)'은 바로 그의 정치적 포부를 나타내 주는 말 중 하나다.

녹림(綠林)과 적미(赤眉)

왕망은 한나라를 대체하여 신나라를 건립하고 얼마 지나지 않아, 일련의 제도 개혁 조치들을 내놓았다. 이러한 정책들을 제정한 처음부터 본래 심사숙고가 부족하여, 좌절을 겪기도 하고, 또 조령모개하기도 하여, 백성들로 하여금 당황스러워 어찌할 바를 모르게 만들었다. 또 천재(天災)가 해마다 계속된 데다, 각지에 유민들이 온 들판에 널려 있었고, 봉기를 일으킨 봉화는 관동(關東: 함곡관 이동 지역) 전역에서 타올랐다. 그 중 세력이 가장 큰 것이 바로 녹림군과 적미군이었다. 녹림군은 형주(荊州, 지금의 후난성과 후베이성 일부 지역)에서 활동했는데, 한때 당양(當陽, 지금의 후베이성 이창宜昌) 경내에 있는 녹림산을 근거지로 삼았기 때문에 붙여진 이름이다. 적미군은 여남(汝南)·영천(潁川)·진유(陳留) 등지(지금의 산둥성·장쑤성 북부·허난성 일대)를 옮겨 다니며 작전을 펼쳤으며, 소속 부대 전사들이 붉은 색으로 눈썹을 발랐기 때문에 '적미군(赤眉軍)'이라고 불렀다. 그런데 농민의 봉기가 기세등등해짐에 따라, 한나라 왕실의 종족(宗族: 같은 성을 가진 혈족)들과 지방의 횡포한 호족들도 잇달아 왕망에 반대하는 기치를 들어올리기 시작했다. 종실인 유현(劉玄)과 남양의 횡포한 지주인 유연(劉縯)·유수(劉秀) 형제가 그들 중 대표적인 사람들이다. 이들 종실과 지주 세력의 가세와 그 영향을 받아, 봉기군의 전투력은 더욱 증강되었으며, 더욱 명확한 정치적 목표도 갖게 되었다. 지황(地皇) 4년(서기 23년), 녹림군은 경시(更始: '다시 새롭게 시작한다'는 뜻으로, 왕망이 수립한 '新'이라는 국호를 폐지하고, 그 이전의 국호인 '漢'을 회복하여 다시 시작한다는 의미다) 정권을 수립하고, 유현을 옹립하여 황제로 삼았으니, 역사에서는 그를 경시제(更始帝)라고 부른다. 유수의 형인 유연은 대사도(大司徒)에 임명되었다. 그해 6월, 왕망은 사공(司空) 왕심(王尋)과 사도(司徒) 왕읍(王邑)을 낙양에 파견하여, 온 나라의 주(州)·군(郡)에서 군대 42만 명을 징발한 뒤, 녹림군이 점거하여 지키고 있던 곤양(昆陽, 지금의 허난성 예현葉縣)성을 포위 공격했다. 그 결과 곤양 전투는 유수의 '원맨쇼'가 되었다. 용감하고 지략을 갖춘 유수는 기타 봉기군 장수들을 설득하여, 적은 많고 아군은 적은 상황에서 곤양을 굳게 지켜 냈을 뿐만 아니라, 여러 겹의 포위망을 돌파하고 지원군을 구해 냈다. 마침내 안팎에서 협력하며 협공을 취함으로써, 왕망의 수십만 대군을 완전 섬멸했다. 그해 9월, 녹림군이 장안성을 공격해 들어가자, 왕망은 장안의 상인인 두오(杜吳)에게 점대(漸臺: 미앙궁 안에 있는 누각)에서 살해당했고, 신 왕조는 멸망했다.

그런데 장안을 공격하여 점령한 후, 경시 정권은 인심을 얻지 못했을 뿐 아니라, 오히려 매우 빠르게 부패하고 타락해 갔으며, 내부에서도 자신들을 서로 잔인하게 살해함으로써, 신흥 정권의 왕성한 태세를 전혀 갖추지 못했다. 경시 3년(서기 26년), 적미군은 관중(關中)을 공격해 들어가, 경시 정권을 멸망시켰다. 그러나 적미군도 여전히 오직 파괴할 줄만 알았지 건설할 줄은 몰랐다. 게다가 관중 지역에 대흉년이 발생하여 적미군은 식량 공급이 부족해지고, 사기가 저하되자, 할 수 없이 장안에서 퇴각하여 다시 옮겨 다니며 전투를 벌이는 기동전(機動戰)의 길로 나아갔다.

유수가 황제가 되다

바로 장안성에서 급격한 변화가 일어나고 있을 때, 스스로 녹림군 대장이 된 유수는 이미 하북(河北)의 주(州)·군(郡)들에서 창업의 기초를 닦기 시작했다. 일찍이 곤양 전투를 마친 다음, 유수의 형 유연은 공로가 너무

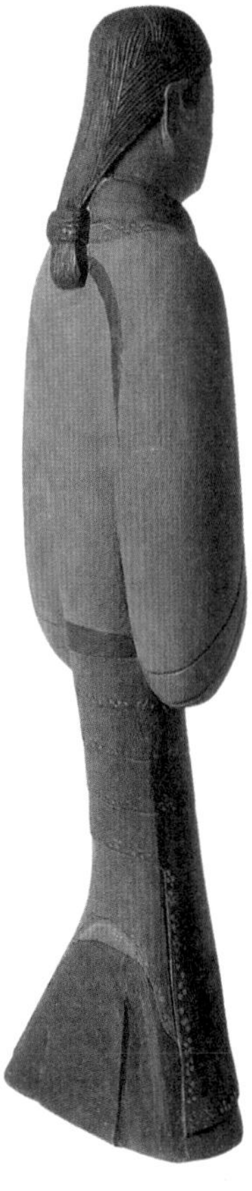

◈ 추마계(墜馬髻)를 빗어 내린 한나라 부녀자 목용(木俑)

추마계는 중국 고대 여성들의 두발 형태의 하나로, 한대에 시작되었으며, 그 모양이 말을 타다가 추락한 모습 같기 때문에, 추마계라고 부른다.

◈ **광무제 유수**

12년에 달하는 통일 전쟁을 거치면서, 유수는 잇달아 관동(關東)·농우(隴右)·파촉(巴蜀) 등지의 할거 정권들을 평정하여 멸망시킴으로써, 신나라 말년 이래 거의 20년 동안 군벌이 혼전을 벌이며 할거하던 국면을 종결지었다. 유수는 33년간 재위하면서, 유학을 발전시키고, 기개와 절조를 중시했다. 그의 통치 시기는 후세 역사가들에게 의해 중국 역사에서 전성시대로 칭송되고 있다.

커서 주군을 떨게 할 정도였기 때문에, 결국 경시제에게 피살되었다. 유수는 목숨을 잃는 화를 피하기 위해, 억지로 즐겁고 기쁜 듯한 얼굴로 웃음을 지어 보였으며, 심지어는 자발적으로 경시제에게 사죄하고서야 간신히 연루되지 않았다. 녹림군이 장안을 공격하여 점령한 후, 유수는 거금을 주고 경시제의 대신을 매수하고서야, 비로소 대사마의 직무로 황하를 건너 북쪽으로 가서, 하북의 주·군들을 다스릴 수 있었다. 건무(建武) 원년(25년)에, 유수는 각지에서 3년 동안 전쟁을 치르고 나서, 마침내 "하나의 주(州)보다 큰 영토를 차지하고, 무장 병력 백만 명을 거느리는" 세력을 이루었다. 그해 10월, 유수는 호현(鄗縣, 지금의 허베이성 보샹현柏鄉縣 북쪽)에서 황제에 즉위하고, 연호를 '건무'라고 했다. 얼마 지나지 않아, 유수의 군대는 낙양에 주둔하며 지키고 있던 경시 정권 부대의 항복을 받고, 낙양성으로 진입함과 동시에, 낙양을 도성으로 삼기로 결정했다. 낙양은 장안의 동쪽에 위치했기 때문에, 유수 정권은 동한(東漢) 정권이라고도 불렸으며, 유수는 곧 후세 사람들이 부르는 한(漢) 광무제(光武帝)가 되었다. 낙양에 도읍을 정한 뒤, 광무제는 대장 풍이(馮異)로 하여금 대군을 이끌고 서쪽을 정벌하도록 파견하여, 옮겨 다니던 적미군을 전력을 다해 진압했다. 건무 3년(27년) 윤달 정월(正月), 굶주리고 지친 적미군은 수백 리 길을 산 넘고 물 건너 의양(宜陽, 지금의 허난성 이양)까지 후퇴하고 나서야, 비로소 풍이가 이미 대군을 통솔하여 여기에서 진을 친 채 기다리고 있다는 것을 발견했다. 뱃속이 텅텅 빈 적미군은 전투를 벌일 준비가 전혀 안 되어 있는 상태에서 갑자기 대군을 마주하자, 사기가 붕괴되어 도무지 전쟁을 할 수 없었으므로, 투항할 수밖에 없었다. 그리하여 적미군은 철저히 패망하고 말았다.

경시와 적미를 소멸시킨 다음, 광무제가 이어서 하려 한 것은 바로 각지의 할거 세력을 소멸시키고, 통일 대업을 완성하는 것이었다. 서한 말기에 전국적으로 발생한 동란은 수많은 무장 할거 세력을 양성해 냈다. 예를 들면 산동에서 할거한 장보(張步) 정권, 양지(梁地)에서 할거한 유영(劉永) 정권, 여강(廬江)에서 할거한 이헌(李憲) 정권, 농서(隴西)에서 할거한 외효(隗囂) 정권, 파촉(巴蜀)에서 황제를 자처한 공손술(公孫述) 정권 등등이다. 이들 할거 정권들 가운데 유수를 가장 크게 위협한 정권은 유영 정권으로, 유영 자신도 서한의 종실이었다. 그는 산동 서부·안휘 북부 일대의 광범위한 지역을 점거하고 있었으며, 또한 장보·이헌 등과 삼각동맹을 결성하고, 공동으로 동한 정권에 대항했다. 광무제는 금적금왕(擒賊擒王: 적과 싸울 때는 두목을 먼저 잡는다) 전략을 채택하여, 처음에 유영을 적극적으로 공격했다. 건무 2년(26년)과 건무 3년(27년)의 두 차례에 걸쳐 유영 정권의 도성인 수양(睢陽, 지금의 허난성 상추商丘 남쪽)을 포위 공격하자, 유영은 패배하여 사망했다. 이어서 유수는 계속 군대를 동원하여 장보를 항복시켰으며, 이헌을 사로잡았다. 건무 5년(29년), 북으로는 유연(幽燕)에 이르고, 남으로는 형양(荊襄)까지 이르렀던 할거 정권은 거의 유수에게 소멸당하고 말았다.

◈ **회도설창용**(灰陶說唱俑) | 동한

이 도용(陶俑)은 웃통을 벗은 채, 아래는 긴 바지를 입었고, 주름이 가득한 얼굴에는 만면에 웃음을 띠고 있으며, 또 혀를 반쯤 깨문 익살스러운 모습을 하고 있다. 이는 동한의 지주와 토호들이 예인(藝人)을 혹사하여 연기하는 장면을 사실적으로 표현한 것으로, 동한의 도용들 가운데 보기 드문 뛰어난 작품이다. 현재 쓰촨성박물관에 소장되어 있다.

득농망촉(得隴望蜀)

동쪽과 동남쪽 할거 세력이 거의 평정된 다음, 유수가 천하를 통일하는 데 방해가 되는 주요 적수로는 바로 농서의 외효와 파촉의 공손술이 남게 되었다. 저항을 줄이기 위해, 광무제는 먼저 정치적 투항을 권고하는 정책을 택했고, 그 목표는 곧바로 실력이 비교적 약한 외효를 겨냥했다. 건무 4년(28년)에 유수는, 하서를 점거하고 있어 농서와 서로 인접해 있는 지방 세력인 두융(竇融) 집단에게 항복을 권유하는 편지를 써 보내, 두융으로 하여금 무장 할거를 포기하도록 권유함과 동시에, 두융을 양주목(凉州牧)에 봉하는 것을 윤허한다고 했다. 두융은, 유수의 군대는 강하고 말은 건장한 데다, 호령(號令)이 엄격하고 분명하여, 천하를 통일할 기상이 있다고 판단하고, 곧 유수에게 귀순해 왔다. 두융이 항복한 다음, 광무제는 계속해서 외효에게 항복을 권유했다. 외효는 줄곧 겉으로만 고분고분한 척하면서, 한편으로는 부장 마원(馬援)을 낙양에 파견하여 연락을 취하는가 하면, 다른 한편으로는 또 파촉의 공손술과 관계를 유지했다. 광무제는 외효가 계속해서 할거할 생각을 갖고 있다는 것을 간파하고는, 곧 외효에게 장자인 외순(隗恂)을 낙양에 보내 인질로 삼을 것을 요구했다가, 외효에게 거절당했다. 건무 7년(31년), 광무제는 외효에게 한나라 군대와 함께 공손술을 공격하자고 요구했다가, 다시 외효에게 완곡한 말로 거절당했다. 광무제는 매우 화를 내면서, 쌍방간 연락을 맡았던 마원에 대해서도 매우 불만스러워 하자, 마원은 할 수 없이 외효에게 편지를 보내, 외효가 계속해서 실수를 반복하지 말도록 권유했다. 하지만 외효는 권고를 전혀 귀담아 듣지 않고, 광무제와 전쟁을 하기로 결심했다. 유수는 항복을 권유하는 것은 이미 효과가 없다는 것을 알고, 곧 친히 대군을 이끌고 서쪽으로 정벌에 나서, 양주의 두융 군대와 합류한 다음, 군대를 여러 방면으로 나누어 농서를 공격했다. 한나라의 대군이 국경을 압박해 오는 것을 직접 눈으로 확인한 데다, 오랫동안 친하게 지내 왔던 마원마저 이미 유수에게 귀순한 뒤 사방에서 유세를 벌이자, 외효의 휘하에 있던 10여 명의 대장들이 잇달아 투항했다. 건무 9년(33년), 주변의 측근들이 다 떠나고 고립무원의 상태에 있던 외효가 병으로 세상을 떠났다. 한나라 군대는 이 기회를 틈타 총공격을 가했고, 결국 이듬해 10월에 농서를 철저히 평정했다.

건무 11년(35년), 광무제는 잠팽(岑彭)과 대장 오한(吳漢)으로 하여금 수륙으로 동시에 공격하여, 동로(東路)에서 파촉으로 진입하게 했으며, 내흡(來歙)과 대장 개연(蓋延)을 파견하여 북로(北路)에서 파촉으로 진입하게 하자, 공손술의 파촉 정권은 이미 비바람이 몰아치는 가운데 놓이는 처지가 되어 버렸다. 공손술은 당연히 달갑지 않았으므로, 자객을 보내 한나라 군대의 북로대장인 내흡을 암살했다. 내흡이 암살당했다는 소식이 낙양에 전해지자, 광무제는 한없이 비통해 하며, 친히 군대를 이끌고 파촉을 정벌하여 내흡의 원수를 갚기로 결정했다. 그해 7월, 잠팽이 이끄는 대군은 이미 파촉 깊숙이 2천여 리나 진입하여, 파촉을 멸망시키는 것은 단지 시간문제였다. 공손술은 이때 크게 두려웠지만, 그는 여전히 한나라 군대에 투항하려 하지 않았다. 그는 도망친 노비로 위장한 자객을 파견하여 잠팽에게 투항하게 한 뒤, 다시 밤중에 잠팽을 베어 죽였다. 이렇게 되자 한나라 군대는 완전히 격노하여, 더욱 용맹하게 공손술 부대와 전투를 벌였다. 이듬해(36년) 11월, 오한이 인솔하는 대군이 성도(成都)를 포위했다. 이때, 광무제는 여전히 공손술에게 기회를 주었다. 그는 편지에 이렇게 써서 보냈다. "내흡과 잠팽의 일 때문에 스스로 의심하지 말고, 지금 투항하면 종족 또한 보존할 수 있다." 그러나 공손술이 여전히 투항하려 하지 않자, 오한은 곧 대대적인 공격을 가했다. 전투 과정에서 공손술은 중상을 입었고, 그날 저녁에 곧바로 사망했다. 이튿날, 공손술의 대장 연잠(延岑)이 성문을 열고 투항하자, 파촉 지역도 마침내 동한의 영토에 편입되었다.

'득농망촉'이라는 성어(成語)는 후세에 사람의 탐욕스러운 마음을 비유하는 데 사용되고 있는데, 당시에 광무제의 '득농망촉'은 오히려 천하를 통일하는 웅대한 이상과 포부였다. 또한 바로 그가 이렇게 웅대한 이상과 포부를 가졌기 때문에, 광무제는 비로소 양한이 교체되고 천하가 혼란하고 어수선할 때 새로운 세력으로 돌연히 나타나서, 수많은 장애를 돌파하고 한나라 왕조를 회복했으며, 황제의 지위에 오를 수 있었던 것이다.

한걸음더

반고(班固)와 『한서(漢書)』

반고(32~92년)는 동한의 역사학자로, 그는 어려서부터 훌륭한 가학(家學)의 영향을 받았으며, 수많은 책들을 폭넓게 읽었다. 그의 아버지 반표(班彪)는 일찍이 『사기후전(史記後傳)』 65편을 썼는데, 애석하게도 완성하지 못한 채 세상을 떠났다. 영평(永平) 7년(64년), 한나라 명제(明帝)가 반고에게 서한(西漢)의 국사(國史)를 완성하라고 명했고, 반고가 『한서』를 저술하는 일은 황제에게 허락을 얻었다. 그는 20여 년의 세월을 거쳐, 한나라 장제(章帝) 때에 이르러 대체로 책 전체를 완성했다. 『한서』는 서한의 12대에 걸친 210년의 역사를 기록하고 있으며, 기(紀)·표(表)·지(志)·전(傳) 등 네 부분으로 나뉜다. 기·표는 역사의 대사(大事)와 진행 과정을 서술한 것이고, 지는 전장제도(典章制度: 법령과 제도 및 문물)를 기술한 것이며, 전은 각종 역사적 인물과 아울러 일부 소수민족의 역사를 기록한 것이다. 『한서』는 사실의 기록이 상세하고 확실하며, 구성이 엄밀하고, 위아래를 두루 관통하며, 상세하면서도 구체적인, 중국 역사상 최초의 기전체(紀傳體) 단대사(斷代史: 시기를 한 왕조에 한정하여 기술한 역사)다.

양한(兩漢) 시기

인물: 양기(梁冀), 장양(張讓), 조충(趙忠) **지역:** 장안, 낙양 **키워드:** 당고의 화[黨錮之禍]

외척과 환관의 권력 농단

양한 시기에, 황후를 책립하거나 혹은 태후가 국정을 맡아 볼 때마다, 그 인척들 중 많은 사람들이 상으로 작위를 받았으며, 어떤 사람은 중책을 맡기도 했다. 그리고 황제가 세상을 뜨거나 새로운 임금이 즉위했을 때, 외척들 다수가 참여하여 정무를 보좌하면서 대권을 장악했다. 그러나 양한 시대에는 이 가운데 완전히 서로 같지는 않은 점도 있었다. 즉 서한의 외척이 정권을 잡는 것은, 대부분 권력이 어떻게 인수인계되는가와 관련된 문제였던 데 반해, 동한은 곧 외척 집단과 환관 집단이 권력을 위해 쟁탈전을 벌이면서 싸우고 죽였다. 한(漢) 화제(和帝) 때부터, 황제들이 대부분 어린 나이에 즉위하게 되자, 외척 집단이 황제에게 접근하기 쉬운 기회를 틈타, 황제의 연약함을 이용하여 기만하고, 조정에서 대권을 장악했다. 환관은, 황제가 점차 나이를 먹어 감에 따라 외척으로부터 벗어나 친정을 펼치려고 서두른다는 심리를 이용하여, 함께 모의해 외척 세력을 제거하고, 그들 대신 권력을 쥐었다. 외척 집단과 환관 집단은 여러 차례 돌아가면서 정권을 잡아, 잔혹하게 쟁탈했고, 한없이 해악을 끼쳤다.

◈ **유금신수연합(鎏金神獸硯盒) | 동한**

신수(神獸)의 머리와 등 부분이 합(盒)의 뚜껑이고, 아래턱과 복부 및 사지가 합의 몸통이며, 온몸에는 많은 보석과 녹송석(綠松石)들을 박아 넣어, 대단히 화려하고 아름답다. 현재 난징박물관에 소장되어 있다.

외척이 정권을 장악하다

동한의 외척이 정권을 잡는 것은 한 화제 시기의 두씨(竇氏)에서 시작되었고, 중간에 안제(安帝) 시기의 등씨(鄧氏)·염씨(閻氏)를 거쳐, 환제(桓帝) 시기의 양씨(梁氏)에 이르러서 절정에 달했다. 한 순제(順帝)가 세상을 떠난 후, 양태후(梁太后)가 2살짜리 아이를 안고 등극했으니, 그가 바로 충제(衝帝)다. 충제는 재위한 지 1년도 안 되어 곧 세상을 떠났다. 조정의 대권을 계속 장악하기 위해, 양태후와 오빠 양기(梁冀)가 비밀리에 모의하여, 황족 가운데 겨우 8살짜리 어린아이를 선정하여 꼭두각시로 세웠으니, 그가 바로 한 질제(質帝)다. 질제는 처음 등극하고 나서, 양기가 거만하고 난폭하게 구는 것을 불만스러워 하여, 그를 '발호장군(跋扈將軍: 제멋대로 날뛰는 장군)'이라고 부르다가, 결국 양기에게

◈ 〈역대현후도(歷代賢后圖)의 계칙종족(戒飭宗族)〉 | 청, 초병정(焦秉貞)

〈역대현후고사도(歷代賢后故事圖)〉는 청대의 궁정화가인 초병정이 그렸으며, 그림의 제재는 역대 훌륭한 덕행을 지녔던 황후·태후의 이야기에서 취했다. 이 그림의 인물은 동한 시대에 보기 드문 현명한 황후였던 등수(鄧綏)다. 그는 화제가 세상을 떠난 후에, 태후의 존엄함으로 정사를 처리했으며, 등씨 일족에 대해 엄하게 단속하여, 대신들과 백성들로부터 깊은 존경을 받았다. 화가가 이 화책(畵冊)을 그린 것은 이러한 황후와 태후들의 훌륭한 덕행을 빌려 봉건적 윤리강상(倫理綱常)을 선전하고, 궁정 속의 비빈들에게 행위의 모범을 확립해 주려는 것이었다.

독살당하고 말았다. 이어서 양태후와 양기는 다시 15살짜리 유지(劉志)를 선발하여 옹립했으니, 그가 한 환제(桓帝)다. 양기는 대장군평상서사(大將軍平尙書事)가 되어 조정을 거의 20년 동안이나 장악한 뒤, 제멋대로 행동하면서 법을 어기고 기강을 어지럽혔다. 당시 모든 관리들이 승진하면 모두 양기의 집에 가서 감사 인사를 하고, 그의 갖가지 요구를 받아들인 다음에야 비로소 상서(尙書: 각 부의 최고 장관) 기관에 도착 보고를 할 수 있었다. 정직하여 아부할 줄 모르는 관리들은, 왕왕 양기에게 모함을 당하거나 심지어는 죽임을 당하기까지 했다. 사방에서 진귀한 보물들을 진상하면, 모두 등급이 가장 좋은 것을 양기의 집안에 보내야 했다. 그는 또 토목 공사를 크게 벌여, 저택을 짓고, 원유(園囿: 식물원과 동물원)를 만들었으며, 흙을 퍼다 산을 쌓고, 정원을 조성했는데, 마치 황실 원림 같았다. 양씨의 문중에서는 7명이 제후에 봉해졌고, 3명이 황후가 되었으며, 6명이 귀인(貴人: 황후 다음의 비빈)이 되었고, 2명이 대장군이 되었으며, 그 나머지 경(卿)·장(將)·윤(尹)·교(校) 등의 벼슬을 한 자가 57명이었다. 양기의 권력이 안팎으로 쏠리자, 백관들은 무서워서 눈치를 보면서, 감히 명령을 어기지 못했다.

환관의 전횡

환관이란, 거세를 통해 정상적인 성기능을 상실한 후에 황궁에 들어가 황제 및 그 가족들을 섬기는 남성 관리를 가리킨다. 역사서들을 보면 환관에 대한 호칭이 대단히 많다. 예를 들면 '엄환(閹宦)'·'중관(中官)'·'태감(太監)'·'내신(內臣)' 같은 것들로, 그들을 존중하는 호칭은 '공공(公公)'이고, 그들을 폄하하는 호칭은 '환얼(宦孽)' 등이다. 중국 환관 제도의 탄생은 부계(父系) 씨족 사회에까지 거슬러 올라갈 수 있다. 부계 씨족 시기에, 부락의 수장과 노예주가 세상을 떠난 다음, 재산과 권력을 자기의 후손에게 물려주려면, 그들은 반드시 자기 후대 혈통의 순수함을 보증해야 했는데, 신변의 남성 가노(家奴)들을 거세하는 것이 한 가지 중요한 수단이었다. 역대 제왕들이 환관을 사용한 가장 기본적인 고려 사항도 마찬가지였다. 『주례(周禮)』에는 각종 직함을 가진 환관의 숫자와 직무에 대해 명확히 기재되어 있다. 그때 환관은 단지 가신의 일부분으로, 인원수도 많지 않았으며, 주로 궁문을 지키고, 명령을 전달하고, 일상생활을 시중드는 등 잡역을 맡았으며, 지위가 낮고 천했다. 봉건사회가 되자, 제왕은 자신의 권력을 보장하고 관리들에 대한 통제를 강화하기 위해, 정상적인 국가의 정치체제 밖에서 공급하여 이용할 수 있는 역량을 찾았다. 황제 곁에서 시중을 드는 환관은 정식 관직이 없었고, 황제 개인의 재산에 속해, 마음대로 처분할 수 있었다. 그들은 쉽게 군왕의 총애를 얻을 수 있었기 때문에, 군왕에 대해 어느 정도 영향을 미칠 수 있었고, 심지어는 정치에 참여하기까지 했다. 바로 이러했기 때문에, 환관 제도는 황제를 중심으로 하는 봉건 중앙집권적 정치 제도와 밀접한 관계가 있다.

동한이 막 건립되고, 광무제는 황궁 내에서 원래는 사인(士人: 선비, 유생)들이 맡았던 관직을 환관이 맡도록 명령하여, 직접 통제하고 마음대로 사주할 수 있도록 했다. 숫자가 한정되어 있었고, 통제도 강력했기 때문에, 환관은 결코 아무런 해악도 끼치지 못했다. 명제(明帝) 때부터 상황이 바뀌기 시작했다. 먼저 환관의 숫자가 증가했고, 다음으로 또 빈번하게 정치권력 쟁탈에 참여하게 되면서, 황제가 극력 자기편으로 끌어들이는 대상이자 힘을 얻는 조력자가 되었다. 환관 집단은 비록 외척 집단과 한때 공동으로 정권을 잡은 적도 있었지만, 훨씬 많은 경우에는 양자가 양립하지 못하고, 죽기 살기로 싸움을 벌였다.

외척 두씨를 제거하는 투쟁 과정에서, 환관 정중(鄭衆)이 꾀를 내어 힘을 쏟자, 영원(永元) 14년(102년)에 화제는 그를 제후에 봉하여, 국정에 참여케 했다. 이는 환관이 제후에 봉해져 국정에 참여하고, 귀족이 되는 시작이었다. 안제(安帝)와 환제(桓帝)는 모두 환관 세력의 도움을 빌려 외척 등씨와 양씨를 제거하자, 환관의 말은 무조건 받아들이면서 매우 신뢰했다. 건녕(建寧) 원년(168년), 환관 조절(曹節) 등이 앞을 다투어 손을 써서, 이전의 금군(禁軍: 황제의 친위대)에 대한 제어를 이용하여, 외척 두무(竇武) 세력을 주살하고, 그의 종친·빈객·인척 등을 체포함과 동시에, 그의 문객과 이속(吏屬)들을 면직시키고 벼슬을 못하게 했다. 이후부터 환관은 국정을 장악하고 천하를 제멋대로 주물렀다. 영제(靈帝)는 심지어 공개적으로, "장상시(張常侍: 장양張讓)는 나의 아버지고, 조상시(趙常侍: 조충趙忠)는 나의 어머니다"라고 말했다. 한순간에 "환관은 바라던 대로 뜻을 이루어, 조금도 거리낌이나 두

◈ **지동의(地動儀) 모형**

동한 순제(順帝) 양가(陽嘉) 원년(132년), 동한의 과학자 장형(張衡)이 저명한 지동의를 만들어 냈다. 지동의의 외부에는 8마리의 용이 있고, 각각의 용머리의 입 안에는 모두 한 알의 동환(銅丸)을 물고 있으며, 바닥의 주위에는 8마리의 입을 벌린 두꺼비들이 용머리와 서로 마주하고 있어, 언제라도 용의 입 안에서 떨어지는 동환을 받도록 했다. 일단 지진이 발생하여, 지동의가 진동을 받게 되면, 한 마리의 용 주둥이에서 동환을 토해 낸다. 어떤 용이 촉발을 받았는지를 알기만 하면, 지진이 어느 방향에서 왔는지를 알 수 있다. 장형이 만든 지동의는 인류 역사상 최초로 만든 것으로, 천여 년 후에 이르러서야 유럽에서 비로소 유사한 기구를 만들어 냈다.

려움이 없었다". 권력을 장악한 환관은 대대적으로 토목공사를 벌이고, 재물을 긁어모으고, 충신과 현량들을 모함하자, 환제 이래 정국은 더욱 암담해졌다. 그리고 그들의 노복과 지방에 있는 친척들은 왕왕 또한 권세에 의지하여 탐욕스럽고 가혹하게 재물을 거둬들이고, 한쪽에게 위해를 가했다.

중평(中平) 6년(189년), 영제가 세상을 떠나고, 하태후(何太后)가 국정을 처리하자, 태후의 오빠인 대장군 하진(何進)이 정권을 장악했다. 그와 사예교위(司隸校尉) 원소(袁紹)는 환관 집단을 처단하여 말살시키기로 공모했지만, 하태후가 승낙하지 않았기 때문에, 질질 끌면서 착수하지 못했다. 결국 하진은 원소의 건의를 받아들여, 제멋대로 서북 지역의 중요 군사 지도자인 동탁(董卓)으로 하여금 군대를 이끌고 도성으로 들어오게 하여, 무력으로 태후에게 환관 집단을 처단하여 말살시키라고 협박하게 했다. 그러나 하진은 지략이 부족하고 결단력이 약해, 망설이면서 결단하지 못했다. 환관 세력은 전전긍긍하다가, 목숨을 건 투쟁을 하기로 결정했다. 장양 등 십여 명은 하진이 입궐할 때 하진을 참살했다. 사예교위 원소는 군대를 이끌고 궁궐에 들어가 환관들을 체포하여, 노소를 불문하고 모두 처형했는데, 심지어 수염이 나지 않은 사람조차도 포함되었다. 환관 장양 등은 강물에 뛰어들어 죽었으며, 동한의 환관 세력은 이리하여 거의 소멸되었다.

당고의 화[黨錮之禍]

동한의 외척과 환관이 권력을 다투는 과정에서, 일부 사대부와 태학생(太學生)들은 인민의 고통에 대한 동정심과 환관들의 탐욕스러움과 잔학함에 대한 불만으로 인해, 환관 독재에 반대하는 일련의 투쟁을 벌였다. 그 가운데 대표적인 인물들이 바로 이응(李膺)과 진번(陳蕃)이다. 이응은 경서를 많이 읽고 군사적 전략도 겸비하여 선비족의 침략을 여러 차례 물리쳤기 때문에, 명성이 멀리까지 전해지고 사인들의 추앙과 존경을 받았으니, 그와 교제할 수 있는 사람들은 모두 '등용문(登龍門)'으로 불렸으며, 심지어 어떤 사람은 그를 위해 수레를 끌 수 있게 된 것에 긍지를 느끼기까지 했다. 연희(延熹) 9년(166년), 무당 장성(張成)은 늘 신선의 방술로써 많은 사람들을 현혹시켰고, 환관들과 함께 결탁하기도 했다. 한번은 장성이 환관으로부터 조만간 조정에서 대사령(大赦令)을 내려 천하의 사형수들을 사면할 거라는 소식을 전해 듣자, 그는 자신의 법술이 신통하다는 것을 보여주기 위해, 제 아들로 하여금 아무 이유 없이 살인을 하도록 했다. 당시 사예교위인 이응은 즉시 장성의 아들을 체포하도록 명령하여 감옥에 가두고 심문했다. 얼마 지나지 않아 환제가 과연 대사령 조서를 하달하자, 장성은 의기양양하게 이응에게 가서 자신의 아들을 석방하라고 요구했다. 이응은 매우 분개하여, 대사면 명령에 개의치 않고 장성의 아들을 참수했다.

이렇게 되자 환관 집단은 크게 분노했고, 장성의 제자들을 사주하여 황제에게 글을 올리기를, 이응을 비롯해 여러 사람들이 대역부도의 죄를 저질렀다고 모함했다. 환제는 환관과 무당들의 거짓말을 믿고, 전국적으로 이른바 이응 일당을 체포하라고 명령을 내렸다. 순식간에 200여 명이 체포되었고, 또 옥중에서는 이들 무고한 서생들에 대해 모진 고문을 가했다. 이듬해, 여론의 압력을 받은 데다, 사대부 계층의 구원 활동으로 인해, 환제는 어쩔 수 없이 이들을 사면한 뒤, 각자 고향으로 돌아가게 하고는 평생 벼슬을 하지 못하게 했으며, 영원히 등용하지 않았다. 제1차 당고(黨錮: 관직에 진출하지 못하게 금지함)의 화는 이렇게 수습되었다고 할 수 있다.

한 걸음 더

허신(許慎)이 편찬한 『설문해자(說文解字)』

『설문해자』는 동한 화제(和帝) 영원(永元) 12년(100년)에 책으로 편찬되었다. 작자는 허신이며, 중국 최초로 개인이 편찬하여 완성한 자서(字書)다. 전서는 모두 15권으로, 9,353자를 수록하고 있으며, 별도로 중복된 글자 1,163자가 있다. 이 책은 주(周)·진(秦) 시대의 훈고(訓詁: 자구의 해석) 사전(詞典)의 방법을 완전히 바꾸어, 글자의 형태·음·뜻을 체계적이고 전면적으로 해석하는 새로운 체계를 창립했으며, 엄정한 자전(字典) 편찬 체계를 구성하고 있다. 풀이한 글자는 소전(小篆)을 주요 서체로 삼았고, 글자 형태의 구조를 분석하여, 서로 다른 편방(偏旁)에 근거해 514부(部)로 분류했으며, 부와 부의 배열 순서는 부수(部首)의 필획과 형체의 구조가 비슷한 것을 기준으로 삼았다. 『설문해자』는 중국 최초로 글자 형태를 체계적으로 분석하고, 글자의 뜻을 해설하고, 성독(聲讀: 읽는 소리)을 식별한 자전으로, 중국 문자학과 자전학의 역사를 창립했다.

영강(永康) 원년(167년), 환제가 세상을 떠났다. 환제에게는 아들이 없었기 때문에, 두황후(竇皇后)와 그의 아버지인 두무(竇武)가 상의하여 종실의 아들인 유굉(劉宏)을 후계자로 맞아들여 제위를 잇게 했으니, 그가 바로 한 영제(靈帝)다. 유굉은 당시 고작 13세여서, 두황후가 황태후의 신분으로 조정에서 국정을 처리했는데, 외척 두무를 대장군에 임명하고, 또 관직에 진출하는 것을 금지당했던 사대부인 진번을 다시 기용했다. 진번의 건의를 받아, 두무는 대환관(大宦官)인 조절과 왕보(王甫) 등을 죽이려고 계획했다. 그러나 모사가 주도면밀하지 못해, 환관 집단이 먼저 손을 써 조치를 취했기 때문에, 두무와 진번은 거사에 실패하고 죽임을 당했다. 이후, 조절·왕보·후람 등은 제2차 당고의 화를 일으켰는데, 이번 당고의 화는 훨씬 참혹했다. 이응과 범방(範滂)이 포함된 수백 명의 선비들이 모두 혹형을 받고 죽임을 당했으며, 연루되어 파면되었거나 변방으로 유배당한 사람도 6, 7백 명이나 되었다. 이렇게 되자, 조야 안팎의 지조 있는 관리들이 거의 일망타진됨으로써, 동한의 정치는 가장 암울한 시기에 진입했다.

동한(東漢) 184년

인물: 장각(張角) **지역:** 광종(廣宗), 하곡양(下曲陽) **키워드:** 황건군(黃巾軍)

도처에서 황건(黃巾)이 일어나다

◈ **채도**(彩陶) **의위용**(儀衛俑) | 한

서한 시기의 도용(陶俑)은 비록 진(秦)나라 때의 용처럼 크지는 않지만, 빚는 솜씨는 더욱 정교하고, 색채는 더욱 선명하다. 한대에 만들어진 이 도용은 눈썹과 눈과 수염이 뚜렷하고, 얼굴에는 생동감이 넘친다.

동한 후기, 환관과 외척 집단이 권력과 이권 쟁탈전을 벌이자, 정치는 극도로 암담했고, 호족 지주들 또한 대량으로 토지를 겸병하자, 수많은 농민들은 의지할 곳을 잃고 떠돌았다. 게다가 자연재해가 끊이지 않고 이어지면서, 농민들은 죽음의 경계선에서 발버둥 칠 수밖에 없었다. 거록(巨鹿) 출신의 장각(張角)이 기회를 틈타 종교 형식을 이용하여 비밀리에 조직 작업을 진행함으로써, 한바탕 기세등등한 농민 대봉기가 폭발했다. 비록 황건 대봉기는 결국 진압되었지만, 그것은 또한 동한의 멸망을 알리는 맑고 고운 나팔을 불었다.

봉기 계획이 누설되다

동한 말년, 기주(冀州)의 거록 일대에서, 태평도(太平道)라 불리는 도교의 한 지파(支派)가 거세게 일어났다. 태평도의 수령인 장각은 스스로 '대현량사(大賢良師)'라고 부르면서, 태평도 포교를 구실로 삼고, 의술로 병을 치료해 주는 것을

◈ **육박(六博)을 두는 목용(木俑) | 동한**

육박(六博)은 육박(陸博)이라고도 하며, 중국 고대에 일종의 주사위를 던져 말을 움직이는 장기 놀이였다. 여섯 개의 말을 사용하기 때문에 '육박'이라고 부르며, 말을 따먹어야 이긴다. 육박을 두는 이 두 개의 목용 인물은 자태가 생동감 넘치고, 생활 정취가 대단히 풍부한, 동한 목용의 걸작이다.

수단으로 삼아, 농민들 내에서 봉기를 조직하는 활동을 비밀리에 진행했다. 장각의 노력으로 인해 태평도교는 대단히 빠르게 확대되어, 몇 년 사이에 수십만 명으로 발전했으며, 신도들이 청주(青州)·서주(徐州)·유주(幽州)·기주·연주(兗州)·예주(豫州)·형주(荊州)·양주(揚州) 등 여덟 개 주에 널리 퍼졌다. 장각이 신도들을 36방(方)으로 나누고, 각 방에는 모두 한 명의 거사(渠師)를 두어 수령으로 삼자, 태평도는 순식간에 조직을 가진 군사 조직으로 바뀌었다. 동한 광화(光和) 7년(184년)은 중국 음력으로 갑자년(甲子年)인데, 장각은 봉기를 일으킬 시기가 이미 무르익었다고 느끼고, "창천(蒼天: 푸른 하늘)은 이미 죽었으니, 황천(黃天: 노란 하늘)이 마땅히 일어서서, 갑자년 해에, 천하가 대길하리라[蒼天已死, 黃天當立, 歲在甲子, 天下大吉]"라는 봉기 구호를 내걸었다. 여기에서 '창천'은 바로 동한 정권을 가리키고, '황천'은 곧 장각과 태평도를 가리키는 말이다. 동시에, 장각은 또한 각 거사들에게 봉기 계획과 호령(號令)을 보내주고, 마원의(馬元義)라는 거사로 하여금 형주와 양주 지역의 수만 명의 신도를 집합시키도록 하여 준비하고, 3월 5일에 업성(鄴城, 지금의 허베이성 츠현磁縣 남쪽)에 집결하여, 낙양으로 진격할 기회를 노렸다.

바로 봉기를 일으키기 전날 밤, 장각의 제자인 당주(唐周)는 위험한 반란을 무릅쓰느니보다, 조정에 밀고하여 하다못해 말단 벼슬아치라도 되는 것이 낫겠다고 느꼈다. 그리하여 당주는 황궁으로 달려가 장각이 봉기를 일으키려는 모든 계획을 보고했다. 한 영제는 당주의 밀고를 듣고 나서 노발대발하며, 즉시 명을 내려 마원의를 체포하고, 또 거열(車裂: 수레에 사지를 묶고 찢어 죽이는 형벌)의 혹형으로 그를 처형했다. 뒤이어 관병(官兵)이 낙양성 안에서 태평도를 신봉하는 백성들을 체포하기 시작함과 아울러, 전국 각지의 관원들에게 명을 내려 장각 및 기타 태평도 두목들을 체포하도록 했다. 당주의 배신이 장각의 계획을 망쳐 버렸기 때문에, 그는 할 수 없이 봉기를 앞당겨, 관병의 추격에 맞서려고 했다. 광화 7년(그해 12월에 연호를 중평中平 원년으로 바꾸었다) 2월, 장각은 사람을 보내 각 방에 봉기를 앞당긴다고 알렸다. 이 '대현량사'의 명령이 떨어지자, 봉기의 봉화는 빠르게 전국으로 널리 번졌다. 장각은 스스로 '천공장군(天公將軍)'이라고 불렀고, 그의 동생인 장보(張寶)는 '지공장군(地公將軍)'이라 불렀으며, 장량(張梁)은 '인공장군(人公將軍)'이라 부르면서, 통일적으로 전투를 지휘했다. 장씨 삼형제가 봉기군을 이끌고 주(州)·군(郡)을 공격하여, 관아를 불태우고, 호족의 재산을 몰수하자, 수많은 지방 관리들은 소문을 듣고 도망쳤다. 봉기군들은 모두 머리에 노란 천을 둘렀기 때문에, 그들은 '황건군(黃巾軍)'이라고도 불렸다.

황건군은 용감하게 잘 싸워 찬란한 전과를 올렸다. 기주에 속한 여러 개의 군·현들이 함락되었으며, 관군은 부상자와 사망자가 막대했다. 황건군이 계속 승리를 거두는 상황에 직면하자, 동한 조정의 상하 대신들은 오합지졸이 되어 우왕좌왕하면서, 급히 병력을 이동시키고 장수를 파견했다. 외척 하진(何進)을 대장군에 임명하고, 우림군(羽林軍: 황제의 친위군)을 통솔하여 낙양을 보위하는 책임을 지게 한 다음, 별도로 노식(盧植)과 황보숭(皇甫嵩) 등의 명장들을 파견하여 황건군에 대해 미친 듯이 반격을 개시했다.

바로 동한 정부가 적극적인 군사 진압을 준비하고 있을 그때, 장균(張均)이라는 관리가 한 영제에게 상주문을 올려 이렇게 말했다. "장각 같은 자들이 군대를 동원하여 난을 일으킬 수 있었던 까닭은, 물이 강으로 흘러가듯이 백성들이 그들에게 의지하여 따르기 때문입니다. 그 원인은 바로 장양(張讓)·조충(趙忠) 같은 환관들이 백성들을 약탈하여, 백성들의 고난이 대단히 심해지니, 어쩔 수 없이 모험을 무릅쓸 수밖에 없었던 데 있습니다. 만약 이들 환관들을 죽여 없앤 다음, 천하에 포고하여 백성들에게 사죄한다면, 대군을 동원하여 토벌하지 않더라도 반란은 자연히 수습될 것입니다." 영제는 상주문을 다 보고 나서 곧 환관들을 소집하고, 이 상주문을 그들에게 보여주었다. 환관들은 읽어 보더니 온 몸에서 식은땀을 흘리면서 잇달아 땅바닥에 무릎을 꿇고 용서를 빌었으며, 또한 모두 개인 재산으로 군비를 조달하여 적을 소탕하겠다는 의사를 표시했다. 사실 영제는 애초에 이들 환관을 책망할 생각은 없었고, 단지 환관들에게 그러한 상주문이 올라왔다는 소식을 몰래 알려 주어, 자신이 애지중지하는 이들 노재(奴才: 환관을 낮추어 일컫는 호칭)들에게 어떤 사람이 그들을 모해하려 하고 있다는 것을 알려 주려는 생각뿐이었다. 환관들은 그제야 비로소 자기들이 괜히 놀랐다는 사실을 알고는, 장균을 공격하기 시작했는데, 장균이 일찍이 태평도를 배웠고, 장각 등과 한 패거리라고 주장했다. 영제는 그들의 주장을 듣고는 장균을 감옥에 잡아넣었고, 또 모진 고문을 가했다. 충성스러운 장균은 간신들을 제거하지 못하고, 오히려 어리석은 황제에 의해 옥중에서 죽임을 당했다.

◈ **착은우등**(錯銀牛燈) | 동한

이 등잔 장식은 높이가 46센티미터, 길이가 31.5센티미터로, 장쑤성 간톈(甘天)에 있는 한대의 묘에서 출토되었으며, 현재 난징박물원(南京博物院)에 소장되어 있다. 등 받침대의 조형은 자태가 웅건한 한 마리의 수소인데, 소의 몸통은 속이 비어 있고, 소의 대가리에서 뒤쪽으로 휘어진 긴 관이 뻗어 나와 있으며, 관의 입구는 아래쪽으로 원형 등갓에 연결되어 있다. 등에 불이 붙은 후에 생기는 연기 그을음은 긴 관을 통과하여, 소 대가리로 흡입되어 소의 몸통 안에 모임으로써, 실내의 청결을 유지했다.

노식(盧植)의 투옥

당시 황건군은 이미 기주의 대부분 지역을 점령하고, 매우 많이 남하하여 서쪽으로 낙양을 공격해 빼앗은 형세였다. 영제는 자연히 매우 두려웠으므로, 곧 북쪽으로 중랑장(中郎將) 노식을 파견하여 기주에서 전투를 벌였다. 노식은 당대의 명장으로, 그는 기주에 도착하자마자 연달아 승리를 거두고, 황건군 1만여 명을 살해했다. 장각은 노식의 적수가 아니라는 것을 알자, 곧 급히 책략을 바꿔, 광종(廣宗, 지금의 허베이성에 속함)으로 후퇴하여 견고한 성지(城池: 성과 해자)에 의지해 전투를 벌이지 않고 굳게 지켰다. 병사들이 과다하게 사망하고 부상당하는 것을 피하기 위해, 노식도 성 밖에 담장을 쌓고, 참호를 잘 파서, 장기간 포위 공격할 준비를 했다.

바로 이때 노식의 부하가 보고하기를, 영제가 파견한 환관 좌풍(左豊)이 군대를 시찰하러 온다고 했다. 노식은 환관을 극도로 증오했지만, 달리 방법이 없자 어쩔 수 없이 그를 접견하러 갔다. 부하가 그에게 걱정스럽게 물었다. "장군, 장군께서는 좌대인(左大人: 환관 좌풍)에게 선사할 선물을 준비하셨습니까?" "무슨 선물 말이냐?" 노식은 매우 답답했다. 부하는 노식이 이해하지 못하는 것을 보고, 이렇게 말했다. "보아하니 대장군께서는 아무것도 모르시는 것 같은데, 무릇 저 내궁(內宮) 사람들이 군중(軍中)에 시찰을 오는 것은, 모두가 틀림없이 재물이나 좀 얻으려는 것입니다. 만약 그들에게 이득을 얻게 하신다면, 그들이 돌아간 다음에 황제의 면전에서 좋게 말할 것이고, 만약 주시지 않으면……"이라고 하면서 부하가 말을 약간 머뭇거렸다. 노식은 조급해 하면서 큰 소리로 이렇게 말했다. "주지 않으면 또 어쩐다는 거냐? 설마 내가 당당한 국가의 상장(上將)인데, 그런 소인에게 아부하여 비위를 맞추기라도 해야 한다는 말은 아니겠지?" 말을 마친 노식은 바로 군영으로 돌아갔다. 좌풍은 본래 전선에 오면 어느 정도 이득을 얻을 수 있으리라고 생각했지, 노식이 단지 관례에 따라 형식적으로만 자신을 접견하고, 자신에게 전혀 이득을 줄 의사가 없으리라고는 생각하지 않았다. 노풍은 곧 빙 돌려서 뼈 있는 말을 했다. "노 장군, 이렇게 좀도둑들을 토벌하여, 당신은 큰돈을 벌었겠소이다." 노식은 큰 소리로 이렇게 말했다. "우리는 황상(皇上: 황제의 높임말)을 위해 일을 하며, 역적들을 소탕하는 것을 책임으로 하는데, 어찌 무슨 돈을 벌 수 있단 말이오!" 좌풍은 매우 화가나, 마음속으로 '노식 네가 이렇게 체면을 세워 주지 않았으니, 장차 너에게 본때를 보여주겠노라'라고 생각한 다음, 화가 나서 씩씩거리며 군영을 나갔다. 낙양으로 돌아온 다음, 좌풍은 영제에게 업무를 보고하면서, 노식이 비겁하게 전투를 피하는 바람에, 결국 황건군을 진압하기 어렵게 되었다고 모함했다. 한쪽 말만 곧이들은 영제는 벌컥 화를 내면서, 즉각 수차(囚車: 죄수를 호송하는 수레)에 노식을 가두어 도성으로 데려와서 죄를 물으라고 명령했다. 그 후에 노식은 하마터면 감옥에서 죽을 뻔했다.

봉기의 실패

장각 등은 본래 모두 이미 매우 수세적인 형세에 처해 있었지만, 뜻밖에도 노식이 갑자기 파직을 당하자, 그들은 유리한 형세를 이용하여 반격을 개시했다. 새로 부임해 온 관군 장수는 오로지 자기의 실력을 보존할 생각만 하는 동중랑장(東中郞將) 동탁(董卓)이었다. 그가 지휘하면서 관군의 우세가 모두 사라져 버리자, 기주는 다시 황건군에게 점령되었다. 영제는 형세가 좋지 않다는 것을 알고, 막 영천군(潁川郡)과 여남군(汝南郡)의 황건군을 진압한 장군 황보숭(皇甫嵩)을 황급히 기주의 주전장(主戰場)으로 파견했다.

그때 봉기군의 우두머리인 장각이 이미 병으로 세상을 떠났고, 황건군은 두 부류로 나누어졌다. 일부는 광종에서 끝까지 버티며 투쟁했는데, 이들은 장양이 이끌었고, 다른 일부는 하곡양(下曲陽, 지금의 허베이성 진저우晉州 서쪽)에서 투쟁했는데, 이들은 장보가 이끌었다. 황보숭은 먼저 광종의 장양을 향해 공격을 개시했다. 하지만 황건군이 엄중히 방어하면서 사수하는 바람에, 황보숭은 며칠 동안 공격을 가했음에도 효과를 거두지 못했다. 그러자 황보숭은 하루 동안 휴전을 하라고 명령했다. 봉기군은 연일 전투를 벌이느라 매우 피로하여, 관군이 공격을 중단하는 것을 보고는 그들도 경계심을 늦추었다.

그날 밤, 황보숭은 관군에게 명령을 내려 어둠은 틈타 불시에 광종을 향해 맹공을 가하기 시작했다. 깊은 잠에 빠져 있던 봉기군은 황급히 응전했지만, 결국 관군이 공격해 들어와 성이 점령당했다. 마침내 봉기군 3만여 명은 장렬히 희생되었고, 주장인 장량도 전장에서 전사했다. 남아 있던 5만여 명의 황건 전사들은 죽을지언정 포로가 되지 않고, 모두 강에 몸을 던져 자살했다. 승리를 거둔 다음 황보숭은 장각의 시신을 무덤에서 파낸 다음, 관을 열어 육시(戮尸: 부관참시)함과 아울러, 머리를 잘라 도성으로 보내 남의 공적을 가로채 상을 받으려고 했다. 11월, 황보숭은 다시 군대를 이끌고 하곡양으로 돌진했다. 한 차례 피범벅이 되는 전투를 벌이고 나서, 하곡양의 10만 봉기군도 패배했다. 황건군의 주력은 비록 이미 소멸되었지만, 그 나머지 사람들과 각지의 농민들이 봉기하여 여전히 수십 년 동안 지속적으로 투쟁을 벌였다. 기세가 드높았던 황건군의 봉기는 동한 왕조의 통치를 철저히 뒤흔들어서, 동한의 붕괴를 가속화했다.

한 걸음 더

도교(道敎) 창립

도교는 중국 전통문화에 뿌리박은 본토박이 종교로, 유신론(有神論)이 고조되고 귀신 관념이 만연했던 한나라에서 흥기했다. 중국에 예로부터 있어 왔던 자연숭배와 무술(巫術)이 도교의 기초다. 전국(戰國)·진(秦)·한(漢)을 두루 거치면서, 당시 사회에 널리 퍼져 있었고 또 폭넓게 믿어지고 있던 득도승선(得道升仙: 도를 깨우쳐 신선의 경지에 오름)설을 흡수하여, 그것을 도교의 신앙 핵심으로 삼았다. 동한 말기에, 도교 교단인 '오두미도(五斗米道)'와 '태평도'가 잇달아 출현했고, 도교 경전인 『태평경(太平經)』과 『주역참동계(周易參同契)』도 잇달아 책으로 편찬되었는데, 이것들은 모두 도교의 창립을 상징한다. 남북조(南北朝) 시기에 '정리(整理)'를 거쳐, 도교는 마침내 전국적인 종교가 되었다. '오두미도'의 창시자인 장도릉(張道陵)의 후예 세대들이 지금의 장시성(江西省) 룽후산(龍虎山)에 거주하면서, 룽후산 정일파(正一派)인 '장천사(張天師)' 세가(世家)가 되어, 대대로 한껏 은총을 받고 있다.

제4장

삼국(三國)·양진(兩晉)·남북조(南北朝)

분열했다가 다시 합쳐지는 굴곡의 역정

삼국·양진·남북조 시기는, 삼국(220~280년)에서부터 시작하여, 서진(西晉, 265~316년)·동진(東晉) 십육국(317~420년)·남북조(420~589년)를 거쳐, 마침내 수(隋)나라에 의해 통일되기까지 370년을 거쳤다. 만약 189년에 일어난 동탁(董卓)의 난부터 계산하면, 400년을 거쳤다.

서기 189년, 동한에서는 황건군의 봉기가 진압된 후에 다시 동탁의 난이 발생했다. 각지의 제후들이 잇달아 토벌에 나섰다가, 할거하여 자립하는 국면이 형성되자, 중앙 왕조는 유명무실한 존재가 되었다. 조조(曹操)·유비(劉備)·손권(孫權) 등 3대 군사 집단이 전란 과정에서 강력한 세력으로 떨쳐 일어나, 각자 북쪽·서남쪽·동남쪽 지역에서 전심전력으로 경영하여 지역적 통일을 완성했다. 220년부터 229년까지, 조위(曹魏: 조조가 세운 위나라)·촉한(蜀漢)·손오(孫吳: 손권이 세운 오나라)가 연달아 나라를 세우고 황제를 자처하자, 정식으로 삼국이 정립하는 정치적 국면을 형성했다.

263년, 조위의 군대가 진령(秦嶺)을 넘어 일거에 촉을 멸망시켰다. 265년, 사마씨(司馬氏)가 명문세가들의 지지에 의지하여, 위(魏)를 대체하여 진(晉)을 건국했다. 280년, 서진의 무제(武帝)는 수륙으로 대군을 호령하여 오(吳)나라를 멸망시켰다. 그러나 전국의 통일은 겨우 잠시 동안만 유지되다가 깨졌고, '팔왕의 난[八王之亂]'과 '영가의 난[永嘉之亂]'은 서진의 국력을 다 소모시켜 버렸다. 304년부터, 북쪽에서는 점차 '오호십육국(五胡十六國)'의 투쟁이 나타났으며, 남쪽의 사족(士族: 사대부 가문)들이 함께 건립한 동진(東晉) 왕조가 강남의 한쪽 모퉁이에 자리를 잡고 안일을 추구하여, "군주의 위신은 세워지지 않고, 신하의 도리가 제멋대로 행해지는[主威不樹, 臣道專行]" 문벌 정치를 실행했다.

439년, 북위(北魏)가 북쪽을 통일하여, 남조(南朝)의 송(宋)과 회하(淮河)를 사이에 두고 대치하면서, "오랑캐의 풍속과 문화를 바꾸어 중원의 풍속과 문화를 따르는" 개혁을 함으로써, 북방 민족이 융합하는 과정을 추동했다. 육진(六鎭)이 봉기한 후, 선비(鮮卑)의 군사 귀족 집단이 분열하여, 동위(東魏)-북제(北齊)와 서위(西魏)-북주(北周)가 대립했으며, 마침내 북주가 북제를 멸망시켰고, 수(隋)나라가 다시 북주를 대체하여 들어섰다. 강남의 제(齊)·양(梁)·진(陳) 세 나라가 잇달아 건립되었으며, 경제 개발 규모가 전에 없이 컸다. 589년, 수 문제(文帝)가 대대적인 공격을 하여 진(陳)나라를 멸망시킴으로써, 3, 4백 년 동안이나 분열되어 있던 남과 북은 다시 통일되었다.

삼국·양진·남북조 시기는, 조대(朝代)의 교체가 빈번했고, 사회관계와 민족관계가 여러 가지로 뒤엉켜 복잡했으며, 안팎으로 투쟁이 끊이지 않았다. 북방 민족들의 대융합과 남방의 경제 대개발 및 남북이 소통하고 호한(胡漢: 오랑캐와 한족)이 융합한 다채로운 문화는 이 시기에 서로를 비추어 빛나게 한 역사의 빛줄기가 되었다. 훗날 수·당이 번영을 이루고 강성해진 것은 바로 이것을 기초로 한 것이다.

삼국(三國) 시기

인물: 조비(曹丕), 유비(劉備), 손권(孫權) **지역:** 위(魏), 촉(蜀), 오(吳) **키워드:** 삼족정립(三足鼎立)

삼국이 정립(鼎立)하여 풍모와 재능을 겨루다

황건군의 봉기가 진압된 후, 동한 통치 집단 내부의 모순은 갈수록 격화되었고, 환관과 외척·권신들 간에 권력과 이익을 쟁탈하기 위한 투쟁은 날이 갈수록 노골화되었으며, 마침내 동탁의 난을 초래했다. 동탁은 도성에서 군대를 장악한 채 자신의 지위를 공고히 하면서, 조정을 마음대로 쥐락펴락하다가, 수많은 지방 할거 집단들의 토벌을 초래했다. 후에 다시 황제를 협박하여 서쪽의 장안으로 천도하자, 전국의 정치 판도는 온통 혼란에 빠졌으며, ……관도(官渡) 전투에서, 조조는 적은 인원으로 많은 군대를 보유한 원소(袁紹)를 물리치고 승리를 거둠으로써, 그는 황하 북부에서의 기초와 위상을 다졌다. 적벽(赤壁) 전투는 바로 조조 집단과 유비·손권의 양대 집단이 남북으로 대치하는 형국을 형성했다. 손권과 유비는 비록 연합하여 조조에 맞섰지만, 두 사람은 또한 각자 도모하는 바가 달랐으니, 역사의 수레바퀴는 영웅적 인물들이 풍모와 재능을 겨루는 삼국시대에 진입했다.

◈ **옥침**(玉枕) | 동한

옥침의 길이는 34.7센티미터, 높이는 13센티미터다. 옥은 청록색이며, 침(베개)의 양쪽 끝은 볼록하게 올라와 있고, 중간 부분은 약간 오목하다. 음각(陰刻) 쌍선(雙線)으로 구연운문(勾連雲紋)을 새겨 장식했는데, 선이 분명하고 유창하다. 이 베개는 한 덩이의 옹근 옥으로 가공하여 만들었으며, 한대에는 비교적 보기 드문 작품이다.

군웅이 정권 쟁탈전을 벌이다

중평(中平) 6년(189년) 4월, 한 영제(靈帝)가 세상을 떠난 후, 황궁 안에서는 예전과 마찬가지로 환관과 외척 간에 권력 쟁탈을 위한 한바탕 격렬한 투쟁이 펼쳐졌다. 외척 권세가인 하진(何進)과 현직 사예교위(司隸校尉)인 원소가 연대하고, 아울러 양주(凉州)의 군벌인 동탁에게 연락하여 정권을 탈취하려 했지만, 그들의 비밀 모의가 뜻밖에 환관에게 발각되었다. 이후, 먼저 환관 단규(段珪) 등이 재빨리 손을 써서 하진을 죽였고, 이어서 궁중의 환관 2천여 명이 다시 원소에게 죽임을 당했다. 이 격렬한 쟁탈과 살육은 아직 끝나지 않았는데, 동탁이 바로 군대 3천 명을 이끌고 낙양으로 진군하여, 하진의 옛 부하들을 흡수함으로써 실력이 급속히 강대해지자, 군대를 보유하고 마음대로 권력을 휘두르기 시작했다.

9월, 동탁은 먼저 하진이 옹립한 소제(少帝) 유변(劉辯)을 폐위하고, 새로 진(陳) 유왕(留王) 유협(劉協)을 옹립했으니, 그가 헌제(獻帝)다. 동탁은 스스로 태위(太尉: 군대의 최고 책임자) 겸 전장군(前將軍: 직위는 9경보다 낮았으며, 수도와 국경을 수비하는 막강한 군사 책임자였다)을 맡았다. 이후 동탁은 자신이 하고 싶은 대로 했으며, 스스로 상국(相國: 재상)이 되어 혼자서 조정을 장악했다. 이와 동시에, 그는 또 병사들이 낙양성 안에서 함부로 재물을 약탈하고, 부녀자들을 강간하는 것을 방치하자, 사람들은 두려워 떨면서 원성이 자자해졌고, 내외 관료들도 자신의 한 치 앞 운명을 알 수 없어 불안감에 떨었다. 원소·원술(袁術)·조조 같은 사람들은 동탁이 소제를 폐위하고 헌제를 옹립한 데 대해 불만을 가졌을 뿐만 아니라, 동탁의 난폭한 정치에 대해서도 극도로 반감을 가졌기 때문에, 잇달아 도성을 떠나 각지의 실력을 갖춘 관리들에게 연락하여, 동탁을 토벌할 준비를 했다. 헌제 초평(初平) 원년(190년) 초, 관동(關東: 함곡관 동쪽 지방으로, 오늘날의 허난성·산둥성 지역)의 주(州)·군(郡)들이 공동으로 원소를 맹주로 삼아, 정식으로 군대를 일으켰다. 동탁은 관동 연합군의 기세가 거센 것을 보고 헌제를 협박하여 장안으로 후퇴했지만, 그는 여전히 온 힘을 다해 심복을 발탁하여 자신의 패거리를 확대했다. 초평 3년(192년) 4월, 사도(司徒) 왕윤(王允)과 동탁의 부장(部將) 여포(呂布)가 함께 모의하여, 마침내 동탁을 살해했다. 이후에 비록 동탁의 옛 부하들이 대규모 보복을 가하기는 했지만, 그 잔당들은 다시 다른 할거 세력들에 의해 소멸되었다.

동탁을 토벌하는 과정에서, 각지의 실력 집단들이 분분히 이 기회를 이용해 자기의 세력을 확대했기 때문에, 이 토벌 전쟁은 또한 이후 군벌이 혼전을 벌이게 되는 불씨가 되었다. 원소가 비록 맹주로 추대되었지만, 그 이전에는 단지 발해(渤海)의 일개 군(郡)만을 통할하고 있었을 뿐이었으니, 그는 자신의 맹주 지위와 호걸들이 자기에게 기우는 유리한 조건을 이용하여 세력을 확충했다. 그리하여 잇달아 기주·유주·청주 등을 병탄함으로써, 매우 빠르게 북쪽에서 가장 강대한 할거 세력이 되었다. 이와 동시에, 조조의 세력도 갈수록 커졌다. 조조는 한편으로는 장안에 사신을 보내, 한나라 조정에 충성을 표시하여 인심을 얻었다. 동시에 허현(許縣, 지금의 허난성 쉬창시許昌市 동쪽) 부근에 둔전(屯田: 군대가 주둔하여 개간하고 경작하는 토지)을 확대하여, 식량을 모으고 군대를 모집하여, 남양(南陽)을 점거하고 있던 원술을 점차 회북(淮北)으로 몰아냈으며, 두 차례에 걸쳐 서주를 공격하여, 한때 연주(兗州)를 차지하고 있던 여포를 서주로 축출했다. 흥평(興平) 2년(195년) 10월, 한 헌제는 조조를 연주목(兗州牧)에 임명했으니, 이 지역은 훗날 조조가 북방의 할거 군웅들을 소멸시키는 세력의 기초가 되었다.

천자를 등에 업고 제후를 호령하다

원소와 조조라는 양대 세력의 빠른 성장은, 북쪽 황하 유역의 형세를 여러 등급의 세력들이 혼전을 벌이던 상황에서 점차 두 마리의 호랑이가 다투는 상황으로 변화시켰다. 원소는 비록 청주·기주·유주·병주(幷州) 등 네 개의 주를 차지하고 있어, 영토가 넓고 인구가 많았으며, 군사력이 강대하고, 경제력도 조조보다 훨씬 발전했지만, 조조는 반대로 "천자를 등에 업고 제후를 호령할" 수 있었으므로, 정치와 여론에서는 기선을 제압했다. 건안(建安) 원년(196년) 7월, 조조가 무참하게 파괴되어 황폐해진 낙양에 도착하자, 책사인 순욱(荀彧)이 그에게 세 가지 중요한 건의를 한다. 즉 "황제를 받들어 백성들의 뜻을 따르는 것은 큰 순리이고, 지극히 공명정대하고 사사로움이 없이 처신하여 영웅호걸들을 복속시키는 것은 큰 지략이며, 정의를 선양하여 영웅호걸들을 불러 모으는 것은 큰 덕입니다[奉主上以民望, 大順也. 秉至公以服雄杰, 大略也. 扶弘義以致英俊, 大德也]." 조조는 매우 옳다고 여기고, 곧 순욱의 건의를 받아들여, 한 헌제와 조정의 백관들을 자신의 근거지인 허현으로 이주시킴과 동시에, 허(許: 허현의 중심지)를 수도로 삼고, 한 헌제를 확실하게 자신의 수중에 장악했다. 조조가 "천자를 등에 업고 제후를 호령한" 행위는 확실히 비할 데 없는 정치적 효과를 거두었으니, 세력

◈ **마답비연**(馬踏飛燕: 말이 날아가는 새호리기를 밟다) | **위진**(魏晉)

이 청동마(靑銅馬)는 뛰어난 준마를 형상화한 것인데, 오른쪽 뒷발로 한 마리의 새호리기(燕隼: 매의 일종)를 밟고서, 달리는 말이 하늘 높이 솟아올라 용솟음치는 용맹스러운 기세를 잘 보여주고 있다. 이 예술품은 간쑤성(甘肅省) 레이타이(雷臺)에서 출토되었으며, 현재 간쑤성박물관에 소장되어 있다.

이 비교적 약한 각지의 할거 정권들도 강력한 기세에 압도당해 투지를 잃고 뿔뿔이 흩어졌으며, 잇달아 귀순해 왔다. 그리하여 조조는 지혜와 용기를 겸비한 많은 책사와 장수들을 끌어 모아, 자신이 얼마 후에 궁도 전투에서 적은 인원으로 많은 군대를 보유한 원소를 물리치고 승리를 거두기 위한 기초를 다졌다.

하나의 산에 두 마리의 호랑이가 있을 수 없는 법이니, 원소와 조조의 모순은 불가피하게 서로 무력 투쟁으로 나아갈 수밖에 없었다. 건안 4년(199년) 6월, 원소는 정예 병사 10만 명을 선발하여 남쪽으로 진군을 시작했으며, 조조는 관도(官渡, 지금의 허난성 중무中牟 동북쪽)에 병력을 주둔시키고 원소와 대치했다. 건안 5년(200년) 2월, 원소는 대군을 이끌고 여양(黎陽, 지금의 허난성 쥔현浚縣)을 대본영(大本營: 최고사령부)으로 삼았으며, 조조도 전략 부서를 한층 더 강화했다. 역사상 유명한 관도 전투는 이렇게 시작되었다. 조조는 때로는 성동격서(聲東擊西)하고, 때로는 이퇴위진(以退爲進: 전진

◈ **동마차**(銅馬車) | 위(魏)·진(晉)

◈ 〈역대제왕도(歷代帝王圖)〉의 일부분 | 당(唐), 염립본(閻立本)

이 그림은 서한부터 수나라까지의 13명 황제의 모습을 그린 것으로, 화가는 각 황제의 서로 다른 용모와 표정의 묘사를 통해, 그들의 서로 다른 정신세계와 성격 특징을 드러나게 했다. 이 일부분의 그림에는 삼국시대의 세 명의 황제—위 문제 조비(오른쪽), 오나라 설립자 손권(가운데), 촉나라 설립자 유비(왼쪽)—가 포함되어 있다. 이 세 명의 개국 군주들은 화가의 붓끝에서 모두 '왕의 기개'와 '당당하고 준수한 본보기'를 구현해 냈다. 현재 미국 보스턴예술박물관에 소장되어 있다.

하기 위해 후퇴함)하면서, 민첩한 전술로 적이 예상치 못하는 전술을 사용하여 매우 빠르게 전쟁에서 주도권을 장악해 갔다. 쌍방은 관도에서 1년여 동안 대치하다가, 결국 조조의 전면적인 승리로 끝나고 말았다. 이 전쟁은 중국 역사상 약자가 강자를 이기고, 적은 수가 많은 수를 이긴 전형적인 전쟁 사례다. 관도 전투가 끝나고 얼마 지나지 않아, 원소가 건안 7년(202년)에 전쟁에서 패한 일로 인해 우울해하다가 사망하자, 조조는 이 기회를 틈타 원씨의 군사 집단을 철저하게 소탕하고, 전란이 오랫동안 지속되었던 북방 지역에 대해 기본적인 통일을 실현했다. 이후에 조조는 한편으로는 북방의 사회 질서를 정돈하는 데 진력했고, 다른 한편으로는 군비(軍備)와 무장을 다시 정비하면서, 더욱 큰 규모의 정복 전쟁을 계획했다.

조조가 위나라의 패업을 이루다

관도 전투 이후, 조조가 북쪽에서 확고하게 자리를 잡으면서 북쪽 지역이 상대적으로 안정을 이루자, 그가 계속 남하하여 정복 전쟁을 벌이는 데에서의 뒷걱정을 해소해 주었다. 그리하여 시간이 흐름에 따라, 조조와 남쪽 할거 정권의 전쟁도 필연적으로 일어날 수밖에 없었다. 조조는 비록 북쪽에서 가장 큰 적수인 원소와 전쟁을 벌여 승리를 거두긴 했지만, 남쪽에는 아직 몇 개의 강대한 할거 세력들이 남아 있었다. 그들은 바로 형주(荊州)를 점거하고 있던 유표(劉表), 강동(江東)을 점거하고 있던 손권 및 빠르게 성장하고 있던 유비였다.

건안 12년(207년) 7월, 일정 기간 동안의 휴식기를 거친 다음, 조조가 남하하여 유표를 공격하기 시작했다. 그러나 유표가 뜻밖에 이때 병으로 사망하자, 유표 집단은 사분오열하여 매우 빠르게 와해되었다. 유표의 차남인 유종(劉琮)이 왕위를 계승했는데, 그는 부하의 권유를 받고 조조에게 투항했고, 다른 부하들의 대다수는 유비를 따라갔다. 유비파인 제갈량은 손권의 부하인 노숙(魯肅)과 함께 강동으로 가서, 손권과 함께 조조에 대항할 큰 계획을 토의하고, 손권과 유비가 연합하여 조조에게 반격하기로 협정을 체결했다. 이때 조조의 대군은 강릉에 도달한 후에 남하를 중단하고, 방향을 바꾸어 수로(水路)로 동진했고, 손권·유비 연합군은 바로 번구(樊口, 지금의 후베이성 어저우鄂州 서북쪽)·하구(夏口, 지금의 후베이성 우한시武漢市)에서 강을 거슬러 올라갔다. 양측 군대는 적벽(赤壁, 지금의 후베이성 츠비시赤壁市)에서 서로 마주쳤다. 한바탕 격렬한 전쟁은 바로 이렇게 시작되었으니, 이것이 바로 역사상 유명한 적벽대전이다. 적벽대전 과정에서, 조조의 군대는 북쪽에 오랫동안 거주했기 때문에 수전(水戰)에 익숙지 않았고, 또 군대 안에 전염병이 유행했기 때문에 사기가 크게 떨어져 있었다. 그런데 손권-유비 연합군은 지리적 우위를 차지하고 있었을 뿐만 아니라, 군사 책사와 뛰어난 인물들이 많이 모여 있어, 전술이 정교하고 지휘가 적절했기 때문에, 손권-유비 연합군은 화공(火攻) 전술을 이용하여, 마침내 소수의 인원으로 다수를 물리치고 조조에게 승리를 거두었다.

조조는 비록 패배했지만, 그도 군사 요충지인 양양(襄陽)을 중심으로 하는 형주 북부의 넓은 지역을 점거했으니, 결코 아무것도 얻은 것이 없지는 않았다. 손권은 형주 동부 등지를 점거하여 세력 범위를 확대하여, 실력을 증강시켰다. 유비는 더욱 많은 이득을 취했다. 그는 이 전쟁으로 인해 서남 지역에서의 지위와 기초를 다짐으로써, 그 후 천하가 삼분되자 유비가 그 중 하나를 차지했다. 적벽대전은 기본적으로 삼국이 정립하는 국면을 안정시켰으며, 역사도 점차 세 나라가 각자 자신만의 특징을 갖는 장면을 드러내기 시작했다고 말할 수 있다.

적벽에서의 패배로 조조가 남하하는 예리한 기세가 꺾이자, 그는 물러나 그 다음을 모색하기로 결정했다. 우선 그는 북쪽에서의 자신의 지위를 한층 더 공고히 하고, 자신의 실력을 강화했다. 그리하여 그는 장로(張魯) 정권을 토벌한다는 것을 명분으로 삼아, 먼저 군대를 보유한 채 자신의 지위를 공고히 하고 있던 한나라 장수 마초(馬超)·한수(韓遂) 등을 공격했으며, 건안(建安) 16년(211년)에는 기본적으로 관중(關中: 4대 관문 안쪽 지역으로, 지금의 산시성 중부에 해당) 지역을 평정했다. 다음으로 조조는 또 건안 18년(213년)에 다시 남하하여 손권을 공격했지만, 수확을 얻지 못하자, 그는 다시 목표를 한중(漢中)의 장로 정권에 겨냥하여, 장로 정권을 항복시켰다.

조조는 사방에서 정벌을 진행함과 동시에, 또 한 헌제에 대한 통제와 자기의 권세를 더욱 강화하면서, 점차 한나라 정권은 사실상 조위(曹魏: 조씨가 세운 위나라) 정권이 되어 갔다. 건안 25년(220년) 정월, 조조가 낙양에서 병으로 세상을 떠나자, 같은 해 10월에 그의 아들 조비(曹丕)가 한 헌제를 폐위하고 황제에 등극하여, 위나라를 건립했다. 아울러 조조를 태조(太祖) 무황제(武皇帝)로 추존함으로써, 동한 정권은 정식으로 끝을 맺고, 삼국시대가 정식으로 시작되었음을 선포했다.

조위가 가장 먼저 건국되어 한나라 정권을 대체하고, 아울러 북쪽 지역의 패업을 이룩하여 중원의 우두머리를 자처한 것은, 조조의 뛰어난 계략 및 웅대한 계략과 매우 밀접한 관계가 있었다. 조조는 인재를 발견하는 데 뛰어나, 사람을 알아보고 적재적소에 등용했으며, 오로지 능력에 따라 발탁했다. 사람을 쓸 때, "평화로운 시기에는 덕행을 중시하고, 유사시에는 능력을 중시하는" 원칙을 지킴으로써, 많은 영웅호걸들을 결속시켰다. 조조 세력이 끊임없이 강대해질 수 있었던 것은, 그가 경제적으로 취했던 중요한 조치들과도 떼어 놓을 수 없다. 규모가 방대했던 둔전은 그에게 강력한 경제적 버팀목을 제공했을 뿐만 아니라, 또한 북쪽 지방의 사회 경제가 회복하고 발전할 수 있게 함으로써, 전란으로 고통받고 있던 민중들의 생활을 안정시켜 주었다. 둔전 이외에도, 조조는 또한 조세 제도를 조정하고, 수리 사업을 일으켰으며, 수공업을 발전시켰다. 이러한 모든 것들은, 북쪽 지역의 통일과 위나라를 건립할 경제적 기초를 다져 주었을 뿐만 아니라, 위나라로 하여금 삼국 가운데 상대적 우위를 차지할 수 있도록 해 주었다.

촉한(蜀漢) 정권

유비 집단은 적벽대전의 최대 승자였다. 조조가 패주한 후에 유비는 병력을 나누어 형주 장강(長江) 이남의 무릉(武陵, 지금의 후난성 창더시常德市)·장사(長沙, 지금의 후난성 창사시長沙市)·계양(桂陽, 지금의 후난성 첸현郴縣)·영릉(零陵, 지금의 후난성 링링零陵) 등 네 개의 군을 획득했으며, 아울러 얼마 지나지 않아 스스로 형주목(荊州牧)이 되었다. 이리하여 확고하게 자리를 잡았다. 그러나 전략적 형세를 보면, 동부에서 손권이 비록 자신의 누이동생을 유비에게 출가시켜 호의를 표시했지만, 동시에 또한 유비 세력의 동진을 저지하기도 했다. 북쪽의 관중과 한중 지역도 조조가 탈취하려는 중요한 목표였기 때문에, 유비 집단은 목표를 서남쪽의 익주(益州)에 맞추었다. 익주는 지금의 쓰촨성 전체와 윈구이(雲貴)의 대부분 지역을 포괄했으며, 책사인 제갈량이 유비에게 제의한 장구지계(長久之計: 장기적으로 계속 도모해야 할 계획)를 도모할 수 있는 지방이기도 했다. 익주는 본래 유언(劉焉)의 근거지였는데, 유언이 죽은 다음에는 그의 아들 유장(劉璋)이 익주목을 이어받았다. 유비는 유장 집단과 조조 정권의 모순을 교묘하게 이용하여, 유장의 신임을 얻었다. 또 기회를 보아 익주의 부하들을 구슬려서, 마침내 건안 19년(214년) 6월에 무력으로 유장을 투항하게 하여 익주 지역을 취득하고, 아울러 빠르게 자신의 통치를 안정시켰다. 익주를 탈취한 후, 유비는 다시 신속하게 북상하여 한중을 공격해, 조조의 수중에 있던 한중 지역을 탈취했다. 그러나 서쪽에서 얻고 동쪽에서 잃었으니, 유비는 비록 익주를 전부 차지했지만, 형주는 오히려 손권에게 빼앗기고 말았다. 그런데 장기적인 전략의 측면에서 보면, 한중은 익주의 관문으로서, 전체 익주 지역에 대해 중대한 의미를 가졌기 때문에, 한중을 취득한 것은 유비로 하여금 익주 전체를 차지하게 해 주어, 이후 촉한 정권의 건립과 발전을 위한 기초를 다져 주었다.

조비가 한나라를 대체하고 황제를 칭하며 위나라를 건립한 후, 제갈량 같은 사람들도 한나라의 법통을 계승한다는 것을 이유로 유비에게 황제가 될 것을 권고하자, 유비도 위나라가 건립된 이듬해(221년) 4월에 정식으로 황제에 등극하여, 여전히 한(漢)을 국호로 삼았으니, 역사에서는 이를 촉한(蜀漢)이라고 부른다. 유비는 황제에 즉위한 이듬해에 곧 동쪽 정벌을 시작했고, '이릉(夷陵) 전투'를 벌여 손권에게서 형주를 탈환함과 동시에 관우(關羽)의 원수를 갚으려고 했지만, 지휘가 적절하지 못해 심각한 손실을 입었다. 유비도 울분으로 인해 병이 나 일어나지 못하다가, 마침내 촉한 장무(章武) 3년(223년) 4월에 백제성(白帝城, 지금의 충칭重慶 펑제奉節)에서 병사했는데, 임종 전에 아들 유선(劉禪)을 제갈량에게 맡겼다. 유비가 세상을 떠난 후, 그의 아들 유선이 제위를 계승하여, 후주(後主: 한 왕조의 마지막 군주)가 되었다. 유선은

◈ **청유인경등(青釉人擎燈) | 삼국 오(吳)**

이 자등(瓷燈)은 상하 두 부분으로 구분되는데, 하부는 사람 형태로 형상화하여, 미목구비(眉目口鼻)를 빚어 냈고, 상부의 등주(燈住: 등잔 기둥) 탁반(托盤: 받침쟁반)을 머리에 이고 있으며, 좌우 양쪽 팔은 양 옆으로 들어 올려 탁반을 떠받치고 있다. 후베이성(湖北省) 이창(宜昌)에서 출토되었으며, 현재 후베이성박물관에 소장되어 있다.

범속하고 무능했으며, 정무에 서툴렀기 때문에, 국가의 정무는 크고 작음을 막론하고 제갈량이 결정했다. 제갈량이 형세를 분석하여, 먼저 손권과 우호 관계를 회복하기로 결정함에 따라, 그는 즉시 등지(鄧芝)를 보내 담판을 짓고, 마침내 다시 손권과 동맹을 맺었다. 외교에서의 성공은 촉나라로 하여금 동쪽에서 적을 맞이해야 하는 불리한 국면을 벗어나게 함으로써, 국내 정세를 한층 정비하기 위한 편의를 제공해 주었다. 국내에서 촉나라는 비록 서남쪽에 근거하고 있었지만, 나라와 백성이 약소했기 때문에 어려운 처지에 있었다. 이 때문에 제갈량은 한편으로는 경제를 발전시키는 데 힘을 쏟아 경제력과 군사력을 강화했으며, 다른 한편으로는 서남쪽의 소수민족 문제를 해결하는 데 착수했다. 제갈량은 그들에 대해 소탕과 위무를 동시에 실시하여 좋은 효과를 거두었다. 이러한 조치들은 촉한의 변경을 안정시켜 국력을 증강시키는 데 유리했을 뿐만 아니라, 서남쪽의 낙후된 지역의 개발도 촉진했으므로, 중대한 역사적 의의를 갖는다.

손권이 강동(江東)에 나라를 세우다

손권이 18세 때, 그의 형인 손책(孫策)이 칼에 찔려 죽임을 당했는데, 손책은 임종 전에 "현명한 사람을 발탁하고 능력 있는 사람을 임용하여, 각자 그 마음을 다하게 함으로써, 강동을 보전하라"는 유언을 남겼다. 손권은 그때부터 형을 대신하여 백성을 통치하면서, 성실하게 가르침을 준수하여, 전란과 분쟁으로 불안정한 시대에 강동의 기반을 굳게 지킴과 동시에, 기회를 놓치지 않고 발전을 도모했다. 적벽 전투 때, 손권은 겨우 26세였지만, 그는 이미 정치가이자 군사가의 뛰어난 수완을 과시했다. 전쟁에서 승리함에 따라, 손권의 세력이 서쪽으로 한층 더 확장할 수 있게 되자, 손권으로 하여금 강동에 터전을 잡고 서쪽의 초형(楚荊: 초나라가 자리 잡고 있는 형주)을 넘보게 했으며, 강남의 대부분 지역이 곧 그의 통제하에 놓이게 되었다.

적벽 전투는 비록 교전을 벌인 세 나라로 하여금 각자 일정한 소득이 있게 했지만, 전쟁이 끝난 후에는 여러 나라가 다시 형주의 지배권을 둘러싸고 격렬한 쟁탈전을 전개했다. 왜냐하면 형주는 유비가 관중을 공격하여 취하기 위해서나, 혹은 손권이 강동을 지키기 위해서나 모두 중요한 전략적 의의를 가지고 있었을 뿐만 아니라, 손권과 유비 정권이 조조 군대가 남하하는 것을 저지하는 전략적 요충지이기도 했기 때문이다. 이 때문에 손권과 유비 쌍방은 형주를 쟁탈하기 위해 전쟁을 벌였으니, 파란만장하게도 유비가 형주를 "빌렸다가(借: 잠시 차지했다는 뜻)", 결국 손권이 다시 형주를 탈환하는 일진일퇴의 시소 게임을 벌였다. 비록 형주는 최종적으로 손권에게 전부 장악되었지만, 이때 유비도 이미 익주와 한중을 보유함으로써, 서남쪽에서 비교적 안정적인 통치를 확립했다. 손권은 유비와 형주에 대해 쟁탈전을 벌일 때, 조위(曹魏: 조조의 위나라)에게 복속되었기 때문에, 조위는 일찍이 황초(黃初) 2년(221년)에 그를 오왕(吳王)에 봉했다. 이듬해에 손권은 유비 군대를 대파하고 형주를 차지했다가, 한 차례 조정을 거친 후에, 손권도 서기 229년에 정식으로 황제에 즉위하여, 국호를 오(吳)라 하고, 연호를 황무(黃武)라 했다. 이리하여 삼국이 정립하는 국면이 정식으로 형성되었다.

손권은 오나라를 건립한 후, 계속해서 사회적 생산을 발전시키고, 변방을 튼튼히 하면서 개척하는 등의 중대한 조치들을 시행하여, 오나라의 사회 경제를 매우 크게 발전시켰다. 우선 변방의 안정과 사회의 안정을 유지 보호하기 위해, 손권은 잇달아 오군(吳郡)·회계(會稽)·건업(建業) 등지의 산월인(山越人: 강남 지역의 무장한 산적 집단을 일컫는 말) 및 형주의 만족(蠻族)·교주(交州)의 이인(夷人) 등을 토벌하여, 그들을 손오(孫吳: 손권의 오나라)에 투항하게 했을 뿐만 아니라, 이 지역들에 군(郡)·현(縣)을 설치하고 생산을 발전시켜, 이들 지역의 개발에 적극적인 영향을 미쳤다. 그 다음으로, 손권은 농업 생산을 발전시키는 데 주의를 기울여, 대규모로 둔전을 확대하고, 수리 공사를 벌여, 사회적 생산을 매우 크게 발전시켰다. 이 밖에도, 손오 정권은 또한 바다를 접하고 있는 자연 조건을 이용하여 무역 교류를 발전시킴으로써, 매우 좋은 경제적 효용과 이익도 취했다. 손오의 만인(萬人) 함대는 또한 이주(夷洲), 즉 오늘날의 타이완(臺灣)에 도착했는데, 이는 대륙과 타이완이 관계를 맺은 최초의 기록으로, 중국 항해사에 찬란한 한 페이지를 기록했다.

한 걸음 더

외과(外科)의 비조(鼻祖) 화타(華佗)

화타는 자(字)가 원화(元化)이며, 패국(沛國) 초(譙, 지금의 안후이성 보저우亳州) 출신으로, 동한 말기의 저명한 의학자다. 화타는 일찍이 체외제압심장법(體外擠壓心臟法: 가슴을 압박하는 심폐 소생술)과 구강 대 구강 인공호흡법을 발명했는데, 이러한 것들은 현대에도 여전히 사용되고 있는 의학 기술이다. 그가 중국 의학에 가장 크게 공헌한 것은 마취술—마비산(麻沸散)—의 발명과 체육 요법인 '오금희(五禽戲: 팔다리의 관절들을 여러 가지 방법으로 움직임으로써, 혈액 순환을 좋게 하여, 늙지 않게 하는 방법)'의 창조다. 화타는 선대 사람들의 경험을 총괄하여, 주복마비산(酒服麻沸散)이라는 마취술을 발명하여 정식으로 의학에 사용함으로써, 외과 수술의 기술과 치료 효과를 크게 향상시킴과 동시에, 수술 치료의 범위를 크게 확대했다. 『후한서』「화타전」에는 화타가 환자를 위해 전신을 마취한 후에 종양 제거 및 장(腸)과 위(胃)를 절제하는 외과 수술을 했다고 기록되어 있다. 이는 오늘날도 난이도가 매우 높은 수술이다. 화타는 1,700년 전에 숙련되고 정교하게 완성한 데다, 또한 수술 부위가 아무는 시간이 후세와 완전히 일치했으니, 후세 사람들이 화타를 '외과의 비조'라고 숭상하는 것은 당연하다.

서진(西晉) 265~280년

인물: 사마염 **지역:** 서진, 오국(吳國) **키워드:** 사마소의 마음은 길 가는 사람도 다 안다

매우 짧았던 서진(西晉)의 통일

조위(曹魏) 말년에 사마씨(司馬氏)가 집권하여, 촉나라를 멸망시키는 전쟁을 주도했다. 265년, 사마염(司馬炎)은 조위를 대체하여 서진을 건립했다. 280년, 서진이 오나라를 멸망시키면서, 삼국이 정립하던 국면에서 다시 하나로 통일됨에 따라, 단기적으로 평화롭고 안정된 국면이 출현했다. 서진의 통일은, 동한 말기 이래의 장기적인 분열 국면을 끝냄과 동시에, 사회의 안정과 생산의 발전을 일정 정도 보장했다. 하지만 얼마 가지 않아, 각종 내우외환이 다시 빠르게 닥쳐와, 서진의 통일은 마치 담화일현(曇花一現: 우담발화가 잠시 피었다가 사라짐)처럼 짧았고, 역사는 다시 훨씬 복잡하고 혼란한 동진(東晉) 십육국(十六國) 시기로 접어들었다.

〈역대제왕도(歷代帝王圖)〉의 진(晉) 무제(武帝) 사마염 | 당, 염립본(閻立本)

사마염은 자가 안세(安世)이고, 하내(河內) 온현(溫縣, 지금의 허난성 자오쭤焦作) 사람으로, 진나라의 개국 황제다.

위(魏) 진(晉)의 '선대(禪代: 교체)'

황초(黃初) 7년(226년) 5월, 위 문제(文帝) 조비의 병이 위중하자, 그의 아들 조예(曹叡)를 황태자로 삼고, 아울러 현직 중군대장군(中軍大將軍) 조진(曹眞)·진군대장군(鎭軍大將軍) 진군(陳群)·정동대장군(征東大將軍) 조휴(曹休)·무

군대장군(撫軍大將軍) 사마의(司馬懿) 등 네 명을 보정대신(輔政大臣: 정무를 보좌하는 대신)으로 삼았다. 위 명제(明帝) 조예가 즉위한 후, 조위 정권과 손오·촉한 정권은 빈번하게 전쟁을 벌였는데, 조진·진군 등이 병이 나거나 세상을 떠나는 바람에, 사마의가 점차 혼자서 군권을 장악했다. 그는 일련의 전투에서 승리를 거둠으로써, 조위 정권에서 사마씨의 정치적 지위를 제고시켰다. 경초(景初) 3년(239년)에 위 명제가 병으로 세상을 떠나자, 나이가 고작 8세인 제왕(齊王) 조방(曹芳)을 황제로 삼고, 무위장군(武衛將軍) 조상(曹爽)과 사마의가 함께 정무를 보좌했다. 정시(正始) 10년(249년) 정월, 사마의는 조상이 조방을 모시고 위 명제의 고평릉(高平陵)에 성묘하러 간 기회를 틈타 정변을 일으켜, 조상 집단을 공격하여 궤멸시켰으니, 역사에서는 이를 '고평릉의 변[高平陵之變]'이라고 부른다. 이후 사마의와 사마사(司馬師)·사마소(司馬昭) 부자가 조정을 장악하고, 자신들에게 반대하는 반대파들을 제거함과 동시에, 또한 권문세가들을 구슬리면서 정치적 야심이 나날이 커졌기 때문에, "사마소의 마음은, 길 가는 사람도 다 안다"는 말이 있을 정도였다. 그리하여 이때는 사마씨가 찬위(簒位: 황제 지위를 찬탈함)할 날도 머지않게 되었다. 촉한 염흥(炎興) 원년(263년), 위나라의 실권을 장악한 사마소는 촉한 내부가 텅 비어 있고 인재가 부족한 기회를 분명히 파악하고 주도적으로 공격을 감행하여, 세 방면에서 대군이 촉한을 압박해 들어갔다. 촉 군대는 비록 온 힘을 다해 저항했지만 점점 패퇴하다가, 성도(成都)가 포위당한 후에 후주(後主) 유선이

◈ **십이연지등**(十二蓮枝燈) | 위(魏)·진(晉)

등의 높이는 146센티미터로, 간쑤성 레이타이(雷台)에서 출토되었다. 복발형(覆鉢形: 사발을 엎어 놓은 형태)의 받침대 위에 등잔 기둥을 세웠다. 등잔 기둥은 세 마디로 나누어 제작했으며, 둥근 고리와 투각한 장식 문양을 붙여 놓았고, 꽂아 합쳐서 전체를 완성했다. 모두 세 층으로 된 등잔으로, 등잔의 길이는 층층이 작아지며, 높을수록 작다. 원래는 12개의 등잔이 있어야 하지만, 출토 당시에 이미 부족한 상태였다. 이 구리 등잔은 정교하게 만들어져, 모든 등잔에 불이 붙은 다음에는, 불빛이 꽃잎을 통과하여, 빛과 그림자가 겹쳐져서 아름답기가 그지없다. 현재 간쑤성박물관에 소장되어 있다.

마침내 위나라 정서장군(征西將軍) 등애(鄧艾)에게 투항했고, 촉한은 곧 이렇게 멸망했다.

사마소는 촉나라를 멸망시킨 이듬해에, '탁월한' 공훈 때문에 승진하여 진왕(晉王)이 되었다. 비록 그가 진정한 황제에 오르지 못하고 병으로 세상을 떠났지만, 위 문제(文帝) 조비 이래로 사마씨 부자는 장기적인 투량환주(偸梁換柱: '대들보를 훔치고 기둥을 바꾼다'는 뜻으로, 겉 형식은 그대로 놔두고 내용이나 본질을 바꾸는 것)·명쟁암탈(明爭暗奪: 음으로 양으로 투쟁을 함)을 통해 실질적으로는 이미 점차 조위 정권을 빼앗아 차지했다. 그리고 조위 정권의 대세가 떠난 다음에, 사마씨 정권은 곧 진정한 위·진의 교체를 위해 움직이기 시작했다. 사마소가 사망한 뒤에, 그의 장자인 사마염이 왕위를 계승했다. 사마염은 연희(延熙) 2년(265년) 12월에 '선양(禪讓: 왕의 자리를 물려줌)'이라는 방법을 이용하여 황제 지위에 등극함과 동시에, 위나라 황제 조환(曹奐)을 진유왕(陳留王)에 봉하고, 연호를 태시(泰始)로 바꿨으니, 역사는 이때부터 서진(西晉) 시기로 들어섰다. 조위는 '선양'의 방식을 이용하여 동한을 대체하여 들어섰다가, 결국 다시 사마씨에게 '선양'하여 자신의 통치를 마감했으니, 이는 역사의 우연한 일치이자 역사의 필연이기도 했다.

국가 통일

서진이 건립된 후, 먼저 정권을 공고히 하는 데 착수하여, 순차적으로 삼성(三省) 제도를 확립하고, 종실(宗室)에게 봉국(封國: 봉지를 주어 제후국을 세움)하는 제도를 실시함과 동시에, 지방 도독제(都督制)를 완비했다. 조조의 위나라가 한나라를 대체하여 들어섰고, 서진이 위나라를 대체하여 들어섰던 '선양'이 또 다시 일어나는 것을 방지하기 위해, 사마염은 지방의 대권을 반드시 종실의 수중으로 거둬들여야 한다고 생각했다. 그리하여 동성(同姓)의 종실에게 큰 봉토를 하사했으며, 봉국은 왕(王)과 후(侯)로 구분함과 아울러, 서주(西周)의 옛 제도를 모방하여 작위 제도를 확립했다. 이러한 분봉 제도는 비록 짧은 시간 안에 서진 정권을 공고히 하는 데 긍정적인 영향을 미쳤지만, 서진의 봉국 제왕들은 동시에 한 지방의 도독(都督: 군대의 최고 책임자)을 맡아 지방 군정(軍政)의 대권을 장악했기 때문에, 또 불가피하게 지방의 권력이 커지고 한편에서 할거하는 국면을 출현시켰다.

사마염이 황위를 계승했을 때 촉한 정권은 이미 투항했으므로, 서남 지역은 이미 서진의 통치하에 들어갔지만, 동남쪽의 손오(孫吳) 정권은 아직 정식으로 항복하지 않은 상태였다. 사마염은 자신이 "왕조를 교체한 공로는 있지만 공적이 뛰어나지 않다"는 오명을 쓸까 염려했기 때문에, 정권이 공고해진 다음에 곧 손오에 대한 공격을 개시했다. 촉한에 비해 손오 정권은 후기에 비록 빈번하게 대규모 전쟁을 일으키지는 않았지만, 정국은 매우 혼란했다. 특히 손권이 나이가 많아,

조정 내부에서는 다시 계승인 문제로 인해 첨예한 대립이 발생하여, 잇달아 궁정 투쟁을 벌이자, 정국은 나날이 혼란스러워지고, 사회 경제는 날이 갈수록 점차 쇠퇴했으며, 군대도 대단히 쇠약해졌다. 영안(永安) 7년(264년), 손권의 손자인 손호(孫皓)가 뒤를 이어 황제가 되었다. 이 평범하고 무능하면서도 잔혹하고 독단적인 군주가 엄혹한 형벌과 법으로 나라를 다스리자, 동오(東吳: '손오'의 다른 명칭)의 국내 형세는 더욱 심각해졌다. 함녕(咸寧) 5년(279년) 11월, 진(晉) 무제(武帝) 사마염은 정식으로 손오를 토벌하도록 조서를 내리고, 정남장군 양호(羊祜)의 건의를 받아들여 손오에 대해 전면적인 공격을 개시함과 동시에, 집중적인 돌격을 실시했다. 그러자 부패한 손호 정권은 비록 온 힘을 다해 저항했지만, 이미 위험한 국면을 만회할 방법이 없었다. 오나라 군대는 연이어 패배했고, 진나라 군대는 가는 곳마다 승리를 거두었으며, 이듬해 3월에는 오나라 도읍인 건업(建業, 지금의 장쑤성 난징) 부근에 도달했다. 궁지에 몰린 손호는 저항을 포기하고 꼼짝 없이 붙잡혔으며, 손오가 통할하던 양주(揚州)·형주(荊州)·교주(交州)·광주(廣州) 등 네 개의 주들, 모두 43개 군(郡) 300여 개의 현(縣)들이 전부 서진의 영토에 편입되었다. 서진은 이리하여 전국을 통일하는 대업을 완성했다.

서진의 통일은 동한 말년 이래로 분열되었던 국면을 끝냄과 동시에, 사회의 안정과 생산의 발전을 일정 정도 보장해 주었다. 하지만 얼마 후, 각종 내우외환이 다시 빠르게 닥쳐와, 서진을 중국 역사에서 단명한 왕조의 하나가 되게 하였다.

한 걸음 더

진수(陳壽)가 『삼국지(三國志)』를 편찬하다

진수(233~297년)는 자(字)가 승조(承祚)이며, 삼국·서진 시대의 역사학자다. 태강(太康) 원년(280년)에 진(晉)나라가 오나라를 멸망시킨 후, 진수는 위·촉·오의 사료들을 수집하여 마침내 『삼국지』를 완성했다. 『삼국지』는 기본적으로 기전체(紀傳體: 중요 인물의 역사적 행적을 중심으로 하는 역사 서술 체제)에 속하며, 모두 65권이고, 위·촉·오 3지(志)로 나뉜다. 그 중 『위서(魏書)』가 30권, 『촉서(蜀書)』가 15권, 『오서(吳書)』가 20권이다. 중국 고대의 기전체 정사(正史)들 가운데, 『삼국지』는 매우 높은 지위를 차지한다. 그것은 『사기(史記)』·『한서(漢書)』 및 『후한서(後漢書)』와 더불어 '전사사(前四史)'라고 불리며, 세상 사람들이 중시하고 있다. 『삼국지』는 사료의 선택이 엄격하고, 필치가 간결하며, 역사의 기술이 비교적 사실적인 데다, 중국 내 소수민족 및 인근 나라들의 역사도 기록하고 있다. 하지만 진수는 개인 저술가여서, 서진의 국가 공문서나 자료를 조사할 권한이 없었기 때문에, 부분적으로는 간략하게 기록했으며, 일부 중요한 역사적 사건과 인물의 사적(事迹)들이 누락되었다.

서진(西晉) 291~316년

인물: 진 혜제(惠帝) 사마충(司馬衷) **지역:** 장안 **키워드:** 영가의 난[永嘉之亂]

팔왕(八王)의 난과 서진의 와해

서진 초기, 진 무제가 황권을 공고히 하기 위해 사마씨 자제들을 마구잡이로 분봉(分封)하여 왕으로 삼는 바람에, 왕이 모두 27명이나 되었다. 그런데 바로 이렇게 동성(同姓)의 왕들에게 분봉함과 아울러 그들로 하여금 "영지를 바꾸어 요충지를 이용하게 하고", 또 한 사람에게 군권(軍權)·정권(政權)·재권(財權)을 집중시킨 방법은, '팔왕의 난'을 초래했다. 16년 동안 이어진 이 정치 투쟁은 사회의 동요를 야기하여, 백성들이 도탄에 빠지자, 유민(流民)들은 대규모 봉기를 일으켰고, 흉노 등 소수민족들도 서진 정권을 무너뜨리려고 전쟁을 일으켰다. 서진 영가(永嘉) 5년(311년), 진 회제(懷帝)가 흉노 군대에게 포로가 되고, 도성인 낙양이 함락되어, 서진 정권은 거의 와해되었다. 316년에 흉노 군대가 장안을 공격해 들어가, 진 회제의 조카인 진 민제(愍帝)가 죽임을 당했으며, 서진은 이리하여 멸망했다.

◈ **진남장군인**(鎮南將軍印) | 서진

진남장군은 중국 고대의 여러 장군 호칭들 가운데 하나로, 진동장군·진서장군·진북장군과 함께 '사진(四鎭)'이라고 불렸으며, 고급 무관에 속했다.

팔왕의 난

진 무제 사마염은 오나라를 평정한 후, 연호를 태강(太康)으로 바꾸었으며, 서진의 역사는 통일되고 안정되고 발전하는 새로운 시기로 접어들었다. 서진의 통치는 비록 단명했지만, 사마염이 재위했던 25년 동안, 사회는 여전히 상대적으로 안정을 누렸고, 일정 정도 발전도 이루었다. 태희(太熙) 원년(290년), 진 무제가 세상을 떠났을 때, 여러 아들들은 아직 어렸으며, 황위를 계승한 혜제(惠帝) 사마충(司馬衷)은 주지하듯이 백치였다. 혜제가 즉위하고 나서 얼마 지나지 않아, 하늘이 재해를 내려 백성들이 굶주리자, 대신들은 사마충에게 보고하고 창고를 열어 양곡을 방출하도록 요청했다. 그러자 사마충이 묻기를, "백성들이 정말로 양식이 없어 먹지 못한단 말이오?" 어떤 사람이 대답하기를, "틀림없습니다. 이미 수만 명이 굶어 죽었습니다!" 혜제는 잠시 생각에 잠긴 듯하더니, 갑자기 이렇게 말했다. "양식이 없는데, 그들은 어째서 고기죽은 먹지 않는단 말이오?" 이 일은 한때 우스갯소리로 전해졌다.

◈ **선성공인(宣成公印) | 서진**

금인(金印)의 한 변의 길이는 2.5센티미터이며, 1991년에 후난성(湖南省) 안상현(安鄕縣) 황산터우(黃山頭) 난샨완(南禪灣)에 있는 서진의 유홍(劉弘) 묘에서 출토되었다.

황제가 무능하자, 서진의 권신들과 외척들은 권력과 이익을 다투기 시작했다. 혜제의 외조부인 양준(楊駿)을 일파로 하고, 혜제의 황후인 가씨(賈氏)를 다른 일파로 하여, 격렬한 궁정 투쟁을 전개했다. 가황후는 정치적 야심이 매우 많았고, 수단도 악랄했다. 무제가 세상을 떠난 후, 양준과 양태후 부녀가 함께 모의하여 조정을 장악했다. 가황후는 곧 초왕(楚王) 사마위(司馬瑋)를 부추겨서 군사 정변을 일으켜, 양씨 세력을 소탕하고 정권을 탈취했다. 이로부터 얼마 지나지 않아, 가황후가 다시 기회를 노려 사마위를 제거하고, 혼자서 국정을 장악하여 권력을 독점하기 시작했다.

혜제는 비록 백치였지만, 태자 사마휼(司馬遹)은 총명하고 영민하며 용맹스러웠다. 사마휼은 가황후 소생이 아니었기 때문에, 가황후는 매우 두렵고 꺼림칙하여, 영강(永康) 원년(300년) 3월에 황제의 명이라고 거짓으로 꾸며서 태자를 살해했다. 4월, 양왕(梁王) 사마동(司馬肜)과 조왕(趙

王) 사마륜(司馬倫)이 태자를 위해 복수한다는 것을 구실로 삼아 군대를 일으켜 가황후를 제거했으며, 이듬해에 사마륜은 스스로 황제가 되었고, 혜제를 태상황으로 대우했다. 그런데 사마륜의 황위 찬탈은 다른 지방에 할거하고 있던 종왕(宗王: 같은 성을 가진 왕)들의 불만을 불러일으켜, 제왕(齊王) 사마경(司馬冏)·하간왕(河間王) 사마옹(司馬顒)·성도왕(成都王) 사마영(司馬穎) 등이 잇달아 군대를 일으켜 사마륜을 토벌했으니, 역사에서는 이를 '팔왕의 난'이라고 부른다. 이때부터 시작하여 16년 동안, 서진 정권은 뜨거운 감자와 같아서, 비록 여러 사람들이 노렸지만 아무도 오랫동안 장악하지는 못했고, 여러 종왕들끼리 주고받으면서 혼란이 극심했다. 혜제 영흥(永興) 2년(305년)에, 동해왕(東海王) 사마월(司馬越)이 혜제를 낙양으로 맞이해 왔다. 이듬해에 혜제가 중독되어 세상을 떠나자, 사마월은 황태제(皇太弟: 황제의 동생) 사마치(司馬熾)를 회제(懷帝)로 옹립하면서, 조정의 권력은 사마월의 수중에 들어갔고, 팔왕의 난도 이리하여 마무리되었다.

가황후의 권력 독점과 팔왕의 난은 서진의 정치와 사회 경제를 크게 파괴했다. 전란은 국정을 혼란하고 무질서하게 했을 뿐만 아니라, 사회적 생산에도 중대한 손실을 가하여, 군인과 민간인 수십만 명이 죽거나 부상을 당했으며, 수많은 성(城)과 진(鎭)들이 불에 타 폐허가 되었다. 이와 동시에, 자연재해가 해마다 계속되어 백성들의 생활을 도탄에 빠뜨렸고, 이로 인해 대량의 유민을 만들어 냈다. 역사에서는 "유민이 사방으로 뿔뿔이 흩어지자, 열 명 중 두 명도 남지 않았으며, 늙은이를 손에 잡아끌고 어린아이를 부축하면서, 길거리에 끊이지 않았다"고 묘사했다. 규모가 방대했던 유민에 수반하여, 유민의 봉기도 여기저기에서 일어났다. 서진의 통치 기능은 이리하여 마비되었으며, 한번 무너지자 다시는 일어나지 못했다.

영가(永嘉)의 난

유민들의 봉기에 비해, 흉노를 중심으로 하는 내천(內遷: 외지에서 내지로 이주해 옴)한 각 소수민족 군사 귀족들의 반진(反晉: 진나라에 반대함) 운동은 서진의 통치에 더욱 직접적인 위협이 되었다. 그 중 가장 먼저 군대를 일으킨 것은 흉노인인 유연(劉淵)·유총(劉聰) 부자였다. 유연은 서한 시기 묵돌선우(冒頓單于)의 후손으로, 그의 할아버지는 부라(扶羅)에서 동한 정권에 귀순해 왔으며, 그의 아버지 유표(劉豹)는 조위(曹魏) 시기에 흉노 5부(部) 가운데 좌부수(左部帥: 좌부의 통치자)를 맡았었다. 서진에서 '팔왕의 난'이 발생한 후, 유연은 성도왕 사마영에게 투항하여, 흉노 기병을 이끌고 사마영을 위해 충성하고 싶다는 뜻을 나타냈다. 하지만 유연이 참전하기를 기다리지 않고, 사마영은 뜻밖에 혜제를 데리고 남쪽으로 도망쳐 낙양으로 갔다. 진나라가 지배적 지위를 상실하는 것을 직접 보자, 야심만만한 유연은 영흥 원년(304년)에 정식으로 한왕(漢王)으로 칭하

◈ **용문금대구**(龍紋金帶扣) | 서진

대구(帶扣)는 몸을 비틀고 꼬리를 치는 용 한 마리를 투조했는데, 구름 속에서 용솟음치고 있다. 용의 몸통 중간 부위에는 녹송석(綠松石) 구슬 한 알을 박아 놓았으며, 대구의 뒷면은 황동(黃銅) 조각을 덧대어 더욱 튼튼하게 만들었다.

면서, 진나라에 반대하는 기치를 내걸었다. 뒤이어 유연의 대군은 성을 공격하여 그 땅을 빼앗기 시작하여, 태원(太原, 지금의 산시성山西省에 속함)·중도(中都, 지금의 산시성 위츠榆次)·둔류(屯留, 지금의 산시성에 속함) 등 전략적 요충지들을 잇달아 점령함으로써, 병주(幷州) 동남부를 거의 장악했다. 유연의 세력이 확대됨에 따라, 선비(鮮卑) 추장 육축연(陸逐延)·저족(氐族) 추장 선징(單徵)·동래왕(東萊王) 미(彌) 및 훗날 유연의 심복이자 총애하는 장수가 되는 석륵(石勒) 같은 사람들이 잇달아 유연에게 투항해 왔다.

서진 영가 2년(308년), 유연은 포자(蒲子, 지금의 산시성 시현隰縣)에서 황제라 칭하고, 국호는 여전히 한(漢)으로 삼았으며, 도읍을 평양(平陽, 지금의 산시성 린펀臨汾)에 정했다. 그리고 장남인 유화(劉和)를 태자로 삼고, 넷째 아들인 유총(劉聰)을 차기대장군(車騎大將軍)에, 조카인 유요(劉曜)를 용양대장군(龍驤大將軍)에 임명했다. 그 후, 유연 부자는 끊임없이 출병하여 남하했고, 아울러 여러 차례에 걸쳐 낙양을 직접적으로 옥죄었으나, 낙양의 군대와 백성들이 목숨을 걸고 저항한 덕분에, 마침내 흉노 군대의 침입을 물리쳤다. 영가 4년(310년), 유연이 병으로 세상을 떠나자, 그의 아들 유총이 즉위했다. 이때 낙양 주변 지역의 대부분이 유연의 부하인 석륵에게 점령되자, 낙양성 안에는 식량이 부족하여, 이미 막다른 골목에 몰린 처지가 되어 있었다. 영가 5년, 유총은 유요가 이끄는 대군을 낙양성에 파견하여 최후의 공격을 가했다. 권력을 쥐고 있던 동해왕 사마월은 낙양은 굳건히 지키기 어렵다는 것을 눈으로 직접 보자, 낙양의 일부 군대와 문무백관들을 인솔하여 성을 버리고 도망쳤다. 그해 3월, 사마월이 도망치던 도중에 병에 걸려 사망하자, 석륵은 기회를 틈타 군대를 이끌고 달아나는 서진의 군민(軍民)에게 맹공을 가하여 10여만 명을 사살했다. 같은 해 5월, 유총의 군대는 일거에 공격하여 낙양을 함락시키고, 회제를 포로로 잡았으며, 서진의 관리와 백성 3만여 명을 살해했다. 이 전대미문의 참혹한 변란이 영가 연간에 발생했기 때문에, 역사에서는 이를 '영가의 난'이라고 부른다.

영가의 난이 있고 나서, 진 회제는 유요의 전리품이 되어 흉노 한국(漢國)의 도성인 평양으로 보내졌다. 영가 7년(313년) 봄, 유총은 도성인 평양의 광극전(光極殿)에 뭇 신하들을 전부 불러 모아 놓고서, 진 회제에게 노복들이 입는 푸른색 옷을 입혀, 술자리에서 흉노 한국의 대신들을 위해 술을 따르도록 명령했다. 당시 그 자리에 있던 유민(庾珉)·왕준(王俊) 등 서진의 옛 신하들은 이 장면을 보자 통곡을 하며 눈물을 흘렸다. 유총은 갑사(甲士)에게 명령하여 연회에 참가한 유민 등 10여 명의 서진의 옛 신하들을 끌어내어 참수하도록 명령을 내린 다음, 다시 한 잔의 독주를 먹여 진 회제를 독살했다. 진 회제가 사로잡힌 다음, 서진의 관리들은 다시 장안에서 회제의 조카인 사마업(司馬鄴)을 황제로 세웠으니, 그가 진 민제(愍帝)다. 316년, 유요가 군대를 이끌고 장안을 공격하여 점령하자, 진 민제가 나와서 항복함으로써, 서진의 북쪽에 있던 정권이 거의 와해되어, 서진은 멸망했다.

한 걸음 더

죽림칠현(竹林七賢)

정치가 암울하고 통치계급 내부의 알력이 엄중했기 때문에, 위(魏)·진(晉) 시기의 문인과 사대부들의 사상은 대단히 갈등이 심했다. 그들은 비록 안일을 추구하여, 정치에 대해 논하지 않고, 자아를 포기했지만, 현실 사회에 대한 불만을 참지 못하여, 문장에서는 무의식중에 전제주의 정권에 대한 반항을 드러내지 않는 것이 없었다. 그들은 산림과 하천 속에 마음을 기탁했지만, 문장과 학문 사이에 포부를 담아, 현실에 대한 비판과 풍자 속에 자기의 인생과 사회의 이상을 그려 냈다. …… 그 중 대표적인 인물들이 바로 혜강(嵇康)·완적(阮籍)·산도(山濤)·향수(向秀)·유령(劉伶)·완함(阮咸)·왕융(王戎) 등 일곱 명이다. 그들은 고결한 선비를 자처하면서, 항상 죽림에서 술자리를 마련하여, 온갖 것들에 대해 담소를 나누고, 모든 것을 업신여겼다. 당시 사람들은 이들을 '죽림칠현'이라 불렀으니, 이른바 위·진 시기 명사(名士)들의 풍모를 알려 주는 전형적인 대표자들이었다.

동진(東晉) 십육국 317~420년

인물: 사마예(司馬睿), 왕도(王導) 키워드: 오호십육국(五胡十六國)

십육국의 분쟁과 동진의 편안(偏安)

서진이 위기에 처했을 때, 특히 멸망한 후에, 흉노·선비·갈족(羯族)·저족(氐族)·강족(羌族) 등 소수민족들이 잇달아 북쪽에 거의 20여 개의 민족 정권들을 건립했다. 그들 사이에서는 전란이 끊이지 않았고, 정권의 교체가 매우 빈번하여, 사회가 동요하고 불안했으며, ……북쪽과는 달리, 이 무렵의 남쪽 지역은, 서진의 종실인 사마예(司馬睿)가 권문세가들의 지지를 받아 새로운 한족 정권을 건립하자, 남쪽의 역사는 편안(偏安: 중원을 잃고 한쪽 지방에 안거하는 것에 만족함)한 동진 시기로 진입했다. 북쪽의 수많은 인구가 남쪽으로 이주하면서, 객관적으로 남쪽의 발전을 위해 새로운 활력을 불어넣어 주었으며, 선진적인 생산기술을 가져다주어, 남쪽은 이 시기에 한층 더 개발을 이루었다.

오호십육국(五胡十六國)

동한 말기 이후 중원으로 이주해 온 소수민족들로는 주로 흉노·갈족·선비·저족·강족 등이 있는데, 역사는 이들을 통틀어서 '오호(五胡: 다섯 오랑캐)'라고 부른다. 그들은 북쪽의 초원에서 농경 지역으로 진입한 다음, 화북(華北)과 서북의 광대한 지역에 흩어져 살았다. 이들 소수민족의 사회 발전 정도가 비록 비슷하지는 않았지만, 한족 선진 문화의 영향을 받아 그들도

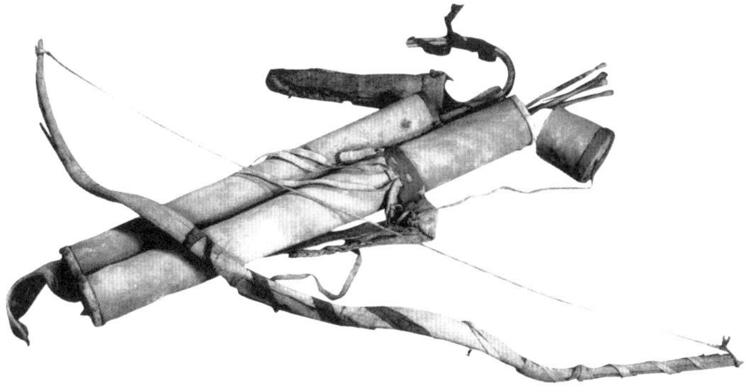

◈ **궁전**(弓箭: 활과 화살)**과 전대**(箭袋: 화살 주머니) | **동진 십육국**

활은 멀리 쏘는 무기로, 중국 고대에 각 민족들의 무장력으로서 광범위하게 사용되었다. 심지어 "무기는 36종이 있는데, 활이 첫 번째로 불리며, 무예에는 18가지가 있는데, 활이 첫 번째다"라는 말이 있을 정도였다.

점차 유목에서 농업 정착 생활로 바뀌면서, 호(胡: 오랑캐)·한(漢: 한족)의 문화가 상호 영향을 미치며 침투하기 시작했다. 그러나 민족문화의 융합이 결코 민족 간의 모순을 해소하지는 못했으며, 호·한 상층의 하층 백성에 대한 압박은 경내(境內) 각 민족의 반항을 불러일으켰는데, 각 민족 상층 인물들은 바로 자기 민족 백성들을 이용하여, 힘을 키우고, 할거를 강화하면서, 동요하고 불안한 정치적 분쟁 과정에서 역량을 축적했다. 그리하여 서진이 위기에 처하여 멸망한 다음, 북쪽 지역에서는 잇달아 일련의 소수민족 정권들이 건립되었다.

그 가운데 가장 먼저 건립된 것은 저족인(氐族人) 이특(李特)·이웅(李雄) 부자가 창건한 성한(成漢) 정권과 흉노인 유연·유총 부자가 건립한 한(漢, 전조前趙) 정권이다. 이씨 부자는 서진 말기에 약양(略陽, 지금의 산시성陝西省에 속함) 백성들이 파촉 지역으로 유랑할 때 유민의 우두머리였다. 이특 등이 인솔하는 유민이 파촉으로 진입한 후, 진나라 조정이 유민에게 고향으로 되돌아가도록 핍박하고 유민을 진압하는 바람에 조정과 충돌이 발생했다. 그리하여 이씨 부자는 희생을 무릅쓰고 용감하게 앞장서서 진나라 조정의 압박에 반항하는 투쟁을 전개했으며, 마침내 서진 태안(太安) 2년(303년) 12월에 익주자사(益州刺史) 나상(羅尙)을 뒤쫓아 가서 성도를 공격하여 함락시키고, 성한 정권을 건립했다. 유연은 흉노 남선우(南單于)의 후예로, 팔왕의 난 때, 유연은 흉노 귀족의 추대를 받아 대선우(大單于)를 자처했다. 또 진나라 영가(永嘉) 2년(308년)에는 황제로 칭호를 바꾸고, 도읍을 평양(平陽, 지금의 산시성 린펀臨汾 서남쪽)에 건립했으며, 한(漢)을 국호로 삼았다.

저족인 이웅과 흉노인 유연이 각자 정권을 건립하면서부터, 북위(北魏) 태연(太延) 5년(439년)에 북량(北凉)을 멸

◈ **왕도**(王導)

왕도(276~339년)는 자(字)가 무홍(茂弘)이고, 낭아(琅琊, 지금의 산둥성 린이臨沂) 사람으로, 동진 시기의 저명한 정치가·서법가였으며, 진(晉) 원제(元帝)·명제(明帝) 및 성제(成帝) 등 3대에 걸쳐 벼슬을 했다. 동진 정권의 기초를 다진 인물 중 한 명이다.

망시키기까지 136년 동안, 각 소수민족들은 잇달아 북부와 서남부 지역에 매우 많은 민족 할거 정권들을 건립했는데, 이를 습관적으로 십육국이라고 부른다. 그런데 진나라 태원(太元) 8년(383년)에 있었던 동진과 전진(前秦)의 비수(淝水, 지금의 안후이성 수현壽縣 동남쪽) 전투를 경계로 하여, 십육국의 건립 과정은 전기와 후기의 두 시기로 나눌 수 있다. 그 이전에 건립한 정권들로는 성한(成漢)·한(漢)·전조(前趙)·후조(後趙)·전연(前燕)·전진(前秦)·전량(前凉)이 있으며, 그 이후에 건립된 것들로는 후진(後秦)·후연(後燕)·남연(南燕)·북연(北燕)·후량(後凉)·남량(南凉)·서량(西凉)·북량(北凉)·서진(西秦)·하(夏) 등이 있다. 이 밖에도 전기에 선비(鮮卑) 탁발부(拓跋部)가 건립한 대(代)와 염민(冉閔)이 건립한 위(魏) 및 후기에 건립된 서연(西燕) 정권도 있었지만, 십육국에 포함시키지는 않는다.

이 시기의 북쪽은, 각 민족들 간의 정복과 피정복·통치와 피통치의 관계가 항상 바뀌었고, 민족의 압박과 그 압박에 반대하는 투쟁이 반복적으로 진행되었다. 장기간의 동란, 통치자의 난폭한 살육과 약탈, 한없이 그치지 않는 노역은 각 민족의 백성들에게 심각한 재난을 안겨 주었다. 하나의 정권이 막 건립되면, 다른 정권이 다시 그를 빼앗아 대신 들어서려고 했다. 이렇게 빈번한 권력의 교체와 이동은 인민의 생활을 매우 고통스럽게 했고, 극도의 불안정을 초래했다.

중원을 잃고 한쪽 지방에 안거하는 것에 만족한 동진(東晉)

서진 말기, 수많은 북쪽의 한인(漢人)들은 장기간의 끊임없는 전란이 가져다준 고통을 견디지 못하고, 잇달아 거족적으로 남쪽으로 이주해 왔다. 317년, 남쪽으로 도망쳐 온 관리·귀족·대지주들이 강남의 대지주들과 연계하여, 진나라 황족인 사마예를 옹립하여 정권을 건립하고, 건강(建康, 지금의 장쑤성 난징)에 도읍을 정했으며, 연호를 건무(建武)라고 했으니, 역사에서는 이를 동진(東晉)이라고 부른다. 이리하여 사마씨는 강남의 절반을 보유하게 되었다. 사마예가 동진 왕조를 건립할 수 있었던 것은, 한편으로는 강남 지역의 우월한 지리적 조건과 경제적 우세를 차지했기 때문이며, 다른 한편으로는 그가 남쪽으로 이주해 온 북쪽의 사족(士族)과 호족 및 남쪽의 명문거족들의 큰 도움을 받았기 때문이다. 동진의 건립이 명문거족의 지지를 크게 받았기 때문에, 사족 특권 제도가 동진에서 한층 더 제도화되었다. 그 때문에 서진 때에 여전히 어떤 사람들은 온 힘을 다해 "상품(上品: 구품중정제九品中正制에서 중정일품中正一品은 명목뿐이었고, 중정이품中正二品만 상품이라 했고, 중정삼품부터 중정구품까지는 하품이라 했다)에 미천한 가문은 없고, 하품(下品)에 권문세가 출신이 없는" 상황을 반대했지만, 이것은 동진에서 이미 이치상 당연한 일이 되었다. 그리하여 역사에서는 "무릇 높은 벼슬아치 집안과 귀족의 후예들은 2품(二品: 최고 관직)이 아닌 사람이 없었으며, 이 아래 등급은 결국 천한 서민이 되고 말았다[凡厥衣冠, 莫非二品. 自此以還, 遂成卑庶]"고 기록하고 있다.

어떤 의미에서 말하자면, 동진은 망명 정권인데, 그것은 강남으로 망명해 온 명문거족들을 정치적 기반으로 삼았을 뿐만 아니라, 또한 남쪽으로 망명해 온 수많은 보통 사람들을 경제적 기초와 무력의 버팀목으로 삼았다. 사족들이 조정을 독점하고 있어, 권세가 지나치게 강대했기 때문에, 중앙의 황권은 비교적 허약해 보였으며, "황제의 위엄이 서지 못하여, 신하의 도리가 제멋대로 행해지는[主威不樹, 臣道專行]" 문벌정치의 국면이 형성되었다. 그러나 직접 생산 활동을 하던 수많은 북쪽의 백성들도 남쪽으로 이주해 왔는데, 그들은 북쪽 사회의 선진적인 생산 방법을 장악하고 있었기 때문에, 이러한 선진적인 생산력과 남쪽의 습윤하고 온난한 좋은 기후 조건이 결합하면서, 남쪽 경제의 발전과 변방의 개발에 대해 매우 큰 공헌을 했다. 사회적 생산의 발전은 또한 동진 사회의 물질적 수요를 강력하게 보장했다. 이 때문에 동진은 남쪽 사회의 발전사에서 중요한 역사적 단계이기도 하다.

비수(淝水) 전투

북쪽의 소수민족들이 상호 공격하여 정벌하고 겸병하는 과정에서, 몇 개의 실력이 강대한 정권들이 출현하면서, 북쪽에서는 점차 통일되는 추세가 출현하게 했다. 뿐만 아니라 이러한 정권들은 또한 장기적인 정치적 목표를 가지고 있었으니, 북쪽을 통일하고, 아울러 계속해서 남하하여 동진을 정복하기를 갈망했다.

318년, 한(漢)의 유총(劉聰)이 사망한 후, 황위가 유요(劉曜)에게 탈취되었다. 유요는 장안으로 천도하고, 국호를 조(趙)로 바꿨으니, 역사에서는 이를 전조(前趙)라고 부른다. 이와 동시에 전조의 석륵은 유총이 사망한 뒤에 내란이 발생한 기회를 틈타 신속하게 평양과 낙양 일대를 점령하고, 도읍을 양국(襄國, 지금의 허베이성 싱타이邢臺)에 정했다. 그리고 스스로 조왕(趙王)이라고 칭하면서, 유요 정권과 동서에서 서로 대치했으니, 역사에서는 이를 후조(後趙)라고 부른다. 쌍방이 나라를 세우고 얼마 지나지 않아, 빼앗고 빼앗기는 공방전을 벌였다. 329년, 석륵은 마침내 유요에게 승리를 거두고, 서쪽으로는 관농(關隴)에서부터 동쪽으로는 요서(遼西)에 이르는 황하 중·하류의 방대한 지역을 자신의 통치하에 귀속시킴으로써, 북쪽의 일부 지역을 통일하는 국면을 형성했다. 그러나 얼마 후, 선비족 모용씨(慕容氏)가 342년에 용성(龍城, 지금의 랴오닝성 차오양朝陽)에 전연(前燕) 정권을 건립했다. 일찍이 전조의 장수였던 저족인(氐族人) 부홍(苻洪)·부건(苻健) 부자도, 후조 정권 내부에서 난이 일어난 틈을 타 자립하여, 351년에 장안을 중심으로 하는 전진(前

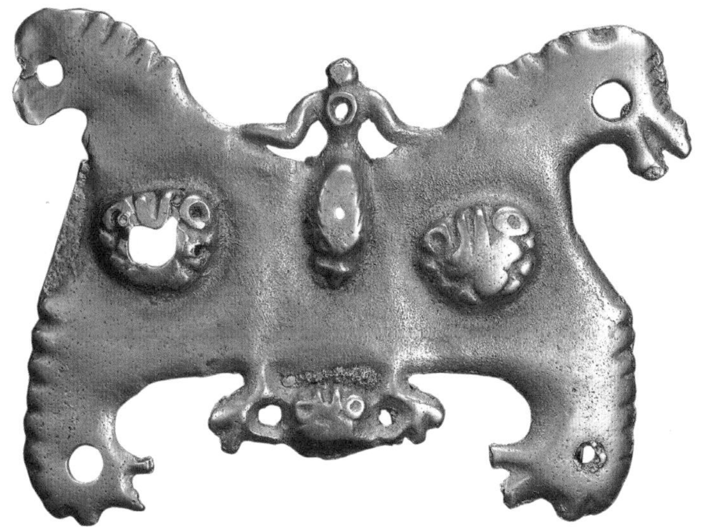

◈ **사수문금식건(四獸紋金飾件) | 동진 십육국**

식건(飾件: 장식물)의 길이는 8.9센티미터로, '사수(四獸)'('四鳥'라고도 함)는 네 모서리에 분포되어 있고, 중간에는 한 사람이 올라타 앉아 있다. 식패(飾牌)의 좌우 양 옆과 아래쪽에도 각각 한 개씩의 수면문(獸面紋)이 있다.

秦) 정권을 건립했다. 부건이 사망한 후에 그의 아들 부생(苻生)이 제위를 계승했지만, 부생은 어리석고 무능했으므로, 부건의 조카인 부견(苻堅)이 357년에 부생을 살해하고 그의 자리를 탈취했다. 부견은 총명하고 배우기를 좋아했으며, 박학다재하고, 매우 유능한 군주였다. 그는 등극한 후에 연속해서 전연과 전량을 멸망시키고, 북쪽의 통일을 실현했다.

남쪽의 동진을 정벌하고 전국을 통일하는 것은 오래된 바람이었는데, 북쪽을 통일하고 나서 그의 바람은 더욱 강렬해졌다. 그런데 남쪽으로 이주해 온 동진의 사족들도 항상 군대를 일으켜 북쪽을 정벌하고, 고향을 되찾을 것을 잊지 않고 있었으므로, 쌍방 간에는 필연적으로 한바탕 전쟁이 일어날 수밖에 없었다. 전진(前秦) 건원(建元) 19년(383년) 8월, 부견은 먼저 대규모로 남쪽 정벌을 개시하여, 역사상 유명한 비수 전투를 벌였다. 이 전쟁 전에 전진의 군대는 백만 명(실제로는 87만 명)을 보유했다고 알려져 있었으며, 역사에서는 "전후 길이가 천 리에, 깃발과 북이 서로 바라보았다(군대의 행렬이 끊이지 않고 이어짐을 나타내는 말)[前後千里, 旗鼓相望]"고 했으니, 부견은 반드시 이길 것이라며 교만하게 굴었다. 그러나 동진의 실력도 얕볼 수 없었다. 동진은 뛰어나고 강대한 북부병(北府兵)을 보유하고 있었고, 더욱 중요한 것은 동진의 정권을 장악하고 있던 대신인 사안(謝安)은 포용력이 있고 도량이 큰 데다, 지략이 풍부했다. 그의 노력으로 동진의 군정(軍政) 대권을 장악하고 있던 환(桓)·사(謝) 두 가문도 음으로 양으로 다툼을 멈추고, 서로 손을 잡고 협력하기로 했다. 비수 전투가 시작된 다음, 부견 군대는 비수의 서안(西岸)에 바짝 붙어 포진했고,

◈ 〈낙신부도(洛神賦圖)〉 | 동진, 고개지(顧愷之)

옛날부터 전해 오는 이 〈낙신부도〉는 동진의 화가 고개지가 삼국 시대의 문인 조식(曹植)의 명작인 「낙신부(洛神賦)」에 근거하여 그린 작품이다. 그 가운데 가장 감동적인 부분은, 조식과 낙신이 상봉했지만, 낙신이 어쩔 수 없이 떠나가는 장면을 그린 부분이다. 현재 전해 오는 〈낙신부도〉는 네 가지 모사본이 있는데, 각각 랴오닝성(遼寧省)박물관, 고궁박물원(故宮博物院), 미국 프리어 갤러리 등지에 소장되어 있다.

사석(謝石)과 사현(謝玄)을 선봉장으로 하는 진(晉)나라 군대는 동안(東岸)에 주둔하여, 전진의 군대와 강을 사이에 두고 서로 대치했다. 전쟁이 시작되자, 사현은 전진의 군대가 너무 앞쪽에 진을 쳐서 신속한 전투를 벌이기에 불리하다는 것을 이유로 삼아 전진의 장군인 부융(苻融)에게 약간 후퇴할 것을 요구했다(사현이 부융에게 편지를 보내기를, "날짜를 정해 전투를 벌이되, 동진의 군대가 비수를 건너가 전투를 할 수 있도록 전진의 군대가 일정한 거리를 뒤로 후퇴해 달라"고 요구했다. 옛날 중국에서는 전투를 할 때, 일종의 신사협정을 맺어, 전투 개시 시간을 정하고, 일정한 진용을 갖추어 싸움을 시작했다－옮긴이). 부융은 이 건의를 받아들였고, 진나라 군대는 전진의 군대가 뒤쪽으로 이동하느라 혼란한 틈을 타 그들에게 기습적으로 타격을 가하여, 부융을 살해했다. 뒤이어 사현이 다시 전진 군대의 후방에 사람을 보내 "진(秦)나라 군대가 패했다"고 큰소리로 알리게 하여, 전진의 군대를 큰 혼란에 빠뜨리자, 모든 전선이 붕괴되었고, 진(晉)나라 군대는 승세를 몰아 추격하여, 마침내 승리를 거두었다.

동진의 멸망

비수 전투에서, 동진은 적은 수의 군대로 많은

적과 싸워 이기고 결정적인 승리를 거두었다. 동진의 군대는 기회를 틈타 일부 잃어 버린 땅을 되찾음으로써, 영토의 판도를 동진 건립 후 가장 큰 시기에 이르게 했다. 사안은 정권을 장악한 자이자 실제 지휘자로서 여러 차례 표창을 받았고, 사씨 자제들도 군대를 이끌고 정복전쟁에 나서 특별한 영예를 얻었다. 하지만 사씨 가족들의 끊임없이 확대되는 권력은 반대로 황실의 질투와 의심을 샀다. 사안이 사망한 후, 동진의 효무제(孝武帝)는 그의 동생인 회계왕(會稽王) 사마도자(司馬道子)를 통해 조정을 장악하여, 사씨 가족을 대체했다.

사마도자는 재능과 지혜가 평범하고 원대한 지략이 전혀 없었지만, 그는 국정을 독점하고, 위세가 천하를 흔들었으니, 역사에서는 "머리는 나쁘고 사리 분별에는 어두워, 정사가 많이 부족했다[蓬首昏目, 政事多闕]"고 했다. 그가 권력을 장악했던 기간 동안 정치는 부패했고, 사치에 많은 낭비를 했으며, 생활이 타락하여, 백성들의 원성이 자자했다. 사마도자는 말년에 술에 중독되어, 온종일 곤드레만드레 취해 있자, 그의 아들 사마원현(司馬元顯)이 그가 술에 취한 틈을 타 조정 대신과 연합하여 사마도자가 갖고 있던 사도(司徒)·양주자사(揚州刺史) 직을 파면하고, 자신이 양주자사가 되어 대권을 장악했다. 사마원현은 성격이 모질고 잔인한 데다, 고집불통이어서 남의 말을 듣지 않았으며, 그는 자신의 군대를 만들기 위해 강제로 사가(私家)의 노비들을 징발하여 군대로 삼는 바람에, 사회적 갈등을 격화시켰다. 줄곧 한쪽 지방에 안거하는 것에 만족해 하던 동진 정권은 명문거족들을 다독여 통치를 유지하는 데 진력하면서도, 보통 백성들의 생활에 대해서는 비교적 관심을 적게 기울이자, 남쪽을 떠돌던 민중들 대부분이 호족들의 집안에 들어가 노비가 되었기 때문에, 계급적 압박이 매우 심했다. 사마원현이 노비[奴]를 면해 주고 객(客)으로 삼아, 사병(私兵)을 징집한 방법은, 비록 명목상으로는 '노비'의 지위를 높여 주었지만, 실제로는 그들의 삶의 터전을 빼앗았기 때문에, 곧바로 삼오(三吳) 지역의 소란을 불러일으켰다. 대대로 오두미도(五斗米道)를 믿던 낭아(琅琊) 출신 손은(孫恩)이 이 기회를 빌어 농민 봉기를 일으켜, 동진 정권 통치하에서의 계급 압박에 대해 반항했다. 손은의 봉기는 비록 결국 실패로 끝났지만, 그것은 나날이 부패해 가고 있던 동진 정권에 경고를 보냈다.

동진 정권이 손은의 봉기를 진압하느라 바쁠 때, 통치자들 내부에서 권력과 이익을 다투는 투쟁도 매우 격렬하게 전개되었다. 전 대사마(大司馬) 환온(桓溫)의 아들 환현(桓玄)은, 줄곧 사마원현에 대해 마음속으로 불만을 갖고 있었기 때문에, 그는 손은이 봉기를 일으킨 기회를 틈타 강주(江州)·형주·옹주(雍州) 등 세 주를 모두 자신의 수중에 장악하고, 여차하면 무너질 듯한 동진 정권을 무너뜨리고 대체할 기회를 노렸다. 손은의 봉기가 진압된 후, 사마원현은 진 안제(安帝) 사마덕종(司馬德宗)의 명의로 조서를 내려 환현을 견책하고 토벌하도록 하자, 환현도 사방에 격문을 돌려, 군대를 일으켜 반항했다. 환현이 북부병의 주장(主將)인 유뢰지(劉牢之)를 매수했으므로, 그가 전장에 나가서 배신했기 때문에, 사마원현은 전선에서 포로가 되었고, 환현은 순조롭게 건강(建康, 지금의 장쑤성 난징)을 점령하여, 사마원현을 처형한 다음 정권을 장악했다. 403년, 환현은 진 공제(恭帝) 사마덕문(司馬德文)을 폐위하고, 스스로 황제가 되어, 나라를 세우고 국호를 초(楚)라 했다. 이후 환현은 비록 일부 사마씨에게 배제당했던 호족 세력을 중용하기도 했지만, 그는 동시에 또한 북부병의 군사력을 두려워하여, 북부(北府)의 장수들을 대거 살육하자, 유뢰지·손무종(孫無終) 등 북부의 숙장(宿將: 경험이 풍부한 노련한 장수)들이 잇달아 살해되었기 때문에, 북부병의 잔여 세력들이 반격을 가할 불씨를 남겨 두게 되었다.

한걸음더

서성(書聖) 왕희지(王羲之)

왕희지(303~361년)는, 자(字)가 일소(逸少)이며, 동진의 사도(司徒)였던 왕도(王導)의 종자(從子: 조카)로, 우군장군(右軍將軍)·회계내사(會稽內史)를 역임했기 때문에, 후세 사람들이 그를 '왕우군(王右軍)'이라고 불렀다. 왕희지 일생에서의 주요 공헌은 서법(書法)의 성취에서 집중적으로 드러나며, 그는 자신의 아들 왕헌지(王獻之)와 함께 '이왕(二王)'으로 불린다. 왕희지는 먼저 위부인(衛夫人)을 스승으로 모시고 서법을 배웠고, 후에 여러 사람들의 장점을 널리 받아들여, 여러 서체들을 잘 썼다. 특히 해서(楷書)와 행초서(行草書)에 뛰어났다. 그의 서법은 풍격이 미려하고 유창한데, 한(漢)·위(魏) 이래의 질박한 서풍을 완전히 바꿈으로써, 서법이 완전히 새로운 경지로 나아가게 하여, '서성(書聖)'으로 존경받고 있다. 전해 오는 그의 대표작들로는 〈난정서(蘭亭書)〉·〈십칠첩(十七帖)〉·〈이모첩(姨母帖)〉·〈봉귤(奉橘)〉 등이 있다. 그 가운데 〈난정서〉가 후세에 가장 큰 영향을 미쳤으며, "천하제일행서(天下第一行書)"라고 불린다.

남북조(南北朝) 398~420년

인물: 탁발규(拓跋珪), 유유(劉裕) 키워드: 효문제(孝文帝)의 개혁, 원가(元嘉) 북벌

대치하는 동안에 교체되다 : 북위의 굴기와 유송(劉宋)의 건립

비수(淝水) 전투는 십육국 시기에 북쪽 형세에서 하나의 전환점이었다. 전쟁에서 패배한 전진(前秦) 정권이 급속히 와해되자, 북쪽에서는 다시 여러 민족 정권들의 투쟁이 끊이지 않는 혼란한 국면이 재연되었다. 탁발선비(拓跋鮮卑: 탁발씨 계열의 선비족 일파)가 건립한 북위(北魏) 정권이 혼전 중에 점차 굴기하여, 북쪽을 통일했을 뿐 아니라, 북쪽 민족들의 융합 과정도 끊임없이 촉진했다. 반대로 남쪽을 보면, 동진의 사마씨 정권은 권신(權臣) 환현(桓玄)에 의해 한 차례 정권이 바뀌었다. 그러나 환현은 권력을 찬탈한 후 북부(北府) 관병의 공격에 타격을 가했지만, 매우 총명하지 못하여, 얼마 지나지 않아 환현 정권은 동산(東山)에서 재기한 북부병의 장수 유유(劉裕)에 의해 멸망했고, 유유는 이리하여 제왕의 길에 들어섰다. 북위와 유송(劉宋: 유씨가 세운 송나라)은 남북으로 대치한 채, 서로를 공격했다.

북쪽의 분열

비수 전투에서 패한 후, 부견(苻堅)은 실의에 빠져 돌아갔고, 백만 대군은 사방으로 도망쳐 흩어지는 바람에, 낙양으로 돌아왔을 때는 단지 10여만 명밖에 남아 있지 않았다. 군사적인 참패는 전진의 통치에 치명적인 타격을 가했다. 북쪽 지역은 본래 소수민족 정권들이 즐비하여, 민족들 간에 서로를 공격하며 싸웠기 때문에, 전진의 통일은 주로 강대한 군사력에 의지했었는데, 강대한 군사력이 보장되지 않게 되자, 북쪽의 통일도 유지하기 어려웠다. 전진이 남하하여 전쟁을 벌이기 전에, 각 민족들 내에서 군대의 징집을 강행하여 각 민족들의 불만을 샀다. 전쟁에서 패한 후, 원래 진나라에게 정복당했던 각 민족의 귀족들은, 모두 이 기회를 틈타 그들의 정치 세력 회복을 모색했다. 그리하여 얼마 후에 여러 민족 정권들이 잇달아 독립을 선포하자, 북쪽 지역은 다시 분열되어 할거하는 상황으로 빠져들었다.

비수 전투 이전의 상황과 달랐던 것은, 북쪽 지역에서의 초기 분열은, 주로 흉노 등 소수민족 수령들이 한족 통치계급의 민족 차별 정책과 민족 압박에 반항하는 소수민족의 정서를 이용하여 강대해졌고, 마침내 한족 정권과 서로 대립하는 민족 정권을 건립했다는 것이다. 그러나 비수 전투 후에는, 북쪽 소수민족들이 모두 이미 일정하게 발전을 이루었고, 동진의 한족 정권은 남쪽의 일부 지역에 안주하는 것에 만족하고 있었기 때문에, 각 소수민족들 간의 대립과 정복 전쟁 및 정권 교체는 북쪽의 형세가 발전하는 주요 모습이 되었다는 것이다.

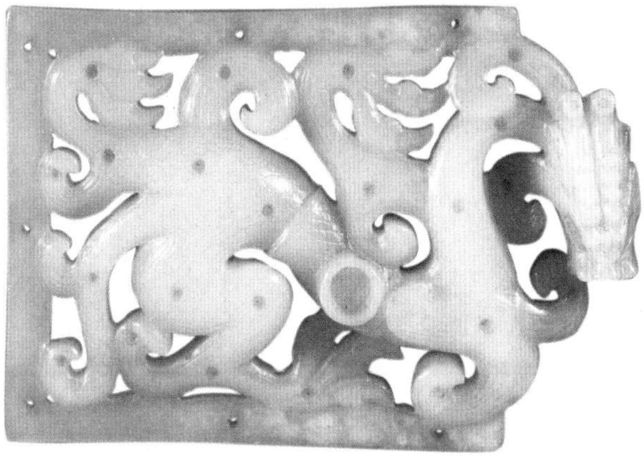

◈ **백옥용문선비두**(白玉龍紋鮮卑頭) | **남조**(南朝) **송**(宋)

선비두(鮮卑頭)란, 즉 호어(胡語: 오랑캐어)에서 말하는 대구(帶鉤: 버클) 혹은 대구(帶扣)다. 이것은 곤복(袞服: 곤룡포)에 착용하는 옥대두(玉帶頭)인데, 형상은 몸을 사린 용 한 마리를 투조로 새겼으며, 뒷면에는 두 줄로 다음과 같은 명문(銘文)을 새겨 놓았다. "庚午, 御府造白玉袞帶鮮卑頭, 其年十二月丙辰就, 用工七百"(경오년, 어부御府에서 백옥곤대선비두를 만들었고, 그해 12월 병진일에 완성했으며, 공인 칠백 명이 참여했다), "將臣范許, 奉車都尉臣程涇, 令奉車都尉關內侯臣張余"(장군 범허范許, 봉차도위 정경程涇, 영봉차도위 관내후 장여張余). 제작 시기, 제작 부서, 기물의 명칭, 투입된 공인 수, 감독자 성명 등 매우 가치 있는 내용들을 기록하고 있다. 이로부터 이 기물은 남조(南朝) 송 문제(文帝) 원가(元嘉) 7년에 제작된, 황제가 사용하던 기물이라는 것을 알 수 있다.

이 시기에, 상대적으로 독립적인 소수민족들은 모두 기회를 보아 자신의 정권을 건립하기 시작했다. 심지어 같은 민족의 다른 지파(支派)나 혹은 역사적 연원이 비슷한 민족들까지도 잇달아 자신의 정권을 건립했다. 예를 들어 선비족 모용부(慕容部)는 선후로 후연(後燕)·서연(西燕)·남연(南燕)·북연(北燕) 등의 정권을 건립했는데, 그 중 서연과 후연은 서로 싸우기까지 했으며, 선비족의 다른 부(部)들도 서진(西秦)·남량(南凉) 등의 정권을 건립했다. 또 똑같이 흉노의 후예들인 저거몽손(沮渠蒙遜)과 혁련발발(赫連勃勃)은 각자 북량(北凉)과 하(夏) 정권을 건립했다. 이 밖에도 강족(羌族)인 요씨(姚氏)가 건립한 후진(後秦) 정권도 있었고, 저족(氐族) 여광(呂光)이 건립한 후량(後凉) 정권 및 한족(漢族) 이씨(李氏)가 건립한 서량(西凉) 정권도 있었다. 각 민족 정권들끼리 상호 보복하여 죽이고, 때로는 분열했다가 때로는 합병하면서, 권력의 교체가 매우 빈번했기 때문에, 이 시기에 민족의 이동과 융합도 절정에 달했다. 당연히 극심한 분열과 대치는 역량의 분산을 초래하기도 했기 때문에, 또 다른 강대한 신흥 세력인 선비족 탁발부가 갑자기 습격해 왔을 때, 이들 정권들은 모두 차례로 탁발부 기병의 말발굽 아래 쓰러져 갔다.

◈ **채회석조입불상**(彩繪石彫立佛像) | 북위

불상의 높이는 126센티미터로, 1966년에 산둥성 칭저우(青州) 룽흥사(龍興寺)에서 출토되었으며, 현재 칭저우박물관에 소장되어 있다.

북위의 건립 및 한화(漢化: 한족 문화에 동화됨)

북쪽의 각 소수민족들이 서로를 공격하고 정벌하여, 정권이 주마등처럼 교체되고 있던 바로 그때, 비수 전투 전에 전진의 부견에 의해 멸망했던 선비족 탁발부(拓跋部)가 건립한 대국(代國)도, 그 건립자인 탁발십익건(拓跋什翼犍)의 손자인 탁발규(拓跋珪)의 노력으로 다시 일어섰다. 진(晉) 태원(太元) 11년(386년), 탁발규는 옛 부(部)를 규합하여 우천(牛川, 지금의 네이멍구 시라무인강錫拉木林河)에서 부락 대회를 소집하고, 대왕(代王)에 즉위하여, 대국을 부흥시켰다. 이후, 탁발규는 한편으로는 적극적으로 기타 부족들이나 정권들과 연맹을 추진하고, 다른 한편으로는 내부의 통치를 강화하면서 자신의 실력을 증강시켰기 때문에, 신속하게 강대해질 수 있었다. 진(晉) 융안(隆安) 2년(398년) 6월, 한족 사인(士人)인 최굉(崔宏)의 의견에 따라, 탁발규는 정식으로 국호를 '위(魏)'로 바꾸고, 아울러 평성(平城, 지금의 산시성山西省 다퉁大同)에 도읍을 정했다. 동시에, 예의 제도를 개혁하고, 정식으로 궁실·종묘·사직 등 국가의 제도를 확립했다. 그해 12월, 탁발규는 정식으로 황제가 되어, 북위 정권을 건립했다.

북위가 건립된 초기에, 북쪽에는 유연(柔然: 몽골 지역에 거주하던 유목민족)이 건립한 강대한 초원 제국이 있었는데, 불시에 남하해 침범하여 그 통치를 위협했다. 남쪽에 유유가 건립한 송(宋) 정권도 황하를 건너 관중(關中)으로 들어오기 시작하여, 북쪽으로 영토를 확장했다. 탁발규·탁발사(拓跋嗣)의 뒤를 이어, 탁발도(拓跋燾)가 시광(始光) 원년(424년) 8월에 제위를 계승했다. 탁발도 재위 기간에 유연에 대해 여러 차례의 대규모 공격을 감행하여, 마침내 북위의 뒷걱정을 해소했다.

◈ **호견문금식패**(虎犬紋金飾牌) | 동진 십육국

식패에는 한 마리의 엎드린 호랑이와 한 마리의 개가 있다. 호랑이의 몸 위에는 두 마리의 말 대가리가 새겨져 있다. 이렇게 호랑이·개·말이 하나에 조합된 식패는, 선비족이 흉노 문화를 흡수한 이후의 산물이다.

이와 동시에, 북위 정권은 또한 잇달아 북쪽의 기타 소수민족 정권들을 병탄하고, 마침내 북쪽 지역의 통일을 완성했다.

이후 줄곧, 북위의 통치 중심은 북쪽 초원 지역에 있었다. 특히 유연의 침입에 대응하기 위해, 음산(陰山: 네이멍구자치구 중부의 황하 북쪽에 있는 산맥) 남북 지역의 통제에 더욱 주의를 기울이면서, 전통적인 유목 생활을 하며 살았고, 경제의 원천은 주로 대규모 수렵과 다른 유목민족의 약탈에 의지했다. 역사에서는 북위 전반기의 통치를, "그들의 교화를 하면서도 풍속을 고치지는 않았고, 그들의 정치를 하면서도 그것을 마땅하게 바꾸지 않으면서, 사방의 공물을 거둬들여 곳간을 채우고, 그 화물을 모아서 창고를 채웠다[修其敎不改其俗, 齊其政不易其宜, 納其方貢以充倉廩, 收其貨物以實庫藏]"라고 기록하고 있다. 이러한 상황은 북위가 북쪽의 한족 거주 지역에서 크게 발전하기에 불리했음이 분명하다. 그리하여 군사 정벌을 진행함과 동시에, 탁발도는 문치(文治)와 교화도 중시했다. 그는 잇달아 태학(太學)을 설치하여, 공자 같은 사람들을 받들면서 유가 학설로 귀족의 자제들을 교육했으며, 관제(官制)의 설치에서도 한족 정권을 학습하여 부분적으로 조정했다. 그는 또한 연호를 '태평진군(太平眞君)'으로 바꾸어, 유가의 교화를 부흥시킨 태평진군으로 자처했다. 이러한 조치들은 두말할 것 없이 한(漢)민족과의 관계를 가까워지게 했다.

탁발도 이후, 북위 정권 내부에서는 정권 계승자 문제를 둘러싸고 일련의 투쟁이 벌어졌는데, 결국 문명태후(文明太后) 풍씨(馮氏)가 승리를 거두고, 그의 네 살짜리 손자인 탁발굉(拓跋宏)이 제위를 계승하자, 풍씨가 국정을 맡아 수렴청정하면서 실권을 장악했다. 풍씨는 유교를 숭상하는 중원의 한족 문화를 숭상했다. 북위의 정치 중심은 이미 남쪽의 평양(平陽) 일대로 옮겨갔다. 풍태후는 효문제(孝文帝: 탁발굉)를 지도하여, 북쪽에서 균전제(均田制)[1]·새로운 조조제(租調制)[2]·삼

1 균전제(均田制): 인구수에 따라 토지를 분배하던 토지 제도로, 일부 토지는 일정 기간 경작한 후에 자신이 소유하고, 일부는 그가 사망한 후에 다시 관에 반환했다.

2 조조제(租調制): 토지 제도인 균전제와 동시에 실시된 세수(稅收) 제도다. 전란으로 인구가 뿔뿔이 흩어지고, 화폐 제도가 거의 폐기된 상황에서 한대의 조세 제도를 개혁한 것이다. 주요 내용은, 정액제의 전조(田租)로 한대의 정률(定率) 전조를 대체했고, 호세(戶稅: 가구별로 징수하는 세금)로 한대의 인두세(人頭稅: 가구의 인원수에 따라 징수하는 세

◈ **통만성(統萬城) 유적**

통만성은 산시성(陝西省)과 네이멍구(內蒙古) 접경인 마오우쑤(毛烏素) 사막 깊숙한 곳에 위치하며, 현재 유일하게 남아 있는 흉노의 도성(都城)이다. 그것은 북쪽 십육국 가운데 흉노 귀족인 혁련발발(赫連勃勃)이 건립한 대하(大夏) 정권의 도성이었으며, "천하를 통일하고, 만방(萬邦)에 군림한다"는 의미를 갖고 있다. 전해지는 바에 따르면, 통만성을 건립할 때, 총관(總管: 총감독) 아리(阿利)가 공인(工人)에게 흙을 구워 성을 쌓도록 명령하여 지었는데, 만약 철추(鐵錐: 쇠 송곳)로 성벽을 찔러 1치[寸]만 들어가게 되면, 공인을 성벽 속에 넣고 쌓아 죽였기 때문에, 이 성벽이 유달리 견고해졌다고 한다.

장제(三長制)[3] 등의 조치들을 실행했으며, 조정의 예의와 사회 풍속 등에 대해서도 일련의 개혁을 단행했다. 이러한 것들은 이후 효문제가 남쪽의 낙양으로 천도한 후에 대규모의 한화(漢化) 조치들을 취하는 기초를 다져 주었다. 태화(太和) 14년(490년), 풍태후가 세상을 떠나자, 효문제가 친정(親政)을 하여 권력을 장악했다. 이후 그는 이미 정해진 한화 개혁 노선에 따라, 우선 형세 발전의 요구에 부응하여 낙양으로 천도했다. 아울러 낙양에서 전방위적인 한화 개혁을 진행함으로써, 북위 정권으로 하여금 정치 제도와 경제적 기초에서 완전히 한화를 실현하도록 했다. 그리하여 십육국 이래 북쪽 민족들의 융합 과정이 전에 없이 높은 수준에 도달했다.

금)를 대체했다. 그리하여 전반적으로 세금이 낮아졌다.

3 삼장제(三長制): 효문제가 한족 지주인 이충(李衝)의 건의를 받아들여 실시한 제도로, 태화(太和) 10년(486년)에 종주독호제(宗主督戶制: 강대한 세력을 지닌 토호 지주들을 통제할 수 없게 되자, 그들을 종주로 임명하여, 일정한 기득권을 인정해 주면서 기층 민중을 통제하던 제도)를 폐지하고 대신 실시한 제도다. 그리하여 토호 지주들이 호구수를 속여 조세와 부역을 탈루하지 못하도록 함과 아울러, 기층 정권 조직을 직접 통제했다. 삼장제란, 5가구마다 1명의 인장(隣長)을 두고, 5린(隣)마다 1명의 이장(里長)을 두며, 5리마다 1명의 당장(黨長)을 두어, 그들이 호구를 조사하고, 경작을 감독하고, 세금을 징수하고, 요역과 병역을 징발하는 책임을 지도록 했다. 대신 이들 각급 장에게는 일정한 특혜를 제공했는데, 1명부터 3명까지 관역을 면제해 주었다. 이 제도는 중앙의 지방에 대한 통치를 강화하는 데 유리했으며, 조세 수입을 증가시켜 줌과 동시에, 또한 명문거족 지주들의 이익에 타격을 가했다.

유유(劉裕)가 송(宋)을 건국하다

빈번한 내란과 권력 쟁탈 투쟁을 거치면서, 남쪽의 정권에도 많은 변동이 발생했다. 환현이 북부병(北府兵)에 의지해 사마씨 정권을 대체하여 정권을 수립한 후, 자신은 오히려 북부병에 대해 시기하고 의심하는 마음을 가졌기 때문에, 잇달아 이들 북부병의 장령들을 처벌하여 제거함과 동시에 북부병을 해산시켰다. 환현의 이러한 행위는 북부병 장수들의 분노를 샀기 때문에, 유유 등 북부군의 중급 군관들이 환현에게 반격을 가하기 위해 비밀리에 모의하기 시작했다. 한 차례의 격렬한 대항을 거쳐, 환현은 결국 동산(東山)에서 재기한, 실력이 아직 남아 있던 북부병을 당해 내지 못하고, 패배하여 옛 근거지인 강릉(江陵)으로 도망쳐 돌아갔다. 그 후 동진(東晉)의 정치 활동 과정에서 소멸되고 말았다.

유유는 북부병의 장수로서, 일찍이 손은(孫恩)의 봉기를 진압하는 과정에서 용맹을 떨쳤으며, 여러 차례 뛰어난 공로를 세웠다. 의희(義熙) 원년(405년) 3월, 그는 다른 북부병 장수들과 함께 진(晉) 안제(安帝)를 건강(建康)으로 모셔와 그를 다시 제위에 오르게 했으며, 유유 자신은 시중(侍中)·차기장군(車騎將軍)·도독중외제군사(都督中外諸軍事)·서주자사(徐州刺史) 및 연주자사(兗州刺史) 등을 겸직했다. 얼마 후 그는 다시 양주자사(揚州刺史)로 승진하여 상서(尙書)를 겸직함으로써, 동진 정권은 실질적으로 유유의 수중에 들어가게 되었다. 유유가 정권을 장악한 후에, 잇달아 북쪽의 남연(南燕)을 멸망시키고, 손은이 일으킨 봉기의 잔여 부대인 노순(盧循)의 군대를 격멸함으로써, 자신에 대해 위협이 될 수 있는 외부 세력을 거의 제거했다. 이어서 그는 다시 태위(太尉)·중서감(中書監)으로 승진하여, 통치 진영 내부에서 자신을 다소 제약하던 기타 세력을 척결하는 데 착수하기 시작함과 아울러, 자신의 패거리를 양성하는 데 진력함으로써, 권력을 찬탈하여 자립하려고 시도했다. 모든 준비가 끝난 뒤, 그는 의

◈ 송 무제(武帝) 유유(劉裕)

유유의 자(字)는 덕여(德輿)이고, 어릴 때 이름은 기노(寄奴)이며, 남북조 시기 송나라의 건립자로, 역사에서는 그를 송 무제라고 부른다.

희 14년(418년) 12월, 심복에게 명하여 진 안제 사마덕종(司馬德宗)을 살해하고, 안제의 동생인 사마덕문(司馬德文)을 새로 옹립했으며, 유유 자신은 송왕(宋王)이 되었다. 원희(元熙) 2년(420년) 6월, 유유는 건강에 와서, '선양(禪讓: 47쪽 참조)'을 명분으로 정권을 탈취하고, 국호를 송(宋)이라 했다. 이리하여 한쪽 지방에 안거하는 데 만족했던 동진 정권은 수명을 다하고 종말을 고했다.

유유는 빈한한 가정에서 태어나, 어려서부터 온갖 삶의 고난을 다 겪었기 때문에, 그는 즉위한 후에 백성의 부담을 경감시켜 주는 매우 많은 조치들을 취했으며, 여러 차례 조서를 내려 부세(賦稅: 각종 세금)를 감면해 주었다. 동시에 유유는 형벌도 경감하여, 동진 이래로 가혹했던 형벌을 완화하여 조정하고, 일부 잔인무도한 혹형을 폐지했다. 흉년이 든 때마다, 유유는 또 각 주·현들에 백성을 구휼하도록 명령을 내리고, 호족들이 산택(山澤)을 봉쇄하는 것을 금지했다. 유유는 평생 정복 전쟁을 벌이느라, 피로가 쌓여 병이 나, 황제가 되고 2년도 안 되어 세상을 떠났다. 유유의 아들 송 문제(文帝) 유의륭(劉義隆)은 아버지가 백성들에게 휴식을 주었던 정책을 계속 시행함으로써, 남조(南朝)에 정치가 맑고 바르며 백성들이 평안했던 '원가의 치[元嘉之治]'가 출현하게 하였다.

대치하는 동안에 정권이 교체되다

유유가 유송(劉宋: 조광윤이 건립한 송나라가 아니라 유씨가 건립한 송나라) 정권을 건립했을 때, 북쪽의 탁발씨는 아직 통일을 완성하지 못하여, 북쪽 황하 유역은 북위·북연·하(夏)·서진(西秦) 및 북량 등 다섯 개의 민족 정권들이 병립하여 자웅을 겨루는 시기였다. 때문에 유유 정권은 계속해서 북벌을 강화하여, 기반을 확장하는 데 박차를 가했다. 잇달아 모용선비(慕容鮮卑)의 남연과 강족(羌族)의 후진(後秦) 정권을 멸망시킴으로써, 동쪽 변경이 황하를 경계로 삼게 되자, 바야흐로 한화(漢化)되고 있던 북위와 대치하는 국면을 형성했다. 그리고 서쪽 변경에서는 촉(蜀)을 멸망시키고 한중(漢中: 지금의 산시성陝西省 서남부 지역으로, 중국의 한가운데에 해당한다)을 점거함으로써, 관농(關隴: '관'은 지금의 산시성 관중關中 지역을 가리키며, '농'은 지금의 간쑤성 오초령烏鞘嶺 동쪽 지역을 가리킨다)의 각 민족 정권들이 남하하여 침범하는 것을 효과적으로 저지하자, 남북 대치 국면은 이때에 이르러 완전히 고착되었다.

송 무제(武帝) 영초(永初) 3년(422년) 5월, 유유가 병으로 세상을 떠나자, 당시 북위의 정권을 장악하고 있던 탁발사(拓跋嗣)가 이 소문을 듣고는, 기회를 틈타 군대를 이끌고 대거 남하하여 1년여 동안 공격을 가했다. 그리하여 송나라는 잇달아 사주(司州)·예주(豫州)·연주(兗州) 등을 빼앗겼으며, 낙양·호뢰(虎牢, 지금의 허난성 싱양滎陽 시쉬쩬汜水鎭)·화타이(滑臺, 지금의 허난성 후아현華縣 동쪽) 등지가 모두 위나라에게 점령되었다. 이후 얼마 지나지 않아, 유송 정권 내부에서는 다시 한바탕 격렬한 권력투쟁을 치렀다. 결국 유유의 셋째 아들인 유의륭이 추대되어 황위에 올랐으며, 연호를 원가(元嘉)로 고쳤으니, 역사에서는 그를 송 문제(文帝)라고 부른다. 유의륭은 계속해서 생식휴양(生息休養: 큰 전란이나 사회적 혼란을 치른 후, 백성들의 부담을 경감해 주어, 생활을 안정시키고, 원기를 회복하게 하는 것) 정책을 시행했으며, 대내적으로 계속 조정을 진행하여, 내환을 제거하고, 정세를 안정시켰다. 그런데 북위 정권은 일련의 통일 전쟁을 거쳐, 439년에 마침내 북량을 멸망시키고 북쪽을 통일했다. 이 무렵에 유송 정권은 송 문제 원가 7년(430년)에 한 차례 대규모 북벌을 단행하여, 북위의 수중에서 하남(河南) 땅을 탈취하려 했지만, 장수들의 지휘가 무능한 데다, 전쟁 준비가 충분치 못했기 때문에, 결국 실패로 끝나고 말았다. 이후 남북 간에는 20여 년 동안 대규모 전쟁이 발생하지는 않았지만, 쌍방은 여전히 서로를 정복할 계획을 갖고 있었다. 450년, 북위 태무제(太武帝) 탁발도가 대군을 이끌고 남쪽 정벌에 나서면서, 송·위 쌍방은 다시 전쟁을 벌였다. 국가의 실력이나 전쟁 준비 모두가 북위보다 못했기 때문에, 유송 군대는 참혹한 손실을 입었지만, 북위의 대군도 작은 성(城)인 과보(瓜步, 지금의 장쑤성 류허六合)에서 유송 군대의 완강한 저항에 직면하자, 어쩔 수 없이 철수하여 북쪽으로 돌아갔다. 과보 전투가 있고 나서, 남북 쌍방이 다시 전쟁을 벌인 경우는 매우 적었다.

한 걸음 더

역도원(酈道元)과 『수경주(水經注)』

역도원(472~527년)은, 자(字)가 선장(善長)이며, 북위 범양(范陽, 지금의 허베이성 줘저우涿州) 사람이다. 삼국 시기의 상흠(桑欽)이 『수경(水經)』이라는 책을 저술하여, 당시의 주요한 137개 수로(水路)를 기록했는데, 모두 1만여 자에 달한다. 역도원은 1만여 자에 달하는 이 원저(原著)를 기초로 하여, 모두 40권 30만 자에 달하는 대작을 저술했으며, 기록한 하천이 1,252개에 달하기 때문에, 이 책의 이름이 『수경』을 주석한 것이라고 지어졌다. 『수경주』에는 수문지리(水文地理: 수로학) 외에도, 사막·산맥·구릉·화산·온천·카르스트(karst: 석회암이 녹아서 형성된 지형으로, 움푹 파인 곳과 동굴이 많은 특징이 있다) 지형의 모습·종유동(鐘乳洞)·협곡 등등 자연지리 상황에 대해서도 풍부한 내용을 기록하고 있다. 이 책은 북위 이전의 중국 고대의 지리를 총정리한 것에 해당하며, 6세기 초 중국의 가장 체계적이고 가장 전면적인 종합적 지리 저작을 대표한다.

남북조(南北朝) 420~589년

인물: 소도성(蕭道成), 소연(蕭衍), 진패선(陳霸先) 지역: 남쪽 지방 키워드: 후경(侯景)의 난

송(宋)·제(齊)·양(梁)·진(陳): 남조의 흥망성쇠

유유(劉裕)가 송을 건립한 후, 남쪽은 잇달아 유송(劉宋)·남제(南齊)·소량(蕭梁) 및 진(陳) 등 네 개 정권의 교체를 거쳤다. 그 가운데 유송(420~479년)이 영토도 가장 컸고, 실력도 가장 강했으며, 통치 기간도 가장 긴 정권이었고, 남제(479~502년)는 국운이 짧아, 겨우 23년밖에 존립하지 못했지만, 투쟁과 살육이 빈번하여, 결국 3대(代) 7제(帝)를 거쳤으니, 평균 3년마다 황제가 바뀌어, 중국 역사상 제왕의 교체가 가장 빨랐던 왕조다. 양(梁) 왕조(502~557년)는 3대 4제를 거쳤는데, 그 중 무제(武帝) 소연(蕭衍) 혼자서 재위한 기간이 가장 길어, 거의 반세기에 달한다. 진(557~589년)은 33년간 존속했으며, 3대 5제를 거쳤다. 역사상 송·제·양·진, 이들 남쪽의 네 나라를 남조(南朝)라 부른다.

◈ 옥룡봉형패(玉龍鳳形佩) | 남북조

옥패(玉佩)는 청옥(靑玉)으로 만들었으며, 상부는 용의 머리와 봉황을 조각해 놓았다. 제작이 정교하고 아름다우며, 조각 솜씨가 섬세하다.

송(宋)이 멸망하고, 제(齊)가 대체하다

유송 원가(元嘉) 29년(452년), 송 문제 유의륭이 태자 유소(劉劭)가 일으킨 궁정 변란으로 사망했다. 얼마 후, 문제의 셋째 아들인 유준(劉駿)이 다시 반란을 일으켜, 유소를 죽이고 스스로 황제가 되었으니, 그가 효무제(孝武帝)다. 효무제는 부정하게 제위를 취득했음을 자각

하고, 재위 기간에 종실의 자제들을 대대적으로 살육하자, 피비린내가 유송의 조정을 뒤덮었다. 효무제가 세상을 떠난 후, 그의 아들 전폐제(前廢帝) 유자업(劉子業)이 제위에 올랐다. 유자업은 남북조 시기의 보기 드문 혼군으로, 그는 유씨 왕족을 함부로 살해했을 뿐만 아니라, 백성들과 신변의 대신·측근 시종들에 대해서도 포악하게 굴었으므로, 그에 대해 참을 수 없었던 건안왕(建安王) 유휴인(劉休仁)·상동왕(湘東王) 유욱(劉彧)이 그의 심복인 수적지(壽寂之)·강산지(姜產之) 등 11명을 매수하여 포악한 전폐제를 살해했다. 뒤이어 유욱이 여러 사람들에게 추대되어 황제가 되었으니, 그가 송 명제(明帝)다. 명제도 황위를 역시 공명정대하지 않게 얻었기 때문에, 그는 정권을 잡고 나서 먼저 자신의 공모자와 건안왕 유휴인을 죽인 다음, 계속해서 왕족들을 마구 죽였다. 그리하여 효무제 유준의 28명 아들들 거의 모두가 그에게 죽임을 당했다. 태예(泰豫) 원년(472년), 8년 동안 황제로 재위한 송 명제가 병으로 세상을 떠나자, 나이 겨우 10세인 태자 유욱(劉昱)이 즉위했으니, 그가 바로 역사에서 말하는 후폐제(後廢帝)다. 후폐제는 천성이 더욱 죽이는 것을 좋아하여, 신변에 항상 송곳·끌·톱을 지니고 있다가, 만약 좌우 시종들이 조금만 자신의 뜻에 어긋나면 곧 잔인하게 죽였다. 하루라도 사람을 죽이지 않으면 성에 차지 않아 불쾌해 하는 것을 보고, 황태후 왕씨가 그를 여러 차례 훈계하고 타이르자, 후폐제는 그를 독살하려고 마음먹었다. 또 중신(重臣) 소도성의 배꼽은 심지어 후폐제에 의해 과녁이 되어, 활쏘기 연습에 이용되기도 했다. ……477년, 나쁜 짓을 일삼던 후폐제 유욱이 결국 측근 시종에 의해 살해되었고, 유송 정권의 군정(軍政) 대권은 소도성의 수중에 들어갔다.

◈ **남제(南齊) 소도성(蕭道成)**

제나라 고제(高帝) 소도성은 바둑 애호가였다. 역사 기록에 따르면, 그가 직각장군(直閣將軍) 주복(周覆)과 바둑을 둘 때 수를 물리려고 했는데, 주복은 뜻밖에 소도성의 손을 잡고 그가 물리는 것을 허락하지 않자, 소도성은 말없이 묵인할 줄 알았기 때문에, "홍후(弘厚: 관대하고 충직하며 온후함)"하다는 평가를 얻었다고 한다. 이 밖에도, 소도성은 또 직접 바둑과 관련된 책을 저술하기도 했다. 『제고기도(齊高棋圖)』 2권을 편찬하여, 역사에는 최초로 바둑책을 저술한 황제로 기록되어 있다.

한 걸음 더

범진(范縝)과 『신멸론(神滅論)』

범진은 남조의 제(齊)·양(梁) 시기 사람으로, 대대로 남향(南鄕) 무음(舞陰, 지금의 허난성 미양泌陽 서북쪽)에서 살았던 사람이다. 범진은 출신이 미천했지만, 총명하고 배우기를 좋아했으며, 경학에 정통했다. 잇달아 제나라와 양나라에서 벼슬을 하여, 상서전중랑(尙書殿中郎)·상서좌승(尙書左丞) 등의 직무를 맡았다. 당시 양 무제 소연과 경릉왕(竟陵王) 소자량(蕭子良)이 불교를 독실하게 믿자, 불교가 조야에 풍미했다. 범진은 마음속에 걱정을 품고, 사람의 생사의 인과(因果)를 곰곰이 사색하면서, 무신론의 명저인 『신멸론』을 저술하여, "형체와 정신은 상호 융합하여 하나가 되며[形神相卽]" "형체가 있으면 정신이 있고, 형체가 없어지면 정신도 소멸한다[形存則神存, 形死則神滅]"는 주장을 제기함으로써, 불교의 삼세윤회설(三世輪回說)과 인과응보설(因果應報說)을 논박했다. 『신멸론』이 나와 조야를 뒤흔들자, 양 무제는 범진을 영남(嶺南)에 수년 동안이나 유배시켰다. 하지만 범진과 그의 『신멸론』의 찬란한 사상은 당시 유물주의 사상의 최고 수준을 대표했으며, 줄곧 중국 유물주의 과학적 인식론의 역사에서 빛을 발했다.

소도성(427~482년)은 자(字)가 소백(紹伯)이며, 어릴 때의 이름은 두장(斗將)으로, 조상 대대로 동해(東海) 난능(蘭陵, 지금의 산둥성 자오좡棗庄 이청嶧城 동쪽)에서 살다가, 고조부가 동진 초기에 교군(僑郡) 난능(蘭陵, 지금의 장쑤성 전장鎭江 동남쪽)으로 이주해 왔다. 13세의 소도성은 당시의 명유(名儒)인 뇌차종(雷次宗)을 스승으로 모시고, 『좌씨춘추(左氏春秋)』·『예(禮)』 등 유가 경전들을 공부했다. 원가 19년(442년), 경릉(竟陵, 지금의 허베이성 첸장潛江 서쪽)의 이민족이 반란을 일으키자, 소도성이 예비부대를 이끌고 가서 토벌하여 반란을 철저히 평정했다. 송 명제 유욱이 제위를 탈취하여 황제가 되었을 때, 소도성은 이미 유송 정권의 몇 안 되는 명장(名將)이었는데, 의심이 대단히 심했던 명제는 소도성이 신하로서 도리를 지키지 않으려는 마음을 갖고 있다고 의심하기 시작했다. 자신의 추측이 사실이라는 것을 증명하기 위해, 명제는 관군장군(冠軍將軍) 오희(吳喜)에게 3천 명의 기병을 인솔하고, '어주(御酒: 황제가 내리는 술)'를 하사한다는 명분으로 소도성의 군영으로 급히 달려가도록 명했다. 이는 명제가 소도성을 한번 떠보려는 것이었다. 만약 소도성이 감히 술을 마시지 못하면, 바로 마음속에 흉계가 있는 것이니, 오희는 바로 그를 제거하면 되었고, 만약 소도성이 술을 마신다면, 충직한 대신이니, 밤낮으로 경계할 필요가 없었다. 소도성은 명제의 속셈을 알아차리고, 혼자서 군영을 나가 사자를 영접했을 뿐만 아니라, 또한 황제의 명령을 부하들 앞에서 다 낭독하고 나서 즉시 '어주'를 남김 없이 마셨다. 오희가 사실대로 그 상황을 황제에게 보고하자, 명제는 그제야 비로소 소도성에 대한 감시를 느슨하게 했다. 유송 원휘(元徽) 2년(474년), 후폐제 유욱이 즉위한 지 2년도

안 되어, 계양왕(桂陽王) 유휴범(劉休範)이 군대를 이끌고 반란을 일으키자, 평남장군(平南將軍)을 맡고 있던 소도성이 거짓으로 항복하는 체하면서 속여서 유휴범의 신임을 얻은 다음, 그가 방심한 틈을 노려, 유휴범의 목을 쳐서 반란을 진압했다. 소도성을 표창하기 위해, 유송 조정이 소도성을 중령군(中領軍)·남연주자사(南兗州刺史)에 봉하고, 건강(建康)을 지키도록 했다.

후폐제 유욱이 피살된 후, 소도성이 실권을 장악했다. 그는 먼저 왕태후의 명의로 조서를 내려 피살된 유욱을 창오왕(蒼梧王)으로 강등시킨 다음, 송 명제의 셋째 아들인 유준(劉準)을 황제로 맞이했으니, 그가 송 순제(順帝)다. 소도성을 위로하기 위해, 왕태후는 특별히 순제 명의로 조서를 내려, 소도성을 사공(司空)·녹상서사(錄尙書事)·표기대장군(驃騎大將軍)에 봉했다. 소도성이 정권을 혼자 장악한 것을 눈으로 직접 보자, 송나라를 빼앗아 대체하려는 마음을 갖고 있던 형주자사 심유지(沈攸之)와 대신 원찬(袁粲)이 안팎에서 서로 호응하여 소도성을 제거하려 했다. 그런데 소도성이 장악한 군사력이 이들 두 사람보다 훨씬 컸던 데다, 원찬의 절친한 친구인 저연(褚淵)의 밀고로, 심유지는 결국 싸움에서 패해 자결했고, 원찬 부자는 소도성의 부하에게 죽임을 당했다. 당시 건강의 백성들은 저연이 친구를 팔았고, 원천 부자가 절개를 지키기 위해 목숨을 버렸다는 소식을 들은 후에, 도처에 다음과 같은 노래가 유행하며 불려졌다. "가련한 석두성(石頭城: 지금의 난징으로, 한나라 때 석두산에 쌓은 산성이다)아, 차라리 원찬을 위해 죽을지언정, 저연을 위해 살지 말거라[可憐石頭城, 寧爲袁粲死, 不爲褚淵生]."

유송에 충성하는 최후의 세력을 일소하자, 소도성은 결국 새로운 나라를 건립하기로 결정했다. 유송 승명(昇明) 3년(479년) 4월, 재위한 지 2년이 안 된 송 순제가 강요에 못 이겨 소도성에게 제위를 물려주었고, 소도성은 정식으로 황제가 되었으니, 그가 제나라 고제(高帝)다. 그는 국호를 제(齊)로 바꾸고, 연호를 건원(建元)으로 고쳤다.

소연(蕭衍)이 양(梁)을 건립하다

제 고제는 즉위한 후, 유송 정권의 쇠망에 대해 되돌아보고는, 종실에 대한 대대적인 살육이 망국의 근본 원인이라고 생각했다. 때문에 그는 아들인 소색(蕭賾)에게 반복해서 교육했으므로, 그의 후대인 제 무제도 유송의 실패를 교훈으로 삼았다. 제 무제가 즉위한 후, 기본적으로 제 고제의 의견을 따라, 종실이 보전될 수 있었다. 그렇지만 제 무제가 병으로 사망한 뒤, 소도성의 조카인 소란(蕭鸞)이 군정(軍政) 대권을 장악했다. 이어서 무제의 두 손자들을 폐위하고 스스로 황제가 되었으니, 그가 제 명제(明帝)다. 무력에 의지하여 권력을 탈취한 제 명제는 즉위한 후에 다시 유송의 낡은 방식을 답습하여, 소도성과 소색의 자손들을 대대적으로 살육했다. 소도성의 19

◈ **양 무제 소연**(蕭衍)

양 무제 소연은 남북조 시기의 보기 드문 다재다능한 황제로, 많은 책들을 폭넓게 읽은 학자였을 뿐 아니라, 군대를 지휘하여 전쟁을 할 줄도 알았다. 그의 정치·군사적 재능은 남조의 많은 황제들 가운데 뛰어났던 인물이다. 역사서에서 그를 "육예에 두루 능통했고, 바둑이 뛰어난 수준이었으며, 음양오행과 위후(緯候: 앞날을 예언함), 점을 치는 일은 모두 능숙하다고 알려져 있으며, ……초서와 예서 문장, 말 타기와 활쏘기는 뛰어나지 않은 게 없었다[六藝備閑, 棋登逸品, 陰陽緯候, 卜筮占決, 幷悉稱善, ……草隸尺牘, 騎射弓馬, 莫不奇妙]"고 한 것은 이상할 게 없다.

명 아들들과 소색의 23명의 아들들이 거의 모조리 그에게 살해되었다. 498년, 제 명제 소란이 병으로 세상을 떠났는데, 그는 임종 전에 여전히 잊지 않고 아들 소보권(蕭寶卷)에게 신신당부하기를, "일을 할 때는 남보다 늦지 말라"고 하여, 위협적인 종실과 대신들을 모조리 단호하게 살육해야 하며, 먼저 선수를 쳐야 유리하다고 은밀하게 지시했다. 소보권은 과연 명제가 한 말을 "한층 더 뛰어나게 발휘하여", 재보대신(宰輔大臣)이나 소씨 황족들이 조금이라도 마음에 들지 않으면 곧 살육을 자행했다. 따라서 모든 사람들의 분노를 사게 되어, 많은 대신들이 잇달아 군대를 이끌고 반란을 일으켰다. 501년, 남제(南齊)의 황족이자 대신인 소연이 양양(襄陽)에서 군대를 일으켜, 대대적으로 건강을 공격했다. 그 결과 소연의 군대가 아직 건강성에 도착하기도 전에, 소보권이 태감(太監)에게 죽임을 당해, 남제의 군정 대권은 소연의 수중에 들어갔다. 소연의 뜻에 따라 소보권의 제호(帝號)는 박탈당하고, 동혼후(東昏侯)로 강등하여 추봉(追封: 죽은 뒤에 작위를 봉함)되었다. 502년 4월, 소연은 자신이 옹립한 제 화제(和帝) 소보융(蕭寶融)을 핍박하여 퇴위시키고, 자신이 정식으로 황제가 되었으며, 국호를 양(梁)으로 바꿨으니, 그가 양 무제(武帝)다.

양 무제 소연(464~549년)은 남제(南齊)의 황족 출신으로, 그의 아버지인 소순지(蕭順之)는 소도성이 제나라를 건립하는 과정에서 많은 공을 세웠다. 소년 시절의 소연은 사회적 명사였고, 다재다능했다. 남제 경릉왕(竟陵王) 소자량(蕭子良)이 서저(西邸)를 열고, 문학 선비들을 불러 모으자, 소연은 심약(沈約)·사조(謝眺)·왕융(王融)·소침(蕭琛)·범운(范雲)·임방(任昉)·육수(陸倕)와 함께 서저에서 교유하면서 시를 읊고 글을 지었다. 이들을 '팔우(八友)'라고 부른다. 훗날 소연이 황제가

◈ **석조 관음보살상**(觀音菩薩像) | 남조 양(梁)

전체가 홍색 사암(砂巖)으로 조각되었다. 가운데는 관음상감(觀音像龕)이고, 양 옆에는 네 명의 협시보살(脇侍菩薩)과 네 명의 승려 및 두 명의 호법역사(護法力士)가 있으며, 감실 앞에는 또 두 마리의 사자와 두 마리의 코끼리 및 여덟 명으로 이루어진 기악(伎樂: 부처를 공양하기 위해 가무를 하는 사람) 무리를 새겨 놓았다.

◈ **청자연화준**(靑瓷蓮花尊) | 남북조

이 청자연화준은 재질이 회백색(灰白色)이고, 유색(釉色)은 청회색이며, 제작이 정교하면서 아름답고, 조형이 거칠고 호방한 것이, 남북조 시기 북방 청자의 대표적인 작품이 분명하다. 현재 중국 국가박물관에 소장되어 있다.

되었을 때, 비록 정무에 바빴지만, 그는 여전히 매일 등불 아래에서 밤늦게까지 독서를 하여, 『통사(通史)』 600여 권을 썼다. 소연은 또한 조정의 조고(詔誥: 조서)·찬(贊: 인물을 칭송하는 글)·서(序) 등 공문의 초안을 친히 작성했는데, 모두 합쳐 120여 권이 있다. 소연의 바둑 솜씨도 좋았으며, 음양(陰陽)·복서(卜筮: 점을 치는 일)·서법 등 기타 방면에서도 뛰어나지 않은 분야가 없었다.

본인의 문학적 재능이나 풍류 외에, 양 무제가 나라를 다스린 초기에는 매우 선정(善政)을 펼쳤다. 그는 사족과 비천한 집안 간의 모순을 해결하는 데 주의를 기울였다. 문벌 출신을 중용함과 동시에, 미천한 가문의 자제들을 선발하여 관직에 등용할 수 있도록 하여, 후자에게 한 가지 승진 통로를 남겨 두었다. 황족 종실과 문무 대신을 대우하는 방면에서도, 그는 매우 관대했으며, 심지어 법을 지키지 않고 엉망일 지경이었다. 소연의 여섯째 동생인 소굉(蕭宏)이 수천만 전(錢)을 횡령하고 수탈하여, 30여 칸의 창고를 가득 채웠다는 것을 알고, 소연이 친히 와서 조사해 보았다. 그런데 찾아낸 것은 돈과 비단뿐이고, 반란을 일으키는 데 사용할 무기가 아니었으므로, 그는 소굉이 돈을 버는 일에 뛰어나다고 칭찬했다. 소연의 모든 행위는 양나라 초기에 통치계급 내부의 모순을 확실히 해결했다. 이 밖에도 양 무제의 재위 기간에, 양나라는 북위와 여러 차례 큰 전쟁도 치렀다. 예를 들면 천감(天監) 6년(507년)의 종리(鍾離) 전투와 대통(大通) 원년(527년)의 와양(渦陽) 전투는, 양나라 군대가 명장 위예(韋叡)와 진경지(陳慶之)의 인솔하에 모두 북위 군대를 대파하여, 북위의 남침 기세를 저지하고, 국내 통치를 공고히 했다. 『양서(梁書)』 「무제본기(武帝本紀)」에서는 이에 대해, "위·진 이래로, 있었던 적이 없다[自魏晉以降, 未或有焉]"고 했다.

후경(侯景)의 난

양 무제는 초기에 정사를 돌보는 데 힘썼으며, 또한 성과도 거두었지만, 그는 말년에 불교에 심취하여 독실한 불교도가 되었다. 불교는 황제에게 영향을 미쳤고, 더 나아가 전체 양나라 국가와 사회에 영향을 미쳤다. 당시 양 무제는 대대적으로 사원을 짓고, 또 세 차례에 걸쳐 황실 사묘인 동태사(同泰寺)에 사신(捨身: 수행이나 보은을 하기 위해 속계를 떠나 몸을 돌보지 않고 불교에 입문하는 것)하여, 세 차례 화상(和尙: 승려)이 되었다. 대통 원년(527년), 그는 맨 처음으로 동태사에 사신했다가, 3일 후에 궁궐로 돌아왔다. 2년 후, 그는 다시 사신했는데, 신하들이 1억 전을 지불하고서야 비로소 그를 되찾아 왔다. 태청(太淸) 원년(547년), 84세의 양 무제가 동태사의 불조(佛祖)를 그리워하여, 전에 써먹었던 수법을 다시 사용하자, 신하들이 다시 돈을 냈으므로, 동태사는 다시 1억 전의 돈을 벌었다. 황제가 불교를 제창하자, 조정의 왕공(王公)과 대신(大臣)들이 시류에 따라 그들도 불사(佛寺)를 지었다. 어떤 사람은 아예 자신의 집을 희사하여 불사를 짓기도 했고, 어떤 사람은 불사에 많은 돈을 주고 공덕을 쌓기도 했다. 전해지기로는 당시에 단지 건강성 안팎에만 해도 사원이 500여 곳이나 있었고, 승려와 비구니가 10만여 명이나 있었다고 한다. 양나라 경내의 이처럼 많은 불사와 승려들은 대량의 사회적 부를 차지하고 있었지만, 국가의 부역(賦役: 세금과 노역)은 부담하지 않았으므로, 무거운 짐은 자연히 평민 백성들의 머리 위로 옮겨갈 수밖에 없었다. 더욱 치명적인 것은, 말년에 양 무제의 정치적 판단력이 떨어져, 동위(東魏)의 대장 후경의 항복을 받아들였고, 또한 바로 이 변덕스러운 후경이 남쪽 백성들에게 한바탕 심각한 재난을 가져다준 것이다.

후경(503~552년)은 자(字)가 만경(萬景)이며, 북위 회삭진(懷朔鎭, 지금의 네이멍구 구양固陽 남쪽) 사람이다. 북위 백성들이 대대적으로 봉기를 일으킬 때, 그는 북위의 권신이던 이주영(爾朱榮)에게 몸을 의탁했다. 후에 이주영이 북위의 효장제(孝庄帝)에게 살해당하자, 그는 다시 동위 정권을 건립한 고환(高歡)에게 의탁하여, 한때 10만 병력을 이끌고 하남(河南)을 통치했다. 동위 무정(武定) 5년(547년), 고환이 병으로 위독하자, 그의 아들 고징(高澄)은 후경을 제거할 준비를 했다. 후경은 스스로 대적할 수 없다는 것을 알고, 남량(南梁)의 소연에게 도움을 구하면서, 하남의 영토와 함께 투항하겠다는 의사를 나타냈다. 이권에 눈이 어두워진 양 무제는 곧 후경을 자신의 복장(福將: 복을 가져온 장수)으로 여기고, 아직 입 속에 넣지도 않은 하남 땅을 하늘이 내린 선물로 여기면서, 정양후(貞陽侯) 소연명(蕭淵明)으로 하여금 10만 대군을 이끌고 가서 후경을 구원하라고 명령했다. 그러나 이때의 양나라 군대는 더 이상 훌륭한 장수의 지휘가 없었으므로, 동위 군대에게 대패했을 뿐만 아니라, 무제의 조카인 소연명마저 동위 군대에게 포로가 되었고, 후경은 고작 8백 명의 기병과 보병을 이끌고 양나라의 수양(壽陽, 지금의 안후이성 쇼우현壽縣)으로 도망쳐 왔다.

후경은 남쪽의 양나라로 도망쳐 온 뒤, 소연이 갈수록 냉담해지는 것을 발견하자, 곧 동위 조정이 양 무제에게 보내는 외교 서신 한 통을 위조하여, 소연명을 후경과 교환하고 싶다고 밝혔다.

양 무제는 동위에게 공격받을 것이 두려웠고, 또 편지의 진위도 분명히 가리지 못했으므로, 즉각 답신을 보내기를 "정양후가 아침에 도착하면, 후경은 저녁에 돌려주겠다"고 했다. 즉 동위가 아침에 소연명을 보내오면, 저녁에 곧 후경을 동위에 보내겠다는 뜻이었다. 답신을 본 다음, 후경은 우레처럼 펄쩍펄쩍 뛰면서, 군대를 동원하여 양나라에 반란을 일으키기로 결정했다. 양 태청 2년(548년), 후경은 양나라의 전(前) 태자이자 임하왕(臨賀王) 소정덕(蕭正德)의 지원을 받아, 일거에 건강을 함락시켰다. 120일 후, 황궁이 있는 대성(臺城)이 점령되어, 양 무제 소연은 포로로 전락했고, 얼마 지나지 않아 울분에 가득 차 있다가 굶주림으로 세상을 떠났다. 향년 86세였다. 건강을 철저하게 점령한 후, 후경은 잔인하게 학살하라고 명령을 내려, 수천수만 명의 양나라 사람들을 땅강아지나 개미처럼 죽였다. 그리하여 손오(孫吳: 손권이 세운 오나라) 이래로 200여 년간 유지되었던 건강은 거대한 대도시에서 폐허로 변했으며, 후경은 전체 남쪽 지방의 악몽이 되었다. 양 승성(承聖) 원년(552년) 3월, 양나라 강주자사(江州刺史) 왕승변(王僧辯)·동양주자사(東揚州刺史) 진패선(陳霸先)이 군대를 이끌고 후경을 토벌했다. 후경은 자신의 종말이 임박했음을 알고, 수십 명만을 인솔하고 바다로 도망쳤다가, 결국 수행한 부하인 양곤(羊鯤)에게 살해되었다. 이리하여 거의 4년에 걸친 후경의 난은 비로소 종결을 고했다.

◈ 〈역대제왕도〉의 후주(後主) 진숙보(陳叔寶)

남조 진(陳)의 흥망

후경의 반란은 남쪽의 인민들에게 한바탕 커다란 재난을 가져다주었으며, 또한 효웅(梟雄: 사납고 용맹스러운 인물)들에게는 유리한 형세를 이용하여 일어설 기회도 가져다주었다. 양나라의 대장 진패선은 남쪽의 혼란한 국면을 매우 잘 이용하여, 마침내 남조 가운데 진(陳) 왕조를 건립했다.

진패선(503~559년)은 자(字)가 흥국(興國)이며, 오군(吳郡) 장성(長城, 지금의 저장성 창싱長興) 사람이다. 그는 어려서부터 "기개가 크고 큰 뜻을 가졌으며, 병서를 읽고, 다양한 무예를 익혔다". 성년이 된 후에는 반란을 평정하는 공을 세웠기 때문에, 직각대장(直閣大將)이 되었고, 신안자(新安子)·식읍 삼백호(三百戶)에 봉해졌다. 양 태청 2년(548년), 양나라에서 후경의 난이 발생했다. 진패선은 휘하의 3만 정예병과 2천 척의 전함을 이끌고 양나라의 명장 왕승변의 대군과 공동으로 후경을 토벌했다. 후경의 반란을 평정한 후, 진패선은 먼저 왕승변을 제거하고, 이어서 다시 그가 옹립했던 양 경제(敬帝)를 핍박하여 제위를 자기에게 선양하도록 함으로써, 진 왕조를 건립했다. 진 영정(永定) 3년(559년), 황제가 된 지 겨우 3년밖에 안 된 진패선이 건강에서 병으로 사망했다. 그의 뒤를 이은 진 문제(文帝)·진 선제(宣帝)는 양나라 말기의 대란이 있은 후에 남쪽에서 일어난 일부 할거세력을 제거하는 데 착수했다. 또 군대를 보내 북쪽의 북제(北齊)·북주(北周)와 전쟁을 벌였지만, 승리보다 패배가 많아, 국가의 실력은 나날이 쇠락했다. 진 선제의 아들인 후주 진숙보(陳叔寶)의 통치 시기에, 과중하고 잡다한 세금이 한층 많아지고 무거워지자, 백성들의 생활은 참을 수 없을 만큼 고통스러웠는데, 진숙보는 주색에 빠져 방탕한 생활을 일삼았다. 그는 귀비(貴妃) 장려화(張麗華)를 위해 대대적으로 토목공사를 벌여 임춘(臨春)·결기(結綺)·망선(望仙) 등 세 채의 누각을 짓고, 계속해서 국력을 헛되이 소모하자, 국가의 패망은 이미 시간문제였다. 진 정명(禎明) 2년(588년), 이미 북쪽을 통일한 수(隋) 문제(文帝) 양견(楊堅)은 수많은 전함을 건조하여, 진왕(晉王) 양광(楊廣)과 승상 양소(楊素)를 원수(元帥)로 삼고, 하약필(賀若弼)과 한금호(韓擒虎)를 대장으로 삼아, 50만 대군을 이끌고, 여덟 개 방면으로 병력을 나누어, 장강을 건너 진나라를 공격했다. 이듬해 3월, 수나라 군대가 건강을 공격해 들어가서, 진숙보는 장안으로 압송되었고, 진나라는 멸망했다.

한 걸음 더

범엽(范曄)과 『후한서(後漢書)』

범엽(398~445년)은 자(字)가 울종(蔚宗)이며, 남조 송나라의 저명한 역사학자·문학자였다. 범엽이 선성태수(宣城太守)로 있을 때, 위(魏)·진(晉) 이래 여러 역사가들이 지은 동한의 역사적 사실에 관한 저작들을 폭넓게 수집하여, 『후한서』의 기(紀)·전(傳) 90권을 편찬함으로써, 중국 역사상 저명한 전사사(前四史, 즉 『사기』·『한서』·『삼국지』·『후한서』) 가운데 마지막 하나가 되었다. 『후한서』는 기전체(紀傳體) 단대사(斷代史)로서, 동한의 역사를 기록하고 있다. 전체는 모두 120권으로, 본기(本紀)와 열전(列傳) 부분은 범엽이 썼으며, 지(志)는 완성하지 못한 채, 범엽이 정치 투쟁에 말려들어 죽임을 당했기 때문에, 후대 사람이 그것을 보완하여 완성했다. 『후한서』는 『사기』와 『한서』의 열전 체제를 계속 이어간 것 외에, 또한 당고(黨錮: 벼슬을 금지당한 선비들)·환관·문원(文苑: 문인)·독행(獨行: 세속을 따르지 않으면서 고고하게 산 사람)·방술(方術)·일민(逸民: 은둔자) 및 열녀 등 일곱 가지의 열전을 새로 추가했다. 이러한 열전은 새로 창조한 것이자, 또한 동한의 실제 상황도 반영하고 있다.

전문 테마 문벌사족(門閥士族)의 발생과 쇠락

삼국·양진·남북조 시기의 정치는, 정권 교체가 빈번하고 정국이 혼란했던 것 외에도, 또 하나의 뚜렷한 특징이 있었다. 그것은 바로 지주계급 가운데에서 하나의 특권 계층인 문벌사족이 떨쳐 일어났다는 것이다. 그들은 자신들의 정치·경제적 특권을 통해, 이 시기의 역사 발전에 대해 중대한 영향을 미쳤으며, 한때는 문벌 정치가 황권을 제어하는 국면이 출현했다. 그들은 모두 군(郡) 내의 명문거족을 중시하고, 가문을 중시하고, 혈통을 중시하고, '혼환(婚宦: 결혼과 벼슬)'을 표방한 가족 집합체로서, 특권과 지위가 대대로 이어졌지만, 역사가 발전함에 따라, 그들의 지위도 전제 황권의 강화로 인해 쇠락할 수밖에 없었고, 결국 역사의 무대에서 퇴출되었다. 하지만 분열된 정국에서 강대해진 하나의 특수 계층으로서, 그들은 이 시기의 역사와 긴밀하게 한데 연관되어 있었다. ……

떨쳐 일어난 문벌사족

문벌사족은 지주계급에서 굴기한 특권 계층으로서, 그 맹아는 동한까지 거슬러 올라갈 수 있다. 광무제(光武帝) 유수(劉秀)는 지주계급의 지지에 의지하여, 왕망(王莽)의 수중에서 정권을 되찾아, 동한 정권을 건립했다. 동한 건국 초기에, 개국공신들에 대한 표창 및 지방 호족들에 대한 우대는, 동한 후기부터 일부 명문세가들을 출현하게 했다. 그들 중에는 대를 이어 지위가 높고 권력이 큰 사람도 있었고, 출세한 명유(名儒)들도 있었는데, 대부분 지방에서 특별히 뛰어난 사람들이었다. 때문에 동한은 비록 호족들에 의지하여 정권을 건립했지만, 동시에 또한 훗날 지방 정권들이 할거하며 자웅을 겨루다가, 결국 그들이 한나라의 법통을 빼앗아 대신 들어서는 화근이 되었다.

◈ **배알화상전(拜謁畵像磚) | 남조**

화상전(畵像磚)이란, 도장을 눌러 찍거나 도장을 새기는 방법으로 만든, 그림이 있는 벽돌이나 기와를 말한다. 전국 시기에 활발하게 발전했고, 양한과 남북조 시기에 성행했다. 이는 고대 회화와 조각 예술이 수준 높게 결합된 예술품이다.

삼국 시기에 이르러, 위(魏)나라가 한나라를 대체하여 들어서기 전에는 구품중정제(九品中正制)를 널리 시행했다. 이 제도는 사인(士人: 선비)을 9등급으로 구분했으며, 또한 관리를 선발하는 기준으로 삼았다. 위나라가 한나라를 대체하여 들어선 다음, 이 관리 선발 형식이 제도화되어, 군(郡)에는 중정(中正)을 두고, 주(州)에는 대중정(大中正)을 두어, 사인들의 등급 평가를 책임지도록 했다. 각급 중정들은 모두 각지의 호족들과 명망 있는 가문이 담당하게 되면서, 그것은 점차 명문거족들이 선발을 독점하는 도구로 되어 갔다. 그리하여 사회적으로 점점 "상품(上品: 309쪽 참조)에 미천한 가문 출신은 없고, 하품(下品)에 권문세가 출신이 없는" 기이한 상황이 출현했다.

왕(王: 왕씨)과 말(馬: 황족인 사마씨의 비유)의 공동 천하

위·진 시대의 정권 교체 과정에서, 문벌사족의 역할은 무시할 수 없었다. 조위(曹魏) 정권은 사마씨(司馬氏) 가문에 의해 대체되었는데, 그 자체가 바로 권문세가 권력의 지위가 어떠했는지를 보여주는 실제 모습이었다. 그런데 사마예(司馬睿)가 동남쪽의 한 지방에 안주하는 것에 만족하면서 동진(東晉)을 건립했고, 또 거의 100여 년 동안 통치를 유지할 수 있었던 것은, 바로 상당 정도 명문거족들의 지지에 의지한 것이었다. 그 가운데 특히 낭아왕씨(琅琊王氏) 중 왕도(王導)·왕돈(王敦) 형제가 동진의 정치에서 중요한 역할을 하자, 역사에서는 이를 "왕과 말을 공동 천하"라고 했다. 그 뜻은 바로 낭아왕씨의 권력과 지위가 황실인 사마씨와 거의 차이가 없었다는 것을 말하는 것이다. 왕도가 조정 대권을 장악하자, 남북의 사족들이 연합하여 권력을 쥐고 독단적으로 전횡을 일삼았다. 왕돈은 병권(兵權)을 장악하고, 정벌을 전문적으로 담당했으며, 점차 형주(荊州)에 주재하여 지휘하면서 건강(建康)을 통제하는 국면을 형성했다. 이로부터 알 수 있듯이, "왕과 말의 공동 천하"는 동진 문벌 정치의 전형적인 상황을 사실적으로 반영하고 있으며, 결코 그 말이 과장된 것이 아니었다.

동진의 건립자는 비록 왕씨 형제에 대해 비교적 존중했지만, 동시에 또한 항상 경계했다. 이렇게 왕씨 형제가 군정 대권을 장악하고, 왕씨 성을 가진 관리들이 조야의 도처에 분포되는 상황에 직면했기 때문에, 사마씨 정권은 매우 크게 위협을 받았다. 이 때문에 사마예가 한 번은 그의 복심을 기용하여, 왕씨의 일부 권력을 약화시키려고 시도함과 아울러, 왕씨를 멀리할 생각을 가졌는데, 이것이 곧 왕돈의 군사 반란을 초래했다. 따라서 말하자면, "왕과 말의 공동 천하"는 왕씨의 권세가 대단히 컸던 상황을 반영하고 있지만, 진정한 "공동 천하"는 오히려 이루어진 것이 아니었으며, 상실된 황권과 문벌 정치의 도박이 동진을 시종일관 관통했다고 할 수 있다.

하늘과 땅 차이의 사족(士族)과 서족(庶族)

문벌사족들은 지주계급 가운데 하나의 특권 계층으로서, 기존의 지주계급과는 완전히 다른 생활방식을 창출했다. 경제 방면에서는 매우 많은 특권을 향유했고, 정치 방면에서는 대단히 높은 지위를 가졌으며, 문화적으로는 대를 이어 가학(家學)을 전승하면서, 문학을 이끌었고, 명사(名士)들을 배출했기 때문에, 그들은 혼인·생활 습속 등의 방면들에서 모두 자신만의 특색을 형성했다.

정치적으로는, 위나라가 처음 시행한 구품중정제는 문벌사족의 특권에 정치적인 보장을 제공함으로써, 문벌사족들은 매우 쉽게 벼슬길에 나아갈 수 있었고, 높은 직위에 오를 수 있었다. 경제적으로는, 문벌세족(門閥世族)은 관직 품계의 높이에 따라 다른 수량의 토지와 노동 인력을 보유했지만, 그들은 결코 국가에 조세를 납부하거나 부역을 부담하지는 않았다. 그들은 특권을 이용하여 마음대로 토지를 겸병하고, 많은 사람들을 자신의 문객(門客)으로 의탁해 오도록 할 수 있었으며, 대규모 장원(莊園) 경제에 종사하면서 방탕하고 사치스러운 생활을 했다. 자신의 특수한 사회적 지위를 과시하기 위해, 사족들은 본래 가문에 대해 자긍심을 갖고, '서족(庶族, 보통 지주)'과는 한 패가 되지 않았고, 그들과는 함께 앉으려고 하지 않았으며, 심지어는 서로 왕래조차도 하지 않았다. 혼인에서는, 사족들은 자신의 명망과 혈통의 우월함을 유지하기 위해, 특별히 남녀 두 집안의 사회적 지위와 경제적 수준에 신경을 썼다. 예를 들면 왕씨(王氏)와 사씨(謝氏) 양가는 항상 혼인으로 관계를 맺었다. 사족들 내에서 등

◈ **채회첩금석보살상**(彩繪貼金石菩薩像) | **북조**

이 보살상은 대리석을 조각하여 만들었고, 청석(靑石)으로 대좌(臺座)를 만들었다. 보살은 상투를 틀어 올리고 관을 썼으며, 오른손에는 버드나무 가지를 들고 있고, 왼손에는 정병(淨甁)을 들고 있으며, 그 형상이 매우 사실적이다.

급이 다른 집안 간에 혼인 관계를 맺으면 다른 사족들의 비난을 받기도 하여, 명망의 하락을 초래함으로써, 정치적 앞날에 악영향을 미쳤다. 문벌사족이라는 이들 특권 계층의 농단으로 인해, 서족 지주의 생활, 특히 벼슬길에서의 승진이 매우 어려웠다. 역사서에서는 지주계급 내부의 이처럼 큰 격차를 일컬어 "사족과 서족은 하늘과 땅 차이[士庶天隔]"라고 했다.

◈ 동유금수렵인물도배(銅鎏金狩獵人物圖杯) | 남북조

문벌 장원(莊園)

위·진·남북조 시기에, 문벌사족 세력의 발전과 서로 부응한 것이, 봉건제 장원 경제가 완전히 발전한 것이다. 봉건 장원제의 발전은 동한 이래로 농업과 수공업의 발전이 일정한 단계에 도달했음을 나타내 주는 것이자, 위·진 문벌사족들의 경제 특권이 뚜렷이 반영된 것이기도 했으며, 대지주들이 토지의 확장 겸병과 자신들의 경제적 특권의 상호 결합을 진행한 산물이었다. 위·진·남북조 시기에, 장원제 경제는 사족문벌 정치가 발전함에 따라 절정에 달해, 그때의 장원 경제는 도처에 널리 분포했다. 장기간의 토지 겸병으로 인해, 사회적으로 매우 많은 실업자들이 출현했는데, 생존하기 위해 그들 중 다수는 문벌사족들에게 종속될 수밖에 없었기 때문에, 위·진 시기의 장원들은 모두 매우 많은 예속민들을 보유했다. 그런데 예속민의 증가에 따라, 장원의 규모도 전에 없이 확대되자, 전통적인 농업 경작을 포괄했을 뿐만 아니라, 수공업 작업장이나 장원주의 일상생활을 만족시키는 사치품 생산 등 다양한 직업들까지도 포괄하게 되었다. 이러한 장원 내부에는 비교적 세밀한 분업과 협업이 존재했다. 역사에서는 이를 일컬어 "배와 수레가 판매되어, 사방에 두루 널렸고, 팔려고 쌓아 놓은 물건들이 도성에 가득했다[船車賈販, 周于四方, 廢居積貯, 滿于都城]"고 했으니, 장원은 이미 일종의 자급자족적 봉건 자연경제 체제가 되었다.

안일(安逸)함과 사치스러움

위·진 시기의 문벌사족들은 정치적으로 요직을 장악했기 때문에, 하고 싶은 대로 할 수 있었으며, 경제적으로는 각종 특권을 향유했기 때문에, 그들은 대단히 풍요로웠고, 생활도 대단히 사치스럽고 화려했다. 역사서의 기록에 따르면, 당시 문벌세족들의 하루 세 끼 식비가 1만 전(錢)이 넘었으며, 심지어 한 끼의 식비로 2만 전을 쓰면서도 "먹을 만한 것이 없다"고 여겼다 한다. 그들은 화려하고 웅장한 저택을 가졌으며, 산해진미의 식사와 음료를 마셨고, 화려하고 아름다운 옷을 입었지만, 여전히 한없이 욕심을 부리면서 계속 만족할 줄을 몰랐다. 당시의 귀족 관료들이 서로 권세를 과시하고 투부(鬪富: 부를 과시하는 졸부놀음)하자, 이것이 사회적 기풍으로 되었다. 예를 들면 서진의 석숭(石崇)과 왕개(王愷)가 투부한 것은, 바로 당시 문벌세족들의 호화롭고 사치스러운 생활의 한 측면을 펼쳐 보여주었다. 남북조 시기에, 문벌사족들의 실력이 비록 쇠락하기 시작했지만, 그들은 여전히 비할 데 없이 호사스러운 생활을 했다. 역사에서는 기록하기를, 북위 후기에 "황족과 왕후(王侯)·외척과 공주는, 산과 바다의 부를 독점하고, 강과 숲의 풍요로움을 차지했으며, 다투어 정원과 집을 짓고, 서로 과시하며 경쟁했다[帝族王侯·公主外戚, 擅山海之富, 居川林之饒, 爭修園宅, 互相誇競]"고 한다. 하간왕(河間王) 원침(元琛)의 부와 권세는 한때 최고여서, 그와 경쟁할 수 있는 사람이 아무도 없었기 때문에, 그는 항상 "내가 석숭을 보지 못한 것이 한스러운 것이 아니라, 석숭이 나를 보지 못한 것이 한스럽다"고 "호기있게 말했다".

상층 사회가 부패하고 견마성색(犬馬聲色: 개 키우기, 말 타기, 가무, 여색을 가리키는 말로, 옛날 지배층의 음탕하고 부패한 생활을 비유함)을 숭상했기 때문에, 사람을 임용하고 인재를 선발할 때에도 풍채와 용모를 숭상하고, 자태를 중시하기 시작했다. 그들은 가문을 보고 인물을 품평했을 뿐만 아니라, 가문 내에서도 용모를 보고 인재를 채용하려고 추구하기 시작했다. 조야(朝野)에서 풍채와 용모와 자태를 중요시했으므로, 고관과 귀인(貴人)들은 옷차림과 용모를 아름답게 꾸미는 것을 중시했다. 역사 기록에 따르면, 귀족 자제들은 "옷에 향내를 스며들게 하고, 얼굴의 수염을 다듬었으며, 분을 발라 붉게 화장하지 않는 사람이 없었다"고 한다. 생활이 음란했던 문벌사족들은 닭 한 마리를 붙잡을 힘조차 없어 힘든 일을 하지 못했으며, 심지어 걸음을 걷는 것조차도 노비의 부축을 받아야 했으니, 그야말로 "사지를 부지런히 움직이지 못하고, 오곡도 구분하지 못하는[四體不勤, 五穀不分]" 기생 계층이었다.

필연적인 쇠락

문벌사족이 하나의 특권 계층으로서 급부상한 것은, 위·진 시기의 정치적 변동과 매우 큰 관계가 있다. 그들은 당시 사회가 동요하고, 정권이 빈번하게 교체되고, 권귀(權貴: 권세 있고 지위가 높은 사람)들이 마음대로 권력을 농단하는 등 일련의 사회 변동의 산물이었다. 그러나 만약 권력을 장악한 자의 그들에 대한 정치적 의존이 다소 약해진다면, 그들의 명망과 권세와 지위도 반드시 그에 따라 하강할 수밖에 없었다. 남조의 황권이 다시 강화되면서, 미천한 집안 출신 사람들을 기용하기 시작했고, 북조(北朝)는 선비족 귀족들에게 의지하자, 사족들은 이미 예전의 권세를 갖지 못했다. 남북조 후기에, 북쪽의 주(周) 무제(武帝)와 남쪽의 양(梁) 무제 등 비교적 능력이 있는 일부 황제들이 나라를 잘 다스릴 방법을 강구하는 개혁을 진행함에 따라, 일군의 미천한 가문 출신 인재들이 정치의 고위층에 선발되었다. 양 무제는 오경박사(五經博士)를 설치했으며, 또 "오관(五館)[4]의 학생은 모두 미천한 가문의 인재들을 선발하고, 인원은 제한하지 말라[五館生皆引寒門俊才, 不限人數]"고 규정했다. 이는 바로 미천한 집안의 학생들로 하여금 벼슬길에 들어설 자격과 기회를 얻도록 해 주었다. 그리고 이때의 북조에서는, 북위의 문벌 제도가 널리 시행된 초기에 그들에게 지나치게 높은 특권을 주지도 않았고, 또한 북조 사회는 군사적 공로를 매우 중시함에 따라, 인재도 점차 서족(庶族) 지주들 중에서 선발하는 것으로 바뀌자, "사족과 서족이 실력을 겨루는" 국면을 형성했다.

◈ **채회도문관용**(彩繪陶文官俑) | 북위

용(俑)의 높이는 71.5센티미터로, 1971년에 산시성(陝西省) 리취안현(禮泉縣)에서 출토되었으며, 현재 산시역사박물관에 소장되어 있다.

요컨대, 남북조 후기부터 문벌 제도는 쇠락하기 시작했다. 사족들이 관리의 선발과 임용에서 누려 왔던 특권이 점차 줄어들었고, 서족들이 각급 정권에서 차지하는 비중마저 점차 증가하면서, 사족과 서족 간의 분명한 구분도 점차 모호해졌다. 가문이 더 이상 관리를 선발하는 우선권의 기준이 아니게 되자, 문벌사족 제도는 종말을 향해 갔다. 수나라가 건립된 후, 과거제가 확립되어 점차 완전히 가문 등급 제도를 대체하면서, 문벌사족은 수·당 시기에 점점 역사의 무대에서 퇴출되었다. 중고(中古: 위·진·남북조 시기부터 당나라 때까지를 일컫는 용어) 시대의 역사에서, 문벌사족이 흥기하면서 쇠퇴하기까지의 역사는 무려 600여 년에 달했다.

4 오관(五館): 남조의 양나라에서 오례(五禮), 즉 길례(吉禮)·흉례(凶禮)·빈례(賓禮)·군례(軍禮) 및 가례(嘉禮)를 정비하고 제정한 기구를 가리킨다.

남북조(南北朝) 534~577년

인물: 고환, 우문태 지역: 북쪽 지방 키워드: 무제멸불(武帝滅佛), 부병제(府兵制)

양위(兩魏)의 병립에서부터 북주(北周)가 제(齊)를 멸망시키기까지

남쪽이 복잡한 정치투쟁 과정에서 송·제·양·진(晉) 네 왕조를 거친 것과 마찬가지로, 이 사이에 북쪽의 북위 정권도 결코 평온하지 못했다. 먼저 정치가 부패하여 사병의 봉기와 유민의 폭동을 격렬하게 불러일으킴으로써, 조정의 정치 강령이 펼쳐지지 못하여, 통치가 혼란했다. 이어서 권신과 군벌 세력이 이 기회를 노려 일어났는데, 그 중 대표적인 인물이 이주영(爾朱榮)·고환(高歡) 및 우문태(宇文泰)다. 특히 고환과 우문태는, 자신들이 각자 일정한 정치·군사적 세력을 장악하고, 각자 탁발씨(拓跋氏: 후에 성을 원元씨로 바꿈)의 다른 후예들을 옹립하여 독

◈ **채회도기마무사용**(彩繪陶騎馬武士俑) | 북위

북조의 북위·서위·동위·북제의 무덤들 속에서는 모두 이러한 개마(鎧馬: 갑옷을 착용한 말)가 발굴되고 있다. 그것은 소수민족이 내지로 이주해 와서 한화(漢化)된 과정과 중원에 가져다준 거칠고 호방하며 시원스러운 기백을 사실적으로 기록하고 있다.

립 정권을 건립했다. 북위는 그리하여 동위와 서위로 분열되었다. 그러나 오래 지속되지 못하고, 동위와 서위 두 정권은 실권을 장악하고 있던 고환과 우문태에 의해 대체되어, 각자 북제(北齊)와 북주(北周)를 건립함과 동시에, 더욱 격렬한 대결을 시작했다. 그 결과 마침내 북주가 북제를 멸망시켰다.

양위(兩魏: 동위와 서위)의 병립

효문제(孝文帝)의 개혁과 천도는 북위의 사회 경제적 발전을 촉진하여, 낙양은 점차 북쪽에서 가장 번영한 상업도시가 되어 갔다. 그러나 경제 발전이 창조해 낸 재부는 결코 보통 백성들에게는 이익을 주지 못했고, 선비족 귀족을 대표로 하는 관료 계층만을 살찌웠다. 그들은 탐욕과 부패가 풍조를 이루었고, 매관매직했으며, 수탈해 온 백성들의 고혈로 사치스럽기 짝이 없는 생활을 했다. 그리하여 항상 한 끼의 식사로 수만 전(錢)어치를 먹어 치웠고, 집안에 거느리는 노비가 수천수만 명에 달했으며, 사회적 모순도 이 때문에 전에 없이 격화되었다. 효문제의 손자인 북위의 효명제가 제위할 때, 북위의 각 종족들이 여러 차례 대규모 인민 봉기를 일으켰다. 523년, 북쪽 6진(鎭)의 하층 사병들이 파륙한발릉(破六韓拔陵)의 영도하에 봉기를 일으키자, 북위의 조정은 여러 차례 진압에 실패하다가, 마침내 초원에 있던 유연(柔然) 부락에 전쟁을 도와 달라고 요청하여, 비로소 6진의 봉기를 진압했다. 526년, 선비족 갈홍(葛洪)이 하북에서 농민 봉기를 일으켰는데, 고작 몇 달 만에 봉기군이 100만 명으로 불어나자, 결국 또 지방 군벌인 이주영이 군대를 이끌고 진압에 나서, 마침내 갈홍 봉기군을 격파했다. 빈발하는 봉기로 인해 타격을 받자, 북위의 황권은 명목뿐이고

◈ **악무문황유도편호**(樂舞紋黃釉陶扁壺) | 북제

이 호(壺)는 허난성 안양(安陽)에 있는 북제의 표기대장군(驃騎大將軍)·개부의동삼사(開府儀同三司)·양주자사(凉州刺史)였던 범수(范粹)의 묘에서 출토되었다. 호의 몸통 중간의 문양에는 한 사람이 연화대(蓮花臺) 위에서 덩실덩실 춤을 추고 있으며, 둥근 대(臺)의 양 옆에는 각각 두 명씩의 악사들이 서 있다.

실권은 없었으며, 조정의 대권은 권신 이주영의 수중에 들어갔다. 528년, 이주영은 효명제와 그의 어머니인 호태후(胡太后)가 권력투쟁을 벌이는 기회를 틈타, 군대를 이끌고 낙양으로 진입하여 북위의 대신 2천여 명을 마구 살육했고, 호태후는 황하에 빠져 죽었으니, 역사에서는 이를 하음(河陰)의 변(變)이라고 한다. 그런데 이주영이 정권을 독점하여 권력을 마음대로 휘두른 기간이 오래 지나지 않아, 그가 옹립한 꼭두각시 황제인 효장제(孝庄帝)에게 살해되자, 이주영의 조카인 이주조(爾朱兆)가 다시 대군을 이끌고 낙양에 진입하여 효장제를 살해하면서, 북위의 정치 정세는 대혼란으로 빠져들었다.

난세는 왕왕 야심만만한 호걸들이 "공을 세울" 기회를 가져다주는데, 북위의 혼란한 국면도 이주영의 두 명의 부하인 고환과 우문태를 성취했다. 고환(496~547년)은, 자(字)가 하육혼(賀六渾)이며, 발해(渤海) 조현(蓨縣, 지금의 허베이성 징현景縣 동쪽) 사람으로, 일찍이 갈홍의 봉기군에 참여했다가, 후에 이주영에게 의탁하여, 진주자사(晉州刺史)가 되었다. 이주영이 살해된 후, 고환은 뛰어난 연기와 권모술수에 의지하여 이주조의 신임을 얻어, 기주자사(冀州刺史)가 되었다. 그리고 갈홍 봉기군의 잔여 세력 20여만 명을 재편성하여, 실력이 급속도로 확장되었다. 532년, 고환은 한

한걸음 더

부병제(府兵制)

서위 대통(大統) 9년(543년), 서위의 우문태가 정식으로 부병제를 창설했다. 대통 8년(542년), 우문태는 6군(軍)을 창건하여 배치하기 시작했는데, 각 군마다 1만 2,500명이었다. 사병은 처음에 선비족 부락의 군대를 주축으로 삼았고, 다시 관농(關隴: 지금의 산시성 관중 지역과 간쑤성 동부 일대) 지역 호족들의 친당(親黨: 가까운 무리)과 향민(鄕民)들을 대량으로 흡수했으며, 통솔자는 선비족 군사 귀족과 한족 호족으로 충당했다. 실질적으로 이민족과 한족이 혼합되어 편성된 이 지방 군대가 바로 최초의 '부병(府兵)'이다. 서위 초기에 '주국대장군(柱國大將軍)'이라는 관직을 설치했다. 이 직함은 지위가 높고 권한이 막중하여, 서위 대통 16년 이전에는 단지 8명에게만 수여했는데, 우문태의 권세가 가장 컸기 때문에, 각 군을 감독하고, 병권을 한 손에 장악했다. 주국 아래의 편제는 12명의 대장군과 24명의 개부(開府)가 있었으며, 각지에서는 군부(軍府: 일종의 사령부)로써 부병을 통솔했다. 북주는 무제가 즉위한 후 다시 군사(軍士)를 시관(侍官)으로 명칭을 바꾸었고, 부병은 황제의 금위군(禁衛軍)이 되었다. 동시에 균전(均田) 농호(農戶: 농가)는 모두 입대할 수 있고, 복무 기간에는 조용조(租庸調: '租'는 토지세로 납부하는 곡물, '庸'은 노역 대신 납부하는 피륙, '調'는 각 가구가 납부하는 특산물)를 면제한다고 규정하자, 한족 농민은 점차 부병의 주력이 되어 갔다. 부병제는 이민족과 한족의 경계선을 타파함으로써 민족 융합을 강화시켰을 뿐만 아니라, 또한 사병의 사회적 지위를 제고하여, 군대의 전투력을 증강시켰다. 부병제는 300여 년 동안이나 성쇠를 거듭했다.

릉(韓陵, 지금의 허난성 안양 동북쪽)에서 3만 명의 보병으로 이주조의 20만 연합군을 궤멸시키자, 이주조는 어쩔 수 없이 목을 매어 자살했으며, 고환은 북위의 정권을 장악하기 시작했다. 그는 새로 종실인 원수(元修)를 세워 황제로 삼았으니, 그가 효무제(孝武帝)다. 그런데 원수는 고환이 횡포하고 오만방자하게 구는 것을 참지 못하여, 534년에 낙양에서 도망친 다음, 관중에 주둔하며 지키고 있던 실력 있는 군벌인 우문태(宇文泰)를 찾아가 의탁했다. 우문태(507~556년)는 자(字)가 흑달(黑獺)이며, 대군(代郡) 무천(武川, 지금의 네이멍구자치구에 속함) 사람이다. 우문태는 북위의 하급 무관 집안 출신으로, 일찌이 아버지를 따라 북쪽의 6진 사병 봉기에 참여했다. 봉기가 실패한 뒤, 우문태는 이주영에게 재편입되었다가, 후에 탁월한 전공을 세워 관서대행대(關西大行臺) 하발악(賀拔岳)의 좌승(左丞)에 봉해졌고, 하발악이 가장 신임하는 부하가 되었다. 고환이 북위 정권을 장악한 다음, 하발악 휘하의 장수를 매수하여 그를 살해하자, 우문태가 하발악 부하의 군대를 물려받아 관중(關中) 지역을 점령하고, 고환과 슬그머니 대치했다. 북위 영희(永熙) 3년(534년), 효무제는 낙양에서 도망쳐 나와 우문태에게 의탁함과 아울러, 우문태를 대장군 겸 상서령(尙書令)에 봉했다. 효무제 원수가 도망쳐 나온 후, 고환은 다시 원선견(元善見)을 세워 황제로 삼았으니, 그가 위(魏) 효정제(孝靜帝)다. 그는 업성(鄴城, 지금의 허베이성 장현漳縣 북쪽, 허난성 안양시 북쪽 교외)으로 천도했는데, 역사에서는 이를 동위(東魏)라 한다. 535년, 우문태는 자신에게 의탁해 온 원수를 살해하고, 원보거(元寶炬)를 세워 황제로 삼아, 장안(長安)에 도읍을 정했으니, 역사에서는 이를 서위(西魏)라 한다. 바로 이렇게, 원래 통일되어 있던 북쪽이, 고환이 통제하는 동위 정권과 우문태가 통제하는 서위 정권으로 분열되어, 전체 북쪽 지역은 끝없는 전쟁 속으로 빠져들었다.

동위와 서위의 다섯 차례 전쟁

양위가 병립한 초기에, 동위의 고환 집단은 군사·경제·인구 방면에서 절대 우위를 차지하고 있었으므로, 고환은 태산이 머리를 짓누르듯이 압도적으로 타격을 가하여 우문태를 멸망시키려고, 먼저 공격을 감행했다.

서위 대통 2년(536년), 서위의 우문태가 점거하고 있던 관중 지역에서 방대한 면적에 한해(旱害)가 발생했다. 『자치통감(資治通鑑)』의 기록에 따르면, "사람이 서로를 잡아먹었고, 죽은 자가 십칠팔만 명이나 되었다"고 한다. 고환은 기근이 발생한 기회를 이용하여, 군대를 세 방면으로 나누어, 주력은 장군 두태(竇泰)가 지휘하여 동관(潼關, 지금의 산시성 웨이난시渭南市 퉁관현潼關縣 북쪽)을 공격하여 취했고, 다른 두 방면은 좌·우익 부대가 되어 합동 작전을 벌였다. 오랜 기간 동안 정복 전쟁을 벌였던 우문태는 고환의 전술을 간파하고, 자신의 병력을 집중하여 소관(小關, 지금

◈ **금화은호병**(金花銀胡甁) | 북주

이 은호병은 북주(北周)의 하서공(河西公) 이현(李賢)의 묘 속에 있던 뛰어난 부장품으로, 병의 몸통에 새겨진 도안으로부터 판단하건대, 당연히 실크로드를 통해 전해진 미술품일 것이며, 동서 문화의 교류를 보여주는 가장 좋은 증거물이다.

의 퉁관 동쪽)을 급습하고, 매복 공격 전술을 이용하여 두태가 이끄는 주력군에게 심각한 손상을 가하자, 두태는 전쟁에서 패배하여 자살했다. 할 수 없이 고환은 명령을 내려 철군했고, 소관 전투는 서위의 승리로 끝났다. 같은 해, 우문태가 서위의 군대를 이끌고 동위의 반두(盤豆)·환농(桓農) 두 군(郡)을 공격하자, 고환이 동위의 대군을 이끌고 응전하여, 양쪽 군대는 사원(沙苑, 지금의 산시성에 속함)에서 결전을 벌였다. 당시 쌍방의 병력은 현격한 차이가 있었는데, 동위의 군대는 20만 명이라고 알려져 있었고, 우문태의 서위 군대는 만여 명에 불과했다. 하지만 우문태는 부장 이필(李弼)의 건의를 받아들여, 사원에서 10리 떨어진 위하(渭河) 강굽이에 있는 습지에 매복했다가, 적을 얕잡아보고 깊숙이 들어온 동위의 군대를 대파했다. 여기에서 동위의 정예 병사 8만 명을 참살하고, 투구와 갑옷 18만 건을 노획하여, 서위는 다시 완승을 거두었다.

538년, 서위가 대군을 출동시켜 낙양의 금용성(金墉城)을 공격하여 점령하자, 동위의 대장 후경(侯景)이 부하들을 이끌고 반격을 가하면서, 쌍방은 하교(河橋, 지금의 허난성 멍현孟縣 서남쪽)부터 망산(邙山, 지금의 허난성 뤄양洛陽 북쪽)에 걸친 일대에서 격전을 벌여 승부를 겨루었다. 얼마 후, 고환이 친히 대군을 이끌고 지원에 나섰다. 이를 역사에서는 하양(河陽) 전투라고 부르는데, 동위는 다시 수만 명의 장수와 병사들을 잃었고, 동위에서 가장 용맹한 장수

◈ **무사도용**(武士陶俑) | 북주

이 무사용은 닝샤(寧夏) 구위안(固原)에 있는 북주의 지절주국대장군(持節柱國大將軍)·하서공 이현의 묘에서 출토된, 북주 시기 도용 예술의 대표작이다. 무사는 몸에 갑옷을 입었고, 머리에는 투구를 썼으며, 얼굴 모습이 흉악하고, 체구가 웅장한, 진묘(鎭墓: 무덤을 수호하는 것)의 용도였다.

인 고오조(高敖曹: 高昂)도 전사했다. 서위도 작지 않은 손실을 입었는데, 우문태가 이로 인해 자발적으로 전장을 떠났으니, 쌍방은 무승부를 거둔 셈이다. 543년 2월, 동위의 북예주자사(北豫州刺史) 고중밀(高仲密)이 호뢰관(虎牢關: 낙양 동쪽의 관문이자 요충지)을 가지고 서위에 투항하자, 양측 군대는 망산에서 격전을 벌였다. 처음에 동위 군대는 뜻하지 않게 서위 진영을 휩쓸어 혼란에 빠뜨렸고, 고환의 부하인 용맹한 장수 팽락(彭樂)이 거의 우문태를 생포할 뻔했지만, 서위 군대가 남겨 두고 간 금·은을 탐내다가 결국 우문태로 하여금 살아서 도망치게 했다. 숨을 돌릴 수 있게 된 우문태가 반격을 가하자, 고환은 다시 낭패를 당하여 도망치다가, 하마터면 우문태의 부장인 하발승(賀拔勝)에게 사로잡힐 뻔했다. 망산 전투는 다시 동위의 실패로 끝나고 말았다. 546년, 고환은 대군을 이끌고 서위의 옥벽성(玉壁城, 지금의 산시성山西省 지산稷山 서남쪽)에 대해 공격을 개시했다. 이 고전적인 고대의 공방전은 고환으로 하여금 온갖 쓴맛을 다 보게 해 주었다. 그는 지하도를 파고, 토산(土山)을 쌓았으며, 또한 다치거나 죽는 것을 생각지 않고 개미처럼 달라붙어 성을 공격했음에도 불구하고, 모두 서위의 수장(守將)인 위효관(韋孝寬)에게 잇달아 와해되었다. 마지막으로 동위 군대는 50여 일 동안 온 힘을 다해 옥벽성을 공격했는데, 전사하거나 병사한 군사들이 70여 만 명에 달했으며, 고환은 정신적으로나 육체적으로 매우 지쳤으므로, 철군할 수밖에 없었다. 옥벽 전투는 다시 서위의 승리로 끝났다.

동위와 서위 간에 해마다 이어진 전쟁은 북쪽의 인민들에게 심대한 재난을 가져다주었다. 원래 병력·국토·인구가 우세했던 동위는 전쟁에서 잇달아 실패함에 따라, 국가의 실력이 점차 쇠락했으며, 원래 상대적으로 약소했던 서위는 상승하기 시작하여, 쌍방의 실력 대비에 근본적인 변화가 일어났다.

주(周)·제(齊)의 건국

동위와 서위가 병립한 후, 고환 집단과 우문태 집단이 사실상 군정(軍政) 대권을 장악했으니, 그들이 위나라를 대체하여 자립하는 것은 단지 시간 문제였다.

547년, 고환이 병으로 사망하자, 그의 장자인 고징(高澄)이 아버지의 권력과 지위를 계승했다. 2년 후, 고징이 요리사인 난경(蘭京)에게 살해되자 그의 동생인 고양(高洋)이 신속하게 반란을 평정하고, 형의 직위를 계승했다. 550년, 고양은 고환·고징이 하지 못한 일—즉 동위의 효정제 원선견으로 하여금 황위를 자신에게 양위하도록 하는 일—을 하고는, 국호를 제(齊)로 바꾸었으니, 역사에서는 이를 북제(北齊)라 한다. 서위 쪽에서는, 556년에 우문태가 병으로 죽었는데, 그는 임종하기 전에 주(周) 무왕(武王)이 주공(周公) 단(旦)에게 탁고(托孤: 자식을 다른 사람에게 돌봐 주도록 부탁함)했던 일을 본받아, 군정 대권을 자신의 조카인 우문호(宇文護)에게 넘겨 주면서, 우문호에게 그의 15세짜리 셋째 아들 우문각(宇文覺)을 잘 보좌해 달라고 부탁했다. 그해 12월, 우문호가 서위 공제(恭帝) 원랑(元廓)을 핍박하여 우문각에게 양위하게 하고, 국호를 주(周)로 바꾸었으니, 이것이 북주(北周)다.

비록 북주·북제는 각자 나라를 세운 지 얼마 안 되었지만, 잔혹한 내부의 정치투쟁은 오히려 매우 격렬했다. 왕조의 교체가 빈번했던 남조에 비해 조금도 못하지 않았다. 제 문선제(文宣帝) 고양이 세상을 떠난 후, 그의 동생인 고인(高寅)·고담(高湛)이 손을 잡고 정변을 일으켜 고양의 아들인 고은(高殷)을 제거하고, 고인이 즉위하여 황제가 되었다. 후에 고인이 병으로 위중해지자, 고담도 무력으로 권력을 탈취할 준비를 했지만, 고인이 마지막에 황위를 그에게 넘겨 주기로 결정하자 그만두었다. 고담의 아들인 후주(後主) 고위(高緯)가 즉위한 후, 공신들을 대대적으로 살육했는데, 난릉왕(蘭陵王) 고장공(高長恭)과 대장군 곡율광(斛律光)이 잇달아 그에게 살해되었다. 북주 정권에서는, 우문호가 주공(周公)이라고 자처하다가, 야심이 점차 억제할 수 없게 되었다. 우문호는 잇달아 효민제(孝閔帝) 우문각(宇文覺)과 명제(明帝) 우문육(宇文毓) 두 황제를 독살하고, 다시 우문태의 넷째 아들 우문옹(宇文邕)을 세워 황제로 삼았다. 예전에 우문태의 부장이었던 조귀(趙貴)와 독고신(獨孤信)은 우문호가 정권을 독점하는 데 불만을 가졌다가, 역시 우문호에게 살해되었다. 572년까지, 몰래 칼을 갈고 있던 주 무제(武帝) 우문옹이 12년 동안 때를 기다린 끝에, 마침내 정변을 일으켜 우문호를 처단하고, 국정의 대권을 장악했다.

제·주 두 나라는 모두 잔혹한 내부 투쟁을 겪었지만, 통치자의 집권 수준과 치국 정책의 차이로 인해, 두 나라는 완전히 다른 발전 노선을 걸었다. 북제의 고환 집단은 선비족 군사 귀족들의 지지에 의지하여 일어섰기 때문에, 줄곧 선비족 귀족의 이익을 제일로 하는 민족 압박 정책을 시행했으므로, 한족 백성과 관리들은 온갖 업신여김을 다 당했다. 심지어 한족은 선비족들에게 "일전한(一錢漢)"(한족 사람의 생명은 고작 한 푼짜리라는 뜻)이라고 불리기까지 했으므로, 국내의 민족 모순이 대단히 첨예했다. 이 밖에도, 북제 정권은 폭군이 잇달아 등장했고, 부패가 성행했다. 예를 들면, 고양은 술을 좋아하고 사람 죽이는 것을 즐긴 것으로 유명하며, 후주 고위는 유모 육령훤(陸令萱)과 간신 화사개(和士開) 등을 총애하고 신임했으며, 공개적으로 매관매직을 했다. 이러한 상황에서 원래 국력이 강대했던 북제는 나날이 쇠약해져 갔으며, 멸망하는 것은 이미 피할 수 없었다. 반대로 북주 정권을 보면, 비록 마찬가지로 정치 투쟁이 있긴 했지만, 여러 대의 통치자들이 균전제(均田制)와 부병제(府兵制)를 비교적 잘 시행했다. 균전제는 북위 태화(太和) 연간에 처음 시행되었다. 이 제도는, 국가가 일부 국유 토지·호절전(戶絕田: 대가 끊긴 농가의 토지)·죄몰전(罪沒田:

◈ **황유녹채사계자관**(黃釉綠彩四繫瓷罐) | **북제**

이 자관(瓷罐)은 허난성 푸양(濮陽)에 있는 북제 이운(李雲)의 묘에서 출토되었다. 미황색 유채(釉彩) 아래에는, 관의 아가리에서부터 관의 복부까지 여섯 줄기의 산뜻하고 아름다운 녹색을 늘어뜨려 놓았으며, 전체 기물의 조형이 안정되고 중후하며, 유색은 곱고 아름답다. 북조 자기 가운데 빼어난 작품이다.

범죄자로부터 몰수한 토지) 및 주인 없는 토지를 인구와 경우(耕牛: 논밭을 가는 소)의 숫자에 따라 농민에게 나누어 주어 경작하게 하고, 주었다가 환수하도록 규정했다. 동시에 토지 소유자가 원래 소유하고 있던 토지를 균전제의 범위에 포함시켜, 통일적으로 등기를 하여, 그 권리 소유 관계를 확인했으며, 양도에 일정한 제한을 받았다. 부병제는 병농일치(兵農一致)의 군사제도로, 부병은 평소에는 농사에 힘쓰고, 농한기에는 훈련을 받았으며, 복무 기간 내에는 조세와 노역을 일률적으로 면제해 주었다. 균전제는 북주의 경제 발전을 촉진했으며, 부병제는 이민족과 한족의 경계선을 타파함으로써, 군대의 전투력을 증강시켜 주었다. 게다가 북주는 민족 문제와 이치(吏治: 관리의 품행과 치적) 문제를 한층 원활하게 처리할 수 있었던 데 힘입어, 북주의 경제력과 군사력이 점차 북제를 뛰어넘었으므로, 전체 북쪽을 통일하는 것은 이미 시간문제일 뿐이었다.

재능이 뛰어나고 계략이 원대했던 주(周) 무제(武帝)

572년, 북주의 도성인 장안의 문안전(文安殿) 안에서, 주 무제(武帝) 우문옹이 직접 자신의 손으로 권신 우문호를 죽인 다음, 조정 안팎에 있던 우문호의 패거리들을 일망타진하자, 북주의 정권은 다시 우문태의 적계(嫡系: 적자 계통) 자손의 수중으로 돌아왔다. 남·북조 시기의 몇 안 되는 영명한 군주로서, 주 무제는 즉위한 후 다방면의 개혁을 실행했다. 예를 들면, 노비를 서방하고, 대규모로 불교를 폐지시킨 것 등이다. 북주 정권도 선비족 귀족의 군사력에 의지하여 건립된 정권으로, 수많은 노예 사회의 구습들이 남아 있었는데, 그 가운데에는 바로 전쟁 포로를 호족들의 노비로 사용하는 것이 있었다.

주 무제가 정권을 장악한 후, 과거 여러 차례에 걸쳐 북제·남량과 전쟁을 벌일 때 포로로 잡아온 노예들을 자유민으로 풀어 주었다. 이 조치는 북주 정권의 봉건화를 가속화하여, 지방 호족의 세력을 약화시키고, 군주의 권위를 강화했다. 불교를 폐지시킴으로써, 불교에 타격을 가했다. 남·북조 시기에 불교가 전에 없이 발전하여, 많은 인구가 속세를 벗어나 불교에 입문하자, 사원은 대량의 경지(耕地)를 장악하고, 대량의 부를 그러모았다. 그에 따라 조정은 토지와 징세 대상과 안정적인 병력 자원을 잃게 되었다. 주 무제는 승려들이 환속하도록 강력한 명령을 내리고, 사찰의 재산을 국가 소유로 귀속시킴으로써, 국가의 납세 인구를 크게 증가시켰고, 국가의 수입을 증가시켰다. 이 밖에, 주 무제는 또한 사족 세력에 강력한 타격

◈ 〈역대제왕도(歷代帝王圖)〉의 주 무제 | 북제

주 무제 우문옹은 재위 기간에 권신 우문호를 주살하고, 선비족의 낡은 풍속에서 탈피했으며, 이치(吏治)를 정돈하여 북주의 정치를 맑고 깨끗하게 하고, 백성들의 생활을 안정시킴으로써, 국력을 강성하게 했다.

한 걸음 더

가사협(賈思勰)과 『제민요술(齊民要術)』

대략 영희(永熙) 2년부터 무정(武定) 2년 사이(533~544년)에, 북위의 농학자인 가사협이 종합 농서(農書)인 『제민요술』을 저술했다. 가사협은 청주(青州, 지금의 산둥성 수핑현 壽平縣) 사람으로, 생애는 미상이며, 고양태수(高陽太守)를 역임했다. 『제민요술』은 모두 10권 92편에, 11만여 자(字)로, 내용이 매우 풍부하여, 농(農)·임(林)·목(牧)·부(副)·어(漁) 등의 농업 범주를 다루고 있으며, 소채와 과수(果樹) 재배 기술, 동물 사육 기술 및 목축과 수의(獸醫), 농업 부산품 가공과 요리 기술 등등을 포함하고 있다. 『제민요술』은 진(秦)·한(漢) 이래 중국 황하 유역의 농업 과학기술 지식을 체계적으로 종합했으며, 그 내용의 구성은 후세의 농학 저작들이 따를 만한 기준을 제공해 주었다. 이 책은 중국에 현존하는 최초이자 가장 완벽한 농학 명저일 뿐만 아니라, 세계 농학사(農學史)에서 최초의 명저 중 하나이기도 하며, 후세의 농업 생산에 심대한 영향을 미쳤다.

을 가하고, 군사 제도를 개혁했으며, 군주와 군대의 관계를 밀접하게 하는 등등의 조치들도 취했다.

정치·경제 등 다방면의 개혁을 통해, 주 무제는 북제를 멸망시킬 준비를 착실히 했다. 575년, 주 무제는 북제를 대대적으로 공격하도록 조서를 내렸다. 비록 주나라 군대는 첫 전투에서 승리를 거두었지만, 금용성(金鏞城) 아래에서 제나라 군대의 완강한 저항에 직면했고, 주 무제가 전쟁을 하는 동안 중병에 걸리자, 어쩔 수 없이 군대를 철수하여 귀국했다. 이듬해, 한번 마음을 먹으면 끝장을 보는 성격의 주 무제는 다시 군대를 이끌고 북제를 공격했다. 그해 10월, 주나라 군대는 북제의 요충지인 진주(晉州)를 점령하고, 북제의 사병 8천여 명을 사로잡았다. 11월, 북제의 후주 고위(高緯)가 군대를 이끌고 반격을 가하여, 북주의 평양성(平陽城, 지금의 산시성山西省 훠저우霍州 남쪽)을 포위 공격했다. 며칠 동안의 포위 공격을 거쳐, 제나라 군대가 먼저 주도권을 차지하여, 머지않아 성을 함락시킬 수 있었지만, 후주 고위는 한창 몸치장을 하고 있던 비빈 풍소령(馮小怜)으로 하여금 성을 함락시키는 장면을 지켜보도록 하기 위해, 군대에게 공격을 잠시 늦추라고 명령을 내렸다. 그로 인해 제나라 군대의 사기를 크게 떨어뜨려, 단숨에 평양성을 공격하여 함락시키지 못했다. 얼마 후, 주 무제는 8만 대군을 이끌고 평양의 포위를 풀고, 제나라 군대를 대파했다. 577년, 주나라 군대는 북제의 도성인 업성(鄴城)을 공격하여 점령하고, 후주 고위를 생포하여, 북제를 멸망시켰다. 북주가 북제를 멸망시키면서, 북쪽에서 거의 50여 년에 걸친 분열과 전란의 국면을 끝내고 북쪽 전체를 통일함으로써, 훗날 수(隋)나라가 중국을 통일하는 기초를 다져 주었다.

전문 테마 풍부하고 다채로운 북조의 석굴 예술

양진(兩晉)·남북조 시기에, 북쪽의 통치자들은 대부분 종교가 그의 통치에 복무하도록 이용하는 것을 좋아했기 때문에, 대대적으로 사찰을 짓고 굴을 파서 상(像)들을 만들었다. 그리하여 불교 석굴 조상(造像)과 회화 예술이 절정에 이르게 했다. 그 중 대표적인 석굴은 주로 돈황(敦煌)의 막고굴(莫高窟)·운강(雲岡) 석굴·용문(龍門) 석굴 등이다. 그것들은 중국 서북 지역 각 인민들의 지혜와 창조력을 융합함과 동시에, 오늘날의 인도부터 이란·그리스 같은 나라들에 이르기까지의 종교 예술의 영향과 계발을 받아 종교적 열정이 스며들어 있으며, 또한 하나하나가 모두 세속 생활의 일부 장면들을 뚜렷이 나타내 보여주고 있어, 동서 문화 교류를 연구하는 중요한 자료이기도 하다.

막고굴(莫高窟)

막고굴은 '천불동(千佛洞)'이라고도 하며, 용문 석굴·대동(大同)의 운강 석굴과 더불어 중국의 3대 석굴로 불린다. 막고굴은 전진(前秦) 건원(建元) 2년(366년)에 개착했고, 이후 대대로 모두 왕성하게 건설했으며, 수·당 시대에 이르러 개착이 전성기에 진입했다. 막고굴의 건설은 줄곧 원(元)나라 때까지 지속되다가, 원나라 이후에는 개착이 중단되었고, 점차 조용히 황폐해져, 아는 사람이 드물어졌다.

막고굴에 현존하는 700여 개의 동굴들 가운데 벽화나 채소(彩塑: 채색 소상塑像)를 보존하고 있는 것이 492곳으로, 선굴(禪窟)·전당굴(殿堂窟)·탑묘굴(塔廟窟)·궁륭정굴(穹隆頂窟: 천장이 돔형인 굴) 등의 형상과 구조를 갖

◈ 막고굴 벽화

이 벽화는 제217굴 안에 있는 것으로, 부처가 살고 있는 극락세계에서 춤과 노래로 태평성세를 찬미하는 장면을 그린 것이다.

◈ 돈황 막고굴의 바깥 풍경

막고굴은 실크로드상의 전략적 거점에 위치하며, 동·서방 무역의 환승지였을 뿐 아니라, 종교·문화·지식의 합류지이기도 했다. 막고굴에 있는 492개 작은 석굴과 동굴 사원들은, 그 조상(彫像)과 벽화로 세계적으로 유명하며, 연속 천 년의 불교 예술을 펼쳐 보여주고 있다.

추고 있으며, 일부 불탑도 있다. 채소는 막고굴 예술의 주요 부분으로, 불상·보살상·제자상 및 천왕(天王)·금강(金剛)·역사(力士)·신(神) 등이 있다. 채소의 형식은 풍부하고 다채로워, 환소(丸塑)·부소(浮塑)·영소(影塑: 주상이 돋보이도록 하기 위해 배경에 부조 형태로 빚는 소상이며, 일반적으로는 점토·모래·섬유 등을 섞어서 만든다)·선업소(善業塑: 점토 등에 거푸집으로 찍어서 만드는 부조 형태의 소상) 등이 있다. 가장 높은 채소는 34.5미터이고, 가장 작은 것은 고작 2센티미터 정도(선업이목석상善業泥木石像)다. 돈황 채소는 공예 솜씨가 뛰어나고 제재(題材)가 풍부하여, 불교 채소박물관이라고 할 만하다. 석굴에는 그 밖에도 벽화 4.5만 평방미터가 있으며, 이들 벽화를 연결하면, 길이가 2.5만 미터에 달한다. 이들 벽화는 오랜 기간에 걸쳐 제작되었기 때문에, 각종 풍격과 각종 유파들이 있으며, 중국 봉건사회의 정치·경제 및 문화 상황을 반영해 내고 있어, 중국 고대 미술사의 찬란한 장(章)으로, 중국 고대사 연구를 위한 진귀한 형상 자료를 제공해 준다.

막고굴 안에는 또한 진귀한 문물과 역사 문헌 자료들도 소장되어 있다. 청나라 광서(光緖) 26년(1900년), 막고굴을 관리하던 도사(道士) 왕원(王圓)이 우연한 기회에 제17굴 안에서 '장경동(藏經洞)'을 발견했다. 동굴 안에는 삼국·위·진 시기부터 북송 시기까지의 약 5만여 건에 달하는 경권(經卷: 경문을 적은 두루마리)과 문서·직물과 자수품 및 그림 등이 가득 쌓여 있었다. 문서 중에는 한문으로 기록된 것이 대부분을 차지했고, 그 밖에 소그드 문자(粟特文: 당시 중앙아시아의 공용어)·토번 문자(吐蕃語: 티베트 문자)·범문(梵文: 산스크리트어)·장문(藏文: 티베트 원주민 문자) 등 각 민족들의 문자로 기록된 것이 대략 6분의 1을 차지했다. 장경동의 발견은 세계를 깜짝 놀라게 하여, 영국·프랑스·일본·러시아·미국 등의 모험가들의 심각한 파괴와 절도를 초래했다. 막고굴 속에서의 발견은 20세기 초 중국 고고학에서의 한 차례 중대한 발견으로, 이후 또한 이로부터 유명한 '돈황학(敦煌學)'이 발전해 나왔다.

용문 석굴

◈ **용문 석굴의 노사나대불**(盧舍那大佛)

노사나대불은 당(唐) 고종(高宗) 함형(咸亨) 9년(673년)에 개착되었으며, 낙양 용문 서산 남부의 산허리에 위치한 봉선사(奉先寺)에 있다. 용문 석굴 중 가장 크고 가장 아름다운 불상이다.

용문 석굴은 북위 효문제가 낙양으로 천도하기 전후에 개착하기 시작했으며, 양위(兩魏)·북제·북주를 거쳐, 수(隋)·당(唐)부터 송(宋) 등의 조대에 이르기까지 다시 연속해서 대규모로 건설했으니, 그 건설 기간이 400여 년이나 된다. 용문 석굴은 이수(伊水)의 동산(東山)과 서산(西山) 절벽에 밀집되어 있으며, 전체 길이가 1천여 미터다. 현재 불동(佛洞)과 불감(佛龕)이 모두 2,345개, 불탑 40여 좌, 불상 10만여 존이 있다. 그 가운데 가장 큰 불상은 높이가 17.14미터이며, 가장 작은 것은 고작 2센티미터다. 그 밖에 역대 조상(造像) 제기(題記: 문물에 대한 감흥을 토로한 글)와 비각(碑刻) 3,600여 점이 있는데, 이러한 것들은 모두 중국 고대 장

◈ **연화동굴(蓮花洞窟) 천장의 연화(蓮花) 석각(石刻)**

연화동은 이궐동(伊闕洞)이라고도 부르며, 용문 서산의 봉선사 북쪽에 있다. 동굴의 천장에 한 송이의 아름다운 연꽃이 부조로 새겨져 있어서 붙여진 이름이다.

인들의 뛰어난 예술적 조예를 구체적으로 보여주고 있다.

용문 석굴군은 대부분이 이수 서안의 절벽에 집중되어 있으며, 그 가운데 대형 동굴은 29개다. 이수 동안의 절벽에 있는 것은 전부 당대(唐代)에 만든 굴감(窟龕)이고, 그 가운데 7개가 대형 동굴이다. 용문 석굴 가운데, 북위 시기(420~534년) 동굴의 대표성을 갖는 것들로는 고양동(古陽洞)·빈양중동(賓陽中洞)·연화동(蓮花洞) 및 석굴사(石窟寺) 등이 있으며, 북제 시기(550~577년) 작품의 대표성을 갖는 것들로는 약방동(藥方洞)과 일부 소감(小龕)의 조상을 포함시켜야 할 것이다. 수대(581~618년) 작품의 대표적인 것들은 빈양남동(賓陽南洞) 북벽의 양패인(梁佩仁)이 만든 상감(像龕) 등이며, 당대(618~907년)의 동굴로서 대표성을 갖는 것들은 잠계사(潛溪寺)·빈양북동(賓陽北洞)·경선사(敬善寺)·만불동(萬佛洞)·용화사(龍華寺)·극남동(極南洞) 등이 있다. 용문 석굴의 조상 제기는 많은 동굴들에 널리 분포되어 있으며, 대략 3,600건이 있다. 그 가운데 용문이십품(龍門二十品: 용문 석굴에 있는 20건의 뛰어난 서법 작품)은 중국의 우수한 문화유산의 일부로, 중국 내외 학계와 서법계(書法界)에 매우 광범위한 영향을 미쳤다.

운강 석굴

운강 석굴은 무주산(武周山)의 가장 높은 곳에 조성되어 있는데, 이곳 지명이 운강(雲岡)이므로, 운강 석굴이라고 부른다. 운강 석굴은 북위가 평성(平城)을 도읍으로 삼던 시대에 처음 건설되었으며, 당시 불교 고승이던 담요(曇曜)가 황제의 명을 받들어 개착했다. 대다수의 석굴들은 북위 효문제가 낙양으로 천도하기 전에 완성되었으며, 40여 년의 시간이 걸렸다. 거기에 나머지 작은 석굴들을 합치면, 거의 50년의 시간이 걸렸다. 개착에 참여한 인원수는 4만여 명에 달했다. 사자국(獅子國, 지금의 스리랑카)의 불교도들조차도 세계적으로 유명한 이 위대한 예술품을 창조하

◈ **운강 제20굴 불상**

운강 제20굴은 운강 석굴 가운데 가장 일찍 개착한 석굴들 중 하나로, 굴 안의 대불은 얼굴에 미소를 띠고 있으며, 눈이 옹골지고, 큰 귀는 어깨까지 늘어져 있으며, 가사(袈裟)를 비스듬히 걸치고 있다. 북위 조각의 독특한 풍격을 지니고 있는, 운강 석굴 가운데 가장 대표적인 작품이다.

는 데 참여했다. 지금도 여전히 중국과 외국의 문화 교류의 발자취가 남아 있다. 북위의 저명한 지리학자인 역도원(酈道元)은 『수경주(水經注)』에서, 당시 운강 석굴의 웅장한 광경을 이렇게 기록하고 있다. "돌을 파고 산을 깎았는데, 바위 구조로 되어 있기 때문에, 참으로 모습이 웅장하여, 세상에 보기 드문 모습이다. 산에도 건물 물에도 건물이고, 안개 덮인 사원은 서로를 바라보고 있으며, 숲이 우거진 연못은 아름다운 거울 같아, 구경하느라 눈을 뗄 수 없다[鑿石開山, 因巖結構, 眞容巨壯, 世法所希. 山堂水殿, 烟寺相望, 林淵錦鏡, 綴目所眺]."

운강 석굴에는 현재 45개의 동굴이 있고, 석조 조상은 5만 천 개에 달해, 중국 최대의 석굴군 중 하나다. 무주산 남쪽 절벽에는, 동서로 1킬로미터에 걸쳐 운강 석굴의 불감(佛龕)들이 마치 벌

◈ 운강 제18굴 북벽 동쪽의 보살상

이 보살상은 섬세하게 조각하여, 선이 펼진하며, 얼굴이 생동적이어서 감동을 준다.

집처럼 가득 차 있으며, 대·중·소의 석굴들이 운치 있는 밀도로 운강의 중간 지점에 위치하고 있다. 운강 석굴은 기백이 웅대하고, 외관이 장엄하다. 1킬로미터에 달하는 이 석굴군 가운데, 조상(彫像)이 큰 것은 십 수 미터, 작은 것은 몇 센티미터에 달하며, 형태와 표정이 모두 매우 감동적이다. 일부 석불은 그들의 몸이 비치는 얇디얇은 천을 걸치고 있어, 그 우아하고 아름다운 몸매를 볼 수 있다. 어떤 것은 한가운데 정좌하고 있으며, 살아 있는 듯이 생동감이 넘치고, 혹은 북을 치거나 종을 치기도 하며, 혹은 손에 단적(短笛)을 들고 있거나 흥겹게 노래하며 춤을 추기도 하고, 혹은 비파(琵琶)를 안고서, 관광객들을 향해 있다. 이들 불상·비천(飛天)·공양인의 얼굴·몸·옷주름에는 모두 고대 장인들의 지혜와 고생이 배어 있으며, 불교와 석굴 예술이 중국화(中國化)한 궤적을 새겨 놓았다. 이들 불상과 악기(樂伎: 부처 주변에서 노래하거나 악기를 연주하는 보살) 조각상들은, 초기에는 고대 인도의 간다라·마투라 예술의 강렬한 영향을 받았으며, 또 간접적으로는 고대 그리스·로마, 더 나아가 페르시아 예술의 영향도 받았다. 이는 중국 고대 인민과 다른 나라 문화가 교류하고 우호적으로 왕래했다는 역사적 증거다.

운강 석굴의 예술적 가치는, 석조 문화의 효시를 창조했다는 데 있다. 즉 불교의 내용에 대해 석조(石彫) 형식을 이용하여 과학과 예술의 조합·결합을 진행함으로써, 이러한 불교 내용을 계열화시키고, 완전한 통일체로 만들어, 후세 사람들에게 펼쳐 보여주고 있다. 운강 석굴은 예술 형식으로 불교를 기록하고, 불교를 찬미했다. 이는 의심할 바 없이 당시 석각 문화의 대규모 사열(查閱)·대규모 전시(展示)·대대적 발전이었으며, 이로부터 석각 예술이 더욱 고차원적으로 발전하고 승화하도록 추동하여, 석각 예술과 불교 문화의 완벽한 결합을 완성했다. 이 예술은 중국 내외 인사들의 매우 큰 관심을 불러일으킴과 아울러 세계 역사 문화의 한 구성 부분이 되게 하였다. 위의 3대 석굴들은 모두 이미 국제연합의 '세계문화유산' 명단에 포함되었다.

삼국·양진(兩晉)·남북조

인물: 건안칠자(建安七子) 키워드: 민가(民歌), 변문(騈文)

자각(自覺)해 간 삼국·양진·남북조의 문학

삼국·양진·남북조의 가장 큰 시대적 특징은 전란·동요 및 분열이다. 이런 사회 환경과 서로 부응하여, 이때의 문학도 전형적인 난세 문학의 특징—즉 감수성이 예민한 작가들은 전란 속에서 인생의 짧음·생명의 나약함·운명의 예측 불가함·화복(禍福)의 무상함 및 개인의 무력감을 매우 쉽게 느낀다—을 표현해 냈다. 이렇게 느낀 것은 문학에 반영되어, 어떤 사람은 호탕하면서 비통하게, 어떤 사람은 은일하고 속되지 않게, 풍부하면서도 진지한 감정적 색채들을 표현해 냄에 따라, 또한 더욱 쉽게 찬란한 불꽃을 피워 올렸다. 이 시기의 문학은 풍부하고 다채로웠음과 동시에, 한 가지 뚜렷한 특징은 바로 문학이 한대(漢代) 이래로 경사(經史: 경서經書와 사서史書)에 의존해 오던 것에서 탈피하여, 점차 독립

◈ 본처와 첩이 앉아서 술과 음식을 대접하는 모습의 화상전(畵像磚) | 위(魏)·진(晉)

서주부터 위·진까지, 고대 중국에서는 일부일처의 혼인 제도를 시행하여, 남자는 첩과 계집종을 가질 수 있었지만, 법으로 정해진 아내는 한 명뿐이었다.

◈ 〈죽림칠현도(竹林七賢圖)〉

남조의 유의경(劉義慶)은 『세설신어(世說新語)』 「임탄(任誕)」편에서, 혜강(嵇康)·완적(阮籍)·산도(山濤)·향수(向秀)·유령(劉伶)·왕융(王戎) 및 완함(阮咸) 등 일곱 명이 “항상 대숲 아래 모여서, 마음껏 술에 취해 즐거워했기 때문에, 세상에서 죽림칠현이라 불렀다[常集於竹林之下, 肆意酣暢, 故世謂竹林七賢]”고 기록했다.

적으로 자각해 감에 따라, 풍격의 서정화(抒情化)·개성화가 나날이 뚜렷해지면서, 진정한 문학 정신을 갖게 되었다는 점이다.

건안풍골(建安風骨)에서 정시지음(正始之音)으로

동한 말기의 건안(建安) 시기부터 삼국 위(魏)나라의 황초(黃初)·태화(太和) 연간까지는, 시대의 획을 긋는 의의를 갖는 일군의 저명한 시인들과 그들의 시 작품들이 탄생했으므로, 중국 문학 발전사에서 중요한 시기가 되었다. 이 시기에, 건안 문학은 위나라의 조조(曹操)·조비(曹丕)·조식(曹植) 부자가 주를 이루었다. 조씨 부자들은 자신들이 시가를 애호하여, 인구에 회자되는 많은 작품들을 창작했을 뿐 아니라, 또한 문학을 장려하고, 문사들을 끌어 모아, 모여든 많은 문인 학자들을 막료(幕僚)로 삼았다. 그 중 유명한 사람들로는 왕찬(王粲)·진림(陳琳)·완우(阮瑀)·응창(應瑒)·유정(劉楨)·서간(徐幹)이 있었는데, 이들 여섯 명과 공융(孔融)을 합쳐 '건안칠자(建安七子)'라고 부른다.

이들 문인들은 대부분 한나라 말기에 있었던 사회적 동란의 소용돌이를 겪으면서, 폭넓게 사회 현실을 접촉했을 뿐 아니라, 한나라 말기의 문인으로서 그들은 또한 한나라 악부민가(樂府民歌: '악부'란, 세속의 인정과 풍속을 읊은 한시 형식의 일종)의 현실주의 전통을 직접적으로 계승했으므로, 매우 빠르게 시가의 전성기를 열어젖혔다. 조조는 저명한 군인이자 정치가로서, 한나라 말기에 있었던 동란의 격동기에 굴기하여, 그의 시가는 강개비량(慷慨悲涼: 격앙되면서도 처량함)한 독특한 격조를 지니고 있다. 그는 한나라 악부시의 형식을 계속 답습했지만, 반대로 또한 악부고사(樂府古辭)의 딱딱한 속박에서 탈피하고, 마음껏 서정적으로 사실을 묘사했을 뿐만 아니라, 한 명의 정치가로서 시국을 걱정하고 백성을 가엾게 여기는 깊은 마음도 표현해 냈으며, 또한 군인의 호탕하고 비범함이 넘쳐나는 영웅적 기개도 표현해 냈다. 건안 시가의 새로운 국면을 열어젖힌 사람으로서, 그는 이때 "악부의 제목을 이용하여 자신의 시를 짓는" 새로운 풍조를 이끌었다. 건안 시인의 작품들은, 한편으로는 사회의 혼란과 민생의 고통을 반영해 냈으며, 다른 한편으로는 천하를 통일할 이상과 웅대한 포부를 표현해 낸, 선명한 시대적 특징을 지니고 있다. 건안 시가의 이러한 걸출한 성취는 곧 훗날 '건안풍골(建安風骨: 건안 시기의 웅장하고 강개한 풍격)'이라고 불리는 전통을 형성하여, 오언시(五言詩)가 발전하기 위한 튼튼한 기초를 다져 주었다. 건안 시기에는, 문사(文士)들의 지위가 높아짐에 따라, 문학의 의의도 더욱 많은 관심을 불러일으켰다. 그러한 관심은, 한말 이래로 인물의 여운(餘韻)을 품평함에 따라, 사람에서부터 작품에까지 미치게 되면서, 문학 비평 풍조의 출현을 촉진했으며, 상당 정도 문학의 자각 의식을 표현해 냈다. 조비가 제시

한 “문장은 기(氣)를 주로 삼는다[文以氣爲主]”는 말은, 건안 문학이 서정화(抒情化)·개성화한 공통된 경향을 대표한다. 이러한 것들은 모두 이 시기 문학이 발전하는 과정에서 나타난 중대한 변화를 상징한다.

조위(曹魏) 통치의 후기에, 통치자 상층에서 권력과 이익을 쟁탈하기 위한 투쟁이 매우 첨예하고 잔혹하게 전개되었다. 사마씨는 한편으로는 매수와 교제를 통해 자기의 패거리를 형성했으며, 다른 한편으로는 잔혹한 살육으로 조위 집단의 세력을 제거함으로써, 위나라 후기, 즉 정시(正始) 이후의 암담하고 공포스러운 정치 국면을 조성했다. 이때의 시가는 깊은 인생의 감회로 충만했고, 노장(老莊) 사상 가운데 무위무쟁(無爲無爭)하고 몽롱하면서 환상적인 성분이 뒤섞이게 되자, 시가의 분위기도 그에 따라 크게 변했다. 정시 시대의 대표적인 작가들은 완적(阮籍)과 혜강(嵇康)이다. 그들은 사마씨와 조씨가 정권을 다투는 투쟁을 벌이자, 노장 사상을 강력하게 제창하면서, 노자와 장자의 ‘자연(自然)’과 ‘명교(名敎: 명분을 분명히 하는 것을 핵심으로 삼는 봉건 예교)’로 맞서 대항했다. 그들의 작품은 청신하고 속되지 않거나, 혹은 복잡하고 뜻이 명확하지 않으며, 대부분이 “괴로운 삶을 탄식”하고 있다. 그리하여 건안 시대의 적극적이고 진취적인 정신은, 현실을 부정하고, 재능을 드러내지 않으면서 세상사에 대해 관심을 갖지 않는 소극적 반항 사상이 대체했다. 문학사에서 이를 ‘정시지음(正始之音)’이라고 부른다.

시가(詩歌)와 민가(民歌)

서진 말기에 소수민족이 대규모로 중원의 한족(漢族) 지역으로 이주해 오면서 신선한 북방 초원 문화를 가지고 오자, 문학 창작도 일정 정도 소수민족 문화의 영향을 받았다. 그리하여 통속

◈ 〈동진풍류도(東晉風流圖)〉 | 원(元), 방종의(方從義)

이 그림은 왕희지가 냇가의 정자에 앉아 있는 모습을 그린 것인데, 냇물과 산이 에워싸고 있어 경치가 아름답다. 근처의 산석(山石)은 피마준(披麻皴: 물기가 적은 붓으로, 삼베 실을 풀어 놓은 듯이 구불구불하고 꺼칠한 필치로 그리는 방법)으로 그렸으며, 윤곽선이 거칠고 간략하면서 꾸밈이 없다. 먹 색깔은 명암이 분명하고, 요철감이 뚜렷하다. 안개 속에 대나무 그림자가 드문드문 드리워져 있는데, 모두 담묵(淡墨)으로 그려, 보였다 안 보였다 하면서, 변화가 일정치 않다. 건너편 강가의 작은 시냇물은 멀리서 흘러내려, 강으로 흘러들어 가면서 격렬하게 겹겹이 물결을 일으키고 있다. 강가의 언덕 기슭은 순전히 수묵(水墨)으로 그렸고, 다시 잡초로 장식했으며, 경계가 망망하고 심원하여, 사람들의 마음을 사로잡는다.

적이고 알기 쉬우며 유창하고 활발한 악부민가를 창작해 냈는데, 이는 중국 시가 역사상 또 하나의 새로운 발전이었다.

남북이 장기간 대치함에 따라, 비록 같은 시대의 산물이긴 했지만, 남북조 민가는 다시 서로 다른 색채와 풍격 분위기를 형성했다. 바로 『악부시집(樂府詩集)』에서 "아름다운 노래는 남조에서 흥성했고, 오랑캐 소리는 북조의 습속에서 나왔다[艷曲興于南朝, 胡音生于北俗]"고 말한 것이다. 북조는 선비(鮮卑) 귀족의 통치를 받으면서, 정치·경제·문화 및 민족 풍습이나 자연환경 등이 대부분 북쪽 소수민족의 영향을 받아, 그 언어는 질박하고 화려하지 않으며, 서정적이고 솔직담백하며, 풍격이 호방하고 강건하다. 또 형식은 대부분이 『악부시집』에 수록되어 있는 "양고각횡취곡(梁鼓角橫吹曲)"[5]을 위주로 했다. '횡취곡(橫吹曲)'이란, 당시 북방 민족이 말을 타고 연주하는 일종의 군악(軍樂)으로, 그 내용은 대부분이 북쪽 초원의 풍광·전쟁·인민의 고통 및 소수민족의 말 타기와 활쏘기 무공 등을 반영하고 있으며, 유명한 「칙륵가(敕勒歌)」·「목란사(木蘭辭)」 등

5 양고각횡취곡(梁鼓角橫吹曲): 이는 사실은 십육국(十六國) 및 북조 시기의 지방 음악이다. '횡취곡'은 원래 말 위에서 연주하는 일종의 군악인데, 연주하는 악기에 북[鼓]과 호각(號角)이 있었기 때문에 '고각횡취곡'이라고 부른다. 북조의 민가는 대부분이 북위(北魏) 이후의 작품들로, 남북 문화의 교류에 따라 북쪽의 가곡이 계속해서 남쪽에 전해졌다. 제(齊)·양(梁) 이후에도 항상 궁중오락에 사용되었으며, 또한 양대(梁代)의 악부(樂府) 기관이 보존해 왔기 때문에'양고각횡취곡'이라고 부른다.

이 바로 그 대표작들이다. 남조의 민가는 곧 남쪽의 도시 시민들 사이에서 탄생했기 때문에, 비교적 온화하고 생동적이면서 섬세하고 구성지며, 많은 것들이 남녀간의 치정과 원한을 표현하고 있어, 서정(抒情)이 주를 이룬다. 형식에는 주로 '오성가(吳聲歌)'와 '서곡가(西曲歌)' 등이 있다. 대표작으로는 서정시인 「서주곡(西洲曲)」이 있다.

민가(民歌) 외에, 시가 창작 방면에서는, 이때의 남조에서는 산수시(山水詩)가 점차 흥성하면서 진대(晉代)에 유행하던 현언시(玄言詩)를 대체했다. 산수시의 흥성은 동진 시기의 문인들이 자연에서 노니는 것을 즐기던 은둔 생활과도 관련이 있는데, 그 주요 대표자로는 사령운(謝靈運)과 포조(鮑照)가 있다. 그들은 조위 시기의 시인들이 풍경을 묘사한 멋진 구절의 기교를 참조하여, 참신하고 세련된 방향으로 한층 더 발전시킴으로써, 이치를 따지는 내용이 너무 많아 아름다움이 부족하고 담백한 맛이 적은 현언시의 풍격을 바로잡아, 남조 시가의 새로운 국면을 열었다.

산수시 이외에, 남조의 전원시(田園詩)도 도연명(陶淵明)이라는 위대한 시인으로 인해 빛을 발하여 눈이 부셨다. 도연명의 전원시 언어는 평범하고 질박하며, 통속적이고 알기 쉬운 단편적인 언어를 많이 사용하고, 꾸밈을 가하지 않았는데도, 백화(白話)[6]처럼 오히려 아취가 넘치고, 특히 정취가 풍부하며, 평범하고 자연스러우면서도 의미가 심원한 자신만의 특수한 매력을 갖고 있다. 그리하여 마치 도연명의 고결하고 도도한 인격처럼 독자적인 하나의 유파를 형성했다. 요약하자면, 남·북조의 민가와 시가는 형식이 다양하고 내용이 풍부하여, 여러 방면에서 후세의 문학 창작에 대해 심원한 영향을 미쳤다.

변문(騈文)·산문(散文)·사부(辭賦) 및 기타

남북조 시기는, 정치와 사회 풍조에서 비롯된 원인이 문학 사조에 영향을 미침에 따라, 변문이 기형적으로 번영하는 국면을 형성했다. 이와 동시에 산문도 일부 역사·지리 분야 저작들의 도움을 받아 일정 정도 발전을 이루었다.

위·진·남북조는 제왕과 귀족이 문단을 좌우한 시대여서, 작가들은 제왕과 귀족들의 주위에서 생활하거나, 아니면 산림에 은거하면서 세상사에 관심을 두지 않았다. 후자는 자연으로 회귀했고, 전자는 화려하고 섬세한 형식으로 공허하고 빈궁한 내용을 덮어 감추는 데 진력함으로써, 형식미를 특히 중시하는 이 변문이라는 문체가, 당시 문인들에게 보편적인 환영을 받아 크게 번영하도록 했다. 동진·남조 시기에, 사족(士族)과 문인들은 강남에 안거하는 것에 만족하여, 정치적

6 백화(白話): 당·송 이후에 구어(口語)에 기초하여 형성된 중국어로, 초기에는 통속 문학에만 사용되다가, 5.4운동 이후부터 본격적으로 사용되어, 현대 중국어가 되었다.

으로 진취하려는 생각은 하지 않고, 황제부터 대신들까지 글재주를 부리는 것을 좋아했기 때문에, 변체문(騈體文)이 특히 성행했다. 송(宋)·제(齊)·양(梁)·진(陳) 네 왕조의 황제들은, 모두 문학을 중시했으며, 매우 많은 사람들은 문학적 재능이 매우 풍부했다. 예를 들면 양 무제·양 간문제(簡文帝)·진 후주(後主) 등이 모두 한때 문학의 풍조를 이끌었던 유명한 문인들이다. 이러한 제왕들의 선도하에, 남조에서는 많은 "평범한 군주의 문사를 담당하는 신하"들뿐만 아니라, 또한 "재주는 뛰어나지만 지위는 미천한" 많은 불우한 선비들도 출현했다. 예를 들면 포조는 바로 빈한한 가문 출신의 유명한 변문·사부 작가였다.

산문에 대해 말하자면, 건안 시기는 산문이 빛을 발하기 시작한 시기였다. 조조의 산문은 꾸밈이 없고 호방하며, 담백하고 속되지 않으며, 어색한 곳이 없었고, 내용과 형식의 양 방면 모두 이전 시대의 낡은 전통을 타파하고, 한 시대의 새로운 문학 풍조를 열었다. 건안 삼조(三曹: 조조, 조비, 조식 3부자) 가운데, 특히 조식의 성취가 가장 높았다. 조식은 글재주가 뛰어나고, 문장이 화려하며, 고상한 아취가 느껴져, 건안 산문의 대표적 인물이 되었다. 정시(正始) 이후에는, 산문의 풍격도 점차 수려하고 간략하며, 강개하고 처량한 방향으로 나아갔으며, 문장이 하나의 격식에 구애되지 않고 운문과 산문이 뒤섞이면서, 독창성이 매우 풍부했다. 양진(兩晉) 이후, 산문은 여러 방향으로 발전했다. 대표적인 인물들로는 장재(張載)·장협(張協)·장화(張華)('삼장三張'이라함), 육기(陸機)·육운(陸雲)('이육二陸'이라 함), 반악(潘岳)·반니(潘尼)('양반兩潘'이라 함), 좌사(左思)('일좌一左'라 함)가 있었다. 이 밖에, 문학이 점차 자각해 감에 따라, 위·진·남북조 시기의 소설 창작이 점차 절정에 이르렀으며, 지괴소설(志怪小說: 기이하고 초현실적인 내용의 소설)·일사소설(逸事小說: 인물들의 일화를 기록한 소설) 등 현대 소설의 개념에 부합하는 소설들이 출현했다. 소설의 성행은 당시 불교와 도교 두 종교의 성행 및 사림(士林)의 풍조와 매우 깊은 관계가 있다. 두 종교 속의 전설 고사는 소설의 주요 제재가 되었으며, 동시에 일부 역사 전문(傳聞: 전해지는 이야기)·신선과 요괴·자질구레한 알려지지 않은 이야기 등이 모두 이 시기 소설의 발전에 광범위한 소재를 제공해 주었다.

제5장

수(隋) · 당(唐) · 오대(五代)

눈부신 태평성세와 영토가 분할되는 혼란한 국면

581년, 양견(楊堅)이 북주(北周)를 대체하여 수(隋)나라를 건립했다. 589년, 수 문제(文帝)가 인솔하는 대군이 장강을 건너, 일거에 진(陳)나라를 멸망시킴으로써, 동한 말기 이래로 3, 4백 년 동안 이어져 온 분열 할거 국면을 끝내고 전국의 통일을 실현했다. 604년, 수 문제가 갑자기 세상을 떠나자, 양광(楊廣)이 즉위했다. 수나라는 문제 통치 기간에, 군주 전제 중앙집권을 강화하고, 사회 경제를 회복시키고 발전시켰으며, 문화에서도 성취가 뛰어나, 전체 사회가 활기차게 발전하는 모습을 보여주었다. 그러나 교만하고 방자한 수 양제(煬帝)는 극도로 사치스러운 생활을 하고, 도리에 어긋나는 행위를 일삼아, 사회 모순을 격화시키자, 농민 봉기와 통치계급 내부의 투쟁이 곳곳에서 벌어졌다. 618년, 수 양제가 살해당했다. 같은 해, 태원유수(太原留守) 이연(李淵)이 강제로 수 공제(恭帝)를 퇴위시키고, 대당(大唐: 당나라를 높여 부르는 명칭) 왕조를 건립했다. 수나라는 모두 3명의 황제를 거치며, 38년간 유지되었다.

626년, 당나라에서 현무문(玄武門)의 변(變)이 발생하여, 당 고조(高祖)가 당 태종(太宗) 이세민(李世民)에게 제위를 넘겨 주었다. 당 태종은 나라를 잘 다스리는 데 온 힘을 기울여, 당나라를 국력이 강성하고, 사회가 안정되고, 문화가 번영하고, 명성과 위엄을 멀리까지 떨친 동방의 대국이 되게 했으니, 역사는 이를 '정관의 치[貞觀之治]'라 한다. 여제 무측천(武則天)은 정확히 살펴서 훌륭한 판단을 내렸고, 재능이 비범하여, 대당의 성세를 이루는 데에도 많은 공헌을 했다. 당 현종(玄宗)은 45년간 재위했으며, '개원(開元)의 치'는 당나라를 시성(詩聖: '두보'를 가리킴)이 목청 높여 노래했던 전성기로 나아가게 했다. 755년에 발생한 안사(安史)의 난과 그 큰 재난 이후에 오히려 정상 상태처럼 되어 버린 번진(藩鎭)의 할거 및 남아(南衙: 재상을 비롯한 조정 대신을 일컫는 말)와 북사(北司: 환관 세력을 일컫는 말)의 투쟁·붕당(朋黨)의 투쟁은 마침내 당 왕조를 멸망의 길로 내닫게 했다. 당나라는 모두 20명(무측천을 더하면 21명)의 황제에 걸쳐, 290년간 유지되었다.

907년 이후에 분장을 하고 무대에 등장한 오대십국(五代十國)은, 당나라 말기 분열 할거 국면의 연속과 확대에 불과했다. 오대(후량後梁, 후당後唐, 후진後晉, 후한後漢, 후주後周)에는 정복 전쟁이 그치지 않으면서, 중원 지역이 심각하게 파괴되었으며, 경제는 쇠퇴하여, 백성들은 편안히 살 수 없었다. 시영(柴榮)의 북벌이 승리를 눈앞에 두었을 때, 갑자기 병이 나 군대를 철수하는 바람에, 원대한 포부를 이루지 못했다. 십국(전촉前蜀, 후촉後蜀, 오吳, 남당南唐, 오월吳越, 민閩, 초楚, 남평南平, 남한南漢, 북한北漢)이 각자 한쪽 지역을 차지하고 지키자, 나라는 상대적으로 안정을 이루어, 경제가 다소 발전했다. 960년, 조광윤(趙匡胤)이 황포(黃袍: 황제가 입는 노란색 곤룡포)를 몸에 걸치고 황제가 되었으며, 북송의 조씨(趙氏) 형제는 차례로 지방 할거 세력을 제거하면서, 979년에 전 지역을 통일했다.

수(隋) 581년

인물 : 수 문제 양견(楊堅) **지역 :** 장안
키워드 : 삼성육부제(三省六部制), 과거제(科擧制), 대색모열(大索貌閱)

양견이 수를 건립하고 새 정치를 확립하다

581년, 북주의 외척 양견이 남북조 시기에 흔히 보던 수법인 '선양(禪讓: 임금이 살아 있을 때 제위를 평화롭게 물려주는 것)'을 통해 주(周)를 대체하여 수(隋)를 건립하고, 북쪽의 왕조 교체를 완성했다. 이어서 제위에 올라 수 문제(文帝)가 된 양견은 엄격하게 절약을 실천하고, 개혁에 전력하여, 전체적으로 수나라의 국가 경제·정치 제도가 모든 방면에서 발전하도록 했다. 589년, 수나라 군대는 남쪽의 진(陳)나라를 멸망시키고 중국을 통일하여, 동한 말기 이래로(서진이 잠시 통일한 것을 제외하고) 약 400년 동안 이어진 국가의 분열 국면을 완전히 마감했다.

◈ 〈역대제왕도〉의 수 문제 양견

수나라의 건립과 개혁

양견의 아버지는 양충(楊忠)으로, 북위 말기에 우문태(宇文泰)를 따라 군대를 일으켰고, 또 여러 차례 전공을 세웠다. 그리하여 우문씨의 북주 왕조가 건립된 후에, 양충은 곧 보육여(普六茹)라는 성씨를 하사받았으며, 벼슬이 주국(柱國)·대사공(大司空)에까지 올랐고, 수국공(隨國公)에 봉해졌다. 아버지 덕분에, 14세 때 양견은 당시의 경조윤(京兆尹) 설선벽(薛善辟)에게 발탁되

어 공조(功曹: 군수나 현령을 보좌하는 직위)가 되었다. 이후 해마다 승진하여, 16세 때 이미 표기대장군이라는 높은 직위에 올랐다. 북위의 또 한 명의 국주·대장군이던 독고신(獨孤信)은 이 젊고 전도양양한 젊은이를 보자, 14세짜리 자신의 딸을 그에게 혼인시켰으니, 바로 그가 훗날의 그 유명한 독고황후다. 북주 왕조의 창업 과정에서 양씨와 독고씨를 대표로 하는 사족문벌들의 지지를 받았기 때문에, 정치적으로 이들 개국공신들과의 관계를 강화하기 위해, 제위를 계승한 주 무제 우문옹은 양견의 장녀를 황태자비로 맞이했다. 양씨는 이때부터 나날이 강대해져 갔다. 578년, 한 시대의 영명한 군주인 주 무제 우문옹이 병으로 세상을 떠나고, 그의 아들 우문윤(宇文贇)이 즉위하여 황제가 되었으니, 그가 주 선제(宣帝)이며, 양견은 북주의 국장(國丈: 황제의 장인)이 되었다. 주 선제는 범속하고 무능한 데다 황음무도하여, 재위한 지 3년도 안 되어 궁중에서 병으로 사망하자, 고작 8세인 정제(靜帝) 우문연(宇文衍)이 제위를 물려받았다. 양견은 이 기회를 틈타 조정을 장악하고, 내외 군사를 모두 지휘했다.

◈ **백유용병연복자병**(白釉龍柄聯腹瓷瓶) | 수

이 자병(瓷瓶)은 복부가 서로 연결되어 있고, 둘 다 하나의 병아가리를 사용하며, 자루의 대가리는 용머리 모양으로 만들었기 때문에, 이런 이름이 붙여졌다. 현재 톈진시(天津市) 예술박물관에 소장되어 있다.

정권을 장악한 후, 양견은 우문씨 황족에게 타격을 가하기 시작했다. 그는 거짓 조서를 전달하는 방법으로, 조왕(趙王) 우문초(宇文招)·진왕(陳王) 우문순(宇文純)·월왕(越王) 우문성(宇文盛)·대왕(代王) 우문달(宇文達)·등왕(滕王) 우문유(宇文逌) 등 지방에서 매우 큰 권세를 누리고 있던 다섯 명의 북주 왕야(王爺: 황제로부터 왕의 작위를 받은 사람을 높여 부르는 호칭)들을 속여 도성으로 오게 하여, 그들의 병권(兵權)과 인신(印信: 관인)을 몰수했다. 양견의 음모를 깨달은 다섯 왕들은 양

◈ **청자무사용(青瓷武士俑) | 수**

용의 높이는 63.3센티미터이고, 1953년에 허베이성 우한시(武漢市)에서 출토되었다. 무사용은 가슴을 펴고 꼿꼿이 서 있으며, 머리에는 비늘형 갑편(甲片)이 달려 있는 철투구를 쓰고 있다.

견을 암살할 준비를 했지만, 요행히 양견은 이를 모면했다. 구실을 찾은 양견은, 결국 모반했다는 죄명으로 조왕과 월왕 등을 주살하자, 북주 왕실의 반항은 곧 와해되었다. 이때 양견에 반대하는 지방 세력이 상주총관(相州總管) 위지형(尉遲炯)을 우두머리로 하여 군사적 대항을 시작했다. 이어서 훈주총관(勛州總管) 사마소난(司馬消難)·익주총관(益州總管) 왕겸(王謙)이 잇달아 군대를 일으켜 호응하자, 반란군의 수가 한때 10만 명에 달해, 기세가 대단히 드높았다. 그런데 위지형 등은 군(軍)·정(政) 양 방면에서 우세한 양견의 적수가 되지 못했으니, 양견은 고작 반년도 안 되는 시간에, 공격과 견인이라는 쌍관제하(雙管齊下: 두 자루 붓을 들고 동시에 그림을 그린다는 뜻)의 수단으로, 자신을 반대하고 우문씨를 편드는 장수들을 모두 격퇴했다. 위지형·왕겸은 패하여 자살했고, 사마소난은 진나라로 도망치자, 양견은 자신의 권위를 완전히 굳혔다. 대정(大定) 원년(581년) 정월, 주(周) 정제가 양견에게 황위를 넘겨주자, 양견은 정식으로 황제가 되었으며, 국호를 수(隋)로 바꾸었으니, 그가 수 문제(文帝)다.

수나라가 건립된 후, 수 문제는 국가의 실력을 향상시키고, 나아가 전국을 통일하기 위해, 일련의 전방위적인 정치·경제·군사 개혁을 진행했다. 그 중 비교적 중요한 내용들로는, 삼성육부제(三省六部制)를 설립하고, 〈개황률(開皇律)〉을 반포하고, '대색모열(大索貌閱: 세금 탈루와 부역 회피를 방지하기 위해 호구 조사를 실시하여, 가구의 정확한 인원수와 나이를 파악하고 호적을 정비한 것)' 및 '수적정양(輸籍定樣: 가족의 수나 재산의 양에 따라 호구의 등급과 납세 기준을 정한 것)' 등이 포함된다. 개황 원년(581년), 양견이 대신의 건의를 받아들여, 문하성(門下省)·상서성(尚書省)·내사성(內史省) 등 3성을 설립했으며, 3성의 최고 장관은 모두 재상(宰相)의 직무를 담당했다. 그리고 상서성 밑에는 이부(吏部)·병부(兵部)·예부(禮部)·공부(工部)·도지부(度支部, 민부民部)·도관부(度官部, 형부刑部) 등 모두 6부를 두어, 각자 전문적인 정무를 처리했다. 삼성육부제는 봉건시대의 국가 제도를 완성하여, 황제의 최고 통치자로서의 권력을 강화했다. 개황 3년(583년), 수 문제는 명령을 내려 수대(隋代)의 법전인 〈개황률〉을 반포했다. 〈개황률〉은 명례(名例: 법률 총칙)·위금(衛禁)·직제(職制)·호혼(戶婚)·구고(廐庫)·천흥(擅興)·적도(賊盜)·투송(鬪訟)·사위(詐僞)·잡률(雜律)·포망(捕亡)·단옥(斷獄)으로 나뉘며, 모두 12편(篇) 500조(條)로 되어 있다. 또 형벌 명칭을 태(笞)·장(杖)·도(徒)·유(流)·사(死) 등 5등급으로 정했으며, '중죄십조(重罪十條)'를 '십악(十惡)' 조목, 즉 모반(謀反)·모대역(謀大逆)·모반(謀叛)·악역(惡逆)·부도(不道)·대불경(大不敬)·불효(不孝)·불목(不睦)·불의(不義)·내란(內亂)으로 발전시켰으며, 아울러 모든 '십악'을 범한 자들은 엄중히 처벌하고, 사면할 수 없도록 규정했다. 〈개황률〉은 남북조의 봉건 법률을 집대성하여 발전시킴으로써, 중국 법률 발전사에서 새로운 이정표를 수립했으며, 세계 법제사에서도 중요한 지위를 차지한다.

개황 5년(585년) 5월, 수 왕조는 전국적으로 '대색모열'을 실시하여, 인구를 조사하고 호구를 낱낱이 조사함으로써, 거짓으로 나이를 늘이고 인원수를 줄여서 부역을 회피하는 것을 방지했다. 만약 호구 조사가 부실한 것이 발각되면, 보장(保長)·이정(里正)·당장(黨長)이 모두 먼 지방으로 귀양을 가야 했다. 이때 호구를 조사함으로써, 호적부에 장정(壯丁: 요역을 부담해야 할 성인 남자) 44만여 명과 인구 164만여 명이 새로 증가했다. 이어서 수 문제는 재상 고영(高熲)의 건의를 받아들여, '수적정양'('輸籍法'이라고도 함)의 조치를 반포했다. 즉 백성들이 납부하는 조세를, 각 가구의 재산 상황에 따라 납부 기준을 산출함으로써, 정액(定額)을 가볍게 했으며, '정부(定簿: 세금 부과액을 기록한 장부)'를 작성했다. 이처럼 정부는 호구와 백성이 내야 할 세액을 명확히 하여, 권문세가들에게 타격을 가함과 동시에, 사회적 생산의 발전에 유리하도록 했다.

수 문제는 또한 지방의 주(州)·군(郡)·현(縣) 3급제를 주·현 2급제로 바꿔, 행정 효율을 제고하고, 정부 지출을 절약했으며, 균전령(均田令)을 다시 반포하여, 수많은 무토지·소토지 농민들이 토지를 가질 수 있도록 함으로써, 국가 수입을 증가시켰다. 이 밖에, 수 문제는 부병제를 개혁했으며, 대대적으로 수리사업을 일으켰고, 식량을 비축할 의창(義倉)을 건설했으며, 이재민들의 부역과 조세를 감면해 주는 등등 많은 일을 했다. 그가 통치한 개황 연간에, 사회적으로 민생은 풍요로웠고, 백성들은 평안하게 살면서 즐겁게 생업에 종사했으며, 정치가 안정되자, 전국의 호구가 전에 없이 700만 호까지 증가했으니, 역사에는 이를 '개황의 치[開皇之治]'라고 부른다.

전국을 통일하다

양견은 수나라를 건립한 후, 통일 대업을 자신의 필생의 포부로 삼았지만, 북쪽의 돌궐과 남쪽의 진(陳)이 모두 통일에 장애가 되었다. 돌궐은 중국의 오래된 유목민족 정권으로, 북제와 북주 모두 그들에게 많은 금과 비단을 바쳤으며, 심지어는 공주를 시집보내 화친하며 달랬다. 수나라가 건립된 후, 양견이 더 이상 돌궐에 재물을 보내지 않자, 돌궐은 이로 인해 크게 불만을 품고, 자주 대거 남하하여 수나라 경계를 침범하고 소요를 일으켰다. 양견은 정권을 탈취한 다음에 곧 강남을 병탄할 야심을 갖고 있었지만, 북쪽 돌궐의 위협 때문에, 북쪽을 먼저 통일하고 남쪽을 나중에 통일하기로 방침을 정했다. 그는 한편으로는 끊임없이 사신을 진나라에 보내 비위를 맞추면서, 진나라 후주로 하여금 경계심을 늦추고 방심하도록 했다. 다른 한편으로는 적극적으로 자신의 실력을 발전시키고, 병제(兵制)를 개혁하여, 북쪽의 돌궐을 정벌하고 남하하여 진나라를 멸망시킬 준비를 차질 없이 진행했다. 일련의 군사 작전과 정치 활동을 통해, 양견은 대신 장손성(長孫晟)이 제시한, "먼 나라와 교류하여 가까운 나라를 공격하고, 강한 나라를 멀리하고 약한 나라와 힘을 합치는[遠交而近攻, 離强而合弱]" 뛰어난 전략을 최대한 발휘했다. 그리하여 그는 돌궐 수령 슈바라칸(沙鉢略可汗)·다투칸(達頭可汗)·아파칸(阿波可汗) 간의 서로의 모순을 이용하여 이간함으로써, 그들이 서로를 공격하게 했다. 결국 다투칸과 아파칸이 슈바라칸으로부터 벗어나 자립하자, 돌궐은 다시 동서 두 부(部)로 나뉘었다. 개황 4년(584년), 슈바라칸이 서돌궐과 거란(契丹)으로부터 양쪽에서 위협을 받자, 수나라에 신하가 되어 굴복하고 귀순해 옴에 따라, 북쪽 변경의 평화가 보장되었다.

북쪽의 형세를 안정시킨 다음, 양견은 마침내 통일에 대항하는 최후의 장애물인 남쪽의 진나라에 손을 댈 수 있었다. 개황 8년(588년), 양견은 강을 건너 진나라를 멸망시키기로 결정했다. 그는 진왕(晉王) 양광(楊廣)을 상서령(尙書令)으로 삼고, 진왕 양광·진왕(秦王) 양준(楊俊)·청하공(淸河公) 양소(楊素)를 행군원수(行軍元帥)에 임명하고, 수군과 육군 50여만 명을 지휘하여, 동시에 장강의 상·중·하류에서 여덟 방면으로 나누어 대대적으로 진나라를 공격했다. 앞쪽 세 방면은 양준이 지휘했으며, 무창(武昌)을 목표로 삼았다. 뒤쪽 다섯 방면은 양광이 지휘하여, 곧바로 진나라의 도성인 건강(建康)을 겨냥했다. 그 가운데 양광·하약필(賀若弼)·한금호(韓擒虎)가 지휘하는 세 방면이 주력이었다. 수나라 군대의 이번 대오는 방대하여, 횡으로 수천 리 이어지는, 중국 역사상 규모가 거대한 도강(渡江) 작전이었다. 개황 9년(589년) 정월 초하루, 하약필과 한금호가 이끄는 수나라 군대는 건강 주위의 진나라 군대가 즐겁게 설을 쇠고 있는 기회를 틈타, 진로를 나누어 강을 건너 회합한 다음 건강성을 포위했다. 진나라 군대는 설날 연회로 인해 대부분 잠들어 있었으므로, 전혀 저항할 수 없었다. 진 후주 진숙보(陳叔寶)는 수나라 군대가 성 밑에 도착한 것을 보고 매우 급히 서둘렀지만, 아무런 마땅한 방법도 찾지 못한 채, 오직 밤낮없이 흐느껴 울기만 했다. 대장 소마가(蕭摩訶)는, 수나라 군대가 막 도착하여 아직 확고하게 자리를 잡지 못한 것을 틈타, 즉각 출병하여 공격을 가하면, 어쩌면 아직은 희망이 있다고 건의했다. 대신 공범(孔範)도 이렇게 말했다. "신(臣)은 당연히 출병해야 한다고 생각합니다. 만약 전사하신다면, 또한 청사에 이름을 남길 것입니다."

후주는 이리하여 성을 나가 전투를 벌이기로 결정했지만, 진나라 군대는 오랫동안 훈련을 하지 않았고, 장수들도 대다수가 죽음을 두려워하는 비겁한 무리들이어서, 쌍방이 막 교전을 벌이자마자, 진나라 군대는 곧바로 패주했다. 또한 장수 임충(任忠)은 전쟁터에서 모반하여 도망쳤다가, 수나라 군대를 데리고 건강성의 정문인 주작문(朱雀門)으로 돌진해 왔다. 문을 지키는 병사가 저항하려고 하자, 임충이 크게 소리쳤다. "나마저도 투항했는데, 너희들이 과연 무엇을 하겠단 말이냐?" 사병들은 와 하고 소리를 지르며 뿔뿔이 흩어졌고, 수나라 군대는 거의 아무런 저항도 받지 않고 파죽지세로 쳐들어가 건강성을 점령했다. 후주 진숙보는 전쟁 상황에 대해 전혀 알지 못하다가, 성문 밖에서 들려오는 소름끼치는 소리를 듣고서야 비로소 수나라 군대가 이미 궁성에 진입했다는 것을 알았다. 그는 두 명의 총애하는 비를 데리고 도망갈 곳이 없자, 결국 마른 우물 속으로 숨었다가, 수나라 군대에 의해 밧줄로 끌어올려졌다. 정월 22일, 진왕(晉王) 양광이 건강성으로 진입했고, 진(陳)나라는 이렇게 멸망했다. 이리하여, 양견은 위·진·남북조의 장기간에 걸친 분열 국면을 마감하고, 전국을 통일하는 대업을 완성했다.

한 걸음 더

과거(科擧) 제도

수 문제가 즉위한 후, 정식으로 구품중정제와 주군벽거제(州郡辟擧制: 주와 군에서 관리를 천거하거나 임용하는 제도)를 폐지하여, 문벌사족의 약화와 중앙집권의 강화를 표명했다. 개황 7년(587년) 정월, 수 문제는 각 주들은 매년 세 명을 선발해 도성에 파견하여, 조정에서 거행하는 과목별 시험에 참가시키도록 명했다. 당시 비교적 명확한 과목은 수재과(秀才科)와 명경과(明經科)가 있었기 때문에, 수 문제는 정식으로 매년 거행하는 상거(常擧: 매년 실시함)의 과목을 확립했다. 각지에서 선발되어 파견되어 온 공사(貢士: 향시에 합격하여, 중앙 정부에서 실시하는 과거 시험에 응시할 수 있는 자격을 가진 선비)들은 도성에 모여 시험을 치르게 했다. 공사들이 급제한 후에는, 또 반드시 이부(吏部)의 자격 전형에 참가하여 합격한 뒤에야 비로소 관직을 받을 수 있었다. 개황 18년(598년), 수 문제는 또 경관(京官) 5품 이상 및 지방의 총관(總管)·자사(刺史) 등의 관리들에게 명령하여, 지행수근(志行修謹, 즉 덕이 있음)·청평간제(淸平干濟, 즉 재능이 있음) 두 과목에 따라 인재를 선발하도록 했다. 수 양제(煬帝) 대업(大業) 2년(606년), 정식으로 진사과(進士科)를 설치했는데, 이것이 중국 과거 제도의 시작이다.

수(隋) 604~618년

인물 : 수 양제 양광(楊廣) **지역 :** 양주(揚州) **키워드 :** 대운하 건설, 세 차례 고구려 정벌

수 양제(煬帝), 2세(世)의 망국

수 문제 양견이 남북조를 통일하자, 사람들은 또 하나의 강성한 제국의 출현을 기대했는데, 결국 수나라는 뜻밖에 진(秦)나라와 마찬가지로 고작 2대 만에 망하고 말았다. 그 원인을 살펴보면, 주요한 것은 수 양제 양광(楊廣)이 도리에 맞지 않는 짓을 하고, 폭압 정치로 나라를 다스린 것에서 비롯되었다. 전체 봉건시대에, 나라를 망해먹은 군주는 방탕하게 여색을 즐겼거나, 혹은 극도로 사치스럽고 탐욕스러웠거나, 혹은 대대적으로 요역(徭役)을 일으켰거나, 혹은 연속으로 대규모 대외 전쟁을 벌였기 때문이지만, 수 양제처럼 네 가지 잘못을 모두 범한 경우는 결코 많지 않았으니, 강대한 수나라가 고작 30여 년 만에 멸망의 길로 나아간 것은 이상할 것도 없다.

◈ 〈역대제왕도〉의 수 양제 양광

황제에 즉위하다

양광(569~618년)은 수 문제 양견의 둘째 아들로, 개황(開皇) 원년에 진왕(晉王)·병주총관(幷州總管)에 봉해졌다. 양광이 성년이 된 후, 수 문제는 그에게 중임을 맡겼고, 개황 8년(588년)에 수나라 군대가 남하하여 진(陳)나라를 정벌하고, 개황 20년(600년)에 서돌궐의 다투칸(達頭可汗)에게 반격을 가할 때, 양광은 행군원수 직무까지 맡았다. 그런데 지위가 높아짐에 따라, 양광은 태자의 지위를 노리는 마음이 생겨나, 온갖 궁리를 다해 형인 양용(楊勇)을 태자의 위치에서 스스로 내려오게 하려고 생각했다. 양용은 문제의 장남으로, 사람 됨됨이가 너그럽고 돈후

하며 박학다식했지만, 그는 향락을 추구하고 미색에 집착했기 때문에, 문제와 독고황후의 사랑을 별로 받지 못했다. 양광은 이 기회를 포착하여, 검소하고 여색을 멀리하는 것처럼 위장하면서, 문제와 독고황후의 자신에 대한 호감을 나날이 커지게 했다. 양광은 또한 몰래 중신 양소(楊素)와 결탁하여, 양소로 하여금 문제의 면전에서 양용을 비방하면서, 문제에게 다시 태자를 세우도록 설득하라고 사주했다. 개황 20년, 문제는 결국 명령을 내려 양용을 폐위하여 서인(庶人: 평민)이 되게 하고, 새로 양광을 태자로 삼았다.

인수(仁壽) 4년(604년), 문제가 인수궁(仁壽宮) 안에서 병으로 요양하자, 양광이 수행하여 보살폈다. 아버지가 언제라도 세상을 떠날 수 있다는 것을 알자, 양광은 양소에게 편지를 써 보내, 문제가 세상을 떠난 후에 어떻게 후사를 처리해야 하고, 어떻게 황제 자리에 오를 것인지 등등을 물었다. 결국 우연한 원인으로 일이 잘못되어, 이 편지가 문제에게 보내졌다. 문제는 편지를 다 읽고 나서 대노하여, 양광을 폐위하고 다시 양용을 태자로 삼으려고 생각했다. 그러나 이때의 양광은 이미 궁중에 밀정을 두루 심어 두고 있었으므로, 그가 문제의 거동을 알고는, 심복을 보내 문제를 살해한 다음, 다시 조서를 위조하여 형 양용에게 목을 매어 자결하도록 했다. 그해 7월, 양광은 즉위하여 황제가 되었고, 연호를 대업(大業)으로 바꿨다.

동도(東都)와 대운하를 건설하다

수 양제는 즉위한 다음, 자신의 향락을 충족시키고 통치를 공고히 하기 위해, 대대적으로 토목공사를 벌였다. 그 가운데 규모가 가장 큰 두 가지 공사는 바로 동도 낙양의 건설과 대운하 건설이었다. 대업 원년(605년), 수 양제는 양소를 동경대감(東京大監)에 임명하고, 장작대감(匠作大監) 우문개(宇文愷)를 부감(副監)으로 삼아, 민간인 200만 명을 징발하여, 낙양의 옛 성 서쪽에 새로운 도성을 건립했다. 밤낮없이 공사를 다그쳐서, 웅장한 동도성이 10개월도 안 되어 완성되었다. 전체 성은 궁성(宮城)·황성(皇城) 및 외곽성(外廓城) 등 세 부분으로 나뉘며, 성 서쪽에는 또한 수 양제 및 그의 비빈들에게 휴식을 제공하는 현인궁(顯仁宮)과 놀이를 즐기는 서원(西苑)을 지었는데, 여기에 소모된 국가 재정은 계산할 수 없을 정도였다.

북쪽의 식량 공급 문제를 해결하기 위해, 또한 자신이 강도(江都, 지금의 장쑤성 양주揚州)를 순행하려는 바람을 만족시키기 위해, 수 양제는 이전 사람들이 닦아 놓은 기초 위에서, 제국의 남북을 가로지르는 인공 운하를 만들어, 낙양을 중심으로, 북으로는 탁군(涿郡)까지, 남으로는 여항(余杭)까지, 수천 리에 달하는 수상 대동맥을 형성하기로 결심했다. 객관적으로 말하면, 대운하를 만든 것은 남북 경제 교류와 교통 이용에 대해서는 매우 긍정적인 역할을 했지만, 눈앞의 성공

과 이익에만 급급해 하고, 자기 하고 싶은 대로만 하는 양제의 타고난 성품 때문에, 운하 공사를 시작한 날부터 수많은 백성들이 살 곳을 찾아 떠돌고, 굶어 죽은 사람이 들판에 널려 있는 만악(萬惡)의 근원으로 전락했다. 역사 기록에 따르면, 양제가 "하남(河南)과 회북(淮北)의 여러 군민들을 징발하도록 조서를 내려, 전후로 백여만 명이 동원되어 제거(濟渠)를 개통했고", 곧 이어서 공사가 상대적으로 간단하고 규모가 비교적 작은 한구(邗溝)를 고쳐 지으면서, 또 "회남 백성 십만여 명을 징발하여", 인력 할당이 감당할 수 있는 최대한도를 전혀 고려하지 않았다. 대업 4년(608년)이 되어, 양제는 사용할 수 있는 성인 남성이 부족하다는 것을 알고는, 곧 다시 부녀자들까지도 운하를 파는 대군(大軍) 속에 받아들임으로써, "인부들 중 죽은 자가 십사오만 명"이나 발생하자, 시체를 운송하는 수레들이 상상 외로 많아, "동으로는 성고(城皐)까지, 북으로는 하양(河陽)까지,

◈ **짧은 저고리**[短襦]**와 긴 치마**[長裙] | 수

짧은 저고리와 긴 치마는 수나라 여성의 복식에서 흔히 보이는 양식이다. 그것의 한 가지 특징은 치마의 허리 부분을 비교적 높이 묶는 것이다. 일반적으로 대부분 허리보다 높이 묶었으며, 심지어는 겨드랑이 밑에 묶어, 사람들에게 맵시 있고 날씬하며 키가 큰 느낌을 준다.

◈ 〈고소번화도(姑蘇繁華圖)〉 | 청(淸), 서양(徐揚)

대운하는 춘추 시기에 건설을 시작하여, 수대에 완성되었고, 당·송 시대에 번영했으며, 원대(元代)에 반듯하게 만들었고, 명·청대에는 준설했다. 기나긴 세월 동안, 세 차례의 비교적 큰 공사를 거쳤다. 마지막 한 차례의 공사가 완성되자 마침내 '경항대운하(京杭大運河)'라고 불렀다. 청나라 건륭 시기에 이르러, 소주(蘇州)·진강(鎭江)·양주(揚州) 등지가 대운하로 인해 나날이 번화해졌으니, 이에 비로소 강남의 호수와 산이 어우러진 매우 아름다운 경치·전원과 농가·창서(閶胥)의 성벽·옛 나루터에서 움직이는 배·강가의 도시·흐르는 물과 인가(人家)를 묘사한 이 유명한 그림이 나오게 되었다.

길에서 서로 바라보일 정도로 이어지면서 끊이지 않았다……". 바로 이렇게 무수한 인부들의 피눈물, 더 나아가 생명을 응집한 대운하는 6년의 시간이 걸려서야 마침내 완공될 수 있었다. 그 사이에 양제는 여러 차례 대규모 병력을 거느리고, 비할 데 없이 호화로운 용주(龍舟: 임금이 타는 배)를 타고 강도에 와서, 정신없이 도락을 즐기느라 나라와 사직을 까맣게 잊은 채 돌보지 않았다. 그리하여 수 제국이 문제 시대부터 모아 온 엄청난 부는 문제의 계승자가 극도로 사치를 부리고 민력(民力)을 돌보지 않는 바람에 거의 소모되었다.

사방을 순유(巡遊)하고, 고구려를 원정하다

대규모 토목공사를 벌임과 동시에, 수 양제는 또한 사방을 순유하는 것도 소홀히 하지 않았다. 대업 원년, 즉 수 양제가 즉위한 첫 해에, 그는 황후·비빈·문무백관 및 수십만 명의 군대를 이끌고 남하하여 강도에 갔다. 역사 기록에 따르면, 양제가 탄 용선은 위아래가 4층이며, 높이가 45자[尺: 약 15미터]에, 길이가 200자였다. 또 부경선(浮景船) 9척이 수행한 데다, 좌우를 호위하는 수천 척의 크고 작은 배들까지 있어, "200여 리나 이어지며, 강과 뭍을 밝게 비추었다". 그리고 선단을 도와 배를 끄는 인부들은 모두 비단 도포를 입었다. 양제는 여전히 위엄이 부족다고 불만을 느끼자, 다시 오월(吳越) 일대에서 500명의 민간 소녀들을 징집하여, 손에 색깔이 있는 밧줄을 잡고 양제를 위해 용선을 끌도록 했다. 길을 따라 거쳐 가는 각 주·현의 경내 500리에 거주하는 관민들은, 수 양제가 먹을 '헌식(獻食: 음식)'을 마련해서 제공하기 위해 더욱 가산을 탕진했으며, 밤낮없이 서둘러 용선을 만드는 인부들도 "열 중 네다섯 명은 죽어 나가는" 비참한 지경이었다. 그런데 이때 강도를 순유한 것은 수 양제가 빈번히 순유하는 시작일 뿐이었다. 대업 3년(607년), 수 양제는 북쪽의 유림(楡林)을 순유했고, 대업 4년(608년)에는 변방으로 나가 북쪽의 장성(長城)을 순유했으며, 대업 6년(610년)에는 다시 강도를 순유했고, 대업 11년(615년)에는 또 북쪽의 장성을 순유했는데, 결국 돌궐의 시비칸(始畢可汗)에 의해 안문관(雁門關)에서 겹겹이 포위당했다가 간신히 곤경에서 벗어났다. 대업 13년(617년)에 수 양제는 세 번째로 강도를 순유했다……. 수 양제가 재위한 14년 동안, 그가 장안에 거주한 기간은 1년도 안 되었고, 낙양에서도 겨우 3년도 채 머물지 않았으며, 나머지 시간은 모두 사방으로 순행하면서 향락을 즐기는 데 소모했다.

수 양제는 대내적으로는 토목공사를 크게 벌여 노역을 남발했으며, 대외적으로는 끊임없이 전쟁을 일으키면서, 군대를 남용하여 전쟁을 일삼는 길로 나아갔다. 대업 원년(605년)부터, 수나라는 잇달아 거란·서돌궐·토욕혼(吐谷渾)과 전쟁을 벌여, 일정 정도 영토를 개척하고, 변경의 안정을 확보했다. 그런데 대업 7년부터 대업 10년까지, 수 양제는 세 번에 걸쳐 고구려 정벌에 나섰다가 모두 패해, 국내의 모순을 심각하게 격화시켰다. 고구려는 한반도의 북부에 위치했는데, 서진(西晉)이 멸망한 후, 고구려는 이 기회를 틈타 요동(遼東)을 차지했다. 수 문제 때, 고구려는 말갈과 연합하여 요서(遼西)를 침입했다가, 수나라 군대에게 패했다. 대업 7년, 수 양제는 요동의 옛 영토를 수복하기로 결정하고, 명령을 내려 동래(東萊, 지금의 산둥성에 속함)에서 전함을 건조하게 하고, 북쪽 각 성(省)들의 장정(壯丁)·역부(役夫)·군마·군량을 모으게 하여, 고구려를 정벌할 준비를 했다. 이후 대업 8년, 9년, 10년에, 수나라 군대는 세 차례에 걸쳐 고구려를 공격했다. 제1차 공격은 장수들이 적을 가볍게 여긴 데다, 지휘가 적절하지 못해 참패를 당했다. 그 결과 백만 대군 가운데 요동으로 도망쳐 돌아간 사람은 고작 2,700명뿐이었으며, 무수한 군수물자와 기계들이 불태워졌다. 제2차 공격은 예부상서 양현감(楊玄感)이 여양(黎陽, 지금의 허난성 쉰현浚縣 동남쪽)에서 군대를 일으켜 수나라를 배반하고 대대적으로 낙양을 포위 공격했기 때문에, 수 양제는 대군에게 명령을 내려 국내로 돌아가서 양현감을 진압하도록 했는데, 다시 고구려 군대에게 추격을 당해 작지 않은 손실을 입었다. 제3차 공격은 고구려가 사신을 파견해 화친을 요구했고, 수나라 국내에서도 대규모 농민 봉기가 발생했기 때문에, 수 양제는 할 수 없이 화친 요구를 받아들이고, 고국으로 돌아가 농민 봉기군을 진압했다.

피투성이가 된 강도(江都)

수 양제는 즉위한 이래, 개인의 욕망을 만족시키기 위해, 대내적으로는 터무니없이 무거운 세금을 징수하고, 함부로 민력을 소모했으며, 세 차례에 걸쳐 고구려를 정벌함으로써 다시 인민의 고통을 크게 가중시키자, 각지의 백성들은 서로 모여서 '떼도적'이 되기 시작했다. 대업 7년, 추평(鄒平, 지금의 산둥성에 속함) 사람인 왕박(王薄)이 장백산(長白山, 지금의 산둥성 장추章丘)에서 스스로 '지세랑(知世郎)'이라 칭하면서, 〈무향요동랑사가(毋向遼東浪死歌)〉를 지어 자신의 봉기군에게 선전했다. 이 노래는 당시의 백성들 사이에서 빠르게 전해져, 민중들이 고구려 출정을 거부하는 정신적 지주가 되었다. 이후, 각지의 봉기군이 폭풍처럼 일어났으며, 하북(河北)·산동·회남(淮南) 등지에서는 봉기군이 작은 불씨로 들판을 태울 기세를 나타냈다. 그런데 수 양제는 백성의 분노와 조정의 위급한 정세에 대해 알면서도 모르는 체하면서, 대업 12년 7월에 세 번째로 강도를 순유한 뒤, 막 헤어지려 할 때 궁인(宮人)에게 다음과 같은 시를 지어 주었다. "내가 꿈꾼 것은 강남의 아름다움이었고, 요동을 정벌한 것은 그저 뜻밖이었다네[我夢江都好, 征遼亦偶然]." 강도를 순유하는 수 양제는 매일 술을 마시고 향락을 즐기다가, 하루는 소황후(蕭皇后)의 면전에서 갑자기 거울을 응시하면서 이렇게 말했다. "이렇게 좋은 머리를, 누가 자를 수 있단 말이오?" 대업 13년(617년), 하남의 와강군(瓦崗軍: 이밀李密이 일으킨 봉기군)이 낙양을 공격하기 시작했다. 이때 강도에 있던 양광은 감히 낙양으로 돌아갈 수 없자, 단양(丹陽, 지금의 장쑤성 난징)에 도읍을 정하려고 생각했다.

단양에 도읍을 정한다는 소식이 암암리에 매우 빠르게 퍼지자, 수행하던 금군(禁軍)은 대부분 관중(關中) 사람이었으므로, 그들은 고향을 그리워하면서 몰래 모반하여 도망치려고 생각했다. 금군의 우두머리인 사마덕감(司馬德戡)은 많은 사람들과 힘을 합쳐 대신(大臣) 우문화급(宇文化及)을 우두머리로 옹립하고, 비밀리에 반란을 모의했다. 3월 30일 밤에, 수만 명의 반란군이 모여 궁성문을 공격해 들어가 궁전으로 돌진했고, 장수 배건통(裴虔通)은 병력을 이끌고 서각(西閣)으로 추격해 나가서, 옷을 바꿔 입고 도망치던 수 양제를 사로잡았다. 날이 밝자, 많은 사람들이 성문에서 우문화급을 맞이했다. 우문화급은 양제를 본 다음 눈살을 찌푸리면서 이렇게 물었다. "이 놈을 뭣하러 데려왔느냐? 죽여도 좋다." 배건통과 사마덕감은 말을 듣고 나서, 양광을 침전으로 데리고 들어가, 명주 수건으로 목을 졸라 죽였다. 우문화급은 이어서 강도에 있는 수나라 황실의 구성원들을 모두 죽이라고 명령을 내렸으니, 이에 역사는 수 문제가 북주 황실을 잔인하게 살해했던 시대로 되돌아갔고, 하나의 왕조가 다시 피비린내를 풍기며 멸망의 길로 나아갔다.

당(唐) 627~649년

인물 : 당 태종 이세민(李世民) 지역 : 장안 키워드 : 텡그리칸(天可汗)

정관의 치[貞觀之治]

618년, 이연(李淵)이 수를 대체하여 당(唐)을 건립했는데, 8년 후에 곧 희극적인 현무문(玄武門)의 변(變)이 발생하여, 어쩔 수 없이 제위를 아들인 진왕(秦王) 이세민(李世民)에게 "물려주었으니", 그가 당 태종(太宗)이다. 정관(貞觀) 원년(627년)부터, 당 태종은 천하를 통치했고, 정관 23년(649년)에 세상을 떠났는데, 이때가 정관 시기다. 이세민은 수나라 말기의 사회적 대혼란을 직접 겪었으며, 수 양제가 나라를 망해먹고 죽는 참극을 목도했고, 또한 수나라 말기의 농민 대봉기의 역사적 교훈도 받아들였다. 그는 나라를 다스리는 데 온 힘을 쏟아, 일련의 진보적인 정책 및 국가와 백성을 이롭게 하는 조치들을 실행함으로써, 당나라 정권을 공고히 하고, 사회 경제가 회복되고 발전하게 하여, 비교적 안정되고 행복한 사회 환경을 조성했다. 역사 기록에 따르면, 당시는 "나라가 태평하여, 길가에 물건이 떨어져 있어도 주워가지 않았으며, 바깥문을 닫지 않았고, 상인과 나그네가 들에서 잠을 자도 아무 일이 없었으며", "백성은 평안하고 물자는 풍부하여, 쌀 한 말[斗]에 4, 5전을 넘지 않았고", "백성들의 재산은 불어났으며", "태평하다고 했다". 이 시기는 봉건 사회에서 보기 드문 태평성세로, 후세 사람들은 이를 "정관의 치"라고 칭송했다.

민심을 안정시키고 농민을 위로하다

수나라 말기의 농민 대봉기 과정에서, 원래 수나라의 태원유수(太原留守)였던 이연이 최후의 승리를 거두었다. 618년, 이연은 장안에서 황제가 되었으며, 국호를 당(唐)으로 삼았으니, 그가 당 고조(高祖)다. 그 후 10여 년 동안, 당 왕조는 잇달아 설거(薛擧) · 이궤(李軌) · 유무주(劉武周) · 두건덕(竇建德) · 왕세충(王世充) · 소선(蕭銑) 등의 지방 세력들을 제거하고, 기본적으로 전국을 통일했다. 무덕(武德) 9년(626년) 6월, 당 왕조가 천하를 통일하는 과정에서 큰 전공을 세운 진왕 이세민이 현무문의 변을 일으켜, 태자 이건성(李建成)과 제왕(齊王) 이원길(李元吉)을 살해했다. 얼마 지나지 않아 진왕은 태자에 봉해졌다. 8월, 당 고조가 할 수 없이 양위하고, 진왕이 황제에 즉위했으니, 그가 당 태종이다.

◈ 채회기마무사목용(彩繪騎馬武士木俑) | 당

태종이 즉위한 후, 마주한 것은 전란을 거치면서 모조리 약탈당한 국면이었는데, 역사는 "이수(伊水)와 낙수(洛水) 동쪽부터, 발해(渤海)와 태산(泰山)에 이르기까지는 까마득히 거대한 습지로, 망망천리에 인적은 끊겼고, 닭과 개 울음소리도 들리지 않아, 거리는 쓸쓸했다"라고 기록했다. 태종의 가장 중요한 임무는 바로 역사의 교훈을 받아들여, 백성에게 휴식을 주고, 농업과 잠업을 권장하는 것이었다. 태종과 그를 보좌하는 신하들은 역사와 실천적 경험으로부터, "군주는 배이며, 백성은 물이니, 물은 배를 띄울 수도 있고, 또한 배를 뒤엎을 수도 있다[君, 舟也, 民, 水也, 水能載舟, 亦能覆舟]"고 인식했다. 계급 모순을 완화하여 농민 봉기를 방지하기 위해, 태종은 자신부터 "사치를 없애 비용을 아꼈으며, 요역을 가볍게 하고 세금을 줄여 주었으며, 청렴한 관리를 선발하여 등용하고, 백성들의 입고 먹는 것을 여유롭게 했다". 태종은 절약을 엄격히 실천하면서, 검소하고 소박할 것을 제창하여, 끝내 그는 평생 동안 봉선(封禪: 황제가 태산에 올라 천지의 신들에게 제사를 지내는 일)을 하지 않았다. 태종이 즉위한 초기에, 즉각 "금원(禁苑: 궁궐 안에 있는 정원)에서 기르는 매와 개를 풀어 줌과 동시에, 여러 지방들에서 진귀한 물건들을 진상하지 말도록 중지시켰다". 또한 자신의 대신들에게 이렇게 경고했다. "궁중 미녀와 진귀한 노리개는, 궁중의 어떤 건물에도 가득하지 않은 곳이 없었는데도, 양제는 여전히 부족하다고 생각하여 끊임없이 널리 구하니, ……백성들은 견딜 수 없었고, 결국 멸망했노라." 그는 궁전을 적게 짓거나 혹은 짓지 않았고, 낙양의 궁전을 수리하여 복원하는 공사를 거듭 연기했으며, 다른 것들도 비교적 적게 지어, 가능한 한 부역을 최소한도로 사용했다. 이 밖에, 태종은 또한 불필요한 전쟁을 최대한 피하거나 줄임으로써, 군비 지출을 줄였다. 정관 18년(644년)에 출병하여 고구려를 정벌하기 이전까지, 기본적으로 불필요한 전쟁을 일으키지 않았다. 이러한 정책은, 농민들로 하여금 전념하여 농업에 종사하도록 하는 데 매우 좋은 작용을 했다.

백성들의 "의식(衣食)을 풍족하게 하기" 위해, 태종은 농업 생산을 특히 중시했다. 당대 초기에 '용(庸)'법을 제정하여, 농민은 일정량의 견(絹: 비단)·포(布: 베)를 납부하고 요역을 대체할 수 있게 함으로써, 그들이 더 많은 시간을 농업 생산에 종사하도록 했다. 태종은 특히 농기(農期)를 빼앗지 않으려고 주의를 기울여, 농사의 적기를 놓치지 않게 했다. 그는 이렇게 말했다. "모든 일은 반드시 근본에 힘써야 한다. 나라는 백성을 근본으로 삼고, 사람은 의식(衣食)을 근본으로 삼으니, 무릇 의식을 영위하는 것은 때를 놓치지 않는 것이 근본이다." 태자의 가관(加冠: 성년이 되어 관을 쓰는 의식) 의식이 농사철과 겹칠 때, 태종은 "농사철을 방해할까 염려하여", 관례(冠禮)를 "10월로 옮겨" 농한기에 실시했다. 태종은 또한 법률적 수단을 이용하여 농사철을 위반하지 않도록 하는 원칙을 실시했다. 농사가 바쁜 시절에 제멋대로 요역을 징발하여 농사철을 망친 관리에 대해서는 법에 따라 판정하여 처벌했다.

다른 한편, 태종은 이재민 구조를 특별히 중시하여, 농민의 이익을 보호했다. 정관 원년부터 3년까지(627~629년), 관중(關中)·관동(關東)에서 수해(水害)·한해(旱害: 가뭄 피해)·황해(蝗害: 메뚜기 등 해충 피해)·상해(霜害: 서리 피해) 등 자연 피해가 발생하자, 그는 즉시 "조서를 내려 구휼을 한 지역에서는, 그해에 조세를 거두지 말도록 했다". 태종이 농업 생산을 회복하기 위해 일련의 조치들을 취한 데다, 또한 이후 해마다 기후가 매우 순조로웠기 때문에, 마침내 온 나라가 태평한 상황이 출현했다. 역사서에 기록하기를, 당시 "여러 번 풍년이 들어, 쌀 한 말[斗]에 3, 4전에 불과했으므로", 상인들은 도성에서 영남(嶺南)까지, 산동에서 창해(滄海: 황해)까지 오가면서, 모두 각자 식량을 휴대할 필요 없이 도중에 공급받았으며, 밤에는 문을 닫지 않았고, 거리에 떨어져 있는 물건은 주워 가지 않았다고 할 만했다.

오직 인품과 능력만 보고 인재를 등용하다

정치 방면에서 태종은, 국가 통치를 자기 혼자만에 의지해서는 안 되며, 당연히 "널리 현량(賢良)들을 임용해야" 한다고 인식했다. 이른바 "나라를 편안하게 잘 다스리는 근본은, 오로지 사람을 얻는 데 있다"고 여겼다. 그는 신하들에게 인재를 추천하도록 요구했고, 자신도 유용한 인재를 관찰하고 발굴하고 선발하는 데 주의를 기울

◈ 〈당태종납간도(唐太宗納諫圖)〉 | 송, 서중화(徐仲和)

그림 속에는 태종 시대의 쟁신(諍臣: 임금에게 바른말로 간언하는 신하)인 위징(魏徵)이 그려져 있는데, 그는 팔짱을 끼고 서 있으며, 표정이 엄숙하고, 머리에 복두(幞頭, 당나라 때의 두건 같은 부드러운 모자)를 쓰고 있으며, 몸에는 홍갈색 두루마기를 입고 옥띠를 착용한 모습이 살아 있는 듯이 생동하다. 이 그림은 현재 타이베이(臺北) 고궁박물원에 소장되어 있다.

였으며, "오로지 인품과 능력만 보고 인재를 등용하는" 방침을 널리 시행했다. 태종의 인재 선발은, 기본적으로 개인적인 은원호오(恩怨好惡: 은혜와 원한, 좋아하고 싫어함)를 기준으로 삼지도 않았고, 신구친소(新舊親疎: 새 인물과 옛 인물, 친함과 소원함)로 바꾸지도 않았다. 그는 이렇게 말했다. "내가 관직에 사람을 선발하는 것은, 오로지 재능만을 따질 것이다. 참으로 만약 재능이 없으며, 비록 친하더라도 등용하지 않으며……만약 그가 재능이 있으면, 비록 원수일지라도 버리지 않을 것이다." 예를 들어 위징(魏徵)은 원래 태자 이건성(李建成)의 부하로, 이건성에게 이세민을 제거하도록 권유한 적이 있었는데, 현무문의 변 이후, 이세민은 과거의 원한을 따지지 않고 그를 중용했다. 위징은 후에 관직이 재상까지 올랐으며, '정관의 치'의 중요한 추진자가 되었다.

◈ 〈삼채도낙타재악용(三彩陶駱駝載樂俑)〉 | 당

당삼채(唐三彩)는 당대에 성행했던 연유도기(鉛釉陶器: 납을 매용제로 삼아 800도 정도의 저온에서 굽는 도기)의 총칭으로, 기물 위에 광택이 있는 황색·녹색·백색 혹은 황색·녹색·남색 등 여러 가지 색의 유채가 있기 때문에 붙여진 이름이다. 당삼채는 또한 당대 대외 교류의 역사적 증거다. 예를 들면 이 당삼채에는 여러 호인용(胡人俑)과 생동적이고 사랑스러운 낙타용이 있는데, 이러한 것들은 모두 동·서방의 문화 교류를 직접적으로 반영하고 있다.

태종은 쓸모 있는 인재에게 완벽함을 요구할 수는 없다고 생각했다. 그는 말하기를 "사람을 그릇처럼 쓰라"고 했다. 즉 인재의 수준에 따라 그에 맞는 책임을 맡겨 일을 시키면 된다고 했다. 태종이 대신 봉덕이(封德彝)에게 인재를 천거하도록 요구하자, 봉덕이가 대답하기를, 기재이능(奇才異能: 뛰어난 재능을 가진 인재)을 아직 발견하지 못했다고 했다. 그러자 태종은 분명하게 지적했다. "이전 시대의 현명한 임금들은 사람을 쓰기를 그릇 쓰듯이 하여, 모두 그 당시에 인재를 취했지, 다른 시대에서 인재를 빌려오지 않았다. 또한 어느 시대엔들 인재가 없었겠는가만, 단지 빠뜨리고 알지 못함이 걱정이오!" 태종은 사람을 쓸 때, 또한 출신 가문에 제한을 두지 않았다. 그가 임용한 재상들을 보면, 장량(張亮)은 "무일푼 가난뱅이"였으며, 마주(馬周)는 "고아 출신에 가난했고", 대주(戴冑)는 "문하녹사(門下錄事: 종7품 관직)" 출신으로, 모두 명문대가의 자제들이 아니었다. 태종의 인재 등용은 한족[華]과 '오랑캐[夷]'도 구분하지 않았다. 그가 임용한 장수들을 보면, 예컨대 아사나사이(阿史那社爾)·집실사력(執失思力)·계필하력(契苾何力) 등은 모두 소수민족 출신들이었다. 동시에 태종은 사람을 의심 없이 쓸 줄 알았다. 그는 지적하기를, 임금과 신하는 마땅히 "의리가 한 몸이니, 마땅히 힘을 합치고 마음이 하나가 되어야 하며, 일을 하는 데 불안함이 있으면, 의견을 충분히 말하여 숨김이 없어야 한다. 만일 임금과 신하가 서로 의심하여, 마음을 다해 힘을 쓸 수 없으면, 참으로 나라에 큰 해를 끼친다"고 했다. 위징이 비서감(秘書監)에 임명될 때, 어떤 사람이 그가 모반했다고 고했다. 태종은 위징이 모반했을 리가 없다고 믿고, 무고한 자를 심문도 하지 않고, 직접 무고반좌(誣告反坐: 무고죄)의 죄명으로 사형에 처했다.

태종은 또한 사람을 알아보는 안목이 있어, 자기 신하의 성격과 능력에 대해 손바닥처럼 알고 있었기 때문에, 그는 사람마다 모두 그 재능을 다 발휘할 수 있게 했다. 태종은 위징에게 이렇게 말했다. "관직에 인재를 선택하는 것은 경솔하게 해서는 안 된다. 한 사람의 군자를 등용하면, 곧 군자가 모두 모이고, 한 사람의 소인을 등용하면, 곧 소인들이 다투어 벼슬을 한다." 바로 태종이 사람의 능력을 파악하여 적재적소에 잘 임용하고, 오로지 사람의 능력과 인품만을 보고 인재를 등용했기 때문에, 정관 연간에 통치 능력을 가진 걸출한 인재들이 많이 배출될 수 있었다. 태종은 이러한 인재들이 몸과 마음을 다 바쳐 보좌한 덕분에 당 왕조에 '정관의 치'라는 태평성세 국면이 출현하게 했다. 정관 17년(643년), 태종은 나라를 세운 24명의 공신상을 능연각(凌烟閣)에 그리도록 명령했다. 장손무기(長孫無忌)·이효공(李孝恭)·두여회(杜如晦)·위징·방현령(房玄齡)·고사렴(高士廉) 등이 모두 거기에 포함되어, 사대부와 서민들이 경모했으며, 미담으로 전해 온다.

물 흐르듯이 신하들의 간언을 따르다

태종은 간언을 잘 받아들였다. 그는 시신(侍臣: 임금을 가까이에서 모시는 신하)들에게 말하기를, "짐은 직언과 경의(鯁議: 기개 넘치는 강직한 의론)에 의지하여, 천하를 태평하게 만들기를 바란다"고 했다. 태종은 신하들의 간서(諫書)를 매우 중시했다. 그는 이렇게 말했다. "근래에 글을 올려 일을 아뢰고 있는데, 조목 수가 너무 많아, 짐은 모두 궁실 벽에 붙여 놓고 출입하면서 살펴보고 있다. 부지런히 일하면서 게을리하지 않는 것은, 신하의 마음을 다하게 하려는 것이다. 정치의 이치를 생각할 때마다, 삼경이 되어서야 잠자리에 들기도 한다." 위징과 태종의 관계는, 정관 시대에 간언을 하고 간언을 받아들인 본보기다. 위징은 먼저 이밀(李密)을 섬겼고, 후에 다시 태자 이건성을 섬겼다. 태종은 은혜나 원한을 따지지 않고, 위징을 간의대부(諫議大夫)에 임명했다. 위징은 이렇게 말했다. "임금이 명철해지는 것은 널리 여러 사람의 의견을 듣기 때문이며, 그가 어리석어지는 것은 한쪽만 편벽되게 믿기 때문입니다." 위징은 "(자신이 모시는) 군주가 요·순에 미치지 못함을 부끄러워하는" 충성심을 갖고서, 정관 연간에, 국가 정사는 물론이고 태종의 개인적 행위에 대해서도 그가 타당하지 않다고 생각하면 곧 직언으로 간언했다. 설사 '용안(龍顔)'을 언짢게 할

지라도 전혀 꺼리지 않았다. 그런데 태종은, 위징이 "매번 용안을 불편하게 하면서도 간절히 간하여, 내가 옳지 않게 되는 것을 허락하지 않으니, 내가 그를 중시하는 까닭"이라고 생각하여, 위징이 하는 간의(諫議)를 많이 받아들였다. 위징이 간언하고, 태종이 그 간언을 받아들인 것은, 봉건사회의 임금이 명철하고 신하가 현명한 미담이 되었다. 태종이 "물이 흐르듯이 신하의 간언을 따르는" 명철한 군주로 칭송되는 것은, 위징이 끊임없이 직간(直諫)한 것과 서로 밀접한 관련이 있다. 정관 시기에 황제와 신하의 공동 노력을 통해, 매우 빠르게 "신하는 진언하는 것을 충성으로 여기고, 임금은 진언을 들으려고 재촉하는" 협조적이고 화목한 국면을 형성했다. 위징이 세상을 떠났을 때, 태종은 매우 슬퍼하면서 이렇게 말했다. "대저 구리로 거울을 만들면, 의관을 바르게 할 수 있고, 옛일을 거울로 삼으면, 흥망성쇠를 알 수 있으며, 사람을 거울로 삼으면, 옳고 그름을 밝힐 수 있다. 짐은 항상 이 세 가지 거울을 가지고, 자신의 과오를 방지했다. 그런데 지금 위징이 세상을 떠났으니, 결국 거울 하나를 잃었구나." 그러면서 위징을 위해 친히 비문을 썼다.

태종의 제창으로, 간언을 하는 일이 사회적 풍조가 되자, 대신들이 간언을 했을 뿐 아니라, 궁중의 장손황후(長孫皇后)·서현비(徐賢妃)도 간언을 할 수 있었다. 그런데 태종이 간언을 받아들였던 정도는, "도량이 넓고 커서 사소한 일에 구애받지 않고, 물 흐르듯이 신하의 간언을 따랐던" 것으로 유명한 한(漢) 고조(高祖)를 훨씬 뛰어넘었다. 태종은 직언으로 간언할 줄 아는 관리에 대해서는, 책망하지 않았을 뿐만 아니라 오히려 장려했다. 예를 들면, 급사중(給事中) 장현소(張玄素)가 낙양의 궁전을 수리할 것을 간언하자, 비단 200필을 상으로 주었으며, 손복가(孫伏伽)가 상벌(賞罰)이 부당하다고 간언하자, 100만 전의 값이 나가는 난릉공주(蘭陵公主)의 정원을 상으로 주

한걸음 더

문성공주(文成公主)의 입장(入藏: 티베트에 들어감)

토번(吐蕃)은 지금의 장족(藏族)의 조상으로, 매우 일찍이 오늘날의 청장고원(青藏高原) 일대에서 살았다. 7세기 상반기에 라사(邏些, 지금의 라싸)에 도읍을 정했다. 당 초기, 토번과 당의 관계는 화목하기도 하고, 전쟁을 하기도 했지만, 주로 화목하게 지냈다. 송찬간포(松贊干布)는 중원 문명을 흠모하여, 여러 차례에 걸쳐 당에 사신을 파견하여 구혼했다. 정관 15년(641년), 태종은 종실의 딸을 문성공주에 봉해 송찬간포에게 출가시켰다. 문성공주는 많은 서적들과 곡물 및 소채의 종자들을 갖고 갔으며, 뛰어난 장인들도 많이 데리고 가서, 토번 지역 경제와 문화의 발전을 매우 크게 촉진했다. 이리하여 당과 토번은 생질과 외숙의 우호를 맺었다. 문성공주는 조로(調露) 2년(680년)에 세상을 떠났으니, 토번에서 거의 40년을 살았으며, 줄곧 예우를 받았고, 토번 백성의 깊은 존경을 받았다. 당 중종(中宗) 때, 금성공주(金城公主)가 입장하여 당과 토번의 경제·문화 교류를 한층 더 촉진했다. 당의 견직물과 생산 기술이 더욱 광범위하게 토번에 전래되었다.

었으며, 위징이 인재의 채용이 부당하다고 간언하자, 상으로 비단 500필을 주었다. 이는 간언하는 신하를 표창한 것일 뿐만 아니라, 또한 간언하도록 북돋우는 작용을 했다.

많은 사람의 의견을 모아 더욱 큰 효과를 거두기 위해, 태종은 각종 효과적인 정책들을 제도화했다. 그는 규정하기를, 3품(品) 이상의 관리들이 정무에 참여하여 정사를 논의할 때는, 간관(諫官)을 동반하여 잘못이 있으면 제때 간언하도록 규정했다. 정관 원년, 태종은 조서를 내려 "재상이 국정을 논할 때, 반드시 간관이 따라 들어가 참여하여 정사를 듣고", 토론에 참여하도록 했다. 태종은 또 5품 이상의 경관(京官)은 순번대로 돌아가면서 궁중에서 숙직을 하도록 규정하여, 황제가 편리하게 불러 만나서, 세간의 형편을 물어보고, 민간의 고충 및 정사의 잘잘못을 이해하여, 아래의 사정이 위에 알려지게 하였다. 이 밖에, 태종은 또한 오화판사(五花判事) 제도를 설립했다. 이른바 오화판사란, 군사와 국정의 대사에 대해 중서사인(中書舍人)이 각자의 의견을 주장할 수 있고, 그에 대해 각자가 자신의 이름을 서명하는 것이다. 당나라의 제도는, 조정의 의결을 거친 정책은 중서사인에게 주어 조서를 작성하는데, 사인(舍人) 다섯 명이 각자 소견을 주장하여, 각자 하나씩의 조서를 작성하고, 서명한 후 중서성(中書省)의 장관에게 주어 선택하도록 했다. 이리하여 나온 조령(詔令)은 오류가 적었다.

오로지 인품과 능력만 보고 인재를 등용하고, 물 흐르듯이 신하의 간언을 따른 것은, 태종이 정치에서 성공을 거둘 수 있었던 두 가지 중요한 주관적 원인이었다. 태종이 봉건 제왕의 본보기가 될 수 있었던 까닭은, 그가 사람의 능력을 잘 파악하여 적재적소에 잘 임용하고, 여러 사람의 의견을 두루 듣고 간언을 받아들인 것과 매우 큰 관계가 있다.

진보적인 민족 정책

태종 이세민의 소수민족 정책이 성공할 수 있었던 것은, 그가 각 부족 백성들을 한족과 동등한 지위에 놓고 대우할 줄 알았고, 또한 언어나 습속의 차이로 인해 불공평하게 대우하지 않은 데 있다. 결연하게 당나라와 적이 되어 여러 차례 변경을 침범한 세력에 대해, 당 태종은 단호한 타격을 가했으며, 조금도 망설이지 않았다. 예를 들어 정관 4년(630년), 당 태종은 대장 이정(李靖)과 이이적(李李勣)이 이끄는 10만 대군을 파견하여, 진로를 나누어 돌궐을 공격했다. 결국 동돌궐을 멸망시키고, 일리그칸(頡利可汗)을 생포했다. 정관 8년, 당 태종은 대군을 파견해 토욕혼(吐谷渾)을 공격하여, 많은 포로를 사로잡고 완승을 거둠으로써, 하서(河西)의 각 주들에 대한 위협을 해소했다. 항복하여 귀순해 온 소수민족들에 대해, 태종은 회유를 위주로 하여, 현지의 각 민족 수령들을 기미주(羈縻州: 국경 지대나 소수민족 거주 지역에 설치하여 간접적 통치하던 주)·기미군·기미

◈ 〈보련도(步輦圖)〉 | 당, 염립본(閻立本)

〈보련도〉는 당대의 화가 염립본의 명작으로, 중국의 10대 전래 명화 중 하나다. 정관 14년(640년), 토번의 찬보송찬간포(贊普松贊干布)가 당나라의 문명을 흠모하여, 사자 녹동찬(祿東贊)을 파견하여 화친을 요구했는데, 〈보련도〉가 그린 것은 바로 녹동찬이 당 태종을 만날 때의 장면이다. 현존하는 작품은 송나라 때 그려진 모사본으로 알려져 있다.

현의 도독(都督)·자사(刺史)·현령(縣令)에 책봉하고, 세습제를 실행했다. 이 지역들의 공부(貢賦: 공물과 세금)·판적(版籍: 호적 명부)은 일반적으로 중앙 호부(戶部)의 수입에 포함시키지 않았고, 단지 작위를 받은 소수민족 수령들은 설 명절에 조정에 공물을 바치고, 조정이 하달하는 '공무'를 맡아 처리하면 되었다. 먼 변경 지역의 소수민족들에 대해, 그들의 사회 발전 정도가 비교적 낮다거나 또는 일부 특수하다거나 심지어는 낙후된 습속이 있다는 이유로 그들을 차별하여 대우하거나 업신여기지 않았다. 그리하여 태종이 말한 대로, "예로부터 모두 중화(中華)를 귀하게 여기고 오랑캐를 천시했지만, 짐 혼자만은 그들을 똑같이 사랑하기 때문에, 그 종족 부락들이 모두 짐을 부모처럼 의지하게" 했다.

『자치통감』의 기록에 따르면, 정관 4년 3월, "사이(四夷)의 우두머리들이 대궐을 방문하여 황제에게 텡그리칸(天可汗: 서역인들이 당 황제를 부르던 호칭)이 되어 달라고 요청했다. 황제께서 말씀하시길, '나는 대당(大唐)의 천자인데, 또 아래로 칸(可汗)의 일도 하란 말인가?' 그러자 뭇 신하들과 사이가 모두 만세를 불렀다". 이후, 태종은 서역과 북방의 각 민족 우두머리들에게 새서(璽書: 옥새가 찍힌 문서)를 하사하면서, 모두 스스로 자신을 '天可汗'이라 칭했다. 정관 23년(649년), 당 태종 이세민이 함풍전(含風殿)에서 세상을 떠났으니, 이때 나이 53세였다. 황제가 붕어했다는 소식을 알고, 각 민족들 중 당나라 조정에서 관리가 된 귀족과 이전에 조공했던 사신들은 매우 비통해하면서, 자신의 머리를 깎거나 심지어는 얼굴을 째거나 귀를 자르는 등 각종 방식으로 태종에 대한 그리움을 표현했다. 또 소수민족 출신의 장수인 아사나사이 등은 주둔지에서 장안으로 급히 돌아와, 목숨을 바쳐 순장을 요청하기도 했다. ……이러한 것들은 어느 것 하나도, 당 태종의 진보적 민족 정책이 성공하여, 당시 각 민족의 인민들이 칭송했을 뿐만 아니라, 또한 역대 봉건 왕조의 제왕들이 그의 발끝조차 따라가기 어려웠다는 것을 증명해 주지 않는 것이 없다.

당(唐) 690~705년

인물 : 무측천(武則天) 지역 : 장안, 낙양 키워드 : 여황(女皇)

여황 무측천(武則天)

무측천(624~705년)은, 병주(幷州) 문수(文水) 사람으로, 중국 역사상 유일한 여황제다. 그는 14세에 입궁하여, 태종의 재인(才人: 궁중의 여자 관직명)이 되었다. 태종이 세상을 떠난 후, 감업사(感業寺)에 들어가 비구니가 되었다. 당 고종(高宗) 때 다시 입궁했고, 영휘(永徽) 6년(655년)에 황후에 책립되었다. 고종 사후, 무측천은 친아들을 폐위하고 황제에 등극하여, 신룡(神龍) 원년(705년)에 병으로 세상을 떠날 때까지, 16년 동안 재위했으니, 향년 82세였다. 무측천이 황후가 되었을 때 고종을 보좌하여 국정을 처리했는데, 당시 '이성(二聖: 고종과 무측천)'이라고 함께 일컬어진 까닭은, 그가 실제로 거의 반세기 동안 정권을 장악했기 때문이다. 무측천은 사람됨이 과감하고 결단력이 있었으며, 오로지 재능만으로 사람을 등용했고, 간언을 받아들일 줄 알았으며, 정치적 재능이 있었다. 또 자신을 반대하는 사람에 대해서는 철혈 정책으로 단호히 진압했다. 그가 집정한 50년은 중국 역사상 비교적 왕성하게 발전한 시기로, 사회가 비교적 안정되었고, 인구가 뚜렷이 증가했다. 무측천의 통치는 위로는 '정관의 치'를 이어받았고, 아래로는 '개원성세(開元盛世)'를 열었다고 할 수 있다.

◈ 화엽문남유리반(花葉紋藍琉璃盤)〉 | 당

재인(才人)에서 황후가 되다

무측천은 공부상서·형주도독(荊州都督)·응국공(應國公) 무사확(武士彠)의 딸로, 어려서부터 총명하고 재주가 있었다. 그가 12세 때, 아버지가 병으로 세상을 떠나자, 어머니를 따라 형주에서 장안으로 돌아와 살았다. 정관 11년(637년), 그는 선발되어 후궁에 들어갔다. 궁궐로 떠날 때 어머니 양씨가 통곡을 멈추지 않자, 그는 오히려 차분하게 어머니에게 이렇게 말했다. "천자를 만나는 게 어찌 복이 아니라고 알고서, 아녀자가 슬퍼한단 말입니까?" 궁궐에 들어간 후, 그는 태종에 의해 재인에 봉해졌으며, '무미(武媚)'라는 호를 하사받자, 사람들은 그를 미낭(媚娘: 미낭자)이라고 불렀다. 전해지기를, 한번은 태종이 사자총(獅子驄)이라고 불리는 애마 한 필을 얻자, 태종은 그 말이 날쌔고 용맹하여 좋아하면서도, 그 사납고 고집스러움 때문에 힘들어 했다고 한다. 하루는 태종이 몇 명의 문무 대신들을 불러 어구(御廐: 황실의 마구간)에 가서, 한편으로는 사자총을 칭찬하면서, 한편으로는 모두에게 이렇게 물었다. "이렇게 훌륭한 준마를 단지 마구간 안에 가둬둘 수밖에 없으니, 여러 친애하는 경들 중 누가 길들여서 부릴 수 있겠소?" 여러 대신들은 서로 얼굴만 쳐다볼 뿐 어찌할 바를 몰라 하면서, 감히 아무도 나서지 못했다. 그때 태종의 뒤를 따르던 무미낭(武媚娘)이 앞으로 나와 몸을 굽혀 조아리면서 이렇게 말했다. "신첩이 길들일 수 있습니다." 태종과 대신들이 모두 놀라서 그를 바라보자, 미낭은 오히려 진지하게 말했다. "단지 폐하께서는 신첩에게 세 가지 물건만 주시면, 책임지고 저놈이 고분고분 말을 잘 듣게 하겠습니다." 그러자 태종이 물었다. "세 가지 물건이 무엇이냐?" 미낭이 대답했다. "한 개의 철편(鐵鞭: 쇠로 만든 채찍), 한 개의 철추(鐵錘: 쇠망치), 한 자루의 비수(匕首)입니다. 먼저 채찍으로 때려도 온순해지지 않으면 곧 쇠망치를 쓰고, 만약 다시 함부로 발길질을 하면서 날뛰면, 바로 비수로 그놈의 목을 따 버리겠습니다!" 미낭의 말이 막 끝나자마자, 태종은 손뼉을 치면서 칭찬하기를, 무미는 여자인데도 남자 못지않다고 했다. 정관 23년(649년), 당 태종이 세상을 떠나면서, 임종하기 전에 명령하기를, 후궁과 비빈들은 모두 궁궐을 나가 비구니가 되라고 했다. 그리하여 무(武) 재인은 어쩔 수 없이 삭발을 하고 비구니가 되어, 감업사에 가서 수행을 하면서, 힘들게 공부하며 생활했다.

태종이 세상을 떠난 후, 제위를 계승한 것은 당 고종 이치(李治)다. 그가 태자가 되었을 때, 항상 부황(父皇)의 궁중에 가서 문안을 올리면서 무측천의 정성스러운 접대를 받았기 때문에, 그는 첫눈에 반했다. 그런데 지금 그가 궁궐을 나가 비구니가 되었으니, 이

◈ 보살입상 | 당

치의 무측천에 대한 그리움도 나날이 커져 갔다. 그때 이치가 책립한 왕황후(王皇后)는 바로 소숙비(蕭淑妃)와 총애를 다투고 있었는데, 왕황후는 무측천의 미모를 이용해 고종의 소숙비에 대한 총애를 돌려보기로 결정했다. 그리하여 무측천에게 몰래 머리를 기르도록 명령한 다음, 그를 궁중으로 맞이하여 고종에게 바쳤다. 매우 총명했던 무측천은 조금도 망설이지 않고 왕황후와 동맹을 맺고, 왕황후라는 간판을 소숙비를 공격하는 무기로 이용했다. 왕황후가 여러 차례 고종의 면전에서 그녀를 칭송했기 때문에, 무측천은 궁궐에 들어간 지 얼마 안 되어 재인에서 승진하여 소의(昭儀: 승상이나 제후와 같은 등급의 비빈 직위)가 되었다. 그러나 무측천의 성격은, 자신이 결코 단지 다른 사람의 바둑돌이 되는 것을 달가워하지 않았으며, 그는 또한 더욱 큰 목표를 갖기로 결정했으니, 왕황후는 자연히 그가 나아가는 길에서 하나의 장애물이 되었다.

영휘 5년(654년), 무측천이 한 명의 딸을 낳았는데, 그는 직접 자신의 딸을 죽이고는 책임을 왕황후에게 전가하면서, 고종에게 왕황후를 폐하고 자신을 황후로 책립하도록 요구했다. 그러나 왕황후의 배후에는 또한 고종의 외삼촌인 장손무기(長孫無忌)를 우두머리로 하는 정관 시기의 구신(舊臣)들이 있었다. 그들이 단호히 반대하여 고종으로 하여금 결정을 하지 못하게 하자, 다시 대장 이적의 의견을 들으러 갔다. 고종이 말했다. “짐은 무 소의를 황후로 삼으려 하는데, 장손무기와 저수량(褚遂良) 같은 사람들은 완고하게 인정하지 못하겠다고 하오. 그대는 고명대신(顧命大臣: 임금의 유언을 듣고 나라의 뒷일을 부탁받은 대신)인데, 이 일을 어찌 생각하시오?” 이적은 망설임 없이 이렇게 말했다. “이는 폐하의 가정사인데, 구태여 다시 바깥사람에게 물을 필요가 있겠습니

◈ 〈잠화사녀도(簪花仕女圖)〉 | 당, 주방(周昉)

〈잠화사녀도〉는 당대의 주방이 그렸으며, 현재 전 세계적으로 유일하게 전해 오는 당대의 사녀화(仕女畫)다. 당대의 귀족 부녀자들이 봄과 여름이 교차할 무렵 꽃을 감상하며 정원에서 노니는 장면을 그렸으며, 사람들에게 저들 몇 명의 사녀들이 그윽하고 고요하면서 광활한 정원 속에서, 백학과 나비를 즐기는 한적한 생활을 펼쳐 보여주고 있다. 현재 요녕성박물관에 소장되어 있다.

까?" 이적의 말은 비록 짧았지만, 망설이며 결정을 내리지 못하고 있던 고종으로 하여금 마음의 결정을 내리도록 해 주었다. 장손무기 일파를 철저하게 압도하기 위해, 무측천의 심복인 허경종(許敬宗)은 조정 내에 여론을 조성하면서 이렇게 말했다. "농촌의 촌부들은 대부분 10곡(斛: 말)의 보리종자만 수확하면, 바로 부인을 바꾸려고 하는데, 하물며 천자가 황후를 바꾸는 것이야 더 말할 것이 있습니까?" 무측천이 측근들에게 명하여 이 말을 완곡하게 고종에게 전하게 하자, 고종의 결심은 더욱 굳어졌다. 영휘 6년(655년) 10월, 고종은 이렇게 조서를 내렸다. "왕황후와 소숙비는 짐주(鴆酒)로 독살을 모의했으니, 폐위하여 서인으로 삼고, 그 어미와 형제들은 모두 제명하여 영남으로 유배를 보내도록 하라." 이리하여 왕황후의 대세는 이미 기울어, 타고 남은 촛불처럼 곧 다하고 말았다. 11월, 고종이 성대하고 장중한 책립 의식을 거행하니, 무측천은 격렬한 경쟁을 거쳐, 마침내 황후의 보좌에 올랐다. 이때 그의 나이 겨우 33세였다.

황제가 되어 정사를 차리하다

일반적으로 후궁에 틀어박혀 지내는 후비들과는 달리, "본래 지략이 뛰어나고, 경서와 역사서를 두루 섭렵한" 무측천은 정사에 매우 흥취를 느꼈으며, 또한 권력욕도 매우 강했다. 그는 일을 처리하고 사람을 대하는 데 빈틈이 없었으니, 아직 황후에 책립되지 않았을 때는 여전히 자신을 낮추어 사람을 대할 줄 알았다. 때문에 당 고종은 그가 훗날 자기에게 순종할 걸로 오인하여, 여러 신하들의 만류에도 개의치 않고, 그를 황후로 책립하겠다고 고집했다. 하지만 그의 지위가 일단 공고해지자, 곧 정사에 간섭하기 시작하면서, 고종의 범속하고 유약함을 이용하여, 온 힘을 다해 자신의 권위를 확립했다. 현경(顯慶) 5년(660년) 이후, 고종이 풍질(風疾: 중풍)을 앓아 눈이 보이지 않게 되자, 조정의 대사는 대부분 무측천이 처리했다. 게다가 고종은 어떤 일이 발생하면 자신의 판단에 따라 결정하지 못하고, 조정에 나가 일을 처리했으며, 왕왕 재상의 의견에 근거하여 결정을 내리곤 했다. 그리하여 무후가 아예 조정에 나가 정무에 참여하자, 당시 사람들은 고종과 무후를 함께 일컬어 '이성(二聖)'이라고 했다. 무측천이 조정에 나가 정무를 처리한 뒤, 정식으로 그 유명한 건언십이사(建言十二事)를 제출했는데, 주요 내용은 다음과 같다. 즉 농업과 잠업을 권장하고, 조세를 줄여 주며, 전쟁을 멈추고 덕으로써 천하를 교화하며, 관리의 녹봉을 인상하고, 능력을 평가하여 관리를 승진시키며, 언로를 폭넓게 열고, 참언(讒言: 중상모략하는 말)을 근절하며, 겉만 화려하고 실속 없는 것과 대형 토목공사를 금지한 것 등등이다. 이러한 조치는 당 왕조가 '정관의 치' 이래로 이미 정해진 국책이 계속될 수 있도록 강력하게 보장함으로써, 당 왕조가 여전히 번영하고 발전하는 국면을 유지할 수 있게 해 주었다. 이어서 무측천은 또한 재상 선출을 조정하는 일에 착수했다. 자질과 인망이 뛰어난 몇몇 재상들을 파면하고, 별도로 자질과 경력이 비교적 낮은 몇몇 하층 관료들을 뽑아 재상 직책을 맡겼다. 바로 이러한 한 차례 노력을 통해, 무측천은 기본적으로 정권을 장악했다. 홍도(弘道) 원년(683년), 고종이 병으로 사망하여, 태자 이현(李顯)이 제위를 물려받았으니, 그가 중종(中宗)이다. 무측천은 황태후 신분으로 조정에 나가 섭정했다. 이듬해, 이현을 폐위하여 여릉왕(廬陵王)에 봉하고, 다시 넷째 아들 이단(李旦)을 황제로 옹립했으니, 그가 바로 예종(睿宗)이며, 국정은 여전히 무측천이 장악하고 있었다.

무측천은 황후에 오른 이후부터, 곧 자신의 수중에 있는 대권을 이용하여 적들을 잔혹하게 진압했다. 저수량을 좌천시켜 도성에서 쫓아냈고, 장손무기를 핍박하여 자살하게 함과 동시에, 자신에게 반대하는 20여 명의 대신들을 파면했다. 무측천이 이와 같이 이색분자를 배척한 방법은, 당 왕조의 종실과 구신(舊臣) 관료들의 강한 불만을 불러일으켰다. 그들은 암암리에 무측천의 통치에 대해 무력으로 반항하려고 모색했다. 광택(光宅) 원년(684년), 미주자사(眉州刺史) 서경업(徐敬業)이 유주사마(柳州司馬)로 좌천되자, 원한을 품고 도중에 양주(揚州)에서 그의 동생 서경유(徐敬猷) 및 좌천당한 관료인 당지기(唐之奇)·낙빈왕(駱賓王)·두구인(杜求仁) 등과 함께 무장 봉기를 일으켰다. 그들은 낙빈왕이 작성한 「토무격문(討武檄文: 무측천을 토벌하는 격문)」을 발표함과 동시에,

여릉왕(즉 중종 이현)을 복위시킨다는 것을 기치로 삼아, 각지에 호응해 달라고 호소하자, 10여 일 만에 병력이 10여만 명으로 불어났다. 이 격문이 무측천의 수중에 들어갔다. 그는 "선제(先帝) 무덤의 봉분이 채 마르지도 않았는데, 6척의 어린 태자(중종 이현-옮긴이) 고아는 누구에게 맡긴단 말인가. 오늘의 나라 안 사정을 살펴보면, 필경 어느 집안의 천하란 말인가"라는 몇 구절을 읽고는, 손으로 무릎을 치며 찬탄을 금치 못하면서, 누가 쓴 것이냐고 물었다. 낙빈왕이 썼다는 말을 듣고 난 후에, 그는 감개무량한 듯이 말하기를, 이렇게 재능 있는 사람을 외지에서 떠돌게 하다니, 실로 재상의 잘못이라고 했다. 다른 한편, 무측천은 무력으로 반란을 진압했다. 우선 서경업과 연계되어 있던 재상 배염(裴炎)과 대장 정무정(程務挺)을 제거하고, 이어서 남쪽으로 군대를 파견하여 양주를 진압하여, 단지 50여 일 만에 반군을 철저히 소탕했다. 그는 대신들에게 이렇게 말했다. "그대들 가운데에는 선대(先代)의 노신(老臣)들이 있지만, 강직하여 굴하지 않음이 배염을 뛰어넘는 사람이 있소이까? 그대들 가운데에는 적지 않은 장수 집안의 후손들이 있지만, 망명자들을 규합하는 능력이 서경업을 뛰어넘는 사람이 있소이까? 그대들 가운데에는 또한 병권(兵權)을 쥐고 있는 적지 않은 노장(老將)들이 있지만, 군대를 통솔하여 전쟁을 하는 데에 정무정을 뛰어넘는 사람이 있소이까? 이들 세 사람은 모두 매우 명성과 덕망이 있는 사람들이었지만, 그들은 나보다 불리했기에 내가 그들을 모두 죽일 수 있었는데, 그대들은 그들보다 더 사나운 사람이 있소이까? 반역의 의도가 있으면, 일찍 시도할 것을 부탁하오. 그렇지 않다면, 즉시 철저히 반성하고, 성실히 처신하고 본분을 다하여, 지위도 잃고 명예도 잃은 뒤 천하의 웃음거리가 되지 않도록 하시오!" 대신들은 아무도 감히 말을 하지 못했다.

따로 무주(武周)를 건립하다

천수(天授) 원년(690년), 무측천은 예종 이단을 폐위하고 스스로 황제가 되어, 국호를 주(周)로 바꾸고, 연호를 천수(天授)로 고쳤으니, 역사에서는 이를 '무주(武周)'라고 부른다. 무측천이 황제가 된 다음, 옛 신하들의 반항을 방지하기 위해, 색원례(索元禮)·주흥(周興)·내준신(來俊臣) 등을 임용하여 혹리(酷吏) 통치를 실시했다. 동시에 자기 세력을 양성하고 확대하기 위해, 그는 또한 대대적으로 인재를 임용했으며, 또 이 정략을 치국의 근본이자 천자의 책무라고 간주했다. 인재를 불러 모으기 위해, 무측천은 한편으로는 낙성전(洛成殿)에서 친히 공사(貢士: 향시에 합격한 사람)를 상대로 시험을 치르게 함으로써, 그들을 중시한다는 것을 보여주고, 전시(殿試: 황제가 궁궐에서 주관한 최고 등급의 과거 시험) 제도를 확립했다. 또한 전문적인 무과(武科)를 설치하고, 무예를 갖춘 사람을 선발하여 관리로 삼았으며, 각급 관리와 백성들이 스스로 천거하는 것도 허락했다. 다른 한편으로, 그는 책을 편찬한다는 것을 명분으로 삼아, 재능과 학문을 갖춘 문인들을 광범위하게 궁중으로 소집했는데, 이들을 '북문학사(北門學士)'라고 불렀다. 이들은 책을 편찬하는 것 외에도, 조정에 계책을 제시하고, 국사에 참여하여 의견을 제시함으로써, 여러 사람의 의견을 모아 더욱 큰 효과를 거두었고, 국가를 잘 통치했다. 무측천은 한 가지 격식에 구애되지 않고 인재를 임용했고, 또 사람의 능력을 잘 파악하여 적재적소에 잘 임용했으므로, 그가 집정한 기간에는 인재가 넘쳐났으니, 정관 시기에 비해 손색이 없었다.

고종이 세상을 떠난 뒤부터 무측천이 양위하기까지 21년 동안, 그는 재상을 70여 명 임용했는데, 대부분은 그 당시의 명신양상(名臣良相: 훌륭한 신하와 뛰어난 재상)들이었다. 그 가운데 유명한 사람들로는 이소덕(李昭德)·위원충(魏元忠)·소량사(蘇良嗣)·적인걸(狄仁杰)·장간지(張柬之) 등이 있었다. 그 가운데 몇몇 사람들, 예컨대 요숭(姚崇)이나 송경(宋璟) 같은 사람들은 줄곧 개원(開元) 연간까지 여전히 중대한 역할을 했다. 장간지는 적인걸이 추천한 사람이다. 한번은 무측천이 적인걸에게 어질고 재능 있는 사람을 한 명 추천하도록 요구했다. 그리하여 적인걸이 장간지를 추천하기를, 이 사람은 비록 나이는 좀 많지만, 확실한 재상감이라고 말했다. 무측천은 흔쾌히 그를 낙주사마(洛州司馬)에 발탁했다. 며칠이 지난 후, 무측천은 다시 적인걸에게 어진 인재를 추천하도록 요구했다. 적인걸은, "신이 지난번에 추천한 장간지를 폐하께서는 아직 중용하지 않으셨습니다!"라고 말했다. 그러자 무측천이 "이미 영전하지 않았소?"라고 물었다. 그러자 적인걸이 말하기를, "신은 그를 재상에 천거했는데, 지금은 일개 낙주사마에 지나지 않으니, 아직 진정으로 유용하게 쓰고 있지 않으십니다." 얼마 안 되어, 무측천은 곧 장간지를 재상으로 등용했다.

◈ **청유팔릉자정병**(青釉八棱瓷淨瓶) | 당

이 자병(瓷瓶)은 산시성 푸펑(扶風) 법문사(法門寺) 지궁(地宮)에서 출토되었다. 병목이 가늘고 길며, 몸통에는 여덟 개의 능형(棱形: 모서리 모양)이 드러나 있기 때문에, 이런 이름이 붙여졌다.

외부의 침입을 물리치고, 변경의 안녕을 보호하고, 인접한 나라들과의 관계를 개선한 방면에서, 무측천이 집정한 시기에 매우 많은 치적이 있었다. 토번 귀족의 침입과 소요에 직면하자, 그는 단호하게 막아 내고, 반격을 가했다. 천수 3년(692년)에 그는 대장 왕효걸(王孝杰)을 파견하

여 토번을 격파하고, 안서(安西) 4진(鎭)을 수복한 뒤, 구자(龜玆)에 다시 안서도호부(安西都護府)를 설치했다. 그 후, 조정은 다시 정주(庭州, 지금의 신장 위구르자치구에 속함)에 북정도호부(北庭都護府)를 설치하여, 서북 변경의 방어를 공고히 하고, 한때 중단되었던 중앙아시아 지역으로 통하는 '시주지로(絲綢之路: 실크로드)'를 통하게 했다. 무측천 통치 시기에는 여전히 변방 수비 군대의 둔전(屯田) 정책을 견지했다. 천수 연간에, 누사덕(婁師德) 검교풍주도독(檢校豐州都督)은 "둔전을 경작하여 수백만 석의 곡식을 비축했다". 대족(大足) 원년(701년), 곽원진(郭元振)이 양주도독(凉州都督)에 부임하여, 5년 동안 둔전을 견지함에 따라, "군량을 수십 년 동안 유지할 수 있었다". 둔전은, 변방 지역을 개발하고, 백성들이 물자를 수송하는 수고를 줄여 주고, 변방의 방어를 공고히 하는 데에 모두 긍정적인 역할을 했다.

한걸음 더

『대당서역기(大唐西域記)』

정관 19년(645년), 고승(高僧) 현장(玄奘)은 17년 동안의 유학 생활을 마치고, 657권의 범본(梵本: 범어, 즉 산스크리트어로 쓴 책) 불경 및 약간의 불상과 사리를 가지고 인도에서 당나라의 수도인 장안으로 돌아왔다. 현장이 서역에 가서 불법을 구한 것은, 여정이 2만 5천여 킬로미터였고, 100여 개 국가와 지역을 두루 거침으로써, 당시 가장 유명한 여행가가 되었다. 현장의 제자 변기(辯機)는 현장이 여행 과정에서 겪은 풍부한 견문의 구술에 근거하여, 『대당서역기』 총 12권을 편찬했다. 『대당서역기』는 현장이 유학하면서 몸소 경험하고 견문한 138개 도시국가와 지역들을 목차로 삼아, 각지의 지리 형세·수륙 교통·기후·물산·민족·언어·역사·정치·경제생활·종교·문화·풍속과 습관 등의 방면들에 대한 상황을 기록하고 있다. 전체 책은 모두 12만여 자로, 중앙아시아와 남아시아 사회의 역사와 중국의 대외 교류를 연구하는 데 진귀한 역사 문헌이다.

무측천은 또 농업을 매우 중시하여, 농경을 장려하고, 수리 사업을 일으켜, 사회 경제가 크게 발전하도록 했다. 무측천이 집정을 끝낸 신룡(神龍) 원년(705년)까지, 호구의 총수는 영휘 초년(650년)의 380만 호에서 615만 호로 증가했다. 무측천의 통치는 사회의 안정을 효과적으로 유지하여, '정관의 치'의 성과를 공고히 함으로써, 훗날 개원성세를 위한 견실한 기초를 다졌다.

당연히 무측천은 평생 동안 적지 않은 과실과 착오도 있었다. 말년에, 그는 점차 사치스러워지고 부패해져서, 대대적으로 궁전과 불교 사찰을 지었는데, "수년 동안 사용한 비용이 헤아릴 수 없이 많아지자, 궁정 곳간은 그로 인해 고갈되었다". 동시에 무측천은 장역지(張易之)·장창종(張昌宗)·무삼사(武三思) 등 소인배들을 총애하여 신임함으로써, 그의 통치 후기의 조정을 부패하게 만들었다. 이 밖에, 반대 세력을 진압하는 과정에서, 그는 혹리를 임용하여 마음대로 죄를 뒤집어씌워, 수많은 무고한 신하와 백성들을 함부로 죽였다.

태자에게 제위를 물려주다

천하를 통치하는 것 외에, 후계자 문제도 무측천으로 하여금 온갖 생각을 다 짜내게 만들었다. 처음에 무측천은 황위를 조카인 무승사(武承嗣)에게 물려주려고 생각했다. 봉각시랑(鳳閣侍郞) 이소덕은 이렇게 진언했다. "천황대제(天皇大帝, 당 고종)께서는 폐하의 지아비이시고, 황사(皇嗣: 황제의 후계자)는 폐하의 아드님입니다. 폐하의 천하는 마땅히 자손에게 물려주어야지, 어찌 조카에게 물려주신단 말입니까? 폐하께서 만약 아드님을 태자로 삼으시면, 천추만대 후에도 후손들이 지내는 제사를 영원히 누리실 수 있을 것이고, 만약 조카를 태자로 삼으시면, 조카가 고모에게 사당을 지어 제사를 받들어 모셨다는 말을 들은 사람이 있으십니까?" 그리고 머지않아 무측천이 기괴한 꿈을 꾸었는데, 꿈에 나타난 한 마리의 커다란 앵무새는 두 날개가 부러져 있었다. 그가 대신들에게 이 꿈을 해몽해 보라고 하자, 재상 적인걸이 이렇게 대답했다. "앵무새는 폐하를 가리키고, 두 날개는 폐하의 두 아드님(은근하게 이현·이단을 가리킴)이신데, 그분들은 모두 수감되어 있으니, 바로 두 날개가 부러져 있는 것의 의미입니다. 날개 없는 앵무새는 날 수 없으니, 폐하께서 두 아드님을 다시 등용하시면, 앵무새는 곧 날 수 있습니다." 두세 차례 생각하다가, 무측천은 성력(聖歷) 원년(698년)에 이현을 황태자로 책봉했다.

무측천에게는 수많은 남총(男寵: 총애를 받는 미남자)들이 있었는데, 유명한 사람으로는 설회의(薛懷義) 및 장역지·장창종 형

◈ **교하고성(交河古城) 유적**

교하고성 유적은 신장성(新疆省) 투르판시 서쪽의 야얼향(亞爾鄕)에 있다. 이곳은 서역 36국 중 차사전국(車師前國)의 도성이었으며, 당나라 때 당이 서역에 주둔시켰던 최고 군정기구인 안서도호부를 최초로 교하고성에 설치했었다. 현존하는 고성 건축은 전부 땅을 달구질하고 판축(版築: 양쪽에 판자를 대고 그 사이에 진흙을 넣어 다져서 쌓는 것)하여 지었으며, 형태와 구도는 바로 당대의 장안성(長安城)과 유사하다.

제 같은 사람들이 있었다. 그들은 무측천의 용인하에 권력을 남용하여 국가에 화를 입히고, 제멋대로 나쁜 짓을 하는데도, 무측천은 이러한 모든 일들에 대해 못 들은 체하며 눈감아 주었다. 장안(長安) 4년(704년) 겨울에, 무측천이 병이 나 낙양의 장생전(長生殿)에서 요양하자, 주변에는 오로지 장씨 형제와 몇 명의 궁아(宮娥: 궁녀) 및 내시들뿐이어서, 정사는 장씨 형제가 처리하도록 했다. 장안 5년(705년) 정월, 무측천의 병세가 위중하자, 재상 장간지와 최원(崔元) 등이 주도면밀한 배치를 한 뒤, 문무 대신들을 거느리고 내궁(內宮: 황후가 거처하는 궁전)에 들어가 장역지와 장창종 형제를 죽이고, 무측천을 압박하여 퇴위시킨 뒤, 중종 이현을 복위시켰다. 중종은 이해를 신룡(神龍) 원년으로 고치고, 당의 국호와 당의 제도를 회복시켰으며, 무측천은 상양궁(上陽宮)으로 거처를 옮겼고, 무측천에게 존호(尊號)를 올려 측천대성황후(則天大聖皇后, '측천'이라는 이름은 바로 여기에서 유래했다)로 삼았다.

같은 해 11월, 무측천이 세상을 떠나자, 건릉(乾陵)에 고종과 합장했다. 그가 생전에 신신당부했던 대로, 사후에 측천대성황후로 고쳐 불렀으며, 그의 묘비에는 한 글자도 쓰지 않았기 때문에, 건릉에는 '무자비(無字碑: 글씨가 없는 비석)' 하나가 있다. 비석은 온전히 한 덩어리로 된 거석으로 만들었으며, 높이가 7.35미터, 너비가 2.1미터, 두께가 1.49미터이고, 무게가 9.8톤이다. 비석 머리는 여덟 마리가 서로 뒤엉켜 있는, 생동적이고 힘찬 이수(螭首: 이무기의 머리)를 새겨 놓았으며, 비석 몸통의 양 옆에는 승천하는 용 한 마리씩을 새겨 놓았다. 무측천이 세상을 떠난 후, 사람들은 그에 대해 각양각색의 평가를 했는데, 오랜 세월이 지나면서, 글씨가 없던 무자비도 글씨가 있는 비석으로 바뀌었다.

한 걸음 더

견당사(遣唐使)

당대에, 일본은 계속해서 중국에 사신을 파견했는데, 전후로 모두 13차례에 걸쳐 견당사를 파견했다. 정관 3년(629년), 일본은 제1진 '견당사'를 파견하여 이듬해에 당에 도착했다. 이후 일본 견당사 조직은 더욱 완비되었으며, 규모도 점차 확대되었다. 함대는 한두 척의 배에서 네 척으로 확대되었다. 견당사 사절단의 인원수는, 초기의 1, 2백 명에서 후에는 5, 6백 명으로 늘어났다. 견당사의 관원에는 대사(大使)·부사(副使)·판관(判官)·녹사(錄事)가 포함되었는데, 그들은 모두 경사(經史)에 정통했으며, 중국의 관원 선발 제도를 잘 알고 있는 '중국통'들이었다. 수행원에는 통역관·의사 및 많은 학문승(學問僧)과 유학생들도 포함되어 있었다. 견당사·유학생·학문승이 중국의 승려·사자와 교류함에 따라, 중·일 양국의 문화 교류는 전에 없이 광범위하고 깊이 있는 새로운 단계로 발전했다. 일본 견당사는 귀국한 후, 당나라의 선진적인 문화 제도를 전파함과 아울러, 일본 사회에 대해 깊은 영향을 미쳤다.

당(唐) 713~741년

인물 : 당 현종(玄宗) 이융기(李隆基) 지역 : 장안 키워드 : 구시재상(救時宰相)

개원성세(開元盛世)

당 태종이 세상을 떠난 이후, 당 고종이 제위를 계승했다. 고종은 병약하여, 정사는 항상 황후인 무측천이 처리했는데, 그는 점차 대권을 장악해 갔고, 마침내 황제가 되었다. 무측천은 태종이 생산을 발전시킨 정책을 계속 추진했으며, 또한 재능 있는 수많은 인재들을 파격적으로 등용했다. 훗날 유명한 신하가 된 요숭(姚崇)과 송경(宋璟)이 바로 그가 발탁한 사람들이다. 역사는 그의 통치가 정관(貞觀: 당 태종의 연호)의 유풍(遺風)을 지니고 있었다고 평가한다. 궈모뤄(郭沫若)는 그의 통치를 이렇게 칭찬했다. "정사(政事)는 개원(開元: 당 현종의 연호)을 열었고, 통치는 정관을 널리 확대했다." 무측천 이후, 당 중종(中宗)과 당 예종(睿宗)의 통치 기간이 짧았고, 정국은 동요하고 불안정했지만, 당 왕조의 통치는 위태로우면서도 무너지지는 않다가, 곧 당 현종(玄宗)의 개원성세를 맞이했다.

공신을 자배(刺配: 얼굴에 글씨를 새겨 유배함)하다

당 현종 이융기(李隆基)는 예종 이단의 셋째 아들이다. 역사는 기록하기를, 이융기는 말 타기와 활쏘기에 뛰어났으며, 음률(音律)에 정통했고, 역상(曆象: 역수를 통해 천문을 살피는 일)의 학문에 밝았으며, 팔분서(八分書: 진대秦代에 유행했던 예서隸書의 일종)를 잘 썼던, 다재다능한 봉건 제왕이었다고 한다. 무측천의 뒤를 이어 당 중종이 제위를 계승했지만, 정권을 장악하지 못했고, 또한 부인(위후韋后)과 딸(안락공주安樂公主)에 의해 독살당했다. 이융기는 곧 이러한 특수한 상황에서 역사의 무대에 등장했다. 그는 위후의 반란을 신속히 평정함과 동시에, 위후와 안락공주를 처단하고, 혼란한 정치 국면을 마무리했다. 현종은 등극한 뒤, 정국을 안정시키는 데 온 힘을 기울였다. 그는 복잡한 정치투쟁을 거치면서, 위태로운 정국을 처리하는 경험을 했다. 그는 안정되고 태평한 정국은 쉽지 않게 온다는 것을 잘 알고 있었기 때문에, 사람을 채용하고 일을 처리하는 데 심사

◈ **유금팔판인물은배**(鎏金八瓣人物銀杯) | 당

이 은배(銀杯)는 산시성 시안(西安)의 허자촌(何家村)에서 출토되었다. 은배는 전체에 금을 도금했으며, 잔의 몸통을 이루고 있는 여덟 개의 판(瓣: 꽃잎)에 새겨진 도안은, 네 개는 남자의 수렵도이고, 다른 네 개는 사녀(仕女: 미녀)의 유락도(遊樂圖: 놀면서 즐기는 그림)이다.

숙고하면서, 국가의 명맥에 손상을 입히지나 않을까 염려했다. 현종을 위해 공훈을 세운 대신들은 대부분이 일을 도모하는 데 뛰어났고, 모두 타고난 재주와 지혜가 출중했을 뿐만 아니라, 또한 "자신들의 능력을 써먹지 못하자 속으로 불만스러워하여, 진정으로 함께 세상을 태평하게 잘 다스릴 수 없었다!"

그는 그런 사람들과는 "한때 위험을 함께했더라도 뜻을 이룰 수는 없다"고 생각하여, 갖가지 구실을 빌려 그들을 죽이거나 좌천시켜 내쫓았다. 가장 먼저 파직당한 사람은 곽원진(郭元振)이었다. 개원 원년(713년) 겨울, 현종이 여산(驪山)의 온천궁(溫泉宮)으로 가행(駕幸: 임금이 수레를 타고 거둥함)했는데, 당시 병부상서이던 곽원진이 바로 이곳에서 줄지어 50여 리에 이르는 군영을 설치해 놓고서, 20여 만 명의 대군을 훈련시키고 있었다. 현종은 훈련 현장을 검열하고는, 군대의 진용이 질서정연하지 않고 훈련 감독에서 황제의 명령을 거역했다는 죄목으로 곽원진을 군영 앞에서 체포하여, 참형에 처하라고 명령을 내렸다. 좌우 백관들이 간곡히 호소하자, 마침내 그를 파직하고, 멀리 신주(新州, 지금의 광둥성 신싱新興)로 유배했다. 태자소보(太子少保) 유유구(劉幽求)·첨사(詹事) 종소경(鍾紹京)·시랑(侍郎) 왕거(王琚) 등은 모두 현종에 의해 외주(外州: 변방의 외진 곳에 위치하는 주)의 자사로 좌천되었으며, 어떤 사람은 심지어 고향으로 돌려보내고 영원히 등용하지 않았다. 현종이 공신을 멀리 유배하는 정책은 개원 초기에 시행되었다. 그의 권력이 나날이 공고해진 다음에, 그는 다시 좌천당한 공신들에 대해 그리움을 표시하면서, 온화한 모습으로 정성껏 대접했다.

구시재상(救時宰相: 위기에서 나라를 구한 유능한 재상)

현종은, 자신의 지위를 공고히 하고, 국면을 타개하기 위해서는, 반드시 나라를 다스리는 재능도 가졌고 충분히 믿을 수도 있는 재상이 자기를 보좌해야 한다는 것을 잘 알고 있었다. 때문에 그는 과거의 공신들을 처벌함과 동시에, 또한 적극적으로 어진 신하를 선택하여 자신의 통치를 보좌하게 했다. 현종은 요숭을 발탁했다. 현종은 여산에서 군대를 검열한 후, 다시 위천(渭川)에서 수렵을 했다. 그때 요숭이 와서 현종을 접견했다. 현종이 그에게 재상을 맡아 달라고 하자, 요숭이 이렇게 말했다. "신에게는 나라를 안정시킬 열 가지 방책이 있는데, 폐하께서 만약 실행하는 것을 윤허하지 않으시면, 신은 명을 받들 수 없습니다." 현종이 그에게 내용을 말해 보라고 요구하자, 그는 열 가지 계책을 아뢰었다. "첫째, 형벌을 관대하게 하고 자비롭게 용서하여, 가혹한 형벌과 준엄한 법률을 폐지해야 합니다. 둘째, 수십 년 동안 변공(邊功: 변방 지역에서 외적과 싸워 공로를 세우는 것)을 추구하지 말고, 전쟁에 징발하는 노역을 면제해야 합니다. 셋째, 법은 가까운 데서부터 집행하여, 친근한 사람들의 범죄도 법으로 다스려야 합니다. 넷째, 환관은 국정에 참여해서는 안 됩니다. 다섯째, 조부(租賦: 조세) 이외의 모든 세금을 철저히 금지해야 합니다. 여섯째, 황제의 가족은 조정의 요직을 맡아서는 안 됩니다. 일곱째, 대신의 인격을 존중하고, 예로써 대해야 합니다. 여덟째, 신하들이 직언을 하여 금기를 어기고 간언하는 것을 허락해야 합니다. 아홉째, 더 이상 불교와 도교 사원을 증축해서는 안 됩니다. 열째, 외척은 국정에 간여해서는 안 됩니다." 현종은 그렇게 하라고 승낙하고, 이튿날 정식으로 요숭에게 병부상서·동중서문하삼품(同中書門下三品)을 수여했으며, 양국공(梁國公)으로 승진시켰다. 조야에서는 상하를 막론하고 환호하며 좋아하면서, 현종이 적합한 사람을 재상에 선발했다고 칭찬했다. 요숭 다음으로, 현종은 다시 송경·장가정(張嘉貞) 등을 임용하여 재상을 맡겼고, 그들은 개원(開元) 시기의 새로운 정치를 널리 시행하는 데 불멸의 공훈을 세웠다.

형제들을 제한하다

궁정의 정변은 당 왕조가 건립된 후에 제왕이 바뀌는 주요 원인이었다. 이 때문에, 당 현종은 종실에 대한 단속을 매우 엄격히 했다. 설사 그의 친형제라 할지라도 윗사람이 아랫사람을 대하는 예의로써 대했을 뿐, 요직을 수여하지 않았고, 그들이 장악하고 있던 실권을 금지함으로써, 황실 내부에서 궁정 정변을 일으키는 정치적 기초를 약화시켰다. 이융기는 원래 여러 형제들과 함께 장안의 융경방(隆慶坊)에서 살았다. 그가 태자에 책봉된 뒤에는, 융경방을 흥경방(興慶坊)으로 바꾸고, 여전히 여러 형제들과 함께 살면서, 식사도 한 식탁에서 함께 하고, 잠도 함께 자면서, 화목하게 함께 살았다. 현종이 즉위한 후에, 여러 형제들이 여전히 금군(禁軍: 궁궐을 지키는 군대)을 장악하고 있었다. 송왕(宋王) 이성기(李成器)는 한구사(閑廐使)·좌위대장군(左衛大將軍)이었고, 신왕(申王) 이성의(李成義)는 우위대장군(右衛大將軍)이었으며, 기왕(岐王)과 설왕(薛王)도 좌·우 우림군(羽林軍)을 나누어 관장했다. 동시에 송왕(宋王)은 예종의 적장자였고, 빈왕(邠王)은 고종의 장손으로, 그들의 황실 내에서의 특수한 지위는 음모가들에게 이용당하기가 매우 용이했다. 이 때문에, 현종은 개원 2년(714년)에 재상 요숭의 건의를 받아들여, 왕들의 병권을 해제하고, 각각 송왕을 기주자사(岐州刺史)로, 신왕을 빈주자사(豳州刺史)로, 빈왕을 괵주자사(虢州刺史)로, 설왕을 동주자사(同州刺史)로 보냈다. 현종은 또한 "(왕들이) 임지에 도착하면 단지 주요한 일만을 다스리고, 그 밖의 주(州) 업무들은 모두 상좌(上佐)에게 위임하여 이를 관장하도록 명령했다". '상좌'란 주장사(州長史: 오늘날의 비서실장에 해당함)나 사마(司馬: 군사 업무를 관장하는 참모)를 가리킨다. 왕들은 비록 한 지방의 목수(牧守: '牧'을 책임지는 지방장관)였지만, 군정(軍政) 대권을 장악하지 못하게 함으로써, 군대를 일으켜 모반할 가능성을 감소시켰다. 동시에 경관(京官)과 왕들 혹은 왕들끼리 접촉할 기회를 감소시키기 위해, 현종은 또 "종왕(宗王: 종실의 제후왕) 이하는 계절마다 두 사람씩 조정에 들어오고, 한 바퀴 돌고 나면 다시 시작하도록" 규정하여, 왕들이 동시에 도성에 머물지 못하도록 했다. 형제들 가운데 오로지 기왕 이융범(李隆范)만은 태평공주(太平公主)를 죽이는 일에 참여했기 때문에, 자기 공로를 믿고 오만방자하게 굴면서 제약을 받지 않았으며, 항상 조정의 고위 관리인 장열(張說)·부마도위(駙馬都尉) 배허기(裴虛己)와

> **한 걸음 더**
>
> **『당률소의(唐律疏議)』**
>
> 영휘(永徽) 원년(650년), 당 고종 이치는 장손무기(長孫無忌)·이적(李勣)·우지녕(于志寧) 등에게 명하여 〈영휘율(永徽律)〉 및 기타 법령들을 수정하고, 율(律)·령(令)·격(格)·식(式)의 네 종류로 구분했다. 〈영휘율〉은 모두 500항목이며, 〈명례율(名例律)〉·〈위금율(衛禁律)〉·〈직제율(職制律)〉·〈단옥률(斷獄律)〉 등 12편으로 나뉜다. 영휘 3년(652년), 당 고종은 다시 장손무기·이적·우지녕 등에게 명하여 이전에 수정한 율서(〈영휘율〉)를 조목조목 상세히 해석하고, 아울러 문답식으로 풀이하도록 한 다음, 『율소(律疏)』 30권을 편찬했다. 후에 〈영휘율〉과 『율소』를 한데 합쳐, 당시에는 『영휘율소』라고 불렀으며, 송(宋)·원(元) 이후에는 다시 『당률소의』라고 불렀다. 현존하는 『당률소의』는 중국에 현존하는 최초이자 가장 완비된 봉건 법전이다.

◈ 〈괵국부인유춘도(虢國夫人遊春圖)〉 | 송, 조길(趙佶)이 모사

〈괵국부인유춘도〉가 그린 것은 현종 천보(天寶) 11년(752년)에 총애하는 비(妃) 왕옥환(王玉環)의 셋째 언니인 괵국부인 및 그의 권종(眷從: 수행원)들이 화려하게 차려입고 나들이하는 장면이다. 그림 속에 있는 여덟 명의 말을 탄 사람들 중에는 한 명의 여자 아이가 포함되어 있어, 모두 아홉 명이며, 맨 앞에서부터 맨 뒤까지 생기가 넘친다.

함께 연회를 베풀며 즐겼다. 현종은 장열과 배허기 두 사람을 차례로 외지로 유배시켜, 나쁜 짓을 본받지 말도록 경고했지만, 기왕 이융범과의 형제의 정은 예전과 같이 유지했으며, 또한 측근들에게 이렇게 훈계했다. "형제는 하늘로부터 타고나거늘, 어찌 친분을 그르치겠는가? 그깟 간사하고 교활한 무리가 권세에 빌붙어 아부하며 부귀영화를 추구했다고 해서, 형제의 우애에는 문제될 것이 없다." 현종은 옛 사저였던 흥경방을 흥경궁으로 승격시킨 다음, 흥경궁 주위에 여러 형제들의 저택을 지었다. 현종은 항상 누각에 올라 여러 왕들과 즐기면서, 평상을 놓고 마주앉아 얘기를 나누었다. 왕들은 매일 마음껏 즐기고, 도박을 하고, 격구를 하고, 투계(鬪鷄)를 하고, 교외에서 수렵을 해도, 현종은 전혀 금지하지 않았지만, 그들이 조정의 관리들이나 외척들과 교유하는 것은 엄격히 금지했다.

개원성세(開元盛世)

정국의 안정은 사회 경제가 발전하기 위한 조건을 만들어 냈다. 현종은 수리 사업을 일으키는 것을 중시하여, 농업 생산을 발전시켰다. 예를 들면, 개원 2년(714년)에 그는 대겸(戴謙)에게 명하여 병주(幷州) 문수(文水, 지금의 산둥성 원수이 동쪽) 동북쪽 50리에 있는 감천거(甘泉渠)·25리에 있는 탕하거(蕩河渠)·20리에 있는 영장거(靈長渠) 및 천묘거(千畝渠)를 건설하여, 논밭 모두 천여 경(頃: 1경은 100묘畝, 즉 2만여 평)에 물을 공급했다.

이러한 농지 수리 시설의 건설은, 한해(旱害)에 대처하고 식량 생산량을 증가시키는 데 큰 도움이 되었다. 이 밖에도 현종은 또한 명령을 내려 사회의 유민(流民)들을 모집하여 황무지를 경작하게 하고, 5년 동안 각종 세금을 면제해 줌으로써, 농업 생산의 발전을 자극했다. 현종이 이와 같은 농업 생산을 발전시키는 조치들을 취함에 따라, 전국적으로 "높은 산과 깎아지른 듯한 골짜기에도, 쟁기와 보습이 모두 즐비한" 국면이 출현하게 했다. 곡식 값이 떨어져 농민이 피해를 입는 문제를 해결하고 천재(天災)를 막아 내기 위해, 현종은 또 상평창(常平倉)·의창(義倉) 제도를 회복시킬 것을 강력히 주장했다. 상평창의 설치는, 주로 물가를 안정시키는 데 목적이 있었으니, 풍년이 들어 곡식 값이 떨어져 농민이 피해를 입거나 흉년이 들어 곡식 값이 등귀하여 농민이 피해를 입는 것을 방지했다. 그리고 의창의 설치는, 주로 흉년이 들었을 때 이재민을 구원하고, 춘궁기에 농민에게 이자를 면제하여 종자를 빌려주는 데 목적이 있었다.

수공업 방면에서는, 도자기·방직·날염·제지·인쇄 등 갖가지 업종들에서 전대에 비해 비교적 큰 발전과 진보가 있었다. 농업과 수공업의 발전에 따라, 상업도 빠르게 발전했다. "동쪽으로는 송(宋, 지금의 허난성 상추商丘 남쪽)·변(汴, 지금의 허난성 카이펑開封)까지, 서쪽으로는 기주(岐州, 지금의 산시성 펑샹鳳翔)까지, 좁은 길에 상점들이 늘어서 고객을 기다리고 있었고, 술과 음식이 넘쳐났으며, 상점들마다 모두 나귀를 가지고 있어 손님들이 빌려 타고 순식간에 수십 리를 갔는데, 이를 역려(驛驢)라고 한다. 남쪽으로는 형(荊)·양(襄, 지금의 후베이성 장링江陵·샹판襄樊)까지, 북쪽으로는 태원(太原)·범양(范陽, 지금의 베이징)까지, 서쪽으로는 촉천(蜀川, 지금의 쓰촨)·양부(涼府, 즉 양주涼州, 지금의 간쑤성 우웨이武威)까지, 모두 상점들이 있어, 상인과 여행객들에게 필요한 것을 제공했다." 대상인들이 전에 없이 활약하자, "나그네들은 들판의 밭 사이로 다녔고, 죽 늘어선 집들은 모두 문이 닫혀 있었다. 집 안에 있는 사람에게 물으니, 모두 장사하러 갔다고 했다[客行野田間, 比屋皆閉戶. 借問屋中人, 盡去做商賈]". 사회적 부의 증가는 국력도 전에 없이 강성해지게 했다. 고종 이후, 토번이 강대해져, 당나라 서쪽 변방의 심각한 위협이 되었다. 무측천 시기에, 동돌궐이 막북(漠北)에서 부흥했고, 거란이 동북쪽에서 굴기하여, 다시 제국 북쪽의 형세에 긴장을 조성했다. 정관·영휘 연간(627~655년)에 당나라에 귀속되었던 많은 지역들이 다시 통제를 벗어났다. 현종은 인접 지역의 군대에 대한 관리를 강화하고, 둔전을 개간하여, 국방 업무를 대대적으로 강화했다. 또 동북쪽에서부터 서남쪽과 남쪽까지, 평로(平盧)·범양(范陽)·하동(河東)·삭방(朔方)·농우(隴右)·하서(河西)·안서사진(安西四鎭)·이서북정(伊西北庭)·검남(劍南) 등 아홉 명의 절도사(節度使)와 한 명의 영남오부경략사(嶺南五府經略使)를 설치하여, 전쟁과 군사를 통일적으로 지휘했다. 개원 5년(717년), 당나라 군대는 거란에게 21년간 함락되었던 요서(遼西) 12주를 수복하고, 유성(柳城, 지금의 랴오닝성 차오양朝陽)에 다시 영주도독부(營州都督府)를 설치했다. 또 막북의 동라(同羅)와 발야고(拔也古: 바

이루크) 등도 모두 다시 새로 당에 귀순해 왔으며, 서돌궐과 당 사이의 전쟁도 점차 잦아들었고, 그 대신 우호적으로 왕래했다. 또 당이 서역에 설치한 안서사진의 절도사 및 경략사는 토번 세력의 북상을 저지했으며, 농우와 하서의 서쪽에 설치한 군진들은 곧 하서주랑(河西走廊: 중국과 중앙아시아를 연결하는, 동서 길이 1천 킬로미터, 남북 길이 100~200킬로미터에 달하는 좁고 긴 지대)의 안정을 공고히 하여, 중국과 중앙아시아·서아시아의 교통이 순조롭게 통하도록 보장했다. 당시 당의 위세가 멀리 서아시아에까지 전해지자, 각국 사절과 상인들의 왕래가 끊이지 않았다.

개원 연간에, 현종은 정치·경제 방면에서 모두 충분히 능력을 발휘했으므로, 당은 황금기에 진입했다. 그리고 사회 경제의 번영은 또한 문화 사업의 발전도 촉진했다. 현종 본인이 바로 다재다능한 제왕이었으므로, 당시 문화 예술 분위기의 형성에 영향을 미치지 않은 곳이 없었다. 현종은 특별히 음악에 뛰어나, 당시의 음악 무용이 큰 발전을 이루었다. 성당(盛唐: 한시 문학을 기준으로 당을 네 시기로 구분하는데, 그 중 둘째 시기로, 개원開元부터 대력大力까지의 시기)의 시가(詩歌)는 후세에 가장 칭송을 받았으며, 중국 문학에 대한 영향이 대단히 심원했다. 성당 시기의 저명한 시인들, 예를 들면 고적(高適)·잠삼(岑參)·왕유(王維)·맹호연(孟浩然)·이백(李白)과 두보(杜甫) 등은, 모두 천고에 빛나는 시단의 대가들이다. 그들은 시 속에서 번화함을 노래하고 변방 생활을 읊으면서, 전면적으로 그 시대를 깊이 있게 반영했다. 기타 서법·회화·조소·도자 등의 예술들도 모두 뚜렷한 성취를 거두었다.

한 걸음 더

손사막(孫思邈)과 『천금방(千金方)』

손사막(581~682년)은 경조(京兆) 화원(華原, 지금의 산시성陝西省에 속함) 사람으로, 후세에 '약왕(藥王)'으로 존경받고 있다. 손사막은 수십 년 동안의 의학 임상 실험 과정에서, 고대 의약서(醫藥書)는 매우 산만하여 검색이 쉽지 않다고 느꼈기 때문에, 당대 이전의 임상 경험과 의학 이론을 총괄하고, 여러 사람들의 장점을 널리 취하여, 영휘 3년(652년)에 의학서인 『비급천금요방(備急千金要方)』을 편찬했다. 『비급천금요방』은 부과(婦科)·아과(兒科)·오관과(五官科)·내과(內科)·외과(外科)·맥학(脈學) 및 침구(鍼灸) 등으로 나뉘며, 모두 30권이다. 후에 손사막은 다시 『천금익방(千金翼方)』 30권을 편찬하여, 『비급천금요방』을 보충했다. 후세 사람들은 통상 『비급천금요방』과 『천금익방』을 줄여서 『천금방(千金方)』이라고 부른다. 『천금방』은 당대의 가장 대표적인 의학 대작으로, 후세 사람들에 의해 최초의 임상의학 백과전서라고 칭송되고 있다.

당(唐) 755~763년

인물 : 안록산(安祿山), 사사명(史思明) 지역 : 범양(范陽) 키워드 : 마외역(馬嵬驛)의 변(變)

안사(安史)의 난

개원 연간에, 당 현종이 온 힘을 다해 나라를 다스릴 수 있게 되자, 각종 적극적인 정책들을 취하여 당 왕조를 진흥시켰으므로, 마침내 개원성세의 국면이 출현했다. 그렇지만 천보(天寶) 연간이 되자, 뜻을 이루어 득의양양해진 당 현종은 후궁에서 양귀비를 총애하고 신임하면서, 마음껏 가무와 여색을 즐기느라 돈을 물 쓰듯이 했다. 국정에서는 이임보(李林甫)·양국충(楊國忠) 등 간신들을 중용하고, 정무를 등한시했다. 군사에서는, 그는 지방의 군사·정치·경제 대권을 안록산(安祿山) 등 지방 절도사들에게 아무런 제한 없이 넘겨 줌으로써, 국가의 군사력을 겉은 화려하면서도 실속은 허약하게 만들자, 전체 당 왕조는 거대한 사회적 위기에 휩싸였다. 천보 14년(755년), 안록산이 범양(范陽, 지금의 허베이성에 속함)에서 무장 반란을 일으켰는데, 규모가 전에 없이 컸던 안사(安史: '안록산'과 '사사명')의 난은 당 제국의 태평성세 미몽을 철저히 깨부쉈다.

◈ 육곡웅문은반(六曲熊紋銀盤) | 당

안록산의 입신출세

안록산의 본래 성은 강(康)씨이고, 이름은 알락산(軋犖山)이며, 영주(營州) 유성(柳城, 지금의 랴오닝성 차오양(朝陽) 사람이다. 그의 아버지는 일찍 세상을 떠나고, 무당이 된 어머니 아사덕(阿史德: 아사달)씨가 돌궐의 번관(番官: 외국인 관리)

안연언(安延偃)에게 개가(改嫁)하자, 성을 안(安)씨로 바꾸고, 이름은 록산(祿山)으로 바꿨다. 안록산은 각종 분규를 잘 처리했을 뿐만 아니라, 현지의 불량배들과도 대담하게 싸움으로써, 용감하고 싸움을 잘하기로 유주(幽州)에서 유명해졌다. 훗날 군에 투신하여 유주절도사 장수규(張守珪)의 군영에 들어갔다. 그는 사람됨이 교활하고, 사람의 마음을 헤아리는 데 뛰어났기 때문에, 장수규에게 매우 총애를 받았으며, 심지어는 장수규에게 수양아들로 들어갔다. 이리하여 그는 또 끊임없이 승진을 거듭했다.

당 현종 개원 24년(736년) 3월, 이미 평로토격사(平盧討擊使)·좌효위장군(左驍衛將軍)을 맡고 있던 안록산은 군사적 실수를 범했기 때문에 사형에 처해져야 할 죄를 지었다. 장수규는 그가 인재임을 소중히 여겨, 그를 용서하여 죽이지 않으려고 생각했다. 그래서 그는 곧 한 통의 탄원서를 써서, 사람을 보내 안록산을 수도 장안으로 압송하여, 조정에서 처벌하도록 했다. 당시 우승상(右丞相)을 맡고 있던 장구령(張九齡)은 탄원서를 본 다음, 군대는 규율이 제일이니, 안록산의 죽을죄를 사면해 주어서는 안 된다고 생각했다. 그러나 현종은 탄원서를 보고, 오히려 안록산은 쓸모 있는 인재라고 여겼고, 결국 그를 사면했다.

안록산은 유주의 군영으로 돌아오자, 뜻을 굽히고 아첨을 하면서 각 방면의 관리들에게 뇌물을 뿌렸다. 그 결과, 얼마 후에는 곧 조정의 상하 대신들에게 칭찬을 듣게 되었다. 천보 원년(742년), 안록산은 평로절도사(平盧節度使)에 임명되었다. 2년이 지나, 안록산은 다시 범양절도사(范陽節度使)를 겸직했다. 천보 6년(747년), 안록산은 다시 조정에 들어가 현종을 알현하자, 그는 극진하게 아첨의 수완을 발휘하여, 당 현종과 양귀비에 대해서는 최대한 존중했지만, 태자에 대해서는 사정없이 대했다. 심지어는 "어리석은 신은 오로지 폐하께서 계신 것만 알고, 황태자께서 계시다는 것을 알지 못했으니, 참으로 죄가 너무 커서 만 번을 죽어도 부족하옵니다!"라고 공언했다. 당 현종은 안록산의 간사함을 알지 못하고, 오히려 그가 성실하고 소박하며 사랑스럽다고 칭찬하면서, 그의 충성심에 대해 매우 만족해하여, 즉시 양(楊)씨 형제와 안록산을 의형제로 맺어 주었다. 당시 안록산은 몸이 비만하여, 체중이 300근(斤: 1근은 약 600그램이니, 대략 180킬로그램)으로, 배가 늘어져 무릎을 덮자, 현종이 그의 큰 배를 가리키면서 우스갯소리로 이렇게 말했다고 한다. "그대의 뱃속에 들어 있는 것이 무엇이기에 이렇게 큰가?" 그러자 안록산이 이렇게 대답했다. "다른 것은 없고, 오로지 폐하께 충성하는 일편단심만 있을 뿐입니다." 현종은 그의 말을 듣고 나서 더욱 비할 데 없이 기뻤다.

천보 7년(748년) 정월, 당 현종은 안록산에게 상으로 철권(鐵券)[1]을 주었다. 천보 9년(750년) 5월, 당 현종이 다시 안록산을 동평군왕(東平郡王)에 봉하자, 범양과 평로 두 진(鎭) 이외에도 하동

(河東, 관아는 지금의 산시성 타이위안太原에 있었음) 절도사를 겸하여, 북쪽 변경의 대부분 지역을 장악했다. 당시 직·간접으로 안록산의 명을 따르는 군대가 이미 19만 명을 초과하여, 당군(唐軍) 전체 숫자의 4할 정도를 차지했다. 현종이 양귀비를 총애하고 신임하여, 국정을 내팽개쳐 두고, 군비에 신경을 쓰지 않는 것을 눈으로 확인하고는, 안록산은 한편으로는 비밀리에 장수들을 보내 변경에 있는 각 민족들의 항병(降兵: 항복한 병사)들 가운데에서 8천 명의 장사(壯士: 건장하고 힘센 남자)를 선발하여, '예락하(曳羅河)'(돌궐어로 '장사'라는 뜻)라는 이름의 정예병을 조직했다. 다른 한편으로는, 군량과 사료를 사들여 비축하고, 무기를 정비하여, 반란을 준비했다. 천보 12년, 권세를 휘두르던 재상 이임보(李林甫)가 병으로 세상을 떠나자, 양귀비의 친족 오빠인 양국충(楊國忠)이 뒤를 이어 재상이 되었다. 양국충은 부임한 후에, 여러 차례에 걸쳐 당 현종의 면전에서 안록산이 틀림없이 반란을 일으킬 것이라고 말했다. 천보 13년, 안록산은 장안에 가서 현종을 보자 울면서 이렇게 말했다. "신은 번인(蕃人: 오랑캐, 야만인)이어서 문자를 알지 못하거늘, 폐하께서는 신을 군대에 발탁하셨으니, 신은 폐하의 깊은 은혜에 감사하여 잊지 않고 있사온데, 양국충이 신을 죽이려고 하옵니다." 당 현종은 다시 그의 연기에 속아, 안록산을 처벌하기는커녕, 오히려 그를 상서좌복야(尙書左僕射)로 승진시키고, 그의 두 아들에게도 벼슬을 주면서 위로했다.

한 걸음 더

회흘(回紇)이 회골(回鶻)로 이름을 바꾸다

회흘은 중국 고대에 북쪽과 서북쪽에서 돌궐어를 사용한 민족들 중 하나로, 막북(漠北: 고비 사막 이북) 지역에 유목 칸국(汗國)을 건립했다. 천보 3년(744년), 회흘의 군주 쿠트루크보일라(骨力裴羅)와 카를루크(葛邏祿)가 협력하여 발실밀(拔悉密: 바스밀)을 격파하고, 스스로 쿠트루크빌게퀼칸(骨咄祿毗伽闕可汗)이라고 칭했으며, 동돌궐 칸국의 옛 영토에 위치했다. 당나라 정부는 그를 화이런칸(懷仁可汗)에 봉했는데, '회흘'은 중국어로 '단결'·'연합'·'상부상조'를 의미한다. 정원(貞元) 4년(788년), 회흘의 하쿠트루크칸(合骨咄祿可汗)이 당 덕종(德宗) 이적(李適)에게 올린 표(表: 임금에게 올리는 문서)에서, 이름을 '회골(回鶻)'로 바꾸어 줄 것을 요청했으니, 이는 "빙빙 돌면서 날렵하기가 송골매 같다"는 뜻을 취한 것이다. 막북의 회골 칸국은 개성(開成: 문종의 연호) 5년(840년)까지 존재했다.

1 철권(鐵券): 군주가 분봉하거나 공신에게 작위를 내릴 때 상으로 주거나 충성을 맹세하는 성격을 띤, 일종의 증명서 같은 것이다. 오늘날의 훈장에 해당하며, 모양은 기왓장처럼 생겼다. 대를 이어가며 우대를 받고 사형을 면제받는 특혜를 누릴 수 있도록 허용된 일종의 특별한 증서였으므로, 면사권(免死券)이라고도 불렀다.

◈ 〈양귀비상마도(楊貴妃上馬圖)〉 | 원, 전선(錢選)

이 그림에는 모두 열네 명이 그려져 있는데, 모두 당나라의 옷차림을 하고 있으며, 인물들의 몸매는 풍만하고, 자태와 동작이 각기 다르며, 형상이 세밀하고 생동감 있게 그려져 있다. 현재 미국 프리어미술관에 소장되어 있다.

어양(漁陽)의 북소리가 지축을 흔들다

천보 14년(755년) 11월, 안록산은 "명을 받들어 양국충을 토벌한다"는 명분으로, 15만 명의 반란군을 이끌고 범양에서 남하하여, 곧바로 낙양과 장안 두 수도로 돌진했다. 당시 중원 지역은 이미 오랫동안 전쟁이 없었으므로, 매우 많은 군·현들은 동원 가능한 군대가 없었으며, 변란에 대응할 준비가 전혀 되어 있지 않았다. 지방 관리들은 반란군이 곧 도달한다는 소식을 듣자, 어떤 사람은 성을 버리고 도망치기도 하고, 어떤 사람은 성문을 열고 맞이하러 나오기도 했으므로, 반란군은 먼 길을 신속하게 진군하여 남하했으며, 거의 아무런 저항도 받지 않고 매우 빠르게 황하 이북 대부분의 지역들을 점령했다. 당 군대는 잇달아 대패했고, 명장 봉상청(封常淸)·고선지(高仙芝)가 이끄는 새로운 군대도 섬멸당하여, 동도 낙양이 함락되었다. 수도 장안의 앞쪽에는 단지 동관(潼關: 낙양에서 장안으로 들어가는 요충지)이라는 천험의 요새가 있어 반란군을 저지할 수 있었다. 당시 평원태수(平原太守) 안진경(顏眞卿)·상산태수(常山太守) 안고경(顏杲卿) 형제가 이미 하북에서 군대를 일으켜 안록산의 반란군에 반격을 가하고 있었으므로, 당군(唐軍)의 주장(主將)인 가서한(哥舒翰)이 동관을 굳게 지킬 수만 있으면, 앞뒤에서 적을 맞이하는 반란군은 실패할 가능성이 매우 높았다. 그런데 현종은 급히 서둘러 반란군을 격퇴하고 낙양을 수복하려고, 가서한에게 나가서 싸우라고 강력히 명령했다. 가서한은 현종의 뜻을 거역할 방법이 없자, 한바탕 통곡을 한 다음, 어쩔 수 없이 군대를 이끌고 전

투에 나섰다. 그 결과 당군은 영보(靈寶, 지금의 허난성 링바오靈寶 동북쪽)에서 반란군 최건우(崔乾祐)가 인솔하는 부대의 매복에 걸려, 반란군에게 대패했다. 뒤이어 최건우는 동관을 함락시키고, 가서한은 반란군의 포로가 되었다. 동관이 함락된 후, 장안의 문호가 열리자, 의지하여 방어할 만한 험준한 요새가 없어졌다.

동관이 함락되었다는 소식을 듣자, 당 현종의 군신들은 일시에 어찌할 바를 모르며 우왕좌왕하다가, 양국충의 건의를 받아들여, 당 현종과 양귀비 등은 그날 밤 황급히 장안을 빠져나가 촉지(蜀地: 지금의 쓰촨성)로 피난하려고 시도했다. 행렬이 마외역(馬嵬驛, 지금의 산시성 핑시平西)에 이르렀을 때, 호종하던 육군(六軍: 황제가 직접 통솔하는 여섯 분야의 군대)의 장병들이 도중에 굶주림과 추위에 시달렸고, 피로를 참을 수 없었던 데다, 또한 간신 양국충이 정치를 문란하게 하여 나라를 망친 것에 분개하여 변란을 일으켰다. 그리하여 사병들이 반란을 일으켜 양국충을 죽인 다음, 다시 그의 아들인 호부시랑(戶部侍郎) 양훤(楊暄)과 한국부인(韓國夫人)·진국부인(秦國夫人: 둘 다 양귀비의 언니다)도 모두 죽였다. 이어서 분노를 삭이지 못한 장병들이 마외역을 포위한 채, 밖에서 계속해서 소란을 피웠다. 당 현종이 자신을 보호하기 위해, 어쩔 수 없이 고력사(高力士: 현종이 총애하던 환관)에게 명하여 양귀비를 불당 앞에 있는 배나무 밑에서 목 졸라 죽이고 나서야, 비로소 육군 장병들의 분노한 마음을 가라앉혔다. 화살에 놀란 새처럼 이미 한번 호되게 놀라 잔뜩 위축된 당 현종은, 이번 군사 반란을 겪으면서 간담이 서늘해져, 신속히 어가를 출발시켜 성도(成都: 옛 촉나라의 수도)로 도망쳤다. 연도의 백성들이 말을 가로막으면서 도망치지 말라고 요청하자,

현종은 어쩔 수 없이 태자 이형(李亨)을 남겨 두어 전반적인 정세를 책임지도록 했다. 태자 이형은 방향을 틀어 북상하여 영무(靈武, 지금의 닝샤寧夏)로 가서, 반란군에게 반격을 가하고, 양경(兩京: 장안과 낙양)을 수복하는 중임을 맡았다. 그 후 이형은 영무에서 황제에 즉위하고, 연호를 지덕(至德)으로 바꿨으니, 그가 당 숙종(肅宗)이며, 현종은 태상황이 되었다. 보응(寶應) 원년(762년) 4월, 부자간의 관계가 나빴던 당 현종이 처량하게 갑자기 세상을 떠나니, 일찍이 찬란했던 한때의 개원성세와 그것을 열었던 사람은 함께 먼지에 덮인 역사가 되었다.

반란을 평정하다

장안을 점령한 후, 대연황제(大燕皇帝)를 자처한 안록산은 밤낮없이 술을 퍼마시고 가무와 여색을 즐기느라, 관문 밖으로 나가 서쪽으로 진격할 생각을 하지 않았다. 이는 곧 관군에게 장안을 수복할 기회를 주었다. 지덕 2년(757년) 2월, 관군의 장수 곽자의(郭子儀)가 15만 명의 대군을 이끌고 와서 장안성 밖에서 반란군과 격전을 벌여 반란군을 대파하고, 얼마 후 장안을 수복했다. 이때 안록산은 이미 그의 아들 안경서(安慶緖)에게 살해되었고, 안경서는 낙양을 포기하고 업군(鄴郡, 군 관아는 지금의 허난성 안양에 있었음)으로 도망치자, 당군은 다시 낙양을 수복했다. 건원(乾元) 2년(758년), 당 숙종은 아홉 명의 절도사와 수십만 대군을 소집하여 반란군 대장 사사명(史思明)이 인솔하는 부대를 공격했다. 쌍방이 교전을 벌일 때 갑자기 큰 바람이 불면서 하늘과 땅이 깜깜해져, 적군과 아군을 구분하기 어렵게 되자, 당군은 어쩔 수 없이 철수했다. 이때 반란군 내부에서 다시 내홍이 발생하여, 사사명이 안경서를 살해하고 군대를 통솔하여 범양으로 퇴각했다. 그해 9월, 사사명이 다시 군대를 이끌고 남하하여 낙양을 공격하여 점령하자, 형세는 관군에게 매우 불리했다. 이때 사사명의 장남인 사조의(史朝義)가 내부에서 반란을 일으켜, 사사명을 죽이고 자신이 황제에 즉위했다. 반란군은 이로 인해 병사들의 사기가 크게 흔들렸고, 한번 무너져 내린 사기는 다시 회복되지 못했다.

당 대종(代宗) 보응(寶應) 원년(762년), 관군은 반란 평정을 원조하던 회흘 군대와 합동으로 동도(東都: 낙양)를 수복했으며, 반란군은 하북 등지에서 잇달아 패배하자, 반란군 장수인 설숭(薛嵩)·장충지(張忠志) 등이 잇달아 관군에 투항했다. 광덕(廣德) 원년(763년), 사조의의 부하인 전승사(田承嗣)가 사조의를 몰아내고 관군에 투항했다. 사조의는 범양으로 도망쳤고, 결국 반란군의 범양절도사 이회선(李懷仙)도 관군에 투항했다. 대세가 이미 기울었음을 눈으로 보자, 사조의의 부하들은 새나 짐승처럼 뿔뿔이 흩어졌고, 사조의 본인은 도망치던 도중에 목을 매 자살했다. 이리하여 무려 8년에 달했던 안사의 난은 비로소 평정되었다.

전문테마 찬란한 당대의 서법(書法)

약 300년 동안의 당대에는, 걸출한 서법가들이 배출되어, 해서(楷書)·초서(草書)·전서(篆書)·예서(隸書)·행서(行書)가 주옥처럼 찬란하고 눈부시게 빛났다. 성당(盛唐) 시기에는, 서법 창작에서 용감하게 기존의 낡은 울타리를 타파하고, 새로운 경지를 창조하는 풍부한 정신을 표현해 냈다. 만당(晚唐) 시기에는, 서법에 뜻을 둔 사람들이 다시 선현들을 광범위하게 학습한 기초 위에서 새로운 서법을 힘써 창조함으로써, 서법계에 새로운 바람을 불어넣었다.

구양순(歐陽詢)

구양순(557~641년)은 자(字)가 신본(信本)이며, 담주(潭州) 임상(臨湘, 지금의 허난성에 속함) 사람이다. 그는 일생 동안 진(陳)·수(隋) 및 당 초기를 거쳤는데, 그의 주요 정치 활동과 서법 예술 활동은 당 초기에 이루어졌다. 당 태종 때, 관직이 태자솔경령(太子率更令)·홍문관학사(弘文館學士)에 이르렀다. 구양순은 매우 총명했고, 경서와 사서를 폭넓게 읽었으며, 특히 삼사(三史: 『사기』·『한서』·『후한서』를 통칭하는 말)에 정통했다. 편저로는 『예문유취(藝文類聚)』 100권이 있다. 그의 서법 예술은 여러 서체에 모두 능했지만, 특히 해서가 가장 뛰어났다. 서법사에서는 '안진경, 유공권, 구양순, 조맹부'를 '해서 4대가'로 여기는데, 시간 순으로 논하자면, 구양순이 사실상 해서로 세상에 이름을 떨친 최초의 대서법가였다. 그의 해서는 후세 사람들에 의해 '구체(歐體)'라고 칭송되고 있다. 구양순의 용필(用筆: 붓놀림, 즉 운필)은 준엄하고 매우 힘이 있으며, 법도가 엄격하여, 평탄하고 반듯한 가운데 험준함을 느낄 수 있으며, 그의 독특한 풍격은 후세에 심대한 영향을 미쳤다.

◈ 〈중니몽전첩(仲尼夢奠帖)〉 | 구양순

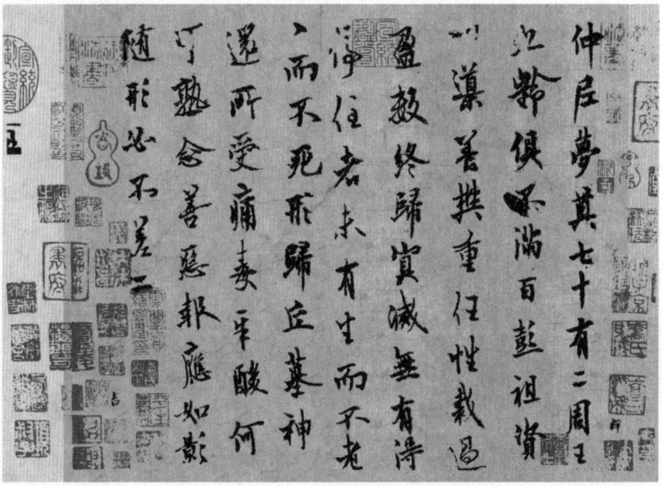

장욱(張旭)

당대의 초서 예술에서는, 손과정(孫過庭)·하지장(賀知章)·장욱·회소(懷素) 등 네 사람이 가장 유명하다. 장욱(675~750년)은 자가 백고(伯高)이며, 또 다른 자는 계명(季明)이고, 소주(蘇州) 오군(吳郡, 지금의 장쑤성에 속함) 사람이다. 그의 주요 정치 활동과 서법 예술 활동은 성당 시기에 이루어졌다. 역사 기록에 따르면, 그는 처음에 상숙위(常熟尉)가 되었고, 후에 관직이 금오장사(金吾長史)에 이르렀기 때문에, 사람들은 그를 '장장사(張長史)'라고 부른다. 성당 시기에는 인재들이 계속 배출되었는데, 장욱은 바로 초서로 세상에 이름을 떨친 뛰어난 인재로, 역사에서는 그를 '초성(草聖)'이라고 부른다. 장욱의 초서는 이백의 시가(詩歌)·배민(裴旻)의 검무(劍舞)와 함께 삼절(三絶)이라 일컬어진다. 이밖에 장욱의 시가도 독특한 풍격을 지니고 있으며, 칠절(七絶: 칠언절구)이 뛰어났다. 이백·하지장 등과 함께 '음중팔선(飮中八仙)'[2]의 한 사람에 포함된다.

안진경(顔眞卿)

안진경(709~785년)은, 자가 청신(淸臣)이며, 경조(京兆) 만년(萬年, 지금의 산시성에 속함) 사람으로, 당 개원 22년에 진사(進士)에 급제하여, 현종(玄宗)·숙종(肅宗)·대종(代宗)·덕종(德宗) 등 4대에 걸쳐 벼슬을 했다. 평원태수(平原太守)를 역임했고, 노군개국공(魯郡開國公) 작위를 하사받았기 때문에, 사람들은 그를 '안평원(顔平原)'이라고 부르며, '안노공(顔魯公)'이라고도 부른다. 그는 천성이 강직했고, 또한 당나라가 매우 번성했다가 쇠퇴하는 전환기인 현종 시대 후기에 살았다. 간신 양국충이 권력을 독차지하고 국정을 농단하자, 그는 줄곧 유학자의 풍모와 도량으로 홀로 서서 아부하지 않고 그와 투쟁했다. 안사의 난이 발생한 후, 그는 또한 반란과 분열의 단호한 반대자였으며, 국가의 중신으로서, 그는 생사를 도외시하고 반란을 평정하는 데 온 힘을 쏟았다. 그가 76세 때, 번진(藩鎭: 변방과 중요 요충지의 군정을 관장하던 절도사)의 난을 평정하다가 목숨을 바쳐 순국했다. 그의 인격과 풍모는 후세 사람들에게 추앙받고 있다.

안진경의 서법은, 처음에는 저수량(褚遂良)을 배웠고, 후에 다시 장욱을 따라 배워, 용필(用筆)의 이치를 깊이 깨달았다. 이는 그가 쓴 『술장장사필법십이의(述張長史筆法十二意)』 속에서 볼 수 있다. 안진경이 장욱이라는 대스승의 필법을 터득한 것은, 그의 서법 예술에 대한 인식을 질적으로 한 단계 비약하게 해 주었다. 그의 서법 예술에 대한 학습은 상당히 광범위했다. 그는 전예(篆隷: 전서와 예서의 중간적인 서체)·북비(北碑: 남북조 시기에 돌에 새기던 서체의 통칭) 및 당시 민간에서 유

2 음중팔선(飮中八仙): 당대에 시와 술을 좋아했던 여덟 명의 시인들을 일컫는 말로, 이들 세 사람 외에 왕진(王璡), 이적지(李適之), 최종지(崔宗之), 소진(蘇晉), 초수(焦遂)가 포함된다.

행하던 사경(寫經: 불경을 베껴 쓰던 서체) 모두를 체득하여, 마침내 그의 풍만하고 건장하며 기상이 넘치는 '당대 서체'의 특색을 형성했다. 안진경의 서법 작품으로는, 묵적(墨迹: 직접 먹으로 쓴 서예 작품) 및 비각 탁본 등 약 70여 종이 오늘날까지 전해지고 있다. 그 가운데 가장 유명한 해서로는 〈다보탑비(多寶塔碑)〉, 〈대당중흥송(大唐中興頌)〉, 〈마고선단기(麻姑仙壇記)〉, 〈안씨가묘비(顔氏家廟碑)〉, 〈곽가묘비(郭家廟碑)〉, 〈제질고(祭侄稿)〉 및 〈쟁좌위고(爭座位稿)〉 등이 있다.

◈ 〈안근례비(顔勤禮碑)〉 탁본 | 안진경

유공권(柳公權)

유공권(778~865년)은, 자가 성현(誠懸)이며, 경조(京兆) 화원(華原, 지금의 산시성에 속함) 사람이다. 그는 당대에 안진경의 뒤를 이은 또 한 사람의 위대한 서법가이자, 또한 후세에 가장 큰 영향을 미친 해서의 대가 중 한 사람이다. 그의 해서를 사람들은 '유체(柳體)'라고 부른다. 예로부터 해서를 학습하는 사람이 반드시 배우는 중요한 서체일 뿐 아니라, 또한 종종 해서에 입문할 때 반드시 배우는 본보기이기도 하다. 당시 공경대신(公卿大臣)들이 자기 집안의 비문을 쓰면서, 유공권의 자필 글씨를 얻지 못한 사람에 대해서는, 사람들은 그 자손이 불효했다고 여겼다. 뿐만 아니라 유공권의 명성이 멀리 해외에까지 전해지자, 외이(外夷: 오랑캐)가 공물을 바치러 올 때, 모두들 별도로 특별 비용을 마련해 주면서 말하기를, "이걸로 유서(柳書: 유공권의 서법 작품)를 구해 달라"고 했다. 황제가 중용하고, 대신들이 추앙한 것이, 물론 일시적으로는 풍조를 바꿀 수 있었겠지만, 이것이 결코 유공권이 명성을 떨친 주요 원인은 아니었다. 유체는 하나의 새로운 서체미(書體美)를 창조함으로써, 당대(當代)를 정복하고, 또 후대를 획득했으니, "한 글자가 백금(百金: 매우 큰 돈)이라는 것이, 빈말이 아니었다". 송대에, 유체는 안체(顔體: 안진경체)와 마찬가지로, 글자를 새겨 인쇄한 덕분에 수많은 가정에 들어갔기 때문에, 집집마다 다 알게 되었다. 송대의 각서(刻書: 책을 간행함)는, 북송에서는 대체로 구체(歐體: 구양순체)의 필법을 이용했다. 남송 이후에는 안체와 유체를 함께 사용하면

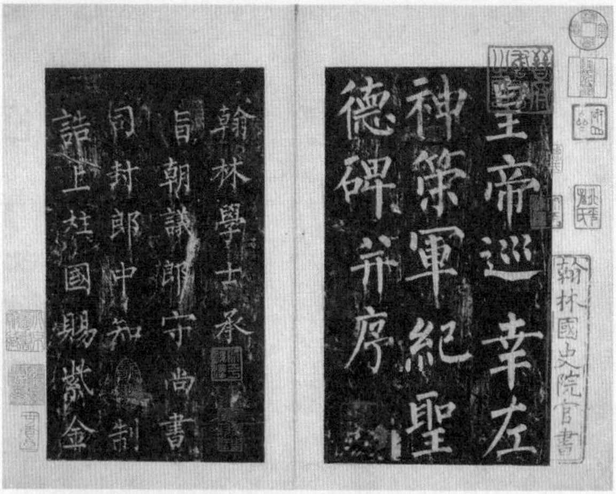

◈ 〈신책군비(神策軍碑)〉 탁본 (일부분) | 유공권

서, 유체가 광범위하게 민간으로 흘러 들어 갔다.

육간지(陸柬之)

육간지는 생몰년을 알 수 없으며, 오군(吳郡, 지금의 장쑤성 쑤저우) 사람이다. 관직이 조산대부(朝散大夫)·수태자사의랑(守太子司議郎)에 이르렀으며, 초당(初唐) 시기에 활동했다. 젊을 때 그는 외가에 의지하여 서예를 익혔는데, 그의 외삼촌이 바로 당시 대단한 명성을 떨치던 우세남(虞世南)이다. 육간지의 전해지는 작품은 매우 적어, 〈강첩(絳帖)〉에 육서(陸書) 25자가 실려 있으며, 이 밖에는 오직 이육(二陸: 육기陸機와 육운陸雲)의 문부(文賦: 당대에 유행했던 산문체의 운문 시체)라고 불리는 〈육간지서육기문부(陸柬之書陸機文賦)〉 밖에 없다.

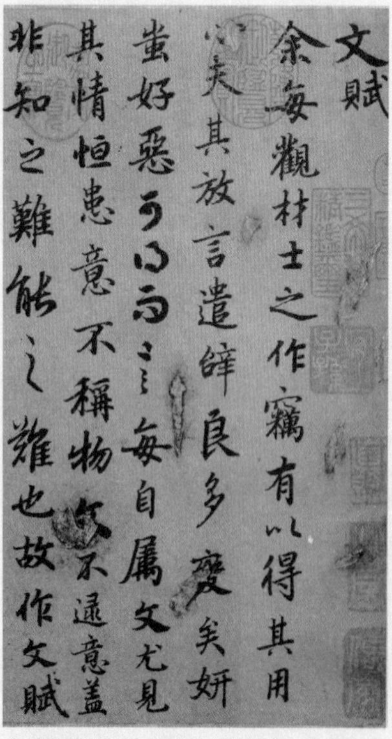

◈ 〈문부(文賦)〉 권(卷) (일부분) | 육간지

〈문부(文賦)〉는 묵적본(墨迹本)으로, 초당 시기의 보기 드문 몇몇 명가(名家)들의 진적(眞迹: 진품 서예 작품) 중 하나다. 전해지기로는, 육간지가 젊었을 때 육기의 〈문부〉를 읽고 매우 마음에 들어, 직접 한 편을 쓰려고 생각했다. 하지만 자신의 서예가 뛰어나지 못해 선현의 작품을 "욕되게 하지"는 않을까 염려했기 때문에, 끝내 감히 경솔하게 붓을 들지 못하다가, 그의 말년에 서예의 명성이 매우 높아졌을 때, 비로소 붓을 들어 이 숙원을 이루었다고 한다. 이 작품의 필법은 대왕(大王, 즉 왕희지: 서예에서 왕희지를 '대왕'이라 하고, 그의 아들 왕헌지를 '소왕'이라 함)을 빼닮았으며, 진(晉: 왕희지가 살았던 나라)나라 사람의 정취를 깊이 체득했다.

손과정(孫過庭)

손과정의 이름은 건례(虔禮)로, 진류(陳留, 지금의 허난성 카이펑開封) 사람이라고 하며, 어떤 문헌에는 오군(吳郡, 지금의 장쑤성 쑤저우) 사람이라고도 하고, 부양(富陽, 지금의 저장성에 속함) 사람이라고도 한다. 관직은 솔부록사참군(率府錄事參軍)에 이르렀지만, 중년에 모함을 당해, 낙양에서 사망했다. 손과정의 서법에 대해, 개원 연간에 서론가(書論家)인 장회최(張懷瓘)는 다음과 같이 매우 높은 평가를 했다. "학식이 풍부하고 성품이 우아하며 재능과 학문이 뛰어났고, 초서는 이왕(二王: 왕희지와 왕헌지 부자)을 본받아 용필이 정교하고 걸출하며 강단이 있고, 기이하고 새로운 것을 선호했지만, 이른바 기교를 부리는 것은 적고 타고난 재능이 있었다. 해서와 행서는 초서보다 못했지만……, 예서·행서·초서는 뛰어난 작품에 속한다[博雅有文章, 草書憲章二王, 工于用筆, 俊拔剛斷, 尙異好奇, 然所謂少功用, 有天材. 眞·行之書, 亞于草矣……隸·行·草入能品]." 『선화서보(宣和書譜)』도 그가 "옛것을 좋아하고 학식이 풍부하며 성품이 우아하고, 문장을 잘 짓고 서화를 잘하기로 이름이 났다. 초서는 왕희지·왕헌지와 놀랄만큼 똑같이 썼는데, 용필에서는 더욱 오묘했다. 걸출하고 강단이 있는 풍격은, 천부적 자질에서 나온 것이지, 기교를 부리거나 연습을 많이 해서 이룬 것이 아니다. 임모(臨摹: 똑같이 모방하여 쓰거나 그리는 것)를 잘하여, 왕왕 진품인지 임모품인지 구분할 수 없다[好古博雅, 工文辭得名翰墨間. 作草書咄咄逼羲獻, 尤妙于用筆. 俊拔剛斷, 出于天材, 非功用積習所至. 善臨摹, 往往眞贋不能辨]"고 했다. 손과정은 문학에 깊은 학식을 가졌을 뿐만 아니라, 또한 이왕(二王)의 필법을 터득했고, 게다가 비범한 천부적 재능을 지니고 있었으므로, 자신만의 독특한 서법 체계를 확립했다. 그의 대표작으로는 자신이 편찬한 서법 이론서인 『서보(書譜)』와 초서 『천자문(千字文)』이 있다.

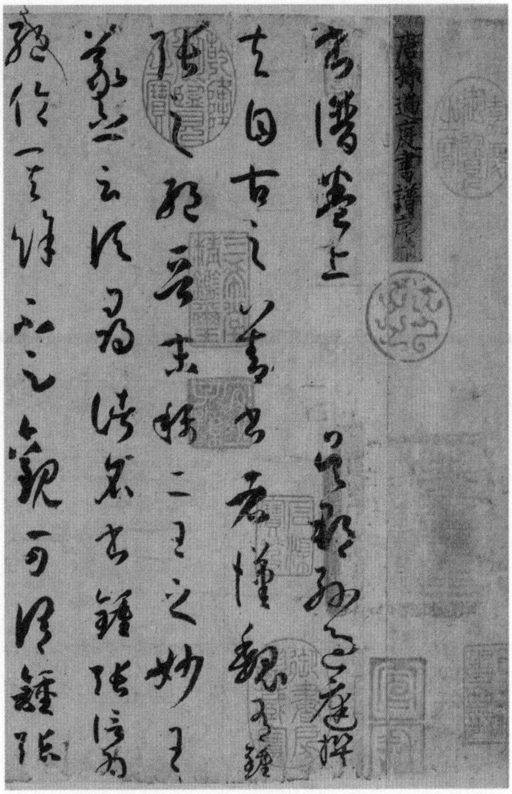

◈ 『서보(書譜)』(일부분) | 손과정

회소(懷素)

회소(737~799년)는 속성(俗姓: 승려가 되기 전, 속세에서의 성)이 전(錢)씨이고, 자가 장진(藏眞)이며,

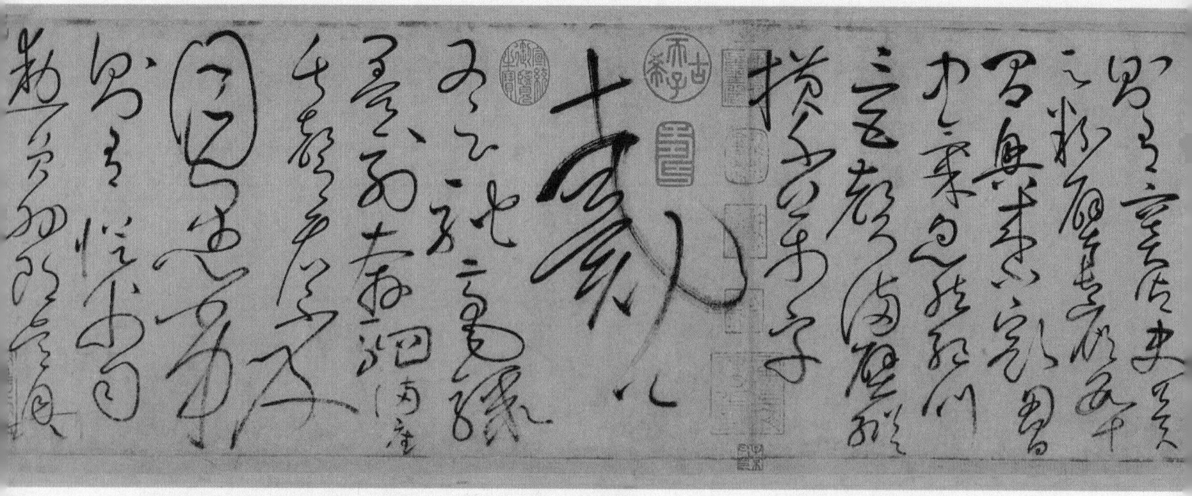

◈ 〈자서첩(自敍帖)〉 (일부분) | 회소

호남 영릉군(零陵郡) 사람이다. 당 현종 개원 25년(737년)에 태어나, 덕종 정원(貞元) 15년(799년)에 사망했다. 그는 출가하여 승려가 되었기 때문에, 역사서에서는 그를 '영릉승(零陵僧)' 혹은 '석장사(釋長沙)'라고 부른다. 회소는 중국 역사상 걸출한 서법가로, 그의 초서는 '광초(狂草)'라고 불린다. 용필이 부드럽고 힘이 있으며, 회전이 마치 고리처럼 둥글고, 자유분방하며 유창하고, 막힘없이 단숨에 갈겨쓴 것으로, 장욱과 함께 유명하다. 후세 사람들은 "장욱은 넘어진 것 같고, 회소는 미친 것 같다[張顚素狂]"거나 "넘어진 듯한 장욱, 취한 듯한 회소[顚張醉素]"라고 비유하기도 한다. 회소는 고전적 낭만주의 예술의 대표자라고 할 수 있으며, 후세에 미친 영향은 매우 크다. 회소의 초서 작품으로는 〈자서첩(自敍帖)〉·〈고순첩(苦笋帖)〉·〈식어첩(食魚帖)〉·〈성모첩(聖母帖)〉·〈논서첩(論書帖)〉·〈대초천문(大草千文)〉·〈소초천문(小草千文)〉·〈사십이장경(四十二章經)〉·〈천자문〉·〈장진첩(藏眞帖)〉·〈칠첩(七帖)〉·〈북정초필(北亭草筆)〉 등등이 있다. 그 중 〈식어첩〉은 매우 가늘고, 골력(骨力: 글씨의 획에서 느껴지는 힘)이 강건하며, 근엄하고 침착하다. 그런데 〈자서첩〉은 그가 〈식어첩〉을 쓸 때와 심정이 달랐기 때문에, 고상한 운치가 넘쳐나는 것이, 참으로 각자 그 자체의 아름다움을 충분히 표현하고 있다. 미불(米芾)은 『해악서평(海岳書評)』에서 이렇게 평했다. "회소는 장사(壯士)가 검을 뽑는 것 같아, 뛰어난 풍채가 감동을 주며, 또 돌리거나 진퇴함은 법도에 맞지 않음이 없다[懷素如壯士拔劍, 神采動人, 而回旋進退, 莫不中節]." 당대의 많은 시인들이 회소를 찬송했는데, 예를 들면 이백(李白)의 〈초서가행(草書歌行)〉이 있고, 만기(曼冀)의 〈회소상인초서가(懷素上人草書歌)〉가 있다.

당(唐) 701~770년

인물 : 이백(李白), 두보(杜甫) 지역 : 당도(當塗), 상수(湘水) 키워드 : 당시(唐詩)

시선(詩仙)과 시성(詩聖)

당대는 중국 고전 시가가 발전한 전성기로, 단지 『전당시(全唐詩)』 한 권에만도 시 작품 4만여 수, 시인 2천여 명이 수록되어 있으니, 당시(唐詩)는 또한 중국 문명의 보고 속에 있는 한 알의 찬란한 보석이 되었다. 당대의 수많은 재능이 뛰어난 시인들 가운데, 이백(李白)과 두보(杜甫)가 후세에 가장 칭송받고 있다. 이백은 중국 역사상 가장 위대한 낭만주의 시인으로, '시선'이라는 명성과 명예를 지니고 있다. 그의 시는 호탕하면서 아름답고, 기세가 드높으며, 현실의 환상을 타파할 뿐 아니라, 또한 당시 민생의 질고를 반영하고 있으며, 정치의 암담함을 규탄하고 있다. 두보는 중국 문학사에서 위대한 현실주의 시인으로, 그의 시는 안사의 난 전후의 사회 현실을 반영하고 있으며, 당 왕조가 융성했다가 쇠퇴한 역사를 드러내 주고 있기 때문에, 사람들은 그의 시를 '시사(詩史: 역사를 읊은 시)'라고 칭송했으며, 두보는 사람들에게 '시성'이라고 존경받는다.

◈ 도형구문은반(桃形龜紋銀盤) | 당

시선 이백

이백(701~762년)은, 자가 태백(太白)이며, 호는 청련거사(靑蓮居士)로, 성당 시기의 위대한 시인이다. 이백의 본적은 농서(隴西) 성기(成紀, 지금의 간쑤성 톈수이天水 부근)이다. 또한 일설에 의하면 이백이 중앙아시아의 쉬예(碎葉, 지금의 키르기스스탄 토크목)에서 출생했으며, 후에 아버지를 따라 면주(綿州) 창륭(昌隆, 지금의 쓰촨성 장유江油) 청

◈ **〈태백취주도(太白醉酒圖)〉 | 청, 소육명(蘇六明)**

이 그림은 청대의 화가인 소육명이 도광(道光) 연간에 그린 명화로, 시선 이백이 궁전 안에서 술에 취하자, 내시 두 사람이 부축하며 시중을 들고 있는 장면이다.

련향(青蓮鄕)으로 이주하여 살았다고도 한다. 이백은 "5세 때 육갑(六甲)을 외웠고, 10세 때는 백가(百家)의 책들을 읽었으며", 성년이 된 후에는 재물을 가볍게 여기고 베푸는 것을 중시했으며, 의협심이 강하고 손님을 접대하기를 좋아하여, 천중(川中: 지금의 쓰촨 분지를 일컫는 명칭으로 '中川'이라고도 함)에 이름이 알려졌다. 개원 13년(725년) 이후, 이백은 촉(蜀) 지역을 나와, 강을 따라 강릉(江陵)으로 내려갔다. 그 후 수년 동안, 이백은 낙양·태원(太原)·동로(東魯) 등지의 도사·은사들과 교유하면서, 원근에 이름이 알려졌다. 이 기간 동안, 이백은 또한 당시의 벼슬을 얻기 위해 돌아다니던 일반 학생들과 마찬가지로, 평민에서 일약 경상(卿相: 재상이나 판서)이 되려고 생각하여, 그는 여러 차례 장사(長史: 주州 장관인 자사刺史의 비서실장에 해당)에게 편지를 보내, 면담을 하면서 벼슬을 구했지만, 모두 응답을 얻지 못했다.

천보(天寶) 원년(742년), 이백은 옥진공주(玉眞公主)와 대신 하지장(賀知章)의 천거를 받아, 당 현종에게 장안으로 불려가 한림원(翰林院)에서 대조(待詔: 문서 대조를 관장하던 관직)가 되면서, 자유롭게 유람하는 생활을 마감하고 궁중 시종의 생활을 시작했다. 당시의 당 현종은 오로지 향락만을 탐했고, 정치는 나날이 부패하고 암담해지자, 이백은 궁정 시인의 무료한 생활이 불만스러워 항상 술에 만취해 있었다. 한번은 당 현종이 그가 궁궐에 들어와 시봉하도록 불렀는데, 이백은 술에 취한 틈을 타, 현종이 가장 총애하고 신임하는 환관 고력사로 하여금 신발을 벗기게 했다. 고력사는 마음속으로 앙심을 품고 있다가, 기회를 보아 당 현종에게 이백에 대해 험담을 했다. 이백은 더 이상 조정에 남아 있어도 할일이 없다는 것을 알고, 물러나게 해달라고 상소를 올렸다. 천보 3년(744년), 이백은 다시 도성을 떠나 멀리 유람했다. 이 기간 동안, 이백은 대시인인 하지장과 돈독한 우정을 쌓았다. 이백보다 30세 이상 연장자인 이 시단의 우두머리가 이백의 「촉도난(蜀道難)」을 읽을 때, 다 읽지도 않았는데 연달아 찬탄을 멈추지 못하면서, 이 시는 오로지 시선(詩仙)만이 쓸 수 있다고 생각했다. 하지장은, 이백이 "적선인(謫仙人: 신선 세계에서 인간 세계로 귀양온 사람)"이라며 놀라 소리쳤다.

뒤이어 유람하는 동안, 이백은 또한 두보와 고적(高適)을 사귀고, 세 사람이 함께 양(梁, 지금의 허난성 카이펑)·송(宋, 지금의 허난성 상추商丘)을 유람했다. 이 단계의 이백은 운명이 기구하여 많은 좌절을 겪었다. 우선 전처가 세상을 떠나자, 다시 허씨(許氏)와 재혼했고, 허씨가 세상을 떠난 후에는 다시 종씨(宗氏)와 결혼했다. 자신과 가족에게 변고가 많이 생기고, 나라에 사건이 많이 일어나자, 이백은 한편으로는 선인(仙人)들을 두루 찾아다니면서 도를 배웠으며, 다른 한편으로는 나라에 공을 세우려고 시도했다. 국가의 안위에 대해 그는 여전히 매우 관심이 많았다.

천보 14년(755년), 안사의 난이 발발하자, 이백은 여산(廬山)으로 피신해서 살았다. 그때 영왕(永王) 이린(李璘)이 출병하여 동순(東巡: 동쪽 지역을 순시함)하다가, 이백을 중요한 일에 참여하는 막료가 되어 달라고 정성을 다해 초청했다. 반란을 평정하고 국가의 통일을 회복하겠다는 좋은 염원으로, 이백은 이린의 군대에 참가했다. 여기에서 이백이 지은 「영왕동순가(永王東巡歌)」 11수에는 유명한 구절인 "삼천(三川: 세 개의 강, 즉 경수, 위수 낙수)의 북쪽 오랑캐들이 삼실처럼 어지러우니, 온 세상이 남쪽으로 달아나는 것이 영가(永嘉: 서진 회제懷帝의 연호) 시기와 닮았구나. 하지만 동산의 사안석(謝安石: '安石'은 동진 시기의 유명한 서법가인 '謝安'의 字)을 기용한다면, 임금을 위해 웃으면서 이야기 나누며 호사(胡沙: 중국 북방의 오랑캐들이 거주하는 사막 지대)를 평정할 텐데[三川北虜亂如麻, 四海南奔似永嘉. 但用東山謝安石, 爲君談笑靜胡沙]"라는 구절이 있다. 이백은 사안을 자처하면서, 이린을 추종하여 자신의 정치적 포부를 펼쳐 보이고, 큰 성과를 얻으려고 생각했다. 그런데 뜻밖에 영왕과 당 숙종 형제가 반목하여 군사적으로 충돌했다가, 영왕이 패배하여 살해되자, 이백도 죄를 짓게 되어 하옥되었다. 나중에 어사중승(御史中丞) 송약사(宋若思)와 선무대사(宣撫大使) 최환(崔渙)의 도움을 받아 이백은 간신히 처벌을 면하고, 야랑(夜郞, 지금의 구이저우貴州 퉁쯔桐梓 일대)으로 유배되었다. 유배지로 가는 도중에 대사면을 받고 이백은 비로소 풀려날 수 있었다. 상원(上元) 2년(761년), 61세의 이백은 명장 이광필(李光弼)이 승세를 몰아 군대를 이끌고 반란군 장수 사조의(史朝義)를 추격하고 있다는 말을 듣자, 곧 다시 군대에 투신하기로 결정했지만, 가던 도중에 금릉(金陵, 지금의 장쑤성 난징)에서 병에 걸려 돌아왔다. 이듬해에 이백은 그의 숙부인 당도(當塗, 지금의 안후이성에 속함)현령 이양빙(李陽冰)의 집에서 병으로 세상을 떠났으니, 향년 62세였다.

이백의 시가는 굴원(屈原) 이래의 낭만주의 정신을 계승했으며, 중국 문학사에 혁신 작용을 하여, 당대와 후세에 모두 매우 큰 영향을 미쳤다. 그의 시는 약 1천여 수가 전해오고 있는데, 그 가운데 많은 시들이 모두 대대로 읊어지며 전해지는 명작이 되었고, 당시(唐詩) 가운데 진기한 꽃이 되었다.

시성 두보

두보(712~770년)는, 자가 자미(子美)이며, 당대의 가장 유명한 대시인 중 한 명이다. 두보의 본적은 양양(襄陽, 지금의 후베이성에 속함)인데, 그의 증조부인 두의예(杜依藝)가 공현현령(鞏縣縣令)이 되어, 후에 공현(지금의 허난성에 속함)에서 살았으며, 두보도 여기에서 태어났다. 두보는 당 왕조가 매우 발전한 전성기였던 '개원성세'에 태어났으며, 자신의 견문을 넓히기 위해, 그는 남쪽으로는 오(吳)·월(越)까지, 북쪽으로는 제(齊)·조(趙)까지 유람했다. 이 기간에, 그는 「망악(望岳)」이라는 시에서 "반드시 산 정상에 올라, 뭇 산들이 작음을 바라보리라[會當凌絶頂, 一覽衆山小]"라는 웅혼한 기백으로 문단을 깜짝 놀라게 했다. 그 후, 두보는 동도 낙양에서 당 현종에게 하사금을 받고 돌아온 이백을 사귀었다. 두 사람은 함께 양(梁, 지금의 허난성 카이펑)·송(宋, 지금의 허난성 상추)을 여행했으며, 또한 변새파(邊塞派: 당대의 시 유파 중 하나로, 그들의 시가 주로 변방의 전쟁과 변방의 풍토 및 인정, 그리고 전쟁이 가져다준 각종 모순들을 제재로 삼았기 때문에 붙여진 이름이다) 시인인 고적(高適)과도 많은 접촉을 했다.

천보 5년(746년), 두보는 장안으로 와서 과거 시험에 참가했는데, 당시 권력을 장악하고 있던 사람은 바로 간신 이임보(李林甫)였다. 학식도 없고 재능도 없는 이임보는 재능과 학식이 있는 사람을 가장 증오했다. 그들이 국정을 논의하면 자신에게 불리할까봐 몹시 두려워했다. 이임보가 몰래 간계를 부린 결과, 그해의 과거 시험에서는 가난한 선비들이 결국 한 사람도 급제하지 못했다. 자신의 비열한 행위를 감추기 위해, 이임보는 뜻밖에 당 현종에게 아첨하면서 말하기를, 황제가 현명하여 세상 사람들이 다 그에 맞게 쓰이고 있기 때문에, 민간에는 유능한 인재들이 남아 있지 않다고 했다. 이런 상황에서, 두보는 당연히 조정에 들어가 벼슬을 할 수 없었다. 장안으로 돌아온 두보의 생활은 나날이 빈곤해졌다. 굶주림과 추위 때문에 두보는 어쩔 수 없이 "아침이면 부잣집 문을 두드리고, 저녁에는 살찐 말의 뒤를 따라 다니면서, 마시다 남은 술과 다 식어 빠진 구운 고기 안주를 얻어먹었으니, 가는 곳마다 슬픔과 괴로움으로 사무쳤다[朝扣富兒門, 暮隨肥馬塵. 殘杯與冷炙, 到處潛悲辛]". 몇몇 고관과 귀인들에게 시를 써 주고, 의식이 풍족한 생활을 하려 했다. 이 기간에 두보는 비록 굶주림과 추위와 질병의 고통을 다 겪었지만, 자기의 훌륭한 문장을 이용하여 역사를 기록하고, 당시 사회의 병폐를 꾸짖는 것을 잊지 않았다. 양씨 남매(양귀비와 그 오빠 양국충-옮긴이)의 사치스럽고 방탕하며 권력을 전횡하여 나라를 망치는 행위에 대해, 그는 「여인행(麗人行)」을 써서, 그들의 교만하고 사치스러우며 황음하고 방탕무도한 부패한 생활을 풍자했으며, 현종의 우매함과 당시 정치의 부패를 완곡하게 비판했다. 또 무력을 남용하여 전쟁을 일삼는 대외 전쟁이 백성들에게 가져다준 재난에 대해, 그는 「병거행(兵車行)」을 써서, 백성의 불행한 생활에 깊은 동정을 표현했다. 두보는 시인의 예민한 관찰력으로, 당 왕조에 금방이라도 어떤 큰 사건이나 전쟁이 일어날 듯한 살벌한 분위기의 위태로운 국면을 통찰하고, 개원성세에 만가(挽歌)를 불렀다.

천보 14년(755년), 안사의 난이 발발하자, 당 현종은 황급히 촉(蜀) 땅으로 도망쳤다. 막 우위솔부병조참군(右衛率府兵曹參軍)에 부임한 두보는 바로 아내와 자녀를 데리고 봉선(奉先, 지금의 산시성 푸청蒲城)에서 부주(鄜州, 지금의 산시성 푸현富縣)로 왔다. 당 숙종이 영무(靈武)에서 즉위했다는 소식을 듣고, 그는 서둘러 가족들을 안착시키고, 곧바로 영무로 출발했다. 도중에 두보는 반란군에게 붙잡혀 장안으로 압송되었다. 지덕(至德) 2년(757년), 두보는 장안에서 도망쳐, 다시 조정이 있는 봉상(鳳翔, 지금의 산시성에 속함)으로 급히 갔다. 당 숙종은 두보가 온갖 고생을 하면서 먼 길을 거쳐 조정으로 온 것을 높이 평가하면서, 그에게 좌습유(左拾遺) 관직을 수여했다. 두보는 자신이 천자를 요·순 임금처럼 만들 기회가 왔다고 생각하고, 적극적으로 상소를 올려 간언했다. 그 결과 한 달도 안 되어, 그는 강등되어 화주(華州, 지금의 산시성 화현華縣) 사공참군(司功參軍)으로 밀려났다. 도중에 그는 각급 관리들이 백성들의 생사를 돌보지 않으면서, 남녀노소를 불문하고 징병하거나 징발하는 것을 목도했고, 부인과 어린이와 노약자와 의지할 곳 없는 사람들의 하소연과 슬피 우는 것을 보고 들었다. 동시에 두보는 또한 수많은 백성들이 국가와 사직을 위해, 관군이 반란을 평정하는 것을 지원하는 장면도 보았다. 그 사이에 그는 6수의 유명한 '신제악부(新題樂府)' 연작시, 즉 「신안리(新安吏)」·「석호리(石壕吏)」·「동관리(潼關吏)」와 「신혼별(新婚別)」·「수로별(垂老別)」·「무가별(無家別)」을 썼는데, 후세 사람들은 이를 줄여서 '삼리(三吏)'·'삼별(三別)'이라고 부른다. 이 6수의 시는, 인민이 전쟁으로 치른 대가와 안사의 난이 국가에 대해 백성들이 안심하고 살 수 없게 만든 참상을 초래한 것을 반영하고 있을 뿐만 아니라, 또한 백성들이 자신의 생명을 돌보지 않고 용감하게 나아간 자기 희생정신도 구가하고 있다.

얼마 후, 두보의 친한 친구인 엄무(嚴武)가 양천절도사(兩川節度使)로 부임하자, 두보는 서둘러 촉(蜀)으로 갔다. 대력 5년(770년), 국가의 형세가 약간 안정되자, 두보는 여전히 생계를 위해 분주히 뛰어다녔는데, 장기간의 고생은 두보에게 빈곤과 질병이 한꺼번에 닥치게 했다. 같은 해 겨울, 두보는 상수(湘水)의 작은 배 위에서 병으로 세상을 떠남으로써, 고단한 일생을 마쳤다. 두보는 1,400여 수의 시를 남겨, 후세를 위해 당 왕조가 흥성했다가 쇠퇴하는 기나긴 역사를 그려 냈으니, '시사(詩史)'라고 할 만하다. 그의 시는 본보기로 받들어져, "천고에 읊어지면서 전해졌고, 명성은 사이(四夷)에까지 알려졌으며", 두보는 한 시대의 '시성'으로 존경받고 있다.

당(唐) 중·후기

인물 : 당 헌종(憲宗) 이순(李純) 지역 : 하북삼진(河北三鎭), 회서(淮西) 키워드 : 번진(藩鎭)

번진(藩鎭)의 할거와 헌종(憲宗)의 삭번(削藩)

안사의 난 과정에서, 당 왕조가 지방 절도사의 힘에 의지하여 반란을 평정하자, 지방 세력이 대두하기 시작했다. 이 밖에, 당의 통치자는 반란을 신속히 평정하기 위해, 많은 반군 장수들의 투항을 받았으며, 또 그들을 새로운 절도사로 임명했는데, 이것은 바로 지방 번진(藩鎭: 변방 요충지를 방어하며 군정을 책임지던 절도사)이 많아져 중앙집권을 심각하게 약화시키는 국면의 출현을 초래했다. 당 덕종과 현종 시기에, 지방 번진의 반란이 때때로 발생하여, 국가의 통치에 심각한 위해를 가했다. 당 헌종이 즉위한 후, 온 힘을 다해 무력으로 삭번(削藩: 번진을 제압하여 약화시킴) 정책을 추진함으로써, 당 왕조에 '원화중흥(元和中興)' 국면이 출현하게 했다.

◈ **무마함배문은호(舞馬銜杯紋銀壺) | 당**

이 은호는 북방 소수민족의 피낭(皮囊: 가죽 주머니) 형상을 모방하여, 상부는 도금한 손잡이를 설치해 놓았고, 호신(壺身)에는 은배(銀杯)를 물고 있는 준마를 새겨 놓았으며, 도안이 매우 화려하다. 당 현종 시기의 천추절(千秋節: 태자의 생일)에 무마(舞馬: 재주를 부리는 말, 일종의 서커스 말)가 재주를 부리는 장면을 생동감 있게 재현했다. 현재 산시(陝西)역사박물관에 소장되어 있다.

번진의 할거

안사의 난은 당이 태평성세에서 쇠망으로 나아가는 전환점이었다. 이 난리가 있은 후, 당 왕조는 통일과 중앙집권에서 분열과 할거로 나아갔으며, 지방의 무장(武將)들이 통제하는 군대는 조정을 지켜 주는 국가의 군대에서 지방에 할거하는 군벌 무장 세력으로 변했다. 특히 안사의 난에 참여했다가 항복한 장수들을 어떻게 처리할 것인가 하는 문제에 대해, 당 대종(代宗)은 악당에게 관용을 베풀어 나쁜 짓을 하도록 조장했다. 즉 이회선(李懷仙)·이보신(李寶臣, 반란군 장수였던 장충지張忠志가 투항한 뒤 하사받은 이름)·전승사(田承嗣) 등 3대 반란군 장수를 경솔하게 풀어 주어, 노룡(盧龍)·성덕(成德)·위박(魏博) 등 '하북삼진(河北三鎭)'에 할거하는 국면을 조성했다. 이회선·이보신·전승사 세 사람은 자신의 번진 내에서 "스스로 문무 관리들을 임명하고, 공물과 세금을 바치지 않았으며", 일체의 "법령·관작(官爵)·갑병(甲兵)·조세·형벌은 모두 자기 마음대로 처리하면서", 중앙 정부의 명령을 따르지 않았으며, 부자가 승계하거나 형제가 계승하기도 했고, 군대 장수가 스스로 옹립한 다음 사후에 중앙이 승인하도록 협박하는 등, 명의상으로는 당 왕조의 번진이었지만, 실제로는 독립된 소왕국이었다.

하북 지역은 번진이 할거하는 심각한 재난 지역이었고, 회서(淮西) 지역의 군벌은 더욱 심각했다. 건중(建中) 3년(782년), 성덕절도사 이보신의 족질(族姪: 조카)이자 회서절도사인 이희열(李希烈)이 변주(汴州, 지금의 허난성 카이펑)를 공격하여 점령한 다음, 스스로 초제(楚帝)라 칭하고, 연호를 무성(武成)으로 바꿨다. 이와 동시에, 하북삼진 및 치청(淄青)·회채(淮蔡) 등의 진(鎭)들에서 무려 6년에 달하는 대반란(건중 2년부터 정원貞元 2년까지, 781~786년)이 폭발했다. 여기에 연루된 사람들로는 성덕절도사 이유악(李惟岳, 이보신의 아들)·위박절도사 전열(田悅, 전승사의 조카)·치청절도사 이납(李納)·산남동도(山南東道)의 양숭의(梁崇義)·노룡절도사 주도(朱滔)·경원(涇原)절도사 요령언(姚令言)·삭방(朔方)절도사 이회광(李懷光) 같은 사람들이 있었다. 이 반란 과정에서, 경원(涇原) 반군이 결국 장안성을 공격해 들어가자, 당 덕종은 황급히 도망쳤다. 그리고 주도·왕무준(王武俊)·전열·이납 등 네 사람은 심지어 서로 왕이 되기로 약속함과 동시에, 주도를 맹주로 삼았다. 비록 이 반란은 결국 조정과 지방 번진의 타협으로 평정되었지만, 번진의 위세는 오만방자해졌다.

◈ 채회첩금문리용(彩繪貼金文吏俑) | 당

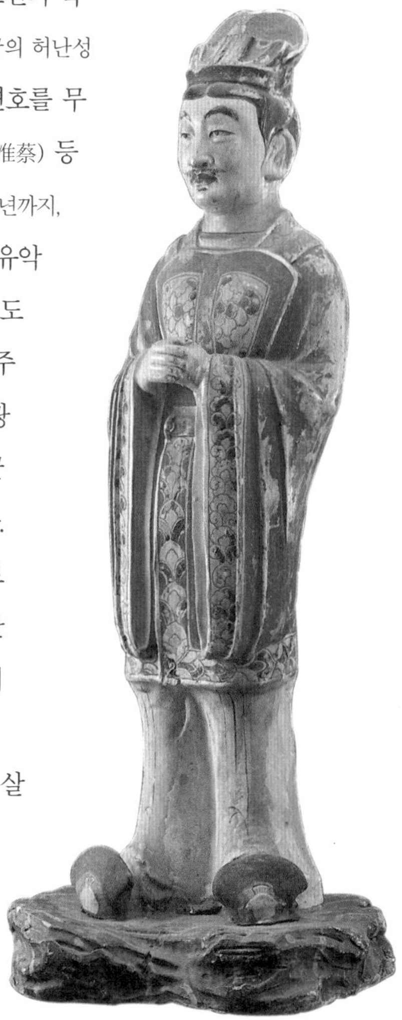

당 덕종 정원 2년(786년), 이희열이 부하인 진선기(陳仙奇)에게 독살되어, 회서는 중앙 정부에 투항했다. 그 후, 이희열의 또 다른 심복 부하인 오소성(吳少誠)이 다시 진선기를 공격하여 살해하자, 당 덕종은 어쩔 수 없이 형세에 따라 오소성을 신(申)·채(蔡)절도사에 임명했다. 오소성이 사망한 후, 그의 의형제

인 오소양(吳少陽)이 오소성의 아들들을 죽이고 자신이 절도사가 되자, 조정에서도 승낙할 수밖에 없었다. 비록 당 왕조는 표면상으로는 여전히 통일된 중앙집권 국가였지만, 실제로는 이미 각각의 번진들이 통치하는 제후 왕국들로 분열되었으며, 당나라 황제는 단지 주나라 천자와 같은 천하공주(天下共主: 25쪽 참조)일 뿐이었다.

영명한 군주의 삭번

원화(元和) 원년(806년)에 당 헌종(憲宗) 이순(李純)이 즉위했다. 당 헌종은 소년 시절에 정관·개원 시기의 정치 형세를 흠모하여 이를 회복시키려는 뜻을 가졌기 때문에, 즉위한 후에는 덕종 이래로 축적된 재력을 이용하고, 번진을 억제할 것을 주장하는 대신인 두황상(杜黃裳)·무원형(武元衡)·이길보(李吉甫)·배도(裴度) 같은 사람들을 중용하여, 군사적 수단으로 번진의 할거를 토벌할 것을 강력히 주장했다. 헌종은 당 왕조 후기에 가장 업적을 많이 남긴 황제로, 후세 사람들에게 당대의 '중흥의 군주[中興之主]'라고 칭송되고 있다.

원화 원년, 당 헌종은 항명하는 서천(西川, 지금의 쓰촨성 청두成都)절도부사(節度副詞) 유벽(劉闢)을 토벌하여 성공을 거두었으며, 같은 해에 하수(夏綏, 지금의 닝샤寧夏 인촨銀川) 유후(留后: 절도사나 관찰사가 궐위시 설치하는 대리 직책) 양혜주(楊惠琳)가 조정에서 임명한 새 절도사를 인정하지 않자, 헌종은 다시 군대를 보내 토벌하여, 중앙 정부의 명성과 위엄을 크게 떨쳤다. 원화 2년(807년), 진해(鎭海, 절서浙西라고도 하며, 지금의 장쑤성 전장鎭江)절도사 이기(李錡)가 반란을 일으켰다가 또한 신속히 평정되어, 중앙의 위신을 동남쪽 지역에서 다시 새롭게 세웠다. 원화 8년(813년) 봄, 대군을 동원하여 여러 차례에 걸친 토벌을 통해, 위박(魏博, 지금의 허베이성 다밍大名 북쪽)절도사 전흥(田興)이 조정에 귀순하자, 4대에 걸쳐 49년 동안 할거했던 위박진(魏博鎭)이 다시 조정의 수중에 들어왔다.

원화 9년(814년), 회서절도사 오소양이 사망하자, 그의 아들 오원제(吳元濟)는 이 사실을 감추고 장례를 치르지 않은 채, 오소양의 상주문을 위조하여 자신을 유후로 삼을 것을 요청했다. 조정에서 불허하자, 오원제는 군대를 파견하여 무양(舞陽)·엽현(葉縣)을 불태우고, 노산(魯山)·양성(襄城)·양적(陽翟: 이상은 모두 지금의 허난성에 속함) 등지를 공략하여 조정을 협박하려고 시도했다. 헌종은 주전파(主戰派) 재상인 이길보·무원형 및 어사중승 배도 등의 지지를 받아, 군대를 동원하여 토벌했다. 당시 하북의 번진들 가운데 성덕(成德, 지금의 허베이성 정딩正定)의 왕승종(王承宗)·치청(淄青, 지금의 산둥성 칭저우青州)의 이사도(李師道)는 모두 암암리에 오원제와 결탁하여, 친히 나서서 그를 용서해 달라고 요청했다. 조정이 불허하자, 이사도는 한편으로는 도적으로 가장한 사람을 보내 하음(河陰, 지금의 허난성 싱양滎陽 동북쪽)의 곡창(穀倉)을 불사르고, 정부군의 군수품 공급을 파

괴하려고 시도했으며, 다른 한편으로는 또한 자객을 도성에 파견하여 무원형을 살해하고, 배도에게 상해를 입혀(이때 이길보는 이미 사망했음), 주전파에게 타격을 가하려고 시도했다. 그러나 헌종은 이에 흔들리지 않고, 배도를 무원형에 이어 재상으로 삼고 토벌 업무를 맡겼다.

◈ **삼채**(三彩) **마용**(馬俑)**과 견마용**(牽馬俑) | 당

이 견마용은 매우 생생하게 살아 있는 듯이 빚었다. 말을 끄는 사람은 머리에 흰색 첨정모(尖頂帽: 끝이 뾰족한 모자)를 쓰고 있고, 얼굴 생김새는 눈이 깊고 코가 높은 것을 볼 때, 중앙아시아 지역 호인의 형상에 맞춰 빚은 게 확실하여, 당대에 중국과 외국 문화가 상호 교류한 상황을 반영하고 있다.

채주(蔡州) 전투

원화 12년(817년), 조정은 전쟁에서 최선을 다하지 않은 전선의 주장(主將)인 원자(袁滋)의 직무를 면직하고, 태자첨사(太子詹事) 이소(李愬)를 당수등(唐隨鄧)절도사로 삼았다. 처음 군영에 부임해 와서, 이소는 일부러 약해 보이면서, 자신은 유약하고 무능한 사람으로, 단지 지방 질서를 안정시키러 온 것이지, 결코 오원제를 공격할 마음이 없다는 것을 나타내 보였다. 회서 반군은 자신들이 당 군대를 연파한 것을 생각하면서, 이소를 매우 우습게 여기고, 전혀 경계를 하지 않았다.

당 군대가 연거푸 패하면서, 장병들이 전투를 두려워하고, 반드시 승리하겠다는 용기와 믿음

이 부족한 상황을 대하자, 이소는 부하들을 위문하고, 사람을 보내 부상자들을 위로하고 돌보면서 위엄에는 힘쓰지 않음으로써, 초보적으로 군인들의 마음을 안정시켰다. 얼마 후, 조정에 복종하는 충무군(忠武軍)절도사 이광안(李光顏)이 하양(河陽)·선무(宣武)·위박·하동(河東)·충무 등 여러 진에 주둔하던 당 군대를 이끌고 강을 건너, 언성(郾城, 지금의 허난성에 속함)을 공격하여 회서군을 대파하고, 언성을 수복했다. 이 때문에, 오원제는 급히 채주(蔡州, 지금의 허난성 루난汝南)의 수비군 주력 부대를 이동시켜 부장인 동중질(董重質)이 방어하는 회곡(洄曲, 지금의 허난성 상수이商水 서남쪽)을 지원했다. 회서군의 주력 부대와 정예 부대 모두가 이광안 군대에게 흡수되자, 채주는 완전히 텅 비었다. 이때, 무력으로 삭번할 것을 강력히 주장하는 배도가 자청하여 전선으로 가서 군대를 통솔함과 아울러, 당 헌종에게 여러 도(道: 당대의 행정구역 명칭으로, 지금의 '省'에 해당)의 군대를 감독하는 환관들을 자세히 파악하여, 군사의 통일적 영도를 강화하도록 주청했다. 그런데 회서 지역은 해마다 전쟁을 치름에 따라, 식량이 부족해지자, 반군의 군심(軍心)이 동요했다.

회서 반군의 군심을 한층 더 와해시키기 위해, 이소는 포로를 후하게 대우하고, 항복한 장수를 대담하게 중용했다. 회서의 용맹한 반군 장수들인 정사량(丁士良)·오수림(吳秀琳)·이우(李祐)·이충의(李忠義) 등이 잇따라 포로가 된 다음 투항하자, 당 군대는 이로 인해 사기가 크게 높아져, 계속해서 많은 성들을 함락시켰고, 회서 장병들 중 투항하는 자들이 길가에 끊이지 않고 이어졌다. 이소는 이우를 육원병마사(六院兵馬使)로 삼아, 자신의 호위병 부대를 장악함과 동시에, 항복한 장수에게 채주를 공격하여 차지할 계책을 성실하게 자문했다. 그러자 이우 등은 감동하여, 이렇게 계책을 올렸다. "오원제의 주력 부대와 정예 부대는 모두 회곡에 있어, 채주를 방어하는 것은 약간의 노약한 패잔병들에 불과합니다. 만약 허점을 노려 곧바로 그 성을 공격하면, 뜻밖에도 일거에 오원제를 사로잡을 수 있을 겁니다." 이소는 매우 그럴듯하다고 생각했으며, 배도도 그들의 생각을 지지했다.

10월 10일, 이소는 폭풍우가 몰아치는 열악한 날씨를 이용하여, 이우 등에게 명하여 정예병 3천 명을 인솔하여 선봉에 서게 하고, 자신은 중군(中軍)과 후군(後軍)을 이끌고 뒤따라 출발했다. 이소는 단지 군대를 동쪽으로 이동한다는 말만 했으므로, 극소수의 장수들 외에 전군의 상하 아무도 행군의 목적지와 부대의 임무를 알지 못했다. 동쪽으로 60여 리를 이동한 다음, 당 군대는 밤을 틈타 장시촌(張柴村)의 수비군을 전멸시켜, 반군이 봉화로 긴급 신호를 보내는 것을 방지했을 뿐만 아니라, 회곡으로 통하는 도로도 차단했다. 이소는 그러고 나서야 비로소 선포하기를, 곧장 채주로 들어가 오원제를 야습하겠다고 말했다. 여러 장수들은 이 말을 듣고는 대경실색했으며, 어떤 사람은 심지어 이우의 간계에 빠졌다고 말하는 사람조차 있었다. 그러나 군령은 태산처럼 무거운지라, 장수들은 어쩔 수 없이 부대를 이끌고 동남쪽 방향으로 급히 나아갔다. 이때 밤은 깊고 날씨는 추웠으며, 눈보라가 크게 일어 정기(旌旗: 군대의 깃발)가 그로 인해 찢어지고, 얼어 죽은 인마(人馬)가 길에 즐비했다. 하지만 사람들은 모두 이소를 무서워하여, 아무도 감히 명령을 거역하지 못했다. 당 군대는 70여 리를 강행군하여, 마침내 채주성 근처에 도달했다. 성에서 가까운 곳에 아압지(鵝鴨池)가 있었는데, 이소는 장병들에게 오리와 거위를 때려서 시끄럽게 울음소리를 내게 하여, 행군 소리를 덮어 감추라고 명령했다. 회서가 할거하면서부터, 당 군대는 이미 30여 년 동안 채주성 밑에 도달하지 못했기 때문에, 회서의 반군은 전혀 경비를 하지 않고 있었다. 사경(四更: 새벽 1시부터 3시 사이) 무렵, 이우를 비롯한 항장(降將)들이 기어 올라가 성문을 열어젖히고, 이소가 이끄는 군대를 맞이하여 성으로 들어오게 했다. 오원제는 아직 꿈속에 있어, 전혀 알지 못했다. 성에 들어간 후, 이소는 사람을 보내 회곡의 수비대장인 동중질의 가족을 안심시키고, 동중질의 아들을 보내 항복을 권유했다. 동중질은 대세가 이미 기울었음을 알고, 곧 친히 채주로 와서 이소에게 투항했다. 이날 채주의 백성들이 당 군대를 도와 내성(內城)을 공격하자 오원제는 투항했다. 신주(申州)·광주(光州) 및 여러 진(鎭)의 병사 2만여 명이 잇달아 당에 투항하여, 회서는 평정되었다.

한 걸음 더

당삼채(唐三彩)

당삼채는 당대에 성행했던 연유(鉛釉: 납이 주성분인 유약) 도기의 총칭으로, 기물에 윤기가 있는 황색·녹색·백색 혹은 황색·녹색·남색 등 많은 색의 유채가 있기 때문에 붙여진 이름이다. 사실은 몇 가지 유색(釉色)이 서로 스며들어, 다시 수많은 새로운 색을 만들어 냈다. 게다가 연대가 오래되자, 어떤 색에는 변화가 발생했기 때문에, 드러나는 색깔은 세 가지보다 훨씬 많아서, 현란하고 다채로우며, 화려하고 웅장하다. 당삼채는 품종이 많고, 내용이 풍부하며, 당시 사회생활의 각 방면들을 개괄하고 있어, 당대 사회의 '백과전서'라고 칭송받고 있다. 당삼채는 또한 당대의 대외 교류의 역사적 증거물이기도 하다. 출토된 당삼채들 중에는 많은 호인용(胡人俑)과 활기차고 사랑스러운 사자용(獅子俑)이 있는데, 이런 것들은 모두 외국과 중국의 문화 교류를 직접적으로 말해 주고 있다.

당 헌종과 신하들의 노력을 통해, 전국의 번진들이 적어도 명목상으로는 당 왕조의 직접적인 관할로 복귀하자, 사분오열했던 당 왕조에는 잠시 중흥의 양상이 출현했으니, 역사는 이를 '원화중흥(元和中興)'이라고 부른다. 그런데 번진의 할거는 결코 단독으로 존재했던 현상이 아니었고, 그것은 환관의 권력 독점 등 통치 계층 내부의 모순과 함께 당 왕조라는 병든 몸의 고질병이 되었으며, 또한 줄곧 계속해서 오대(五代) 시기까지 더욱 확대되었다.

당(唐) 중·후기

인물 : 이덕유(李德裕), 우승유(牛僧孺) **지역 :** 장안 **키워드 :** 붕당(朋黨)

우이당쟁(牛李黨爭)

우이당쟁은 당 후기에 조정 안에서 있었던 계파 논쟁으로, 우승유(牛僧孺)를 대표로 하는 서족(庶族: 평민) 관료 집단과 이덕유(李德裕)를 대표로 하는 사족(士族: 사대부) 관료 집단의 충돌이었다. 우이당쟁은 통치계급 상층 집단 내부의 충돌로, 그들은 환관의 조종하에 개인의 이익을 위해 권력과 세력 쟁탈을 벌였다. 이러한 충돌은 통치계급 내부가 혼란과 분열로 빠져들도록 촉진함으로써, 당 왕조의 정치적 위기를 심화시켰다.

거인(擧人: 과거시험 응시자)의 투쟁

당 말기는 우승유를 우두머리로 하는 우당(牛黨)과 이덕유를 우두머리로 하는 이당(李黨)의 두 당파 관리들이 서로 배척하면서, 언쟁이 그치지 않았는데, 당 헌종(憲宗) 시기

◈ **착금은전지화훼문전도**(錯金銀纏枝花卉紋剪刀) | 당

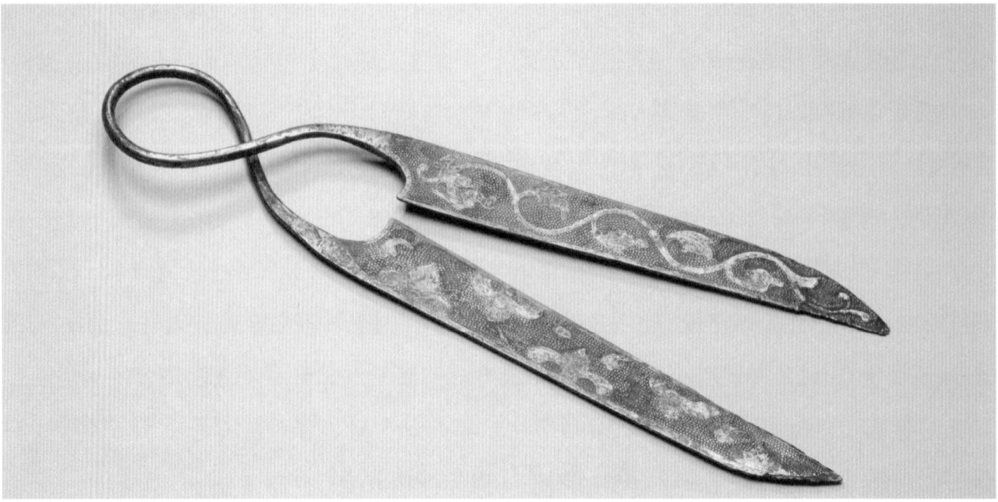

부터 시작해 선종(宣宗) 시기에 비로소 끝날 때까지, 거의 40년 동안 다퉜다.

당 헌종 원화 3년(808년), 조정은 "현량방정과(賢良方正科: 어질고 착하며 방정함을 기준으로 선발하는 과거 과목)와 능언극간과(能言極諫科: 간언할 수 있는 능력으로 선발하는 과거 과목)"로 인재를 선발했다. 시험에 참가한 사람들 가운데, 두 사람의 하급 관리인 이종민(李宗閔)과 우승유가 시험 답안지에서 조정을 비판했다. 사족 출신인 재상 이길보는 문장을 본 다음, 매우 화를 냈다. 이길보는 본래 과거 시험 출신 관리를 업신여기던 차에, 지금 출신이 비천한 이종민과 우승유가 감히 조정의 비판을 넘어서 자신에 대해 풍자까지 했으니, 이는 당연히 이길보를 매우 불쾌하게 만들었다. 그리하여 이길보는 이들 두 사람이 시험관과 개인적 관계가 있어서, 비로소 관리에 선발되어 임용될 수 있었다고 말했다. 헌종은 거짓말을 정말이라 믿고, 몇 명의 시험관들을 강등시키고, 우승유와 이종민도 선발되어 승진하지 못했다. 이는 훗날 우이당쟁을 하게 되는 화근이 되었다.

당 목종(穆宗) 장경(長慶) 원년(821년), 이길보의 아들 이덕유가 한림학사(翰林學士)에 임명되었다. 그해에 다시 진사(進士) 시험이 시행되었는데, 마침 이종민의 친척 한 명도 응시하여 합격했다. 그런데 시험에 합격하지 못한 사람이 기회를 노려 이종민과 관계가 있는 시험 감독관이 사리사욕에 눈이 멀어 불법을 저질렀다고 고발했다. 현직 한림학사인 이덕유의 실증을 거쳐, 시험 감독관인 전휘(錢徽)는 강등되었을 뿐만 아니라, 이종민도 연루되어 강등당해 외지로 갔다. 이종민은 이덕유가 자신을 고의적으로 내쫓았다고 여겨, 이덕유를 뼈에 사무치도록 원망했다. 마찬가지로 과거 시험 출신인 우승유는 자연히 이종민을 동정했고, 이후 이종민과 우승유가 몇몇 과거 시험 출신 관리들과 계파를 결성하자, 이덕유도 사족 출신 관리들과 계파를 결성하면서, 두 계파는 40년에 달하는, 거의 당 왕조의 운명과 처음부터 끝까지 함께한 당쟁을 시작했다.

당동벌이(黨同伐異)

당 문종(文宗) 태화(太和) 3년(829년), 환관의 연줄을 타고 이종민이 마침내 재상이 되었다. 당 문종 앞에서 이종민은 여러 차례 우승유를 추천하기를, 우승유는 정치적 재간이 뛰어나다고 칭찬하면서, 오래도록 외관(外官)을 맡겨서는 안 된다고 했다. 이듬해, 우승유는 조정에 의해 병부상서(兵部尙書)·동평장사(同平章事)에 임명되었다. 그 후, 이종민과 우승유 두 사람은 같은 당파를 발탁하여 임용하면서, 이덕유 일당을 모두 몰아냈다. 이덕유 본인에 대해, 그들은 더욱 극단적인 타격을 가했다. 원래 이덕유는 절서(浙西)관찰사로 8년을 재직하면서 성적이 우수하자, 당 문종은 그를 도성으로 불러들여 재상의 직책을 맡기려 했다. 사조원로(四朝元老: 4대의 임금을 섬긴 원로 신하) 배도도 이덕유는 능력이 있다고 여겨 극력 천거했다. 그러나 이종민과 우승유 두 사람이

◈ **유금쌍이권족은분**(鎏金雙耳圈足銀盆) | 당

이 은분은 산시성 푸펑(扶風) 법문사(法門寺)의 지궁(地宮)에서 출토되었다. 무게는 6.265킬로그램이고, 외벽에는 대칭으로 한 쌍의 궁형(弓形) 제이(提耳: 손잡이)가 달려 있다. 분벽(盆壁)은 네 개의 꽃잎 모양으로, 각각의 꽃잎 안에는 두 개씩의 석류 단화(團花: 둥근 꽃무늬)를 새겨 놓았으며, 단화 속에는 한 마리의 날개를 펼친 원앙이 서 있고, 꽃잎은 둘씩 서로 마주하고 있다. 분 바닥의 바깥쪽에는 '浙西'라는 두 글자가 새겨져 있어, 절서도(浙西道)에서 만들었음을 나타내 주고 있으며, 만당(晩唐) 시기의 금은 공예의 제작 수준을 알게 해 준다. 현재 법문사박물관에 소장되어 있다.

공동으로 이덕유를 중상하여, 이덕유를 서천(西川, 지금의 쓰촨성 청두成都)으로 내쫓아 절도사를 맡도록 했다.

이덕유가 맡고 나서, 서천의 형세는 현저히 호전되어 토번(吐蕃)과 남조(南詔: 티베트족·버마족이 세운 왕국)는 더 이상 감히 경거망동을 하지 못했다. 토번의 유주(維州) 수장(守將) 실달모(悉怛謀)가 투항하면서, 40년 동안 함락되었던 유주성은 다시 당에 귀속되었다. 그러나 정권을 장악한 재상 우승유는 이덕유가 큰 공을 세우는 것을 질투하여, 뜻밖에 이덕유에게 항복을 받아들이지 말고 유주를 토번에 돌려주라고 명령하는 바람에, 전략적 요충지인 유주가 다시 순순히 토번에게 반환되자, 이덕유는 화가 치밀어 죽을 지경이었다. 이덕유는 서천에서 정치적 업적이 현저하게 뛰어났기 때문에, 태화 6년(832년), 이덕유는 다시 조정에 들어가 병부상서를 맡았다. 이종민은 다만 이덕유가 재상이 되는 것을 두려워하여 온 힘을 다해 저지하다가, 문종에게 극도로 미움을 샀다. 얼마 후, 이종민은 산남서도(山南西道)절도사로 밀려났고, 이덕유는 대신 중서시랑(中書侍郎)·집현전대학사가 되었다. 그러나 우승유는 여전히 조정 안에서 벼슬을 하고 있었으므로, 우승유와 이덕유 두 당파는 각자 사적인 이익을 생각하여, 당동벌이(黨同伐異: 옳고 그름을 떠나 의견이 같으면 한 패거리가 되고, 의견이 다르면 배척함)하면서 투쟁이 끊이지 않았다.

이덕유는 재상을 맡은 기간에, 북쪽의 회골(回鶻)을 격파하여 변경을 안정시켰고, 정책 결정이 승리를 거두어 반란을 평정했으며, 불교를 완전 말살시키는 등, 일련의 정치적 업적을 이루었다. 붕당(朋黨)에 대해, 이덕유는 "서로 만남을 단절하여, 내방하는 빈객들이 없어지자", 한동안 조정은 크게 깨끗해졌다. 그러나 이덕유는 독단적으로 일을 처리했기 때문에, 또한 적지 않은 조정 대신들의 원한을 샀다. 회창(會昌) 6년(846년) 3월, 무종(武宗)이 병으로 세상을 떠나고, 당 선종(宣宗)이 즉위하자, 이덕유는 권력을 잃고 애주(崖州, 지금의 하이난海南 산야三亞)사호(司戶)로 강등되었다. 백민중(白敏中)·영호도(令狐綯) 등이 이어서 재상이 되면서, 우이당쟁은 우당(牛黨)의 대승으로 끝났지만, 당 왕조는 막다른 골목으로 치달았다.

한 걸음 더

양세법(兩稅法)

당 덕종(德宗) 건중(建中) 원년(780년) 2월, 신임 재상 양염(楊炎)이 한 가지 완전한 세수(稅收) 방안을 제시했는데, 그것이 바로 중국 역사에서의 양세법이다. 양세법의 주요 내용은 다음과 같다. 세목(稅目)을 통일하여, 호세(戶稅)와 지세(地稅)를 핵심으로 하고, 조용조(租庸調)·잡역 및 기타 일체의 조세는 모두 이 두 세목에 포함시킨다는 것이다. 납세자는 재산 및 토지 점유 현황에 의거하여 징세할 수량을 구분하며, 늘 돌아다니는 행상은 소재하는 주·현에 30분의 1을 납부한다. 지세는 여름[夏]과 가을[秋]에 두 번 징수하되, 하세(夏稅)는 돈으로 징수하거나 면백(綿帛: 면과 비단)으로 대납하게 했으며, 추세(秋稅)는 곡물로 징수했다. 전묘세(田畝稅)는 대력(大曆) 14년(779년)의 토지 수량을 기준으로 했으며, 하세는 6월을 넘길 수 없었고, 추세는 11월을 넘길 수 없었다. 양세법은 비록 한동안 실행된 뒤 폐단이 동시에 발생했지만, 그것은 사회 경제 발전의 내재적 추세에 순응하여, 정부의 농민 인신에 대한 통제를 다소 완화시킴과 아울러, 빈자와 부자의 부담이 불균등한 현상을 일정 정도 변화시켜, 국가의 세수를 증가시켰다. 양세법은 당대 중엽 이후에 확립되었으며, 아울러 후세에 수백 년 동안 계속 시행되었다.

당(唐) 중·후기

인물 : 당 문종 이앙(李昻), 정주(鄭注), 이훈(李訓) **지역 :** 장안 **키워드 :** 남아(南衙), 북사(北司)

환관의 전횡과 감로(甘露)의 변(變)

감로의 변은 당 왕조의 황제가 환관의 전횡에 반항하여 일으킨 최후의 항쟁으로, 왕숙문(王叔文) 사건의 뒤를 이어 당대의 사인(士人)과 환관 사이에서 발생한 또 한 차례의 대충돌이었다. 모사(謀事)가 급작스러웠고, 단호하게 결단하지 못했기 때문에, 이 정변은 실패로 끝났다. 그리하여 환관은 더욱 전횡하여, 황제를 억압하고, 조정 관리들을 멸시하자, 조정 신하들과 환관들은 점차 치열하게 대립했다.

환관의 전횡

환관은 황제 주위의 잡역부다. 일반적으로 말하자면, 황제가 힘써 정사를 돌보고 적극적으로 일할 때는, 환관은 정무에 개입할 수 없었다. 반대로 황제가 조정에 소홀하거나 국가 정치가 부패했을 때, 환관은 왕왕 자신이 황제와 친근한 관계를 이용하여 기회를 틈타고 들어와 국정에 관여했으며, 심지어 정국을 좌우하면서, 황제를 옹립하거나 교체하기도 했다. 당대에 있었던 환관의 정치 전횡은 바로 이 법칙의 가장 전형적인 경우였다. 당대에 환관의 득세는 현종 때 시작되었다. 현종 시기에, 환관 수는 한때 3천여 명까지 증가했으며, 그 중 3품 이상의 직무를 맡은 사람이 거의 3분의 1을 차지했다. 더욱 심각한 것은, 고력사(高力士) 같은 대환관 두목이 출현하기 시작한 것이다. 그는 현종의 총애와 신임에 의지하여, 말 한 마디 행동 하나가 관리들의 승진에 영향을 미칠 수 있게 되자, 이임보·양국충·안록산 같이 중앙이나 지방의 실권자들조차도 모두 그 사람과 결연을 맺으려고 했으며, 태자 이형(李亨)은 심지어 그를 '작은형[二兄]'이라고 불렀고, 현종의 공주부마(公主駙馬: 공주의 남편)는 그를 '아버지'라고 불렀으니, 고력사의 권세가 어떠했는지 알 수 있다.

당 현종 이후부터, 환관의 전횡은 당 왕조 후기의 두드러진 특징의 하나가 되었다. 당 숙종 이

형은 안사의 난이 나라를 하마터면 망하게 할 뻔했기 때문에 장수들을 시기하고 의심했으므로, 자기가 총애하고 신임하는 환관 이보국(李輔國)을 기용하여 금군(禁軍)을 통솔하게 하면서, 환관이 군권을 장악하는 선례가 시작되었다. 당 대종(代宗) 시기에 환관의 세력은 다시 한층 팽창하여, 내추밀사(內樞密使)를 맡아 기밀을 관리하고, 황제의 명을 받들어 조칙을 내렸다. 이렇게 되자, 환관은 점차 군대와 국정을 통제하기 시작했는데, 황제는 오히려 점차 환관을 통제하지 않았으며, 심지어는 환관에게 통제당하기까지 했다. 당 헌종(憲宗) 이순(李純)은 환관 진홍지(陳弘志) 등에게 살해당했고, 당 경종(敬宗) 이잠(李湛)은 환관 유극명(劉克明) 등에게 살해당했으며, 당 목종(穆宗) 이항(李恒)·당 문종(文宗) 이앙(李昂) 등은 모두 환관들에 의해 옹립되었다. 환관의 권력 독점과 독재 정치는 절정에 달해, 국정의 커다란 폐단이 되었다.

◈ **채회목태환자용**(彩繪木胎宦者俑) | 당

이 두 개의 목용은 신장(新疆) 투루판(吐魯番) 아스타나(阿斯塔那)에서 출토되었다. 인물은, 머리에 흑색 복두(幞頭)를 쓰고 있고, 몸에는 황색 능직(綾織: 비스듬한 방향으로 올이 드러나게 짠 직물) 두루마기를 입고 있으며, 허리에는 흑색 지대(紙帶)를 매고 있고, 발에는 흑색 장화를 신고서, 방좌(方座: 네모난 받침대) 위에 서 있는 두 명의 환관이다.

대화(大和) 원년(827년), 당 문종이 즉위했다. 전대(前代)의 적폐를 깊이 알고 있던 문종은, 온 힘을 다해 나라를 다스려 당 왕조를 중흥시키려는 웅장한 이상과 포부를 상당히 갖고 있었다. 그는 헌종·목종·경종 시기의 사치스럽고 화려한 풍조를 바꾸고, 아첨꾼을 멀리했으며, 궁인(宮人)을 내보내고, 매와 사냥개를 풀어 주고, 불필요한 관리들을 감축하고, 교방(敎坊: 궁중의 음악·춤·광대·잡기 등을 관장하던 부서)의 악공을 줄이고, 귀중한 보물의 헌납을 중지시켰다. 동시에 문종은 정사에 힘쓰면서, 이틀에 한 번씩 반드시 조회를 열어 신하들과 정무를 논의하고, 신하의 의견에 대해서도 받아들일 줄 알았다. 이 점은 바로 헌종 말기 및 목종·경종 두 대와 크게 달랐으며, 맑고 깨끗했다고 알려져 있다. 당시의 조정에는 약간 새로운 분위기가 있었고, 조야에서는 문종에 대해 모두 약간 기대를 갖고서, 재난과 변란과 심각한 부패를 두루 경험한 국정이 그의 통치하에서 다시 흥성하기를 희망했다.

당시 우신책군호군중위(右神策軍護軍中尉)를 맡고 있던 환관 왕수징(王守澄)은 헌종을 살해하는

◈ **봉진신은보살**(捧眞身銀菩薩) | 당

이 은기(銀器)는 당 의종(懿宗)이 불골사리(佛骨舍利)를 받들어 맞이하기 위해 만든 것이다. 보기 드물게 당나라 황제가 만든 귀금속 불교 조상(造像)으로, 매우 진귀한 것이다.

데 참여한 주범 중 한 명인데, 목종과 문종을 옹립하는 데 공을 세웠기 때문에, 정권을 혼자서 장악하고, 조정을 제멋대로 주무르면서, 위세가 하늘을 찔렀다. 문종은 즉위한 후, 환관을 징벌하고, 황제가 잃어버린 권력을 되찾으려고 생각했다. 대화 4년(830년), 문종은 송신석(宋申錫)을 재상에 임명하고, 그에게 환관을 죽여 없앨 계획을 세우도록 명령했다. 그러나 기밀이 지켜지지 않아, 환관이 먼저 선수를 써서 기선을 제압했으니, 그들은 송신석이 문종의 동생인 장왕(漳王) 이주(李湊)와 결탁하여 반란을 모의했다고 모함했다. 이듬해, 송신석은 좌천당했고, 계획은 실패했다.

남아(南衙)와 북사(北司)의 투쟁

남아는 재상을 우두머리로 하는 조정(朝廷)의 기관을 가리키며, 북사는 환관 집단을 가리킨다. 현종 이전에는, 국가의 군정 대권이 모두 재상의 수중에 장악되어 있었다. 안사의 난 이후, 환관 세력은 날이 갈수록 팽창하여, 환관이 군정 대권을 장악했을 뿐만 아니라, 황제의 폐위와 옹립을 조종하기까지 했다. 그때, 약간 업적을 거둔 황제는 곧 재상을 이용하여 환관을 제압하려 했고, 환관도 자신들이 황제보다 못하다는 것을 드러내 보이고 싶지 않아 늘 기회를 보아 반격을 했으니, 남아와 북사의 대립은 바로 이렇게 하여 형성되었다. 일찍이 당 순종(順宗, 당 헌종 이순의 아버지) 시기의 영정(永貞: 순종의 연호) 혁신 과정에서, 왕숙문(王叔文)·왕비(王伾) 등이 개혁을 진행했던 중요한 내용 중 하나가 바로 환관의 군권(軍權)을 빼앗는 것이었다. 그들은 평소 위엄과 명망이 있던 노장 범희조(范希朝)를 좌우신책경서제진행영병마절도사(左右神策京西諸鎭行營兵馬節度使)로 삼고, 탁지낭중(度支郎中) 한태(韓泰)를 좌우신책군행군사마(左右神策軍行軍司馬)에 임명하여, 대환관 구문진(俱文珍) 등이 가지고 있던 병권을 대체하려 했다. 그러나 신책군대장(神策軍大將)은 대부분이 환관의 심복이어서, 군대를 넘겨주기를 거절했다. 구문진은 왕숙문의 군권 탈취 계획을 알아채고 나서, 순종을 핍박하여 왕숙문의 학림학사

◈ **나전인물화조문경**(螺鈿人物花鳥紋鏡) | 당

나전(螺鈿)은 중국 특유의 예술 형식으로, 소라껍질과 바닷조개를 갈아서 인물·화조·기하 도형 및 문자 등을 박편(薄片)으로 만들어, 화면(畵面)의 요구에 따라 기물의 표면에 박아 넣어 장식하는 것이다. 나전은 천연 재료이기 때문에, 겉모양이 원래 아름답고, 매우 강렬한 시각적 효과를 지니고 있어, 칠기·가구·악기 등 공예품에 광범위하게 응용되고 있다. 이 나전인물화조문경은 허난성 뤄양(洛陽)에서 출토되었으며, 현재 중국역사박물관에 소장되어 있다.

직위를 해임하고 호부시랑에 임명하자, 이 개혁은 매우 빨리 실패하고 말았다. 혁신파도 잇달아 강등되었는데, 왕숙문은 먼저 유주(渝州, 지금의 충칭)사마(司馬)로 강등되었다가 나중에 사약을 받고 죽었다. 개혁에 참여했던 다른 사람들, 즉 위집의(韋執宜)·한태·한엽(韓曄)·유종원(柳宗元)·유우석(劉禹錫)·진간(陳諫) 등은 모두 변주(邊州: 변방의 주)들에 사마로 강등되었다.

이때 문종은 비록 환관들과의 첫 번째 투쟁에서 패배했지만, 그는 결코 남아의 조정 관리 집단에 대한 신뢰를 버리지 않았다. 대화 8년(834년), 정주(鄭注)는 의술이 뛰어났고, 이훈(李訓)은 『주역』을 잘 해석했기 때문에, 권력을 장악하고 있던 환관 왕수징(王守澄)의 추천을 받아 문종의 신변에 왔으며, 동시에 차례로 문종의 심복이 되었다. 정주와 이훈 두 사람은 비록 왕수징이 추천했지만, 문종은 그들을 신뢰하며 진심을 갖고 대했으므로, 국사(國士: 국가 원로)로 대우했으며, 또한 비밀리에 환관들을 주멸할 집단에 가입시키기도 했다. 머지않아 문종은 정주를 태부경(太

仆卿) 겸 어사대부(御使大夫)로 삼았으며, 이훈은 병부낭중(兵部郎中)·지제고(知制誥)와 시강학사(侍講學士)에 임명했다. 이듬해, 이훈은 재상으로 승진했고, 정주는 봉상절도사(鳳翔節度使)에 임용되어, 도성을 외부에서 원조하면서 점차 환관을 타격하기 시작했다. 그들은 환관 내부의 파벌과 그들의 모순을 이용하여 분열시키고 와해시킨 다음, 분리하여 그들을 다스렸다. 그리하여 대환관인 위원소(韋元素)·양승화(楊承和)·진홍지(陳弘志) 등을 주살했고, 또한 계책을 세워 환관의 우두머리인 왕수징을 처형했다. 이렇게 되자, 원화 연간에 당 헌종을 모살하는 데 참여했던 대환관의 우두머리들 모두가 문종에 의해 소멸되었고, 내조(內朝)에 재앙을 초래했던 환관은 고작 구사량(仇士良)·어홍지(魚弘志) 등 몇 명만 남게 되었다.

성공하기 직전에 실패하다

대화 9년(835년) 11월 21일, 문종은 자신전(紫宸殿)에서 조회를 거행했다. 문무백관들이 서열에 따라 도열한 뒤, 금오장군(金吾將軍) 한약(韓約)이 금오좌장원(金吾左仗院) 내에 있는 석류나무에 밤사이에 감로가 내렸다고 아뢰고, 춤을 추며 축하인사를 올렸다. 재상 이훈이 거느리는 백관들도 순서에 따라 상서로운 징조가 나타난 것을 축하드렸다. 이훈이 주청하기를, "감로가 복을 내려 주어 궁궐에 내려 있으니, 폐하께서 친히 거둥하셔서 그것을 보시는 것이 마땅합니다"라고 했다. 그리하여 문종은 어여(御輿: 황제가 타는 가마)를 타고 자신문(紫宸門)을 나가 함원전(含元殿)으로 가서, 중서성과 문하성의 관리에게 먼저 가서 보고 오라고 명령했다. 이훈이 돌아온 다음 아뢰기를, 감로가 진짜인지 가짜인지 분명하지 않으니, 사람을 보내 다시 검증을 해 보는 것이 좋겠다고 했다. 문종은 유리한 형세를 이용하여 좌군중위(左軍中尉) 구사량과 우군중위 어홍지 등 환관들에게 가서 검증해 보라고 명령했다.

두 명의 환관 두목들이 나간 다음, 이훈은 즉각 병력을 이동시키고 장수를 파견해, 환관을 살해하도록 배치했다. 구사량 등 환관들이 금오청(金吾廳)에 왔을 때, 한약의 표정에 당황한 기색이 역력하고 표정과 태도가 심상치 않음을 보자, 마음속에 의심이 생겼다. 별안간 한 차례 바람이 일어 장막을 펄럭이게 하자, 구사량은 장막 뒤에서 손에 무기를 들고 완전 무장한 병사가 잔뜩 서 있는 것을 발견하고는 문득 크게 깨달았다. 구사량은 오랫동안 벼슬을 했고, 경험이 풍부하여, 이 모습을 보자 마음으로 심상치 않다는 것을 알고는 황급히 뒤로 달아났다. 긴급한 순간, 문지기가 관문에 도착하지 않는 바람에, 구사량 등 환관들은 문을 빠져나가 함원전으로 내달려 돌아왔다. 환관들은 재난이 발생했다고 보고하고, 문종을 양 옆에 끼고서 내전으로 들어가려 했다. 이훈은 황급히 금오위(金吾衛) 병사들을 궁전으로 올라오도록 불러 황제를 호위하게 하는 한편, 길을 가로막으면서 큰 소리로 "폐하께서는 궁궐로 들어가시면 안 됩니다"라고 외쳤다. 금오위 병사 수십 명과 경조부(京兆府) 병사·어사대(御史臺) 사람들 약 수백 명이 궁전에 올라와 분발하여 공격하자, 환관 수십 명이 죽거나 다쳤다. 그러나 이때 환관은 이미 이훈을 땅바닥에 때려눕히고, 문종을 들쳐 메고 선정문(宣政門)으로 들어간 뒤, 궁궐 문을 걸어 잠갔다. 대신들은 이 광경을 보고 갑자기 당황하여 어쩔 줄을 몰라 하자, 조정의 모든 신료들은 순식간에 놀라 흩어졌다.

이훈은 일이 성공하기 어렵다는 것을 알자, 관복을 벗어던지고, 말단 관리들이 입는 녹색 적삼을 입고서, 혼자서 말을 몰아 종남산(終南山)의 승려인 종밀(宗密)에게 달려갔다. 그런데 재상 왕애(王涯)와 서원여(舒元輿)는 원래 이훈의 음모에 참여하지 않아, 함원전에서 갑작스런 변고가 발생한 것을 보자, 무슨 일이 일어났는지는 알지 못했지만, 중서성으로 도망친 뒤 소식을 기다렸다. 구사량 등 환관들은 문종을 양 옆에 끼고 내전으로 들어온 뒤, 즉시 신책군(神策軍: 금위군의 주력부대 중 하나)을 파견하여 5백여 명을 자신전에서 살해함과 동시에, 병력을 나누어 궁궐 문을 닫고 대대적인 살육을 진행하여, 금오위의 병사와 하급 관리들 약 천 명을 살해했다. 이어서 환관은 다시 장안에서도 대대적으로 살육을 시작했다. 이훈·왕애·가속(賈餗)·서원여·왕번(王璠)·곽행여(郭行餘)·나립언(羅立言)·이효본(李孝本)·한약 등이 잇달아 붙잡혀 죽었다. 사건이 일어났을 때, 정주는 친위병을 이끌고 장안으로 급히 달려오다가, 도중에 정변이 실패했다는 소식을 듣고 급히 봉상(鳳翔, 지금의 산시성 평샹)으로 되돌아갔지만, 그도 감군(監軍) 환관에게 살해되었다. 위에서 언급한 사람들은 모두 멸족(滅族)을 당했고, 또한 훨씬 많은 사람들이 연루되어 죽임을 당했다. 이때의 환관의 대살육을 겪으면서, 조정 안은 그로 인해 거의 텅 비게 되었고, 문종은 완전히 환관 집단의 꼭두각시가 되었다.

한 걸음 더

육우(陸羽)와 『다경(茶經)』

육우(?~804년)는 자가 홍점(鴻漸)이고, 또 다른 이름은 질(疾)이며, 자는 계자(季疵)이고, 복주(複州) 경릉(竟陵, 지금의 후베이성 톈먼天門) 사람이다. 육우는 어려서부터 불사(佛寺) 안에서 자라면서, 불법을 연구하고, 차를 끓이는 법을 포함하여 불사(佛事)를 배웠으며, 후에 초계(苕溪, 지금의 저장성 후저우湖州 부근)에서 은거했다. 『다경』은 육우의 대표작이며, 또한 중국, 더 나아가 세계 최초의 찻잎에 관한 전문 저작이기도 하다. 『다경』은 상·중·하 3권에, 10개 유목(類目)으로 나뉘며, 내용은 차의 기원·종류·생산지·특성을 비롯해, 찻잎의 채취와 제조·가공하여 말리는 법, 그리고 차를 마시는 습속 및 차를 마시는 방식 등을 다루고 있다. 가장 중요한 것은, 육우가 차를 마시는 것과 사람의 도덕 수양을 연계시켰으며, 차를 마시는 것에 대해 정신문명의 의미를 부여함으로써, 차를 마시는 문화의 품위를 높였다는 점이다.

전문 테마 진기한 법문사(法門寺) 지궁(地宮)

20세기 말의 어느 봄날, 천여 년 동안이나 먼지로 뒤덮여 있던 당대의 법문사 지궁이 발견되어 세상을 깜짝 놀라게 했다. 하나의 신비한 석문을 열자, 불조(佛祖) 석가모니의 지골사리(指骨舍利: 손가락뼈 사리)와 당 왕조가 부처에게 공양했던 수천 건의 진기한 보물들이 "세상에 둘도 없는" 자태로 눈부신 빛을 발하면서, 저 태평성세를 이루었던 왕조의 지난날의 영화를 감동적으로 말해 주었다.

천년 고찰 법문사

법문사는 산시성 푸펑현(扶風縣) 북쪽의 파먼진(法門鎭)에 위치하며, 시안시(西安市)에서 120킬로미터 떨어져 있는, 중국의 저명한 고찰이다. '법문'은, 수행자가 반드시 들어가야 하는 문을 뜻한다. 이 절은 동한(東漢) 환제(桓帝) 시기에 처음 건립되었는데, 절은 탑 때문에 지어졌다. 법문사탑(처음의 이름은 아육왕탑阿育王塔)은 불조 석가모니의 한 마디 손가락뼈 사리가 모셔져 있어서 유명해졌다. 북주(北周)가 불교를 멸하자, 법문사도 파괴되었다가, 수 문제 때 다시 새롭게 수리했으며, 당대 정관(貞觀) 연간에 다시 4층 목탑을 건립했다. 목탑은 명나라 융경(隆慶) 연간에 지진으로 무너졌고, 후에 다시 13층 팔각 전탑(磚塔: 벽돌로 쌓은 탑)으로 지었으며, 높이가 47미터로, 매우 정교하게 지었고, 대단히 장관이다. 당대의 통치자들은 불교를 숭상하여, 널리 보탑(寶塔) 지궁을 지어 공양하고, 사찰 건물을 확충하여 황가(皇家) 사원으로 삼도록 칙명을 내렸다. 당대의 법문사는 7만 평방킬로미터를 점유했으며, 동서로 모두 24개의 사원이 있어, 규모가 방대했다.

세상을 놀라게 한 지궁의 발견

1981년 8월 23일 밤, 비바람이 몰아치자, 법문사의 한쪽 전탑이 갑자기 무너졌다. 1985년, 정부는 자금을 확보하여 중건하기로 결정했다. 법문사탑 아래는 불조의 지골사리가 모셔져 있다고 전해 오고 있었기 때문에, 1987년에 탑기단을 깨끗이 정리할 때, 불지사리(佛指舍利: 부처의 손가락 마디 사리)는 곧 모든 사람들이 주목하는 초점이 되었다. 그러나 천여 년의 변화무쌍한 세월을 거치면서, 사리는 아직도 탑 아래 지궁에 아무 탈 없이 남아 있을 것인가? 1987년 4월 4일, 지궁의 입구가 발견되어, 천여 년 동안 깊이 잠들어 있던 당대의 지궁이 다시 한 번 광명을 보게 되었다. 지궁 속에 있는 문물을 정리할 때, 법문사 지궁 속에서는 모두 네 개의 불지사리가 발견되었다.

그 가운데 한 개는 부처의 진신 영골(靈骨: 진짜 뼈)이고, 나머지 세 개는 영골(影骨)이었다. 영골(影骨)은 부처의 진신 영골을 모방하여 만든 부속품에 불과하며, '가짜'라는 뜻이 포함되어 있다. 그러나 불교계에서 보면, 영골도 성골(聖骨: 신성한 유골)로, 똑같이 부처의 진신사리다.

세상에 보기 드문 보물 창고

법문사 지궁은 평대(平臺)·수도(隧道: 복도)·전실(前室)·중실(中室)·후실(後室) 및 후실 비감(秘龕)으로 이루어져 있다. 대략 길쭉한 '甲'자 형태를 띠고 있고, 전체 길이는 21.12미터다. 수도 및 전실·중실·후실은 모두 석회석과 대리석으로 지었다. 안쪽에는 불지사리 외에도, 대량의 진귀한 보물들이 있었다. 이러한 진귀한 문화재들에는 금·은 공양 기물 121건, 유리 및 각종 진주·보석·옥기(玉器) 약 400건, 자기 16건, 석제 문물 12건, 칠목기(漆木器) 및 잡기(雜器) 19건, 철제 문화재 16건이 포함되어 있으며, 이 밖에도 대량의 견직품도 있다. 그 문화재의 많은 수량·높은 수준·완벽한 보존 상태는 당대 고고학사에서 매우 드문 것이다. 그 가운데 가장 진귀한 것들로는 오로지 황제만이 사용하도록 제공하려고 특별히 만든 비색(秘色) 도자기·정수(精髓)만 모아 놓은 견직품·세상에서 보기 드문 금·은 기들과 갖가지 수많은 훌륭한 공양기(供養器) 및 용구 등이 포함되어 있는데, 모두 중국의 예술 보고(寶庫) 속에 있는 뛰어난 작품들이다.

◈ 유금연화문오족은훈로(鎏金蓮花紋五足銀熏爐) | 당

은훈로(銀熏爐)는 당대에 오로지 궁정을 위해 금·은기를 제작했던 궁정 작업장인 문사원(文思院)에서 만든 제품으로, 겉모양이 호화로우면서 정교하고 아름다운 만당(晩唐) 시기 궁정 예술의 진귀한 보물이다.

당(唐) 874~884년

인물 : 황소(黃巢), 왕선지(王仙芝) **지역 :** 조주(曹州), 장안 **키워드 :** 평등, '유구주의(流寇主義)'

황소(黃巢)의 봉기

번진의 할거·환관의 전횡 및 붕당의 대립은 만당(晩唐) 시기 정치의 3대 병폐로, 그것들이 서로 함께 뒤엉키면서, 당 왕조 통치계급 내부의 갈등을 전에 없이 격화시켰다. 이와 동시에, 정치에서의 부패는 다시 사회적 위기를 한층 심화시켰고, 토지 겸병은 갈수록 심각해져 농민이 극도로 곤궁해지자, 위험을 무릅쓰고 당 왕조를 전복시키는 것 외에는 이미 별다른 탈출구가 없었다. 당 대중(大中) 13년(859년)에 절동(浙東)의 농민 구보(裘甫)가 상산(象山, 지금의 저장성 샹산)에서 봉기를 일으켰으며, 함통(咸通) 9년(868년)에는 군관 방훈(龐勛)이 계주(桂州)의 사병들을 이끌고 봉기를 일으켰다. 이 두 차례의 봉기는 비록 모두 당 조정에 의해 진압되었지만, 그것들은 모두 당 왕조의 통치에 맹렬

◈ **유금쌍봉문은향낭(鎏金雙蜂紋銀香囊) | 당**

향낭(香囊)은 매우 정교한 실용 예술품으로, 상하 두 개의 반구(半球)를 합쳐서 만들었으며, 구면(球面)에는 매우 정교하게 둥근 쌍봉(雙蜂: 두 마리의 꿀벌) 도안이 가득 새겨져 있다. 현재 법문사박물관에 소장되어 있다.

한 타격을 가했다. 그 다음에는 규모가 훨씬 큰 황소의 봉기가 일어나, 마침내 당 왕조를 이름만 있을 뿐, 실제로는 망한 것이나 다름없는 상태로 만들었다.

조주(曹州)를 뒤엎으니 천하가 일어서다

황소(?~884년)는 조주 원구(寃句, 지금의 산둥성 차오현曹縣 서북쪽) 사람인데, 그는 대대로 사염(私鹽: 소금이 국가의 전매품이었던 옛날에, 개인이 불법으로 만들어 팔던 소금)을 판매하는 가정 출신으로, 경서를 많이 읽지는 않았지만, 언변이 뛰어났고, 또한 말 타기와 활쏘기에 능했으며, 남에게 지기를 싫어하고 의로운 것을 따랐다. 황소는 일찍이 몇 차례 진사과에 응시했지만 모두 낙방했다. 장안에서 응시하던 기간에, 그는 당 왕조의 부패와 암울함을 깊이 깨닫고, 격정적으로 「부제후부국(不第後賦菊)」이라는 시 한 수를 지었는데, 시에서 이렇게 썼다. "가을이 되어 중양절이 오기를 기다렸다가, 국화가 만개한 다음 다른 꽃들은 시들어 버렸네. 하늘을 찌를 듯이 향기가 장안에 가득하고, 성(城)은 온통 황금 갑옷을 입었네[待到秋來九月八, 我花開後百花殺, 衝天香陣透長安, 滿城盡帶黃金甲]." 이 시를 통해 황소는 당 왕조의 부패한 통치를 뒤집어엎겠다는 웅장한 이상과 포부를 표현했다.

황소가 살았던 시대는 바로 당나라 말기로, 환관은 중앙에서 권력을 장악했고, 번진은 지방에서 할거하여, 사회는 더욱 암울했다. 통치계급은 부패가 극에 달해, 교만하고 사치스러우며 황음하고 방탕무도했으며, 사치스럽고 극도로 부패한 생활을 추구했으며, 황실·관료 및 지주들은 농민에 대한 착취와 수탈을 더욱 강화하여, 과중하고 잡다한 세금은 갈수록 무거워졌다. 게다가 해마다 끊임없이 천재와 인재까지 겹치자, 농민들은 줄줄이 파산하여 도처로 도망쳤다. 특히 당 의종(懿宗) 함통(咸通) 14년, 중원에 대가뭄이 들어 알곡이 여물지 않아, 백성들은 풀뿌리와 나뭇잎으로 허기를 채울 수밖에 없었는데, 관청에서는 제때 이재민을 구휼하는 게 아니라, 오히려 날마다 세금을 내라고 재촉했다. 황하 하류에서는 "금색 두꺼비가 성을 내어 눈을 부릅뜨고, 조주를 뒤엎으니 천하가 일어서네[金色蛤蟆爭努眼, 翻却曹州天下反]"라는 민요가 전해지기 시작하면서, 한바탕 봉기의 폭풍이 머지않아 닥쳐오고 있었다.

당 희종(僖宗) 건부(乾符) 원년(874년), 복주(濮州, 지금의 허난성 판현范縣)의 사염 보부상인 왕선지(王仙芝)와 상양(尙讓) 형제가 수천 명의 사람들을 불러 모아, 장원(長垣, 지금의 허난성에 속함)에서 봉기를 일으켰다. 왕선지는 스스로 천보평균대장군(天補平均大將軍)이라고 자처하면서, 여러 도(道)들에 격문을 돌려, 당 왕조의 통치가 부패했고, 조세와 부역이 너무 과중하며, 상벌이 불평등한 것 등 죄악상을 꾸짖었다. 이듬해, 왕선지 등은 복주·조주(曹州, 지금의 산둥성 차오현)를 공격하여 함락시

◈ **채회첩금무관용**(彩繪貼金武官俑) | 당

킴과 아울러, 진압하러 온 관군을 격파했다. 그때 황소와 문중의 형제·아들과 조카 및 외조카 임언(林言) 등 8명이 수천 명의 사람들을 그러모아 조주에서 왕선지에게 호응했다. 각지의 굶주린 농민들도 앞 다퉈 봉기군에 가입하자, 수개월 사이에 봉기에 참여한 사람이 수만 명에 달했다.

황소와 왕선지 두 사람의 봉기군이 합류한 다음, 적군이 강하고 아군이 약한 형세하에서, 적의 주력 부대를 피하고 취약한 곳을 골라서 공격하는 전술을 택했다. 그리하여 황하·회수(淮水) 유역으로 전장을 옮겨가며 전투를 벌임으로써, 연달아 관군을 격파하고, 계속해서 주(州)·현(縣)들을 함락시키자, 기세가 나날이 커졌다. 당 왕조는 봉기군을 진압할 수 없다는 것을 알고, 정치적으로 투항하도록 권고하는 수단을 채택하여, 봉기군이 기주(蘄州, 지금의 후베이성 치춘蘄春)의 성 아래까지 공격해 왔을 때, '좌신책군압아(左神策軍押牙) 겸 감찰어사(監察御使)'의 관직을 주겠다며 왕선지를 유혹했다. 왕선지는 한때 그로 인해 마음이 흔들렸다. 황소는 이 소식을 듣고 매우 분노하여, 왕선지를 이렇게 꾸짖었다. "당초 모두가 함께 천하를 빼앗기로 맹세했는데, 지금 그대는 오히려 혼자서 나가 관리가 되려고 하니, 5천여 명의 형제들을 볼 면목이 있단 말인가?" 황소 등의 단호한 반대로, 당 왕조의 투항 권고 활동은 결국 실패했다. 그러나 봉기군 내부에서도 균열이 나타났다. 분노를 참을 수 없었던 황소는 주먹으로 왕선지를 구타하여 머리가 깨져 피가 흐르게 한 다음, 스스로 2천여 명의 인마(人馬)를 이끌고 북상하여, 왕선지와 헤어져 제각기 각자의 길을 갔다. 바로 뒤이어, 왕선지가 황매(黃梅, 지금의 후베이성에 속함)에서 전사하자, 휘하 장수들이 모두 황소를 주군으로 추대하여, '충천대장군(衝天大將軍)'이라 부르고, 연호를 왕패(王霸)로 고침과 동시에, 관제(官制)를 정비하고 역할을 분담하여, 초보적으로 농민군 정권 기구를 확립했다. 이후, 봉기군은 중원을 거침없이 휩쓸고, 남북을 옮겨 다니며 전투를 벌였다. 광주(廣州)에서는 영남동도절도사(嶺南東都節度使) 이초(李迢)를 공격하여 살해했으며, 양주(揚州)에서는 회남절도사(淮南節度使) 고병(高駢)이 거짓으로 중풍이 걸렸다고 핑계를 대면서 성안으로 피신해 들어가 감히 응전하지 못했다. 봉기군은 순조롭게 강회(江淮)를 지났는데, 길을 따라가면서 관군들에게 격문을 발표하여 이렇게 말했다. "그대들은 각자 자기의 관할 구역을 지키고, 기의군의 예봉에 저촉하지 말라. 우리는 낙양으로 진격하여, 곧바로 장안을 취하고, 단지 황제에게 죄를 물으려는 것이지, 뭇사람의 일과는 상관이 없다!" 여러 번진들은 오로지 자신의 안전만을 생각하느라 감히 거역을 하지 못하니, 봉기군은 아무 저항도 받지 않고 거침없이 쳐들어가, 신속히 낙양을 점령하자, 동도유수(東都留守) 유윤장(劉允章)이 백관을 거느리고 투항했다. 봉기군은 승세를 몰아 서쪽으로 진격하여 동관(潼關)을 곧바로 공격했다. 당 왕조는 상하 할 것 없이 모두 몹시 당황하여 허둥댔으며, 놀란 당 희종은 매일 눈물로 얼굴을 적실 수밖에 없었다.

◈ 갈채운문누공자훈로(褐彩雲紋鏤空瓷熏爐) | 당

이 훈로(熏爐: 향로)는 저장성 린안(臨安) 탕쉬(唐水)의 구씨묘(邱氏墓)에서 출토되었으며, 당나라 말기 남쪽 월요(越窯) 자기의 대표작이다. 훈로는 뚜껑, 몸통, 받침대 등 세 부분으로 이루어져 있다. 뚜껑은 유색이 청황색이고, 몸통과 받침대에는 갈색 여의운문(如意雲紋)이 있는, 보기 드문 월요의 유하채(釉下彩) 자기다.

하늘을 찌를 듯한 향기가 장안에 가득하다

광명(廣明) 원년(880년) 11월, 황소는 봉기군을 이끌고 동도 낙양을 공격하여 점령한 후, 오래지 않아 섬주(陝州, 지금의 허난성 산현陝縣)·괵주(虢州, 지금의 허난성 링바오靈寶)를 공격하여 점령하고, 동관을 지키고 있던 관군에게 격문을 발표하여, 그들이 봉기군에게 항거하지 말라고 요구했다. 봉기군은 교묘하게 관군이 방비를 소홀히 하고 있던 작은 길을 따라 관내로 진입하여, 안팎에서 협공을 통해 신속하게 동관을 점령했다. 이 소식이 장안에 전해지자, 당 희종은 환관 전령자(田令孜)가 이끄는 신책군의 호위를 받으며, 허둥지둥 도망쳐 성도(成都)로 피난했다.

곧이어, 황소의 대군이 칼날에 피를 묻히지 않고 장안으로 진입하자, 미처 도망치지 못한 당나라 관원들은 모두 성에서 나와 투항하고, 황소를 성안으로 영접했다. 장안의 백성들은 늙은이를 부축하고 어린아이를 데리고 나와, 길 양쪽에 늘어서서 환영했다. 황소는 금색 가마에 앉아, 뭇 장수들이 빼곡히 에워싼 상태로 대군을 이끌고 위풍당당하게 성안으로 들어갔다. 봉기군 장수 상양은 백성들을 위무하며 이렇게 말했다. "황왕(黃王: 황소)께서 군대를 일으키신 것은, 본래 백성을 위한 것으로, 이당(李唐: 이씨가 세운 당 왕조) 황제처럼 여러분을 학대하지 않을 것이니, 여러분은 마음 놓고 평안히 살면서 즐겁게 생업에 종사하라." 12월 13일, 황소는 황제에 즉위하여, 국호를 대제(大齊)로 정하고, 연호를 금통(金統)으로 바꿨다.

봉기군은 6년에 걸친 기동전 끝에, 마침내 이 반당(反唐) 전쟁의 전성기를 맞이했으며, 황소도 결국 "하늘을 찌를 듯이 향기가 장안에 가득하고, 성은 온통 황금 갑옷을 입는" 숙원을 실현했다.

황소 봉기군은 비록 순조롭게 당 왕조의 도성인 장안을 탈취하여 농민 정권을 수립했지만, 어떤 개혁 조치도 발표하거나 실시하여 인심을 안정시키지 않았고, 거쳐 온 요충지들, 예컨대 낙양 등지에 군대를 보내 주둔하여 지키게 하지 않았다. 더구나 제때 당 왕조의 잔여 세력을 추격하여 토벌하지도 못했고, 전투에서 패하여 뿔뿔이 흩어진 관중(關中)의 금군(禁軍)을 섬멸하지 못한 채, 오히려 관직을 나누고 작위를 받아 부귀를 누리는 데 바빴다. 이것은 바로 당의 관군에게 한숨 돌릴 기회를 제공했다. 당 희종도 침착하게 역량을 조직할 수 있었고, 나아가 반격을 조직함으로써, 봉기군은 승리에서 패배로 나아갔다.

중화(中和) 2년(882년) 4월, 당 왕조의 재상이자 충제도행영도통(充諸道行營都統) 왕탁(王鐸)이 크고 작은 10여 개 방면의 관군을 통솔하여 사방에서 장안을 포위하자, 장안성 안에는 식량 공급에 심각한 곤란이 발생했다. 같은 해 9월, 봉기군의 동주(同州, 지금의 산시성 다리大荔)방어사(防禦使) 주온(朱溫)이 배신하여, 전체 주(州)가 당 군대에 항복했다. 당 왕조는 다시 사타족(沙陀族: 돌궐족의 한 지파)의 안문절도사(雁門節度使) 이극용(李克用)을 불러들여, 4만 명의 기병을 이끌고 장안을 공격하자, 15만 봉기군은 양전피(梁田陂, 지금의 산시성陝西省 화현華縣 서쪽)에서 대패하여 수만 명의 병력을 잃었다. 황소는 봉기군이 차례로 패퇴하고, 식량도 곧 바닥난다는 것을 알자, 어쩔 수 없이 장안에서 철수했다.

이듬해, 봉기군 대장 맹해(孟楷)가 채주(蔡州)를 돌파했지만, 당 군대에게 습격을 받아 진주(陳州, 지금의 허난성 화이양淮陽)에서 사망했다. 황소는 맹회가 살해된 원수를 갚기 위해 진주를 탈취하기로 맹세했다. 견고한 성 밑에서, 봉기군은 연이어 거의 300일 가까이 공격을 가하고도 정복하지 못하여, 역량을 대단히 크게 소모했다. 중화 4년(884년) 2월, 이극용이 사타족 병력 5만 명을 이끌고, 남쪽으로 황하를 건너 진주를 구원하기 위해 급히 달려갔다. 번진의 무력과 사타족 병력의 연합 공격을 받자, 황소는 어쩔 수 없이 진주의 포위를 풀고 북쪽으로 철수했다. 봉기군은 철수하는 도중에, 중모(中牟, 지금의 허난성에 속함) 북쪽에서 다시 사타족 군대의 습격을 받아 대패하자, 상양·갈종주(葛從周) 등이 당의 관군에게 투항했다. 황소는 봉기군을 이끌고 북쪽으로 변수(汴水, 지금의 허난성 변거汴渠)를 건너, 동쪽의 연주(兗州, 지금의 산둥성에 속함)로 도망쳤다. 6월 중순, 황소는 낭호곡(狼虎谷, 지금의 산둥성 라이우萊蕪 서남쪽)에서 배반한 장수 상양에게 추격을 당하자, 스스로 목을 베어 자살했다. 당 말기의 농민 봉기는 이리하여 철저히 패배하고 말았다.

이 농민 봉기가 후세 사람들에게 남겨 준 역사적 교훈은 대단히 소중하다. 요약하면, 황소의 봉기가 실패한 원인은 다음과 같다. 첫째, 봉기군이 비록 '평등'의 깃발을 내걸었지만, 확실하게 실행할 수 있는 정책과 조치를 취해 이 구호를 실현하지 않았다. 둘째, 봉기군 내부에 심각한 '유구주의(流寇主義: 농민 봉기군이 취하는 전술로, 근거지를 갖지 않고 이곳저곳 옮겨 다니면서 싸우는 일종의 게릴라 전법)' 사상이 존재하고 있었다. 그들은 일찍이 단순한 이동 전술을 장기간 채택하여, 항상 투항시켜 자기편이 되게 하는 수단으로 군사력을 확대함과 아울러, 도시의 물질적 부를 취득하는 데 몰두하느라, 근거지와 지방 정권의 건설을 중시하지 않았다. 이 때문에, 당나라 관군이 장안을 포위하여 공격할 때, 봉기군의 군량 공급이 차단되어, 자신을 수동적인 곤경에 처하게 했다. 셋째, 봉기군이 장안을 점령한 후, 농민 우두머리에게 거만하고 자만하는 정서가 생겨났다. 황소는 황제가 되는 데 정신이 팔려, 제때 당 왕조의 잔여 세력을 소멸시키지 않음으로써, 당 군대가 다시 결집하여 신속히 반격할 수 있도록 해 주었다. 넷째, 황소 봉기의 후기에, 군사맹동주의가 매우 심각하게 나타났다. 장안의 방어에 실패한 후, 황소는 군대를 이끌고 하남에서 옮겨 다니며 전투를 벌였다. 이때 그는 당연히 튼튼한 곳을 피하고 허약한 곳을 공격하면서 실력을 보전했어야 하는데, 그는 오히려 기존에 항상 사용하던 유격 전술을 포기하고, 진주(陳州)의 견고한 성 밑에 장기간 군대를 주둔시키면서, 당나라 관군과 무리하게 맞서 소모하는 진지전을 진행한 결과, 연달아 전쟁에서 패배하여, 봉기군의 병사와 군마를 모조리 잃고 말았다.

황소가 이끈 이 농민 봉기는 비록 실패했지만, 그것은 각지의 농민 투쟁을 촉진하여, 당 왕조의 부패한 통치에 심각한 타격을 가했으며, 후세의 농민 전쟁에 커다란 영향을 미쳤다.

한걸음더

태평성세의 도읍 장안성(長安城)

장안성의 전신은 수(隋)나라의 대흥성(大興城)으로, 수 개황(開皇) 2년(582년)에 처음 건설되었으며, 당대에 전성기에 달했다. 당대의 거의 300년에 이르는 파란만장한 세월 동안, 그것은 특유의 웅장하고 화려하며 강대한 제국의 늠름한 기개로 세상에 유명했다. 장안성은 동서 길이가 9,721미터, 남북 너비가 8,651.7미터에, 면적이 84평방킬로미터이며, 성 내부는 궁성(宮城)·황성(皇城)·외성(外城) 등 세 부분으로 이루어져 있다. 황성·궁성과 민간 거주 지역은 엄격하게 분리되어 있으며, 성안에는 동서로 대로가 14개, 남북으로 대로가 11개 있어, 전체 성을 108개의 질서정연하게 배치된 마을로 구분하고, 주민의 주택 구역과 상업 구역으로 삼았다. 장안성 도로의 분포 상태는 뚜렷하고 분명하며 질서정연하여, 사람들은 이를 "장안성의 대로에 구천(九天: 하늘)이 가로놓여 있다[長安大道橫九天]"고 했다. 장안성의 전체적인 배치 및 그것을 계획한 사상은, 중국 고대 건축사에서 가장 위대한 성취 중 하나다. 그것은 훗날의 도성 건설을 위한 본보기를 확립했을 뿐만 아니라, 국외의 도시 건축에 대해서도 중대한 영향을 미쳤다.

오대십국(五代十國) 907~960년

인물 : 주온(朱溫), 이존욱(李存勗), 석경당(石敬瑭), 유지원(劉知遠), 시영(柴榮) **지역** : 중원

양(梁)·당(唐)·진(晉)·한(漢)·주(周), 혼란한 오대십국

907년에 당 애제(哀帝) 이축(李柷)이 퇴위하면서부터, 960년에 북송이 건립될 때까지, 짧은 54년 동안, 중원에는 잇따라 양·당·진·한·주 등 다섯 개 조대가 출현했는데, 역사에서는 이를 후량(後梁)·후당(後唐)·후진(後晉)·후한(後漢)·후주(後周)라고 부른다. 동시에 이들 다섯 왕조 이외에도, 계속해서 전촉(前蜀)·후촉(後蜀)·오(吳)·남당(南唐)·오월(吳越)·민(閩)·초(楚)·남한(南漢)·남평(南平, 즉 형남荊南) 및 북한(北漢) 등 열 개 할거 정권들이 출현했으니, 이것이 바로 중국 역사에서의 '오대십국'이다. 이들 오대의 개국 군주는 모두 그 전 왕조의 번진(藩鎭) 장수들이었다. 그들은 군대에 의지하여 할거하면서 국가를 이루었으므로, 이 시기의 역사적 특징은 전쟁이 빈발하면서, 정권이 자주 교체되었다. 다섯 개의 왕조들 가운데, 후량이 유지되었던 기간이 가장 길었는데도 고작 17년이었으며, 그 다음이 후당으로 14년, 후진이 11년간 유지되었다. 그리고 후한은 고작 4년, 후주는 9년밖에 유지되지 못했으며, 빈번한 군사적 충돌은 백성들에게 극도의 고통과 재난을 가져다주었다.

주온(朱溫)과 후량

주온(852~912년)은 탕산(碭山, 지금의 안후이성에 속함) 사람으로, 어려서부터 노동에는 종사하지 않고, 오로지 빼어난 용맹함으로 고향에서 횡포하게 굴었다. 당 건부(乾符) 4년(877년), 주온은 둘째 형 주존(朱存)과 함께 황소의 봉기에 참여했다가, 후에 점차 승진하여 대장이 되었다. 그러나 봉기가 침체에 빠진 다음, 주온은 오히려 당에 투항하여 변주(汴州, 지금의 허난성 카이펑)자사·선무군절도사(宣武軍節度使) 작위를 받았으며, 당 희종은 친히 '전충(全忠)'이라는 이름을 하사했다. 그 후, 주온은 변주를 중심으로 삼아, 계속해서 채주(蔡州)의 진종권(秦宗權) 집단·회북(淮北)의 시부

(時溥) 집단 등 지방 할거 세력들을 섬멸하고 황하 이남과 회하 이북의 대부분 지역을 장악함으로써, 당 말기에 가장 강대한 번진이 되었다. 천우(天祐) 원년(904년), 주온은 군대를 이끌고 장안에 진입하여, 강제로 당 소종(昭宗)을 압박하여 낙양으로 천도했다. 이어서 주온은 다시 소종을 살해하고, 그의 아들 이축을 황제로 삼았으니, 그가 바로 당 왕조의 마지막 황제인 당 애제(哀帝)다.

천우 원년(904년), 당 애제는 주온을 상국(相國: 재상)에 임명하여 정사를 총괄하게 하고, 또 위왕(魏王)에 봉했다. 천우 4년(907년), 당나라 재상 장문위(張文蔚)가 백관을 이끌고 와서 권유하자, 주온은 정식으로 황제가 되어, 연호를 개평(開平)로 바꾸고, 국호를 '대량(大梁)'이라 했으니, 역사에서는 이를 후량이라 한다. 또 변주를 개봉부(開封府, 지금의 허난성 카이펑)로 승격시켜 동도(東都)로 삼았다. 이어서 주온은 다시 17세의 애제를 폐위하고 제음왕(濟陰王)으로 삼았다. 이듬해 2월, 그를 살해함으로써, 20명의 황제에 290년을 거쳐온 당 왕조는 이때에 이르러 끝났다. 이때 후량이 직접 통치한 지역은 결코 크지 않아, 고작 지금의 허난성·산둥성 전체와 후베이성·산시성(陝西省) 대부분 및 허베이성·산시성(山西省)·장쑤성·안후이성 등의 일부분에 불과했으니, 오대 시기 중원 왕조의 지배 구역이 가장 작은 나라 중 하나였다고 할 수 있다.

◈ 주온

탕산의 무뢰한 자제에서 한 나라의 제왕이 되기까지, 주온은 먼저 당(唐)을 반대했다가, 다시 당에 귀순했으며, 마침내 손수 당을 전복시키면서 무수히 많은 격렬하고 잔혹한 전투를 겪었다. 그가 살았던 시대에, 주온은 확실히 사납고 용감한 인물이었다.

후량 정권이 건립된 후, 주온은 반거하(盤踞河) 동쪽의 이극용(李克用)·이존욱(李存勗) 집단과 연속으로 전쟁을 일으켜, 전쟁이 없었던 적은 거의 한 해도 없었으며, 심지어는 한 해에 여러 차례 전쟁을 벌이기도 했다. 건화(乾化) 원년(911년), 이존욱이 친히 대군을 이끌고 양나라 군대의 주력을 백향(柏鄕, 지금의 허베이성에 속함)에서 공격하여, 양나라 군대 주력군의 사상자가 막심했다. 그 때부터 양(梁)·진(晉) 간의 전쟁에서 열세에 놓이게 되었다. 건화 2년 5월, 주온은 낙양에서 병으로 위독해졌고, 6월에는 그의 둘째 아들인 주우규(朱友珪)에게 살해되었다. 그런데 주우규는 등극한 지 얼마 안 되어, 다시 그의 동생 주우정(朱友貞)에게 살해되었다. 1년이라는 짧은 시간 동안, 후량에서는 내란이 끊이지 않자, 국력은 더욱 쇠락했다. 이후 10여 년 동안, 진왕 이존욱은 끊임없이 군대를 이끌고 후량을 공격하여 그 영토와 인구를 잠식함으로써, 후량을 멸망시키기

◈ **감나전경상**(嵌螺鈿經箱) | 오대

경상(經箱)은 경서(經書)나 전적(典籍)을 보관하는 상자다. 이 경상은 정교하고 아름다운 나전 문양 장식을 박아 넣었으며, 도안은 화조(花鳥)가 주를 이루고 있는 것으로 보아, 당연히 당(唐)부터 오대 시기까지의 물품일 것이다. 현재 쑤저우시박물관에 소장되어 있다.

위한 충분한 준비를 마쳤다. 후량 용덕(龍德) 3년(923년) 10월, 이존욱의 부장인 이사원(李嗣源)이 군대를 이끌고 개봉을 기습 공격하자, 후량의 마지막 황제 주우정이 자살함으로써, 건국한 지 17년 만에 세 명의 황제를 거친 후량은 멸망했다.

이존욱(李存勗)과 후당

이존욱(885~926년)은 사타족 군벌인 이극용(李克用)의 장남으로, 오대 시기 후당 왕조의 창건자다. 오대 초기에, 그는 전체 사타족 군사집단을 지휘하여, 잇달아 중국 북쪽 및 중원 지역의 수많은 크고 작은 군벌 세력들을 섬멸하고 겸병함으로써, 오대 역사상 최초로 중원 지역에 들어와 중원의 주인이 된 소수민족(사타족) 출신의 최고 통치자가 되었다.

이존욱은 어려서부터 군영 안에서 성장하여, 군마와 함께 지냈으며, 담력과 식견이 뛰어났다. 천우 5년(양梁 개평開平 2년, 908년) 정월, 이극용이 병으로 사망하자, 이존욱이 진왕(晉王)의 지위를 세습했다. 이존욱이 막 즉위하고 얼마 지나지 않아, 그의 숙부인 이극녕(李克寧)이 왕위를 노리고 반란을 일으켜, 무력으로 왕위를 탈취할 음모를 꾸몄다. 장승업(張承業) 등 고명대신(顧命大臣: 고명, 즉 황제가 임종할 때 남긴 유언을 받드는 대신)의 협조하에, 이존욱은 주저하지 않고 즉시 결단하여, 병력을 매복시켜 이극녕 등을 주살하고 하동(河東)의 형세를 안정시켰다. 이극용이 임종할 때, 이존욱에게 세 개의 화살을 주면서, 그에게 다음과 같은 세 가지 일을 완성하도록 분부했다. 첫째는 유인공(劉仁恭)을 토벌하여 유주(幽州, 지금의 베이징)를 탈취할 것. 둘째는 거란을 정벌하여 북쪽 변방의 우환을 제거할 것. 셋째는 대대로 적대 관계인 주온을 소멸하고, 당 왕조의 사직을 회복할 것. 이존욱은 이를 마음에 새겨 두고, 출정할 때마다 가묘(家廟: 집안 조상의 위패를 모신 사당)에서 화살을 꺼내 오도록 하여 몸에 지녔다. 이때부터 그는 북쪽을 통일하는 전쟁을 개시했다.

이때 하동의 요충지인 노주(潞州, 지금의 산시성山西省 창즈長治)는 이미 주온에게 1년 동안이나 겹겹이 포위되어 있었는데, 노주가 만약 잘못되면 하동을 보전할 수 없었다. 이존욱은 주저 없이 즉석에서 결단을 내리고, 친히 대군을 이끌고 태원(太原)에서 출발하여, 쏜살같이 며칠을 달려

◈ **용문옥대**(龍紋玉帶) | **오대**

옥대(玉帶)는 당대 이후에 새로 만들어진 옥기(玉器) 품종으로, 직물이나 피혁으로 만든 요대 위에 얽어매는 장식물이다. 이 옥대는 현재 매우 보기 드문 당·오대 시기의 완전하게 세트를 이룬 옥대로, 전촉의 황제 왕건(王建)이 착용하던 옥대다.

가 후량 군대의 병영을 기습했다. 후량의 군대는 경계를 늦춘 채 잠을 자다가 갑자기 진나라 군대의 공격을 받자, 놀라 허둥대며 붕괴되어 혼란에 빠졌고, 버려진 식량과 물자 및 기계가 무수했다. 이 전투에 의지하여, 이존욱은 자기의 위신을 확립하기 시작했으며, 처음으로 진(晉)·양(梁) 전쟁 과정에서의 열세를 반전시켰다. 주온은 소식을 듣고는 개탄을 금치 못했다. "아들을 낳으면 당연히 이아자(李亞子, 이존욱의 어릴 때 이름) 같아야 하거늘, 나의 아들은 단지 개돼지들뿐이구나!"

주온이 사망한 다음, 후량의 정국은 더욱 요동쳤다. 천우 20년(923년) 4월, 이존욱이 위주(魏州, 지금의 허베이성 다밍大名 동북쪽)에서 황제가 되어, 연호를 동광(同光)으로 바꾸고, 국호를 당(唐)이라고 했으니, 역사에서는 이를 '후당(後唐)'이라 부르며, 그는 후당 장종(庄宗)이다. 당시의 당·양 간 전쟁의 형세는 여전히 교착 상태에 있었는데, 이존욱은 주도면밀한 연구와 분석을 거친 후에, 먼 길을 달려가서 기습하는 전술을 채택하기로 결정하고, 적의 주력을 피해 취약한 곳을 골라 공격하여, 곧바로 후량의 도성인 개봉(開封)으로 돌격했다. 10월 2일, 이존욱은 대장 이사원이 인솔하는 경기병(輕騎兵)을 선봉으로 삼아, 밤낮없이 쉬지 않고 600리를 8일 동안 달려가, 곧바로 적의 소굴을 공격하여 변량(汴梁)을 함락시키자, 후량의 마지막 황제는 자살하고, 후량은 멸망했다. 이존욱은 이리하여 양나라를 멸망시키는 대업을 완성한 뒤, 개봉부(開封府)를 폐지하고 변주(汴州)로 삼았으며, 동도 낙양에 도읍을 정했다. 동광 3년(925년), 이존욱은 다시 전촉을 멸망시키고 후당의 전성 시기에 도달하여, 오늘날의 허난성·산시성(山西省)·산둥성 등 3성, 쓰촨성·충칭·허베이성·산시성(陝西省)의 대부분 지역, 간쑤성·후베이성·장쑤성·안후이성의 일부 지역을 통치했으며, 이존욱도 자신의 공훈과 업적에서 최고봉에 올랐다.

후량을 멸망시킨 후, 이존욱은 스스로 천하가 태평하다고 여겼다. 결국 국정에 신경을 쓰지 않고, 항상 무대 분장을 하고 광대들과 함께 연극을 했는가 하면, '이천하(李天下)'라는 예명까지도 가졌다. 그리하여 광대와 환관을 우두머리로 하는 간사한 무리들이 조정을 장악하자, 후당의 정국은 개국 이래로 매우 문란해졌다. 당시 추밀사(樞密使)로 있던 곽숭도(郭崇韜)는 후당의 고굉중신(股肱重臣: 임금이 가장 신뢰하고 중시하는 대신)이었는데, 이존욱은 오히려 환관들의 모함을 믿고 그를 살해했다. 뒤이어 후당의 대장 주우겸(朱友謙)과 그의 부장 사무(史武) 등 일곱 명도 연루되어, 모두 멸족을 당했다. 또 한 명의 전공이 탁월했던 대장 이사원도 하마터면 살해당할 뻔했다. 이 때문에 후당의 공신과 노장들은 누구나 자신이 안전하지 못하다고 느꼈고, 유언비어가 사방에서 들려오자 장병들은 안심할 수 없었으며, 심지어는 군인의 보급품과 급료 및 군량조차도 문제였다. 동광 4년(926년) 정월, 일련의 반란 사건들이 잇달아 발생했다. 먼저 촉나라를 평정하는 데 참전한 대장 강연효(康延孝)가 회군 도중에 군대를 일으켜 반란을 일으키자, 며칠 만에 무리가 5만 명으로 불어났다. 이어서 창주(滄州) 군란과 위주(魏州) 군란이 일어났고, 하삭(河朔: 옛날에 황하 이북의 광대한 지역을 일컫던 말)의 주와 현들에서도 반란을 일으키는 자들이 이어졌다. 2월, 장종은 이사원으로 하여금 군대를 이끌고 위주에 가서 반란을 평정하도록 명령했다. 그 결과 이사원은 호위병에게 협박을 당하여, 반란군과 연합하여 군대를 돌려 도성을 공격했다. 천하가 크게 혼란한 형세하에서, 장종의 깊은 신임을 받던 광대 출신의 친군종마직지휘사(親軍從馬直指揮使) 곽종겸(郭從謙)이 자신의 무리를 이끌고 갑자기 군사 반란을 일으켰는데, 혼전을 벌이던 중에 장종 이존욱은 난데없이 날아온 화살에 맞아 사망했다.

석경당(石敬瑭)과 후진

석경당(892~942년)은 사타족 출신으로, 양(梁)과 진(晉)이 패권을 다툴 때, 그는 후당의 대장 이사원을 추종하여, 그에게 깊은 신임을 얻었다. 후에 이사원은 자신의 딸을 석경당에게 출가시키고, 그로 하여금 '좌사군(左射軍)'이라 불리는 친위병을 통솔하게 했다. 후당의 장종이 피살된 후, 이사원이 황제에 즉위했으니, 그가 후당의 명종(明宗)이다. 석경당은 그를 도와 권력을 탈취하는 데 공을 세웠기 때문에, 보의군절도사(保義軍節度使)에 임명되었다. 장흥(長興) 4년(933년), 후당의 명종 이사원이 병으로 사망하자, 그의 아들 이종후(李從厚)와 명종의 수양아들이자 봉상절도사(鳳翔節度使)인 이종가(李從珂)가 황위 쟁탈전을 벌였다. 석경당은 도망치는 이종후를 사로잡아,

그를 위주(衛州, 지금의 허난성 웨이후이衛輝)에 연금하여 이종가에게 공을 세웠다. 그러나 이종가가 즉위한 후, 수중에 병권을 장악하고 있던 석경당을 매우 시기하여, 석경당을 약화시키고 제거하려고 생각했다. 청태(淸泰) 3년(936년), 석경당은 선수를 쳐서 반란을 일으켰다. 거란인의 지지를 얻기 위해, 석경당은 장서기(掌書記) 상유한(桑維翰)으로 하여금 항표(降表: 항복 의향서)를 작성하게 하여, 거란에게 신하가 되어 복종하겠으며, 거란 왕 야율덕광(耶律德光)을 아버지로 받들고, 유주(幽州, 지금의 베이징)·운주(雲州, 지금의 산시성 다퉁大同) 등 16개 주를 할양하겠다고 했다. 이러한 조건들, 특히 아들이 되고, 영토를 할양하는 것은 확실히 국격과 인격을 크게 손상시키는 것이어서, 석경당의 심복 장수인 유지원(劉知遠)조차도 너무 과분하다고 생각하여, 이렇게 말했다. "훗날 크게 중국에 화를 미칠까 두려운데, 이미 저질러졌으니 후회해도 어찌할 수가 없습니다." 그러나 석경당은 오히려 이렇게 하지 않으면, 거란 왕 야율덕광의 환심을 얻을 수 없다고 생각했다.

야율덕광은 석경당이 올린 항표를 받아본 뒤, 기대 이상의 성과에 매우 기뻐하여, 즉시 출병을 승낙했다. 야율덕광은 친히 5만 명의 기병을 인솔하고 안문관(雁門關)으로 들어가 석경당을 지원하여 후당 군대를 대파했으며, 아울러 석경당을 대진황제(大晉皇帝)에 '임명'했다. 석경당은 보답으로 답례를 했는데, 약속대로 유주와 운주 등 16개 주들을 거란에 할양했다. 거란군의 도움을 받아, 석경당은 후당의 여러 방면의 대군을 격파하고 강을 건너 남하했다. 이종가는 대세가 이미 기울었음을 보고, 낙양의 현무루(玄武樓)에 올라 스스로 분신하여 죽었다. 후진은 변주(汴州, 지금의 허난성 카이펑)를 도읍으로 삼고, 동경개봉부(東京開封府)로 승격시켰다. 석경당은 7년간 재위했는데, 처음부터 끝까지 거란에 대해 굴종하면서 아들로 처신하고, 비굴하게 알랑거렸다. 그런데 거란은 유주와 운주를 비롯해 16개 주를 취득한 다음, 각각 남경도(南京道)와 서경도(西京道)를 설치하고, 유주를 남경으로 삼았으며, 운주를 서경으로 삼았다. 석경당은 유주와 운주 등 16개 주들을 할양해 주어, 북쪽 변방의 험준한 요충지를 거란에게 순순히 양여함으로써, 거란 통치자가 남쪽을 교란하기에 유리한 조건을 제공해 주었다. 이때부터 중원 왕조는 거란과 군사 투쟁에서 방어할 수 있는 험준한 지형이 없는 수동적 지위에 처하게 되었다. 이 화근은 얼마 지나지 않아 석경당의 계승자가 떠안아야 했다.

유지원(劉知遠)과 후한

유지원(895~948년)은 후당의 건립자인 이존욱·후진의 건립자인 석경당과 마찬가지로 사타족 군사 집단에 속했다. 유지원은 오래 전에 석경당과 함께 이사원 휘하에 예속되어 있었는데, 일찍이 어떤 전투에서 석경당의 생명을 구해 주었다. 이사원이 황제가 된 후, 석경당은 하동(河東)절

한 걸음 더

오대의 회화 예술

오대십국의 예술 가운데 회화의 성취가 가장 뛰어났다. 산수·화조·인물·불도(佛道: 불교와 도교)·석굴 벽화 등에서, 인재가 배출되고, 명가들이 모여들었다. 후량의 형호(荊浩)·관동(關仝), 남당의 동원(董源)·거연 사가(巨然四家)는 당대 산수화의 기초 위에서, 남북의 산천을 표현하는 데 적합한 준법(皴法: 동양화에서 산·암석·수목 등을 입체감 있게 표현하기 위해 주름을 그리는 화법)과 풍격 양식을 형성하여, 송대의 산수화파에 대해 중대한 영향을 미쳤다. 화조화는 남당의 서희(徐熙)와 전촉·후촉의 황전(黃筌)이 가장 유명하다. 인물화도 마찬가지로 명가들이 수두룩하며, 고굉중(顧閎中)의 〈한희재야연도(韓熙載夜宴圖)〉는 특히 대대로 전해 오는 명작이다.

도사가 되자, 특별히 유지원을 자신의 부하로 불러들여 압아(押衙: 의장과 호위를 담당하던 무관직)를 맡기고, 심복으로 부렸다. 청태 3년(936년), 석경당이 거란의 지지를 받아 반란을 일으키자, 유지원은 시위친군도우후(侍衛親軍都虞侯)에 임명되어 금군(禁軍)을 관장했다. 얼마 후, 다시 검교태보(檢校太保)·시위마보군도지휘사(侍衛馬步軍都指揮使)로 승진하여, 충무군(忠武軍, 진허주鎭許州, 지금의 허난성 쉬창許昌)절도사가 되었으며, 후에 다시 하동절도사로 이동했다. 바로 하동에서 유지원은 이 근거지를 충분히 이용하여 나날이 자기 세력을 발전시켰고, 점차 손쉽게 강대한 세력을 갖게 되었다. 석경당이 사망한 후, 그의 조카 석중귀(石重貴)가 즉위하여, 유지원을 계속 승진시켰다. 그러나 북부 변경의 방어를 책임지고 있던 유지원은 이미 사심이 작용하고 있었다. 그리하여 거란군이 세 차례 중원으로 남하하여 일어난 전쟁 과정에서 유지원은 내내 군대를 파견하여 왕실을 위해 충성하지 않고, 수수방관하며 승패를 지켜보다가 기회를 보아 가며 실행하는 책략을 취했다. 그리하여 각 방면의 실력을 보존하는 데 주의를 기울이면서, 오직 거란 군대가 자신의 세력 범위를 공격할 경우에만 반격을 가하고, 그 나머지 경우는 전혀 문제 삼지 않기로 했다.

개운(開運) 3년(946년), 야율덕광이 다시 군대를 이끌고 남하하여 후진(後晉)을 침입했다. 후진의 장수인 두중위(杜重威)가 전장에 나갔다가 투항하자, 거란은 순조롭게 개봉을 점령했고, 후진은 멸망했다. 이듬해, 야율덕광은 동경(東京, 지금의 허난성 카이펑)에서 황제에 등극하고, 국호를 요(遼)로 바꿨다. 그러나 요군(遼軍)의 야만적 행위는 중원의 군인과 민간인들로부터 강력한 반항을 불러일으켰다. 고작 100여 일 만에 요군은 할 수 없이 북쪽으로 철수했으며, 야율덕광은 도중에 병으로 사망했다.

이 기간에, 유지원은 야율덕광에게 세 통의 주표(奏表: 임금에게 상주하는 서신)를 올렸는데, 실정이 어떤지 살펴보려고 자신의 공손함을 표현했다. 개운 4년(947년) 2월, 유지원은 태원(太原)에서 황제에 즉위했는데, 여전히 석경당이 채용했던 천복(天福)이라는 연호를 채용하여, 이해를 천복 12년이라고 부르면서 자신의 석경당에 대한 그리움을 표현함으로써, 거란과 각 지방 군벌들의 지지를 얻었다. 6월, 유지원은 군대를 이끌고 낙양으로 가서, 마침내 정식으로 국호를 한(漢)으로 바꿨으니, 역사에서는 이를 '후한(後漢)'이라고 부른다. 이듬해 정월, 유지원은 다시 연호를 '건우(乾祐)'로 바꿨지만, 보름도 안 되어 그는 병으로 사망했다. 후한 왕조는 후진(後晉)의 포학한 통치를 답습했는데, 그보다 더했으면 더했지 못하지 않았다. 이렇게 시대와 인민의 요구와는 완전히 반대되는 방향으로 나아감에 따라, 인심을 완전히 잃었기 때문에, 4년도 안 되어 나라는 망하고 말았다.

곽위(郭威)와 후주

곽위(904~954년)는 젊어서 군대에 종사했는데, 이존욱의 친위군인 '종마직(從馬直)'의 일원이었다가, 후에 유지원 휘하에서 친군도우후(親軍都虞侯)를 맡아, 그의 심복 대장이 되었다. 거란이 후진을 멸망시켰을 때, 곽위는 또한 소봉길(蘇逢吉)·사홍조(史弘肇) 등의 사람들과 함께 유지원에게 황제가 되라고 강력하게 권유함으로써, 후한의 개국공신이 되었다. 유지원은 임종 전에, 곽위·양빈(楊邠)·사홍조 등을 고명대신으로 삼고, 그들에게 겨우 18세인 아들 유승우(劉承祐, 후한 은제隱帝)를 보좌하도록 했다. 유승우는 제위를 계승한 다음, 곽위를 추밀사(樞密使)로 삼아 군정 대권을 장악했다.

건우 3년(950년), 곽위는 업도(鄴都, 지금의 허베이성 다밍大名 북쪽)유수(留守)·천웅군절도사(天雄軍節度使, 진업도鎭鄴都)에 부임했고, 또한 추밀사 명의로 하북 각 주들의 군사를 지휘 통솔했다. 바로 곽위가 부임해 있을 때, 후한 조정 내부에서 큰 변란이 발생했다. 유승우는 더 이상 고명대신의 통제를 받고 싶지 않자, 외숙부 이업(李業) 등과 계책을 꾸며, 먼저 도성에 있던 사홍조·왕장(王章) 등의 고명대신들을 죽였고, 다시 사람을 보내 업도에 가서 곽위를 죽이라고 했다. 곽위는 변경(汴京)에서 사변이 발생했다는 것을 알고 나서, "군주 곁을 깨끗이 하려고 이업을 죽인다"는 것을 구실로 업도에서 군대를 일으켜, 군대를 이끌고 강을 건너 남하했다. 유승우는 한편으로는 군대를 보내 방어하면서, 다른 한편으로는 도성에 남아 있던 곽위의 가족들을 모두 죽여 버렸다. 그 후, 유승우는 어머니 이태후(李太后)가 그에게 곽위와 화해하라고 하는 권고를 듣지 않고 경솔하게 군대를 이끌고 출정했다가, 결국 반란군에게 살해되었다. 곽위는 승세를 몰아 성으로 진입했지만, 그는 결코 즉시 황제가 되지 않고, 이태후로 하여금 유지원의 조카인 유윤(劉贇)을 후계자로 삼는다는 명령을 내리도록 함으로써, 정국을 안정시켰다.

◈ **면식**(麵食: 밀가루 음식)**을 만드는 채회여자토용**(彩繪女子土俑) | 당

이 토용은 신장성 투루판 아스타나에서 출토되었으며, 사실성이 매우 강한 한 세트의 소형 채회(彩繪) 토용이다. 인물은 모두 하녀 모습을 하고서, 밀가루를 빻거나 밀가루 반죽을 얇게 미는 등의 작업을 하고 있는데, 그 모습이 매우 생동감 있고 살아 있는 듯하다. 현재 신장성 위구르자치구박물관에 소장되어 있다.

정세가 안정되기를 기다렸다가, 곽위는 거란의 대군이 다시 남침했다고 거짓으로 보고하게 하여, 자신이 대군을 이끌고 북상하여 출정했다. 군대가 전주(澶州, 지금의 허난성 푸양濮陽)에 갔을 때, 장병들이 북을 치고 함성을 지르면서 황기(黃旗)를 찢어서 곽위의 몸에 걸쳤다. 뒤이어 대군은 신속히 남쪽의 변경(汴京)으로 돌아갔다. 이와 동시에, 유윤은 반란군에게 살해되었다. "어쩔 수 없는" 상황에서, 곽위는 감국(監國: 황제 궐위시 황제의 권한을 대행하던 직위)에 임명되었다. 후에 조광윤(趙匡胤)이 후주의 영토를 탈취한 방식도, 완전히 곽위의 방법을 답습하여 이루어졌다. 이듬해, 곽위는 정식으로 황제에 즉위하여 후주 왕조를 건립하고, 연호를 광순(廣順)으로 바꿨다.

후주 왕조는 비록 불과 2대(代)에 걸쳐, 10년도 채우지 못했지만, 대대적으로 개혁을 하여 중원 지역의 정치·경제·군사 등 모든 방면에서 한 줄기 참신한 양상을 나타내 보임으로써, 훗날 북송이 흥성할 수 있는 견실한 기초를 다져 주었다. 이러한 국면을 열어젖힌 창시자가 바로 후주 태조 곽위다. 곽위는 유년을 외롭고 가난하게 보냈기 때문에, 민간의 어려움을 잘 알고 있었으므로, 즉위한 후에 즉시 이전 왕조의 폐정 혁파에 착수했다. 그리하여 각종 세금과 형벌을 경감해 주었다. 후한 시대에 1전이라도 절도하면 곧 사형에 처하던 혹독한 법을 폐지하고, 황당무계한 우조(牛租: 관에서 경작용 소를 빌려주고 받는 비용) 징수를 중단시켰으며, 우피(牛皮)와 염세(鹽稅)의 징수 방법을 개혁했고, 영전무(營田務: 둔전 내에서 국가나 지방 행정기관이 장원莊園으로 관리하던 관전官田)를 취소했으며, 농노를 해방하고, 역대 왕조가 거두어들였던 두여(斗餘: 관의 창고에서 정량을 초과하여 과다 징수하는 것)·칭모(稱耗: 옛날에 식량을 징수할 때, 부족분을 보충하기 위해 정량을 초과하여 과다 징수하는 것)·선여(羨餘: 지방 관리가 백성들에게 강탈하여, 쓰고 남은 세금이라는 명목으로 조정에 바치던 재물) 등 정액을 초과한 세금을 감면해 주어, 농민의 부담을 매우 크게 줄여 주었다. 곽위는 사람됨이 매우 근면하고 검소하여, 즉위한 후에 다음과 같이 명령을 내렸다. 즉 승여(乘輿: 임금이 타는 수레)와 복식은 너무 화려해서는 안 되며, 궁중 물품은 검소하도록 힘쓰고, 아울러 각지에서 진귀하고 화려한 물품이나 매·개 같은 진금이수(珍禽異獸: 진기하고 특이한 새나 짐승)을 바치지 말도록 금지했다. 임종 전에 그는 또한 조서를 내려 사후에 간소하게 장례를 치를 것을 요구하여, 백성들과 차별을 두지 말고, 능침에 석주(石柱)를 사용하지 말고, 석인(石人)과 석수(石獸)를 사용하지 말도록 했다. 바로 곽위의 이와 같이 몸소 체험하고 힘써 실천하는 모범적인 정신은, 주 세종(世宗) 시영(柴榮)을 격려하여, 그가 완성하지 못한 사업을 완성하게 했다. 후주의 두 황제가 실시한 개혁 작업 및 그들 자신의 우수한 자질은, 오대의 암울한 시대를 비추는 찬란한 별이 되었다.

온 힘을 다해 나라를 다스린 주(周) 세종(世宗)

후주 세종 시영(921~959년)은 후주 태조 곽위의 생질로, 그는 즉위한 초기에 곧 30년 계획을 수립하여, "10년은 천하를 개척하고, 10년은 백성을 양성하고, 10년은 나라가 잘 다스려져 평안하게" 하려고 했다. 시영의 재위는 비록 단지 5년에 불과했지만, 그의 성취는 이미 상당히 대단했다. 통일 전쟁을 진행하기 위해, 그는 정치·경제·군사 등 제 방면에서 일련의 개혁을 진행했다. 경제 방면에서, 시영은 백성들의 고통에 관심을 갖고, 황무지를 개간하도록 독려했으며, 중원에 있는 주인 없는 황무지를 도주하여 유랑하던 사람들에게 경작하도록 나누어 주고, 거란으로부터 돌아온 유민(流民)들을 우대함으로써, 유민들이 빨리 돌아오게 하여, 황무지를 개간하여 이용하게 하자, 농촌 경제의 회복과 발전에 도움이 되었다. 군사 방면에서, 시영은 군대의 기율을 정비하여 통제에 따르지 않는 병사와 장수들을 다스렸고, 전투에 임해 탈주한 대장 번애능(樊愛能)·하휘(何徽) 등 70여 명을 단호히 참형에 처함으로써, 군기를 엄숙하게 했다. 시영은 또한 "군대는 정예롭게 만드는 데 힘써야지, 많게 하는 데 힘써서는 안 된다"는 원칙을 제시하여, 금군(禁軍)을 정돈하고, 허약한 사람을 가려내어, 당 후기 이래 과다하게 병사를 양성하던 폐단을 제거했다. 정치 방면에서, 시영은 곽위의 절약하고 소박한 기풍을 계승하여, 솔선수범했다. 시영은 관습을 타파하고, 재능 있는 사람을 파격적으로 임용하여, 정부의 주요 부문을 충실히 했다. 시영은 또한 폐단이 비교적 많은 과거 제도를 정돈하도록 명령하여, 진정한 재능과 견실한 학문을 갖춘 사람이 정부 기구에 들어가 역할을 할 수 있도록 했다.

◈ **〈한희재야연도(韓熙載夜宴圖)〉 | 오대, 고굉중(顧閎中)**

〈한희재야연도〉는 중국 회화사에서 고전적인 명작이다. 각 권(卷: 두루마리)의 그림들이 연속되는 장권(長卷) 방식으로, 남당(南唐) 대신 한희재의 집안에서 연회를 열고 즐기는 장면을 묘사했다. 전체 그림은 다섯 장면으로 나뉘는데, 한희재가 남당의 마지막 황제인 이욱(李煜)의 의심을 피하기 위해, 가무와 여색으로 자신의 속마음을 감추어 드러내지 않으려고, 매일 밤 연회를 성대하게 벌여 빈객들과 마음껏 즐기는 장면은, 한희재의 복잡한 심경을 생동감 있게 묘사했다. 현재 베이징 고궁박물원에 소장되어 있다.

시영이 등극한 후 얼마 지나지 않아, 북한(北漢)의 군주 유숭이 석경당을 모방하여, 거란에 지원군을 요청한 뒤 그들과 연합하여 후주를 정벌했다. 요(遼) 목종(穆宗)이 대장 양곤(楊袞)을 파견하여 유숭과 합류한 군대 10만 명이 남하하여 후주를 공격했다. 그러자 시영은 강적을 두려워하지 않고, 친히 군대를 이끌고 출정했다. 양쪽 군대가 마주하여 파공원(巴公原, 지금의 산시성 진청晉城 동북쪽)에 진을 쳤다. 쌍방이 막 교전을 벌이자, 후주의 장수 번애능과 하휘가 기병을 이끌고 먼저 도망치는 바람에, 후주의 우군(右軍) 진영이 궤멸되어, 보병 천여 명이 무장을 해제하고 북한에 투항했다. 시영은 온 힘을 다해 위기 국면을 만회하고, 날아오는 화살과 돌을 무릅쓰고 친히 군대를 인솔하여 적진으로 돌진하자, 후주의 대장 장영덕(張永德)·조광윤(趙匡胤)·백중찬(白重贊) 등도 역시 부대를 거느리고 분발하여 공격했다. 여러 장수들이 힘을 합쳐 필사적으로 싸워, 북한의 용맹한 장수 장원휘(張元徽)를 참살했다. 요나라 군대는 패배하여 뿔뿔이 흩어졌고, 북한 군대도 뒤따라 도주했다. 유숭은 고작 백여 명의 기병만을 이끌고 도망쳐 진양(晉陽, 지금의 산시성 타이위안太原)으로 돌아갔다.

뒤이어 시영은 비부낭중(比部郎中) 왕박(王朴)이 제시한, "먼저 쉬운 곳을 치고 나중에 어려운 곳을 치며, 먼저 남쪽을 치고 나중에 북쪽을 쳐서 각개격파한다"는 헌책을 받아들여, 먼저 후촉을 공격하고 나서, 다시 남당을 정벌하고, 마지막으로 북한을 멸망시킨다는 통일 방책을 확정했다. 현덕(顯德) 2년(955년), 후주는 서쪽의 후촉을 정벌했다. 황화곡(黃花谷, 지금의 산시성 펑현鳳縣 서북쪽) 전투에서, 후주 군대는 북로행영도통(北路行營都統) 이정규(李廷珪)가 이끄는 후촉의 주력 부대를 대파하고, 진주(秦州, 지금의 간쑤성 톈수이天水)·성주(成州, 지금의 간쑤성에 속함)·계주(階州, 지금의 간쑤성 우두武都)·봉주(鳳州, 지금의 산시성 펑현) 등 네 개의 주들을 수복했다. 현덕 2년부터 5년까지(955~958년), 시영은 세 차례 친히 남당을 정벌했는데, 위성타원(圍城打援: 병력의 일부는 공격하고자 하는 성을 포위하고, 일부는 매복하고 있다가 지원군을 공격하는 전법) 전략으로 남당 군대를 지치고 소모하게 함으로써, 장강 이북 회하 이남, 즉 회남(淮南) 지역의 14개 주, 60개 현을 탈취하고, 남당의 중주(中主: 한 왕조가 세 명의 황제로 끝났을 경우, 두 번째 황제)인 이경(李璟)을 핍박하여 강을 경계로 삼도록 했다. 이 전쟁은 남당으로 하여금 고개를 숙이고 순종하도록 했을 뿐만 아니라, 남쪽의 각 할거 세력들을 두려워 떨게 함으로써, 북쪽의 거란을 정벌하기 위한 뒷걱정을 없앴다.

후한·후촉 및 남당과의 전쟁에서 승리함에 따라, 후주 왕조의 판도는 나날이 확대되었고, 경제도 나날이 번영했다. 그런데 거란은 마침 어리석고 무능한 요(遼) 경종(景宗) 야율경(耶律璟)이 집정하고 있었다. 이 사람은 "수왕(睡王: 잠꾸러기 왕이라는 뜻으로, 대부분의 시간을 술에 취해 잠을 잤기 때문에 붙여진 이름이다)"이라고 불렸으니, 그의 우매함은 이것 하나만 봐도 전체를 알 수 있었다. 시영은 거란의 약점을 정확히 꿰뚫어본 뒤, 시기를 앞당겨 북벌을 감행하기로 결심했다. 현덕 6년(959년) 2월, 시영은 정식으로 군대를 이끌고 북벌에 나섰다. 요 목종 야율경은 후주가 북벌에 나섰다는 소식을 듣자, 급히 남경(南京, 지금의 베이징)유수 소사온(蕭思溫)을 병마도총관(兵馬都總管)에 임명하여, 군대를 이끌고 가서 후주 군대를 저지하도록 한 결과, 후주 군대에게 처절하게 대패했다. 그때부터 요나라 군대는 전투를 두려워하고 싸움을 회피하여, 후주가 연남(燕南: 황하 이북 지역)의 주·현들을 소탕하도록 내버려 두었다. 이어서 후주 군대는 독류구(獨流口, 지금의 톈진 징하이靜海 북쪽)를 통과하여, 군대의 진로를 바꿔 강을 거슬러 서쪽으로 나아가 익진관(益津關, 지금의 허베이성 바저우霸州)에 이르자, 수장(守將) 종정휘(終廷輝)가 투항했다. 얼마 후, 요나라 막주(莫州)자사 유초신(劉楚信)·영주(嬴州)자사 고언휘(高彦暉)도 차례로 형세를 살피다가 투항했다. 시영은 승세를 타고 곧바로 유주(幽州, 지금의 베이징)를 공격하려고 할 때, 갑자기 몸에 중병이 걸리는 바람에, 어쩔 수 없이 황급히 남쪽으로 귀환할 수밖에 없었다.

그해 6월 18일, 후주 세종 시영은 자신의 포부를 안고, 자신의 한을 안고, 개봉에서 세상을 떠났으니, 향년 39세였다.

십국의 할거

후량·후당·후진·후한·후주 등 중원 지역을 통치한 이들 다섯 작은 왕조들 외에, 오대십국 시기에는 또한 왕건(王建)이 건립한 전촉(前蜀) 정권·맹지상(孟知祥)이 건립한 후촉(後蜀) 정권·양행밀(楊行密)이 건립한 오(吳) 정권·이승(李昇)이 건립한 남당(南唐) 정권·전류(錢鏐)가 건립한 오월(吳越) 정권·왕심지(王審知)가 건립한 민(閩) 정권·마은(馬殷)이 건립한 초(楚) 정권·유은(劉隱)이 건립한 남한(南漢) 정권·고계창(高季昌)이 건립한 남평(南平) 정권·유숭(劉崇)이 건립한 북한(北漢) 정권 등 모두 열 개의 할거 정권들이 있었다. 그 가운데 전촉은 후당에 의해 멸망했고, 오는 남당 건립자인 이승의 남당으로 대체되었으며, 나머지 후촉·남당·오월·남한·남평 및 북한 정권은 모두 후에 북송(北宋)에 의해 멸망했다.

오대에 대해 상대적으로 말하자면, 십국의 상황은 훨씬 좋았다. 이들 십국 가운데, 유숭의 북한이 북쪽(대략 지금의 산시성山西省·산시성陝西省 및 허베이성의 일부)에 있었던 것을 제외하고는, 기타 나라들은 모두 중국의 남쪽에 있었으므로, 그들은 중원의 전쟁으로부터 영향을 적게 받았기 때문에, 정국이 상대적으로 안정되었고, 정권이 유지된 기간도 오대보다는 훨씬 길었다. 예컨대 가장 짧았던 전촉도 34년간 유지되어, 후량의 두 배였으며, 가장 길었던 오월은 의외로 85년이나 존립했다. 이는 중국 남쪽의 개발에 매우 중요한 작용을 했다. 예를 들면 오월은 일찍이 910년에 한해당(捍海塘: 강어귀에 바닷물의 역류를 막기 위해 쌓은 방파제)을 건설하여 농업 생산의 발전을 보장함으로써, 오월을 부유한 길로 나아가게 했다. 남당은 전주(前主: 세 명의 황제 중 첫 황제)인 이승의 통치 기간에, 중원의 인사들에 대해 난을 피해 남쪽으로 오도록 유인했다. 이들은 북쪽의 생산 기술과 과학 문화를 가지고 와서, 남쪽의 발전에 적극적인 촉진 작용을 했다. 수십 년의 경영을 통해, 남당은 십국 가운데 경제 문화가 가장 발달한 지역이 되었다. 후에 즉위한 중주(中主) 이경(李璟)은 간신 '오귀(五鬼)'[3]를 임용하고, 무력으로 전쟁을 일삼아, 곳곳에서 전쟁을 벌이면서 국력을 헛되이 낭비했다. 후주 이욱은 문학의 재주를 가졌지만 나라를 다스리는 능력은 갖지 못하여, 남당은 결국 잘 개발한 강남의 땅을 뒤에 이어지는 북송에게 고스란히 "넘겨주었다".

3 오귀(五鬼): 다섯 명의 간신을 일컫는 말로, 풍연기(馮延己)·위잠(魏岑)·풍연로(馮延魯)·진각(陳覺)·사문휘(查文徽) 등이다.